Klöster und geistliche Niederlassungen in Baden-Württemberg 2003

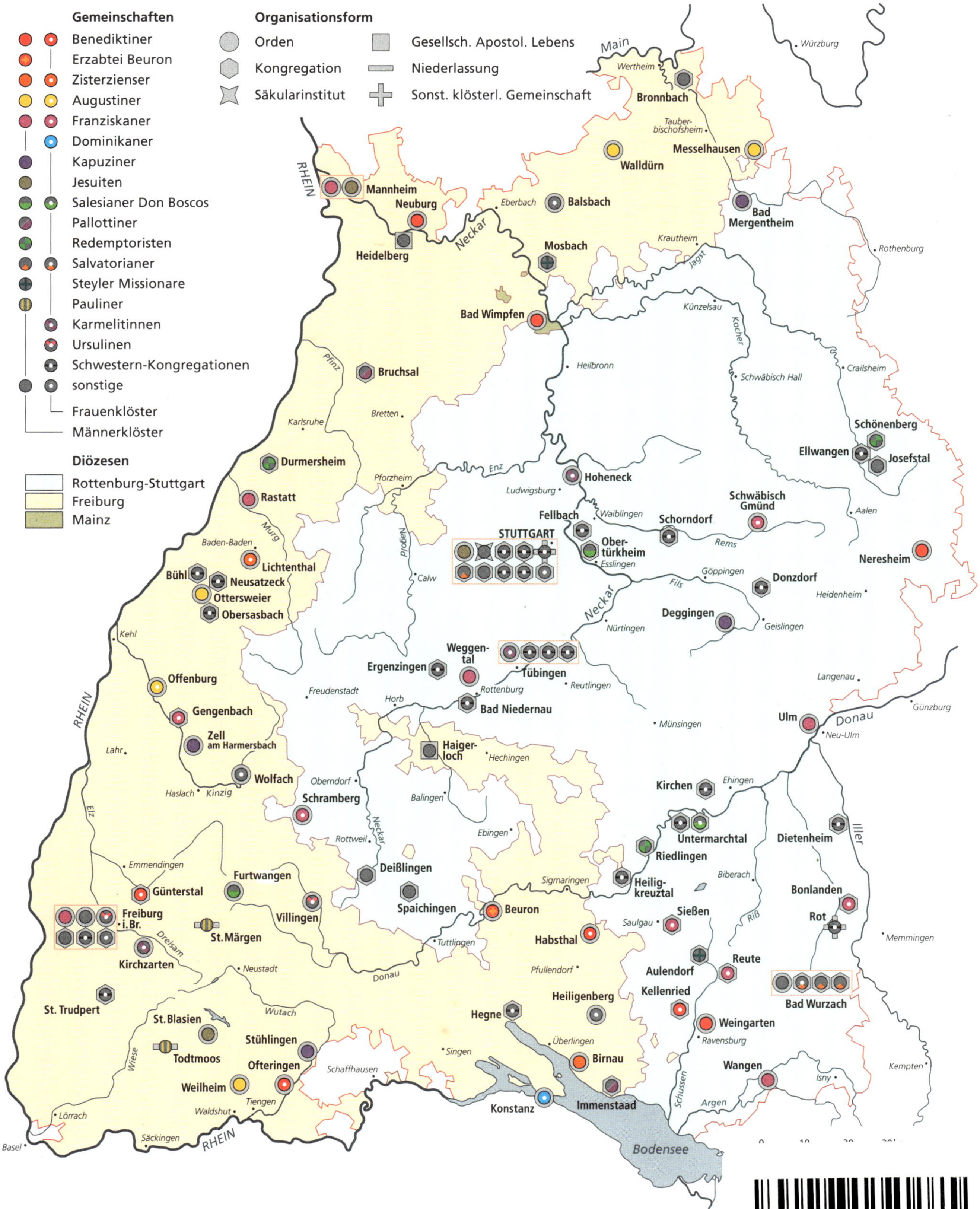

ALTE KLÖSTER – NEUE HERREN

ALTE KLÖSTER
NEUE HERREN

DIE SÄKULARISATION IM
DEUTSCHEN SÜDWESTEN 1803

Große Landesausstellung Baden-Württemberg 2003 in Bad Schussenried
vom 12. April bis 5. Oktober 2003

BEGLEITBÜCHER
BAND 1: Ausstellungskatalog
BAND 2.1 und 2.2: Aufsätze

Herausgegeben von
VOLKER HIMMELEIN *und*
HANS ULRICH RUDOLF
unter Mitwirkung von
PETER BLICKLE,
KONSTANTIN MAIER,
FRANZ QUARTHAL *und*
RUDOLF SCHLÖGL

Im Auftrag der Gesellschaft Oberschwaben e.V.
und des Württembergischen Landesmuseums Stuttgart

Gefördert durch die
Stiftung Oberschwaben

ALTE KLÖSTER
NEUE HERREN

DIE SÄKULARISATION IM DEUTSCHEN SÜDWESTEN 1803

AUSSTELLUNGSKATALOG

Herausgegeben von
VOLKER HIMMELEIN
unter Mitarbeit von
FRANK DRUFFNER
INGO GABOR
MARTIN HOERNES
TIMO JOHN

JAN THORBECKE VERLAG 2003

Bibliografische Information Der Deutschen Bibliothek
Die Deutsche Bibliothek verzeichnet diese Publikation in der Deutschen Nationalbibliografie; detaillierte bibliografische Daten sind im Internet über http://dnb.ddb.de abrufbar.

www.thorbecke.de · info@thorbecke.de

Dieses Buch ist aus alterungsbeständigem Papier nach DIN-ISO 9706 hergestellt.

Satz: Schwabenverlag mediagmbh, Ostfildern
Druck: Süddeutsche Verlagsgesellschaft, Ulm
Printed in Germany

ISBN 3-7995-0212-2 (Pappband)
ISBN 3-7995-0213-0 (Leinenband)

Inhalt

IV. Krummstab und Schwert

V. Klösterliche Pracht

VI. Das Kloster als Sitz der Musen

VII. Das Kloster als Sitz der Weisheit

VIII. Das Kloster als Sitz der Wissenschaften

IX. Frömmigkeit

Grußwort

Erwin Teufel, Ministerpräsident des Landes Baden-Württemberg

Baden-Württemberg feierte im vergangenen Jahr seinen 50. Geburtstag. Daß die Kultur bei uns einen hohen Stellenwert einnimmt, hat sich nicht nur im Jubiläumsjahr gezeigt. Das kulturelle und historische Interesse der Baden-Württembergerinnen und Baden-Württemberger war immer sehr groß, das beweisen schon die jährlichen Besucherzahlen in unseren über 1500 Museen, Ausstellungen, Theatern, Konzertsälen und Opernhäusern.

Ich freue mich, daß die Ausstellung »Alte Klöster – Neue Herren« im Neuen Kloster in Bad Schussenried an die Tradition der Großen Landesausstellungen anknüpft. In dieser Reihe werden Themen aufgenommen und in wissenschaftlich hochwertiger Weise präsentiert, die gesellschaftliche Relevanz haben und das ganze Land betreffen.

2003 jährt sich zum 200. Mal der Reichsdeputationshauptschluß, ein markantes Datum auch in der Geschichte des deutschen Südwestens. Das Thema ist nicht nur von historischem Interesse, sondern birgt durchaus aktuelle politische Brisanz, ist doch die Säkularisation in ihrem Verlauf und mit ihren Folgen bis zum heutigen Tage sehr ambivalent zu beurteilen. Einerseits bedeutete sie natürlich einen großen Verlust an Traditionen ebenso wie an Kunst- und Kulturwerten. Andererseits war die Trennung von geistlicher und weltlicher Macht, ganz im Geiste der Aufklärung, ein wesentlicher Schritt hin zu einem modernen Staatswesen. Die Entwicklungen, die damals eingeleitet wurden, führten zur Auflösung des Alten Reiches und letztlich zur Bildung der Länder Baden, Württemberg und Hohenzollern. Im Rahmen der wechselvollen Geschichte der deutschen Lande – vom Deutschen Bund über das Deutsche Kaiserreich bis zur Bundesrepublik Deutschland – ist die Gründung Baden-Württembergs 1952 der Schlußpunkt eines historischen Prozesses, der in der Säkularisation seinen Anfang genommen hat.

Diese geschichtliche Zäsur wird in der Großen Landesausstellung anschaulich dargestellt. Die Ausstellung vermittelt mit vielen kostbaren und seltenen Bildern, Kunstwerken und Dokumenten ein farbiges Bild von der Kultur der Klöster, von den Vorgängen der Jahre 1802/03 und dem Schicksal der betroffenen Einrichtungen sowie von ihren Bewohnern in den Jahren danach.

Ich bin sicher, daß ein Besuch der Ausstellung im Neuen Kloster in Bad Schussenried mit ihren über 1100 Exponaten für jung und alt ein besonderes Erlebnis sein wird. Mein Dank gilt allen, die zum Gelingen der Ausstellung beigetragen haben, insbesondere dem Direktor des Württembergischen Landesmuseums Stuttgart und seinen Mitarbeiterinnen und Mitarbeitern, die für Konzeption und Durchführung der Ausstellung zuständig sind, ebenso der Gesellschaft Oberschwaben, die Redaktion und Finanzierung des wissenschaftlichen Begleitwerks übernommen hat.

Allen Besucherinnen und Besuchern wünsche ich auf ihrem Rundgang durch das Kloster und die Ausstellung zahlreiche neue Eindrücke über unser Land und viel Freude.

Geleitwort der »Gesellschaft Oberschwaben für Geschichte und Kultur« und der »Stiftung Oberschwaben«

Oberschwaben wurde auf Grund einmaliger historischer Konstellationen im späten Mittelalter und in der Frühen Neuzeit zu einer historischen Landschaft besonderer Prägung. Grundlegend Elemente ihrer historische Struktur waren die republikanische Tradition reichsstädtischer Gemeinwesen, die genossenschaftliche Organisation bäuerlicher Untertanen, die patriarchalische weltliche Herrschaft reichsfreier und landsässiger Klöster mit eigenen größeren Territorien und die adlige Territorialbildung fürstlicher Herren und zahlloser ritterschaftlicher Familien, die aus der staufischen und welfischen Ministerialität sowie aus dem mittelalterlichen Niederadel hervorgegangen waren. Nicht weniger relevant war es, daß weder das Haus Habsburg noch ein anderer der großen süddeutschen Territorialherren in dieser Landschaft einen dominanten Einfluß gewinnen konnte. Oberschwaben wurde dadurch zu einem besonders strukturierten Raum innerhalb der geschichtlichen Entwicklung Alteuropas. Wesentlich Komponenten dieser historisch gewachsenen Struktur bestimmen die geistige Identität und die politischen Handlungsnormen dieser Landschaft bis heute.

Das gesamteuropäische Phänomen der Säkularisation von der Mitte des 18. bis zur Mitte des 19. Jahrhunderts, das zum Verlust der weltlichen Herrschaftsrechte namentlich der katholischen Kirche führte, hat wegen der Prägung Oberschwabens durch Prälatenklöster, Stiftskirchen und Hochstifte, diese Landschaft in besonderem Maße betroffen. Die Ergebnisse der Geschichtsperiode von 1773, dem Jahr der Aufhebung des Jesuitenordens im deutschen Reich, bis 1814/15, dem Zeitpunkt, als auf dem Wiener Kongreß der Versuch, die Reichskirche wiederzubeleben, endgültig scheiterte, bewirkten eine tiefgreifende Veränderung der geistigen, politischen, gesellschaftlichen und wirtschaftlichen Strukturen Oberschwabens, zumal gleichzeitig die meisten der Reichsstädte und fast alle Adelsherrschaften mediatisiert wurden. Die alten Eliten verschwanden. Die überwiegend westfälischen oder rheinischen Adelsfamilien, die auf Grund des Reichsdeputationshauptschlusses von 1803 an die Stelle der säkularisierten Klöster traten, bemühten sich zumeist wenig um eine Integration in die ihnen fremde Landschaft. In noch geringerem Maße bewiesen die meisten der Beamten des neuen Königreichs Württemberg Sensibilität im Umgang mit den Bewohner des oberschwäbischen Neuwürttemberg und seinen besonderen politischen Traditionen. Die dadurch ausgelöste Identitätskrise Oberschwabens dauert zum Teil bis heute an.

Die Große Landesausstellung des Landes Baden-Württemberg im Jahre 2003 in Bad Schussenried ist dem Ereignis der Säkularisation gewidmet. Dieser Vorgang stand am Anfang der Entwicklung Württembergs und Badens zu Mittelstaaten des Deutschen Bundes. Auch Hohenzollern, bis 1945 preußisches Territorium, der dritte Bestandteil des heutigen Baden-Württembergs, wurde durch die Säkularisation in seiner Substanz fundamental verändert. Allerdings waren die Auswirkungen dieses Ereignisses innerhalb des heutigen Bundeslandes Baden-Württemberg regional verschieden. Die im heutigen Südweststaat aufgegangenen, im 16. Jahrhundert aber schon zur Reformation übergetretenen Territorien der Kurpfalz, der Markgrafschaft Baden-Durlach, Württembergs, Teile Hohenlohes sowie die evangelisch gewordenen Reichsstädte waren von den Veränderungen von 1803/06 nicht mehr tangiert. Dagegen waren die Grafschaft Wertheim, dazu Schöntal, Ellwangen, die Reichsstadt Gmünd, die Markgrafschaft Baden-Durlach, Fürstenberg, die Jesuitenkollegien und Bettelordensklöster in der Kurpfalz, die weltlichen Herrschaften der rheinischen Bischöfe sowie die ehemaligen Herrschaften des Hauses Habsburg auf dem Schwarzwald und im Breisgau von der Säkularisation gleichermaßen betroffen wie Oberschwaben.

Keine andere Landschaft Südwestdeutschlands aber wurde durch die Säkularisation in ihren politischen Strukturen, in ihren historischen Traditionen und im Bewußtsein ihrer politischen Identität so sehr verändert wie Oberschwaben. Auf Grund dieser Faktum hat sich die »Gesellschaft Oberschwaben für Geschichte und Kultur« unter Leitung ihres damaligen Vorsitzenden, Prof. Dr. Peter Blickle, im Jahre 1998 entschlossen, für die folgenden Jahre nahezu ihr ge-

samtes wissenschaftliches und finanzielles Potential der Erstellung eines wissenschaftlichen Begleitwerkes zu der Säkularisationsausstellung des Landes Baden-Württemberg in Bad Schussenried zu widmen. Zahlreiche Wissenschaftler, die sich in relevanten neueren Forschungen mit dem Phänomen der Säkularisation auseinandergesetzt hatten, konnten zur Mitarbeit gewonnen werden.
Die Koordination und die Redaktion dieses umfangreichen wissenschaftlichen Werkes wurde von der Gesellschaft »Oberschwaben« Prof. Dr. Hans-Ulrich Rudolf von der Pädagogischen Hochschule Weingarten übertragen, dem ein wesentliches Verdienst am Zustandekommen der nunmehr vorliegenden Aufsatzbände zukommt. Diese haben zwar einen thematischen Schwerpunkt auf Grund sachlicher Bezüge in Oberschwaben, er werden aber sowohl allgemeine Phänomene des Zeitalters als auch die anderen von der Säkularisation betroffenen Regionen Baden-Württemberg in den Blick genommen.
Im Ergebnis vereinigen die vorliegenden Bände das Spektrum der neuen Forschungen zur Säkularisation und Mediatisierung. Eingebettet in den Kontext der wissenschaftlichen Bemühungen um die Bewertung der Säkularisation im Rahmen der europäischen und der deutschen wie der südwestdeutschen Geschichte konnte dadurch die zentrale Intention der »Gesellschaft Oberschwaben für Geschichte und Kultur« realisiert werden, wesentliche und nachhaltige Impulse zur besseren Erforschung der oberschwäbischen Geschichte zu geben.

Finanziell ermöglicht wurde das umfangreiche Begleitwerk zu dieser Ausstellung einschließlich des vom Württembergischen Landesmuseum unter der Leitung seines Direktors Prof. Dr. Volker Himmelein gestalteten Katalogbandes durch das Engagement der im Jahre 2000 – dank des hochherzigen Sponsorings der EnBW und anderer wirtschaftlicher Unternehmen Oberschwabens – gegründeten »Stiftung Oberschwaben«. Sie reservierte zwischen den Jahren 2000 und 2003 ihre gesamten Stiftungserträge dem Projekt »Säkularisation« mit dem nunmehr erreichten Ziel, daß das rund 2000 Seiten umfassende Gesamtwerk, gleichsam als »Volksbuch« einer der wichtigen Perioden der südwestdeutschen und insbesondere auch der oberschwäbischen Geschichte, einer breiten Öffentlichkeit zu einem außerordentlich moderaten Preis angeboten werden kann.
Die Gesellschaft Oberschwaben für Geschichte und Kultur« und die »Stiftung Oberschwaben« hoffen, daß der Ausstellungskatalog und die Begleitbände dazu beitragen, in breiten Kreisen einer historisch interessierten Öffentlichkeit insgesamt und Oberschwabens insbesondere das Bewußtsein für ein zentrales Ereignis der europäischen, der deutschen und in hervorragendem Maße auch der südwestdeutschen und oberschwäbischen Geschichte zu schärfen.
In diesem Sinn wünschen Gesellschaft und Stiftung Oberschwaben dem vorliegenden Ausstellungsbegleitwerk eine breite Rezeption und eine aufmerksame Leserschaft.

Dipl. Ing. Siegfried Weishaupt
Vorsitzender des Vorstandes
der »Stiftung Oberschwaben«

Prof. Dr. Franz Quarthal
Vorsitzender der »Gesellschaft Oberschwaben
für Geschichte und Kultur«

Vorwort

Die Menschheitsgeschichte, von den Anfängen bis in die Gegenwart herein, kann auch als die Geschichte einer fortschreitenden Säkularisierung verstanden werden, als eine zunehmende Verweltlichung unseres Weltbildes.
Das reicht vom Schöpfungsglauben zur Evolutionstheorie, vom magischen zum wissenschaftlichen, vom geozentrischen zum heliozentrischen Weltbild, und die Entwicklung führt von der Wundergläubigkeit zum kritischen Denken, von der Sorge um das Seelenheil zur Sorge um die Altersversorgung, von der Angst vor dem Jüngsten Gericht zur Angst vor einem Atomschlag. Und von der Herleitung von Herrschaft »von Gottes Gnaden«, zur Legitimation von Macht durch die Mehrheit der Bürger.
Das Tempo dieser Entwicklung beschleunigte sich ganz signifikant in der zweiten Hälfte des 18. Jahrhunderts, ja wurde geradezu zum Charakteristikum dieses Zeitabschnitts, den man das Zeitalter der Aufklärung genannt hat. Und die Aufklärung forderte die Trennung von kirchlicher und weltlicher Gewalt.
Obwohl viele Klöster gerade damals eine letzte Blütezeit erlebten, und die Erinnerung an sie bis heute vor allem durch ihre prächtigen Kirchen- und Klosterbauten aus dieser Zeit lebendig ist, wird doch allenthalben eine klosterfeindliche Grundstimmung erkennbar. Den »aufgeklärten« Zeitgenossen galten die Klöster als ein Hort des Aberglaubens. Aber auch die Amtskirche sah mit Misstrauen auf sie und die Bischöfe hätten sie gerne ihrer Jurisdiktion unterworfen. Ja in den Klöstern selbst regten sich immer häufiger kritische Stimmen, die den Sinn mönchischen Lebens in der damaligen Form in Frage stellten.
Und als es dann in der französischen Revolution (die durch die Aufklärung erst möglich geworden ist, aber in ihrem Verlauf nicht unbedingt ein Beleg für diese ist), zum gewaltsamen Umsturz der sozialen und gesellschaftlichen Verhältnisse in Frankreich kam, die Schluss machte mit dem Gottesgnadentum der Fürsten und die Trennung von weltlicher und geistlicher Gewalt herbeiführte, fand die Aufhebung der Klöster und geistlichen Herrschaften wenig Widerstand.
Die Französische Revolution hatte in ihrem Gefolge auch zu territorialen Veränderungen geführt. Als nach dem ersten Koalitionskrieg die linksrheinischen Gebiete des Reiches an Frankreich abgetreten werden mussten, wurde schon im Frieden von Campo Formio 1797 eine Entschädigung der betroffenen Reichsstände auf Kosten der Reichsstädte und der geistlichen Besitzungen ins Auge gefasst.
Im § 35 des Reichsdeputationshauptschlusses wurden dann alle Güter, auch die der nicht reichsständischen »Stifter, Abteien und Klöster der freien und vollen Disposition der respektiven Landesherren überlassen« und es kam zur Säkularisation des gesamten geistlichen Besitzes und zum Ende aller geistlichen Staaten. Säkularisation im engeren Sinne bezeichnet also die Verwendung des für kirchliche Zwecke gestifteten Vermögens der geistlichen Reichsstände und Einrichtungen für die Bedürfnisse des Staates oder eben für die Entschädigung weltlicher Fürsten für den Verlust ihrer linksrheinischen Besitzungen.
Die Skrupel selbst frommer katholischer Fürsten dabei waren gering. Denn soweit die Klöster nur geistliche Funktionen erfüllten, galten sie ohnehin als nutzlos und rückständig, für soziale Aufgaben fühlten sich die weltlichen Fürsten, zumal in den protestantischen Ländern, selbst zuständig, und soweit die geistlichen Institute Herrschaften besaßen und Herrschaft ausübten, waren sie längst zum Gegenstand der Begehrlichkeit geworden.
Zwar hatte es auch schon seit dem Mittelalter immer wieder »Säkularisierungen« von kirchlichem Besitz gegeben. Die Reformation des 16. Jahrhunderts hatte zur Aufhebung vieler Klöster und zum Einzug ihres Besitzes geführt. Und der aufklärerische Kaiser Joseph II. hat in seinen Staaten nicht nur Leibeigenschaft und Folter abgeschafft und 1781 mit dem »Toleranzpatent« den Nichtkatholiken bürgerliche Rechte und die Ausübung ihrer Religion zugebilligt, sondern auch alle »unnützen«, nur kontemplativen, Klöster aufgehoben und ihren Besitz für »nützliche« Zwecke verwendet. Aber »die« Säkularisation von 1802/1803 hatte doch eine ganz andere Qualität, bedeutete in vieler Hinsicht einen Bruch der Reichsverfassung. Der Kaiser beraubte durch seine Zustimmung sich selbst seiner getreuesten Klientel und so bedeutete die Säkularisation tatsächlich den Anfang vom Ende des Heiligen Römi-

schen Reiches Deutscher Nation, das dann auch eintrat, als Kaiser Franz II. 1806 die deutsche Kaiserkrone niederlegte.
Allerdings wurden viele der neuen Landesherrn ihres neuen Besitzes nicht recht froh, denn schon drei Jahre später wurden die Reichsgrafen und viele kleinere Fürsten sowie die Reichsritter mediatisiert und verloren ihre Souveränität im deutschen Südwesten an die drei Mittelstaaten, deren Umriss bis zur Gründung des Landes Baden-Württemberg 1952 die politische Landkarte prägten: das Königreich Württemberg, das Großherzogtum Baden und die Hohenzollerischen Fürstentümer.
Mit der Säkularisation ist die Geschichte der Klöster freilich nicht abgeschlossen. Ihre Bauten, ihr künstlerisches und kulturelles Erbe und die Erinnerung an ihre geistigen und geistlichen Leistungen sind bis heute prägende Elemente im Selbstverständnis des Landes geblieben.
Auf die Klosterkritik folgte die Klosterromantik, in vielen Bereichen wurde der Wegfall der sozialen und seelsorgerischen Leistungen, übrigens vor allem der vorher so verachteten Brüder und Schwestern der Bettelorden, schmerzlich empfunden. Auch die Idee vom klösterlichen Leben als einer sinnvollen Lebensform war keineswegs erloschen. Und wenn sich der Staat auch schwer tat, vor allem mit der Frage der »Wiederzulassung der Mannsorden«, so entstanden doch im 19. Jahrhundert eine ganze Reihe neuer Kongregationen und mit der Wiedergründung des Klosters Beuron im Jahre 1863 entstand im Land sogar ein Zentrum der monastischen Erneuerung im 20. Jahrhundert. Dass heute wieder über hundert (katholische und evangelische) Ordensgemeinschaften im Lande existieren, mag Manchen überraschen.
Die Vorgeschichte dieser Ausstellung reicht bis in das Jahr 1991 zurück. Damals regte der Ravensburger Landrat Dr. Guntram Blaser beim Ministerpräsidenten des Landes die Veranstaltung einer Großen Landesausstellung an. Sie sollte im Jahre 2003 an die Säkularisation erinnern, die vor 200 Jahren die »Klosterherrlichkeit« im Lande, und vor allem in Oberschwaben, beendet habe. Und natürlich war auch damals schon ein Ausstellungsort in Oberschwaben vorgesehen gewesen.
Der Herr Ministerpräsident hat sich diese Anregung zu eigen gemacht und das Württembergische Landesmuseum mit der Ausrichtung der Ausstellung im »Neuen Kloster« in Bad Schussenried, dessen Räume kurz zuvor frei geworden waren, beauftragt.
Haushaltsmittel standen allerdings erst seit dem Jahr 2000 zur Verfügung. Und da eine Ausstellung dieser Art nicht ganz einfach zu verwirklichen ist, hat die Realisierung des Ausstellungsgedankens in den beiden letzten Jahren alle Kräfte des Württembergischen Landesmuseums voll in Anspruch genommen. Da die Säkularisation eigentlich ein eher bürokratischer Vorgang war und als solcher gar nicht ausstellbar ist, musste dass Thema von den Rändern her eingekreist werden, mussten dingliche Zeugnisse für die damaligen Vorgänge und Veränderungen im ganzen Lande aufgespürt und aus vielen Sammlungen, Bibliotheken und Archiven, aus Kirchen und Sakristeien, aus Schlössern und Schatzkammern zusammengetragen werden.
Die lange Liste aller derjenigen, denen wir zu Dank für Rat und Hilfe verpflichtet sind, macht deutlich, in welchem Maße das Zustandekommen einer solchen Ausstellung vom Wohlwollen vieler staatlicher und kirchlicher Stellen, von der Großzügigkeit der Leihgeber und von der Kenntnis und vom unermüdlichen Einsatz der an der Herstellung von Ausstellung und Katalog Beteiligten abhängig ist. Es ist mir deshalb ein besonderes Anliegen, ihnen allen an dieser Stelle sehr herzlich für ihre Mitwirkung zu danken.
Besonders zu rühmen ist das Engagement der Stiftung Oberschwaben, der wir die Finanzierung des dreibändigen Begleitwerks verdanken und der Gesellschaft Oberschwaben e.V., die sich mit großem Ehrgeiz des Aufsatzbandes angenommen hat und stets ein kooperativer Mitveranstalter gewesen ist.
Zu danken ist dem Staatlichen Hochbauamt Ulm, das in den letzten Jahren das Klostergebäude für die Zwecke der Ausstellung umgebaut hat, sowie Marina von Jacobs und ihren Mitarbeitern, die unsere Ideen- und Materialsammlung zu einer Ausstellung geformt haben.
Für diese, von meinen Kollegen am Württembergischen Landesmuseum erarbeitete Ideen- und Mate-

rialsammlung und für die technische und logistische Bewältigung ihrer Umsetzung danke ich allen Mitarbeitern des Hauses, ganz besonders Georg Schnepper, sowie dem »Ausstellungsteam« mit Dr. Frank Druffner, Dr. Ingo Gabor, Dr. Martin Hoernes und Dr. Timo John.
Ohne den Einsatz der Restauratoren und Fotografen des Hauses, die durchs Land reisten und die Objekte aufnahmen, begutachteten und gegebenenfalls in einen ausstellbaren Zustand versetzten, wäre das allerdings nicht möglich gewesen. Und da Sponsoren und Besucher nicht von selbst kommen, sondern gewonnen, motiviert und informiert werden müssen, verdient auch der Einsatz der dafür zuständigen Mitarbeiterinnen, Dr. Elke Gerhold-Knittel und Alexandra Lieb M.A. und der Gestalterin unserer Drucksachen, Petra Findeisen-Meckel mit ihrem Büro, besonders hervorgehoben zu werden
Hervorzuheben ist die partnerschaftliche Zusammenarbeit mit der Neuen Kloster GmbH Bad Schussenried, in deren Geschäftsablauf die Ausstellung manche Unruhe brachte. Und als besonders erfreulich möchte ich schließlich den Einsatz des Landkreises Biberach und der Stadt Bad Schussenried, ihrer Bürger und ihrer Stadtverwaltung hervorheben, die nicht nur die Chancen einer solchen Ausstellung für die Stadt und die Region erkannt, sondern sich auch finanziell, organisatorisch und mit großem Engagement beteiligt haben – die beste Voraussetzung für einen Erfolg der Großen Landesausstellung »Alte Klöster – Neue Herrn« in Bad Schussenried, den wir uns alle wünschen.

Prof. Dr. Volker Himmelein
Direktor des Württembergischen
Landesmuseums Stuttgart

Kuratorium

Sponsoren der Ausstellung

Landesbank Baden-Württemberg
Landesbausparkasse Baden-Württemberg
SV Versicherung
SparkassenVerband Baden-Württemberg

ADAC Württemberg, Stuttgart
Adolf Würth GmbH & Co. KG, Künzelsau
Boehringer Ingelheim, Biberach a. d. R.
Kraft Druck und Verlag GmbH, Ettlingen
Max Weishaupt GmbH, Schwendi
Schussenrieder Erlebnisbrauerei, Bad Schussenried
ZF Friedrichshafen AG, Friedrichshafen
Kreissparkasse Biberach, Biberach a. d. R.

Sponsor des Ausstellungskataloges und des wissenschaftlichen Begleitwerkes

Stiftung Oberschwaben
mit dem Hauptzustifter
Energieversorgung Baden-Württemberg (EnBW), Karlsruhe
und den weiteren Zustiftern
Hans Liebherr, Bulle/Schweiz
Zweckverband Oberschwäbischer Elektrizitätswerke (OEW)
E. Schwenk, Zementwerk KG, Ulm
Max Weishaupt GmbH, Schwendi
Gesamthaus Waldburg, Wolfegg u. Zeil
Hartmetallwerkzeugfabrik Andreas Maier GmbH, Schwendi-Hörenhausen
Ravensburg GmbH, Ravensburg
Uhlmann Pac-System GmbH & Co. KG, Laupheim
Siegfried Weishaupt, Laupheim
Kreissparkasse Biberach, Biberach a. d. R.
Kreissparkasse Ravensburg, Ravensburg
Hohenzollerische Landesbank-Kreissparkasse Sigmaringen, Sigmaringen
Landkreis Sigmaringen

Sponsoren der CD-Rom

Adolf Würth GmbH & Co. KG, Künzelsau
Uhlmann Pac-Systeme GmbH & Co. KG, Laupheim
Kreissparkasse Biberach, Biberach a. d. R.

Leihgeber

Aalen, Stadt Aalen
Aalen-Wasseralfingen, Schwäbische Hüttenwerke GmbH
Allensbach-Hegne, Schwestern vom hl. Kreuz
Altheim, Gemeinde
Altheim, Kath. Kirchengemeinde Altheim
Altomünster, Mechthild Schiller
Augsburg, Staats- und Stadtbibliothek
Augsburg, Städtische Kunstsammlungen
Bad Buchau, Kath. Kirchengemeinde
Bad Mergentheim, Deutschordensmuseum
Bad Mergentheim, Deutschordensmuseum e.V.
Bad Mergentheim, Stadtverwaltung
Bad Säckingen, Kath. Münstergemeinde
Bad Säckingen, Museum Schloß Schönau
Bad Saulgau, Kloster Sießen
Bad Schussenried, Kath. Kirchengemeinde
Bad Schussenried, Neues Kloster Bad Schussenried GmbH
Bad Schussenried, Zentrum für Psychiatrie
Bad Schussenried-Otterswang, Kath. Kirchengemeinde
Bad Schussenried-Steinhausen, Kath. Kirchengemeinde
Bad Waldsee, Franziskanerinnenkloster Reute
Bad Waldsee, Kath. Kirchengemeinde St. Peter
Bad Waldsee, Stadtarchiv Bad Waldsee
Bad Waldsee, Städtisches Museum im Kornhaus
Bad Wurzach (Seibranz), Kartause Marienau
Baden bei Wien (A), Städtische Sammlungen-Rollett-Museum
Baden-Baden, Cistercienserinnenabtei Lichtenthal
Baden-Baden, Stadtmuseum
Baindt, Kath. Kirchengemeinde
Baindt, Private Heimsonderschule für Blinde und Sehbehinderte St. Joseph
Berg, Benediktinerinnenabtei Kellenried
Berkheim, Kath. Kirchengemeinde
Berlin, Deutsches Historisches Museum
Berlin, Kunstbibliothek Berlin, Kulturforum
Berlin, Kupferstichkabinett Sammlung Preussischer Kulturbesitz (SPK)
Beuron, Erzabtei
Biberach a.d.Riß, Braith-Mali-Museum
Biberach a.d.Riß, Kreiskultur- und Archivamt
Biberach a.d.Riß, Wieland-Archiv
Biberach a.d.R., Schützengilde Biberach 1481 e.V.
Blumberg-Riedböhringen, Gemeindeverwaltung Riedböhringen
Bodman-Ludwigshafen, Wilderich Graf von Bodman
Bremen, S.K.H. Georg Friedrich von Preußen
Darmstadt, Hessische Landes- und Hochschulbibliothek
Daugendorf, Kath. Kirchengemeinde
Donaueschingen, Fürstlich Fürstenbergisches Archiv
Düsseldorf, Goethe-Museum
Ehingen (Donau), Museum der Stadt Ehingen
Eichstätt, Diözesanmuseum
Ellwangen a.d.J, Kath. Kirchengemeinde Schönenberg
Ellwangen a.d.J, Schloßmuseum
Ellwangen a.d.J., Kirchengemeinde St. Vitus und Dekanatsamt
Ellwangen a.d.J., Stadtverwaltung
Esslingen a.N., Stadtarchiv
Ettenheim, Kath. Kirchengemeinde St. Landelin
Ettenheim, Stadtverwaltung
Frankfurt/M., Goethe-Haus/Goethe-Museum
Freiburg i.Br., Augustinermuseum
Freiburg i.Br., Erzbischöfliches Ordinariat Freiburg – Baureferat
Freiburg i.Br., Erzbischöfliches Ordinariat/Archiv
Freiburg i.Br., Freiherr von Gayling'sche Verwaltung
Freiburg i.Br., Museum für Stadtgeschichte im Wentzingerhaus
Freiburg i.Br., Staatsarchiv
Freiburg i.Br., Stiftungsverwaltung
Freiburg i.Br., Universitätsbibliothek
Freiburg-Günterstal, Kath. Kirchengemeinde
Freising, Diözesanmuseum
Friedenweiler, Kath. Kirchengemeinde
Friedingen-Dürrenwaldstetten, Kath. Kirchengemeinde
Friedrichshafen, Bodenseebibliothek (im Stadtarchiv)
Friedrichshafen, Walter Schmalzigaug
Friesenheim, Gemeinde
Furtwangen, Deutsches Uhrenmuseum
Gerlachsheim, Kath. Kirchengemeinde
Grafenau, Heimatmuseum
Gurtweil, Kath. Kirchengemeinde
Gutenzell, Kath. Kirchengemeinde
Haigerloch, Kath. Kirchengemeinde
Haisterkirch, Kath. Kirchengemeinde
Harburg/Schwaben, S.D. Moritz Fürst zu Oettingen-Wallerstein
Haslach, Fam. Joseph Haberstroh
Hechingen, Kath. Kirchengemeinde St. Jakobus
Heidelberg, Kurpfälzisches Museum
Heidelberg, Universitätsbibliothek
Heilbronn, Städtische Museen im Deutschhof
Hohberg-Diersburg, Hans-Christoph Baron Roeder von Diersburg
Inzigkofen, Kath. Kirchengemeinde
Isny, Alexander Erbgraf von Quadt zu Wykradt und Isny
Isny, Kath. Kirchengemeinde St. Georg u. Jakobus
Ittlingen, Stiftsverwalter des Kraichgauer adeligen Damenstifts
Karlsruhe, Badische Landesbibliothek
Karlsruhe, Badisches Landesmuseum
Karlsruhe, Generallandesarchiv
Karlsruhe, Staatliche Kunsthalle
Karlsruhe, Stadtarchiv
Karlsruhe, Stadtmuseum im Prinz-Max-Palais
Kassel, Staatliche Museen
Kirchheim am Ries, Kath. Kirchengemeinde
Koblenz, Landeshauptarchiv
Koblenz, Mittelrheinmuseum
Köln, Kölnisches Stadtmuseum
Konstanz, Freifrau Erika Rinck von Baldenstein
Konstanz, Kath. Münstergemeinde
Konstanz, Rosgartenmuseum
Konstanz, Städtische Wessenberg-Galerie
Korntal-Münchingen, Ulrich Haigis
Kreuzwertheim, Weingut Fürst Löwenstein
Künzelsau, Kath. Kirchengemeinde
Langenenslingen, Verein zur Förderung der Klosteranlage Heiligkreuztal e.V.
Lauda, Heimatmuseum
Leutkirch, Privatbesitz
Ludwigsburg, Staatsarchiv
Luzern (CH), Zentral- und Hochschulbibliothek Luzern, Graphische Sammlung
Mahlstetten, Kath. Kirchengemeinde
Mannheim, Reiss-Engelhorn-Museen/Kunst- und Stadtgeschichte
Marbach a.N., Schiller-Nationalmuseum
Maria Steinbach (Markt Legau), Kath. Kirchengemeinde
Maselheim, Heggbacher Einrichtungen St. Elisabeth Stiftung
Meersburg, Kulturamt

Menzenschwand, Kath. Kirchengemeinde
Mitwitz (Ofr.), Firma Freiherr von Cramer-Klettsche Forstverwaltung Mitwitz OHG
Moorenweis-Dünzelbach, Hans Caspar Graf zu Toerring
München, Bayerische Staatsbibliothek
München, Bayerisches Nationalmuseum
München, Hans Veit Graf Toerring zu Jettenbach
München, Münchner Stadtmuseum
München, Provinzialat der Armen Schulschwestern von Unserer Lieben Frau
München, Roland Freiherr von Saint-André
München, Staatliche Graphische Sammlung
Munderkingen, Kath. Kirchengemeinde
Münstertal-St. Trudpert, Kath. Kirchengemeinde
Murrhardt, Evang. Kirchengemeinde
Neresheim, Benediktinerabtei
Neuenstein, Hohenlohe-Zentralarchiv
Neuenstein, S.D. Kraft Fürst zu Hohenlohe-Neuenstein
New York (USA), The Pierpont Morgan Library
Nürnberg, Germanisches Nationalmuseum
Obermarchtal, Kath. Kirchengemeinde
Oberndorf a.N., Stadtverwaltung
Oberstenfeld, Gemeindearchiv
Ochsenhausen, Kath. Kirchengemeinde
Ochsenhausen, Margret Biechele/ Oberschwäbische Barockgalerie
Ochsenhausen, Stadt Ochsenhausen
Offenburg, Museum im Ritterhaus
Ottobeuren, Alte Bibliothek und Archiv der Abtei Ottobeuren
Praha (CZ), Národni muzeum
Rastatt, Bundesarchiv Außenstelle
Rastatt, Wehrgeschichtliches Museum
Ravensburg, Landratsamt, Kultur- und Archivamt
Ravensburg, Stadtarchiv
Ravensburg-Weissenau, Kath. Kirchengemeinde Weissenau
Regensburg, Fürst Thurn und Taxis Zentralarchiv
Regensburg, Historisches Museum
Reutlingen, Heimatmuseum
Riedlingen, Hospitalpflege
Riedlingen, Kath. Kirchengemeinde
Rot a.d.Rot, Kath. Kirchengemeinde
Rottenburg a. N., Bischöfliches Ordinariat, Grund- und Bauverwaltung
Rottenburg a. N., Diözesanarchiv
Rottenburg a. N., Diözesanbibliothek
Rottenburg a. N., Diözesanmuseum
Rottenburg a. N., Diözese Rottenburg-Stuttgart
Rottenburg a. N., Franziskanerkloster Weggental
Rottenmünster, Vinzenz von Paul Hospital GmbH
Rottweil, Kath. Münstergemeinde
Salem, S.K.H. Max Markgraf von Baden
Salem, Stadtsparkasse Salem-Heiligenberg
Salzburg (A), Bibliothek der Erzabtei St. Peter
Schiltach, Kath. Kirchengemeinde
Schluchsee-Blasiwald, Alexander Grabner
Schöntal, Peter Holch
Schwäbisch Gmünd, Klostergemeinschaft der Franziskanerinnen der ewigen Anbetung
Schwäbisch Gmünd, Museum im Prediger
Schwäbisch Gmünd, Stadtarchiv
Schwäbisch Hall, Hällisch-Fränkisches Museum
Schwäbisch Hall, Kreisarchiv
Schwäbisch Hall, Stadtarchiv
Schwäbisch Hall-Steinbach, Kath. Kirchengemeinde
Schwarzach, Kath. Kirchengemeinde
Sigmaringen, S.K.H. Friedrich Wilhelm Fürst von Hohenzollern
Sigmaringen, Staatsarchiv
Speyer, Bischöfliches Ordinariat Speyer, Bistumsarchiv
Speyer, Historisches Museum der Pfalz
St. Blasien, Kath. Kirchengemeinde
St. Blasien, Privatbesitz
St. Märgen, Kath. Kirchengemeinde
St. Märgen, Kloster Museum
St. Paul im Lavanttal/Kärnten (A), Stiftsmuseum Benediktinerabtei
St. Peter i.Schw., Erzbischöfliches Priesterseminar
St. Petersburg/Rußland, National Library of Russia
St. Ulrich i.Schw., Kath. Kirchengemeinde St. Peter und Paul
Stegen-Eschbach, Kath. Kirchengemeinde
Steinhausen a.d. Rottum, Kath. Kirchengemeinde
Stuttgart, Frank-Uwe Druffner
Stuttgart, Hauptstaatsarchiv
Stuttgart, Ingo Gabor
Stuttgart, Kath. Domgemeinde St. Eberhard
Stuttgart, Kolpinghaus Stuttgart-Zentral
Stuttgart, Landesdenkmalamt Baden-Württemberg
Stuttgart, OFD, Staatliche Schlösser und Gärten Baden-Württemberg, Landesvermögens- und Bauabteilung
Stuttgart, Staatsgalerie
Stuttgart, Staatsgalerie – Graphische Sammlung
Stuttgart, Timo John
Stuttgart, Württembergische Landesbibliothek
Stuttgart, Württembergische Landesbibliothek – Graphische Sammlung
Stuttgart, Württembergisches Landesmuseum
Sulz a.N.-Bernstein, Berta Kewitz
Tauberbischofsheim, Landratsamt Main-Tauber-Kreis
Todtmoos, Heimatmuseum
Todtmoos, Kath. Kirchengemeinde
Triberg, Kath. Kirchengemeinde
Tübingen, Schwäbisches Landesmusikarchiv
Tübingen, Universität
Tübingen, Universitätsbibliothek
Überlingen, Leopold-Sophien-Bibliothek
Überlingen, Stadtverwaltung
Uhingen, Kreisarchiv Göppingen
Uhldingen-Mühlhofen, Zisterzienser-Priorat Birnau
Ulm, St. Michael zu den Wengen
Ulm, Stadtarchiv
Ulm, Stadtbibliothek
Ulm, Ulmer Museum
Ulm-Söflingen, Kath. Kirchengemeinde
Ulm-Wiblingen, Kath. Kirchengemeinde
Villingen-Schwenningen, Franziskanermuseum Villingen
Wald (Hohenz.), Kath. Kirchengemeinde
Waldkirch, Elztalmuseum
Waldshut-Tiengen, Landratsamt
Walldürn, Stadt- und Wallfahrtsmuseum
Weingarten, Benediktinerabtei
Weingarten, Kath. Kirchengemeinde St. Martin
Weingarten, Privatbesitz
Weingarten, Stadtarchiv
Weingarten, Stadtmuseum im Schlössle
Wertheim, Staatsarchiv
Wien (A), Deutschordens-Zentralarchiv
Wien (A), Heeresgeschichtliches Museum im Arsenal
Wiesensteig, Kath. Kirchengemeinde
Wolfegg, S.D. Fürst Johannes von Waldburg zu Wolfegg und Waldsee
Würzburg, Mainfränkisches Museum
Zell am Harmersbach, Kapuzinerkloster
Zwiefalten, Kath. Münstergemeinde
Zwingenberg a.N., S.G.H. Prinz Ludwig von Baden

Dank für Hilfe und Anregungen

Dr. Herbert Aderbauer, Rottenburg a.N.
Pfarrer Giancarlo Aldrighetti, Schwäbisch Hall-Steinbach
Ulrich Amann, Ettlingen
Dr. Hans Ammerich, Speyer
Winfried Aßfalg, Riedlingen
Dr. Anita Auer, Villingen
S.K.H. Erbprinz Bernhard von Baden, Salem
Dorothea Bader, Ludwigsburg
Sr.M. Ruth Banzhaf, Bad Waldsee-Reute
Sr.M. Erharda Bauer, Arme Schulschwester, München
Hans Peter Bauer, Bad Schussenried
Dr. Barbara Beaucamp, Mannheim
Dr. Otto Beck, Wangen i.A.
Rudolf Beck, Waldburg-Zeil
Pater Bruno Becker OSB, Salzburg (A)
Pfarrer Dr. Otto Becker, Sigmaringen
Bürgermeister Georg Beetz, Bad Schussenried
Dr. Milena Běličová, Prag (CZ)
Axel Bengsch, Tübingen
Ursula Benkö, Konstanz
Anca Berberich, Freiburg i.Br.
Matthias Berg, Freiburg
Pfarrer Peter Berg, Bad Säckingen
Hilde Betz, Ulm
Margret Biechele, Ochsenhausen
Michael Bing, Stuttgart
Hans Josef Birner, Rottweil
Dr. Christoph Bittel, Bad Mergentheim
Horst Blaser, Bad Schussenried
Landrat a.D. Dr. Guntram Blaser, Ravensburg
Markus Blatt, Weingarten
Dr. Franz-Rasso Böck, Kempten
Lothar A. Böhler, Freiburg i.Br.
Judith Bolsinger, Stuttgart
Dr. Monika Boosen, Schwäbisch-Gmünd
Dr. Emanuel Braun, Eichstätt
Prof. Paolo Brenni, Florenz (I)
Pater Roman Brud, St. Märgen
Prof. Dr. Wolfgang Brückner, Würzburg
Dr. Frank Brunecker, Biberach a.d.R.
Berthold Büchele, Wangen i.A.
Dr. Dieter Büchner, Stuttgart
Marcus Bugbee, Stuttgart
Sr.M. Hildegard Bung OCist, Baden-Baden-Lichtenthal
Prior Tutilo Burger OSB, Beuron
Dr. Wolfgang Caesar, Stuttgart
Dr. Christofer Conrad, Stuttgart
Patricia Courtney, New York (USA)
Dr. Martin Dallmeier, Regenburg
Alfred Danner, Oberndorf a.N.
Dr. Michael Davidis, Marbach a.N.
Alexander Dehio, Biberach a.d.R.
Rolf Deklerski, Bad Säckingen
P. Dr. Bernhard Demel OT, Wien
Martin Dengler, Stuttgart
Dr. Kurt Diemer, Biberach a.d.R.
Josef Dietenberger, Friedrichshafen
Dekan Manfred Diewald, Freiburg-Günterstal
Sr.M. Antonia Dillmann OSF, Bonlanden
Sr.M. Agnesita Dobler OCist, Maselheim
Sr.M. Charis Doepgen OSB, Berg (Kellenried)
Pfarrer Jürgen Dolderer, Obermarchtal
Landrat Peter Dombrowski, Freudenstadt
Pfarrer Bernhard Dorner, Wittichen
Pater Nikolaus Dorner OSB, Weingarten
Dr. Jutta Dresch, Karlsruhe
Eckbert Dreyer, Ochsenhausen
Prof. Dr. Immo Eberl, Ellwangen
Klaus Eckardt, Bad Schussenried
Günter Eckstein, Stuttgart
Dr. Hermann Ehmer, Stuttgart
Dr. Renate Eikelmann, München
Sylvia Eith-Lohmann, Biberach a.d.R.
Norbert Englert, Tauberbischofsheim
Prof. Moritz Epple, Stuttgart
Sr.M. Witgard Erler OSF, Bad Saulgau
Dr. Albrecht Ernst, Stuttgart
Sr.M. Benedikta Ewald OSF, Schwäbisch-Gmünd
Henner Faehndrich, Baden-Baden
Dr. Carla Fandrey, Stuttgart
Reinhard Faul, Waldenbuch
Prof. Dr. Pater Ulrich Faust OSB, Ottobeuren
Landrat Willi Fischer, Balingen
Dr. Evelyn Flögel, Waldkirch
Joachim Frank, Dürmentingen
Dr. Annette Frese, Heidelberg
Anke Friederichs, Rottenburg a.N.
Dr. Iris Fritsche, Stuttgart
Beatrice Fritz, Heidelberg
Dr. Norbert Fritz, Heidelberg
S.D. Erbprinz Christian von Fürstenberg, Donaueschingen
Landrat Dirk Gaerte, Sigmaringen
Karsten Gaulke, Stuttgart
Dr. Ulrike Gauss, Stuttgart
Meinrad Gebele, Wittichen
Dieter Geiß, Ulm-Söflingen
Dr. Helmut Gier, Augsburg
Elisabeth von Gleichenstein, Konstanz
Dr. Johannes Graf, Furtwangen
Evelyn Grosse, Salem
Dr. Dietger Grosser, München
Dr. Claudia Grund, Eichstätt
Karl Haas, Ellwangen a.d.J.
Joseph Haberstroh, Haslach i.K.
Pfarrer Alexander Hafner, Friesenheim
Ulrike Hagenbuch, Stuttgart
Ulrich Haigis, Korntal-Münchingen
Sr. Eva Maria Hakenjos, Großheppach
Prof. Dr. Adolf Handl, Salzburg
Mareike Hartmann, Hirsau
Bernd Haselmann, Freiburg
Dekan Patriz Hauser, Ellwangen/J.
Dr. Winfried Hecht, Rottweil
Dr. Felix Heinzer, Stuttgart
Rudolf Henning, Stuttgart
Dr. Brigitte Herbach-Schmitt, Karlsruhe
Max Herold, Bad Schussenried
Rainer Herzog, Ulm
Cathrin Hermann, Tübingen
Johann Herrmann, Ulm
Dr. Klaus-Jürgen Herrmann, Schwäbisch-Gmünd
Dr. Dorothea Höfert, Karlsruhe
Rosa Hoffmann, Stuttgart
Klaus Hog, St. Märgen
Erzabt Theodor Hogg, Beuron
S.D. Kraft Fürst zu Hohenlohe-Neuenstein, Neuenstein
S.K.H. Friedrich Wilhelm Fürst von Hohenzollern, Sigmaringen
Jürgen Hohl, Bad Wurzach-Eggmannsried
Christian Holoch, Mitwitz (Ofr.)
Michael Horn, Stuttgart
Petra Huber-Sauter, Stuttgart
Dr. Elisabeth Huwer, Heidelberg
Marina von Jacobs, Stuttgart
Dr. Stefan Janker, Rottenburg a.N.
Dr. Rainer Jensch, Wangen i.A.
Margret Kaiser, Bad Schussenried
Peter Kalchthaler, Freiburg i.Br.
Christoph Kalisch, Karlsruhe
Franz Karg, Dillingen a.D.
Dr. Angela Karasch, Freiburg i.Br.
Karl Kaufmann, Bad Schussenried
Br. Wolfgang Keller, Beuron
Peter Kempf, Sigmaringen
Berta Kewitz, Sulz a.N.-Bernstein
Dr. Gabriele Kleiber, Stuttgart
Ekkehard Klemm, Friesenmheim
Alois Klumpp, Ettlingen
Antonia Knapp, Tübingen
Dr. Ulrich Knapp, Leonberg
Dieter Knauß, Stuttgart
Jürgen Köhn, Stuttgart
Wilhelm König, Bad Schussenried
Konrad Kohler, Wasseralfingen
Dr. Udo Kolb, Leutkirch
Prälat Paul Kopf, Stuttgart
Martin Kratzert, Isny
Pfarrer Dr. Bernhard R. Kraus, Maria Lindenberg

Dr. Bernd Mathias Kremer, Freiburg i.Br.
Prof. Dr. Hubert Krins, Tübingen
Arnulf Krueger, Stuttgart
Pater Adam Kubalski, Todtmoos
Brigitte Kühn, Ulm
Frank Kuhn, Bad Schussenried
Manfred Kurz, Blaufelden
Dr. Jörn Laakmann, Ostfildern
Pfarrer Josef Läufer, Triberg i.Schw.
Dr. Frank Thomas Lang, Stuttgart
Thomas Lasetzki, Stuttgart
Dr. Wolfgang Leitmeyer, Speyer
Pfarrer Dr. Andreas Lemmas, Gurtweil
Rupert Leser, Bad Waldsee
Dekan Heinz Leuze, Baindt
Dr. Claudia Lichte, Würzburg
Pfarrer Ansgar Lingel, Kirchheim a.R.
Uwe Lohmann, Weingarten
Heinz Maag, Ittlingen
Janine Maegraith, Stuttgart
Sr.M. Dr. Frumentia Maier OSF, Offenburg
Prof. Dr. Konstantin Maier, Eichstätt
Dr. Petra Maisak, Frankfurt/M.
Dr. Andreas Maisch, Schwäbisch Hall
Angelika Martius, Waldenbuch
Pfarrer Josef Maurer, Wald (Hz.)
Dr. Bernd Mayer, Wolfegg
Herbert Mayer, Torkenweiler
Franz Mayerföls, Bad Schussenried
Pfarrer Joachim Meckler, Bad Schussenried
Pater Hans-Theodor Mehring JS, Stuttgart
Johann Meier, St. Blasien i.Schw.
Prof. Christoph Meinel, Regensburg
Thomas Merkl, Karlsruhe
Dr. Wolfram Metzger, Karlsruhe
Landrat Dr. Wolf-Rüdiger Michel, Rottweil
Edwin Michler, Kirchheim a.R.
Pater Heinrich Mühlbauer SDS, Legau-Maria-Steinbach
Prof. Dr. Hans-Otto Mühleisen, Augsburg
Franz Müller, Bad Schussenried
Henrike Müller, Bad Waldsee
Dr. Peter Müller, Wertheim
Regens Dr. Philipp Müller, St. Peter i.Schw.
Eva Müller-Dahl, Stuttgart
Dr. Helga Müller-Schnepper, Esslingen a.N.
Sr. Rosemarie Nägele, Aidlingen
Thomas Naumann, Wallürn
Pfarrer Gerhard Neudecke, Riedlingen
Alfred Neukamm, Wasseralfingen
Dr. Joachim Niemeyer, Rastatt
Dekan Helmut Nohanowitsch, Ochsenhausen
Stefan Ohnemus, Ettenheimmünster
Dr. Ludwig Ohngemach, Ehingen a.D.
Thomas Oschmann, Rottenburg a.N.
Brunhilde Osten-Fritzenschaft, Bad Waldsee
Georg Ott-Stelzner, Rottenburg a.N.
Dr. Jörg Paczkowski, Wertheim
Dr. Armin Panter, Schwäbisch Hall
Fr. M. Pachomius Pemsl OCist, Uhldingen/Birnau
Dr. Irene Pill-Rademacher, Ravensburg
Otto Pittner, Stuttgart
Prof. Dr. Dieter Planck, Stuttgart
Prof. Dr. Walter Pötzl, Eichstätt
Armin Pogadl, Stuttgart
Bernhard Pohl, Ulm
Prof. Dr. Dieter Pohl, Aalen †
Dr. Rudolf Poppa, Dillingen a.D.
Berthold Porath, Bad Schussenried
Dr. Franz Xaver Portenlänger, Speyer
Dr. Peter Pretsch, Karlsruhe
Nicole Priesching, Stuttgart
Gerhard Prinz, Stuttgart
Prof. Dr. Franz Quarthal, Rottenburg a.N.
Eckhard Raabe, Stuttgart
Mary Jo Rabe, Freiburg i.Br.
Helmut Reichwald, Stuttgart
Günter Reimann, Stuttgart
Dr. Brigitte Reinhardt, Ulm
Wolfgang Reiß, Rastatt
Pater Peter Renju, Ellwangen-Schönenberg
Martin Renner, Königsbach
Rudolf Renz, Tübingen
Andrea Rexer, Bad Schussenried
Dr. Christof Rieber, Mengen
Prof. Dr. Friedrich W. Riedel, Sonthofen
Pater Martin Rieger OSB, Weingarten
Wolfgang Rieger, Bad Schussenried
Dr. Achim Riether, München
Bürgermeister Armin Roesner, Friesenheim
Dr. Hans-Ulrich Roller, Korntal-Münchingen
Erwin Roser, Riedböhringen-Blumberg
Dr. Michael Roth, Berlin
Prof. Dr. Hans Ulrich Rudolf, Weingarten
Pfarrer Rainer Ruß, Markgröningen
Wolfgang Sailer, Oberboihingen
Erich Schäfer, Zwiefalten
Dr. Maria Louise Schaller, Luzern (CH)
Konrad Schatz, Konstanz
Rolf Schaubode, Weingarten
Dietmar Sauter, Ulm
Ernst Schedler, Oberstenfeld
Dr. Leonhard Scherg, Marktheidenfeld
Jörg Scheuerbrand, Heitersheim
Hans Peter Schiele, Stuttgart
Sr.M. Pia Schindele OCist, Baden-Baden-Lichtenthal
Bjoern Schirmeier, Stuttgart
Pfarrer Richard Schitterer, Bad Waldsee
Dr. Armin Schlechter, Heidelberg
Dr. Andreas Schmauder, Ravensburg
Pfarrer E. Schmid, Rot an der Rot
Josef Schmid, Wittichen
Jürgen Schmid, Stuttgart
Michael Schmid, Ochsenhausen
Henry Schmidel, Biberach a.d.R
Dr. Christoph Schmider, Freiburg i.Br.
Sabine C.H. Schmidt, Bad Schussenried
Franz Xaver Schmidt, Stuttgart
Landrat Peter Schneider, Biberach a.d.R.
Petra Schön, Stuttgart
Prof. Dr. Klaus Schreiner, München
Prof. Dr. Klaus Schrenk, Karlsruhe
Prior Werenfriedus Schröer OCart., Bad Wurzach
Dr. Roland Schurig, Aalen
Dr. Annette Schwandner, Stuttgart
Christa Schwarz, St. Ulrich i.Schw.
Sabine Schwarz, Bubenreuthe
Dr. Franz Schwarzbauer, Meersburg
Dr. Lothar Seelig, München
David Seyffer, Stuttgart
Prof. Dr. Harald Siebenmorgen, Karlsruhe
Michael Sili, Dürmentingen
Mag. Dr. Gerfried Sitar OSB, St. Paul im Lavanttal (Kärnten/A)
Helmut Skupnik, Grafenau-Dätzingen
Iris Sonnenstuhl-Fekete, Esslingen
Johannes Spellbrink, Bad Mergentheim
Dr. Wilfried Sponsel, Nördlingen
Kai-Michael Sprenger, Ravensburg
Ingo Springmann, Karlsruhe
Dr. Babara Starck, Konstanz
Hartmut Stegerer, Harburg
Dr. Friedrich Steinle, Berlin
Matthias Steuer, Ellwangen/J.
Dr. Frieder Stöckle, Stuttgart
Joachim Stolz, Reutlingen
Eugen Strahl, Bad Schussenried
Dr. Rosemarie Stratmann-Döhler, Karlsruhe
Aglaya Strauß, Freiburg i.Br.
Abt Norbert Stoffels OSB, Neresheim
Karl Strohmeier, Bad Schussenried
Prof. Dr. Alexander Sumski, Tübingen
Prof. Dr. Gerhard Taddey, Ludwigsburg
Pfarrer Theodor Tallafuß, Haisterkirch
Landrat Siegfried Tann, Friedrichshafen
Dr. Bernhard Theil, Stuttgart
Prof. Dr. Manfred Thierer, Leutkirch
Siegfried Thuringer, Freiburg i.Br.
I.D. Gloria Fürstin von Thurn und Taxis, Regensburg

Dekan Dr. Mathias Trennert-Helwig, Konstanz
Dr. Hans Peter Trenschel, Würzburg
Maike Trentin-Meyer, Bad Mergentheim
Sr.M. Benigna Ullrich OCist, Baden-Baden-Lichtenthal
Wolfgang Urban, Rottenburg a.N.
Ingrid Utz, München
Eberhard Veit, Ellwangen/J.
Pater Paulinus Veith OFMCap, Zell am Harmersbach
Sabine Vögele, Mannheim
Udo Vogt, Senden
Karin Wahl, Stuttgart
Landrat Dr. Edgar Wais, Reutlingen
S.D. Fürst Johannes von Waldburg zu Wolfegg und Waldsee, Wolfegg
Josef Waldvogel, St. Märgen
Rolf Waldvogel, Leutkirch
Karl Walk, Rot an der Rot
Dr. Frauke van der Wall, Würzburg
Christoph Waller, Freiburg i.Br.
Helen Wanke, Reutlingen
Alfred Wanner, Gutenzell
Franziska Weidelener, Bad Buchau
Dr. Klaus K. Weigele, Ochsenhausen
Dr. Otmar Weigele, Biberach a.d.R.
Dieter Weis, Ettenheim
Dr. Ulrike Weiß, Hannover
Dr. Klaus Welker, Freiburg i.Br.
Dr. Udo Wennemuth, Karlsruhe
Regierungspräsident Hubert Wicker, Tübingen
Landrat Kurt Widmaier, Ravensburg
Pfarrer Rupert Willburger, Gutenzell
Dr. Andreas Wilts, Donaueschingen
Marc Witzenbacher, Karlsruhe
Dr. Friederike Woog, Stuttgart
Gabriele Wüst, Karlsruhe
Walter Ziegler, Göppingen
Dr. Wolfgang Zimmermann, Stuttgart
Dr. Detlef Zinke, Freiburg i.Br.
Thomas Zörlein, Stuttgart

Erarbeitung der pädagogischen Handreichung zur Ausstellung

Dr. Christof Rieber, Mengen

Berthold Büchele, Wangen i.A.
Wilfried Haidorf, Bad Schussenried
Raimund Kolb, Weingarten
Jan Koppmann, Berg
Prof. Dr. Erich Müller-Gaebele, Weingarten
Dr. Vadim Oswalt, Weingarten
Xaver Pfaff, Veringenstadt
Hans-Jörg Reiff, Ochsenhausen
Wolf-Ulrich Strittmatter, Ravensburg
Jürgen Weiss, Bad Saulgau
Maria Würfel, Schwäbisch Gmünd

Wissenschaftsbeirat

Prof. Dr. Franz Quarthal, Universität Stuttgart

Dr. Wolfgang Zimmermann, Vorsitzender des Geschichtsvereins der Diözese Rottenburg-Stuttgart a.N.

Prof. Dr. Peter Blickle, Universität Bern

Dr. Kurt Diemer, Kreisarchivdirektor, Biberach a.d.R

Dr. Hermann Ehmer, Direktor des Landeskirchlichen Archives, Stuttgart

Dr. Felix Heinzer, Leiter der Handschriftenabteilung der Württembergischen Landesbibliothek, Stuttgart

Prof. Dr. Christel Köhle-Hezinger, Universität Jena

Prof. Dr. Konstantin Maier, Katholische Universität Eichstätt

Prof. Dr. Hans-Otto Mühleisen, Universität Augsburg

Dr. Hans Pfeifer, Ellwangen a.d.J.

Prof. Dr. Hans Ulrich Rudolf, Pädagogische Hochschule Weingarten

Prof. Dr. Wilfried Schöntag, Präsident der Landesarchivdirektion Stuttgart

Diözesankonservator Wolfgang Urban M.A., Rottenburg a.N.

Mitarbeiter der Ausstellung

Württembergisches Landesmuseum

Ausstellungsleitung
Direktor Prof. Dr. Volker Himmelein

Wissenschaftliches Sekretariat
Dr. Timo John

Wissenschaftliche Mitarbeiter
Dr. Frank Druffner
Dr. Ingo Gabor
Dr. Martin Hoernes
Dr. Timo John

Dr. Michaela Bautz
Dr. Fritz Fischer
Dr. Sabine Hesse
Dr. Hans-Ulrich Roller
Dr. Andrea Tietze
Dr. Rainer Y

Nicole Deisenberger M.A.
Heike Gall
Dr. Ulrich Klein
Frank Lang M.A.
Gerhard Prinz M.A.
Dr. Gustav Schöck
Leo von Stieglitz M.A.
Dr. Christian Väterlein

Ausstellungsorganisation
Georg Schnepper

Christoph Milde
Angelo Moscagiura
Wolfram Weese

Katalog- und Bildredaktion
Dr. Timo John

Presse-, Öffentlichkeitsarbeit, Marketing und Museumspädagogik
Dr. Elke Gerhold-Knittel
Alexandra Lieb M.A.

Iris Berghold M.A.
Ulrike Reimann M.A.
Maria Rothhaupt-Kaiser

EDV
Wolfgang Schönwald

Sekretariat
Brigitte Oesterle

Agnes Fräbel
Ute Krabel
Helmut Werner

Bibliothek
Birgit Diehl

Verwaltung
Gudrun Riedesser-Gerecke
Elmar Feitscher
Wolfgang Schönwald
Marlies Hasenfuß
Oliver Jestädt
Silke Müller
Sylvia Noske
Helene Schnell
Christa Schönwald
Ingrid Ziefle

Fotoatelier
Peter Frankenstein
Hendrik Zwietasch

Restauratoren
Roland Hahn
Hans Westhoff
Peter Heinrich

Bettina Beisenkötter
Petra Buhlinger
Martin Haussmann
Elisabeth Krebs
Michael Kriebel
Moritz Paysan
Martin Raithelhuber
Eva Sulzer

Nicole Ebinger
Marcus Jung
Corinna Knobloch
Natalie Kurz
Lena Knecht
Laura Kapp
Nina Mentzel
Elke Michler
Jutta Multhaupt
Britta Schmutzler
Birgit Schwan
Jörg Stelzner
Heide Trommer
Leslie Weber
Ingrid Wiesner

Freie Restauratoren
Christoph Bueble, Nürtingen
Markus Heberle, Überlingen
Annette Kollmann, Warmbronn
Monika List, Stuttgart
Barbara Lorenzer, Überlingen
Alexandra Gräfin von Schwerin, Rottenburg a.N.
Cornelia Weik, Schorndorf

Ausstellungsarchitektur und -gestaltung
von Jacobs, Stuttgart
Marina von Jacobs
Matthias Falke
Christine Langer
Eva Brauchle
Andrea Müller
Annette Rieder

Lichtberatung
Conceptlicht GmbH, Traunreut
Helmut Angerer
Ben Miller

Ausstellungsgraphik
panićDESIGN, Eggenstein
Hajdi Meisel

Karten
Entwürfe: Dr. Ingo Gabor
Kartographie: Axel Bengsch, Tübingen

Vitrinen, Ausstellungseinbauten und -beleuchtung:
Böhm GmbH, Vitrinen und Museumseinrichtungen, Waiblingen
Die Eibe GmbH, Werkstatt für Holzgestaltung, Ochsenhausen
Rainer Glaser, Schreinerei – Innenausbau – Museumsbauten – Vitrinenbau, Illingen
Heinzelmann GmbH & Co. KG, Museums- und Ausstellungsbau, Zimmerei – Glaserei – Bau- und Möbelschreinerei, Mühlacker
Arthur Jaschek GmbH & Co. KG, Ausstellungsvitrinen und Innenausbau, Esslingen-Berkheim
Bruno Kettnaker, Bauschreinerei – Glaserei, Dürmentingen
Elektro Mayerföls, Bad Schussenried

Transport
D'Art
Hasenkamp
Jung, Kunsttransporte, Esslingen a.N.

Ausstellungsaufbau
die wölfe, Wildberg

Werbegraphik
ArtKonzept Agentur für Gestaltung und Beratung Petra Findeisen-Meckel, Stuttgart

Internetauftritt
Redaktion: Alexandra Lieb M.A.
Gestaltung: ArtKonzept Agentur für Gestaltung und Beratung Petra Findeisen-Meckel, Stuttgart
Technische Umsetzung: abara internet-studio, Dr. Gerhard Kahl, Stuttgart

CD-ROM
Wissenschaftliche Bearbeitung: Dr. Frank Druffner, Dr. Martin Hoernes
Texte: Frank Kuhn M.A.
Produktion: Zuckerfabrik Digital, Stuttgart
Konzeption: Thomas Zörlein
Programmierung: Alex Sieverding
Herausgeber: Neues Kloster Bad Schussenried GmbH und Württembergisches Landesmuseum Stuttgart

Klosterdatenbank
Dr. Ulrike Weiß
Text: Martin Renner M.A. u.a. Autoren
Bildredaktion: Dr. Martin Hoernes, Dr. Timo John
Umsetzung: Landesarchivdirektion Stuttgart, Dr. Thomas Fricke, Dr. Wolfgang Zimmermann

Autoren

M.B.	Michaela Bautz
B.D.	Bernhard Demel
F.D.	Frank Druffner
F.F.	Fritz Fischer
I.G.	Ingo Gabor
G.G.	Georg Günther
Ma.Ha.	Mareike Hartmann
C.H.	Cathrin Hermann
S.H.	Sabine Hesse
V.H.	Volker Himmelein
M.H.	Martin Hoernes
T.J.	Timo John
A.K.	Antonia Knapp
H.K.	Hubert Krins
J.M.	Jeanine Maegraith
B.S.	Bjoern Schirmeier
S.S.	Sabine Schwarz
L.S.	Lorenz Seelig
D.S.	David Seyffer
G.S.	P. Gerfried Sitar
J.S.	Joachim Stolz
R.Y	Rainer Y
K.Z.	Kathrin Ziegler

Die Einführungstexte zu den einzelnen Kapiteln sind jeweils mit dem Autorenkürzel versehen.
Wenn nicht anders angegeben, stammen die folgenden Katalognummern und Texte von dem selben Autor.

ALTE KLÖSTER
NEUE HERREN

Schussenried als Beispiel
von Volker Himmelein

Klöster sind heute vor allem als Gebäude, als Kunstdenkmäler im Bewußtsein der Zeitgenossen lebendig. Die mittelalterlichen Anlagen von Maulbronn oder Bebenhausen, die prachtvollen Barockbauten von Weingarten oder Zwiefalten sind berühmte Sehenswürdigkeiten und auch Schussenried ist vor allem durch seinen barocken Bibliothekssaal berühmt und populär.
Aber (ähnlich wie Zwiefalten) wird Schussenried mit einem vielsagenden Unterton auch mit der »Irrenanstalt« in Verbindung gebracht, der 1875 in den Klostergebäuden eingerichteten »Königlichen Heil- und Pflegeanstalt«. Und es gilt sich klarzumachen, daß tatsächlich die Gebäude des ab 1752 errichteten »Neuen Klosters« in Schussenried länger diesem Zweck gedient haben, als sie von Mönchen bewohnt worden sind. Diese Funktionsänderung ist eine Folge der »Säkularisation« mit der sich unsere Ausstellung beschäftigt, und daß die Landesausstellung zur Säkularisation im ehemaligen Kloster Schussenried stattfinden kann, ist, wenn man so will, ebenfalls eine Folge dieser Säkularisation.

Dabei reicht die Geschichte des Klosters natürlich sehr viel weiter zurück. Wenige Jahre vor der Aufhebung hatte man das sechshundertjährige Bestehen des Klosters gefeiert, das 1183 von einer örtlichen edelfreien Familie gegründet und mit Prämonstratensern besetzt worden war, und das im Laufe der Zeit aus einer Propstei zu einer geistlichen Herrschaft, zu einem Reichsstift geworden war.
Der Prämonstratenserorden, benannt nach dem 1120 von Norbert von Xanten (gest. 1134) gegründeten Kloster Prémontré bei Laon, muß im 12. Jahrhundert als Reformorden eine besondere Attraktivität für die Stifter von Klöstern gehabt haben. So wurde in Schwaben nach Ursberg (1125) schon im Jahre 1126, angeblich unter Beteiligung des heiligen Norbert selbst, das Kloster Rot an der Rot als Prämonstratenserkloster gegründet und in rascher Folge entstanden Niederlassungen in Weissenau (1145), Obermarchtal (1171), Adelberg (1178) und 1183 eben in Schussenried das von Weissenau aus besiedelt wurde, dessen Abt bis zum Ende des Klosters als »pater domus« eine

Darstellung der gesamten Anlage des Reichsstifts Schussenried – Altes und Neues Kloster – aus dem Jahr 1758

Art Oberaufsicht über Schussenried ausübte und zum Beispiel bei allen Abtswahlen den Vorsitz führte.
Die Prämonstratenser lebten nicht nach der Regel des heiligen Benedikt, sondern nach der älteren, beschaulicheren Augustinerregel, die Norbert erneuert und gestrafft hatte. Sie gehörten aber, wie die Benediktiner und die Zisterzienser, im Gegensatz zu den dann im 13. Jahrhundert entstehenden Bettelorden zu den Prälatenorden, die Grundbesitz erwarben und Herrschaft ausübten. Die Mönche verstanden sich als »Chorherren« und versahen zumeist den Pfarrdienst in den inkorporierten Pfarreien, »Pröpste« hatten anfänglich die Leitung der Niederlassungen.
Die Stifter von Schussenried, die selbst in ihr Kloster – der eine als Mönch, der andere als Konverse – eingetreten waren, und mit denen ihre Familie ausstarb, schenkten dem Kloster ihren gesamten Grundbesitz. Im Wappen des Klosters, einem aufgerichteten roten Löwen auf silbernem Grund, wie wir ihn etwa am Hochaltar der Klosterkirche sehen, lebt die Erinnerung an die Stifterfamilie weiter.
Allerdings fochten Verwandte, die Herren von Wartenberg auf der Baar, die Stiftung zunächst an und vertrieben die Mönche, die erst 1205 endgültig zurückkehren konnten. Aber dann begann ein stetiger Aufstieg. Privilegien und Bestätigungen von Kaiser und Papst sicherten die rechtliche Stellung der neuen Gründung, Zahlreiche Schenkungen des benachbarten Adels schufen die wirtschaftliche Basis für den Erwerb von Grundbesitz, Ortsherrschaften und Kirchenpatronaten in zahlreichen Dörfern und Weilern der näheren und weiteren Umgebung, so daß bis zum Ende des Mittelalters ein kleines Territorium entstand. Dieser stetige, von inneren und äußeren Krisen weitgehend verschont gebliebene Aufstieg fand seinen Ausdruck in der Erhebung des Propstes Konrad Rauber zum Abt im Jahre 1440 und in einer Verbesserung der Rechtsstellung des Klosters, die ihm schließlich die Reichsunmittelbarkeit brachte: die Befreiung von ausländischen Gerichten durch Kaiser Friedrich III. im Jahre 1487 und zehn Jahre später die erstmalige Teilnahme des Abtes an einem Reichstag in Lindau, endlich die Verleihung der Hoch- und Blutsgerichtsbarkeit durch Kaiser Maximilian im Jahre 1512.
Mit dem Bau einer ersten Klosterkirche, die wohl in den dreißiger Jahren des 13. Jahrhunderts fertiggestellt wurde, hatte man schon in den achtziger Jahren des 12. Jahrhunderts begonnen, einer romanischen Pfeilerbasilika zu acht Jochen, flachgedeckt, mit gerade geschlossenem Chor und einem Turm an der Nordostseite. Grund- und Aufriß dieser ältesten Kirche prägen trotz zahlreicher Umbauten und Zerstörungen bis heute die Baugestalt der Klosterkirche.
Die Klostergebäude schlossen sich, wie in Deutschland üblich, südlich an die Kirche an und wurden im Laufe der Jahrhunderte vielfach umgebaut.
Nach der Erhebung zur Abtei erneuerte der dritte Abt, Heinrich Österreicher (1480–1505), die Kirche im Sinne der Spätgotik. Auf ihn geht der schloßartige Bau der Abtei mit den schräggestellten Erkertürmen zurück, der 1482 der Kirche westlich vorgesetzt wurde sowie der Einbau eines Bibliotheksraumes über dem nördlichen Kreuzgangsflügel. 1493 ließ er den Mönchschor neu erbauen und ab 1497 wurde die Kirche von dem Schussenrieder Baumeister Georg Lutz in allen Teilen mit spätgotischen Netzgewölben versehen.
Von der reichen Ausstattung der Klosterkirche am Ende des Mittelalters geben nur noch wenige, aber hochrangige Reste eine Vorstellung. So stammt die überlebensgroße Holzfigur des hl. Christophorus in der Vorhalle wohl aus der 1490 von Heinrich Österreicher als Grabkapelle für die Äbte erbauten und im 17. Jahrhundert abgerissenen gleichnamigen Kapelle. In der Vorhalle hat sich auch das kostbare Relief mit dem Marientod von dem Biberacher Bildschnitzer Michael Zeynsler erhalten, aus dessen Werkstatt auch eine heilige Sippe mit dem Wappen des Abtes Johannes (1505–1544) stammt, die es in die Schussenrieder Patronatskirche in Winterstettendorf verschlagen hat. Und in Berlin werden die Flügel eines Altars aufbewahrt, die der Memminger Maler Bernhard Strigel damals für die Klosterkirche gemalt hat.
Die Reformation veranlaßte zwar offenbar nur einen Pater zum Austritt aus dem Kloster, aber im Bauernkrieg wurde Schussenried im Jahre 1525 von den aufständischen Bauern besetzt und völlig ausgeplündert. Die folgenden hundert Jahre scheinen aber im großen und ganzen eine ruhige Zeit für das Kloster gewesen zu sein. Die Gegenreformation stärkte und erneuerte das geistliche Leben im Kloster. Die Verwaltung wurde gestrafft, neue Statuten erlassen, ein neues Besitz- und Lehenbuch angelegt und jedes Haus und jedes Gut erhielt den Namen eines Heiligen (der sich oft bis heute erhalten hat), um es unabhängig von den wechselnden Beständern identifizierbar zu machen.

Der Besitzstand mehrte sich, und die Gebäude wurden erneuert und ausgeschmückt, auch wenn sich davon (wie fast überall in Oberschwaben) nach den Zerstörungen des Dreißigjährigen Kriegs und den Erneuerungen der Barockzeit so gut wie nichts erhalten hat. Der Abt Ludwig Mangold, der von 1582 bis 1604 regierte und dessen prächtiges Grabmal im Kreuzgang steht, wird als ein Liebhaber der Jagd und der Musik beschrieben und hat 1596 das Recht, die Pontifikalien zu tragen erlangt. Die Mitra ziert seither das Wappen der Klostervorsteher.

Eine Pestepidemie zwang den Abt Martin Dietrich (1606–1621) den Friedhof 1610 vom Kloster weg an seinen jetzigen Ort zu verlegen, wo er 1618 seinem Namensheiligen Martin die heutige Friedhofskapelle erbaute. Außerdem hat er die Kapelle in Steinhausen, die Vorgängerin der Wallfahrtskirche, neu errichtet und dort 1619 eine Rosenkranzbruderschaft gegründet.

Diese Blütezeit des Klosters endete im Dreißigjährigen Krieg, in dem die Mönche vertrieben und das Kloster 1634 von den Schweden besetzt worden war, mit der Zerstörung von Kirche und Klausurgebäuden durch schwedische Soldaten, die am 13. Januar 1647 das Kloster in Brand setzten. Aber sogleich begann man mit der Wiederaufrichtung des Dachstuhls über der Kirche, 1649 wurde mit dem Wiederaufbau des Westflügels begonnen und als der Abt 1650 in sein Kloster zurückkehrte, konnte er schon am 6. September berichten, er habe heute wieder »Conventum Capitulum« gehalten und einen Anfang »ad disciplinam Monasteriam gemacht«. Gerade noch acht Konventualen fanden sich nach und nach wieder ein, die Zahl der Untertanen war auf 260 zusammengeschmolzen, das Kloster und seine Territorium völlig ausgeplündert und zerstört. Die noch vorhandenen Preziosen mußten versetzt, das bronzene Grabmal des Abtes Heinrich und sogar die Glocken eingeschmolzen werden, um die nötigsten Mittel zu beschaffen.

Die barocke Erneuerung des Klosters leitete dann Augustin Arzet aus Konstanz ein, der von 1656–1666 dem Kloster vorstand, und als einer der bedeutendsten Äbte in der Geschichte des Klosters gelten muß. Er war ein durchaus weltläufiger Mann, hatte in Rom, Paris und Siena studiert, war durch Italien, Frankreich und Spanien gereist und hatte einige Jahre als Seelsorger der Schweizergarde in Rom verbracht. Von 1647 bis 1652 ist er hochgeschätzter Pfarrer in Biberach gewesen.

Nach seiner Wahl ritt er zehn Tage durch alle Dörfer, Weiler und Wälder seiner Herrschaft um sich ein Bild vom Zustand des Landes zu machen, den er nach Kräften zu verbessern suchte. Den Südflügel der Klausur mit dem Refektorium baute er bis 1657 vielleicht nach Plänen von Michael Beer wieder auf und 1659 war auch der Ostflügel wieder benutzbar. Er reparierte die Klostermauern und die Klostermühle, erbaute 1661 den Gästebau und 1664 vor dem Tor ein Schulhaus für die Untertanen.

Aus Italien hatte er 1647 die Gebeine des hl. Vincentius mitgebracht, die 1651 im linken Seitenaltar der Klosterkirche niedergelegt wurden und dort heute noch verehrt werden. 1716 sind sie von den Klosterfrauen in Ennetach kostbar gefaßt worden. 1664/65 richtete Abt Augustin einen theologischen Lehrgang ein, der auch von auswärts besucht wurde, und 1663 wurde er sogar zum Generalvikar der schwäbischen Circarie seines Ordens bestellt, der den Auftrag hatte die schwäbischen Prämonstratenserklöster zu visitieren und beim Generalkapitel des Ordens in Prémontré zu vertreten.

Der nächste Abt der genannt werden muß, war Tiberius Mangold (1683–1710), ein strenger Herr, unter dessen Leitung der Konvent wieder anwuchs, der die Schulden des Klosters zu tilgen suchte und 1709 sogar Winterstettendorf dazuerwerben konnte. Er kümmerte sich intensiv um die Ausbildung seiner Mitbrüder, im Klostergymnasium wurden Disputationen über philosophische und theologische Thesen veranstaltet und geistliche Komödien aufgeführt. Er erbaute 1689 eine neue Bibliothek über dem Kapitelsaal und schickte seine Konventualen zur Ausbildung nach Dillingen, Prag und Rom. Er ordnete geistliche »Exercitien« an, gründete Bruderschaften und Gebetsverbrüderungen und förderte das Wallfahrtswesen, besonders zum heiligen Vinzenz im Kloster selbst und zu »Unserer Lieben Frau« in Steinhausen.

Erstaunlich schnell hatten sich die Klöster in Oberschwaben von den Zerstörungen des 30jährigen Kriegs und der anschließenden Franzosenkriege erholt und um 1700 wurde überall über einen Neubau von Kirchen und Konventbauten nachgedacht und überall stoßen wir dabei auf Vorarlberger Baumeister meist aus den Familien Thumb und Beer. In Zwiefalten war schon 1668 mit dem Bau eines neuen Klosters begonnen worden und im benachbarten Kloster Obermarchtal hatte man 1686 bis 1701 eine neue Klosterkirche errichtet und machte sich nun an den Bau einer neuen regelmäßigen Klosteranlage für die der Vorarlberger Christian Thumb die Pläne gemacht hatte. Derselbe Architekt verhandelte gleichzeitig auch mit Abt Tiberius Mangold von Schussenried und seinem Konvent über den Bau einer neuen Klosteranlage, die ähnlich wie in Obermarchtal ein großes regelmäßiges Geviert bilden sollte, und eine neue Klosterkirche mit zweitürmiger Westfassade in der Achse der Anlage vorsah. Zwar mußte dieser Plan damals wegen des Spanischen Erbfolgekriegs zurückgestellt werden, legte aber die Grundstrukturen für das »Neue Kloster« fest, mit dessen Bau dann allerdings erst 1752 begonnen wurde.

Bei der Wahl seines Nachfolgers Innozenz Schmid (1710–1719) waren es schon wieder 29 wahlberechtigte Konventsmitglieder und 700 Untertanen die dem neuen Reichsabt huldigten. Nun wurde die Kirche in Eberhardszell gebaut, das Pfarrhaus in Oggelshausen und ein neuer Pfleghof des Klosters in Meersburg errichtet sowie der Chor der Klosterkirche neu ausgestattet. Das Wappen des Abtes, ein Straußenvogel, prangt deshalb am Hochaltar der Klosterkirche, den er 1718 errichten ließ, mit dem schönen Altarblatt des Münchener Hofmalers Johann Caspar Sing und den kolossalen Figuren der Ordensheiligen Augustin und Norbert von Georg Anton Machein aus Überlingen, der 1715 bis 1717 auch das vielgerühmte Chorgestühl mit den vielen Statuetten heiliger Prämonstratenser schnitzte.

Der 19. Abt, Didakus Ströbele, der von 1719 bis 1732 dem Kloster vorstand, hat sich vor allem als Bauherr einen Namen gemacht, der im Kloster selbst ein Komödienhaus errichtet hat und eine ganze Reihe von Pfarrhäusern und Pfarrkirchen auf dem Lande. Aber auch für die Verschönerung der Kirche und ihre Ausstattung hat er viel getan. Und ein unvergängliches Denkmal setzte er sich mit dem Bau der Wallfahrtskirche in Steinhausen von der ein Klosterchronist schreibt, sie werde »wegen ihrer künstlichen Ovalarchitektur als unvergleichlichen Mahlerey wie auch außerordentlich schöner Stuckatur undt übrig meisterlicher arbeyt von männiglichen bewundert und als eine der herrlichsten im ganzen Revier, dürffte keckh sagen im ganzen Schwabenland, billich angerühmt«. Am 30. März 1728 habe ihm, so vermerkt der Abt in seinem Tagebuch, Dominikus Zimmermann »ein feines rissel gebracht wegen zukünftiger neuer Kirchen zue Steinhausen« und sogleich begann man mit dessen Ausführung. Die Weihe konnte allerdings erst sein Nachfolger Siard Frick vornehmen, denn da Abt Didakus in seiner Begeisterung die genehmigten Baukosten um ein Vielfaches überschritten hatte, war er 1733 zur Abdankung gezwungen worden und hat dann noch 16 Jahre lang im Kloster Wadgassen in Lothringen ein »heiligmäßiges« Leben geführt.

Auch Siard Frick (reg. 1733–1750) hat viel gebaut. In seiner Regierungszeit wurde die Ausstattung von Steinhausen fertiggestellt und ebenfalls eine ganze Reihe von Pfarrhäusern und Kirchen neu errichtet. Vor allem aber geht die barocke Umgestaltung der Klosterkirche auf ihn zurück. Mit dem Mönchschor wurde 1744 begonnen, dessen Decke Gabriel Weiß bemalte, während die Fresken im Schiff ab 1745 von Johannes Zick ausgeführt wurden. Das Wappen des Abtes erscheint deshalb auch mit dem Chronogramm 1745 über der Orgel. Auch eine neue Chororgel hat er 1747 in Hayingen bei Aegidius Schnizer bestellt und 1748 eine Feuerspritze angeschafft. Übrigens wurde in seiner Regierungszeit auch die »Schwäbische Schöpfung« des Marchtaler Prämonstratenserpaters Sebastian Sailer 1743 in Schussenried uraufgeführt.

Vor allem aber nahm er die Pläne seiner Vorgänger für eine neue Klosteranlage wieder auf. Im Jahre 1748 beauftragte er den Erbauer der Wallfahrtskirche Steinhausen, Dominikus Zimmermann, mit der Anfertigung des Modells für ein neues Kloster, das heute noch erhalten ist (V. 41) und »den 9. april 1749 ist capitulariter proponiert und geschlossen worden, ein newes closter zue bawen, ist solches auch gleich von unserem Bawmeister Jacob Emele ausgesteckht worden«.

Es blieb allerdings seinem Nachfolger, Magnus Kleber aus Riedlingen (1750–1756) vorbehalten, mit dem Bau wirklich zu beginnen. Zwar wurde nicht Dominikus Zimmermann zum ausführenden Architekten bestimmt, sondern 1750 Jacob Emele zum Klosterbaumeister ernannt, der zuvor, gewissermaßen als Probestück die Pfarrkirche in Muttensweiler erbaut hatte. Er folgte im wesentlichen dem Entwurf Zimmermanns (auch wenn er die Türme der neuen Kirche, die neben der bestehenden Klosterkirche hätte gebaut werden sollen, nach dem Vorbild des Entwurfs von Christian Thumb wieder an die Westfront versetzen wollte und eine gewaltige Kuppel vorsah). Nach vorbereitenden Arbeiten wurde am 8. Juni 1752 feierlich der Grundstein zum Bau des »Neuen Klosters« nördlich der Kirche gelegt und sehr rasch der Westflügel und der riesige Nordflügel errichtet, so daß der Maler Franz Georg Hermann schon 1755 mit der Ausmalung des Bibliothekssaals im Mittelrisalit dieses Flügels beginnen konnte.

Aber schon unter dem nächsten Abt Nikolaus Cloos (1756–1775), einem Biberacher Kaufmannssohn, geriet das Bauwesen ins Stocken. Zwar wurde der Ostbau in ganzer Länge noch fertiggebaut (war also fast dreimal so lang wie im heutigen Zustand), aber für den Südflügel und den südlichen Teil des Westflügels oder gar für eine neue Klosterkirche reichten die Mittel weder jetzt noch später.

Das heißt nicht, daß das Kloster in eine ernstliche Krise geraten wäre. Im Gegenteil: mit 46 Konventualen erlangte Schussenried gerade damals (1764) den höchsten Personalstand in seiner Geschichte. Die Klosterschule war mit vorzüglichen Lehrern besetzt, es gab ein reges Musikleben im Kloster und der Pater Dominikus Reiner war nicht nur ein hochgeschätzter Kantor und Musikdirektor, sondern wurde auch als ein »geschickter und akkurater Feldmesser« vielfach herangezogen. Es wurde auch noch gebaut, so die Kirche und das nur teilweise erhaltene »Pfarrschloss« in Stafflangen, und die Ausmalung des Bibliothekssaals wurde nach dem vom Abt selbst erdachten Programm 1757 vollendet, mit dem er, wie die Inschrift bei seinem Wappen aussagt, die göttliche Weisheit verherrlichen wollte (»SEDES SAPIENTIAE MAGNIFICATO A NICOLAO ANTISTE«). Und als der reisende Sankt Galler Bibliothekar P. Nepomuk Hauntinger 1784 Schussenried besuchte, hat er den Bibliothekssaal als den schönsten bezeichnet, den er auf seiner Reise gesehen habe, auch wenn er fand, es sei fast nicht zu verstehen, was diese Malerei vorstellen solle, »weil darin gar zu viele Gegenstände nach und nach während der Arbeit eingeschoben« worden seien. Übrigens wurde ihm bei seinem Besuch auch das Modell des Klosters gezeigt und er meinte, »wenn dieses Stift einst nach dem Plane, den man uns vorgezeigt«, ausgeführt werde, so müsse es »eines der herrlichsten in Deutschland abgeben«. Dazu ist es dann allerdings nie gekommen, denn man hatte sich mit diesem Projekt einfach übernommen.

Zunächst schien aber auch unter dem seit 1775 regierenden Abt Joseph Krapf, der bis 1791 dem Kloster vorstand, die klösterliche Welt noch in Ordnung zu sein. Gerade damals wurde 1777–1779 in Otterswang die schmuckreichste aller Schussenrieder Pfarrkirchen, über deren Eingang das Wappen des Abtes prangt (IV. 1), von Jacob Emele neu erbaut und 1778 von Meinrad von Aw ausgemalt. Es stimmt aber doch bedenklich, wenn man liest, daß das schöne, heute leider recht vernachlässigte Sommerhaus, das 1777 auf der Insel im Schwaigfurtweiher als Erholungsort für Chorherren und Studenten erbaut wurde mit Geldern finanziert worden sei, die von den Patres mit Theateraufführungen verdient worden waren.

Denn an die Stelle des mittelalterlichen eingezogenen asketischen klösterlichen Ordensideals war eine eher weltfrohe, »barock« geprägte Lebensweise getreten. Von den strengen Regeln beim Essen und Trinken wurde häufig dispensiert, kirchliche Feste und die Besuche geistlicher und weltlicher Nachbarn wurden prächtig und in den höfischen Formen der Zeit gefeiert. Die Ordensregeln wurden gelockert, drei Jahre lang, von 1779 bis 1782 dauerte der eher läppische »Kappenkrieg« um die Einführung von bequemeren schwarzen Kappen anstelle der bisher gebräuchlichen steifen weißen Biretts, Auch die prächtigen hermelingeschmückten Schulterumhänge, die wir auf den Bildern der Schussenrieder Chorherrn aus dieser Zeit sehen (s. Raum 18, IV. 42 bis IV. 49) wurden damals eingeführt.

Aber auch bedenkliche Auflösungserscheinungen werden erkennbar. Streitigkeiten im Konvent mehrten sich, die Ideen der Zeit machten vor den Klostertoren nicht halt. Zwar waren Austritte von Konventualen eher selten. Aber überall gab es »unruhige Geister«, und heftig diskutiert wurde unter den Chorherren auch in Schussenried, wo P. Georg Vogler ein Hauptvertreter der Aufklärung war, der in seinen Schriften die Reformen Kaiser Josephs II. verteidigte und 1792 aus dem Orden austrat.

Die Aufklärung des 17. und 18. Jahrhunderts hatte immer mehr dazu geführt, die geistliche Autorität in außerkirchlichen Lebensbereichen, in der Wissenschaft, im Recht und in der Politik in Frage zu stellen. Diese Denkweise führte auch zur Forderung nach der Trennung von kirchlicher und weltlicher Macht. So kam es im Jahre 1773 zum Verbot des Jesuitenordens durch den Papst und 1781/82 zur Aufhebung der »unnützen« nur beschaulichen Klöster in den habsburgischen Ländern unter Joseph II. und der Verwendung ihres Vermögens und ihrer Einkünfte

für soziale Zwecke und für die Verbesserung des Schulwesens. Innerkirchlichen Auseinandersetzungen über die Rolle des Papsttums kamen dazu und die Versuche der Bischöfe, auch die Klöster und die Klosterpfarreien ihrer Aufsicht zu unterstellen. Die antiklösterliche Stimmung der Zeit war also sehr wohl zu spüren und man war sich ihrer auch in Schussenried durchaus bewußt. Deshalb hielt man es, als 1783 das 600jährige Bestehen des Stiftes zu feiern war, auch für »ein Gebot der Klugheit daß nur eine stille, nur gottesdienstliche, prachtlose Tagesfeyer« abgehalten werde.
Trotzdem war Schussenried am Ende des alten Reiches die geistliche und weltliche Mitte eines wohlgeordneten kleinen Klosterstaates. »Der hochwürdige Herr, des heiligen römischen Reiches Prälat und Herr des unmittelbaren freien Reichsstifts und Gotteshauses der Prämonstratenser Chorherren zu Schussenried«, wie sich »der gnädige Herr Reichsprälat« mit vollem Titel nannte, hatte Sitz und zusammen mit den anderen 22 schwäbischen Reichsprälaten eine Stimme auf dem Reichstag, mit denen zusammen er auf der schwäbischen Prälatenbank zwischen den Prämonstratenserklöstern Weissenau und Wettenhausen seinen Platz hatte. Er regierte ein kleines Territorium von etwa 2 Quadratmeilen (ca. 94 qkm) mit 3200 Einwohnern (oder, nach einer anderen Aufstellung, 411 Feuerstellen mit 453 Familien). Neun Pfarrkirchen innerhalb dieses Territoriums und noch 5 weitere Pfarrkirchen in der Umgebung waren dem Kloster mit ihren Einkünften »inkorporiert«. Das Kloster besaß aber auch noch umfangreichen Streubesitz in ganz Oberschwaben und am Bodensee, so daß der Gesamtbesitz, nach dem 1728 zusammengestellten »Compendium universale«, 393 Güter in 63 Orten umfaßte, und der Abt nach Abzug der Lasten und Zinsen (bei der Säkularisation) über ein jährliches Einkommen von etwa 50 000 Gulden verfügen konnte. Allerdings war der Besitz auch mit Schulden von mehr als 100 000 Gulden belastet.
Die Chorherren, zumeist aus bäuerlichen Familien oder aus den kleinen Städten Oberschwabens stammend, erhielten eine solide theologische Ausbildung zumeist an der Jesuitenuniversität in Dillingen oder hatten in Salzburg oder gar in Italien studiert. Sie versahen als Pfarrer oder Vikare die zahlreichen zum Klöster gehörigen Pfarrkirchen und lehrten an dem Gymnasium des Klosters an dem bis zu 80 Schüler unterrichtet wurden, unter denen sich zum Beispiel der als Komponist berühmt gewordene Konradin Kreutzer befand oder der spätere Freiburger Erzbischof Hermann von Vicari.
Der 24. Abt, Siard Berchtold, der seit 1792 regierte und der letzte Abt des Klosters werden sollte, war ein hochangesehener Theologe und Verwaltungsfachmann, der sich, ohne ein Anhänger der Aufklärung zu sein, sehr um eine Modernisierung der Verwaltung und um das Wohl seiner Untertanen kümmerte. Er verbesserte und regelte das Schulwesen und ließ 1793 an der Straße nach Aulendorf das Spital erbauen, das bis heute diesem Zwecke dient. Die 1794 gedruckten »Allgemeine Statuten für die Unterthanen des Reichstifts Schussenried« sollten alle Lebensbereiche der Untertanen im obrigkeitlichen Sinne regeln.
Von den Koalitionskriegen war das Kloster ganz unmittelbar betroffen. Aus Furcht vor den anrückenden französischen Truppen floh der Abt nach Tirol und suchte dort Teile des Klosterschatzes in Sicherheit zu bringen, die nie mehr nach Schussenried zurückgekommen sind, und als 1799 im 2. Koalitionskrieg bei Ostrach die Franzosen von Erzherzog Karl geschlagen wurden, diente das neue Spital als Lazarett in dem nach dem Schussenrieder Totenbuch 215 verwundete Österreicher und Franzosen gestorben sind.

Und dann kam das Ereignis, das den Anlaß zu unserer Ausstellung gegeben hat, die Säkularisation im Jahre 1803.

Die Französische Revolution hatte, als radikalste Auswirkung der Aufklärung, das Gottesgnadentum aller geistlichen und weltlichen Mächte in Frage gestellt und 1789 zur Einziehung des Kirchenguts und zur Aufhebung aller Klöster und geistlichen Institute in Frankreich geführt. In den sich anschließenden Koalitionskriegen hatte das revolutionäre Frankreich die linksrheinischen Gebiete des Reichs besetzt, deren Abtretung an Frankreich im Frieden von Campo Formio 1797 formell bestätigt wurde und auf dem Rastatter Kongreß war auch schon über die Frage einer Entschädigung der betroffenen Reichsstände diskutiert worden. So stieß es auf wenig Widerstand als 1802 im Frieden von Lunéville, der die Abtretung der Gebiete des deutschen Reichs links des Rheins an Frankreich reichsrechtlich anerkannte, beschlossen wurde, die Verluste deutscher Reichsstände in den abgetretenen

Gebieten durch Mediatisierung der Reichsstädte und mit dem Besitz der Bistümer und Klöster im rechtsrheinischen Reichsgebiet zu entschädigen. Dabei war vorgesehen, daß die oberschwäbischen Reichsabteien für die Entschädigung der Reichsgrafen zu verwenden seien. Eine »Aufhebungskommission« unter Leitung des »Oberadministrators« Schott, der vorher Kanzler des Abts von Ochsenhausen gewesen war, und die im November 1802 ihre Arbeit aufnahm, hatte die Aufgabe, die Reichsabteien Baindt, Heggbach, Gutenzell, Isny, Ochsenhausen, Roth, Schussenried und Weissenau vorläufig in Besitz zu nehmen und am 1. Dezember 1802 mußte auch Abt Siard Berchtold, eine Abdankungserklärung unterschreiben. Ein Protest der oberschwäbischen Prälaten verhallte wirkungslos und ohne irgendeinen erkennbaren Widerstand erfolgte die Übergabe des Besitzes und der Herrschaft.
Es waren die Reichsgrafen von Manderscheid, die links des Rheins ihre Herrschaften Gerolstein, Blankenheim, Jünkrath und Dollendorf verloren hatten, die mit dem Besitz der Klöster Weissenau und Schussenried, die in den Rang von Reichsgrafschaften erhoben wurden, entschädigt werden sollten. Aber die Erbtochter dieser Familie, die Gräfin Augusta von Manderscheid, Blankenheim und Gerolstein, hatte den böhmischen Grafen Christian von Sternberg geheiratet und ergriff nun Besitz von der neuen Herrschaft. Widerstand wird nirgends erkennbar und mit einer sehr devoten, »am Tag der Ankunft, den 23. May 1803« geschriebenen »Kantate bey der persönlichen Besitznahme von Schussenried durch seine Exzellenz unsern gnädigen Reichs- und Erbgrafen Herrn Franz von Sternberg« (Ill. 79), der stellvertretend für seine Mutter die Huldigung entgegennahm, empfahlen sich das Kloster und die Untertanen der neuen Herrschaft.
Schussenried wurde also, wie auch die anderen Klöster in Oberschwaben, nicht etwa von Württemberg aufgehoben, sondern fiel 1803 zunächst als selbständige Herrschaft an ein reichsgräfliches Haus. Aus dem Kloster war nun ein gräfliches Schloß geworden, das freilich von den Grafen nur selten bewohnt wurde, und aus dem Klosterterritorium wurde ein sternbergisches Patrimonialobervogteiamt. Die Exkonventualen versahen weiterhin die Pfarreien, die Beamten wurden zumeist übernommen und dem Abt wurde das Schloß in Stafflangen als Wohnsitz zugewiesen. Auch behielt er ein Wohnrecht im Kloster selbst, wo er dann am 3. November 1816 im Alter von 78 Jahren auch gestorben ist. Er erhielt eine jährliche Pension von 5 500 Gulden (für die Chorherren waren nur 500–550 Gulden vorgesehen), und zu seinem persönlichen Gebrauch wurden ihm einige Wertsachen und Insignien überlassen, die nach seinem Tod zurückgegeben werden mußten.
Wie stark die Anhänglichkeit der Untertanen an ihren alten Herrn war, zeigte sich, als der gewesene Abt im Jahre 1813 im Beisein der ehemaligen Äbte von Salem und Weissenau unter großem Zulauf der Bevölkerung feierlich sein 50jähriges Priesterjubiläum in der St.-Magnuskirche in Schussenried feiern konnte.
Sein Grabmal enthält die Inschrift:

Hier liegt in dieses Grabes Stille
Aus Schussenried der letzte Abt
Verdankend Gott die Gnadenfülle
womit er reichlich ihn begabt.
Nun dort in bessern Gotteswelten
Wird er, der letzte Abt, auch gelten:

Die neue Herrschaft hatte nicht viel Freude an ihrem neuen Besitz. Ein Teil der Erträge mußte an andere Grafen abgegeben werden, die nicht mit Territorialbesitz, sondern nur mit Renten aus dem Ertrag anderer Herrschaften entschädigt worden waren, wie die Grafen von Hallberg, von Sickingen und von Wartenberg, worüber es zu endlosen Prozessen kam, und außerdem ging die Reichsunmittelbarkeit schon nach drei Jahren verloren: die »Grafschaft« wurde 1806 mediatisiert und als »Standesherrschaft« dem neuen Königreich Württemberg einverleibt.
Das Verhältnis des Königs zu den Standesherrn war ganz allgemein ein eher gereiztes, und in den Jahren 1808 bis 1810 wurde die Herrschaft sogar unter württembergische Zwangsverwaltung (»Sequester«) gestellt und die Bibliothek und Teile des Kirchenschatzes nach Stuttgart weggeführt. Nach dem Tod des Grafen Franz von Sternberg, der im Jahre 1830 ohne männliche Erben gestorben war, verkauften deshalb seine fünf Töchter und ihre Ehemänner schon 1835 die Standesherrschaften Schussenried und Weissenau für 1 Million Gulden an die württembergische Krone.
Schussenried und sein Umland waren nun württembergisch geworden und der Staat suchte die neuerworbenen Gebäude und Liegenschaften nach Möglichkeit zu nutzen. Deshalb wurde schon am 15. 2. 1837 durch »allerhöchste Entschließung« die Errichtung eines Eisenschmelzwerks und Hochofens im Areal des Klosters beschlossen, das bei seiner Eröffnung im Jahre

1840 den Namen »Wilhelmshütte« erhielt und bis in unsere Zeit hinein bestand. Diese Industrieansiedlung veränderte den Charakter und die Bevölkerungsstruktur des beschaulichen Klosterorts ganz erheblich und brachte der Gemeinde einen spürbaren wirtschaftlichen Aufschwung. Allerdings hatte sie auch den Abbruch großer Teile der alten Klosteranlage zur Folge. So fielen nicht nur die östlichen Teile des »Alten Klosters«, sondern zu zwei Dritteln auch der Ostflügel des »Neuen Klosters« der Spitzhacke zum Opfer. Es wurde also erst damals der heutige Zustand geschaffen, der den als Teil einer größeren vierseitigen Anlage geplanten nördlichen Seitenflügel als beherrschende Mitte eines dreiflügligen Baues erscheinen läßt.
Der Bibliothekssaal diente zwar seit 1851 als Betsaal der evangelischen Diasporagemeinde und wurde als solcher bis 1971 verwendet, aber die übrigen Klostergebäude standen zunächst zum größten Teil leer. Pläne, wie in den säkularisierten Klöstern Weingarten und Wiblingen, eine Kaserne einzurichten, zerschlugen sich. Aber, angeregt durch den Schussenrieder Arzt Dr. Werner Landenberger, wurde seit 1868 darüber nachgedacht, ähnlich wie schon 1812 im ehemaligen Kloster Zwiefalten und seit 1834 in der ehemaligen Deutschordenskomturei bei Winnenden, auch in Schussenried eine »Irrenanstalt« einzurichten, die dann auch 1875 als »Königliche Heil- und Pflegeanstalt« eröffnet wurde. Diese Einrichtung prägt bis heute das Umfeld des ehemaligen Klosters mit vielen Neubauten aus dem 19. und 20. Jahrhundert, auch wenn das »Psychiatrische Landeskrankenhaus« 1997 die eigentlichen Klostergebäude geräumt hat.
Nach dem zweiten Weltkrieg veränderte sich Funktion und Stellenwert der Klostergebäude noch einmal ganz wesentlich. Die Marktgemeinde Schussenried war 1947 zur Stadt erhoben, und 1958 die Moorbadgesellschaft gegründet worden. Schussenried wurde zu einer Kurstadt und darf sich seit 1966 »Bad Schussenried nennen. Und seit Ende der Neunzigerjahre wird das Klostergebäude als Akademie- und Dienstleistungszentrum genutzt, als »ein Treffpunkt für Bildung, Innovation und Kultur«. Und in diesem Zusammenhang und als ein Beitrag zur Erfüllung dieser selbstgestellten Aufgabe ist auch die Große Landesausstellung »Alte Klöster – Neue Herrn« zu verstehen.

»Gott zur Ehre, dem Vaterland zum Nutzen« Geistliche, kulturelle und soziale Lebenswelten der alten Klöster im Zeitalter der Aufklärung und Säkularisation

von Klaus Schreiner

Eine Feuersbrunst hatte 1771 Kirche, Hof- und Konventsgebäude der Benediktinerabtei St. Blasien in Schutt und Asche gelegt. Im Jahre 1784 wurde der klassizistische Neubau eingeweiht. Fürstabt Martin Gerbert rühmte den neuen Tempel als »Haus Gottes«, als »Pforte des Himmels«, als »Haus der Weisheit, erleuchtet von der Klarheit Gottes«. Wer den Neubau »mit den Augen des Glaubens betrachtete«, der konnte wahrnehmen, daß ein Abglanz von Gottes Herrlichkeit die Architektur der neuen Kirche zum Leuchten brachte. St. Blasiens Fürstabt erinnerte an verewigte Ordensbrüder, »die in unserm Vaterlande gelebt und sich um dasselbe durch Tugend und Rechtschaffenheit, durch die Verbreitung der Religion, ja selbst durch manche bürgerliche und zeitliche Vorteile, die sie ihm verschafft, hoechstens verdient gemacht haben«.

Martin Gerbert war sich jedoch bewußt, daß die Lebensideale klösterlicher Gemeinschaften nicht mehr mit dem Beifall einer Öffentlichkeit rechnen konnten, deren Wortführer beanspruchten, über theologische Satzungen und religiöse Lebensformen aufklären zu können, die angeblich mit »Fußschellen einer immerwährenden Unmündigkeit« ausgestattet waren. Er wußte um den »unversöhnlichen Haß gegen die Orden und Klöster«, »den man öffentlich zu zeigen keine Bedenken hat«. Die Ablehnung der monastischen Lebensform durch aufgeklärte Publizisten war ein Thema, das bei der Kirchweihe von St. Blasien nahezu alle Festprediger aufgriffen, als sie in ihren Predigten auf die gegenwärtige Situation des katholischen Ordenswesens zu sprechen kamen. In düsteren Farben schilderten sie die gegenwärtige Lage der Mönche. Einer der Prediger deutete die mönchsfeindliche Polemik der Aufklärer als Wüten der Hölle, die durch die Feder der ihr ergebene Skribenten »das schwarze Gift der Verleumdung wider die Ordenshäuser« ausspeit.

Die Mönche waren realistisch genug, um wahrzunehmen und sich klar zu machen, daß sie in der bürgerlichen Öffentlichkeit keinen Rückhalt mehr besaßen. Sich aufgeklärt dünkende Kritiker des Mönchtums fühlten sich berufen, Klöster als Korporationen des Zwangs, der Willkür und Despotie entlarven zu sollen. Die von Mönchen gepflegte Lebensform wurde von ihnen als unzeitgemäß und gemeinwohlschädigend abgelehnt. Mit den öffentlich artikulierten Zweifeln an der Sinnhaftigkeit und sozialen Legitimität klösterlichen Gemeinschaftslebens geriet auch dessen materielle Basis ins Wanken.

Dennoch: Vorurteile, die den Mönchsberuf der Verachtung und dem Gespött einer aufgeklärten Öffentlichkeit auslieferten, sollten nicht mut- und hoffnungslos stimmen. Der Rheinauer Benediktiner Johann Nepomuk Beck, in der Reihenfolge der Festprediger von St. Blasien der dritte, beteuerte: Das Kloster St. Blasien habe alle Pflichten, die ihm Gott gegenüber der Kirche und gegenüber dem Staat aufgetragen hat, getreulich erfüllt; deshalb werde sich das Kloster »von dem »Nattergezische« der Hölle nicht betäuben lassen; »es wird allezeit bleiben, was es bis auf diese Stunde gewesen ist; nämlich die Werkstatt ruehmlicher Thaten; die Schule der Tugend; die Ehre des Ordens; die Stuetze der Kirche; und die Wonne des Staates«. Die Säkularisation strafte solchen Optimismus Lügen.

Mönchsschelte: Die Klöster und ihre aufgeklärten Kritiker

Der Zeitgeist, dessen Wortführer glaubten, im Namen der Vernunft der Religion und der Geschichte den Prozeß machen zu sollen, blies den Mönchen hart ins Gesicht. Die Mönchsschelte blühte. Von Klöstern als »Wonne des Staates« war in dieser nicht mehr die Rede. Mit gleichbleibender Hartnäckigkeit wurde von Kritikern des Ordenswesens immer wieder behauptet: Klöster verhindern »wahre Aufklärung«. Als Sozialgebilde, die geistliche und weltliche Herrschaft miteinander verbinden, widersprechen sie dem modernen Staatsbegriff; die Wertvorstellungen, an die sich Mönche in ihrer Lebensführung gebunden fühlen, sind mit den wahren Zwecken der Gesellschaft und der eigentlichen Bestimmung des Menschen nicht zu vereinbaren. Ehelosigkeit verhindert das Wachstum der Bevöl-

kerung; freiwillige Armut diskreditiert die Tugenden des Bürgers: seinen Fleiß bei der Arbeit, sein Streben nach Gewinn und Wohlstand. Der Gehorsam, der Mönchen abverlangt wird, erstickt den Willen zu freiem, selbständigen Denken. Das Leben, das sie führen, sei »unnatuerliche Sklaverey«.
Wurde das Leben der Mönche an ihrem unmittelbaren Nutzen für Staat und Gesellschaft gemessen, ergab sich ein weiterer Grund, der es rechtfertigte, Klöster aufzuheben und ihre Besitzungen vernünftigen Zwecken nutzbar zu machen. Askese und Meditation, Gebet und Gottesdienst besaßen nach dem Urteil derer, die durch das Licht der Vernunft aufklären und erhellen wollten, keinen gesellschaftlichen Nutzwert. Auf Mönche und Nonne konnte deshalb verzichtet werden.
In 1781 verfaßten ›Neuen Briefen für und wider das Mönchtum‹ wollte der Blaubeurer Superintendent Johann Ferdinand Gaum seine Leser davon überzeugen, daß die Klöster ein großes Hindernis für die ›Glückseligkeit eines Staates‹ bilden. Anzunehmen, daß die Mönchsorden im Laufe ihrer Geschichte »unglaublich viel Gutes« bewirkt hätten, sei eine Fabel. Mönche würden vielmehr durch ihre verkehrten Begriffe von Religion und Sittlichkeit »die Religion und besonders die Moral« verderben. Mönche seien nicht daran interessiert, Christen zu bewegen, als selbstdenkende Subjekte von ihrer Vernunft öffentlichen und privaten Gebrauch zu machen. Ihnen komme es vielmehr darauf an, durch die »einfaeltigsten Legenden und die abgeschmacktesten Wunderwercke« das »arme Volk in Dummheit zu erhalten«. Das Ergebnis ihrer historischen Studien bestehe darin, daß sie »Fabeln und Dinge« zum besten geben, »die der päbstlichen Hoheit vorteilhaft sind und Haß gegen die Fürsten einflößen können«. Die »überhäuften Schönheiten«, mit denen sie ihre Kirchen ausstatten, würden nichts zur moralischen Besserung und religiösen Bildung des Volkes beitragen. Barocke Pracht diene nicht der Frömmigkeit, sondern nähre sinnliche Lust. »Die Augen gewinnen dabey mehr als das Herz; und es wäre einmal an der Zeit, auch in der katholischen Kirche den Pöbel je mehr und mehr von der Sinnlichkeit zu entwöhnen und ihn auf geistige Gegenstände aufmerksam zu machen«. Blums Vorbehalte gegen Bilder im allgemeinen und gegen die Bilderverehrung der Katholiken im besonderen sind evident. Religiöse Erfahrung, die über die menschlichen Sinne zustande kommt, verhindert seiner Ansicht nach die Anbetung Gottes im Geist und in der Wahrheit. Den Frühromantikern blieb es vorbehalten, die Kunst als Sprache Gottes von neuem zu entdecken. Der aufgeklärte und bibelfeste Blum wollte sagen: Mönche verkünden Menschensatzungen, nicht das Ethos der Bibel; durch ihren Mangel an Aufklärung untergraben sie die Moral der Bürger und verursachen der Gesellschaft Schaden. Man bedarf deshalb keiner Klöster mehr; sie sind entbehrlich geworden. Wie haben Mönche auf solche Unterstellungen reagiert?

Apologetische Reaktionen der Mönche

Jubiläen, die Klöster Oberschwabens im 18. Jahrhundert feierten, veranlaßten deren Konvente, sich der eigenen Geschichte zu vergewissern; Festprediger nutzten die Gelegenheit, gegenüber einer klosterfeindlichen Öffentlichkeit den geistlichen und weltlichen Nutzen klösterlicher Gemeinschaften geltend zu machen. Georg Vogler, Kapitular von Schussenried, schloß seine 1783 aus Anlaß der ›Feyer des Sechsten Jahrhunderts seit der Stiftung des unmittelbaren ReichsGotteshauses Schussenried, Prämonstratenser Ordens‹ gehaltene Predigt mit der Aufforderung: »Bethet endlich Theuerste, alle Tage und heute vorzueglich, daß wir nuetzlich werden und nuetzlich bleiben der Kirche und dem Vaterlande«. Auf die Frage, »wie wir die Ehre der Kirche und den Nutzen unsres Vaterlandes befoerdern muessen« gab er zur Antwort: »Wir sollen unsre Kraefte ganz dahin verwenden, daß wir wuerdige Diener der Religion und gemeinnuetzige Buerger des Vaterlandes seyn«.
Ehre machen Mönche der Kirche dann, wenn sie tun, was die Würde und die seelsorgerlichen Pflichten ihres priesterlichen Amtes erfordern. Mönche sollen sich »mit Jesu Christi Evangelium recht bekannt machen«, damit in ihren Predigten »evangelischer Ernst« herrsche, »vermischt mit evangelischer Liebe und Heiterkeit«. Im Beichtstuhl sollen sie den Sünder »mit offenen Armen erwarten« und ihm »Gottes unendliche Barmherzigkeit zeigen«. Mönche sollen sich in ihren priesterlichen Diensten nicht wie Mietlinge verhalten, die, wenn Gefahr droht, ihre Herde im Stich lassen, sondern als Hirten, die ihr Leben für ihre Schafe aufopfern. Konkret: »Ansteckende Krankheiten, widrige Gerüche, anekelnde Gebrechen sollen unsre Sinnlich-

keit nicht vom Bett des Kranken wegschrecken, vielmehr unsre Liebe maechtiger zu ihrem Beystande reitzen«.
Schule und Wissenschaft betrachtet Vogler als diejenigen Arbeits- und Betätigungsfelder, auf denen Mönchen ihre »Talente zum Nutzen des Vaterlandes verwenden« können. Sind nicht, fragt und beteuert er, »die Wissenschaften die Fackel der Aufklärung, bey derer Glanz die Eulen des Aberglaubens, der Unwissenheit, der Vorurtheile verschwinden müssen«? Voglers Vertrauen in die Macht der Wissenschaft ist groß. »Was für gewaltige Streiche«, beteuerte er, »werden wir dem Aberglauben versetzen, wie mächtig die Goetzen des Vorurtheils niederstürzen, und der Unwissenheit abhelfen koennen, wenn wir die dazu noethigen Wissenschaften aus reinen Quellen schoepfen«. Im Schulunterricht komme es darauf an, die zarte Jugend von der »Tyranney des Aberglaubens und der Vorurtheile« zu entreißen. Ziel des Unterrichts müsse es sein, ihr »richtige Begriffe von Gott, von der Religion, von der Kirche Gottes, von ihren gegenwaertigen und kuenftigen Pflichten« beizubringen, ihren Verstand »mit nuetzlichen Kenntnissen« zu füllen, sie »ordentlich denken, reden, schreiben« zu lernen, ihr moralische Grundsätze »zuer Bildung ihrer Herzen« zu vermitteln und vor allem mit der Vaterlaendischen Geschichte bekannt« zu machen. Solche Rede brachte dem Prämonstratenser Georg Vogler aus Schussenried den Ruf ein, in Schwaben einer der ersten aufgeklärten Mönche zu sein.
Fürstabt Martin Gerbert von St. Blasien bezeichnete in seiner 1783 im Druck erschienenen ›Historia Nigrae Silvae‹ (Geschichte des Schwarzwaldes) den Schwarzwald als »Siedlungsgebiet des Ordens des heiligen Benedikt«, um daran zu erinnern, daß es Söhne des hl. Benedikt und besonders solche aus dem Stift. St. Blasien waren, die Mühsal und Arbeit nicht scheuten, um den Schwarzwald, ein unwegsames Waldgebiet, urbar und für Siedler bewohnbar zu machen.
Ein St. Blasianer Kapitular sagte in seiner Festpredigt bei der Kirchweihe in St. Blasien, das Kloster habe sich »in Ausreutung der schrecklichsten Wildnisse, in Bearbeitung und Verbesserung des unfruchtbaren Erdreiches und in sorgfaeltiger Anpflanzung der oeden Wuesteneyen« um die Kultivierung des Schwarzwaldes überaus verdient gemacht. Wo zuvor wilde Tiere hausten, seien Dorfschaften, Vogteien und Pfarrgemeinden entstanden. Denke man außerdem an die »erstaunliche Zahl nothleidender Menschen, die allezeit hier ihre reichliche Nahrung fanden; die außerordentliche Gastfreyheit; der taeglichen sowohl als jaehrlichen Almosen; die Verpflegung so vieler Taglohner und Handwerksleute, wird nicht dieß alles ueberzeugend darthun, daß der Naehrstand, und folglich der Staat jenen Nutzen, den er aus dem Schwarzwald bezieht, großentheils dem Stifte St. Blasien zu verdanken habe?«.
Eine ausnehmend große Zuhörerschaft, die sich in St. Blasien zur Kirchweihe eingefunden hatte, vernahm diese Botschaft. Zu dieser gehörte nicht nur die Erinnerung an die Kultivierung einer unwegsamen Landschaft, sondern auch der Hinweis, daß Klöster Stätten wahrer Gelehrsamkeit, »Aufbehaelter der Wissenschaften« sind. St. Blasien habe sich »in jedem Fache der Wissenschaft« hervorgetan, insbesondere auf dem Gebiet der Geschichte und der Urkundenwissenschaft, der Diplomatik. Die Abtei sei allezeit der »Sammelplatz der Gelehrten, die Mutter der Lehrer und das Vorbild deutscher Kloester gewesen, von welchen sie lernen konnten, was sie in Hinsicht auf die Wissenschaften zu leisten schuldig sind«. Nicht zu vergessen sei auch, »daß dieses Stift den Landesherren die einsichtvollsten Raethe; dem Vaterlande aber die eifrigsten Patrioten geliefert habe«.
Der Neresheimer Benediktiner Alois Nack versicherte in einer 1789 in Zwiefalten gehaltenen Festpredigt: Klöster seien »Wohnsitze thätiger Musen«, eine »Heimat der Tugend und bewährte Bildungsorte guter Geistlichen, guter Christen und Bürger«. Indes: Der Prediger wußte, daß mitunter Ideal und Wirklichkeit nicht übereinstimmen. Deshalb seine Mahnung: »dieß sollen unsere Klöster seyn« und »sollen es bei immer wachsenden Bedürfnissen der Religion und des Vaterlandes immer mehr und mehr zu werden sich bemühen, und der Blinde soll es sehen, daß es dem also sey«.
Jakob Danzer aus der Benediktinerabtei Isny suchte die Vorurteile, die in stereotyper Manier das 1782 erschienene ›Deutschlands 18. Jahrhundert‹ den Klöstern entgegenbrachte, zu entkräften. »Die Ordensleute«, betonte er nachdrücklich, »wollen nichts anderes als mit Hilfe des Evangeliums ein vollkommenes Leben führen. Deshalb genießt der Mönch die Einsamkeit; sie ist seine Freude, in der er ohne Sorgen die Wahrheiten überdenken kann«. Danzer erinnert außerdem an die sozialen und caritativen Dienste, die Reichsabteien zum Wohle der Gesellschaft erfüllen.

Mehr als 2000 Arme würden die Reichsabteien Tag für Tag verköstigen. In ihren Gebieten zu betteln sei verboten – eine Maßnahme, die dazu beitrage, Arme und Randständige zur Arbeit anzuhalten.

Ein Anonymus aus dem süddeutschen Raum, der 1801 eine Schrift mit dem Titel ›Wichtige Staatsfrage: Moechte die Saekularisation der Kloester und Stifter nicht etwa durch die itzigen besondern Konjunkturen gerechtfertiget, und gedachte Stifter etc. den verlierenden weltlichen Erbfuersten gar wohl an Entschaedigungsstatt ueberlassen werden koennen?‹ veröffentlichte, betonte entschieden, »die Nutzbarkeit der geistlichen Stifter und Kloester« habe »das freye Gestaendniß« der angesehensten und überhaupt aller biederen, vorurteilsfreien Maenner auf ihrer Seite. Das »Wohl«, das heißt den Fortbestand der Reichsstifter, würden sie insbesondere deshalb empfehlen,, »weil sie den Gottesdienst, die Bildung der Jugend, und die Fortschritte nuetzlicher Wissenschaften wesentlich befoerdern«. Außerdem sei es eine geschichtliche Tatsache. daß die Reichsklöster und Regularstifter »zu allen Zeiten zur Erhaltung des Reichs, gleich den uebrigen weltlichen Reichsstaenden, das Ihrige ruehmlichst beygetragen« haben. Hinzu komme: »In allen bedenklichen und gefahrvollen Zeiten waren sie staets die Stützen der Religion und guten Sitten. In allen ungluecklichen Zeiten, wie z. B. bey einer Hungersnoth, oder in einer Theurung, zeigten sie sich ihren Unterthanen als wahre Vaeter des Vatterlandes; sie oeffneten ihnen ihre Scheunen und gaben ihnen Frucht zur Saat und Nahrung; schoßen unentgeltlich den Duerftigen Geld vor, und spendeten reichlich ihre Allmosen nicht nur unter ihre arme Unterthanen sondern auch an Fremde von allen Klassen aus«.

Der Autor erinnerte überdies an die politisch-soziale Bedeutung, die der Religion und der christlichen Sittenlehre im Leben der Staaten zukommt. Klöster würden durch ihre Predigt und ihre Seelsorge einen unverzichtbaren Beitrag für den Zusammenhalt der Gesellschaft und den Bestand des Staates leisten. Es sei eine Erfahrungstatsache, daß sich sittenverderbende Moralregeln und religionswidrige, freidenkerische Grundsätze als »Zerstörungskeim aller Volks- und Staatenwohlfahrt« auswirken. Deshalb seine eindringliche Frage: »Da es nun (trotz aller Verleumdungen) in einem vorzueglichen Maaße eben die geistlichen Stifter und Kloester sind, wo gesunde Religions- und Morallehre noch ihre Freystatt hat, sollten es sich die katholischen weltlichen Reichsstaende, wenn anders Religion und allgemeine Sittlichkeit, wie ich nicht zweifle, fuer sie ein Interesse hat, nicht aeußerst angelegen seyn lassen, gedachte geistlichen Reichsstaende, Stifter und Kloester bey ihrer Existenz, Wesen, Guetern, Gerechtsamen etc. zu erhalten, damit die gesunkene Religion und gefallene Sitten um so ehender wieder hergestellt und das geistliche und politische Reichsband desto fester wiedergeknuepft werden koennen?«.

In solchen Reaktionen auf die weit verbreitete Mönchsschelte aufgeklärter Geister spiegelt sich eine wachsende Entfremdung, die Mönche und Aufklärer voneinander trennte; die einen fühlten sich als Träger einer biblisch begründeten und durch Tradition geheiligten Lebensform, die anderen als Wortführer eines vernunftgemäßen Staats- und Gesellschaftsideals. Die zwischen klösterlichen Traditionalisten und fortschrittsbewußten Neueren ausgetragenen Kontroversen machen offenkundig: Auf den Klöstern lastete die geballte Kritik einer mönchsfeindlichen Öffentlichkeit. Gab es Tatbestände, die eine solche Kritik rechtfertigten? Trifft es zu, daß Klöster gesellschaftlichen Fortschritt und politische Modernisierung blockierten, den »Gang des Lichts« erschwerten und auf diese Weise verhinderten, daß in ihrem jeweiligen Einflußbereich die »Sonne der Aufklärung« aufging ? Haben sich Mönche den Herausforderungen aufgeklärter Erziehungs- und Wissenschaftsziele generell verweigert? Auf der Suche nach Antworten bleibt an Hand urkundlich verbriefter Fakten zu prüfen, wie es mit den Klöstern des 18. Jahrhunderts eigentlich gewesen ist? Was haben Klöster – um es in zeitgenössischer Begrifflichkeit auszudrücken – zur »Geistes- und Landeskultur« beigetragen ? Was taten sie für die »Volksglueckseligkeit«, die Bildung und den Wohlstand breiterer Schichten? Welche geistlichen Motive und welche theologischen Leitbilder formten ihre religiöse Lebensgestaltung, ihre Predigt und ihre seelsorgerliche Praxis?

Religiöses Selbstverständnis, Spiritualität und Frömmigkeit

Mönche erfüllten ihren Beruf, indem sie Tag für Tag Gottesdienste feierten und in den Chor gingen, um ihre Tagzeiten zu beten. Sie verehrten Heilige und ihre Reliquien. Die Mönche von Zwiefalten rühmten sich,

wurde »reichliche Besoldung« zuteil. Nähe zu den Nöten des Volkes zeigte sich auch in der Speisung von Armen, der sprichwörtlichen Klostersuppe, die Hungernden gereicht wurde. Zum Lobe Zwiefaltens wurde 1789 gesagt: »Armenhaeuser sind aufgebaut, in welchen alte, schwache, uebelmoegende Menschen ihre Nahrung finden; allwo die schoenste Ordnung herrschet, wo jedermann vergnuegt lebet, wo Leib und Seele verpflegt wird«.

Die Rolle von Hausvätern, die sich Äbte bisweilen zuschrieben, kann aber nicht die Grenze verwischen, die geistliche Herren und klösterliche Untertanen voneinander trennte. Der Lebenszuschnitt und das äußere Erscheinungsbild von Äbten trugen aristokratische Züge.

In herrschaftlichen Ritualen und ungleichen Lebensstilen kamen unüberbrückbare Distanzen zum Ausdruck. Leibeigene, Untertanen, Lehnsleute, Hintersassen und Einwohner der Klöster waren gehalten beim Amtsantritt eines neu gewählten Abtes diesem eidlich zu huldigen. Ritualisierte Huldigung symbolisierte nicht Paternalismus, sondern Herrschaftsgewalt auf Seiten des Klosters, gehorsamspflichtige Untertänigkeit auf Seiten der klösterlichen Herrschaftsbefohlenen.

Schwäbische Reichsprälaten, kraft ihrer Regel und ihren Statuten zur Weltentsagung verpflichtet, trugen keine Bedenken, ihre »Herrlichkeit« durch herrengemäßes Verhalten zur Anschauung und zur Geltung zu bringen. Besucher von Klöster wußten zu berichten, daß man in klösterlichen Refektorien »pompös« zu speisen pflege, aus silbernen und vergoldeten Becher edle Weine trinke. Barockäbte beteiligten sich an Jagden benachbarter Fürsten.

Barocke Klosterherren wußten, was ihnen kraft ihres Standes an Ehre, Pracht und Würde zukommt. Sie wußten aber auch, daß sich die fürstlichen Landesherren Gedanken über die Auflösung von Klöstern machten, um sie ihren Territorien einzugliedern. Die Säkularisation traf die Klöster nicht wie ein Blitz aus heiterem Himmel. Es gab Anzeichen, aus denen geschlossen werden konnte, daß auf Seiten der Herrschenden die Begehrlichkeit wuchs, klösterliche Besitztümer in Staatseigentum zu überführen.

Säkularisation:
Das gewaltsame Ende der alten Klöster

In politischen Debatten, in denen es um die Modernisierung der staatlichen Ordnung und die Sanierung fürstlicher Kassen ging, wurde der Gedanke einer Säkularisation geistlicher Herrschaften und Besitztümer immer wieder zur Sprache gebracht. Der kurmainzische Minister Friedrich von Stadion hatte bereits 1757 prognostiziert: »Die geistlichen Stifter und Länder sind Sparpfennige unserer großen weltlichen Fürsten, die sie bei der nächsten großen Gelegenheit angreifen und teilen werden«. Zudem hatte die Naturrechtstheorie der Aufklärung dem Staat das Recht eingeräumt, »im Falle der Not« geistliche Güter seiner uneingeschränkten Verfügungsgewalt zu unterwerfen.

Was überdies Äbte und ihre Konvente verunsicherte, waren Säkularisierungswellen die im 18. Jahrhundert zur Aufhebung von Klöstern und Orden geführt hatten. Die von Kaiser Joseph II. 1782 dekretierten kirchlichen und klösterlichen Reformmaßnahmen hatten zur Folge, daß in den österreichischen Erblanden über 800 Klöster und Stifte aufgehoben wurden. Das kaiserliche Reformdekret sah vor, daß alle Klöster, »so keine Jugend erziehen, keine Schulen halten und nicht die Kranken warten«, säkularisiert werden sollen. Im revolutionären Frankreich beschloß die verfassunggebende Nationalversammlung am 2. November 1789, das gesamte Kirchen- und Klostergut in Staatseigentum zu verwandeln.

Solche Vorgänge gehörten zum Erfahrungshorizont von Mönchen und Äbten, die wußten, daß der aufgeklärte Zeitgeist und die Interessen der Herrschenden den Bestand ihrer mit Grundbesitz und Herrschaftsrechten ausgestatteten Kommunitäten in Frage und zur Disposition stellten. Beim Zwiefalter Klosterjubiläum 1789 predigte der Neresheimer Benediktiner Karl Nack: »Eben izt leben wir in den bedenklichsten Zeiten – in Zeiten, da Kloester und Stifte mehr als jemals fuer ihre Erhaltung zu sorgen haben; weil man mehr als jemals auf ihr Verderben dringt. Gegenstaende des Hohnes und der Verachtung sind sie schon; noch ein Schritt, so ist der Umsturz, die Vertilgung da!«. Zu beten, fuhr er fort, ist ein »kraeftiges Mittel«, den Segen Gottes zu erhalten, aber nicht das einzige. Wenn es stürmt, jammert und betet man nicht allein, »man arbeitet auch« und »man arbeitet gemeiniglich mehr, als man bethet«. Selber Hand an zu legen, rettet das Schiff. »Erfahrung ist Zeuge, daß Gott

zu Erhaltung der Kloester keine Wunder thut«. Martin Gerbert, St, Blasiens Fürstabt, schrieb am 3. März 1792 an den Konstanzer Fürstbischof Christoph von Rodt von Konstanz: Die »heutige Lage der Klöster« sei ausnehmend »kritisch«, »da die Feinde der Ordensständen selbst die Thronen der Monarchen umringen und bewachen«.
Ignaz Speckle, der letzte Abt von St. Peter im Schwarzwald, notierte am 27. Dezember 1797 in sein Tagebuch: »Man spricht fast allgemein von Aufhebungen und Säkularisation«. Zum Jahresbeginn von 1798 schrieb er: »In Gottes Namen ist nun das neue Jahr angefangen. Alle Aussichten, die wir vor uns haben, sind dunkel, traurig, gefährlich, wie die Witterung selbst dunkel, trüb und stürmisch ist. Dem gemeinen Gerüchte nach existieren am Ende dieses Jahres keine Klöster mehr«. Ein Jahr später bringt er seine Befürchtungen in folgenden Sätzen zum Ausdruck: »Nun ist die Stunde der Finsternis. Religion kann freilich ohne irdisches Vermögen bestehen und wird bestehen; aber darum ist man doch nicht befugt, die Rechte des Eigentums zu vernichten. Es ist nun die Zeit des widersprechendsten Fanatismus. Man predigt Menschenrechte und tretet sie mit Füßen. Die Weltlichen sehen den Sturz der Klerisei mit der größten Indolenz, mit Lachen und sehen nicht, daß auch sie schon am Abgrund stehen«. Als er von den in Regensburg beschlossenen Säkularisierungsmaßnahmen erfuhr, vermerkt er verbitteret am 24. Januar 1803: »An Fortsetzung der Klöster wird izt gar nicht gedacht. Izt ist es nur ums zustechen und an sich reißen tun. Alles schmiegt sich unter dem Zepter des Diktators von Europa [Napoleon], kauft und bettelt von demselben. Alle deutsche Kraft, alles Selbstgefühl ist bei den Fürsten verloren. Eigennutz und Neid leitet sie zu jeder Niederträchtigkeit, macht sie jeder Ungerechtigkeit fähig«.
Die dann tatsächlich zwischen 1801 und 1803 erfolgte Säkularisation der geistlichen Fürstentümer, zu denen auch die reichsunmittelbaren Prälatenklöster zählten, kam einer territorialen Umwälzung von weitreichenden Folgen und unbeträchtlichen Ausmaßen gleich. Als »Fürstenrevolution«, von der ein radikaler Enteignungsprozeß kirchlichen und klösterlichen Besitztums betrieben wurde, ging sie in die Geschichte ein.
Bereits in den Friedensschlüssen Frankreichs mit Preußen in Basel 1795, mit dem Kaiser in Campoformio 1797 und mit Kaiser und Reich in Lunéville 1801 waren die friedenschließenden Mächte übereingekommen, die weltlichen Fürsten des Reichs, die links des Rheins Gebiete besessen hatten, durch die Säkularisation der rechtsrheinischen geistlichen Fürstentümer zu entschädigen. Der Reichstag setzte 1802 eine aus acht Reichsständen bestehende Deputation ein, die das Verteilungsgeschäft bewerkstelligen sollte. Große Handlungsspielräume besaß diese Deputation nicht. Es war Napoleon, der 1804 zum Kaiser gekrönte Diktator, der vorgab und bestimmte, wie die Deputation zu verfahren hatte.
Die in Regensburg tagende Reisdeputation überließ durch ihren am 25. Februar 1803 verabschiedeten Reichsdeputations-Hauptschluß sämtliche Klöster und Stifte »der freien und vollen Disposition der respectiven Landesherren, sowohl zum Behuf des Aufwandes für Gottesdienst-, Unterrichts- und andere gemeinnützige Anstalten, als zur Erleichterung ihrer Finanzen« (§35) . Er besiegelte, was de facto längst vollzogen war. Zuvor schon hatten – bar jedweder rechtlichen Legitimation – die weltlichen Fürsten ihren Staaten jene geistlichen Herrschaftsbezirke einverleibt, die sie als Entschädigungsmasse auf Grund Napoleons Diktat zu erwarten hatten.
Als Entschädigung für seinen Anteil an der Grafschaft Sponheim und für seine luxemburgischen Besitzungen erhielt der Markgraf von Baden die Abteien St. Blasien, Schwarzach, Schuttern, Tennenbach, Ettenheimmünster, Allerheiligen, St. Märgen, das adelige Damenstift Frauenalb und das Zisterzienserinnenkloster Lichtental, Stift Odenheim sowie die Reichsstifte Petershausen, Gengenbach und Salem. Hinzu kamen die zahlreichen Männer- und Frauenklöster der Bettelorden sowie die Klöster der Kapuziner und Karmelitenin in den mediatisierten Städten, in den Standesherrschaften und im eigenen Land. Dem württembergischen Herzog wurde für seinen Verlust von Mömpelgard sowie seiner Besitzungen im Elsaß und in der Franche-Comté die Propstei Ellwangen zugesprochen, ferner die Klöster und Stifte Zwiefalten, Schöntal und das adlige Ritterstift Comburg, die Zisterzienserinnenklöster Rottenmünster und Heiligkreuztal, das Damenstift Oberstenfeld und das Franziskanerinnenkloster Margrethausen. In den Besitz des Hauses Württemberg gelangten überdies die österreichischen Mediatklöster Wiblingen und Urspring, desgleichen die Klöster in den ehemaligen Reichsstädten Gmünd, Heilbronn, Rottweil, Weil der Stadt und

Biberach sowie die Klöster der ehemaligen österreichischen Donaustädte und der ehemaligen Grafschaft Hohenberg.

Zwischen Verlusten und Entschädigungen bestand ein krasses Mißverhältnis. Die entschädigten Fürsten erhielten ein Vielfaches dessen, was sie auf dem linken Rheinufer verloren hatten. Württemberg erhielt das Vierfache seiner tatsächlich erlittenen Verluste, Baden das Siebeneinhalbfache. Hinzu kam, daß Württemberg nach Abschluß des Verteilungsgeschäftes noch weitere ehemalige Klosterherrschaften erwerben konnte. Die Herren von Nassau – Oranien mußten 1806 die ihnen zugesprochene Abtei Weingarten an den König von Württemberg abtreten. Durch Kauf erwarb das Königreich Württemberg Kirche und Klosterherrschaft von Ochsenhausen (1825) sowie die Besitzungen der Abteien Schussenried und Weissenau (1835).

Säkularisation bedeutete im Falle der Klöster nicht nur Enteignung der seitherigen grund-, leib- und landesherrlichen Herrschaftsrechte sondern auch Aneignung sämtlicher Liegenschaften und aller beweglichen Güter – der sakralen Gerätschaften, der Bibliothek und des Archivs, des Mobiliars der Kirchen- und Konventsgebäude – und Aufhebung des Klosters selbst. Eine Fortexistenz der klösterlichen Gemeinschaften wurde auf diese Weise gewaltsam unterbunden. Die säkularisierten Klöster trugen erheblich dazu bei, das Staatsgebiet der damals neu etablierten Kurfürstentümer Baden und Württemberg zu erweitern und in rechtlicher Hinsicht zu vereinheitlichen. Ein württembergischer Konfiskationsbeamter bemerkte, auf die unruhigen Jahre der Säkularisation zurückblickend: Die Säkularisation habe sich für Württemberg zu einem »in seinen Resultaten sehr ergiebigen Geschäfte« gestaltet.

Die Geschichtswissenschaft von heute, die nicht mehr gehalten ist, in ihrer Urteilsbildung auf dynastische Interessen und religiöse Gefühlslagen Rücksicht zu nehmen, ist sich einige: »Die Durchführung der Säkularisation erfolgte vielfach mit grober Gewalt und rücksichtsloser Verletzung des religiösen Gefühls, mit am brutalsten in Bayern, Württemberg und Baden«. Die württembergischen Beamten, die im Auftrag Herzog Friedrichs, des späteren Kurfürsten und Königs von Württemberg, die Klöster des späteren Neuwürttemberg enteigneten, zeichneten sich weder durch Duldsamkeit noch durch Rücksichtnahme aus. Kalte Arroganz bestimmte ihr Vorgehen. Mit zynischer Überheblichkeit setzten sie ins Werk, was der Macht- und Herrschaftsanspruch ihres Herrn gebot. Zwiefalten ist hierfür ein vielsagendes Beispiel.

Am 8. September 1802 marschierten württembergische Truppen vor dem Kloster auf, um – bar jedweder rechtlichen Legitimation – von dem Kloster Besitz zu ergreifen. Den Gewaltakt pflegten die württembergischen Beamten und Kommissare als »provisorische Besitzergreifung« zu bezeichnen. Der 8. September war der Tag, an dem Zwiefalten im Jahre 1089 gegründet worden war. Pater Magnus Rief schrieb deshalb in sein Tagebuch: »Wunderlich! Gerade wird der merkwürdige Tag, der Tag der Stiftung Zwifaltens, der Tag der Geburt Mariens, dasiger Patronin, wo der Churfürst den Befehl zur Schließung der Münsterkirche, dieses prächtigen und weit und breit berühmtesten Tempels« gab.

Tags darauf, es war der 9. September des Jahres 1802, zogen »mit klingendem Spiel und Musik« 250 Mann Militär ins Kloster ein. Sie nahmen im Kloster Quartier, bezogen Wache und besetzten die Tore. Die sog. »Zivilbesitzergreifung« erfolgte am 25. 11. 1802. Der württembergische Rat und Kommissar Weckherlin eröffnete dem Abt und Konvent sowie den Beamten und Dienern des Klosters, es sollen »Abbt, Convent und die übrige[n] Geistlichkeit so wie geistliche und weltliche Räthe, Beamten, Diener und sämtliche Einwohner und Unterthanen der Abtei Zwifalten sich der Landeshoheit Seiner Herzoglichen Durchlaucht unterwerfen und Hochselben als ihren Landesherren ansehen und erkennen, vollkommen Gehorsam und Unterthänigkeit und Treue leisten, und sobald er es fordern wird, die Huldigung ablegen«. Der Zwiefalter Abt antwortete hierauf: »Obgleich Kaiser und Reich noch nicht gesprochen, zweifle er doch nicht, Seine Herzogliche Durchlaucht würde nähere Kundschaft haben, kraft welcher Sie wirklichen Besitz von Zwifalten [in] Besitz zu nehmen, die Macht hätten«. Er »wolle sich deshalb im geringsten nicht widersetzen, sondern sich vielmehr der Huld und Gnade seines künftigen Regenten bestmöglich empfehlen und sei bereit, sogleich das Handgelübde abzulegen, zweifle auch nicht, dass dies die Gesinnung aller der seiner gegenwärtigen und abwesenden Mitbrüder sei«. Widerstand zu artikulieren, waren Abt und Konvent nicht in der Lage. Obrigkeit und Gehorsam, Autorität und Unterwürfigkeit hatten sie als wertbesetzte Leitbegriffe politischen Verhaltens verinnerlicht. Der württembergische Commissarius Weckherlin versicherte, das »Wohl und Glückseligkeit« von Abt und Konvent befördern zu wollen. Das hinderte ihn aber nicht, die klösterliche Gemeinschaft aufzulösen und den Mönchen ihre gesamte bewegliche und unbewegliche Habe wegzunehmen.

Die feierliche Huldigung gegenüber dem württembergischen Kurfürsten fand am 4. August 1803 statt, bei dem Abt und Konvent, Amtleute, Diener und Untertanen einen »Eid der Treue und Huldigung« schwören mußten. Am 8. September 1803, dem Gründungstag des Klosters, feierten Abt und Konvent im Münster ihre letzte Messe. Am gleichen Tag wurde es geschlossen. Fortan durfte kein Gottesdienst mehr gefeiert werden. Auch den Mönchen war es verboten, sich als Gemeinschaft von Ordensbrüdern zu versammeln. Durch ein kurfürstliches Dekret vom 14. November 1803 wurde dem Abt, den Konventualen, soweit sie nicht als Weltpriester in der Pfarrseelsorge oder als Beichtväter in Frauenklöstern ihr Auskommen fanden, und den Laienbrüdern eine Pension zugesichert.

Nach der Auflösung des Konvents und der Besitzergreifung des Klosters erfolgte dessen Räumung. Was nicht niet- und nagelfest war, wurde versteigert oder nach Stuttgart und Ludwigsburg geschafft: Mobiliar, Musikalien, Meßgewänder, Kelche, Kruzifixe, ein silbernes Muttergottesbild (21 Pfd. schwer), eine 34 Pfund schwere Monstranz aus Gold und Silber, Leuchter, Glocken, eine Orgel, die Bestände des Archivs, Handschriften, Inkunabeln und Drucke, das vorhandene Barvermögen. Selbst das silberne Brustkreuz, das der Abt als Zeichen seiner geistlichen Würde zu tragen pflegte, entging nicht der Begehrlichkeit der württembergischen Kommissare. Ein Zeichen, das ihn in den Augen seiner Mönche oder der seitherigen Klosteruntertanen als Abt und Landesherr kenntlich machte, durfte er nicht mehr tragen. Aus der ehemaligen Herrschaft der Reichsabtei Zwiefalten wurde ein württembergisches Oberamt. Ein Stuttgarter Hofchronist hat es folgendermaßen beschrieben: »Das Kloster enthält 37 Patres und 11 Fratres, aber nicht im wahren Verstande. Patres und Fratres ist hier nur ein leerer Schall: Müßiggänger ist ihr wahrer Name«. Das Münster sei »von lauter Ablaß gebaut wie das Straßburger Münster«. Das Zwiefalter Frauenkloster Mariaberg »enthält Betschwestern, die dem lieben Gott den Tag stehlen«.

Die Säkularisation traf die Klöster im deutschen Südwesten nicht in einem Zustand der ihre Auflösung hätte rechtfertigen können. Auf Grund ihrer Dienste für Kirche und Gesellschaft hätten sie eine rücksichtsvollere Behandlung verdient gehabt. Die Klöster und Stifter litten nicht unter feudalen Mißständen. Äbte und Pröpste wurden von ihren Konventen nach Tugend und Verdienst gewählt, nicht wegen ihrer adligen Geburt und ihrem fürstlichen Rang. Die Klöster der schwäbischen Reichsprälaten litten auch nicht an personeller Auszehrung. Sie übten Seelsorge aus. Sie öffneten sich in ihrer Unterrichts- und der Wissenschaftspraxis Impulsen der Aufklärung. Sie taten dies, um, wie der Freisinger Weihbischof Johann Nepomuk Wolf zur Ehrenrettung der schwäbischen Reichsprälaten am 15. Oktober 1502 vor der Reichsdeputation in Regensburg erklärt hatte, »mit alldeme den billigen Vaterlands-Erwartungen Genuege leisten zu koennen«. St. Blasien hatte sich als Akademie von Gelehrten, die sich der Geschichte, der Theologie und Philosophie widmeten, einen Namen gemacht. Neresheim brachte vielversprechende Schulreformen auf den Weg. Petershausen besaß – wie andere Klöster auch – ein vielgerühmtes Naturalienkabinett, Salem einen atsronomischen Turm mit einer Sternwarte und einem mathematisch-physikalischen Kabinett. Die praktische Nutzbarkeit physikalischer Einsichten erprobten die Mönche von Ochsenhausen an Hand technischer Experimente. Mönche widmeten sich nicht nur der Erkenntnis göttlicher Heilswege, sie waren auch an der Erforschung natürlicher Gesetzmäßigkeiten interessiert. Die Aufhebung der Klöster zerstörte im Bereich der Bildung, der Geistes- und Naturwissenschaften Ansätze, von deren weiterem Ausbau modernisierende Wirkungen zu erwarten waren. Die Klöster hörten auf, Pflegestätten der Wissenschaften, Zentren eines zeitgemäßen Schul- und Bildungswesens, Mittelpunkte religiösen und kulturellen Lebens zu sein. Mit den Klöstern erloschen nicht nur Bildungsmöglichkeiten in höheren und niederen Klosterschulen sondern auch caritative Hilfen, die Bettlern und Armen erwiesen wurden.

Die vom Staat liquidierten und vereinnahmten Klöster wurden unter ihren neuen Herren neuen Zweckbestimmungen zugeführt. Wo Mönche jahrhundertelang gebetet, gefastet und Gottesdienst gefeiert hatten, wurden Irrenanstalten, Waisenhäuser, Kasernen, Amtsstuben der Lokalverwaltung, Zwangsarbeitshäuser und

Gefängnisse eingerichtet. Säkularisierte Klöster wurden auch an unternehmungsfreudige »Industrielle«, sog. »Entrepreneure« verkauft, die in den alten Klosterbauten Spinnereien, Textil-, Waffen-, Zichorien-, Porzellan- und Steingutfabriken eingerichtet wurden. Solche Umwidmungen besaßen Symbolwert. Der Geist frommer Hingebung wurde verdrängt durch den Geist rationaler Ökonomie. Gemeinnützige Güterproduktion trat an die Stelle nutzloser Meditation und Andacht.

Die badische Regierung bot 1806 das südlich von Kenzingen an der Elz gelegene Zisterzienserinnenkloster Wonnental zum Verkauf an. Als kaufentschlossene »Entrepreneure« traten die Herren Bausch und Helbling aus Lahr auf, um in dem ehemaligen Kloster eine Zichorienfabrik einzurichten. Das taten sie denn auch. Die badische Regierung gestattete, die Kirche als Steinbruch zum Bau einer Zichorienmühle zu benutzen. Schweizer Fabrikanten erwarben 1809 um 33 000 Gulden den größten Teil der Konventsgebäude von St. Blasien, um in diesen eine Spinnmaschinenfabrik einzurichten. Nach 1820 wurden in den Abteigebäuden der Benediktiner von Villingen eine Sodafabrik und eine Verlagsanstalt eingerichtet.

Der württembergische Staat verkaufte 1832 an den Baumwollweber J. Georg Reichenbach das ehemalige Benediktinerinnenkloster Urspring. 1835 wurden in den Klosterbauten die ersten 15 mechanischen Webstühle aufgestellt. Urspring war der erste fabrikmäßige Großbetrieb im Oberamt Blaubeuren. Franz Eduard Erpf, Leiter und Mitinhaber der Appreturanstalt G. H. Erpf in St. Gallen nahm im Sommer 1838 mit dem württembergischen Finanzministerium Verhandlungen auf, um die Abteigebäude des ehemaligen Prämonstratenserklosters Weissenau zu erwerben. Was das Kloster für eine industrielle Nutzung attraktiv machte, war ein Kanal, der als Nebenarm der Schussen mitten durch das Klosterareal lief. Erpf schrieb am 1. Juli 1838 an das württembergische Finanzministerium: »Meine Absicht ist die, aus Weissenau eine Spinnerei, Weberei, Bleiche und Appretur [für Baumwoll- und Leinenstoffe] zu machen und daselbsst ein Etablissement zu bilden, das die Zierde Württembergs sein soll«. Mit Hilfe eines Staatskredits brachte Erpf im März 1839 das Kloster um 56 000 Gulden in seinen Besitz.

Über die Rechtmäßigkeit und Unrechtmäßigkeit, den politischen Nutzen und die kulturellen Schäden der Säkularisation sind im 19. Jahrhundert – wie nicht anders zu erwarten – widersprüchliche Urteile gefällt worden. Ein Konsens zwischen Gewinnern und Verlierern kam nicht zustande. Gegensätzliche Interessen und unvereinbare Kriterien der Urteilsbildung schlossen dies aus. Führende Vertreter der katholischen Kirche empfanden die Säkularisation als Rechtsbruch einer gewalttätigen Staatsraison. Sie sprachen von einem Akt der »tyrannischen Ungerechtigkeit« und einem eklatanten Verstoß »gegen die Verfassung des Deutschen Reiches«. Der Konstanzer Generalvikar Heinrich Freiherr von Wessenberg hatte, ehe im Februar 1803 in Regensburg die Säkularisation definitiv beschlossen wurde, vor den gesellschaftlich und staatspolitisch nachteiligen Folgen, die ein seiner Güter und Gerechtsame beraubtes Kirchen- und Klosterwesen nach sich ziehe, eindringlich gewarnt. Denn das »katholische System«, so sein Argument, sei »gegen den im jetzigen Zeitgeist vorherrschenden Freyheits-Schwindeel der bewährteste und kräftigste Zügel«. In sozialer Hinsicht seien Konsequenzen zu erwarten, die für alle Stände von Schaden seien. Der »weltliche Despotismus« habe durch die Säkularisation der großen reichsunmittelbaren Stifte und Fürstabteien nicht nur dem Adel einen »tödlichen Schlag« versetzt; auch der Bürger und Bauer verliere »durch die Erlöschung mannigfaltiger Versorgung für Söhne bürgerlicher Herkunft in Stiften und Klöstern theils als Chorherren und Religiosen, theils als Beamte und sonstige Bedienstete« Berufs- und Versorgungsmöglichkeiten.

Von katholischer Seite wurde immer wieder darauf hingewiesen, daß eine Säkularisation der Kirchen- und Klostergüter allen deutschen Staaten, mögen sie nun katholischer oder protestantischer Religion sein, »gleich schaedlich und gleich gefaehrlich« sei. Die Religion sei nämlich im Leben der Staaten ein unverzichtbarer Faktor politischer Stabilisierung und dies aus folgenden Gründen: »Die katholische Kirchendisziplin bildet gute gesittete Menschen und gehorsame Unterthanen, erhaelt die Ordnung im Staat, sichert denen Regenten ihre Regierungen und Thronen, und schuetzet das Eigenthum eines jeden Buergers«. Im Falle einer Säkularisierung würden aber »diese großen Stuetzen der Staaten« plötzlich wegfallen. Eine lau gewordene, erkaltete Religion könne nicht mehr verhindern, daß die Menschen lasterhaft und sittenlos werden, »die Unterthanen frech, ungehorsam und Rebellen«. Mit der Religion verlasse die Ordnung die

Staaten. Unordnung und Anarchie greifen Platz. »Regierungen und Thronen werden umgeworfen, und das Eigentum eines jeden Staatsbürgers wird von zuegellosen Menschen und von wahre[n] Ungeheuer[n] geraubet«.

Die Anwälte und Apologeten der Säkularisation verfochten andere Interessen und bedienten sich deshalb, um ihre Auffassung zu begründen, auch anderer Argumente. Ein protestantisch-liberaler Anonymus, der 1798 eine Buch veröffentlichte mit dem Titel ›Ueber die Nothwendigkeit einer allgemeinen Saekularisation der deutschen Erzbisthuemer, Bisthuemer, Praelaturen und Kloester‹ meinte, in der Frage der Säkularisation stehe für weltliche Fürsten katholischen Glaubens und protestantischer Konfession die Dauer ihrer Existenz und ihres Glückes zur Debatte. Denn: »Von dem Wohl des Ganzen haengt auch das Wohl der Theile ab, und so lange die geistliche Gewalt im eigentlichen Verstand dazu geschaffen ist, Eifersucht und Trennung zwischen beyden Religionstheilen zu unterhalten, und durch diese sich ueber die weltliche Macht erhebt, so lange ist Anarchie und Verwirrung des Ganzen davon die naechste Folge und die ehrwürdige deutsche Constitution ein bloße Popanz«. Kirchenreichtümer und Klostergüter hätten in unserem aufgeklärten Jahrhundert »den Zweck ihres Daseyns gaenzlich verloren«. Sie in Staatseigentum zu überführen, habe nichts mit »raubbegierigem Egoismus« fürstlicher Familien zu tun, sondern sei ein Gebot der politischen Vernunft; denn durch die Säkularisation des Kirchen- und Klostergutes höre »die dem Staat so schaedliche Gewalt« auf. Die »Entfernung der geistlichen Gewalt und ihrer zwecklosen Gueter«, »die dem Vaterland bisher so vieles Verderben gebracht« habe, gereiche zum Wohle Deutschlands. Insofern gehe es bei der Säkularisation nicht allein um die Entschädigung fürstlicher Familien, sondern auch um die Herstellung von Verhältnissen, die dem Gebot einer vernunftgemäßen Staatsverfassung gerecht werden. »So erhebt sich die deutsche Freiheit wieder auf jene Stufe der Selbständigkeit, von welcher sie religiöse Vorurtheile verdraengt haben, und erst dadurch wird die deutsche Constitution ehrwuerdig«.

Wilhelm Mercy (1753–1823), ein Prämonstratenser aus Rot an der Rot, der 1787 seine Ordenszugehörigkeit aufkündigte, um nach einem zeitlich befristeten Zwischenspiel am Stuttgarter Hof die hohenzollerische Pfarrei Gruol (bei Haigerloch) zu übernehmen, veröffentlichte 1808 eine Abhandlung ›Ueber die aufgehobenen Klöster‹. In dieser vertrat er die Auffassung, Klöster seien nunmehr entbehrlich, »nachdem eine bessere Staatsverfassung die Sorge für Schulen, für Kranke, für Arme, für widerrechtlich Gefangene übernommen« habe und sich die Weltgeistlichkeit für die Übernahme von Seelsorge »gebildet und emporgehoben hat«. Das staatliche Wohlfahrtswesen mache einen Großteil der Klöster überflüssig. »Zudem hätten manche durch ihre prächtigen Paläste den öffentlichen Unwillen gereizt«. Georg Wilhelm Friedrich Hegel (1770–1831) vertrat in seinen ›Grundlinien der Philosophie des Rechts‹ die Auffassung, daß in der Gegenwart die Klöster »ihren Sinn und ihr Recht« verloren hätten, mögen auch die Umstände ihrer Entstehung durchaus »zweckmäßig und nothwendig« gewesen sein. Wenn man »für Aufrechterhaltung der Klöster ihr Verdienst um Urbarmachung und Bevölkerung von Wüsteneien, um Erhaltung der Gelehrsamkeit durch Unterricht und Abschreiben u.s.f. geltend gemacht und dieß Verdienst als Grund und Bestimmung für ihr Fortbestehen angesehen worden ist, so folgt aus demselben vielmehr, daß sie unter den ganz veränderten Umständen, in so weit wenigstens, überflüssig und unzweckmäßig geworden sind«. Den zeit- und umweltbedingten Sinnverlust der klösterlichen Lebensform begründete er in seinen ›Vorlesungen über die Philosophie der Religion‹ folgendermaßen: Keuschheit, Armut und Gehorsam, die geistlichen Motive und Grundlagen der monastischen Lebensform, würden die »Versöhnung der Religion mit der Wirklichkeit untergraben«. Ehelosigkeit widerspreche der Sittlichkeit der Liebe; freiwillige Armut sei mit der Würde menschlicher Arbeit nicht zu vereinbaren; blinder Gehorsam, »der nicht weiß, was er thut«, verkehre und verunstalte den »wahren Gehorsam der Freiheit«. »Also sind die drei Gelübde der Keuschheit, der Armut und des Gehorsams gerade das Umgekehrte dessen, was sie sein sollten, und in ihnen ist alle Sittlichkeit degradiert worden«.

Heinrich von Treitschke, der preußisch-protestantische Geschichtsschreiber, beklagte in seiner ›Deutschen Geschichte im 19. Jahrhundert‹ die Säkularisation als »ungeheuren Rechtsbruch«, der weder den »Schimmer eines kühnen Gedankens« noch den »Funken einer edlen Leidenschaft« zu erkennen gebe. Diese Sicht der durch die Säkularisation verursachten territorialen Umwälzung bestimmte jedoch nicht sein ab-

schließendes Urteil. Er fuhr nämlich fort: »Und doch war der Umsturz eine große Nothwendigkeit; er begrub nur was todt war, er zerstörte nur was die Geschichte dreier Jahrhunderte gerichtet hatte ... Die fratzenhafte Lüge der Theokratie war endlich beseitigt. Mit den geistlichen Fürsten stürzten auch das heilige Reich und die Weltherrschaftsansprüche des römischen Kaiserthums zusammen«. Hält man es mit Treitschke, war die Säkularisation eine unabdingbare Voraussetzung für die Bildung eines kleindeutschen, protestantisch geprägten Reiches, in dem die deutsche Nation ihre politische Einheit gefunden hat.
Indes: Bereits zu Anfang des 19. Jahrhunderts meldeten sich Theologen zu Wort, die der Auffassung waren, daß der Güter- und Herrschaftsverzicht, der dem Mönchtum und der Kirche durch die Säkularisation abverlangt wurde, Kleriker und Ordensmänner befähige, »ächtes, lauteres Christentum« zu verwirklichen. Die Säkularisation hatte ihrer Auffassung nach Voraussetzungen geschaffen, die es ermöglichten, Kirche und Mönchtum als Mächte des Geistes neu zu entdecken.
Kirchenhistoriker von heute beklagen nicht nur, was der Kirche durch die Säkularisation genommen wurde: »die Pracht des Gottesdienstes und der Klang der Glocken, der das Land erfüllt hatte, die Klosterschulen, die Gymnasien und Universitäten, in denen die Jugend Bildung und Erziehung und ein weitausgerichtetes Weltbild erhalten hatten, die reichen Stiftungen, die so viele Möglichkeiten der Nächstenliebe boten, die dichtgedrängten Reihen der Ordensmänner und – frauen, die geschlossene katholische Kulturlandschaft in den einzelnen Territorien, die politische Gleichstellung der katholischen Kirche als einer organisierten Macht« (Hermann Tüchle); sie wissen auch: »Die Säkularisation hat die Kirche von einem Reichtum befreit, der für sie vielfach zu einer glänzenden Knechtschaft geworden war, zu einer jahrhundertelangen Hörigkeit im Dienst unkirchlicher Interessen einer macht-, länder- und geldgierigen Aristokratie: zu einer Last der Geschichte« (Manfred Weitlauff). Eine Last der Geschichte, die Mönche nicht aus eigener Kraft hatten abwerfen können, war die Verflechtung zwischen weltlicher Herrschaft und geistlicher Gewalt, die aus Mönchen »gnädige Herren« und machtbegabte »Fürstäbte« gemacht hatte. Von Klöstern ausgeübte Herrschaft kam nicht nur einem politischen Anachronismus gleich, sie widersprach auch dem Wesen des christlichen Mönchtums. Es bestand jedoch kein Grund, der es hätte rechtfertigen können, Mönchen ihre Kirchen und Bücher wegzunehmen, ihre kostbaren Reliquiare, Kelche und Kreuze einzuschmelzen, um aus dem Edelmetall liturgischer Geräte weltlichen Schmuck oder profanes Geld zu machen.
Abt und Konvent von Salem hatten sich nach Kräften bemüht, als Gemeinschaft, die auf die Ausübung von Herrschaftsrechten verzichtet, ihr regelgebundenes geistliches Leben weiterzuführen. Der badische Markgraf hatte versprochen, ihnen dies zu gestatten. Gehalten hat er nicht, was er sprach. Fürstliche Begehrlichkeit schloß Zugeständnisse aus. Auch der Konvent mußte sich auflösen und dies unter Bedingungen, die Caspar Oexle, der letzte Abt des Klosters, als ausnehmend demütigend empfand. Als er am 23. November 1804 sein Profeßkloster verließ, notierte er in sein Tagebuch: »Heute war der Tag, wo die klösterliche Verfassung, Chor, Klausur etc. in Salem ganz aufhören und sogar die Kleidung umgewechselt seyn mußte. Ich suchte unvermerkt hinweg zu kommen, ging um halb 5 Uhr frühe, nachdem ich in der Abts Kapelle die letzte Messe gelesen und die heilige Hostie aus der Monstranz genossen hatte, durch das Altone Thörlein hinaus, setzte mich dann zu Pferd und kam noch fast bey Nacht nach Kirchberg: Wie traurig diese Entfernung gewesen, kann ich nicht sagen: Ich tröste mich: Tu es, qui restitues Haereditatem, hic aut ibi [Du bist es, der die Erbschaft wiederherstellen wirst, hier oder dort] ... In Salem lief gleich alles voll Kinder und Weiber aus Vorwitz im Konvente herum«.

Neubeginn und Entfaltung klösterlichen Lebens in Baden-Württemberg im Spannungsfeld von geistlicher und weltlicher Macht (1803–2003)

von Paul Kopf

Am 12. April 1851 beschloss ein Beamter das von ihm gefertigte Inventarverzeichnis des Frauenklosters Rottenmünster recht resignierend mit dem Nachsatz: *Wie du warst vor alter Zeit, So wirst nicht mehr in Ewigkeit!.*[1] Anlass war der Auszug der letzten Klosterschwester Franziska Grupp am 24. März 1850, die absprachegemäß die Klosterwohnung mit der Zusage einer lebenslangen jährlichen Pension von 800 fl. verließ und in das Ausdinghaus ihres Bruders nach Grundsheim im Oberamt Ehingen/D. übersiedelte, wo sie am 11. Juli 1859 im Alter von 86 Jahren verstarb.[2]

Der Schreiber hätte aus seinem Blickwinkel wohl kaum ahnen können, wie die Zukunft des gerade inventarisierten Klosters aussah. Es sollte ab 1895 wieder klösterlicher Besitz der Barmherzigen Schwestern vom Hl. Vinzenz von Paul in Untermarchtal werden, die es im Laufe eines Jahrhunderts zu einem der modernsten Zentren für Psychiatrie, Psychotherapie und Neurologie mit 900 voll- und teilzeitbeschäftigten MitarbeiterInnen ausbauten.[3] Und während Schwester Franziska in Grundsheim *in Gottvertrauen und Zufriedenheit*[4] lebte, bildete sich in dem über dem Höhenrücken liegenden Dorf Oggelsbeuren 1854 der erste Konvent der Dillinger Franziskanerinnen auf württembergischem Boden, womit der Grundstein für die Gründung dreier Kongregationen der Diözese Rottenburg gelegt werden sollte: Sießen, Bonlanden und Heiligenbronn.[5]

Das Faktum der Säkularisation und deren Beurteilung ließ so zeitnah derlei hoffnungsvolle Gedanken nicht aufkommen. Durch die Beurteilung der zumindest kirchlichen Zeitgenossen und der Geschichtsschreibung bluteten die entstandenen Wunden weiter, was zwei Zeugen belegen. Matthias Erzberger (1875–1921) schrieb 1902: *Es hat sich noch kein Schriftsteller von Ruf gefunden, der im Ernste mit durchschlagenden Gründen die Säkularisation hätte verteidigen und rechtfertigen können. Dagegen hat eine große Anzahl der bedeutenden Geschichtsschreiber die Vorgänge, wie die Säkularisation zu Stande kam, in rückhaltloser Weise verurteilt, und die Säkularisation selbst als einen Gewaltakt, als einen Raub des Privateigentums, als unheilvoll in ihren Folgen gebrandmarkt. [...] Mit der Säkularisation hielt der Protestantismus Einzug in die geschlossenen katholischen Gebiete und zwar kam er nicht etwa als gleichwertiger und wettbewerbender Faktor, sondern als Herrscher und Gebieter, als ängstlicher Bureaukrat, der jedes Zeichen von religiösem Leben in den neuerworbenen katholischen Landesteilen auf das peinlichste bewachte.*[6]

Und der renommierte Geschichtsschreiber der Diözese Rottenburg, August Hagen (1889–1963), urteilte noch 1956: *Wie die Säkularisation selbst unter dem Schein der Legalität ein roher Gewaltakt* [sic!] *war, so ging es bei der Ausführung nicht selten gewalttätig und barbarisch zu. Nachdem die Klöster als Zentren der Finsternis, des Nichtstuns und des Lasters systematisch verächtlich gemacht worden waren, war es fast nicht anders denkbar. In Württemberg hatte man es in erster Linie auf das Geld und die wirtschaftliche Verwertung abgesehen, weshalb dieser Gesichtspunkt die meisten Rücksichten zurückdrängte.*[7]

Mit der Geschichte versöhnt?

Am 7. September 2000 fand im Blick auf die Geschichte des Verhältnisses von Staat und Kirche in Baden-Württemberg ein Ereignis statt, das an die Säkularisation von 1803 erinnerte – die Vereidigung des designierten Bischofs der Diözese Rottenburg-Stuttgart Dr. Gebhard Fürst vor dem Ministerpräsidenten des Landes Baden-Württemberg aufgrund von Artikel 16 des Konkordats zwischen dem Heiligen Stuhl und dem Deutschen Reich vom 20. Juli 1933. Dabei führte Ministerpräsident Erwin Teufel aus: »Der Treueid, den Sie heute leisten, ergibt sich aus dem Reichskonkordat von 1933. Der Konkordatsgedanke, wie wir ihn heute kennen und wie er auch dem Staatsvertrag von 1933 zugrunde liegt, wurde maßgeblich in der Zeit nach der Französischen Revolution und der Säkularisierung geprägt. An die Stelle des Alten Reiches und der mannigfaltigen weltlichen und geistlichen Herrschaften waren damals in

Deutschland moderne, rational organisierte Staaten getreten, die sich zum Teil auch dezidiert als säkulare Gemeinwesen verstanden. Kirche und Staat standen in dieser Phase vor der schwierigen Aufgabe, ihr Verhältnis zueinander neu zu bestimmen und ihre oft widerstreitenden Interessen wenn nicht in Einklang zu bringen, so doch zumindest gegeneinander abzuwägen. Für beide Seiten war diese Aufgabe nicht einfach: Die Wunden der Säkularisierung waren an vielen Orten noch frisch. Kirche und Staat mussten sich mit ihren neuen Rollen erst noch identifizieren und ihre jeweiligen Machtansprüche der gewandelten Realität anpassen. Diese schwierige Situation verlangte von beiden Seiten etwas, was auch in unseren Tagen absolut unverzichtbar ist: das Ethos des Kompromisses. Anders als zu Beginn des 19. Jhs. und anders auch als beim Abschluss des Reichskondordats von 1933 geht es heute, Gott sei Dank, nicht mehr in erster Linie darum, die Einflusssphären von Staat und Kirche gegeneinander abzugrenzen und vertraglich abzusichern.«[8]

Der Bischof legt sein Eidesversprechen auf das Grundgesetz der Bundesrepublik Deutschland und die Verfassung des Landes Baden-Württemberg ab unter Berührung eines der ältesten erhaltenen Evangelistare aus dem ehemaligen oberschwäbischen Benediktinerkloster Weingarten, dem reichsten aller Klöster Württembergs, dessen umfangreiche Bibliothek 1810 zum Hauptgrundstock der königlich-württembergischen Handbibliothek wurde.[9] Dieses Dokument, das unter großen Sicherheitsvorkehrungen vom gesicherten Depositum in der Württembergischen Landesbibliothek ins Staatsministerium transportiert worden war und dort nur mit Handschuhen berührt werden sollte, lag auf einem barocken Tischchen zwischen zwei stattlichen barocken Silberleuchtern aus dem Diözesanmuseum Rottenburg. Letztere hatte König Wilhelm I. (1816–1864) anlässlich der Fundation der Diözese Rottenburg 1828 aus dem Besitz der säkularisierten Fürstpropstei Ellwangen zur Ausstattung der bischöflichen Kapelle Bischof Johann Baptist v. Keller (1828–1845) gestiftet. Bei dieser würdigen Feier berührten sich also Geschichte und Gegenwart hautnah. Anschließend fragte ein von der Atmosphäre des Ereignisses angetaner Journalist nach dem Motiv, die Vereidigung unter derlei Vorzeichen zu gestalten, worauf er (vom Verfasser) die Antwort erhielt: »Es sollte ein Hinweis sein; Kirche und Staat sind 200 Jahre nach der Säkularisation fähig, sich mit dieser zu versöhnen.«[10]

Vereidigung von Msgr. Gebhard Fürst am 7. September 2000

Restauration oder Neuanfang nach der Säkularisation

Das Ende der Reichskirche wurde für die Katholische Kirche zu einer tiefen Zäsur, aber auch zu einem Neuanfang mit zunächst noch nicht vorstellbaren Ergebnissen, die allerdings erst im harten Ringen zwischen Staat und Kirche zustande kamen. Die Auseinandersetzungen in Baden und Württemberg standen sich dabei an Schärfe und Unterstellungen nicht nach, wobei alle antirömischen Affekte herhalten mussten und die Angst geschürt wurde, die deutsche Kirche würde durch Rom der Freiheit beraubt. In kirchlichen Kreisen jedoch wurde genau das Gegenteil behauptet, die totale Abhängigkeit der Kirche vom Staat sei das Ziel der weltlichen Macht.

Das institutionelle Ergebnis dieses Ringens zeigte sich in der Errichtung der Erzdiözese Freiburg und der Diözese Rottenburg durch die Bulle Papst Pius VII. (1800–1823) *Provida sollersque* vom 16. August 1821. Gemäß den Vereinbarungen mit dem Großherzogtum Baden und dem Königreich Württemberg mussten die neu errichteten Diözesen durch den Staat fundiert, d.h. ausgestattet werden. Den Abschluss bildete für die Erzdiözese Freiburg die Inthronisation des ersten Erzbischofs Bernhard Boll (1827–1836) am 21. Oktober 1827, für die Diözese Rottenburg die von Bischof Johann Baptist Keller am 20. Mai 1828.

Der Ausgang des Tauziehens zwischen Staat und Kirche war lange Zeit ungewiss gewesen, wobei Baden wie Württemberg vor allem die Bischofswahlen für die Auseinandersetzung nutzten, was in Freiburg bei der Wahl von Ignaz Anton Demeter (1836–1842) bereits 1836 zu einer weiteren Kraftprobe zwischen Regierung und römischer Kurie führte. Letztere erklärte die Wahl *als unfrei und daher ungültig*. Kurz darauf wurde der Erwählte jedoch trotzdem durch römische Entscheidung ernannt.[11] In Demeters Amtszeit fiel die Berufung der Professoren Johann Baptist Hirscher (1788–1865), geb. in Bodnegg/Kr. Ravensburg, und Franz Anton Staudenmaier (1800–1856), geb. in Donzdorf/Kr. Göppingen, an die Theologische Fakultät der Universität Freiburg. Dies führte zu einer folgenreichen Erneuerung der theologischen Wissenschaft im Geiste der sog. *Tübinger Schule.*[12] In Tübingen wirkte von 1822 bis 1835 Johann Adam Möhler (1796–1838) als Haupt dieser Schule, die eine Wende der deutschen Theologie einleitete. Der kirchliche Neuanfang, dessen äußere Strukturen geschaffen waren, sollte nicht in der Restauration früherer Verhältnisse enden, sondern in einem Neuanfang kirchlichen Lebens aus dem Geist der Verinnerlichung und Verkirchlichung heraus, nicht durch weltliche Macht. »*Die Tendenz zur Verinnerlichung und zu einer neuen Verkirchlichung, die sich in den Äußerungen Möhlers zeigt, ist grundsätzlicher Art. Hier wird nicht aus der Not eine Tugend gemacht. Hier wird der Säkularisation als einer Bewegung von außen, die u.U. das Wirken der Kirche in der Welt einengen könnte, eine Bewegung von innen im Sinne einer geistigen Durchdringung, die sich auch in die Welt fortsetzen soll, entgegengesetzt. Das Ereignis der Säkularisation wird insofern relativiert, daß die Weltlichkeit der Kirche, ihr Reichtum und ihr äußerer Glanz, als nicht zu ihrem Heil notwendig abgetan wird.*«[13]

Möhler war weit davon entfernt, den Untergang der Klöster in der Säkularisation zu bedauern. Eine Restauration der Orden wäre »*eine bloße matte, kraftlose Erinnerung an das Alte, ein thörichtes Jucken nach demselben, was die Erneuerung herbeiführt, ohne lebendigen Trieb, ohne inneres Bedürfnis. Diese Anstalten sind daher schon bei ihrer Wiederbelebung todt und nichtig.*«[14] Und in Bezug auf die untergegangenen Klöster meinte er: »*Weil die Mönchsidee die Orden und Klöster nicht mehr bestimmte, deshalb muß die bloße Form, die übrigblieb, untergehen.*«[15]

Die politische Auseinandersetzung um die Zulassung vor allem von Männerorden, ein Kraftakt zwischen Staat und Kirche, dürfte in seiner vordergründigen Intention allerdings hinter den Idealen Möhlers zurückgestanden haben. Aus diesem Politikum ging die Kirche jedoch trotz aller Demütigung nicht als Verliererin hervor. Die Gegensätze polarisierten nicht nur, sie einigten auch und schlossen die aus verschiedenen früheren Diözesen stammenden Katholiken um so enger zusammen. Es wuchs ein Rottenburger und Freiburger Diözesanbewusstsein, es entwickelten sich selbstbewusste katholische Gemeinden und ein Drängen zu kirchlichen Berufen wie selten in der Geschichte zuvor. Auch eine politische Konzentration wurde möglich. Die großen Gestalten des politischen Katholizismus, repräsentiert durch das Zentrum in Baden, Württemberg und Hohenzollern, waren ihrer Kirche zutiefst verbunden. Der Ruf nach klösterlichem Leben wurde zum Ruf aus dem Volk. Die Bischöfe konnten nicht mehr länger zusehen, wie ihre Landeskinder in auswärtige Klöster auswanderten. Sie waren im Zugzwang des Geschehens. Dessen waren sich sowohl Bischof Josef Lipp (1847–1869) wie Hermann v. Vicari (1843–1868) bewusst; sie mussten sich allerdings im Bemühen um einen Wandel mit Teilerfolgen zufrieden geben.

Neubelebung der Klöster im preußischen Regierungsbezirk Hohenzollern

Für die Erzdiözese Freiburg wurden die ehemaligen hohenzollerischen Fürstentümer, seit 1852 preußischer Regierungsbezirk, durch die dort geltende liberalere preußische Verfassung des Königreichs Preußen vom 31. Januar 1850 zu einem wichtigen Neuanfang klösterlichen Lebens, zumal die fürstlichen Familien, im Gegensatz zu den Regenten in Baden und Württemberg, der katholischen Kirche angehörten und im Rahmen ihrer Möglichkeiten bestrebt waren, in ihren ehemaligen Herrschaften wieder geistliche Gemeinschaften zu wissen. Dabei konnte, was Gebäude anbelangt, jeweils auf dem Fürstenhause in der Säkularisation zugefallenes Kirchengut zurückgegriffen werden. Schon im September 1852 wurde unter Erzbischof Hermann v. Vicari durch die Bemühungen des 1811 in Steinhilben geborenen Geistlichen Thomas Geiselhart († 1891), der 1855 das Knabenseminar *Seminarium Fidelianum* sowie 1859 das Waisenhaus Nazareth in Sigmaringen gründete, das 1782 aufgehobene Franziskanerkloster Gorheim den *Jesuiten* zur Verfügung gestellt. Diese wurden allerdings bereits 1872 wieder ausgewiesen, worauf 1890 *Franziskaner* die Gebäude übernahmen. Deren 1869 gegründete Niederlassung in Stetten bei Hechingen wurde aber bereits 1875 ebenfalls ein Opfer des Kulturkampfes.

1903 errichteten im damals zu 94 % katholischen Hohenzollern die sog. *Weißen Väter*, eine 1868 für die Afrikamission gegründete Gesellschaft, ein Missionshaus in Haigerloch. Und andere auswärtige Ordensgemeinschaften eröffneten alsbald in fast allen hohenzollerischen Pfarreien Schwesternstationen für die Krankenpflege.

Im 1806 aufgelösten und Hohenzollern-Sigmaringen zugefallenen 1212 gegründeten Zisterzienserinnenkloster Wald richtete dann nach dem Zweiten Weltkrieg (1946) die 1920 gegründete *Gemeinschaft der Liobaschwestern* von Freiburg ein Gymnasium mit Berufsschule ein.

Seit den 30er und 40er Jahren des 19 Jhs. erlebte das benediktinische Mönchtum in allen Erdteilen einen ungeahnten Aufschwung. In Frankreich z. B. waren es seit 1833 die Mönche von Solesmes, in Deutschland Abteien in Bayern. Im heutigen Baden-Württemberg ging diese Bewegung dann ab 1862 mit derselben Intensität vom hohenzollerischen Beuron im Donautal aus. In wenigen Jahrzehnten erwuchs aus einer tiefen Verwurzelung ein geistliches Profil, gespeist aus dem mystischen Geheimnis des christlichen Glaubens, das seinen Höhepunkt im Verbund der weltweit tätigen Beuroner Benediktinerkongregation erreichte.[16]

Die Anfänge waren bescheiden. Die Brüder Maurus (1825–1890) und Placidus Wolter (1828–1908), Geistliche der Erzdiözese Köln, traten 1856/57 als Mönche in die römische Abtei St. Paul vor den Mauern ein in der Absicht, von hier aus das benediktinische Mönchsideal in Deutschland wieder zu beleben. Die in Rom lebende Fürstenwitwe Katharina v. Hohenzollern (1817–1893) überließ 1862 den Patres die 1802 an das Fürstenhaus übergegangenen Gebäude des (1097 bestätigten) ehemaligen Augustinerchorherrenstifts Beuron für ihr geplantes klösterliches Vorhaben, und bereits 1868 wurde die Neugründung zur Abtei erhoben. Als auch die Beuroner Mönche im Kulturkampf ausgewiesen wurden (1875–1887), erfolgten drei Exilsgründungen: Erdington/Birmingham (1876), St. Emaus/Prag (1880) und Seckau/Steiermark (1883). 1894 wurden die Beuroner Mönche zur Reform der brasilianischen Kongregation hinzugezogen und 1897 auch an der italienischen Reform beteiligt. 1894 begann die Erneuerung der portugisischen Klöster Cucujaes und Singeverga. Von dem 1872 als erstem Tochterkloster Beurons gegründeten Maredsous/Belgien aus entstand 1899 die Abtei Mont César-Keizersberg, von dort wiederum 1926 Chevetogne als ein Mittelpunkt des katholischen Belgien. Die alte Abtei Maria Laach (1093–1802) wurde 1893 wiedererrichtet, gefolgt von St. Josef in Gerleve/Westfäl. Münsterland und 1906 Mariä Heimsuchung auf dem Sionsberg in Jerusalem.

Verbote und Vertreibungen vermochten die Entwicklung nicht aufzuhalten. Die nach dem Ersten Weltkrieg aus Emaus/Prag vertriebenen deutschen Mönche Beurons besiedelten 1920 die ehemalige Abtei Neresheim (1095–1803). Andere aus der Tschechoslowakei Ausgewiesene übernahmen 1924 das ehemalige Zisterzienserkloster Grüssau/Schlesien. Dieser Kon-

vent wurde 1946 wiederum aus Schlesien vertrieben und ließ sich 1947 im ehemaligen Ritterstift St. Peter und Paul in Bad Wimpfen (Diözese Mainz) nieder.
Die Lebensgeschichte des ersten Grüssauer Abtes, Albert Schmitt (1924–1969), ist geradezu ein Abbild der Dynamik der Beuroner Entwicklung: 1894 Geburt in Mannheim, Aufnahme und Noviziat in Beuron, Profess in Erdington, 1919 Vertreibung aus England, ab 1922 Konventuale der Abtei Weingarten, 1924–1947 erster Abt von Grüssau/Schlesien, 1947 erster Abt von Grüssau-Wimpfen/N.
Das englische Ausweisungsgesetz von 1918 brachte das Ende der deutschen Mönche in Erdington, die 1922 im ehemaligen Benediktinerkloster Weingarten/Württemberg (1056–1803) eine neue Heimat fanden. Im selben Jahr wurde die Abtei St. Matthias/Trier (978–1802) wiederbesiedelt. Die 1924 in Lubin/Polen erfolgte Gründung wurde 1939 unter der NS-Herrschaft aufgehoben. Das 1926 besiedelte Stift Neuburg bei Heidelberg wurde die einzige Benediktinerabtei in Baden; Bemühungen um die Wiederbesiedelung der Reichenau durch Beuron blieben erfolglos.
Die Gründung in Vaals/Holland 1927 wechselte 1947 zur Kongregation von Solesmes. Das 1936 eröffnete Kloster Tonogaoka/Japan wurde 1940 der Kongregation von St. Ottilien übergeben.
1949 wurde von Beuron aus Las Condes/Chile gegründet und von Trier aus die Abtei Tholey/Saar (750–1794) wiedererrichtet. 1975 wurde in Nitschau/Holstein ein selbstständiges Priorat angesiedelt.
Auch Frauenklöster gehörten bald zur Beuroner Kongregation: 1889 St. Gabriel in Prag (1920 politisch bedingt nach Bertholdsheim/Steiermark verlegt), 1893 Maredret/Belgien (1920 aus politischen Gründen aus der Beuroner Kongregation ausgeschieden). 1904 wurde die Abtei St. Hildegard/Eibingen (1165–1803) wiedererrichtet, 1924 wird die Abtei Herstelle/Weser wiederbelebt.
Weitere Gründungen waren 1924 St. Erentraud, Kellenried bei Ravensburg und 1962 Engelthal. 1974 wurde Säben/Südtirol (seit 1699) der Beuroner Kongregation angeschlossen, desgleichen 1982 Varensell bei Gütersloh und Fulda.
Aus diesem fast weltumspannenden Verbund gingen zahlreiche Führungspersönlichkeiten hervor. Der 2. Abt von Seckau, Laurentius Zeller (1908–1925) aus Riedlingen/Donau, wurde 1938 Abtpräses der brasilianischen Kongregation und 1945 Titularbischof. Der Gründungsabt von Maria Laach, Willibrord Benzler (1893), war von 1901–1919 Bischof von Metz, musste allerdings nach dem Ersten Weltkrieg als Deutscher abdanken. Der 2. Abt von Maria Laach, Fidelis Frh. v. Stotzingen (1901–1913) aus Steißlingen/Baden, leitete von 1913–1947 als Abtprimas die weltumspannende Benediktinische Konföderation, ein Amt das als erster überhaupt sein Vorgänger Abtprimas Hildebrand (Felix de Hemptinne), 1890–1909 Abt des Tochterklosters Maredsous, zwischen 1893 und 1913 bekleidet hatte.
Die Erzabtei Beuron und die Beuroner Kongregation strahlte weit über Europa hinaus. Ihre liturgische Erfahrung z. B. wurde für das II. Vatikanische Konzil (1962–1965) wegweisend. Die Forschungen ihres Vetus-Latina-Instituts zur Herausgabe altlateinischer Bibeltexte war weltumspannend. Dagegen war der 1894 gegründeten Beuroner Kunstschule unter P. Desiderius Lenz (1832–1928) aus Haigerloch/Hohenzollern, P. Gabriel Würger (1829–1892) und dem Malermönch Jan Verkade (1868–1946), einem Schüler Paul Gauguins (1848–1903) aus dem Künstlerkreis der

P. Desiderius Lenz (1832–1928)

»Nabis«, der monastische Spiritualität und künstlerische Kreativität verkörperte, nur eine relativ kurze Zeit des Wirkens vergönnt. Die 1866 gegründete Theologische Hochschule bestand bis 1964. Dagegen fand das vom Beuroner Mönch Anselm Schott (1843–1896) verfasste Messbuch, der sprichwörtliche »Schott«, bis heute in mehr als 10 Millionen Exemplaren Verbreitung.[17]

Unweit von Sigmaringen, in Habsthal/Ostrach, hatten von 1259–1803 Dominikanerinnen gelebt. Ihre Klostergebäude waren bei der Säkularisation ebenfalls dem fürstlichen Hause Sigmaringen zugefallen, die letzte Schwester des Konvents 1862, dem Jahr der Neugründung Beurons, gestorben. 1892 hatten Bemühungen hohenzollerischer Geistlicher nach Wiederbesiedlung Erfolg: Die Schwestern des 1876 von der Schweizerischen Regierung aufgehobenen (1083 gegründeten) Benediktinerinnenklosters Hermetschwil/Aargau fanden im verlassenen Habsthal eine neue Heimat. Zahlreiche Neueintritte in die Abtei Hermetschwil-Habsthal, die bis heute unter dem Ordinariat des Abts von Muri-Gries bei Bozen steht, das auch den Spiritual stellt, dokumentieren das hohe Ansehen des Klosters bei der Bevölkerung des Umlandes.[18]

Der Kulturkampf und das Jesuitengesetz von 1872

An der Frage der Jesuiten in Deutschland entzündeten sich die Auseinandersetzungen des Deutschen Reiches mit der Katholischen Kirche im 19. Jh. am schärfsten. Das Feindbild Jesuiten besaß eine lange Tradition. Sie galten als die Repräsentanten alles Undeutschen.

Dem Deutschen Reichstag lagen zu Beginn seiner 3. Sitzungsperiode 1872 insgesamt 93 jesuitenfeindliche Petitionen vor, freilich solche zugunsten der Jesuiten wesentlich mehr; jedoch handelte es sich dabei um Eingaben katholischer Vereine und Gemeinden. Im vorgelegten Ausschussantrag wurde dann festgestellt, daß der Orden, der in der Geschichte seinen Einfluss bewiesen habe, immer noch eine ungeheuere Macht besitze, die weiter als die aller Bischöfe reiche, daß er vom Ausland gelenkt werde und den religiösen Frieden im Reich gefährde.[19] Das mit Mehrheit am 19. Juni 1872, gegen die Stimmen des Zentrums, angenommene Gesetz wurde am 5. Juli 1872 dem Bundesrat vorgelegt, der folgende Durchführungsbestimmungen erließ:

1. Da der Orden der Gesellschaft Jesu vom Deutschen Reiche ausgeschlossen ist, so ist den Angehörigen dieses Ordens die Ausübung einer Ordensthätigkeit, insbesondere in Kirche und Schule, sowie die Abhaltung von Missionen nicht zu gestatten.

2. Niederlaßungen des Ordens der Gesellschaft Jesu sind spätestens binnen 6 Monaten vom Tage der Wirksamkeit des Gesetzes an aufzulösen.

3. Die zur Vollziehung des Gesetzes in den einzelnen Fällen zu treffenden Maasordnungen werden von den Landespolizeibehörden verfügt.[20]

Kaiser Wilhelm (1871–1888) unterschrieb das Gesetz im folgenden Wortlaut:

§ 1: Der Orden der Gesellschaft Jesu und die ihm verwandten Orden und ordensähnlichen Congregationen sind vom Gebiete des Deutschen Reiches ausgeschloßen: Die Errichtung von Niederlaßungen derselben ist untersagt, die zur Zeit bestehenden Niederlaßungen sind binnen einer vom Bundesrath zu bestimmenden Frist, welche 6 Monate nicht übersteigen darf, aufzulösen.

§ 2: Die Angehörigen des Ordens der Gesellschaft Jesu, oder der ihm verwandten Orden oder ordensähnliche Congregationen können, wenn sie Ausländer sind, aus dem Bundesgebiet ausgewiesen werden, wenn sie Inländer sind, kann ihnen der Aufenthalt in Bezirken oder Orten versagt oder angewiesen werden.

§ 3: Die zur Auflösung und Sicherstellung des Vollzuges dieses Gesetzes erforderlichen Anordnungen werden von dem Bundesrathe erlaßen.[21]

Die deutschen Regierungen gingen nun mit aller Schärfe gegen die Jesuiten und die ihnen verwandten Kongregationen vor. Damit sollten auch die Redemptoristen getroffen werden[22], deren Niederlassungen im Reichsland Elsaß und Lothringen auch in das badische Gebiet hineinwirkten. Obwohl in Württemberg trotz vieler Bemühungen keine Niederlassung der Redemptoristen zustande kam, war die Frage akut, denn nicht wenige Katholiken traten auswärts in Orden ein, bevorzugt bei Jesuiten und Redemptoristen, gefolgt von den Benediktinern in Beuron.[23]

In Württemberg nach der bayerischen Ordensauflösung untergebrachte Redemptoristen wurden andererseits toleriert, was der versöhnlichen Politik Bischof Hefeles (1869–1893) zu verdanken war.[24]

Im deutschen Südwesten war Hohenzollern als preußische Provinz am härtesten von dem Gesetz betroffen. In Preußen war 1875 sogar die Ausweisung aller religiösen Orden verfügt worden [25], was für Hohenzollern die Auflösung der aufblühenden Klöster und der Hauptgründungen Thomas Geiselharts bedeutete.[26]
Am Ende des Kulturkampfes stand die preußische Provinz Hohenzollern jedoch geschlossener denn je hinter dem Freiburger Erzbischof und der Zentrumspartei. »Für Hohenzollern ist es indessen eindeutig, daß es der Kulturkampf war, der die politische Szene grundstürzend und dauerhaft veränderte. Seit 1876 schickte Hohenzollern nur noch Zentrumskandidaten nach Berlin.«[27]
Bei den Reichstagswahlen 1887 versuchte August Evelt (1828–1904), als Landgerichtspräsident und langjähriger Vorsitzender des Kommunallandtages sowie des Landesausschusses in hoher Stellung und von 1867–1874 bereits Abgeordneter, nochmals als Rechtsliberaler anzutreten – aber ohne Erfolg! »Der Kulturkampf hatte die Zentrumspartei in eine offensichtlich unschlagbare Position gebracht.«[28]
Besonders die Vertreibung der Jesuiten aus Gorheim (1872) als unmittelbare Folge des Jesuitengesetzes verschärfte die politischen Gegensätze. Der in Sigmaringen gebürtige, liberale, katholische Abgeordnete Dr. Fridolin Eisele (1837–1920), 1872 als Professor nach Basel berufen[29], klagt über den wachsenden Einfluss des kaum gegründeten Jesuitenkollegs in Gorheim auf die religiöse Erziehung am Sigmaringer Gymnasium. 90 % der Schüler hätten die Jesuiten in der Marianischen Kongregation erfasst. Auch bedauert er die Zustände weil die Jesuiten das deutsche Noviziat mit 30 Novizen und 20 Patres dort unterhalten und an diesem Ort »die besten Soldaten der ecclesia militans bei Zwistigkeiten mit dem Staat ausbilden«.[30] Andererseits wurde die Freude über die Vertreibung der Jesuiten bei einigen auch durch Böllerschiessen offenkundig. Befürworter wie Gegner sammelten Unterschriften.[31] Unter den in Gorheim ins Noviziat eingetretenen Kandidaten befand sich 1861 der Isnyer Franz Ehrle (1845–1934), von 1895–1913 Präfekt der Vatikanischen Bibliothek in Rom. Sein Nachfolger in dieser Stellung wurde auf Vorschlag Ehrles Achille Ratti, der 1923 als Papst Pius XI. (1922–1939) den gelehrten Jesuiten zum Kardinal kreierte.[32]
1887 hob der preußische Landtag das Klosterverbot wieder auf, und die Benediktiner konnten nach Beuron zurückkehren. Die Klosterfrage in Baden war damit allerdings nicht geklärt, wenngleich sich das Zentrum ab 1869 durch den populären Politiker Jakob Lindau (1833–1898) stark entwickelte, wodurch die 1871 im Reichstag gebildete Zentrumsfraktion 1878 zur stärksten Fraktion wurde. Trotz dieser Schlüsselstellung erfolgte die spätere Bereinigung des Verhältnisses zwischen Staat und Kirche über den Kopf des Zentrums hinweg.[33] Reichskanzler Otto v. Bismarck (1815–1898) und Papst Leo XIII. (1878–1903) suchten im direkten Kontakt nach einem Kompromiss, was Ludwig Windthorst (1812–1891), seit 1871 unumstrittener Führer des Zentrums im Reich, als Desavouierung empfand. In Baden führten auch wiederholte Vorstellungen von Erzbischöfen und Parlamentariern in der Klosterfrage zu keinem Erfolg. Auch die Bemühungen des angesehenen Volksschriftstellers Heinrich Hansjacob (1837–1916) blieben erfolglos. Der Parteivorsitzende Theodor Wacker (1845–1921) konterte bei der Generaldebatte über die Ordensfrage im Mai 1892 im Badischen Landtag dem Wortführer der Nationalliberalen, der die Klöster als Schmarotzer bezeichnete und ihnen Weltherrschaft vorwarf.[34] Selbst der badische Großherzog Friedrich I. (1858–1907) stand auf Seiten der Liberalen.[35] Somit blieb in der Klosterfrage alles beim Alten. Noch im Mai 1918 musste die Freiburger Kurie feststellen: »In Baden bestehen zur Zeit keine männlichen Orden.«[36] Dasselbe Ergebnis ließ sich in Württemberg feststellen. Hier kam der Druck fast mehr von der politischen als von der kirchlichen Seite. Auf dem Ulmer Katholikentag 1890 sprach der Abgeordnete Adolf Gröber (1854–1919)[37], nach der 1895 erfolgten Gründung der von Bischof Hefele zu seinen Lebzeiten nicht erwünschten Zentrumspartei, der große Führer dieser Partei, die Klosterfrage an. Das Ergebnis waren zahlreiche promonastische Versammlungen und Petitionen, worauf die Protestanten Gegendemonstrationen veranstalteten und Petitionen gegen die Zulassung von Männerorden einreichten.[38]
Nachdem die Regierung am 30. Dezember 1890 erneut einen Zulassungsantrag des Bischöflichen Ordinariats Rottenburg abgelehnt hatte, verfasste Domkapitular Franz Xaver Linsenmann (1835–1898) eine Denkschrift, die zwar bei den Lesern und der Regierung wohlwollend registriert wurde, aber kein direktes Ergebnis zeitigte.[39] Als jedoch am 11. Januar 1918 Bischof Paul Wilhelm v. Keppler (1899–1926) den

Antrag auf Zulassung einiger klösterlicher Niederlassungen stellte, erteilte die Stuttgarter Regierung am 24. Dezember 1918 eine positive Antwort. Damit war nach der militärischen Katastrophe des Ersten Weltkriegs der Weg für Männerorden in Württemberg frei geworden.

Weibliche Orden und Kongregationen von 1803–1918

Das Großherzogtum Baden

In Baden war dank der Klosterpolitik Kaiser Josephs II. (1780–1790) die Kontinuität weiblicher Orden auch durch die Säkularisation nie ganz unterbrochen worden. Zwar löste dieser die beschaulichen Orden auf, ließ aber lehrende unter den im sog. *Regulativ* formulierten Bedingungen bestehen.[40] Auf diesem Wege, der einige alte Klöster als staatliche Lehrinstitute fortbestehen ließ, überdauerten die Säkularisation: das Dominikanerinnenkloster Zoffingen/Konstanz (von 1257), das Ursulinen-Lehrinstitut Villingen (von 1782), das Kloster der Augustinerchorfrauen de Notre Dame/Ottersweier (von 1783, 1823 nach Offenburg verlegt), die Augustinerchorfrauen vom Hl. Grab in Baden-Baden (von 1670) und die Cisterzienserinnen in Lichtenthal (von 1245). Als einziger Einrichtung wurde dem Konvent von Lichtenthal als »badischem Hauskloster« die streng monastische Lebensform bedingt zugestanden.[41] Die gleichfalls überlebenden Dominikanerinnen von Adelhausen/Freiburg (um 1250), St. Ursula Freiburg (von 1695) und die Augustinerinnen de Notre Dame zu Rastatt (von 1767) wurden später, in der Zeit des Kulturkampfes, aufgelöst.[42]

Der Verlust der Klöster riss in Bildung und Krankenpflege große Lücken. Die Bereitschaft junger Menschen in der Erzdiözese, einen klösterlichen Beruf zu ergreifen, wuchs jedoch und mit ihr der Ruf nach neuen Einrichtungen tätiger Nächstenliebe. So faßten im 19. Jh. drei Kongregationen aus dem Elsass im Großherzogtum Fuß.

Als erste kamen 1846 die *Barmherzigen Schwestern vom hl. Vinzenz von Paul* (1581–1660) aus Straßburg und erbauten 1851–1853 ihr Mutterhaus in Freiburg. Seit 1857 wirkten auch die 1849 gegründeten *Niederbronner Schwestern* in Baden; nach 1918 mußten sie eine selbständige deutsche Provinz mit Mutterhaus in Bühl errichten.

Die 1845 in Marx bei Colmar gegründete *Kongregation der Schwestern vom hl. Joseph* sahen sich 1920 ebenfalls genötigt, ihre badischen Filialen in einer deutschen Provinz zu vereinigen. St. Trudpert im Breisgau, ehedem das älteste Kloster auf der rechten Rheinseite, 1806 säkularisiert, wurde ihr Mutterhaus. Die 1852 in Ingenbohl (Kt. Schwyz) gegründeten *Barmherzigen Schwestern vom Hl. Kreuz* (Kreuzschwestern) errichteten 1894 in Hegne am Bodensee ihr Provinzhaus, zu dem 1927 bereits 1.214 Profeßschwestern zählten. 1904 trat die in großer Armut in Mittelbiberach geborene Ulrika Nisch (1882–1913) dort ein. Als Küchengehilfin in Bühl und Baden-Baden tätig, wurde sie 1987 von Papst Johannes Paul II. seliggesprochen.

XIV. 21 Sr. Ulrika Nisch (1882–1913)

Die *Franziskanerinnen von Erlenbad/Obersasbach* sind eine Gründung (1859) von Prälat Franz Xaver Lender (1830–1913), der von 1869–1986 Mitglied im badischen Landtag und von 1871–1913 Reichstagsabgeordneter war. Während des Kulturkampfes wanderten die Schwestern in die USA aus. Vom dortigen Mutterhaus Milwaukee aus erwarben sie 1895 das Erlenbad und errichteten in Straßburg ein Provinzhaus, das sie jedoch nach dem Ersten Weltkrieg nach Baden verlegen mußten.
Aus badischer Wurzel stammen auch die *Franziskanerinnen von Gengenbach*, einer 1866 erfolgten Gründung des Pfarrers Wilhelm Berger (1834–1901). Die Schwestern wanderten 1876 ebenfalls großteils nach Amerika aus und gründen dort eine eigene Kongregation. 1892 konnte erneut die staatliche Zulassung erreicht und 1893 das Mutterhaus in Gengenbach erbaut werden, an einem Ort also, wo sich von 820–1803 das größte Benediktinerkloster der Ortenau befunden hatte.
Die *Dominikanerinnen von Neusatzeck* verdanken ihre Gründung Pfarrer Joseph Bäder (1807–1867) in Neusatz. Der Kulturkampf beeinträchtigte die Entwicklung auch dieser Kongregation, die erst 1917 die staatliche Genehmigung erhielt.[43]
Zu den kontemplativen (beschaulichen) Schwestern zählen die 1862 gegründeten *Benediktinerinnen von der ewigen Anbetung in Ofteringen/Wutachtal*, die bis heute der Schweizer Benediktinerkongregation angeschlossen sind.[44]
Am Ende des Ersten Weltkrieges waren in Hunderten von Gemeinden Badens Ordensschwestern im sozialkaritativen und schulischen Wirken tätig, während sich jedoch Ordensgeistliche nicht niederlassen durften.

Die Entwicklung im Königreich Württemberg

Der Ruf nach Schwestern für die Krankenpflege war auch in Württemberg groß, desgleichen die Bereitschaft junger Frauen zu einem klösterlichen Leben. Als erste kamen 1851 Kreuzschwestern aus Straßburg, um die Vinzentiuspflege in Donzdorf zu übernehmen. Dort lernte Pauline Bopp (1835–1887) aus Steinbach (heute Wernau) den Orden kennen. Sie trat in Straßburg als Novizin ein und wurde von dort aus die Gründerin der Kongregation der *Franziskanerinnen von Thuine/Emsland*.[45] Die Schwestern kamen allerdings ohne staatliche Genehmigung nach Donzdorf, wo sich in den Patronatspfarreien der Grafen v. Rechberg die stärkste Oppositionsgruppe gegen die Regierung formiert hatte.[46]
Die vom Mutterhaus Straßburg 1852 mit staatlicher Genehmigung nach Gmünd entsandten vier Kreuzschwestern wurden zum Grundstock der *Kongregation der Vinzentinerinnen von Untermarchtal*. Bereits 1858 traf die staatliche und kirchliche Genehmigung ein; die Einrichtung wurde zum Mutterhaus erklärt, das 1891 nach Untermarchtal umzog.[47]
In Bayern waren *die Armen Schulschwestern* seit 1833 zugelassen. Bischof Josef Lipp berief 1850 zwei Schulschwestern nach Rottenburg, die 1860 in Ravensburg und 1863 in Wurzach Filialen errichteten.[48]
Entscheidende Hilfe kam von den *Franziskanerinnen in Dillingen*. Dort waren 1853 bereits über 30 Württembergerinnen eingetreten, darunter nicht wenige aus dem Raum Ehingen/Riedlingen. Pfarrer Joseph Kuonz (1807–1886) aus Dieterskirch fasste deshalb den Entschluss zu einer eigenen Klostergründung. Am 27. Oktober 1852 erwarb er daher im nahen Oggelsbeuren vom Fürsten v. Thurn und Taxis die Gebäudereste des 1787 aufgehobenen Franziskanerinnenklosters (von 1387). Am 20. März 1853 schrieb er nach Dillingen und bat – nicht vergeblich – um Ordensfrauen für seine Neugründung. Da die bischöfliche und staatliche Genehmigung umgehend erteilt wurde, konnten bereits am 2. März 1854 die ersten vier Schwestern aus dem Erziehungsinstitut der Dillinger Franziskanerinnen in Maria Medingen, unweit der württembergischen Grenze, in Oggelsbeuren einziehen. Von vornherein war vereinbart worden, daß aus Dillingen möglichst Württembergerinnen entsandt und das *Kloster Oggelsbeuren* bald selbständig werden sollte.[49] Aus ersten Anfängen in Ehingen/D. entwickelte sich ab 1847 die *Kongregation der Barmherzigen Schwestern vom Dritten Orden des Hl. Franziskus*, die 1869 ehemalige Klostergebäude in Reute bei Waldsee übernahm und zum Mutterhaus ausbaute, zu dem 1900 bereits 386 Schwestern und 71 Novizinnen zählten.[50]
Alle diese aufblühenden Kongregationen hatten sich unter dem Druck des Kulturkampfes zu bewähren. Da laut Gesetz niemand mehr aufgenommen werden durfte, fand trotz vieler Kandidatinnen jahrelang keine Einkleidung mehr statt.[51] Umso mehr wurde die Folgezeit bis nach dem Ersten Weltkrieg für die

Kongregationen zu einer Zeit der Entfaltung, für die Gemeinden eine Zeit fruchtbarer Begegnung mit Ordensfrauen.

Die Entwicklung nach dem Ersten Weltkrieg

Die Differenzen um Ordensniederlassungen dauerten bis zum Ende des Ersten Weltkrieges. Nach dem Ende der Monarchie war jedoch der Weg frei, und es brach eine Art monastischer Frühling aus.

Die neue monastische Blüte in Württemberg

In Württemberg ließen sich Franziskaner im Weggental (1919), Ulm (1921), Rottweil (1921), Saulgau (1922), Wangen/Allgäu (1923) nieder, Kapuziner in Mergentheim (1920) und Ave Maria Deggingen (1929); Comboni-Missionare in Ellwangen (1919); Jesuiten in Stuttgart (1920) und Ravensburg (1922); Salvatorianer in Wurzach (1920); Eucharistiner in Rottweil (1924); Oblaten in Aufhofen (1920); Redemptoristen auf dem Schönenberg/Ellwangen (1919) und in Stuttgart-Botnang (1932), Claretiner auf dem Dreifaltigkeitsberg bei Spaichingen (1924); Pallottiner in Schwäbisch Gmünd (1920) und Stuttgart-Hohenheim (1931); Steyler Missionare in Blönried bei Aulendorf (1925); Herz Jesu-Missionare in Mergentheim (1925).[52]

XIV. 22 Pater Jordan (1848–1918)

Die *Salvatorianer in (Bad) Wurzach* verdanken ihre Existenz dem Priester Franziskus Maria vom Kreuz (1848–1918) aus Gurtweil/Baden, der 1881 den männlichen und 1888 den weiblichen Zweig der weltumspannenden *Gemeinschaft des Göttlichen Heilands* (SDS) gründete. Bis heute betreuen die Patres Wallfahrtsorte, unterhalten Schulen, führen Exerzitienhäuser und versehen Pfarreien.

Die weiblichen Kongregationen hatten bis zum Zweiten Weltkrieg einen personellen Höchststand erreicht: 1932 zählte Reute insgesamt 1.792, 1939 Untermarchtal 1.996, 1942 Heiligenbronn 317 und 1941 Sießen 831 Klosterangehörige.[53]

Die im ehemaligen Prämonstratenserkloster Obermarchtal als Vertriebene aus Chotieschau/Böhmen 1919 untergekommenen Salesianerinnen gründeten eine hochgeschätzte Mädchen-Realschule. Die Bonlander Kongregation, 1854 vom Diözesangeistlichen Faustin Mennel (1824–1889) gegründet, ging ab 1925 durch den Beschluss, in Südamerika tätig zu werden, einen mutigen Weg. Sie fand dort durch die Gründung von Schulen und sozialen Einrichtungen ein so reiches Betätigungsfeld, daß sich ihr Schwerpunkt in wenigen Jahrzehnten ins Ausland verlagerte.[54]

Die Jahre des Nationalsozialismus wurden für Klöster Kongregationen und Orden wiederum eine Zeit großer Bedrängnis. Die meisten Häuser und Klöster wurden beschlagnahmt und zumeist mit Umsiedlern oder Kriegsverwundeten belegt. Neueintritte, die bei männlichen wie weiblichen Orden sehr zahlreich waren, wurden verboten, Schulen und Institute geschlossen, die noch sonst mögliche Tätigkeit schikaniert. Unter diesen Umständen entschloss sich die Bonlander Kongregation, die Ordensleitung nach Brasilien zu verlegen – die wohl segensreichste und mutigste Entscheidung in der Geschichte dieses Klosters.[55]

Vergleichbare Verhältnisse in Baden

Unter denselben günstigen Vorzeichen standen die Möglichkeiten ab 1918 in Baden. Wenige Wochen nach dem Waffenstillstand vom 11. November 1918 konnte – als einer der letzten Regierungsakte Großherzog Friedrichs II. von Baden (1907–1918) – am 18. Dezember 1918 am Annaplatz in Freiburg das erste, allerdings noch recht bescheidene, *Franziskanerkloster* eröffnet werden. Es folgten Niederlassungen in Nußbach/Triberg (1922) und in Mannheim. Dort übernahmen 1925 fünf Franziskaner die Seelsorge in der Pfarrkuratie St. Bonifatius.[56] Durch die französische Annektion der Reichslande Elsaß und Lothringen mussten die dortigen deutschen Ordensangehörigen das Land verlassen. Dadurch zogen an drei Orten Badens wieder *Kapuziner* ein, in Säckingen (1919), Waghäusel (1920) und Zell am Harmersbach (1921), und 1927 erwarben die Kapuziner in Stühlingen wieder ihre 1802 aufgehobenes Klostergebäude.

Der *Zisterzienserorden* konnte 1919 die alte Wallfahrt in Birnau/Salem als Priorat der Abtei Mehrerau/Bregenz übernehmen und 1921 in Bronnbach/Taubertal auf den Spuren des ehemaligen (1151 gegründeten) Klosters weiterarbeiten.

Die *Missionsgesellschaft vom Hl. Geist* ließ sich 1920 in Donaueschingen und die *Pallottiner* 1923 im Paulusheim Bruchsal nieder. Die *Schulbrüder des Johannes von La Salle* (1651–1719) eröffneten ihr deutsches Provinzhaus 1919 zu Maria-Tann in Kirnach bei Villingen, und die *Brüder der christlichen Lehre* errichteten im Zuge der Abtrennung des Elsaß vom Deutschen Reich in Ettenheimmünster eine badische Provinz.[57]

Die *Jesuiten* setzten ihre badische Tradition 1933 mit der Eröffnung des Kollegs St. Blasien fort. Die Niederlassung wurde der Oberdeutschen Provinz mit Sitz in München zugezählt. Dort wirkten zwei berühmte Baden-Württemberger als Provinziale: P. Augustin Bea (1881–1968), aus Riedböhringen (1921), war, bedingt durch das Jesuitenverbot in Deutschland, 1902 in Holland in den Orden eingetreten. Der in Rom am 16. November 1968 verstorbene Präsident des Sekretariats für die Einheit der Christen, Kardinal Augustin Bea, wollte wenigstens seine letzte Ruhestätte in der Heimat finden. Einer seiner Nachfolger als Provinzial wurde 1945 Franz-Xaver Müller (1897–1974) – ein Bruder des späteren Ministerpräsidenten Gebhard Müller (1900–1990) –, der 1923 nach

XIV. 23 Kardinal Augustin Bea SJ (1881–1968)

abgeschlossenem Studium der Mathematik und Physik in Feldkirch/Vorarlberg Mitglied der Gesellschaft Jesu geworden war.[58]

Nach der Zerstörung ihres Hauses in Ludwigshafen durch Bombenangriffe verlegten die Jesuiten 1948 die dortige Einrichtung nach Mannheim.

1934 zogen *Dominikaner* in Freiburg ein; aber auch *Kamillianer* und *Herz-Jesu-Priester* mit Noviziat und Scholastikat waren nach 1918 in Baden sesshaft geworden.

Augustiner-Chorherren (Brüder vom Gemeinsamen Leben) bezogen 1975 Kloster Maria Bronnen/Weilheim und 1994 das Augustiner-Chorherrenkloster Maria Linden/Ottersweier. Der Orden der *Augustiner* aus Würzburg wirkt in Messelhausen (1933) und Walldürn, wo die Patres seit 1938 die (bereits im 15. Jh. nachweisbare) Heilig-Blut-Wallfahrt betreuen.

In der Seelsorge Badens sind außerdem tätig: *Redemptoristen* im Kloster Bickesheim/Durmersheim (1920), *Salesianer* in Furtwangen (1963), *Steyler Missionare* in Mosbach (1960), und die *Oratorianer* des hl. Philipp Neri in Heidelberg (1960).

Ebenso bunt entwickelten sich nach Beendigung der staatlichen Bevormundung die weiblichen klösterlichen Einrichtungen in Baden. Neu in die Fußstapfen des heiligen Benedikt traten die *Benediktinerinnen von der heiligen Lioba* in Freiburg (1920), deren

Gründerin Maria Benedikta Föhrenbach (1883–1961) klösterliches Leben und apostolischen Dienst miteinander verbinden wollte.

Die *Ursulinen* in Freiburg konzentrierten und profilierten sich mit ihrer Gemeinschaft (Schule, Konvent, Pensionat) 1922 neu. Im selben Jahr wurde ihre Breisacher Kommunität selbständiges Kloster.[59]

Als nach dem Ersten Weltkrieg Schwestern aus verschiedenen Ländern vertrieben wurden, fanden sie als *Karmelitinnen der theresianischen Reform* in Kirchzarten eine neue Heimat.

Aus Dresden kamen 1949 über Würzburg die *Clarissen-Kapuzinerinnen* nach Balsbach/Limbach.

Herausforderungen durch Neuaufbruch und Säkularisierung

Auch das Ende des Zweiten Weltkrieges wurde zu einer wichtigen Zäsur des Kloster- und Ordenslebens. Orden und Kongregationen konnten wieder in ihre zumeist beschlagnahmten Klöster zurückkehren.

Bei den männlichen Orden gab es allerdings durch Gefallene und Vermisste viele Verluste. Aus dem Osten und Südosten vertriebene Gemeinschaften fanden wie nach dem Ersten Weltkrieg Aufnahme, darunter die Augustiner in Stuttgart-Sillenbuch (1952) und die Armen Schulschwestern von Unserer Lieben Frau aus der Batschka in Bad Niedernau/Rottenburg (1957). Die Salettiner in Sindelfingen kamen 1959 aus der Schweiz. Die Gründerin der Brandenburger Schwestern vom Seraphischen Apostolat (1929), Theresia Hecht (1887–1977), wollte durch ihre sozialen Einrichtungen auf die Not benachteiligter Kinder aufmerksam machen und vor allem das Apostolat des Gebetes pflegen.

Die St. Anna-Schwestern in Ellwangen/Jagst (1921) legen den Akzent auf Familie und Pflege, und die Schönstattbewegung (erste Station in Württemberg 1921) betont das persönliche Apostolat und den Dienst in der Gemeinde. 1953 verlegte diese Gemeinschaft das Provinzhaus für Baden-Württemberg auf die Liebfrauenhöhe bei Ergenzingen/Rottenburg.

Kloster der Franziskanerinnen in Schwäbisch Gmünd (2000)

Die 1962 bis 1964 erbaute Klosteranlage der Kartäuser in Marienau

Zelle im Kartäuserkloster Marienau

Die Franziskanerinnen von der Ewigen Anbetung in Schwäbisch Gmünd (1902) akzentuieren als Anbetungsschwestern das geistliche Element. Ihr Klosterneubau von 2000 bildet auch architektonisch eine respektable Leistung.

Karmelitinnen aus Sittard/Holland, die 1930 in Ludwigsburg-Hoheneck ein Kinderheim eröffnet hatten, bauten nach dem Zweiten Weltkrieg die Müttererholung aus.

Die Missionaries of Charity, 1950 in Kalkutta von der Friedensnobelpreisträgerin Mutter Teresa (1910–1997) gegründet, wirken seit 1985 schwerpunktmäßig in der Obdachlosenbetreuung Mannheims.

In der Klause Egg/Heiligenberg, bereits 1256 als Einsiedelei gegründet, leben seit 1971 *Trappistinnen vom Kloster Maria Frieden*/Eifel als Eremitinnen, und im Edith-Stein-Karmel von Tübingen wirken seit 1978 Schwestern im geistlichen Vermächtnis der Philosophin und Martyrerin Edith Stein (Schwester Teresia Benedicta a Cruce, 1891–1942).

Die *Kartäuser in Marienau*/Bad Wurzach bezeugen seit 1964 als Einsiedlermönche das Erbe des hl. Bruno (1030–1101) in unserer Zeit. Diesen Ort der Stille und des Gebetes gibt es in der Bundesrepublik Deutschland nur an dieser Stätte, die 1962–1964 von Architekt Emil Steffan (1899–1968) in den Vorstellungen der Kartäuser inmitten einer Waldlandschaft erbaut wurde.

Die Neuaufbrüche der letzten Jahrzehnte stehen in der Auseinandersetzung mit einer sich mehr und mehr säkularisierenden Gesellschaft mit nicht geringen Folgen für Orden und Kongregationen, deren Nachwuchs stark zurückgeht, wodurch einige Einrichtungen von der Auflösung bedroht sind. Allerdings, die einst notwendige karitative Arbeit mit der die Kongregationen bahnbrechend wirkten, wurde vom Staat aufgegriffen und ist in das allgemeine soziale Netz einbezogen, wodurch mancher Dienst entbehrlich geworden ist. Somit können die Orden andere Aufgaben übernehmen. Diese sind heute als Orte des Suchens gefragt und angenommen. Die sich mehr und mehr säkularisierende Gesellschaft wird zur Herausforderung, durch die manches in zwei Jahrhunderten liebgewordene aufgegeben werden muss, damit dem Neuen Raum gegeben werden kann. 200 Jahre nach der Säkularisation steht eine adäquate Herausforderung an, die im spirituellen Umbruch der Geschichte unter Umständen eine noch größere Bedeutung haben könnte, als der gesellschaftliche Einbruch vor 200 Jahren, bei dem die Kirche zwar viel an Hab und Gut verloren, aus dem aber eine Kirche erwachsen konnte, in der Klöster und Kongregationen in ihrer ursprünglichen Form wieder einen guten Ort gefunden haben. Zu diesem Kontext zählt auch die Aussage von Ministerpräsident Erwin Teufel bei der Vereidigung des designierten Bischofs Dr. Gebhard Fürst: »Das Zeugnis der Kirchen ist heute wieder mehr denn je gefordert. Wir erleben in unserer Zeit einen rasanten technologischen, kulturellen und gesellschaftlichen Wandel, der große Chancen, aber auch Risiken birgt. Gerade jungen Menschen fällt es heute schwer, in einem Überangebot an Informationen, Unterhaltungs- und Sinnstiftungsangeboten Orientierung und Maßstäbe für ihr eigenes Leben zu finden«.[60]

Zu diesen Herausforderungen einen Beitrag zu leisten

ist nicht zuletzt Aufgabe von Orden und geistlichen Gemeinschaften in unserem Land in der Hoffnung auch junge Menschen unserer Tage finden heute einen Zugang zu den Lebensformen spirituell/klösterlichen Lebens.[61]

»Die Orden versuchen, eine Fülle von neuen Ideen und Inspirationen aufzunehmen; sie sind Angriffen von außen und innen ausgesetzt«[62], meint ein Kenner der Orden unserer Tage. Sie sind auf alle Fälle auch in Baden-Württemberg ein unverzichtbarer Ausdruck religiös/christlichen Lebens.

Anmerkungen

1 DAR, Depositum Pfarrarchiv (PfA) St. Pelagius Rottweil–Altstadt, Alte Sign.: G XV III. 15. »Kloster Rottenmünster«
2 *Erzberger, Matthias,* Die Säkularisation in Württemberg von 1802–1810. Ihr Verlauf und ihre Nachwirkungen, Stuttgart 1902, S. 246
3 Informationsschrift der Vinzenz von Paul Hospital GmbHg, Rottweil 2001
4 *Erzberger* (wie Anm. 2), S. 246
5 *Kopf, Paul* Die Franziskanerinnen von Bonlanden, Sigmaringen 1992, S. 22
6 *Erzberger* (wie Anm. 2), S. 66 bzw. S. 75
7 *Hagen, August,* Geschichte der Diözese Rottenburg. Bd. 1, Stuttgart 1956, S. 146
8 Text in der Registratur des Kath. Büros Stuttgart
9 *Erzberger* (wie Anm. 2), S. 361
10 Das Weingartener Evangelistar aus der Württembergischen Landesbibliothek Stuttgart (Sign. HB XV 66) entstand unter Abt Berthold (1200–1232). Die Silberleuchter von 1763–1765 sind Arbeiten des aus Biberach/Riß gebürtigen Augsburger kurfürstl. Hofgoldschmieds Georg Ignaz Bauer (1727–1790).
11 *Gatz, Erwin,* Die Bischöfe der deutschsprachigen Länder 1785/1803 bis 1945, Berlin 1983, S. 122
12 Dazu *Reinhardt, Rudolf* (Hg), Tübinger Theologen und ihre Theologie, Tübingen 1977 (Quellen und Forschungen zur Geschichte der Kath.-Theolog. Fakultät Tübingen)
13 *Köhler, Joachim,* Priesterbild und Priesterausbildung bei Johann Adam Möhler. In: *Reinhardt* (wie Anm. 12), S. 170
14 Ebd., S. 169
15 *Rieger, Reinhold,* Begriff und Bewertung des Mönchtums bei Johann Adam Möhler. In: RJKG, Bd. 6 (1987), S. 25
16 *Talgner, Markus,* Die Bemühungen um Wiederzulassung und die Wiedererrichtung von Benediktinerabteien in den Diözesen Freiburg und Rottenburg. In: Rottenburger RJKG, Bd. 9 (1990), 20–134; *Senger, Basilius,* Die Beuroner Benediktiner-Kongregation und ihre Klöster. Beuron 1997; *Fiala, Virgil,* Ein Jahrhundert Beuroner Geschichte. In: Beuron 1863–1963. Fs. zum hundertjährigen Bestehen der Erzabtei St. Martin, Beuron 1963
17 Vgl. *Kopf, Paul,* Anselm (Friedrich August) Schott. Übersetzer des römischen Meßbuches. 1843–1896. In: Lebensbilder aus Schwaben und Franken, *Taddey, Gerhard* (Hg.), Stuttgart 1991, S. 171–193
18 *Petzolt, Stephan,* Hundert Jahre Benediktinerinnen in Habsthal. In: Erbe und Auftrag, Bd. 68 (1992), Beuron 1992, S. 417–419
19 *Weiss, Otto,* Die deutschen Redemptoristen während des Kulturkampfes (1871–1893). In: RJKG Bd. 15 (1996), S. 128f.
20 Ebd., S. 129
21 Ebd., S. 128f.
22 Congregatio Sanctissimi Redemptoris, CSSR, gegründet als Seelsorgeorden von Alfons Maria di Liguori (1696–1787)
23 *Hagen* (wie Anm. 7). Bd. 2, S. 252
24 *Weiss* (wie Anm. 19), S. 137
25 Ebd., S. 137f.
26 *Becker, Otto H., Thomas Geiselhart.* In: *Fritz Kallenberg* (Hg.), Hohenzollern. Stuttgart 1996, S. 495 (Schriften zur politischen Landeskunde Baden-Württembergs; Bd. 23)
27 *Kallenberg, Fritz,* Die Sonderentwicklung Hohenzollerns. In: Hohenzollern (wie Anm. 26), S. 174
28 Ebd., S. 175
29 Ebd., S. 261, Anm. 44
30 Ebd., S. 169
31 *Rösch, August,* Der Kulturkampf in Hohenzollern. In: FDA Bd. 43 (1915), S. 96
32 *Hagen, August,* Gestalten aus dem schwäbischen Katholizismus. 3 Bde. Stuttgart 1948, hier: Bd. 2, S. 381–411
33 Dazu *Hürten, Heinz,* Geschichte des deutschen Katholizismus 1800 bis 1960, Mainz 1960, S. 136–159
34 Dazu *Hug,Wolfgang,* Die Klosterfrage im Großherzogtum Baden. In: RJKG, Bd. 6 (1987), S. 95f.
35 Ebd., S. 97
36 Ebd.
37 *Hagen*, Gestalten (wie Anm. 32), Bd. 3, S. 97–133
38 *Hagen*, Geschichte (wie Anm. 7), Bd. 2, S. 249f.
39 *Reinhardt, Rudolf* (Hg.), Franz Xaver Linsenmann. Sein Leben, Bd. 1: Lebenserinnerungen. Sigmaringen 1987, S. 307–309
40 *Schmid, Hermann,* Die Säkularisation der Klöster in Baden (1802 bis 1811).Überlingen 1980, S. 10–20
41 750 Jahre Kloster Lichtenthal. Fs. zum Klosterjubiläum. Hg. Abtei Lichtenthal, 1995, S. 59–64
42 *Schmid*, Säkularisation (wie Anm. 40), S. 51f.
43 *Burger, Wilhelm,* Das Erzbistum Freiburg in Vergangenheit und Gegenwart. Ein kirchliches Heimatbuch. Freiburg i.Br. 1927, S. 141–146
44 Ebd., S. 140
45 *Kopf*, Franziskanerinnen (wie Anm. 5), S. 21
46 *Hagen*, Geschichte (wie Anm. 7), Bd. 2, S. 322
47 Ebd., S. 255f.
48 Ebd., S. 256f.
49 *Kopf*, Franziskanerinnen (wie Anm. 5), S. 22
50 *Hagen*, Geschichte (wie Anm. 7), Bd. 2, S. 254f.
51 *Kopf*, (wie Anm. 5), S. 32
52 *Hagen*, Geschichte (wie Anm. 7), Bd. 3, S. 368
53 Ebd., S. 369–378
54 *Kopf*, Franziskanerinnen (wie Anm. 5), S. 47–49
55 Ebd., S. S. 52f.
56 *Burger*, Das Erzbistum Freiburg (wie Anm. 43), S. 131f.
57 Ebd., S. 32–135.
58 *Kopf, Paul,* Gebhard Müller, ein Politiker aus dem katholischen Milieu. In: *Taddey, Gerhard* (Hg.), Ein Leben für das Recht und die Politik. Stuttgart 2000, S. 14–31
59 *Burger*, Das Erzbistum Freiburg (wie Anm. 43), S. 139
60 Ansprache Erwin Teufel (wie Anm. 8)
61 Die Vielzahl der Einrichtungen sind aufgeführt für Württemberg: *Diözese Rottenburg-Stuttgart* (Hg.), Verzeichnis der Personen und Einrichtungen. Rottenburg 1996, S. 589–618; für Baden: *Erzdiözese Freiburg* (Hg.), Personal-Schematismus der Erzdiözese Freiburg. Freiburg 2001, S. 231–251 Hogg, Theodor; Kremer Mathias (hrsg.) Wo Gott in der Mitte ist, Lindenberg/Beuron, 2002
62 *Brooke, Christophe,* Die große Zeit der Klöster 1000–1300. Freiburg 1974, S. 394

I.

Klosterlandschaft Baden-Württemberg

Klöster, Stifter und Patrone

Tradition und Kontinuität

Orden in Südwestdeutschland

Klöster, Stifter und Patrone

Die Gründungsgeschichte der Orden, aber auch der einzelnen Klöster liefert beliebte Motive für die bildliche Repräsentation der geistlichen Gemeinschaften. Äbtissinnen, Äbte, ja ganze Konvente setzen sich in unmittelbare Beziehung zum Erlöser und zu seinen Heiligen, zu den Ordensstiftern und den Klostergründern. Bis an ihr Ende verharren die südwestdeutschen Klöster bei den althergebrachten Bildmustern, um die privilegierte Nähe des geistlichen Standes zum Heiligenhimmel, ihr Alter und ihren Status unter Beweis zu stellen. Durch die Kombination zeitgenössischer Personen mit heiligen Fürbittern und historischen Gründergestalten läßt sich die Klostergeschichte ins Überzeitlich-Legendenhafte entrücken. *F.D.*

I. 1

I. 1 Die Stigmatisierung des hl. Franziskus, im Hintergrund St. Luzen

Süddeutschland, 1702
Holz, geschnitzt, farbig gefasst, 192 × 114 cm
Franziskanerklosterkirche St. Luzen in Hechingen, linker Seitenaltar
Kath. Kirchengemeinde St. Jakobus, Hechingen

Kniend empfängt der heilige Franz von Assisi von einem in Wolken erscheinenden Kruzifix, durch Schnüre verdeutlicht, die Wundmale. Ein vom wunderbaren Geschehen offenbar geblendeter Mönch wohnt dem ordensgeschichtlich wichtigen Ereignis bei. Er hockt am rechten Bildrand, und direkt über ihm befindet sich eine plastische Ansicht des Hechinger Franziskanerklosters St. Luzen im baulichen Zustand von 1702.

St. Luzen, Hechingen 1980, S. 11 und Abb S. 17; KDM Hohenzollern 1, S. 172 f und Abb. 296

I. 2 Kloster Baindt unter dem Schutz der heiligen Dreifaltigkeit

Dat. »1773 den 13. Aug.«
Öl auf Leinwand, 60 × 74 cm
Ehemals Kloster Baindt; heute Private Heimsonderschule für Blinde und Sehbehinderte, Baindt
Stiftung St. Franziskus Heiligenbronn

Über dem etwas unbeholfen wiedergegebenen Zisterzienserinnenkloster Baindt schwebt ein Schild in Form eines Längsovals. In ihm befindet sich ein Dreieck mit Heiligenschein und dem Auge Gottes, das Symbol für die Dreifaltigkeit. Von links zielen zwei Blitze auf den Schild, den die Hand Gottes hält. Die beigefügte Inschrift erklärt die Bildaussage: »Schlag nur der Donner alles hin, under disem Schild ich sicher bin.« Die Zisterzienserinnen von Baindt sehen sich demnach auch in heiklen Gewittersituationen unter dem sicheren Schutz der höchsten himmlischen Instanz. Das Gemälde ist unter der vorletzten Äbtissin von Baindt, Maria Bernarda Riether (1768–1802), vielleicht anläßlich eines glimpflich abgegangenen Blitzeinschlags entstanden.

Beck 1990

I. 3 Der heilige Thiemo als Schutzpatron des Klosters Ochsenhausen

Oberschwaben, 1. Viertel 18. Jh.
Öl auf Leinwand, 130,5 × 110 cm
Ehemals Benediktiner-Reichsabtei Ochsenhausen; heute Kreiskultur- und Archivamt Biberach a.d.R.
Kreiskultur- und Archivamt Biberach a.d.R.

Am Himmel erscheint auf Wolken schwebend der Benediktinerheilige Thiemo (um 1040–1102). Er soll auf dem ersten Kreuzzug das Martyrium erlitten haben, bei dem ihm die Eingeweide aus dem Leib gewunden wurden – diese Szene ist im Hintergrund rechts dargestellt. Als Erzbischof von Salzburg habe er, wie die Inschrift besagt, im Jahr 1100 der Grundsteinlegung Ochsenhausens seinen Segen verliehen. Blick und Segensgestus sind auf ein von Putten emporgehobenes Klostermodell gerichtet, das wohl den Urbau darstellen soll. Die große Ansicht unten ist demgegenüber gedreht, der Turm ist zwischenzeitlich (1698) barockisiert worden. Ein Schriftband verbindet den Heiligen mit dem älteren Bau: »Benedicens benedicate«. (»Preiset den Segnenden.«) Ein zweites leitet zum aktuellen Kloster über: »Crescas in millia mille. Genesis 24«. (»Du, wachse zu vieltausendmal tausend.«)

AK Ochsenhausen 1995, S. 15 und Abb. 5

I. 4 Das Kloster Salem wird vom heiligen Bernhard und der Gottesmutter der heiligen Dreifaltigkeit empfohlen

Franz Karl Stauder (gestorben um 1725)
1706
Öl auf Leinwand, 276 × 176 cm
Privatbesitz

Über einer Ansicht des nach einem Brand 1697 erneuerten Klosters Salem erscheint in Wolken eine vielfigurige Szene. Zuoberst thront die Dreifaltigkeit; Gottvater weist mit seinem Szepter auf die zu ihm emporblickende Jungfrau. Sie wird von Bernhard von Clairvaux verehrt. Der wichtigste Heilige aus der Frühgeschichte des Zisterzienserordens fördert insbesondere die Marienverehrung. Im Kloster Salem war die hier gezeigte Altartafel, einem Stich des 18. Jahrhunderts zufolge, in nächster Nachbarschaft des Gnadenbildes der schmerzhaften Muttergottes angebracht.

Dillmann 1988, S. 32 f mit Abb.

I. 2

I. 3

I. 5 Marienkrönung über dem Zisterzienserinnenkloster Heiligkreuztal

Hans Erhard Veeßer
3. Viertel des 17. Jhs.
Öl auf Holz, 140,5 × 92,5 cm
Ehemals Klosterkirche Heiligkreuztal; heute Bruderkirche der Stefanus-Gemeinschaft
SSG

Das Kloster Heiligkreuztal ist umgeben von der in Wolken schwebenden Maria, die von der Dreifaltigkeit soeben zur Himmelskönigin gekrönt wird, dem heiligen Joseph, ihrem Gemahl, und Anna, ihrer Mutter – letztere ist zugleich die Patronin der Klosterkirche. Das Gemälde stammt von einem Mitglied der Andelfinger Malerfamilie Veeßer, die auch für das Riedlinger Kapuzinerkloster tätig war.

KDM Riedlingen, S. 164

I. 6 Das Prämonstratenserkloster Schussenried mit seinen Stiftern unter dem Schutz von Heiligen

Schussenried, 1624 und Ende 17. Jh.
Öl auf Holz, 95 × 60 cm
Ehemals Kloster Schussenried, laut rückseitiger Beschriftung 1820 zur Versteigerung gelangt, von Pfarrer Laurenz Loewe erworben, aus dem Nachlaß von dessen Nachfolger Josef Vaccano von der Gemeinde Schussenried erworben
Kath. Kirchengemeinde Bad Schussenried

Ursprünglich handelt es sich bei dem Gemälde um eine reine Klosteransicht, in die wohl erst nachträglich Figuren eingefügt werden. Zu Seiten des Klosters Schussenried erscheinen dessen Gründer, die Ritter Beringer (der selbst das Ordensgewand nimmt und deshalb als Prämonstratenser gezeigt wird) und Konrad. Das Schloß der beiden soll im 12. Jahrhundert zur geistlichen Einrichtung umgewandelt worden sein. Oberhalb der Klosteransicht ist die heilige Dreifaltigkeit mit der Marienkrönung dargestellt. Links davon

I. 4

I. 5

I. 6

kniet in Wolken der heilige Norbert als Gründer des Prämonstratenserordens, rechts der heilige Magnus als Patron der Klosterkirche. Außen befinden sich der Kirchenvater Augustin als Autor der ersten Chorherrenregel und der heilige Ritter Vinzenz, von dem sich Reliquien in der Kirche befanden.

Kasper 1960, S. 115–117

I. 7 Ein theologisches Thesenbild zeigt den Triumph und die Himmelfahrt des Abtes Konrad Kneer von Marchtal

Oberschwaben, um 1750
Öl auf Leinwand, 237 × 159,5 cm
Ehemals Kloster Marchtal; heute kath. Kirchengemeinde Munderkingen
Kath. Kirchengemeinde Munderkingen

Theologische Disputationen, Promotionsprüfungen vergleichbar, werden häufig durch sogenannte Thesenblätter dokumentiert. Dieses Gemälde dürfte auf einen entsprechenden Stich zurückgehen. Unter Abt Edmund Schneider (1746–1768) versuchen drei Patres des Prämonstratenserklosters Marchtal, das heiligmäßige Leben des Abtes Konrad Kneer (1637–1660) zu belegen und damit den »auserlesensten Abt« zum hauseigenen Heiligen zu stilisieren. Gleichzeitig dürften Schritte zur formellen Seligsprechung eingeleitet werden. Das Bild macht deutlich, wie wichtig es einem

I. 7

I. 8

I. 8 Die Äbtissin von Wald empfiehlt sich und ihr Kloster dem heiligen Johann von Nepomuk

Zwischen 1729 und 1739
Holz, geschnitzt, gefasst, z.T. vergoldet, 220 × 160 cm
Ehemalige Klosterkirche Wald
Kath. Kirchengemeinde Wald

Die Äbtissin Antonie von Falkenstein, die den Zisterzienserinnen von Wald von 1709 bis 1739 vorstand, kniet mit gesenktem Krummstab und aufwärts gerichtetem Blick neben ihrem aus der Vogelschau gezeigten Kloster. Sie hat es als Bauherrin um ein neues Konventsgebäude (1721–23), den Abteibau (1723–26) und den Gästeflügel (1727–28) bereichert. Über dem Gebäudekomplex schwebt in einem Wolkenkranz und von Putten umgeben der heilige Johann von Nepomuk, der von der Äbtissin offenbar besonders verehrt wird; sie hat ihn um 1710 auch in einem Wandgemälde des Kreuzgangs darstellen lassen. Der böhmische Märtyrer war erst 1729 heiliggesprochen worden, erfreute sich aber sofort großer Beliebtheit.

Das von einem ausschwingenden Rokoko-Rahmen eingefaßte Relief erinnert durch die Anbringung an einem Langhauspfeiler und den persönlichen Charakter der Darstellung an Totenschilde, wie sie seit dem Mittelalter gebräuchlich waren. Man mag sich vorstellen, wie stimmungsvoll ein derartiges Werk durch die Beleuchtung einer Kerze auf dem dafür vorgesehenen Halter vor dem Wappenschild gewirkt hat. Insgesamt befinden sich in der ehemaligen Klosterkirche von Wald noch drei derartiger Äbtissinnentafeln.

KDM Hohenzollern 2, S. 426 und 436

Kloster im 18. Jahrhundert sein musste, einen Heiligen aus den eigenen Reihen zu besitzen.

Konrad Kneer (1637–1660) sitzt auf einem Triumphwagen, der gen Himmel fährt. Er wird von Elefant, Hirsch, Einhorn und Löwe – Symboltieren, die die Tugenden des verehrten Abtes versinnbildlichen – gezogen, von Wappenhaltern und von Engeln mit Spruchbändern begleitet. Links neben der Inschriftenkartusche ist im Hintergrund eine Szene aus dem Dreißigjährigen Krieg dargestellt, in dessen Verlauf Kneer schwere Mißhandlungen zu erleiden hat. Auf der rechten Seite befindet sich eine Ansicht des Klosters Marchtal.

Marchtal 1992, S. 80f., 129–136 (zu Kneer), 235 mit Taf. 14

I. 9 Die Äbtissin von Lichtenthal empfiehlt ihr Kloster der Muttergottes

Heinrich Lihl (1690–1757)
Rastatt, 1756
Öl auf Leinwand, 200 × 140 cm
Cistercienserinnenabtei Lichtenthal, Baden-Baden

Oberhalb einer überaus detailgenauen Vogelschauansicht des Klosterbezirks von Lichtenthal schwebt auf einer Wolke die Madonna mit Kind. Ihr Mantel wird wie ein Vorhang von zwei Putten angehoben. Maria blickt nach rechts unten, auf die am linken Bildrand kniende Gestalt der Äbtissin Benedikta Grasmeier, die das Kloster von 1738 bis 1775 leitet.

Maler und Auftraggeberin scheinen sich darauf verständigt zu haben, das weit verbreitete Motiv des über einem identifizierbaren Kloster schwebenden Schutz-

I. 9

heiligen mit anbetender Äbtissin um eine Facette zu bereichern: Marias Mantel, durch die beiden Putten ohnedies deutlich hervorgehoben, breitet sich zu Seiten der Wolkenbank in die irdische Sphäre hinein aus. Dadurch wird offenbar auf den alten Bildtyp der Schutzmantelmadonna angespielt. Gewissermaßen stellvertretend für die sonst üblichen Personendarstellungen erscheint das zwischen 1723 und 1731 umgestaltete Kloster als Gehäuse der geistlichen Gemeinschaft, für die die Äbtissin den Schutz der Himmelskönigin erbittet.

AK Karlsruhe 1995, S. 206–208 mit Abb.

I. 10

I. 10 Zu seinem Namenstag erhält der Abt von Salem ein Gemälde, das den Zisterzienserkonvent unter dem Schutz von Heiligen und Ordensgründern zeigt

Johann Georg Glyckher (tätig um 1700)
1700
Öl auf Leinwand, 248,5 × 171 cm
Privatbesitz

Zu seinem Namenstag erhält Abt Stephan I. von Salem (1698–1725) dieses Gemälde. Da der gesamte Konvent porträtiert ist, dürfte es sich um ein Geschenk seiner Mönche handeln. Oberhalb einer Inschriftenkartusche, die von einer Vogelschau des Klosters Salem und dem Wappen des Abts bekrönt wird, erscheint dieser in kniender Haltung. Soeben empfängt er aus der Hand des dritten Zisterzienserabtes Stephan Harding die »Charta caritatis«, die »Verfassungsurkunde« des Zisterzienserordens. Gleichzeitig reicht er sie mit der Linken unter dem programmatischen Titel »Charta reformationis« an seinen Stellvertreter, den Salemer Prior weiter. Von links oben beobachtet der heilige

Bernhard von Clairvaux, erkennbar an den Leidenswerkzeugen Christi in seinem Arm, wie Engel und Putten die durch Inschriftenbänder bezeichneten Insignien des Reichsabtes herbeibringen: Mitra, Stab, Handschuhe, Brustkreuz.

Dillmann 1988, S. 14 und 24 mit Abb.

I. 11 **Das Prämonstratenserkloster Weissenau erscheint als blühender Garten, in dem sich Stifter und Wohltäter um den Heilig-Blut-Brunnen versammeln**

Johann Gabriel Roth (nachweisbar in den 1720er Jahren)
Dat. auf 1727 durch das Chronogramm der Inschrift
Öl auf Holz, 57,5 × 140 cm
Ehemals Klosterkirche St. Peter und Paul Weissenau, heute Heimatmuseum Weissenau
Kath. Kirchengemeinde Ravensburg-Weissenau

1727 werden in den Kreuzarmen der Weissenauer Klosterkirche St. Peter und Paul zwei neue Altäre errichtet. Derjenige im Norden enthält in seinem verglasten Unterbau das Heilig-Blut-Reliquiar. Es wird den Blicken der Gläubigen nur gelegentlich ausgesetzt, üblicherweise verhindert die hier gezeigte Vorsatztafel die heilige Schau. Das Gemälde zeigt die Weissenau als blühenden Garten. In seinem Zentrum erhebt sich ein vom Lamm Gottes bekrönter Brunnen, in den aus den fünf Wunden des Tieres Blut fließt – ein Hinweis auf die Heilig-Blut-Reliquie des Klosters wie auf die ortsansässige Fünf-Wunden-Bruderschaft. Der Klostergarten wird von Engeln gehegt und mit Heilig-Blut-Flüssigkeit begossen.

Auf der rechten Seite erscheinen in anachronistischer Zusammenstellung Gebizo, der Klostergründer des 12. Jahrhunderts, und die Erbauer der neuen Barockkirche mit einem großformatigen Plan der Anlage. Es dürfte sich um Abt Leopold Mauch und den Baumeister Franz Beer handeln. Links präsentiert eine kniende Frau König Rudolf I. das Heilig-Blut-Reliquiar; er verweist auf den Brunnen. Hinter ihm steht Kaiser Leopold I. mit der Dornenkrone. Laut Inschrift habe Rudolf das von Gebizo »gepflanzte« Kloster »bewässert« – er befreite es von drückenden Schulden und überließ ihm 1283 die besagte Reliquie vom Blut Christi. Dementsprechend wird er als zweiter Klostergründer gefeiert. Leopold indes hat dem Kloster einen Dorn von der Krone Christi überlassen.

In relativ bescheidenen Dimensionen dient dieses Bild mit seiner kompakten Programmatik der Selbstdarstellung des traditionsreichen Prämonstratenserklosters.

Weissenau 1983, S. 391 und Abb. 59; Weingarten 1994, S. 356 und Abb. 259; Weissenau 1995, S. 441 f

I. 11

I. 12 Die welfischen Stifter des Benediktinerklosters Weingarten verehren die von Heiligen umgebene Blutreliquie

Johann Conrad Wengner (1728–1806)
Oberschwaben, 1755
Öl auf Leinwand, 90 × 116 cm
Benediktinerabtei Weingarten

Bei diesem Gemälde soll es sich um eine Erinnerungstafel an das 700jährige Gründungsjubiläum des Benediktinerklosters Weingarten handeln. Im Zentrum der Komposition schwebt, oberhalb der einigermaßen wirklichkeitsgetreuen Klosteransicht, die von einem Engel gehaltene, strahlende Heilig-Blut-Reliquie. Über dem Reliquiar erscheint das Lamm Gottes auf dem Buch der Offenbarung. Heiligengestalten umgeben den anbetungswürdigen Gegenstand. Neben Christus, Maria, Johannes dem Täufer, dem Ordensgründer Benedikt und den Kirchenpatronen Martin und Oswald fällt besonders Longinus auf: er ist der römische Soldat, der dem Gekreuzigten seine Lanze in die Seite gestoßen haben soll, also mithin als »Urheber« aller Heilig-Blut-Reliquien gelten kann. Er richtet den Speer auch hier direkt auf das Zentrum der Reliquie. Die Strahlen des Heiltums fallen auf die links und rechts stehenden Stiftergestalten herab: ihren von Pagen präsentierten Wappen zufolge handelt es sich um Welf II. und Welf III. (rechts) sowie um Welf IV. und seine Gemahlin Judith (links).

Weingarten 1994, S. 239–241

I. 13 Vier Heilige verehren das Gnadenbild der Ochsenhausener Wallfahrtskirche in Steinhausen an der Rottum

Johann Baptist Klauber (1712 – nach 1787) nach einem Entwurf von Johann Georg Bergmüller (1688–1762)
Augsburg, 1743
Schabkunstblatt, 127 × 92,5 cm
Ehemals Kloster Ochsenhausen; heute kath. Kirchengemeinde Steinhausen a.d. Rottum
Kath. Kirchengemeinde Steinhausen a.d. Rottum

Im Zentrum dieses Thesenblattes erscheint das Gnadenbild der zum Kloster Ochsenhausen gehörenden Wallfahrtskirche Steinhausen an der Rottum. Hinter der schmerzensreichen Madonna präsentieren Engel und Putten die Leidenswerkzeuge Christi, Gottvater

I. 12

I. 13

I. 14

betrachtet von links oben, wie das Marienbild mit einem Lorbeerkranz bekrönt wird. Unterhalb des Gnadenbildes sind die vier Katakombenheiligen aus der Klosterkirche Ochsenhausen versammelt: Innocentius, Maximus, Emerentiana und Justina. Rechts unten präsentiert ein Putto das Wappen des Abtes Benedikt Denzel, ein Engel einen Vogelschauprospekt des Klosters.

Offenbar zufrieden mit dem 1743 gefertigten Thesenblatt (der Text wurde am ausgestellten Exemplar weggeschnitten), gibt Denzel aus Anlaß der feierlichen Translation der heiligen Leiber 1750 den Auftrag zum Nachdruck. Ochsenhausen begibt sich bildlich unter den Schutz seiner nunmehr attraktivsten Patrone – die Hauptheiligen des Klosters, Georg und Blasius, werden von den neuen Schutzheiligen verdrängt.

AK Ochsenhausen 1995, S. 38 f und Abb. 46

I. 14 Die Muttergottes übergibt den heiligen Dominikus und Katharina den Rosenkranz und nimmt das Dominikanerinnenkloster Binsdorf unter ihren Schutz

Johann Georg Bergmüller (1688–1762) (zugeschrieben)
2. Viertel 18. Jh.
Öl auf Leinwand, 120 × 72 cm
Ehemals Kloster Binsdorf, heute Friedhofskapelle in Gruol
Kath. Kirchengemeinde Gruol

Das Gemälde stellt die Übergabe des Rosenkranzes durch die Madonna an den heiligen Dominikus und die mit Rosen gekrönte Katharina von Siena dar – ein gängiges Motiv der dominikanischen Ikonographie. Das Besondere des Bildes zeigt sich daran, daß zu Füßen der Hauptszene ein Putto erscheint, der eine Ansicht von Kloster Binsdorf präsentiert. Die Auftraggeberin, aller Wahrscheinlichkeit nach eine der Vorsteherinnen des Binsdorfer Dominikanerinnen-

I. 15

konvents, legt demnach Wert darauf, daß eine ordenstypische Szene mit ihrem individuellen Kloster kombiniert wird. Die beiden wichtigsten Ordensheiligen, darunter selbstverständlich die Gründerin des weiblichen Zweiges der Dominikaner, werden in einen äußeren Zusammenhang mit dem Kloster gerückt.

KDM Hohenzollern 1, S. 103 und Abb. 198

I. 15 Die Franziskanerinnen von Wurzach und die Gründerin ihres Klosters verehren Maria im Rosengarten

Dat. »Anno 1763«
Öl auf Leinwand, 71 × 99 cm
Ehemals Franziskanerinnenkloster Wurzach; heute Sanatorium Maria Rosengarten, Bad Wurzach
Provinzialat der Armen Schulschwestern von Unserer Lieben Frau, München

Im Zentrum des Gemäldes steht Maria erhöht auf einem mehrstufigen Sockel, von Putten umgeben, inmitten eines blühenden Gartens mit Beeten und Brunnen. Als Einzelfigur erscheint rechts neben gärtnernden Engeln die Gründerin des Klosters, Truchsessin Helene von Waldburg, geborene Gräfin von Hohenzollern-Hechingen (gestorben 1514). Eine Schriftkartusche erzählt von der Gründung. Auf der linken Bildseite haben sich die Franziskanerinnen unter der Mutter Oberin Helena Sold versammelt. Eine beigegebene Konventsliste führt ihre Namen auf.

Hinter den Nonnen ragt der frisch restaurierte Konventsbau empor. Wie wichtig den Auftraggeberinnen ihre architektonische Leistung ist, verdeutlicht die unterhalb Marias aufgemalte Schriftrolle: »Anno 1763 wurde das Marianische Haus bald mehr von Grund erbauet als erneueret«. Ein Detail ist aufschlußreich: der gedeckte Gang am linken Bildrand führt zur Empore der benachbarten Pfarrkirche, wo die Franziskanerinnen ihren religiösen Verpflichtungen nachkommen. Denn Klosterfrauen dürfen nicht selbst die Messe zelebrieren, sondern sind stets auf männliche Seelsorger angewiesen – eine 1717 geweihte eigene Hauskapelle dient deshalb nur der privaten Andacht und dem Gebet.

Schneider 1970, S. 197 mit Abb.

I. 16 Ein Sturz vom Pferd ist der Auslöser für die Gründung des Benediktinerinnenklosters Friedenweiler

2. Hälfte 18. Jahrhundert
Öl auf Leinwand, 160 × 130 cm
Ehemaliges Kloster Friedenweiler
Kirchenbesitz

Im Jahr 1123 erwirbt das Benediktinerkloster St. Georgen Wäldereien um Friedenweiler. Kurz danach erfolgt die Gründung eines Frauenklosters, das St. Georgen untersteht. Die Wirren der Reformationszeit und innerer Zerfall lassen Friedenweiler untergehen. Erst 1570/84 wird es durch das Haus Fürstenberg neu besiedelt, diesmal mit Zisterzienserinnen.

Die historisch überlieferte Gründungsgeschichte des Benediktinerinnenklosters Friedenweiler wird unter den Zisterzienserinnen im 18. Jahrhundert zur frommen Legende umformuliert. Der Abt von St. Georgen, Werner von Zimmern (1119–1134), soll auf einem Ritt durch das Land vom Pferd gestürzt sein. Da er den Unfall unversehrt übersteht, gelobt er aus Dankbarkeit die Errichtung eines Frauenklosters. Das Gemälde zeigt, wie der aus dem Sattel rutschende Abt von der Jungfrau Maria aufgefangen wird. Rechts im Hintergrund erscheint bereits die Stiftung des Geretteten, das detailgetreu dargestellte Kloster Friedenweiler, wie es sich im 18. Jahrhundert präsentiert.

Wohlfahrt 1973, S. 5

I. 17 Eine Marienerscheinung führt zur Gründung des Augustinerchorherrenstifts Beuron

Um 1700
Öl auf Leinwand, 128,4 × 128,8 cm
Ehemals Augustinerkloster Beuron
Erzabtei Beuron

Eine erst spät niedergeschriebene Chronik berichtet, dem alamannischen Herzog Peregrin sei während einer Jagd im Donautal 1077 die Jungfrau Maria erschienen. Dies habe ihn zur Gründung des Augustinerchorherrenstifts Beuron bewogen. Aus einem älteren »Beuren in Monte« seien die Herren deshalb ins Tal hinabgezogen. Zeitlich gehört das Gemälde in den Umkreis einer gezielten Traditionsbildung: erst 1669 ist die Marienvision Peregrins aufgeschrieben worden, 1687 erfolgt die Erhebung des Stiftes zur Abtei, 1699 erscheint das Geschichtswerk »Suevia Ecclesiastica«, in dem die Stiftungslegende erneut dargelegt wird.

Bildbestimmend ist der an der Donau gelegene Klosterkomplex. Im Hintergrund erblickt man die Hügelkette, auf der sich das erste Beuroner Kloster befunden haben soll. Vor ihr erscheint in einem Wolkenkranz Maria, rechts unten ist Peregrins Jagdgesellschaft zu erkennen. Eine lateinische Inschrift zitiert die Gründungslegende.

Schöntag 1988, S. 36–38

I. 17

Tradition und Kontinuität

Dreierlei Bezugspunkte sind für Klöster von besonderer Bedeutung: der jeweilige Orden, die eigene Klosteranlage sowie die Kontinuität in ihrer Leitung. Sie alle finden in bestimmten Bildtypen Ausdruck.

So lädt das Filiationssystem des Zisterzienser- und des Prämonstratenserordens besonders dazu ein, Einzelklöster im historischen Ablauf zu verorten und in ein Stammbaumschema zu fassen. Ordensgründer können ebenso wie Klostergründer als Wurzel eines Stammbaums aufgefaßt werden, aus der die jeweiligen Nachfolger hervorgehen.

Das Bestreben der Klöster, die meist ungebrochene Folge ihrer Äbtissinnen oder Äbte vor Augen zu führen, kann auch regelrechte »Ahnengalerien« hervorbringen: sie bestehen aus Einzelporträts, deren Reihe prinzipiell endlos erweiterbar ist. Eine abstraktere Variante derartiger »Amtsgenealogien« stellen Tafeln mit den Wappen der aufeinanderfolgenden Klostervorsteher dar, die gegebenenfalls mit einer Klosteransicht kombiniert werden können. *F.D.*

I. 18 Prämonstratenser-Stammbaum aus Kloster Gerlachsheim

Joseph Klauber (um 1700–1768) und Johannes Klauber (1712–1787)
Augsburg, 18. Jh.
Kupferstich auf Papier, 144 × 90 cm
Ehemals Prämonstratenserklosterkirche Gerlachsheim
Kath. Kirchengemeinde Gerlachsheim

In aufwendiger Gestalt werden die Nachfolgegründungen des von Norbert von Xanten in Prémontré angesiedelten Klosters im System eines Stammbaums dargestellt, der von mehreren Figuren umgeben ist. Ein ausgeklügeltes Zeichensystem erläutert die Einzeltafeln, deren jede für ein Kloster steht: Stifter, Rang und Gründungsdatum sind dadurch leicht ablesbar.

I. 19 Stammbaum mit Franziskanerheiligen aus Wurzach

18. Jh.
Öl auf Leinwand,
139 × 99,3 cm
Ehemals Franziskanerinnenkloster Maria Rosengarten, Wurzach, dann (2. Hälfte 18. Jh.) Seelenkapelle, heute Sanatorium Maria Rosengarten, Bad Wurzach
Provinzialat der Armen Schulschwestern von Unserer Lieben Frau, München

Der liegende Franziskus umarmt mit seiner Linken, die ein Kruzifix hält, den geschuppten Stamm eines symmetrisch aufwachsenden Baumes. Als »Früchte« trägt dieser Päpste, Kardinäle und Bischöfe; aus Zweigen wachsen auf der linken Seite männliche, auf der rechten weibliche Franziskanerheilige hervor. Namensschildchen benennen die einzelnen Gestalten. Den Franziskanerinnen aus Wurzach wird in

I. 18

I. 19

I. 20

diesem einfachen Schema die Geschichte und die Bedeutung des eigenen Ordens vor Augen geführt. Das Gemälde dürfte nach Auskunft des aufgemalten Wappens eine Stiftung der gräflichen Familie von Waldburg sein.

I. 20 **Stammbaum mit dem heiligen Ulrich und den Vorstehern des Priorats St. Ulrich**

18. Jh.
Kupferstich, 35,3 × 44,3 cm
Ehemals Kloster St. Ulrich
Kath. Kirchengemeinde St. Peter und St. Paul, St. Ulrich i.Br.

Auf einem Hügel liegt mit gefalteten Händen der heilige Ulrich. Zu seinen Häupten liegt aufgeschlagen ein Exemplar der cluniazensischen Klostergewohnheiten, einer von ihm nach Südwestdeutschland eingeführten Mönchsregel. Als Prior der Cluniazenserniederlassung in Grüningen bei Freiburg im Breisgau verlegt Ulrich sein Kloster nach Zell im Schwarzwald, das heute seinen Namen trägt. Abgesehen von vier Leerfeldern sind die Medaillons an den Zweigen des aus dem Heiligen hervorwachsenden Baumes mit den Namen der Prioren gefüllt. Da das Kloster 1547 von St. Georgen, 1560 von St. Peter übernommen wird, tauchen von diesen Jahren an die Namen der dortigen Äbte auf. Die Reihe endet mit »Ignatius Speckle, abbas electus 1795«.

I. 21 **Wappentafel der benediktinischen Äbte von St. Peter** *(nicht ausgestellt)*

Benediktinerabtei St. Peter, 1712
Öl auf Leinwand, 175,3 × 131,5
Erzbischöfliches Priesterseminar St. Peter i. Schw.

Das Gemälde zeigt 60 Wappenschilde, von denen 54 ausgemalt sind; damit ist die Reihe der sanpetrinischen Äbte nahezu vollständig – die »Germania benedictina« weist 56 Äbte aus. Nach der Entstehung der Tafel, die in die Regierungszeit von Maurus Höß (1699–1719) fällt, wird die Wappenreihe weitergeführt – immerhin rechnet man damals mit weiteren zehn Äbten. Durch die einschneidenden Ereignisse im Gefolge der Säkularisation endet die Wappenreihe mit Abt Ignaz Speckle 1806.
Die sanpetrinische Tafel bezieht die Wappen der Äbte eindeutig auf deren Amt, denn unterhalb der auf einem bortenverzierten, von Engeln gehaltenen Tuch präsentierten heraldischen Reihe befindet sich eine Ansicht des bedeutenden Schwarzwaldklosters. Zu seinen Seiten stehen Engel mit Bildnismedaillons der beiden Klostergründer: links ist Herzog Bertold II. von Zähringen dargestellt, rechts Bischof Gebhard III. von Konstanz.

AK St. Peter 1993, Nr. 19 mit Abb. 102

I. 22 Weissenauer Äbtetafel

Etwa 1600 bis 1800
Öl auf Weichholz, 196,5 × 138 cm
Ehemals Kloster Weissenau
WLM 898-d

Die Tafel ist eine von drei erhaltenen Stücken. Sie zeigt die meist zeitgenössischen Porträts der 12 infulierten Äbte von 1599 (Jakobus Mayer) bis 1794 (Karl Ummenhofer) und ist durch zwei Querleisten in drei Längsregister, diese in je vier fensterartige Felder unterteilt. Stil und Schrift lassen die Entstehung jeweils zu Lebzeiten der Äbte erkennen. Diese sind mit ihren persönlichen Wappen dargestellt. Über den Rahmen ist jeweils ein Schriftband mit dem Namen und der Regierungszeit angebracht. Auf einem zweiten, unteren Schriftband ist die Regierungsdauer sowie das Todesdatum angegeben. Die Porträts der beiden Äbte Anton II. Unold und Karl Ummenhofer (entstanden nach 1784 bzw. 1794) werden dem Maler Andreas Brugger aus Langenargen zugeschrieben.

I.G.

Beate Reule/Peter Eitel, Erläuterungen zu den Abbildungen. In: Weissenau in Geschichte und Gegenwart, Sigmaringen 1983, S. 393 (Abb. 74); Hubert Hosch, Andreas Brugger (1737–1812). Maler von Langenargen, Sigmaringen 1987, S. 194 f.; Georg Wieland, Gemeinschaft im Wandel. Der Weissenauer Konvent vom 12. bis zum 19. Jahrhundert. In: 850 Jahre Prämonstratensserabtei Weissenau 1145–1995; Binder, Helmut (Hrsg.), Sigmaringen 1995, S. 173 (Abb. 3).

I. 23 bis I. 29 Äbtissinnen des Zisterzienserinnenklosters Friedenweiler

2. Hälfte 18. Jh.
Öl auf Leinwand, je 56 × 45 cm
Ehemals Kloster Friedenweiler
Kirchenbesitz

Anders als bei der Weissenauer Porträttafel werden die Bildnisse der Äbtissinnen von Friedenweiler nicht zu einem Tableau zusammengefaßt. Jeder Äbtissin ist ein bestimmtes Attribut beigegeben, das auf ihre Biographie Bezug nimmt: ein Grundrißplan weist die Bauherrin aus, ein Gnadenbild die Förderin einer Wallfahrt, eine Monstranz die Mehrerin des Kirchenschatzes usw. Unter den hüfthohen Wiedergaben der Klostervorsteherinnen befinden sich biographische Angaben. Der jeweilige Zusatz R.I.P. (requiescat in pace – Sie ruhe in Frieden) verweist auf den Gedächtnischarakter der Bilder, die wahrscheinlich unmittelbar nach dem Tod der Äbtissinnen entstehen.

I. 30 Heiliger Benedikt

Joseph Hörr (1732–1785)
St. Blasien, kurz nach 1762 (?)
Alabaster, H. 55,5 cm
Ehemals Kloster St. Blasien, heute kath. Pfarrhaus Menzenschwand
Kath. Kirchengemeinde Menzenschwand

Benedikt, der Vater des abendländischen Mönchtums, ist in jugendlichem Alter wiedergegeben. Mit vor der Brust gekreuzten Armen sitzt er auf einem Stapel Bücher. Sein Blick ist meditierend nach oben gerichtet. Vielleicht orientierte sich Hörr bei diesem Werk an einer Marmorskulptur, die der Bernini-Schüler Antonio Raggi für die »Heilige Höhle« bei Subiaco geschaffen hatte – hier hat sich Benedikt vor der Gründung seines Klosters in Monte Cassino lange aufgehalten. Dort richtet der Heilige seinen Blick auf ein Kreuz. Es ist denkbar, daß Abt Martin Gerbert von St. Blasien (1764–1793) von seiner Ita-

I. 22

lienreise eine Wiedergabe des Vorbildes mitbrachte, die Hörr als Anregung gedient haben mag. In einer Benediktinerabtei nahm die Gestalt des Ordensgründers eine zentrale Stelle ein, und die Ausrichtung an einem Muster aus dem Wirkungsland des Heiligen, das ein reisender Abt gesehen hat, wäre um so sinnfälliger.

AK St.Blasien, Bd.1, Nr.299 mit Abb.

I. 30

I. 31 Der heilige Dominikus *(nicht ausgestellt)*

Oberschwaben, 3. Viertel 18. Jh.
Lindenholz, gefaßt, H. 102 cm
WLM

Die Figur des Ordensgründers soll mündlicher Überlieferung zufolge aus der zu Schussenried gehörigen Pfarrkirche in Molpertshausen stammen und 1763/65 aus der Klosterkirche dorthin gelangt sein. Dominikus ist in leichter Drehung mit himmelwärts gerichtetem Blick dargestellt. Zu seinen Füßen befindet sich ein Hund mit einer Fackel im Maul – der Legende zufolge soll seiner Mutter vor der Geburt des Sohnes ein Hündchen erschienen sein, das mit einer brennenden Fackel im Maul die ganze Welt erleuchten sollte; die Vision ist als Hinweis auf die göttliche Redekunst des Knaben gedeutet worden, den sie gebären werde.

Orden in Südwestdeutschland

Im Jahre 1791 veröffentlicht der kurpfälzische Kammerrat Christian Friedrich Schwan eine Sammlung von »Abbildungen der vorzüglichsten Geistlichen = Orden«. Er steht »dem ungeheuren Gebäude des Klosterwesens und der Möncherei« durchaus kritisch gegenüber und hebt den Umstand hervor, daß sowohl weltliche Regenten als auch der Papst selbst »von Zeit zu Zeit ganze Klostergesellschaften wieder aufgehoben haben«. Schwans Ziel ist es, besonders den protestantischen Ländern die geistlichen Orden vorzustellen, da sie ihm nachgerade exotisch vorkommen. Hellsichtig fügt er vor den Zeitereignissen der Revolution und der Aufklärungsbewegung hinzu: »Und wer weiß, ob man es mir nach fünfzig oder mehrern Jahren nicht danket, daß ich mir die Mühe gegeben, das Costüm so mancher alsdann erloschener Orden für die Nachwelt aufbewahret zu haben.«
Trotz der tendenziösen Stoßrichtung des Autors erlauben Schwans Tafeln auch dem heutigen Betrachter, sich ein Bild von der Vielfalt der geistlichen Orden zu machen. Sie sollen deshalb als Illustrationen zu einer knappen Einführung in die Geschichte der wichtigsten Klostergemeinschaften dienen.
Zunächst sind es fromme Einsiedler und Eremiten, die als Mönche (von griechisch »monachos«, der allein

Lebende) bezeichnet werden. Als sich diese dann zu religiösen Gemeinschaften zusammenschließen, bleibt es bei der Benennung. Ein Hauptanliegen in der Frühzeit des Mönchtums ist die Beachtung einer gemeinsamen Lebensregel, die besonderen Wert auf Disziplin und Ordnung legt. Zunächst gibt es nur Einzelklöster; erst ab dem 9. Jahrhundert kommt es zu Zusammenschlüssen. Ein prominentes Beispiel in Südwestdeutschland ist der 1071 entstandene Reformverband der Hirsauer Kongregation. Regelrechte Orden als gegliederte Klostergemeinschaften entstehen ab dem 12. Jahrhundert: ihr Ziel ist jeweils eine Reform des bestehenden Klosterlebens und eine straffe Organisation der Ordensstruktur.

Man kann mehrere Etappen in der Entwicklung des Klosterwesens feststellen: im 4. bis 6. Jahrhundert werden mit den von Benedikt und Augustinus verfaßten Regeln die Grundlagen für die späteren Mönchs- und Klerikerorden gelegt. Um 1100 gehen aus der Reform der Urregeln die Zisterzienser und die Prämonstratenser-Chorherren hervor. Im 13. Jahrhundert folgen die Bettelorden der Franziskaner, Dominikaner und Augustiner-Eremiten. Und im 16. Jahrhundert kommt es als Reaktion auf die Reformation zur Gründung strengerer, »gegenreformatorischer« Orden, der Jesuiten und der franziskanischen Kapuziner.

F.D.

Orden	**Gründer**	**Gründungsort**	**Frühe Niederlassungen in Baden-Württemberg**
Benediktiner	**Benedikt** von Nursia (um 480 bis um 547)	Subiaco 6. Jh.; Montecassino 529?	Schuttern 630/730 (bis 1805) Reichenau 724 (bis 1757)
Benediktinerinnen			Buchau um 770 (bis 13. Jh., dann Damenstift) Amtenhausen 1107 (bis 1802)
Augustinerchorherren	**(Augustinus)** (354–430)		Beuron 1077 (bis 1802) Neresheim 1095 (bis 1120)
Augustinerchorfrauen			Lobbach-Lobenfeld 1223 (bis 1425)
Zisterzienser	Robert von Molesmes, Bernhard von Clairvaux	Molesmes 1075; **Cîteaux** 1098	Salem 1134 (bis 1802) Herrenalb 1149 (bis 1535)
Zisterzienserinnen		Tart bei Cîteaux 1120	Rottenmünster 1224 (bis 1806) Günterstal 1224 (bis 1806)
Kartäuser	Bruno von Köln (gestorben 1101)	**Chartreuse** 1084	Freiburg i.Br. 1346 (bis 1782) Urach-Güterstein 1439 (bis nach 1530)
Prämonstratenser	Norbert von Xanten (um 1080/85–1134)	**Prémontré** 1121	Rot 1126 (bis 1803)
Prämonstratenserinnen	Norbert von Xanten und Ricuera von Clastre		Rot 1126 (bis 1140)

Orden	Gründer	Gründungsort	Frühe Niederlassungen in Baden-Württemberg
Franziskaner	**Franz** von Assisi (1181/82–1226)	Portiuncula 1215/1219	Freiburg i.Br. 1229 (bis 1784) Konstanz 1240 (bis 1788/1808)
Franziskanerinnen (Klarissen)	**Klara** von Assisi (1193–1253)	San Damiano 1215	Ulm-Söflingen 1239 (Klarissen, bis 1803)
Dominikaner	**Dominikus** de Guzman (um 1170–1221)	Toulouse 1215/1217	Esslingen 1231/33 (bis 1535) Freiburg 1235 (bis 1793) Konstanz 1236 (bis 1784/1808)
Dominikanerinnen		Prouille 1207; Montargis 1244	Sulz 1237/40 (bis 1806) Reutin 1252 (bis 1580)
Karmeliter	Albert von Jerusalem (um 1150–1214)	Jerusalem / Berg Karmel 1226	Esslingen 1281 (bis 1535) Rottenburg 1281 (bis 1806) Weinheim 1293 (bis 1558, erneut 1685 bis 1802)
Augustinereremiten		1244/1256	Freiburg vor 1278 (bis 1790)
Augustinereremitinnen			Oberndorf a.N. 1264 (bis 1557)
Kapuziner	Matthäus von Bascio, Ludwig und Raphael von Fossombrone	1525	Freiburg 1599 (bis 1784) Biberach 1615 (bis 1810)
Kapuzinerinnen		1538	Markdorf 1689 (bis 1803)
Jesuiten	Ignatius von Loyola (1491–1556)	Montserrat, Manresa, Rom 1522/1540	Konstanz 1592 (bis 1773)

II.

Klosterkritik von der Reformation bis zur Aufklärung

Eine »Bildergalerie klösterlicher Mißbräuche«

»Schluß mit den Mönchen«: Das Licht der Vernunft und das göttliche Licht

Katholische Aufklärung: »Wider die alte Mönchsmoral«

»Wie die Mönche zu vermindern seien«: Klosteraufhebungen im 18. Jahrhundert

Eine »Bildergalerie klösterlicher Mißbräuche«

»Wir treten in das unglückseligste Jahrhundert der christlichen Zeit nach Christi Geburt ein. nämlich das sechzehnte, in dem unter dem Schein und Vorwand einer Reform alle Hebel in Bewegung gesetzt wurden, die altüberlieferte Religion und die apostolisch-katholische Kirche umzustürzen.« Dies schreibt Abt Martin Gerbert von St. Blasien 1783. Der Umsturz, von dem er spricht, die Reformation ist zunächst nicht als solcher geplant: Luther zielt auf eine Rückkehr der Kirche zu ihren ursprünglichen Formen hin. Deshalb wird die Machtvollkommenheit des Papstes ebenso kritisiert wie der Territorialbesitz deutscher geistlicher Fürsten (1540 erscheint Martin Bucers Schrift »Von den Kirchengütern«).

In Luthers Denken, das bestimmt ist von der Idee der »Freiheit eines Christenmenschen«, haben die Klöster als Orte kollektiver Frömmigkeit und organisierter Jenseitsvorsorge (durch Meßstiftungen und Jahrtage) keine Berechtigung mehr. Auch die Klostergelübde sind dem selbst einem Orden Angehörenden kein sicherer Weg zur Nachfolge Christi mehr. 1521 verfaßt er eine Schrift gegen sie und spricht alle Mönche und Nonnen von ihren Gelübden frei. Luther heiratet 1525 die ehemalige Nonne Katharina von Bora.

Die Kritik am Mönchtum führt in Deutschland, England und Schottland zur Auflösung der Klöster. Eine Säkularisation in großem Maßstab findet in Preußen statt: auf Anraten Luthers wird der Deutschordensstaat in ein weltliches Herzogtum verwandelt. *F.D.*

II. 1

II. 1 Das Flugblatt »Am Spieltisch der Blasphemiker« zeigt unter der Sitzbank von Mönch und Nonne ein Wickelkind

Matthias Gerung (um 1500–1568/70)
Sign. und dat. »MG 1546«
Holzschnitt, 23,3 × 16,3 cm
Kupferstichkabinett, Staatliche Museen zu Berlin – Preußischer Kulturbesitz 109–1937

Matthias Gerung nimmt in seinem Holzschnitt die Laster der Obrigkeit und der Geistlichkeit ins Visier: ein gebrechlicher und fluchender Papst hat die Tiara abgelegt und zählt Geld, ein Kardinal nähert sich zärtlich einem Knaben, der Bischof spielt mit seiner Konkubine Karten. Am rechten Bildrand trinkt ein Mönch einer Nonne zu, während unter der Sitzbank ein Wickelkind zu sehen ist – wahrscheinlich das unerhörte Resultat ihrer verbotenen Beziehung.

Strauss 1, 1975, Nr. 1361

II. 2 Ein Flugblatt gegen den Klerus beschimpft die Mönche als »Löffelsammler«

Deutsch, 16. Jahrhundert
Holzschnitt, 29 × 38,5 cm
Kupferstichkabinett, Staatliche Museen zu Berlin – Preußischer Kulturbesitz 287–10

Das anonyme Blatt stellt in derben Formen zwei Mönche dar, die dem allgemeinen Spott ausgesetzt werden. Die Figur eines Affen, der dem im Bildzentrum sitzenden Klostermann sein Hinterteil weist, und eine keifende Frau tragen die Kritik an einem Mönchtum vor, dessen Mitglieder laut den Beschriftungen zu »Löffelkrämern« verkommen sind. An die Stelle des Studiums treten sinnlose Tätigkeiten. Die Nähe des Begriffs Löffel zu Laffel im Sinne von Narr spricht für sich.

Strauss 3, 1975, Nr. 1361

Ill. 2

Ill. 3 **Die Vertreibung der Jesuiten und Kapuziner aus Augsburg**

Augsburg (?), 1633
Kupferstich, 10,2 × 24,7 cm
Germanisches Nationalmuseum Nürnberg, Graphische Sammlung
HB 61 1–Kapsel 1337

In den Wirren des Dreißigjährigen Krieges wird das überwiegend protestantische Augsburg seit 1629 durch die Truppen der katholischen Liga bedrängt. Es kommt zur Wiedereinführung katholischer Orden. Als aber 1632 die Schweden als Alliierte der protestantischen Länder die Stadt befreien, werden Kapuziner und Jesuiten aus ihren Mauern verwiesen. Das Flugblatt zeigt den Auszug der »Verfolger der augspurgischen confession«, die mit Kreuzen, Heiligenfiguren und Prozessionsfahnen beladen ins Exil nach Landsberg flüchten.

Auch in nachreformatorischer Zeit bleibt die Klosterkritik bestehen. Noch einmal blüht sie in der Zeit des Dreißigjährigen Krieges von 1618–1648 auf. Je nach konfessioneller Ausrichtung der Sieger kommt es zur Wiedereinführung des Katholizismus beziehungsweise zur Vertreibung katholischer Geistlicher.

Auf ironische und satirische Weise können Mönchsfiguren auch im Kunsthandwerk interpretiert werden. Die entsprechenden Produkte spielen mit Vorurteilen, die meistens mit der unterstellten Genußfreude hinter Klostermauern zu tun haben. Das Trinken und die Beschäftigung mit dem weiblichen Geschlecht sind stereotype, immer wiederkehrende Motive.

Ill. 3

II. 4 Tischautomat in Form eines Mönchs

Heinrich Jonas (gestorben 1605)
Nürnberg, um 1600
Meistermarke, Beschauzeichen Nürnberg
Silber, gegossen, getrieben, z. T. vergoldet, geätzt; Kaltbemalung; Uhrwerk mit Eisenschlüssel, H. 31 cm
Privatbesitz

Auf der Festtafel des Fürsten von Hohenlohe belustigt um 1600 ein Automat in Gestalt eines Mönches die Gäste: derjenige, vor dem die aufgezogene Figur stehenbleibt, muß sein Glas leeren, solange ein eingebautes Glöcklein ertönt – schafft er es nicht, droht der Verzehr des im Automaten befindlichen Wassers! Der Tischautomat stellt eine Vorform des »Bruders Kellermeister« dar, wie er dann auf zahllosen Gemälden und Drucken seit dem 19. Jahrhundert begegnet.

II. 5 Parfümflakon »Proviant für das Kloster«

(nicht ausgestellt)
Porzellanmanufaktur Meissen, um 1750/60
Porzellan, farbig gefasst, Vergoldung, vergoldete Metallmontierung, H. 8,5 cm
Museum für Kunst und Gewerbe Hamburg

II. 6 Parfümflakon »Proviant für das Kloster«

Wohl Limbach (Thüringen), um 1780 nach Meissener Modell
Porzellan, farbig gefasst, Vergoldung, vergoldete Metallmontierung, 8,1 cm hoch
Reiss-Engelhorn Museen Mannheim, Sammlung Carl Baer Cb 200

Im 18. Jahrhundert erfreuen sich Porzellanfiguren großer Beliebtheit. Auch hier begegnen satirische Darstellungen von Mönchen. Zwei Parfümflakons weisen dasselbe Motiv auf: der Proviantmeister eines Klosters bringt vom Marktgang nicht nur eine Gans mit, sondern auch ein Ährenbündel – und in diesem verbirgt sich als ein ganz besonderer »Leckerbissen« eine junge Frau.

II. 4

II. 6

Noch einmal werden die seit der Reformation eingeführten, kritischen Darstellungsformen im 18. Jahrhundert aufgegriffen. Im Lichte der Aufklärung bekommen kloster- und mönchskritische Tendenzen neuen Aufwind. Es kommt zu polemisch überspitzten Abrechnungen mit dem Klosterwesen – nun jedoch nicht mehr in Gestalt von Flugschriften, sondern, dem intellektuellen Anspruch der Autoren angemessen, in Buchform. Besonders wirksam sind Werke, in die entsprechende Kupferstiche eingebunden sind. Doch auch in private Aufzeichnungen, wie das Tagebuch des württembergischen Künstlers Joseph Anton Koch, finden satirische Bilder Eingang.

II. 7 »Specimen monachologiae«

»Johannes Physiophilus«, Pseudonym von Ignaz von Born (1742–1791) Augsburg [Wien] 1783
Kupferstich, 39,2 × 32 cm
WLB Kirch.G.qt. 1672

Ignaz von Born, 1759/60 kurzzeitig im Jesuitenorden und seit 1781 Freimaurer, greift in seinem »Muster der Mönchslehre« auf das von Linné entwickelte, naturwissenschaftliche Klassifizierungssystem zurück. Er widmet sich darin den »Studia ad Insecta (Monastica)«. Scheinbar objektiv werden bestimmte Merkmale der verschiedenen Ordensleute (Gewänder, Schuhe, aber auch Gesäßformen) pseudo-wissenschaftlich beschrieben. Der Mönch ist Borns Definition zufolge ein »menschenähnliches Tier, bekuttet, des Nachts heulend [...] zweibeinig, aufrechtgehend, mit gebeugtem Rücken und geneigtem Haupt, stets verhüllt«.
Der aufgeklärte Kaiser Joseph II. nimmt den Autor des Werkes, das bereits im Dezember 1784 auf dem päpstlichen Index der verbotenen Bücher erscheint, in Schutz.

Vavra, Jaroslav: Ignaz von Born als führende Persönlichkeit der Aufklärungsepoche in Böhmen. In: Ischreyt, H.: Beförderer der Aufklärung. Berlin 1979, S. 141

II. 8 »Klosterschmause und Prälatentafeln«: Ein Blick in die »Bildergalerie klösterlicher Mißbräuche« von 1784

»F.A. Obermayer«, Pseudonym von Joseph Richter (1749–1813)
Frankfurt am Main und Leipzig 1784
Kupferstich, 17,5 × 22,3 cm
WLB HBF 2603

Joseph Richter, ein österreichischer Kaufmann, wendet sich nach längeren Besuchen in Paris der Schriftstellerei zu. In mehreren Werken kritisiert er die unterstellten Mißbräuche der katholischen Kirche und der Männerklöster. In der »Bildergalerie« liest man: »Das Vaterland der Krokodile ist auch das Vaterland der Mönche.« Diese werden als »schädliche Hummeln« denunziert. Jeweils in einem Kupferstich und zugehörigem Begleittext werden bestimmte Erscheinungen aufs Korn genommen, insbesondere klösterliche Zeremonien und die verschiedenen Formen des hinter Klostermauern vermuteten Luxuslebens.

Das hier gezeigte Blatt stellt einen klösterlichen Festschmaus dar, der sich – trotz des Demuts- und Bescheidenheitsgebots – unter den Augen des aus einem Bild herabblickenden Mönchsvaters Benedikt abspielt.

Pisk, Hans Viktor: Joseph Richter (1749–1813). Versuch einer Biographie und Bibliographie. Masch. Diss. Wien 1926

II. 9 Wallfahrt der Einwohner des Dorfes Uhldingen

Joseph Anton Koch (1768–1839) 1791
Federzeichnung in Braun, Pinselzeichnung in Hellgrau und Braun auf Bütten, 23,5 × 18,5 cm
Staatsgalerie Stuttgart, Graphische Sammlung 6442,6

Joseph Anton Koch verfaßt auf einer Reise durch Schwaben 1791 ein Tagebuch, das er mit Skizzen anreichert. Bei der Beschreibung seiner Klosterbesuche karikiert der Stuttgarter Karlsschüler und Anhänger der französischen Revolution gerne die Mönche. In Salem sitzen auch Bettelmönche an der Tafel: »Der Wein erheiterte alle Gemüter, besonders freuten sich dessen die mit großem Umfang begabten [...] rot- und schwarzzottigten Kapuziner, deren geistlose Augen weintrunken und stier auf den Tisch glänzten. Ihre vom dicken, gewichtigen Körper weit herausstehende Kutten, ihre öfters runde oder auch felsicht-eckigte Gesichter machen das [...] Gemälde vollständig. Ebenso sind die zahlreichen Franziskaner.« In Uhldingen am Bodensee stellt er überrascht fest, daß der Ort wie ausgestorben wirkt. Es zeigt sich, daß die Einwohner an einer Prozession teilnehmen: »Endlich kamen die Einwohner des Dorfs mit Kreuz und Fahnen, mit Sang und Klang, gebetkauend von dem eine halbe Stunde entfernten Gnaden- und Wunderbild [in der Birnau] zurück.« Was der Künstler von derartigen Bittgängen hält, wird daran ablesbar, daß er die Prozession mit dem Marsch der Gänse im Vordergrund parallel setzt.

AK Stuttgart 1987, Bd. 1.2, Nr. 2166 mit Abb; AK Maurach 1990, S. 79 mit Abb. und S. 227

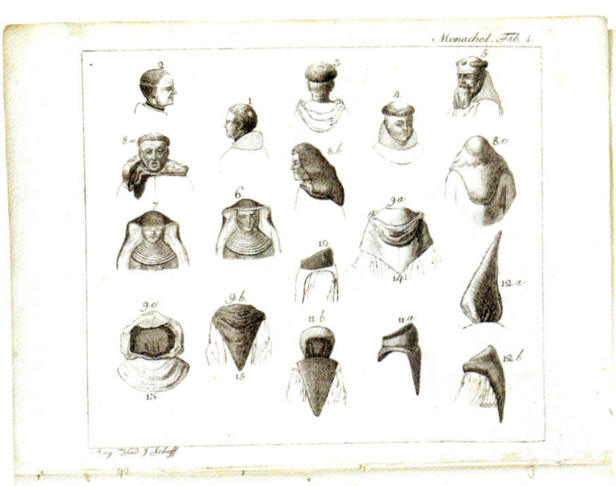

II. 7

II. 8

»Schluß mit den Mönchen«: Das Licht der Vernunft oder das göttliche Licht

Die Aufklärung

»Das Licht breitet sich sichtlich allenthalben aus«, schreibt der französische Philosoph Voltaire 1764. Gemeint ist das Licht der Vernunft, das zu einer »Aufklärung« führen soll. Die Aufklärung, wie sie zu Beginn des 18. Jahrhunderts im Rückgriff auf frühere Ideen entsteht, befaßt sich ausführlich mit der Kirche und dem Klosterwesen. Sie wendet sich nicht grundsätzlich gegen Religion, Christentum oder Glauben. Da es ihr vorrangig um Kritikvermögen, Vernunftmäßigkeit, Toleranz und geistige Freiheit geht, muß sie sich aber gegen den Absolutheitsanspruch weltlicher und kirchlicher Einrichtungen wenden. Die Erziehung zur Humanität wiegt schwerer als das Verharren in religiös geprägten Traditionen. Es versteht sich von selbst, daß weite Teile der Kirche aufklärerischen Gedanken skeptisch gegenüberstehen. Schon in Zedlers Universallexikon heißt es 1746 unter dem Stichwort »Vernünfteln«: »Die Gottesgelehrten beklagen sich am meisten darüber, daß unterschiedliche Leute gefunden werden, die nach dem Maas-Stab ihrer Vernunfft die Glaubens=Wahrheiten ausmessen wollen und dieselbe zur Regel und Richtschnur in Erkänntniß der geoffenbarten Wahrheiten annehmen.« Äbte wie Martin Gerbert von St. Blasien oder Philipp Steyrer von St. Peter kämpfen in ihren Schriften vehement, aber letztlich erfolglos gegen die »Zügellosigkeit der Irrlehren«, unter die sie auch die Aufklärung zählen.

F.D.

Il. 10

Il. 10 Philosoph der französischen Aufklärung: Voltaire (1694–1778)

Pierre Francois Lejeune (1721–1790)
Stuttgart, 1760/62
Marmor, Bronzesockel, H. 61 cm
SSG KRGT 5753

Die hier gezeigte, von Herzog Karl Eugen nach einem Mannheimer Original in Auftrag gegebene Büste ist ein Beleg für die Bedeutung, die der französische Philosoph und enge Vertraute Friedrich des Großen auch im deutschen Südwesten hat. Für Abt Martin Gerbert von Sankt Blasien ist Voltaire »der Vorkämpfer der Ungläubigen unserer Zeit und Wegbereiter des Unglaubens«. In der Tat setzt sich der Franzose in schärfster Form mit der Kirche auseinander. »Christus und seine Jünger sind arm gewesen: sie haben Ehrenbezeugungen vermieden, sie haben Erniedrigung und Leiden werth gehalten; erkennt man an diesen Zügen Mönche, Bischöfe, die von Schätzen strotzen …?« Gerade der kirchliche Prunk laufe dem Armutsgebot als einem urchristlichen Anliegen zuwider: »So lang, als die Römische Kirche Glücksgüter auszuteilen, Bischofsmützen, Fürstentümer, dreifache Kronen [d.i. die Tiara des Papstes] zu vergeben haben wird, ist für die Freiheit und Ruhe des menschlichen Geschlechts noch alles zu befürchten.« An Friedrich den Großen ergeht die Aufforderung: »Machen Sie den [kirchlichen] Aberglauben lächerlich und verhaßt.«

AK Stuttgart 1987, Bd. 1.2., Nr. 1067 mit Abb.;
*Geist aus Voltaires Schriften. Stuttgart 1837, S. 406, 410 und 409 (aus der »Belehrung für den Kronprinzen ***«)*

II. 11 Ein prominenter Vertreter des aufgeklärten Absolutismus: Friedrich der Große (1712–1786)

W. Schwarzkopf nach Christian Rauch (1777–1857)
19. Jahrhundert
Marmor, 39 × 35 cm
Generalverwaltung des vormals regierenden preussischen Königshauses, Bremen

Friedrich ist eine faszinierende Gestalt: auf der einen Seite bildet einzig der Staat das Zentrum seines aufgeklärten Denkens, und deshalb vertreibt er die vom Papst aufgelösten Jesuiten gerade nicht aus seinem Land, da sie ihm in Schlesien wertvolle Dienste in der Volkserziehung leisten. Auf der anderen Seite gewährt er allen seinen Untertanen die Meinungs- und Religionsfreiheit, wendet sich jedoch in seinen Schriften scharf gegen die Klöster. Dabei nimmt er geradezu vorausschauend die nach 1800 durchgeführte Säkularisation vorweg: »Möglich aber, und wahrscheinlich ist es, daß man die Anzahl der Klostermönche, dieser Werkzeuge und Trompeten der Schwärmerei um vieles vermindern wird; daß auch die Bischöfe eingeschränkt werden.« Wichtigstes Instrument im Kampf gegen die Klöster sind, wie Friedrich der Historie entnehmen kann, die Fürsten: »Welches Mittels bedient [die Vorsehung] sich denn, um die Mönche zu vernichten, um von der Oberfläche der Erde diese verworfenen und unreinen Werkzeuge der Schwärmerei verschwinden zu machen? Der Könige …«
Als Friedrich 1785 den Deutschen Fürstenbund stiftet, um Österreich an der Einverleibung Bayerns (im Tausch gegen die habsburgischen Niederlande) zu hindern, tritt bald auch Karl Friedrich von Baden bei. Die aufgeklärten Realpolitiker treten gegen etwaige Besitzverschiebungen im Reich an – keine zwanzig Jahre später allerdings wird gerade der badische Markgraf einer der großen Gewinner der Säkularisation sein, und auch Friedrichs Nachfolger können ihr Territorium durch sie gewaltig vergrößern.

Chauber Th., Friedrich der Große, König von Preußen. Seine sämmtlichen Werke in einer Auswahl des Geistvollsten. Stuttgart 1835, S. 451 und 466

Schloß Warthausen als ein Zentrum der Aufklärung

Im oberschwäbischen Schloß des Grafen Friedrich von Stadion versammelt sich seit 1761 ein Kreis aufgeklärter Geister, zu denen Wieland, Sophie von La Roche und ihr Mann Georg Michael zählen. Man diskutiert Fragen der Zeit, rezitiert die eigenen literarischen Werke und macht sich gelegentlich über die Kirche lustig. Pater Sebastian Sailer aus Marchtal wird nicht zuletzt wegen seiner Mundartdichtungen lächerlich gemacht und in La Roches »Briefen über das Mönchswesen« karikiert.

II. 12 Verherrlichung des Grafen Friedrich von Stadion (1691–1768)

Johann Heinrich Tischbein d.Ä. (1722–1789) (zugeschrieben)
Um 1751/52
Öl auf Leinwand, 97 × 98 cm
Braith-Mali-Museum Biberach a.d.R.

Der Künstler verherrlicht in diesem Gemälde seinen Mäzen: dieser erscheint auf einem von Putten getragenen Medaillon als Bild im Bild. Die Ruhmesgöttin Fama hält eine Krone über das Porträt. Der Künstler selbst weist von links die Muse der Geschichtsschreibung auf das Grafenbild hin. Weitere Musen haben sich auf dem Schauplatz vor dem Tempel des Apoll eingefunden. Hinten links ragt ein Obelisk als Ruhmesmal des Grafen Stadion auf.

BK Biberach 2000, S. 72 f mit Abb.

II. 12

II. 13 Ein aufgeklärter Dichter: Christoph Martin Wieland (1733–1813)

Peter Kaufmann (1764–1829) nach Gottfried Schadow (1764–1850)
Nach 1802/05
Ton, schwarz graphiert, Höhe 53 cm
Deutsches Literaturarchiv und Schiller-Nationalmuseum
Marbach a. N. 4952

Abt Martin Gerbert von Sankt Blasien befaßt sich im Rahmen eines Buchkapiteis über die »Bemühungen die Glaubensdogmen zu stürzen« auch mit dem Protestanten Wieland. Für diesen ist Aufklärung »so viel Erkenntnis, als nötig ist, um das Wahre und Falsche immer und überall unterscheiden zu können.« Wieland zielt auf eine durch die »Fackel der Vernunft« in Gang gesetzte Weltverbesserung und beschäftigt sich mehrfach mit dem Problem des Glaubens und der Religion. Er ist ein Anhänger des Deismus, der zwar den Schöpfergott akzeptiert, dessen Wirken in der Welt jedoch bestreitet.

In dem von Wieland herausgegebenen »Teutschen Merkur« erscheint 1782 in drei Teilen ein Dialog »über einige neueste Weltbegebenheiten« Im Jahr der josephinischen Klosteraufhebungen tritt der Autor, Wieland selbst, für die Aufhebung des Zölibats und die völlige Abschaffung der Klöster ein. »Ich sehe ihre Abschaffung für eine der nützlichsten Unternehmungen an, die ein Fürst zum besten seiner Staaten ausführen kann«, schreibt er. Vehement wendet sich der Aufklärer gegen allerlei Aberglauben: »unsere vernünftigen Leute glauben an ihre Scapuliere, geweyhte Sachen, Lorettenglöckchen, Lucas- und Agatha-Zettel, Ignatius-Bleche, C + M + B, wunderthätige Bilder, Gespensterhistorien, Exorcismen usw.« Die Konsequenz ist klar: »Nicht die Mönche, nicht die Mönchs-Klöster, nicht die Mönchsorden – der Mönchs-Geist ist es, was vertilgt werden muß.«

Gesch. Grundbegriffe (»Aufklärung«), S. 251–255; Teutscher Merkur 2/1782, S. 154–178 und 253–279, 3/1782, S. 19–46; Sengle 1949, S. 474

II. 13

II. 14 Georg Michael von La Roche mit Frau und Tochter

Um 1773/1774
Öl auf Holz, 36 × 43 cm
Goethe-Museum Frankfurt a.M.

La Roche wird als Fünfjähriger vom Grafen Stadion, der vielleicht sein leiblicher Vater ist, aufgenommen und von ihm erzogen. Als Anhänger Voltaires und der französischen Aufklärung prägt Stadion die Einstellung des jungen La Roche nachhaltig. 1766 zieht die Familie mit dem Grafen auf dessen Schloß in Bönnigheim. Der Zweitsitz Warthausen wird durch Wieland, Georg Michael und dessen Frau Sophie von La Roche zu einem aufklärerischen Zentrum.

1771 veröffentlicht La Roche den ersten Band der »Briefe über das Mönchswesen«. Sie zielen insbesondere gegen die Bettelorden und unterscheiden klar zwischen »catholischer Religion« und der höchst fragwürdigen »Religion der Mönche«. Laut Goethe sei La Roches Werk »der Betrachtung des rohen, geschmacklosen, geistverderblichen Fratzenwesens« entsprungen, »welches die Mönche in Deutschland an manchen Orten zu treiben pflegten und dadurch eine jede Art von Bildung hinderten und zerstörten.« Die Briefe sind derart spitz formuliert, daß ihre Fortsetzung den Autor 1780 seine Stellung im Dienst des Trierer Erzbischofs Clemens Wenzeslaus kostet.

Rundschreiben FDH 1958–59, S. 5; AK Ulm 1983, S. 89; AK Ulm 1983, S. 93–95

Freiburg im Breisgau als ein Zentrum der Aufklärung

Inmitten des von den Habsburgern regierten Vorderösterreich wird Freiburg mit seiner Universität zu einem Zentrum der Aufklärung. Der Umstand verdankt sich vor allem der Reformtätigkeit Josephs II., die zu einer gewissen Liberalisierung führt. Der reformerische Ansatz des Kaisers wiederum wird durch das Wirken aufgeklärter Geister propagiert. Allerdings verändert sich das Klima nach dem Tod des Kaisers 1790 schlagartig.

II. 15 Johann Caspar Ruef (1748–1825)

W. Arndt (tätig ab 1789, gestorben 1813)
Sign. und dat. »Arndt 1793«
Kupferstich, 15,2 × 9,1 cm
Privatbesitz

Joseph II., der selbst Klöster auflöst, nimmt den Herausgeber des ausgesprochen kirchenkritischen Organs »Der Freymüthige«, Johann Caspar Ruef, unter seinen Schutz. Für Ruef sind die Mönche »die mächtigsten Stützen des Aberglaubens, die bittersten Gegner der Aufklärung und der gesunden Vernunft, die fürchterlichsten Feinde refomierender Fürsten, die unverschämtesten Ketzermacher, die wüthendsten Verdammer und Verfolger aller mit Muth und Einsicht Begabten, aller nichtmönchisch gesinnten Leute«. Auf viele der von Ruef verfaßten und im »Freymüthigen« veröffentlichten Artikel reagiert Abt Philipp Jakob Steyrer von St. Peter im Schwarzwald (1715–1795) mit Gegenschriften. Sie können bis zu 280 Seiten umfassen und richten sich – so besagt es der Titel einer frühen, noch lateinisch verfaßten Replik – gegen die »Hagiomachos Friburgenses«, d. h. gegen die Freiburger Heiligenbekämpfer.

Nach Kaiser Josephs Tod gerät Ruef in den Verdacht revolutionärer Umtriebe und verliert sein Lehramt am akademischen Gymnasium an die nun wieder eingesetzten Benediktiner. 1793 werden die von ihm herausgegebenen »Freyburger Beyträge zur Beförderung des ältesten Christenthums und der neuesten Philosophie« verboten.

Geschichte der Stadt Freiburg, Bd. 2, 1994, S. 215–217; AK Freiburg 2001, S. 19; AK St. Peter 1993, S. 52f

II. 16 Johann Georg Jacobi (1740–1814)

Um 1800
Öl auf Eisen, 51 × 40,5 cm
Goethe-Museum Düsseldorf 2194

Wie Ruef ist den katholischen Stellen in Freiburg auch Jacobi, der gewiß nicht als radikaler Vertreter der Aufklärung gelten kann, suspekt. Er ist Protestant und seit 1791 unstandesgemäß mit einer Magd verheiratet. Seine Lehrveranstaltungen an der Universität werden auch von Frauen besucht, einer von den Geistlichen besonders umworbenen Gruppe potentieller Gottesdienstbesucher. Bei aller Mäßigung im Ton lassen sich doch auch aus seinen Werken kirchen- und frömmigkeitskritische Untertöne heraushören.

Jacobi läßt 1791 sein Bühnenspiel »Die Wallfahrt nach Compostel« aufführen, und sofort erregt es Aufsehen. Dies liegt daran, daß die gesamte Handlung um das Wallfahrtswesen kreist, das auf komische und ironische Weise dargestellt wird. Bezeichnenderweise verteidigt Ruef das Stück, in dem die Figur des einfältigen Waldbruders Martin ganz offensichtlich – und in Anbetracht der hohen Intelligenz ihres Vorbildes ungerechterweise – auf den Abt Martin Gerbert von Sankt Blasien anspielt.

AK Freiburg 2000, bes. S. 16–20; AK Freiburg 2001

Die Kirche setzt sich gegen die Aufklärer in zum Teil scharfen Schriften zur Wehr. Pater Meinrad Widmann aus dem bayrischen Elchingen, bedenkt die kirchenkritischen Denker seiner Zeit 1787 mit einem zweibändigen Katalog negativer Charakterisierungen – das Spektrum der Beschimpfungen reicht dabei von Affen, Dummköpfen und Irrlehrern über intolerante Insekten, freche Lügner und Offenbarungsleugner bis hin zu Quacksalbern, Schmeichlern der Regenten, Zwittern und Zweizünglern. Auf der Gegenseite haben Polemiker vom Schlage eines La Roche die Mönche als Ratten und Mäuse, unnütze Hummeln, Heuschrecken und Blutegel, als »Erzungeziefer der Menschheit« oder als »die kastrirten Scheusale der Menschheit« bezeichnet.

Katholische Aufklärung: »Wider die alte Mönchsmoral«

Die Kirche kann sich aktiv nur auf zweierlei Weise mit der für sie bedrohlichen Aufklärung auseinander setzen: entweder sie nähert sich ihr an und erwägt innere Reformen oder sie bläst zum frontalen Gegenangriff. In zahlreichen südwestdeutschen Klöstern findet tatsächlich eine Annäherung an das Gedankengut der Aufklärung statt: »O! daß doch wahre Aufklärung, dies grosse Bedürfnis heutiger Tage! – daß doch diese Aufklärung, die nie das Schlechte niederreisst, ohne etwas Besseres aufzubauen, – die nur Wahrheit zum Grunde, und Tugend zum Zwecke hat, – diese Aufklärung – daß sie doch von nun an die Klöster beleuchten möchte.« So predigt ein Neresheimer Konventuale bei der 700-Jahrfeier in Zwiefalten. Dort und bei ähnlichen Gelegenheiten geben sich aufgeklärte Klostermänner ein Stelldichein und beschwören ein modernes Klosterwesen, das »zu gemeinnüzigem Behufe der Menschheit« diene. *F.D.*

Maier, Konstantin: Auswirkungen der Aufklärung in den schwäbischen Klöstern. In: Zs. f. Kirchengesch. 86, 1975, S. 331–355; Klueting, Harm (Hrsg.), Katholische Aufklärung – Aufklärung im katholischen Deutschland. Hamburg 1993

II. 17 »Die Feyer des sechsten Jahrhunderts seit der Stiftung des unmittelbaren Reichsgotteshauses Schussenried Prämonstratenser Ordens«

Georg Vogler (gestorben 1820)
1783
Druck auf Papier, 17 × 10 cm
WLB W.G.oct.K.3644

In Schussenried ist es besonders Pater Georg Vogler, der sich mit aufgeklärten Ideen beschäftigt. Anläßlich der 600-Jahrfeier der Gründung seines Klosters plädiert er 1783 für »eine stille, nur gottesdienstliche, prachtlose Tagesfeyer«. Nicht zufällig gilt ihm Joseph II., trotz der von diesem vorgenommenen Klosteraufhebungen, wegen seiner Bildungsreformen als »die Stütze und der Verteidiger der Religion«.

Kaufmann 1985, o.S. (unter »Abt Joseph Krapf«)

II. 18 »Jubelfeier des Siebenten Jahrhunderts von dem Reichsstifte Zwifalten«

Riedlingen 1789
Druck auf Papier, 22,3 × 18,2 cm
WLB W.G.qt.310

Einige der in dieser Denkschrift versammelten sieben Predigten stammen von aufgeklärten Mönchen aus Weingarten, Ochsenhausen und Neresheim. Besonders auffällig ist in ihnen die Betonung der Wissenschaften und der Bildung – Bereiche, denen in der Aufklärungszeit eine Bedeutung zuwächst, die manchen Zeitgenossen ernsthaft eine Umwandlung der Klöster in reine Schulinstitute erwägen läßt.

Quarthal 1989 (900 Jahre Zwiefalten), S. 423–428

II. 19 »Reichsstift Neresheim: eine kurze Geschichte dieser Benediktinerabtey in Schwaben, und Beschreibung ihrer im Jahre 1792 eingeweihten neuen Kirche«

Karl Aloys Nack (1751–1828)
Neresheim 1792
Druck auf Papier, 20,2 × 12,5 cm
WLB W.G.oct.2118

1792, als die französische Revolution in ihre blutige Phase umschlägt, widmet Nack sein Werk »Gott und dem Vaterlande!« Der Pädagoge stellt in der Vorrede klar, daß es das Streben der dankbaren Mönche sei, »die Gottheit zu ehren, und den Menschen, dem Vaterlande Nutzen zu schaffen.« Deshalb lobt er an den Äbten besonders die Verbesserung der Verwaltung und des Schulwesens und die Zusammenarbeit mit der württembergischen Hofkapelle.

Bayrle-Sick 1994, passim (zu Nack allgemein)

In Stuttgart sammeln sich im Umkreis der katholischen Hofkapelle des Herzogs Carl Eugen radikalere Vertreter der katholischen Aufklärung. Sie bestimmen bis weit ins 19. Jahrhundert hinein, die Kontroverse um die Zukunft der katholischen Kirche.

II. 20 Herzog Carl Eugen von Württemberg (1728–1793), ein aufgeklärter Katholik

Um 1760/70
Öl auf Leinwand,
104 × 85 cm (m. R.)
WLM 141

Herzog Carl Eugen, katholisch im Glauben und aufgeklärt im Geist, rekrutiert seine Geistlichen vor allem aus dem ihm eng verbundenen, geistig aufgeschlossenen Kloster Neresheim. So erklärt es sich, daß ausgerechnet Stuttgart als Hauptstadt des protestantischen Württemberg zu einem Zentrum des aufgeklärten Katholizismus werden kann.

II. 21 Benedikt Maria Werkmeister (1745–1823)

Nach 1800
Öl auf Holz, 43,5 × 37 cm
Benediktinerabtei Neresheim

Werkmeister ist von 1757 bis 1764 Student im Benediktinerkloster Neresheim, in das er 1765 eintritt. 1769 erfolgt die Priesterweihe. Herzog Carl Eugen holt ihn 1784 an die Stuttgarter Hofkapelle. 1791 tritt Werkmeister aus dem Benediktinerorden aus und wird Weltpriester. Seit 1807 wirkt er als Königlich Katholischer Geistlicher Rat und Mitglied der Oberstudienkommission in Württemberg am Aufbau einer aufgeklärten Staatskirche und einem reformierten Volksschulwesen mit. In Stuttgart hat Werkmeister Gelegenheit, seine Reformansätze zu verwirklichen: deutschsprachige Liturgie, Gemeindegesang und besondere Sorgfalt der Predigt sind ihm wichtig. Zuvor schon hat er sich mit dem Problem der Klöster und der christlichen Toleranz beschäftigt – dabei hilft ihm der Bestand an aufgeklärter Literatur in Neresheim, die er selbst als Klosterbibliothekar anschafft. Er geht sogar so weit, die Umwandlung der Klöster in höhere Bildungsstätten zur Diskussion zu stellen.

Sägmüller 1906, S. 20–80; Köhler 1987, S. 76- 90; Bayrle-Sick 1994, S. 37–64

II. 20

II. 21

II. 22 »Unmaßgeblicher Vorschlag zur Reformation des niedrigern katholischen Klerus: nebst Materialien zur Reformation des Höhern«

Anonym [Benedikt Maria Werkmeister (1745–1823)]
München 1782
Druck auf Papier, 19 × 11,5 cm
Stadt Überlingen (Leopold-Sophien-Bibliothek p Cb 197)

Werkmeister beruft sich in seiner Erstlingsschrift auf Kaiser Joseph II., um dem Plan einer allgemeinen Klosterreform Nachdruck zu verleihen. Die Bettelmönche als »Bellhunde der Ketzer« sollen ganz aufgelöst, die Abteimönche indes nur reformiert werden. Feierliche Ordensgelübde empfehlen sich erst im höheren Alter, »so daß die jungen, gebildeten Mönche das Kloster wieder verlassen und im Staate und der Kirche ihren Talenten und Bildungsgraden angemessene Dienste nehmen könnten«. Einige Klöster würden so »als gelehrte Gesellschaften bestehen, in welchen junge Männer zu einer soliden Frömmigkeit und zugleich zu allen Gattungen der Wissenschaften Anleitung und Hilfsmittel erhielten«.

II. 23 »Gesang-Buch nebst angehängten öffentlichen Gebethen zum Gebrauche der Herzogl. Wirtembergischen Katholischen Hofkapelle«

Benedikt Maria Werkmeister (1745–1823)
Ulm 1786
Druck auf Papier, 17,2 × 11,5 cm
WLB Theol.oct.6107

Ein deutsches Gesangbuch ist für Werkmeister eines der Mittel, die Liturgie zu reformieren und die Kirche zu erneuern. In mehreren Auflagen erscheint sein Werk, das er als Hofprediger unter Carl Eugen zusammenstellt. Es enthält auch die üblichen Lobpreisungen der Herzogsfamilie.

II. 24 »Beyträge zur Verbesserung der katholischen Liturgie in Deutschland«

Benedikt Maria Werkmeister (1745–1823)
Ulm 1789
Druck auf Papier, 18,5 × 11,3 cm
WLB Theol.oct.1665-1

In diesem Werk beruft sich Werkmeister ausdrücklich auf die vorbildlichen Protestanten und auf aufgeklärte Fürsten wie Joseph II. Er redet einem dem Fürsten unterstellten Landeskirchentum, einer deutschsprachigen Liturgie – »Der erste Schritt zur Verbesserung der Liturgie: Die Muttersprache bey den Gottesverehrungen.« – und einem deutschen Gesangbuch das Wort und trägt eine scharfe Kritik am Bischofswesen vor.

II. 25 »Vorschlag, wie in der deutschen katholischen Kirche die Priesterehe allmählich eingeführt werden könnte«

Benedikt Maria Werkmeister (1745–1823)
Ulm 1803
Druck auf Papier, 16,2 × 10,5 cm
WLB Kirch.R.oct.K.129

Eine zentrale Forderung der aufgeklärten Katholiken ist neben der Einführung einer deutschen Liturgie die Aufhebung des Zölibats. Auch hier ist es insbesondere Werkmeister, der sich publizistisch entsprechend äußert und sich damit den Angriffen konservativer Kirchenkreise aussetzt.

II. 26 Ignaz Heinrich Karl von Wessenberg (1774–1860)

Nach 1800
Stuckrelief, 29 × 29 × 6,5 cm
Städtische Wessenberg-Galerie Konstanz

Nach der Jahrhundertwende ist es insbesondere Ignaz Heinrich Karl von Wessenberg, der das Gedankengut des aufgeklärten Katholizismus in eine völlig veränderte Welt hinüberträgt. Der Sproß eines Breisgauer Adelgeschlechts studiert zwischen 1792 und 1797 in Dillingen, Würzburg und Wien. Seit 1792 ist er Dompräbendar in Konstanz, Augsburg und Basel. Zunächst wendet er sich in einer eigenen Streitschrift gegen die Säkularisation. 1802 wird er Generalvikar für das Bistum Konstanz. Dort geht er, ähnlich wie Werkmeister in Stuttgart, die Reform des kirchlichen Lebens an: deutschsprachige Liturgie, Förderung von Predigt und Kirchengesang, Beschränkung von Wallfahrten sowie Hebung der Volksbildung.
Als Konstanzer Bistumsverweser spielt er seit 1817 eine wesentliche Rolle bei der Neuordnung der kirchlichen Verhältnisse in Baden – zum Bischof allerdings will ihn der Papst nicht ernennen, Wessenbergs Werke stehen auf dem Index. 1827 verliert er sein Amt und widmet sich als Mitglied der Ersten Badischen Kammer der Schriftstellerei.

LdG 1983, S. 1321 mit Lit.; BBKl Bd. XIII, 1998, Sp. 976–988 mit Lit.; Hogg/Kremer 2002, S. 59–62

Il. 26

Il. 28

Il. 27 »Über den Verfall der Sitten in Teutschland: eine poetische Epistel«

Ignaz Heinrich Karl von Wessenberg (1774–1860)
1799
Druck auf Papier, 19 × 11,5 cm
WLB D.D.oct.13482

Wessenberg zeigt sich in seinem kurzen Gedicht erschüttert von den Umwälzungen im Gefolge der französischen Revolution und konstatiert einen allgemeinen Sittenverfall. Nicht einmal mehr die Geistlichkeit in ihrer alten Form vermag ihm Besserung zu verheißen. Letztlich ist es diese pessimistische Weltsicht und der Wille, die katholische Kirche durch eine Reform zu retten, die Wessenberg zu einem katholischen Aufklärer macht, auch wenn er sich zunächst vehement gegen die Säkularisation der geistlichen Staaten wendet.

Il. 28 Eulogius Schneider (1756–1794)

Sign. »Lohbauer«, »Ketterlinus«
Kupferstich, 15,5 × 9,5 cm
WLB, Graphische Sammlung

Eulogius Schneider ist kein repräsentativer, sicher aber einer der radikalsten katholischen Aufklärer. Er tritt 1777 in Bamberg in den Franziskanerorden ein und wird 1786 zum Stuttgarter Hofprediger berufen. Seine kritischen Predigten führen jedoch rasch zur Entlassung. 1789 beruft ihn die Universität Bonn zum Professor der schönen Wissenschaften. Er tritt aus dem Orden aus und wird Weltpriester. In der Folgezeit engagiert sich Schneider, der durch gewagte Gedichte seine Professorenstelle verloren hat, in Straßburg für die Revolution und verurteilt 29 Revolutionsgegner zum Tode, bis er 1794 in Paris selbst guillotiniert wird. Er ist nicht der einzige ehemalige Mönch, der sich der Revolution anschließt.

BBKl Bd. IX, 1995, Sp. 547–551 mit Lit.

II. 29 »Gedichte von Eulogius Schneider«

Eulogius Schneider (1756–1794)
Frankfurt 1790
Druck auf Papier, 16 × 11,5 cm
WLB D.D.oct. 11131

Schneider betitelt eines seiner Gedichte »Abschied an die Theologie« – und fügt als Fußnote hinzu: »Versteht sich, an die Mönchstheologie«:
»Lebe wohl Theologie! / Lange hast du mich gequälet, / Weibermärchen mir erzählet, / Und gedacht, ich glaube sie.«

II. 30 »Der von seinem Ursprunge an bis auf diese Stunde in seiner Blösse dargestellte Mönch«

Johann Kleeraube [d.i. Franz Uebelacker]
»Pfaffenhausen« 1784
Druck auf Papier, 18 × 11,5 cm
Stadt Überlingen (Leopold-Sophien-Bibliothek p Ba 390)

Der Petershausener Benediktiner Franz Uebelacker läßt sich 1783 säkularisieren, also in den Rang eines Weltgeistlichen zurückversetzen. Kurz darauf erscheint seine persönliche Abrechnung mit dem Klosterwesen unter einem Pseudonym im Druck. Uebelacker steht stellvertretend für die relativ große Zahl aufgeklärter Mönche, die sich aufgrund ihrer kritischen Einstellung vom Klosterleben abwenden.

II. 31 »Über die aufgehobenen Klöster: eine moralisch-religiöse Abhandlung«

Wilhelm Mercy (1753–1825)
Tübingen 1808
Druck auf Papier, 16,7 × 10 cm
WLB Theol.oct.12065

Der Prämonstratensermönch Wilhelm Mercy tritt 1787 in das Stuttgarter Hofpredigerkolleg ein, läßt sich aber bereits im folgenden Jahr säkularisieren – »Ich war 18 Jahre Mönch und kann aus eigener Erfahrung über den Gang der Klöster sprechen.« Die Auflösung der Klöster wird von ihm nachträglich als willkommene Gelegenheit zur Aufhebung des Zölibats gedeutet: »In Gelübden liegt ein dürftiger, ärmlicher Begriff von Religion, eine zu menschliche niedrige Vorstellung von Gott.« Er möchte den nach 1803 entlassenen Mönchen und Nonnen die Gelegenheit geben, sich verheiraten zu können.

Der aufgeklärte Katholizismus kann nicht verhindern, daß Orden und Klöster im Kreuzfeuer der Kritik bleiben. Vielmehr erhöht er gelegentlich die Selbstzweifel der Klosterbewohner. Zahlreiche Klosteraustritte ehemaliger Mönche und Nonnen darf man als Beleg dafür nehmen, daß sich einzelne Persönlichkeiten nicht mehr widerstandslos dem oft von ihren Eltern für sie gewählten Lebensweg fügen. Es sind, in Begriffen der Aufklärung, denkende Subjekte, die sich ganz zeitgemäß mit scheinbar unveränderlichen Gegebenheiten kritisch auseinandersetzen und unerhörte Konsequenzen ziehen. Es ist sicher kein Zufall, daß sich mehrere der »säkularisierten«, also in den weltlichen Stand zurückversetzten Mönche zu Anhängern liberaler oder gar revolutionärer Ideen entwickeln. Oft werden sie gewissermaßen vom Paulus zum Saulus und wenden sich mit spitzer Feder gerade gegen jene Einrichtungen, denen sie selbst einmal angehört haben.

»Wie die Mönche zu vermindern seien«: Klosteraufhebungen im 18. Jahrhundert

»So wird der große Plan auf einmal erfüllet, den schon Friedrich der Große entworfen, Voltaire so ernstlich betrieben hatte. Alle geistlichen Körper werden zerstöret, und alle Bischöfe der weltlichen Herrlichkeit beraubet.« Abt Ignaz Speckle von St. Peter im Schwarzwald macht die Hauptvertreter der Aufklärung für die Säkularisation von 1803 verantwortlich. Doch bereits zuvor kommt es zu Kloster- und Ordensaufhebungen, denn die ständige Kritik an den Klöstern und das aufgeklärte Denken zeitigen je länger je mehr greifbare Konsequenzen. Nicht einmal der Papst kann sich dem zunehmenden Druck reformwilliger Monarchen entziehen und muß schließlich den Jesuitenorden, der bei seiner Gründung in der Gegenreformation als besonderer Schutzschild für das Papsttum gilt, auflösen. Kaiser Joseph II. indes setzt in den habsburgischen Erblanden im Rahmen seiner an aufgeklärten Idealen ausgerichteten Reformpolitik die Aufhebung aller als »untätig« eingeschätzten Orden durch. Dies betrifft selbstverständlich auch die vorderösterreichischen Gebiete in Südwestdeutschland. Und im benachbarten Frankreich schließlich fegt die Revolution von 1789 mit dem Ancien Régime auch die Klöster als wesentliche Bestandteile der alten, »feudalistischen« Kirche hinweg. *F.D.*

1773: Der Papst hebt den Jesuitenorden auf

»So heben Wir nach reifer Überlegung, aus unfehlbaren Einsichten und kraft Unserer Apostolischen Vollmacht die genannte Gesellschaft auf, unterdrücken sie und schaffen sie ab.« Mit diesen Worten besiegelt Papst Clemens XIV. in seiner Bulle »Dominus ac redemptor noster« die Aufhebung des Jesuitenordens, der »Gesellschaft Jesu«. Er handelt nicht allein aus päpstlicher Machtvollkommenheit, sondern muß sich auch den Forderungen mächtiger Zeitgenossen fügen. Es sind insbesondere aufgeklärte Absolutisten, die gerade die Jesuiten voller Skepsis betrachten. Da der Orden durch seine Nähe zum Papsttum die auf Rom ausgerichtete Kirchenorganisation nachhaltig verteidigt, steht er im Visier derjenigen Herrscher, die für ihre Länder die Bildung einer Staatskirche anstreben. Vor diesem Hintergrund wird verständlich, daß die katholischen Königreiche Portugal, Frankreich, Spanien und Neapel sowie das Herzogtum Parma die Aufhebung der Jesuiten betreiben – entsprechend werden sie aus diesen Ländern in den Jahren 1759, 1764, 1767 und 1768 vertrieben. Kurz danach muß sich der Papst mit den vollendeten Tatsachen abfinden und den Vorgang durch ein Breve absegnen. Friedrich der Große, der die Jesuiten aus konfessionspolitischen Gründen als Schulorden durchaus schätzt, kommentiert das Ereignis lapidar mit den Worten: »Der Papst hat den Jesuiten den Schwanz abgeschnitten.«
Für Eulogius Schneider stellt das Ende der Jesuiten im Rückblick einen Neuanfang dar: »Erst nach dem Jahre 1773, gegen dessen Ende die mächtigste Stütze der römischen Despotie zu Boden fiel, ward es hell in den Lehrsälen der Religion. Erst dann fing man an, das Gold des Evangeliums von den Schlacken menschlicher Zusätze zu reinigen und den sorgfältig verborgenen Kern des praktischen Christentums aus der dicken Schale der Scholastik herauszuwinden.«

II. 32 Papst Clemens XIV.

Kupferstich, 35,5 × 26 cm
WLB Graphische Sammlung

Als 1768 eine Papstwahl notwendig wird, treten die aus den bourbonischen Staaten entsandten Kardinäle für einen jesuitenfeindlichen Kandidaten ein. Nach dreimonatigem Konklave und 185 Wahlgängen einigt man sich auf den Kardinalpriester Lorenzo Ganganelli, der den Namen Clemens annimmt. Er muß sich dem Druck der Gesandten Frankreichs, Neapels und Spaniens beugen und die Gesellschaft Jesu aufheben. Der Stich zeigt den neu erwählten Papst umgeben von den Bildnissen derjenigen Vorgänger, die wie er dem Franziskanerorden angehören.

BBKl Bd. I, 1990, Sp. 1062f.

II. 33 Eine Medaille auf die Auflösung des Jesuitenordens

Kupferstich, 17,5 × 20,5 cm
WLB Graphische Sammlung

Der Verweis auf Psalm 118 hebt das Unerhörte des Vorgangs von 1773 hervor: »Das ist vom Herrn geschehen und ist ein Wunder vor unseren Augen.« Eine weitere Inschrift lautet: »Nunquam novi vos; discedite a me omnes.« (»Ich habe euch noch nie gekannt; weicht alle von mir.« Nach Matth. 7, 23) Im Bild weist die Gestalt Jesu die Jesuiten von sich.

II. 34 »Leichenbegängnis des unterdrückten Jesuitenordens«

Deutschland, 1773
Kupferstich und Typendruck,
65,4 × 41,6 cm
Germanisches Nationalmuseum Nürnberg HB 19889-Kapsel 337a

Der großformatige Stich stellt das Begräbnis des Jesuitenordens in der satirisch umgedeuteten Form einer Prozession oder eines Festumzugs dar. Links oben verkündet ein Mitglied des unterdrückten Ordens: »Das Grab allein ist mir noch übrig«. Rechts verkündet ein posauneblasender Engel den Triumph des Papstes: »Wohl dem Volk, das jauchzen kann.« Der Autor des Blattes bezieht eindeutig Stellung gegen die Jesuiten. Ganz andere Töne vernimmt man aus dem Tagebuch des Abtes von St. Märgen: »Viele Leith haben öffentlich über den Pabst geschmähet und sein Contrefait auß den Zimmern weggeschaffet und ins Feyr geworfen […] Es sind doch wohl elende Zeiten, wo der Clerus ganz in Verachtung stehet, der Unglauben überhand nihmt und die Klöster wie nichts verschlungen werden.«

FDA 89, 1969, S. 291 f.

1782: Joseph II. hebt die »untätigen« Orden auf

»Beten sie nur, daß ich noch lange lebe; denn nach meinem Tode wird es große Änderungen geben.« So spricht die Kaiserin Maria Theresia 1754 zu Sebastian Sailer aus Marchtal, der zum Zeitpunkt der Königskrönung Josephs II. in Wien weilt. Der Kaisersohn wird von den Ideen des aufgeklärten Absolutismus angezogen. Im Rahmen eines groß angelegten Reformwerks erwägt er auch die Auflösung zahlreicher Klöster, an deren Nutzen für die Gesellschaft Zweifel bestehen. Selbst ein persönlicher Besuch des Papstes Pius VI. kann den seit 1780 allein regierenden Monarchen nicht dazu bewegen, von den Klosteraufhebungen in den habsburgischen Erblanden abzusehen. Besonders jenen Orden, die »keine Jugend erziehen, keine Schule halten und keine Kranken warten, und welche bloß vitam contemplativam führen«, wird die Existenzberechtigung abgesprochen. Dies bedeutet für viele Klöster in allen österreichischen Provinzen das Ende. 1782 wird die Vermögensmasse von mehr als 700 aufgehobenen Klöstern, Kirchen und Bruderschaften zum Religionsfonds vereinigt, aus dem fortan die neu eingerichteten Pfarreien finanziert werden.
Die Karte zeigt, welche Klöster im deutschen Südwesten von den josephinischen Aufhebungen betroffen sind.

II. 32

II. 34

Die josephinischen Klosteraufhebungen

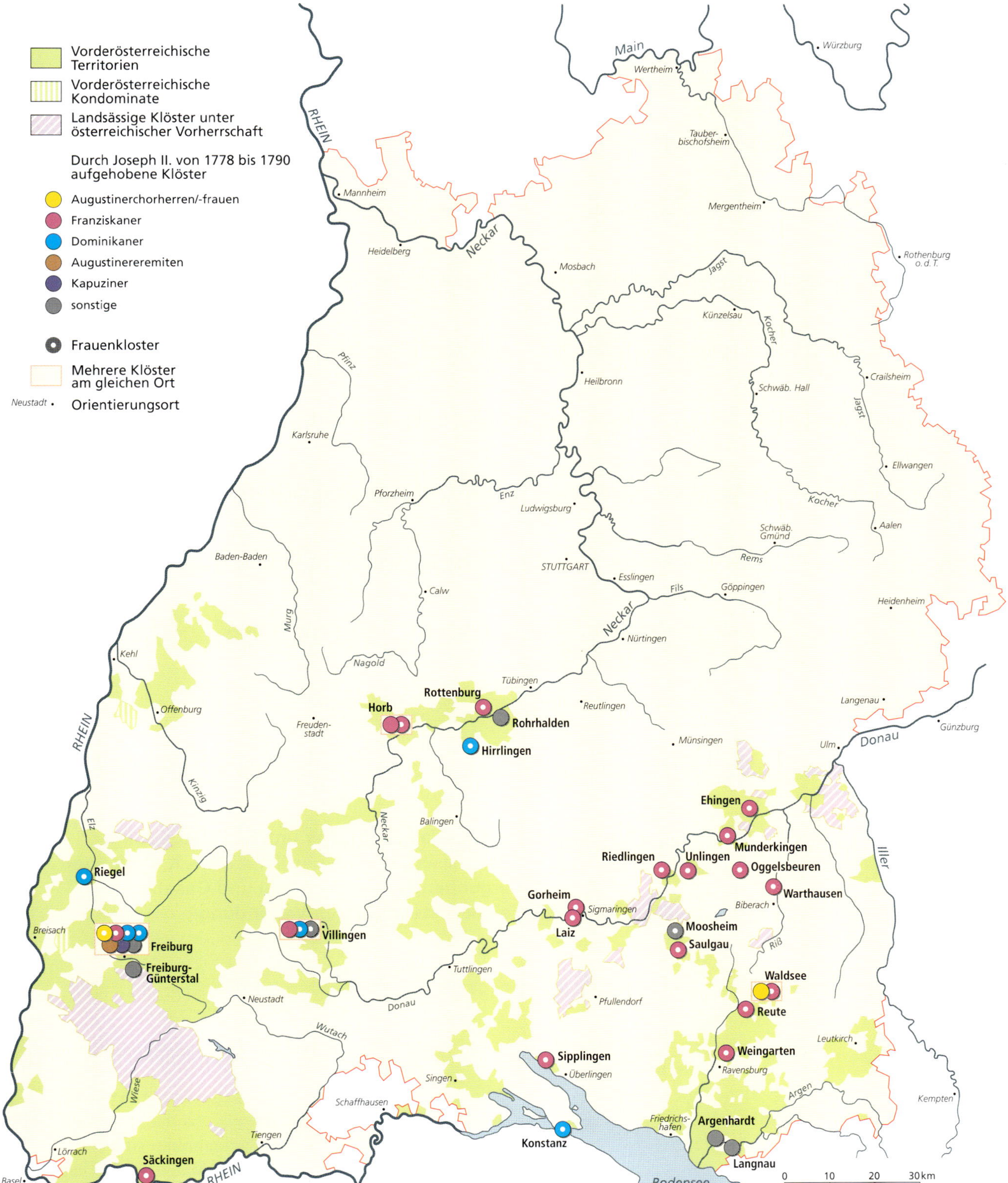

© Württembergisches Landesmuseum Stuttgart 2003

Grundlage:
Das Land Baden-Württemberg. Amtliche Beschreibung nach Kreisen und Gemeinden. Hrsg.: Landesarchivdirektion Baden-Württemberg, Bände I-VIII, Stgt. 1975-1983

II. 35

II. 37

II. 35 Kaiser Joseph II. (1741–1790)

Um 1770/75
Öl auf Leinwand, 158 × 117 cm
SSG KRGT 6713

Joseph, der mit der Durchsetzung seiner Reformideen bis nach dem Tod seiner allmächtigen Mutter Maria Theresia 1780 warten muß, will »katholisch bleiben, ohne römisch zu sein«. Seine Reformideen zielen in unterschiedliche Richtungen: Recht, Verwaltung, Wirtschaft und Sozialwesen werden neu organisiert. Die Kirche wird unter die Vorherrschaft des Staates gestellt, die Bildung einer Nationalkirche scheitert jedoch.

Zwar werden einige der josephinischen Reformen nach dem Tod des Kaisers aufgehoben, der Gedanke des josephinischen Staatskirchentums wirkt jedoch bis ins 19. Jahrhundert hinein weiter.

Gutkas 1989; Fink 1990

II. 36 »Handbuch aller unter der Regierung des Kaisers Joseph des II. für die K.K. Erbländer ergangenen Verordnungen und Gesetze in einer Sistematischen Verbindung«

Wien, 1785
Druck auf Papier, 20,5 × 14 cm
Kreiskultur- und Archivamt Biberach a.d.R.

Die Gesetzessammlung enthält sowohl die einschlägigen Erlasse zur »Frauen- und Mannsklösteraufhebung« als auch ein Musterformular zur Inventarisierung von Klosterbesitz und eine Tabelle der 1782 aufgehobenen Häuser bestimmter Orden. 1783–1785 folgt eine zweite Aufhebungswelle, so daß am Ende 299 Klöster mit 5291 Insassen aufgehoben sind – die Zahl der Klöster im habsburgischen Machtbereich hat sich halbiert.

Gutkas 1989, S. 305–310

II. 37 Flugblatt »Klosteraufhebungen durch Joseph II.«

Österreich, nach 1781
Radierung, 33,4 × 20,4 cm
Germanisches Nationalmuseum Nürnberg HB 15384-Kapsel 1373a

Im Lichte der Aufklärung und des Freimaurertums beobachtet Joseph II. von einem Berg herab, wie die Geistlichkeit unter den Augen eines Bettlers die in einem großen Netz gesammelten Schätze an sich nimmt und abzieht. »Von nun an wirst du Menschen fischen«, heißt es nach Lukas 5 im Hinblick auf den neuen Typ des Geistlichen und den Kaiser selbst – die Staatskirche soll fortan im Sinne der Aufklärung agieren, nie mehr soll es zur Ansammlung von Reichtümern in kirchlichen Institutionen kommen. Joseph hält ein kleineres Netz mit zum Himmel aufsteigenden Seelen in Händen. Der neben ihm stehende Petrus assistiert ihm und macht deutlich, daß er durch seine kirchlichen Reformen zu einem irdischen Himmelspförtner wird.

1790: Revolutionäre heben die französischen Klöster auf

»Das Feuer, welches französische Philosophen, Illuminaten und Freimaurer schon längst anzublasen suchten, brach endlich in volle Flammen aus.« Mit diesen Worten gedenkt ein Marchtaler Chronist der Ereignisse in Frankreich am Ende des 18. Jahrhunderts. Eine wesentliche Grundlage der französischen Revolution sind die geistesgeschichtlichen Strömungen der Vernunft- und der Naturgläubigkeit. Sie treten an die Stelle des bisherigen, nun als »despotisch« erachteten, kirchlichen Lehrsystems. Nach dem Sturm auf das berüchtigte Pariser Gefängnis, die Bastille, am 14. Juli 1789 folgt im August desselben Jahres die Abschaffung der Feudalordnung und die Erklärung der Menschenrechte. Ausgerechnet der Bischof Talleyrand fordert im Oktober desselben Jahres die Einziehung der Kirchen-, Kron- und Emigrantengüter. In langwierigen Debatten obsiegt der Standpunkt, die Kirche sei kein Stand mehr und ihre Güter gehörten der Nation. Im Juli 1790 ergeht die Zivilverfassung des Klerus; Die Kirche wird verstaatlicht, Klöster und Orden werden aufgehoben und an die Stelle der Weihe tritt die Wahl der Priester. Die meisten Geistlichen lehnen den Eid auf die Verfassung ab, viele emigrieren ins benachbarte Ausland.

II. 38 Schützenscheibe auf die französische Revolution

Christian Andreas Eberlein
Schwäbisch Hall, 1792
Öl auf Holz, Dm. 68 cm
Hällisch-Fränkisches Museum Schwäbisch Hall, 86/143–78

Der Haller Ratsherr Hezel läßt diese Scheibe aus Anlaß seiner Wahl 1792 malen. Sie ist vielleicht nicht radikal konservativ, aber auf jeden Fall stellt sie ein Bekenntnis zur gemäßigt-bürgerlichen französischen Verfassung von 1791 dar. Ihr Inhalt richtet sich eindeutig gegen die zunehmende Radikalisierung der Revolution seit den sogenannten Septembermorden von 1792 – darauf deuten die zerrissenen Seiten der »Constitutio gallica«. Für unseren Zusammenhang sind die zerbrochene Mitra, der Bischofsstab und das abgeschlagene Haupt eines Mönches mit Tonsur von Bedeutung. Zusammen mit den Emblemen der Aristokratie und dem brennenden Palast im Hintergrund verdeutlichen sie das gewaltsame Ende der alten Ordnung.

AK Schwäbisch-Hall 1987, Nr. 72 und Farbabb. IV;
AK Karlsruhe 1998, Nr. 7 mit Abb.

II. 38

II. 39

II. 39 Tanz um den Freiheitsbaum

Um 1792–95
Öl auf Holz, 19 × 30 cm
Erinnerungsstätte für die Freiheitsbewegungen in der deutschen Geschichte (Außenstelle des Bundesarchivs) Rastatt

Eindeutig positiv wird der befreiende Tanz um den Freiheitsbaum gesehen. Unter der Devise »Freiheit und Gleichheit« reihen sich neben Bürgerinnen und Bürgern auch Soldaten und zwei Mönche in den Reigen ein. Der Freiheitsbaum der neuen Zeit verdrängt den Kreuzesbaum der alten Kirche.

AK Karlsruhe 1998, Nr. 8 mit Abb.

II. 40 Ansicht des Klosters und des Marktfleckens Schussenried, gezeichnet von einem französischen Exilpriester

J. Fickler
Schussenried, um 1797
Zeichnung, 28,2 × 43 cm
Zentrum für Psychiatrie Bad Schussenried

Über die Zahl der nach Deutschland emigrierten, zu einem großen Teil aus dem Elsaß kommenden französischen Geistlichen unterrichtet der unter anderem in Schussenried weilende, aus der Bretagne geflüchtete Prämonstratenser Hervé-Julien Le Sage. In seinen Erinnerungen schreibt er, daß allein in Konstanz fünf oder sechs Bischöfe und zwei- bis dreihundert Kirchenleute aus Frankreich gelebt hätten. Le Sage selbst führt das Leben eines Nomaden, der binnen neun Jahren nach England, Flandern, Deutschland, in die Schweiz und über Bayern und Franken bis nach Sachsen und Schlesien kommt.

In Schussenried begegnet der Exilant sicher auch dem ebenfalls in Folge der Revolution aus Straßburg emigrierten Priester Fickler. Dieser betätigt sich in dem oberschwäbischen Konvent als Zeichner und hält die Gegend um das gastfreundliche Kloster in mehreren Ansichten fest.

Le Sage 1983, passim; Kasper 1960, S. 120; Beck/Rueß 1983, S. 232; Kaufmann 1985, S. 196

III.

Die Säkularisation von 1803/06

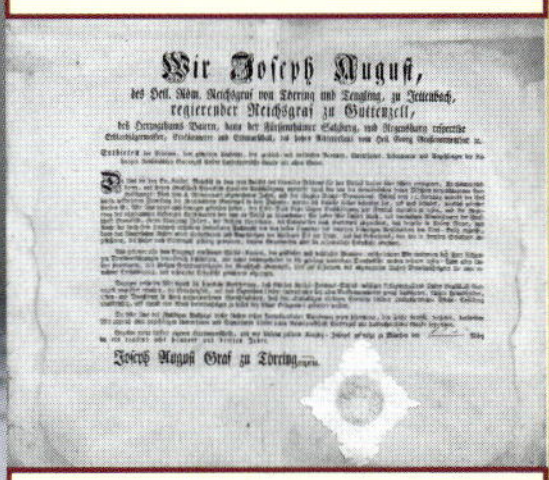

Alte Klöster – Neue Herren

Das politische Klima, das am Ende des 18. Jahrhunderts durch Aufklärung und Klosterkritik, durch Revolution und Krieg geprägt ist, führt um 1800 zu Vorgängen, die die politische Landkarte Deutschlands grundlegend verändern und die alte Reichskirche zerschlagen. Drahtzieher ist Napoleon, der die Ostgrenze Frankreichs an den Rhein vorschiebt und dabei zahlreiche Gebiete deutscher Fürsten oder Grafen erobert. Er besänftigt sie durch den Plan entsprechender Entschädigungen auf Kosten kirchlicher Würdenträger im Reich, deren territorialer Besitz säkularisiert, d.h. verweltlicht werden soll. In besonderem Maß profitieren von dieser Aktion neben Preußen die Landesherren von Baden, Württemberg und Bayern.
Kaiser und Papst müssen oder wollen die Säkularisation hinnehmen. Der durch Napoleon militärisch und politisch geschwächte Kaiser kann der ohnehin fortgeschrittenen Reichsauflösung und den Autonomiebestrebungen der Fürsten nichts mehr entgegensetzen. Das Papsttum begegnet der nicht besonders eng mit Rom verbundenen, mächtigen Reichskirche seit jeher mit Mißtrauen und muß sich nun notgedrungen mit den Umwälzungen abfinden. Der russische Zar schließlich sieht anfangs eine Möglichkeit, die eigene Machtposition durch eine Annäherung an Napoleon und die Bevorzugung der mit ihm verwandten badischen und württembergischen Fürstenhäuser auszubauen.
Die Säkularisation verändert die Landkarte und fegt einen ganzen Stand von der politischen und kulturellen Bildfläche. Die Bischöfe, Fürstpröpste, Äbtissinnen und Äbte, die als »alte« Herren den geistlichen Territorien vorstanden und die »alten Klöster« in ihrem Besitz hatten, erscheinen in Bildnissen, denen die wenigen Porträts der »neuen Herren« gegenübergestellt sind. Von ihnen können sich längerfristig nur Baden, Württemberg und Hohenzollern halten, die sich während der Mediatisierung 1805/06 die Entschädigungsländer der kleineren, oft auswärtigen Reichsgrafen und Fürsten aneignen. Diese verlieren die weltlichen Herrschaftsrechte, bleiben jedoch im Besitz der aufgehobenen Klöster.
Im Spannungsfeld zwischen alten Klöstern und neuen Herren wird deutlich, daß sich angesichts der Säkularisation kaum Widerstand und Protest regt, daß die Besitzergreifung der geistlichen Gebiete planmäßig und bürokratisch durchgeführt wird und daß die Rechnung der größeren, mit Napoleon verbündeten Staaten aufgeht. Durch den 1806 geschlossenen Rheinbund, der das Ende des Reichs besiegelt, steigt Baden zum Großherzogtum, Württemberg (wie Bayern) zum Königreich auf. Ihren durch Säkularisation und Mediatisierung ausgeweiteten Besitzstand können sie auch nach dem Fall Napoleons wahren.

F.D./M.H.

Literatur hier und im folgenden Erzberger 1902, Schmid 1980, Sauer 1987

Die Hauptakteure

III. 1 Kaiser Franz II., letzter Kaiser des Heiligen Römischen Reiches Deutscher Nation

(1768–1835, reg. 1792–1806)
Friedrich Heinrich Füger (1751–1818)
Signiert: »Füger p 1792.«
Öl auf Leinwand, 181 × 143 (m.R.)
Fürst Thurn und Taxis Zentralarchiv Regensburg St.E. 3555 (BG-Nr. 131)

Nach dem Tod seines Vaters Leopold II. wird Franz von Habsburg, Erzherzog der österreichischen Erblande, König von Ungarn und Böhmen, in Frankfurt zum Kaiser gekrönt. Dargestellt ist der vierundzwanzigjährigen Franz mit den Insignien seiner Macht: Auf einem goldenen Kissen liegen die Reichskrone mit ihrem charakteristischen Bügel und die ungarische Stephanskrone samt Szepter. Schon im Mai 1795 prophezeit der bayerische Gesandte am Wiener Hof: Österreich, »so mächtig es an Ländern, Leuten und Hilfsmitteln auch ist, kann nie entscheiden, und alles was es tun kann, bleibt, die Geschenke anzunehmen, die ihm die übrigen Mächte zuschieben wollen; welches Schicksal das Reich und höchstdero Staaten haben werden«, sei somit allein vom Einfluß der anderen europäischen Großmächte abhängig. Der Botschafter behält recht: Bereits im April 1792 beginnt der Krieg gegen Frankreich. In den folgenden dreizehn Kriegsjahren verliert Franz II. Gebiete von mindestens 1000 Quadratmeilen mit 3 Millionen Bewohnern. Durch seine wankelmütige, allein an habsburgischen Interessen orientierte Kriegführung verwirkt er nach und nach das Vertrauen der Reichsfürsten. Deren Befürchtungen, besonders die der geistlichen Territorialherren, werden im Oktober 1795 bitter bestätigt: Franz II. ist zum Friedensschluß mit Frankreich gezwungen

Ill. 1

Ill. 2

und akzeptiert in Geheimartikeln die Abtretung des linken Rheinufers an den siegreichen Gegner sowie die Entschädigung der von Gebietsverlusten betroffenen weltlichen Herren durch die Säkularisierung aller geistlichen Reichsfürstentümer. Dadurch verletzt das Reichsoberhaupt selbst die territoriale Integrität des Reiches, mißachtet die Reichsverfassung und gefährdet wesentliche Grundlagen der kaiserlich habsburgischen Macht; denn durch die Aufhebung der drei geistlichen Kurfürstentümer geht die katholische Mehrheit im Kurfürstenkollegium – eine entscheidende Voraussetzung für den Wahlsieg des habsburgischen Kaiserkandidaten – verloren. Der Reichsdeputationshauptschluß von 1803 bestätigt und fixiert diese fundamentalen Eingriffe in das Verfassungssystem des Reiches. Als sich Napoleon im Frühjahr 1804 zum erblichen Kaiser der Franzosen erklärt, beschließt Franz II., dieser frechen Anmaßung des bürgerlichen »Theaterkönigs« Bonaparte entgegenzutreten: als Franz I. begründet er wenige Monate später das erbliche Kaisertum Österreich. Dieser Schritt verrät, daß er der Würde des Reichsoberhauptes keine große Bedeutung mehr zumißt, langfristig mit der Auflösung des Reichsverbandes zu rechnen scheint. Diese Vermutung wird am 6. August 1806 bestätigt: Nachdem sechzehn Reichsfürsten unter napoleonischer Protektion den Rheinbund gründen und den Austritt aus dem Reich erklären, legt Franz II. die Reichskrone nieder und läßt durch seinen Herold das Ende des Heiligen Römischen Reiches Deutscher Nation verkünden. *A.K.*

AK Regensburg 1998, Nr. IV, 19

III. 2 Napoleon Bonaparte (1769–1821), Erster Konsul der französischen Republik

um 1800
Öl auf Leinwand, 102,5 × 83,5 cm (m.R.)
Deutsches Historisches Museum Berlin Kg 61/16

Der Korse Napoleon Bonaparte wird 1793 Brigadegeneral der Revolutionstruppen Frankreichs. Nach der Beteiligung an der Niederschlagung eines königstreuen Aufstands erfolgt die Beförderung zum Divisionsgeneral. Ein Jahr später, 1796, steigt Napoleon in den Rang des Oberbefehlshabers der Italien-Armee auf – der Frieden von Campo Formio beendet seinen erfolgreichen Feldzug. Als mit dem Staatsstreich vom 18. Brumaire (9. November) 1799 das Direktorium als oberste Regierungsinstanz aufgelöst und eine neue Konsulatsverfassung eingeführt wird, ist es Napoleon, der den Rang eines Ersten Konsul bekleidet. 1802 wird ihm diese Stellung durch ein Plebiszit auf Lebenszeit eingeräumt, 1804 krönt er sich im Glanz seiner politischen und militärischen Erfolge selbst zum Kaiser. Dies fordert Franz II. zur Annahme des Titels eines Kaisers von Österreich heraus.

Napoleons Ziel ist es, in der Tradition der französischen Politik die Ostgrenze seines Landes an den Rhein vorschieben. Zu den eroberten Gebieten zählen auch Territorien der Reichsbischöfe, -fürsten und -grafen. Napoleon ist klug genug, sich die Betroffenen dieser Operation dadurch gewogen zu machen, daß er reichlich Entschädigungen in Aussicht stellt – und zwar durch die Säkularisierung kirchlichen Besitzes im rechtsrheinischen Reichsgebiet. Ohne jeden Skrupel akzeptieren die weltlichen Herren dieses Angebot. Längerfristig zielt Napoleon auf die Bildung stabiler Mittelstaaten im deutschen Süden und Südwesten, die ihm gegebenenfalls gegen Österreich Beistand leisten könnten. Insbesondere Bayern, Baden und Württemberg profitieren deshalb von den Gebietsverschiebungen, die sie zu Hauptverbündeten Frankreichs machen. Zweimal, durch den Reichsdeputationshauptschluß von 1803 und den Rheinbund von 1806 erfahren sie eine politische Rangerhöhung. Despektierlich nennt man die bayrischen und württembergischen Fürsten deshalb »Könige von Napoleons Gnaden«.

AK Speyer 1998, S. 72f

III. 3

III. 3 **Papst Pius VII. (1742–1823, reg. 1800–1823)**

frühes 19. Jhdt.
Öl auf Leinwand, 142,5 × 115 cm (m. R.)
Diözesanmuseum Rottenburg a.N.

Im Jahr 1800, inmitten der turbulenten nachrevolutionären Zeit, wird Barnabe Chiaramonti als Pius VII. zum Papst gewählt. Durch die Unterzeichnung des Konkordats 1801 gibt er der Kirche Frankreichs wieder eine anerkannte Existenz. Die demütigende Anwesenheit bei der Selbstkrönung Napoleons in Paris verstärkt seine Abwehr gegen dessen Expansionsbestrebungen. Doch ebenso hilflos wie der Papst dieser Zeremonie beiwohnen muß, läßt das Kirchenoberhaupt die Säkularisation geschehen. Der aufbrechende Konflikt führt aufgrund der Machtlosigkeit des Papstes schließlich zur Annexion des Kirchenstaats durch Frankreich. 1809 bis 1814 befindet sich der Pontifex Maximus in französischer Gefangenschaft – dennoch wird er später den verbannten Napoleoniden großherzig in seinem Staat Asyl gewähren.

Als um 1802 die geplante Liquidation des kirchlichen Besitzes ruchbar wird, fordert Pius VII. den Mainzer Erzbischof Karl Theodor von Dalberg dazu auf, seinen ganzen Einfluß geltend zu machen, um die Rechte der Kirche zu schützen. Es gelingt immerhin, das Jus dioecesanum, d. h. die geistliche Gewalt der einzelnen Bischöfe zu sichern – ihre weltliche Macht geht verloren. Später gelingt es Pius, die Kirche durch verschiedene Erlasse wieder zu stärken: 1814 wird der unterdrückte Jesuitenorden, der zuvor schon in Rußland, Sizilien und der angelsächsischen Welt erlaubt worden ist, wieder zugelassen. Die Bulle »De salute animarum« regelt den kirchlichen Neuaufbau Preußens, und im gleichen Jahr 1821 eine zweite Bulle, »Provida Solersque«, die Neuorganisation der oberrheinischen Kirchenprovinz.

Erzberger 1902, S. 66f

Zar Alexander I. (1777–1825, reg. 1801–1825)

Die Mutter Zar Alexanders ist Sophie-Dorothea von Württemberg-Mömpelgard, seit 1793 ist er mit Louise Maria Augusta von Baden-Baden verheiratet. Die engen familiären Kontakte nach Südwestdeutschland erklären das besondere Engagement Alexanders, aber auch schon seines Vaters Paul I. († 1801), bei der Verteilung der Entschädigungsgebiete in den Jahren 1802/03. Seit 1801 steht der Zar mit Napoleon in Kontakt und stimmt mit ihm die Entschädigungen für Baden und Württemberg ab. Frankreich und Rußland sind die Garantiemächte des Reichsdeputationshauptschlusses. Später wechseln Perioden der Anlehnung mit Perioden der Gegnerschaft des Zaren zu Napoleon. Spätestens seit 1808 wartet Alexander auf die Gelegenheit, die französische Vormachtstellung in Europa zu beenden: »Napoleon hält mich für einen Narren, aber derjenige, der zuletzt lacht, lacht am besten.«

Napoleonische Kriege bis zur Säkularisation von 1802/03

Diese Kriege werden auch Koalitionskriege genannt, weil die europäischen Mächte in wechselnden Koalitionen gegen das revolutionäre Frankreich kämpfen.

1. Koalitionskrieg (1792–1797)

Im April 1792 erklärt die Republik Frankreich Österreich den Krieg. Frankreich reagiert damit auf die Aufnahme des emigrierten Adels im Reich und auf die Kriegsvorbereitungen Österreichs. Nach der Kanonade von Valmy müssen sich die mit Österreich verbündeten Preußen vor dem französischen Revolutionsheer zurückziehen. Goethe, der das preußische Heer als Zivilist begleit hat, würdigt in der Rückschau die geschichtliche Bedeutung des unspektakulären Gefechts: »Von hier und heute geht eine neue Epoche der Weltgeschichte aus«. Zum ersten Mal setzen sich die Revolutionstruppen gegen ihre Gegner durch. Im Jahre 1795 schließt Preußen in Basel mit Frankreich einen Sonderfrieden. Es verzichtet auf seine linksrheinischen Besitzungen gegen Entschädigungen auf der rechten Rheinseite. Sowohl der Wunsch Frankreichs, das linke Rheinufer als natürliche Grenze seines Territoriums zu behaupten, als auch das Vorhaben, die von dort vertriebenen Mächte rechts des Rheines zu entschädigen, weisen auf die Vorgänge der Säkularisation von 1803 voraus.

Die Markgrafschaft Baden und das Herzogtum Württemberg leiden sowohl unter den österreichischen Truppen als auch unter französischen Einfällen. Beide müssen 1796 Frankreich um einen Waffenstillstand bitten und schließen Separatfrieden. In den folgenden Verhandlungen geht es ebenfalls darum, die linksrheinischen Verluste durch möglichst große Partien säkularisierter geistlicher Fürstentümer zu kompensieren. Kaiser Franz II. betrachtet die Separatverhandlungen und die geplante Entschädigung der Reichsfürsten von Baden und Württemberg auf Kosten anderer – geistlicher – Reichsstände als Verrat an der Reichskonstitution. Die österreichischen Truppen können die französischen Verbände wieder aus Süddeutschland vertreiben. Im Frieden von Campo Formio (1797) stellt aber auch Österreich seine eigenen Interessen über die Integrität des Reiches. Bereits hier stimmt der Kaiser dem Prinzip der Entschädigung für die linksrheinischen Verluste durch die Säkularisation geistlicher Fürstentümer zu. Klosterkritik und Aufklärung haben ein Klima geschaffen, in dem es möglich wird, den Besitz der geistlichen Reichsstände als Dispositionsmasse zu behandeln.

III. 4 Waffenstillstandsvereinbarung zwischen Württemberg und dem französischen General Jean Moreau

17. 6. 1796
Tinte auf Papier, 32,7 × 20,8 cm
HStA A 115, Bü 77

Nur etwa einen Monat nach Württemberg muß auch Baden am 25. 7. 1796 einen Waffenstillstand mit Frankreich schließen.

III. 5 Pariser Sonderfrieden zwischen Frankreich und Württemberg

7.–11. 8. 1796
Tinte auf Pergament, Samteinband, Wachssiegel in Silberkapsel, 37,5 × 23,5 cm
HStA A 115, U 18

Württemberg scheidet aus der 1. Koalition gegen Frankreich aus und verzichtet zu Gunsten der Republik auf seine linksrheinischen Besitzungen. Für die Verluste soll der Herzog von Württemberg durch die straßburgische Herrschaft Oberkirch in der Ortenau und die Klöster Zwiefalten und Ellwangen entschädigt werden. Am 22. August schließt Baden seinerseits einen Sonderfrieden mit Frankreich.

Friedenskonferenz in Rastatt (1797–1799)
Die Verhandlungen zwischen einer Deputation des Reiches und französischen Gesandten führen auf französischen Druck hin zu dem Ergebnis, daß Frankreich das gesamte linke Rheinufer erhält – die Gebietsverluste der Reichsfürsten und -grafen sollen durch die Säkularisierung geistlicher Fürstentümer kompensiert werden. Als die Kriegshandlungen des 2. Koalitionskrieges einsetzen, wird die Konferenz aufgelöst. Die französischen Gesandten, die Rastatt verlassen müssen, werden von österreichischen Husaren überfallen und ermordet. Erst der Reichsdeputationshauptschluß bringt den Frieden zwischen Frankreich und Deutschland.

2. Koalitionskrieg (1799–1802)
Diesmal stehen Österreich, Rußland, England und Neapel gegen Frankreich. Während des Krieges ist Süddeutschland Aufmarsch- und Kampfgebiet von Frankreich und Österreich. Nur Baden kann sich aus dem Konflikt heraushalten und bleibt, auch als der Reichskrieg beschlossen wird, neutral. Die verwandtschaftlichen Verbindungen Badens zu den Regentenfamilien von Bayern, Rußland und Schweden führen, wie in dem mit Preußen verbundenen Hohenzollern, in den letzten Kriegsjahren zu einer rücksichtsvollen Behandlung durch Frankreich. Württemberg kann seine Neutralität nicht aufrechterhalten und leidet unter den Übergriffen der französischen und österreichischen Truppen gleichermaßen. Die österreichischen Erfolge bringen den württembergischen Herzog dazu, den 1796 mit Frankreich geschlossenen Frieden für ungültig zu erklären und sich Österreich anzuschließen. Doch bald fällt fast ganz Württemberg an die Franzosen. Nach Anfangserfolgen der Koalition siegen die Franzosen bei Hohenlinden/Oberbayern über das österreichische Heer und erzwingen den Frieden von Lunéville.

III. 6 Verpflegung gefangener Franzosen vor dem Kapuzinerkloster in Biberach

Johann Baptist Pflug (1785–1866)
Biberach 1. Hälfte 19. Jhdt.
Öl auf Leinwand, 48 × 70 cm (m.R.)
Kreiskultur- und Archivamt Biberach a.d.R.

III. 7 Frieden von Lunéville (Abschrift)

9. 2. 1801
Tinte auf Papier, 32 × 20 cm
HStA A 12 Bü 99, Nr. 9

Österreich muß nach militärischen Niederlagen die Bedingungen des Friedens von Campo Formio bestätigen: Kaiser und Reich treten das linke Rheinufer an Frankreich ab. Der Herzog von Modena, Herkules III. Rinaldo (1727–1803, Schwiegervater Erzherzog Ferdinands I.) soll für den Verlust seines Herzogtums mit dem Breisgau entschädigt werden, für den Großherzog von Toskana, den Habsburger Ferdinand II. (1790–1803 und 1814–1824), ist eine solche im Reich vorgesehen. Dasselbe gilt für die geschädigten deutschen Fürsten.

Machtpolitik – Familienpolitik – Bestechung

In der Zeit nach 1800 bestimmen Bestechung, Machtinteressen und Familienpolitik die Entwicklung. Das siegreiche Frankreich will Österreich von seiner neuen Rheingrenze fernhalten und zu diesem Zweck von Frankreich abhängige Mittelstaaten schaffen, die der Rheingrenze vorgelagert sind. Preußen, Bayern, Baden und Württemberg können sich diese Absicht zunutze machen und ihre Territorien vergrößern. Die Säkularisation von geistlichen Fürsten- und Besitztümern und die Mediatisierung der Reichsstädte liefern den Besitz, aus dem die neuen Mittelstaaten geformt werden. Das Reich, das den Bestand der kleineren Herrschaften garantiert hat, ist in Frage gestellt, als die Mittelstaaten aus diesem Verband ausscheren und sich vergrößern. Warum zählen Baden, Württemberg und sogar das kleine Hohenzollern zu den Gewinnern in diesem »Länderschacher«? Den Hohenzollern nützt die Stammesverwandtschaft mit dem preußischen Königshaus und die Vermittlung der Fürstin Amalie Zephyrine von Hohenzollern-Sigmaringen, die in Paris ausgezeichnete Kontakte pflegt. König Georg III. von England ist Schwiegervater, Zar Paul I. und Kaiser Franz II. sind Schwäger Herzog Friedrichs II. von Württemberg. Zar Alexander, der Sohn und Nachfolger Pauls I., ist mit einer badischen Prinzessin verheiratet. Zudem will sich Frankreich für die standhafte Neutralität Badens durch großzügige Zuweisung von Entschädigungsgebieten erkenntlich zeigen. Bei der geplanten Neugestaltung Deutschlands legt Napoleon großen Wert auf die Abstimmung mit dem Zaren, und dieser setzt sich für die Herrscherhäuser von Baden und Württemberg ein. Ein französisch-russischer Geheimvertrag vom 11. 10. 1801 legt die Modalitäten für die zukünftige Aufteilung des rechtsrheinischen Reichsgebiets fest. Von allen Seiten gehen Bestechungsgelder an die maßgeblichen Diplomaten Rußlands und Frankreichs. Im »Plan Général« vom 8. 10. 1802 werden die Beschlüsse der Reichsdeputation zugeleitet. Schon Monate vor der Verabschiedung des Reichsdeputationshauptschlusses nehmen Baden und Württemberg und zahlreiche andere »neue Herren« die ihnen zugesprochenen Entschädigungsländer in Besitz.

III. 8 Ratifizierungsurkunde des Sonderfriedens zwischen Württemberg und der französischen Republik (Abschrift)

Ludwigsburg 25.5.1802
Tinte auf Papier, 32 × 20 cm
HStA A 12, Bü 99, 12b

Wie beim Sonderfrieden von 1796 sichert sich Württemberg erneut Entschädigungen, die aus säkularisierten Klosterterritorien und Reichsstädten bestehen.

Der Reichsdeputationshauptschluß

Seit dem 24. August 1802 tagt in Regensburg die außerordentliche Reichsdeputation, die die Umsetzung des Friedens von Lunéville, insbesondere die Entschädigungen für die linksrheinischen Verluste regeln soll. Ihr gehören die Bevollmächtigten der Kurfürsten von Mainz, Sachsen, Brandenburg, Böhmen und Bayern, des Herzogs von Württemberg, des Landgrafen von Hessen sowie des Hochmeisters des Deutschen Ordens an. Es handelt sich ausnahmslos um Mitglieder des Reichsfürstenrats. Der Deputation bleibt nur die Aufgabe, die von Frankreich und Rußland vertraglich geregelte territoriale Neuorganisation des Reiches zu bestätigen – die in Europa bestehenden Machtverhältnisse und nicht die Normen der vom Kaiser repräsentierten Reichsverfassung bestimmen die Neuorganisation Deutschlands. Am 25. 2. 1803 wird der Reichsdeputationshauptschluß beschlossen,

III. 6

am 24. 3. verabschiedet – das letzte Reichsgrundgesetz. Er beseitigt 112 Reichsstände, darunter 22 Reichsbistümer, 42 Reichsabteien und 41 Reichsstädte. Die Zahl der landsässigen Klöster, die keine eigenen Hoheitsrechte besitzen und deshalb dem jeweiligen Landesherren unterstehen und von diesem säkularisiert werden können, beträgt allein in den süddeutschen Fürstentümern Bayern, Baden und Württemberg etwa 450. Napoleon zieht erwartungsgemäß ein positives Resümee: Das deutsche Reich, dessen Erhalt für das Gleichgewicht Europas so notwendig sei, gehe aus dem Prozeß der territorialen Neugestaltung gestärkt hervor, weil seine Glieder jetzt homogener seien und eher den Anforderungen und Ideen der Gegenwart entsprächen. Der politisch geschwächte Kaiser muß dem ungeheuerlichen Vorgang tatenlos zusehen.

III. 9 Der Reichsdeputationshauptschluß

Drucker: Konrad Neubauer
Regensburg, 27. 4. 1803
Druck auf Papier, 37,8 × 22,5 cm
StA Sigmaringen Ho 80A, Nr. BII245

III. 10 Titelblatt des Ratifikationsdekretes des Reichsdeputationshauptschlusses

Regensburg, 27. 4. 1803
Druck auf Papier, 37,8 × 22,5 cm
StA Sigmaringen Ho 80 A B II Nr. 245

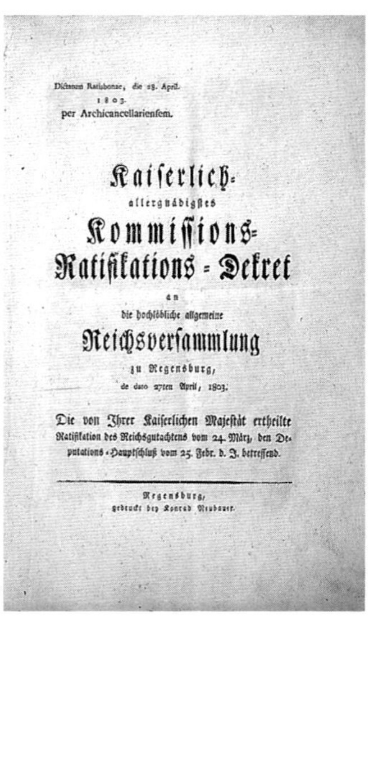

Dictatum Ratisbonae, die 28. April. 1803. per Archicancellariensem.

Kaiserlich-
allergnädigstes
Kommissions-
Ratifikations-Dekret
an
die hochlöbliche allgemeine
Reichsversammlung
zu Regensburg,
de dato 27ten April, 1803.

Die von Ihrer Kaiserlichen Majestät ertheilte Ratifikation des Reichsgutachtens vom 24. März, den Deputations-Hauptschluß vom 25. Febr. d. J. betreffend.

Regensburg,
gedruckt bey Konrad Neubauer.

III. 10

III. 11 Das Deputationszimmer im Regensburger Rathaus

1796
Kupferstich, 22,3 × 28,4 cm
Historisches Museum Regensburg G 1979/28,10

Geistliche Landesherren

III. 12 Karte: Die weltlichen und geistlichen Landesherrschaften im deutschen Südwesten um 1790

Die territoriale Zersplitterung des deutschen Südwestens ist nicht zuletzt darin begründet, daß neben den weltlichen (Fürsten, Grafen, Städte) Landesherrschaften auch geistliche Institutionen – wie Bistümer (Hochstifte) und Reichsabteien – Landesherrschaft ausüben. *I.G.*

Porträts geistlicher Würdenträger

Die Äbte und Äbtissinnen, Prälaten, Pröpste und Bischöfe sind nicht nur die Leiter der ihnen anvertrauten geistlichen Institutionen. Sie sind auch die Repräsentanten und Herrscher der zugehörigen Territorien. In ihren Porträts werden sie daher nicht nur als Geistliche oder Ordensleute und mit den Insignien ihrer geistlichen Würden dargestellt. Vielmehr handelt es sich gleichzeitig auch um Herrscherporträts, in denen auf ihre Funktion als Landesherren verwiesen wird.
Kreuze, Gebetbücher und die Heilige Schrift prägen den religiösen Charakter der Bilder ebenso wie Hinweise auf das Priesteramt der Gezeigten (Talar, Ornat, Beffchen) oder auf ihre Ordenszugehörigkeit (besonderer Habit, das Kreuz des Deutschen Ordens). Wie Orden gestaltete Verbrüderungszeichen erinnern an wichtige Kontakte zu anderen geistlichen Institutionen (Dalberg). Kardinäle tragen einen purpurnen Talar und den breitkrempigen Kardinalshut. Erzbischöfe zeigen ihr Pallium (einen Stoffstreifen mit schwarzen Kreuzen). Erzbischöfe, Bischöfe und infulierte Äbte präsentieren ihre Mitren wie herrscherliche Kopfbedeckungen. Bischöfe, Äbtissinen und Äbte führen den Stab als Zeichen ihres geistlichen Hirtenamtes. Vortragekreuz, Brustkreuz und Ring sind weitere Symbole des geistlichen Amtes. Gerade bei den Brustkreuzen handelt es sich oftmals um Geschenke

Die weltlichen und geistlichen Herrschaftsgebiete vor der Säkularisation

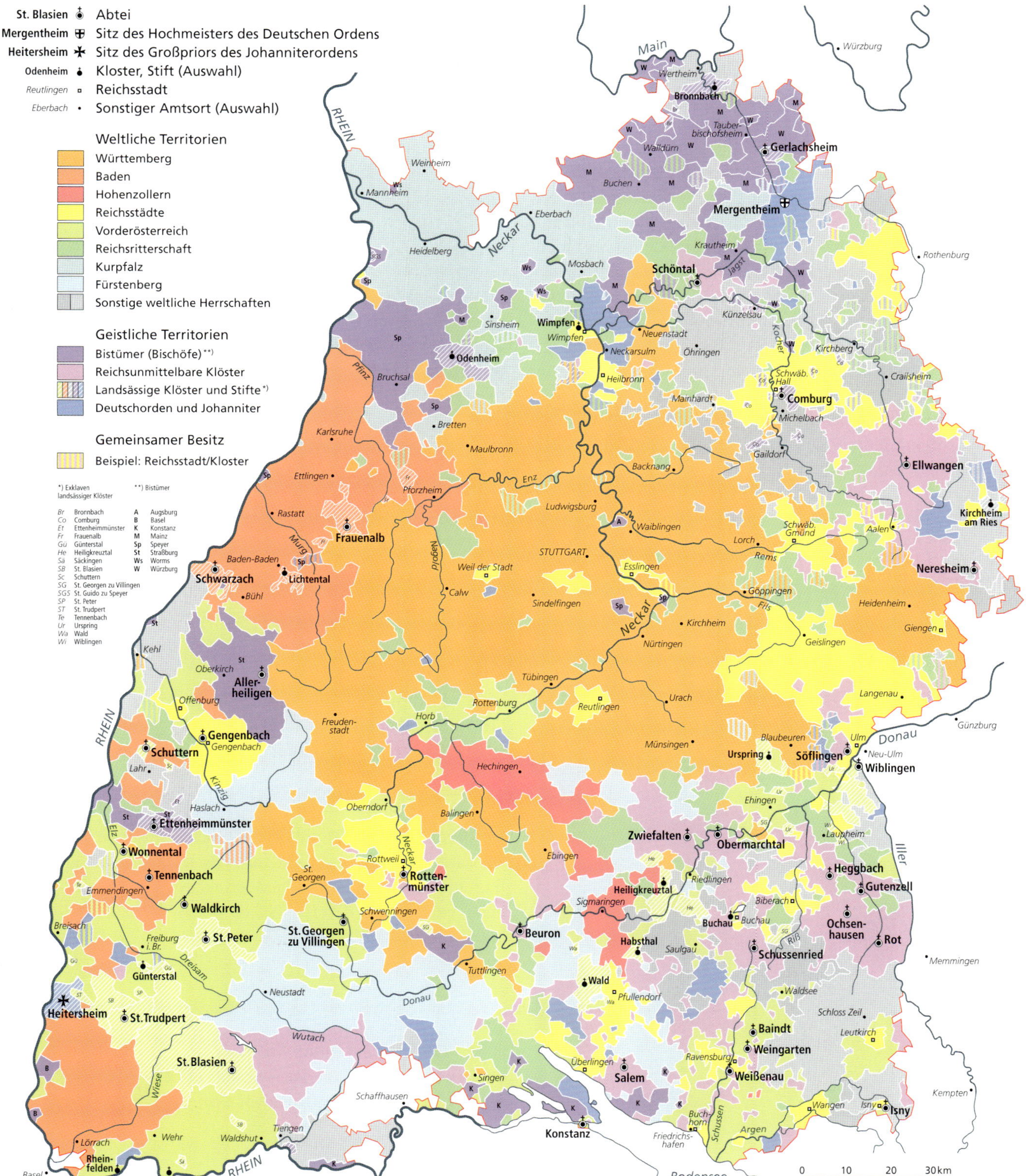

Grundlage:
Historischer Atlas von Baden-Württemberg, Stgt. 1972-1988

Ill. 12

weltlicher Herrscher – wenn sie mit dem kaiserlichen Doppeladler versehen sind, bedeuten sie auch eine politische Standortbestimmung. Auch die dargestellten weltlichen Orden und Ehrenzeichen verorten ihre Träger im politischen System der Zeit und erinnern an diejenige weltliche Gewalt, die sie verleiht. Fürstpropst Clemens Wenzeslaus von Ellwangen ist als Erzbischof von Trier mit kurfürstlichem Hermelin auf purpurnem Umhang bekleidet und deutet auf den Kurhut; hinter diesem liegen die beiden Mitren als Hinweis auf seine zusätzlichen Würden. Bei anderen Porträts liegt der Fürstenhut neben der Mitra auf einem Tisch (Rohan, Rodt, Rottler). Thronsessel, erlesenes Mobiliar und Vorhangdraperien schaffen ein prächtiges Ambiente, das dem Typ des Staatsporträts entspricht. Die den Bildnissen beigegebenen Wappen sind meist Kombinationen aus dem Familienwappen und dem heraldischen Zeichen der geistlichen Institution, der die Dargestellten vorstehen.
Das Porträt eines konstanzischen Hofkanzlers (Hebenstreit), der für die Verwaltung des Hochstifts zuständig ist, erinnert an die weltliche Macht der geistlichen Fürsten. Durch die Säkularisation geht genau diese Macht verloren – auch wenn die Bischöfe ihr geistliches Hirtenamt behalten können. Äbte und Äbtissinnen indes werden zu Pensionären, Prälat ist nur mehr ein leerer Titel.

Ill. 14

Bischöfe

Ill. 13 Friedrich Carl Joseph Freiherr von Erthal (1719–1802), seit 1774 vorletzter Kurfürst von Mainz

Werkstatt Heinrich Füger (1751–1818)
Ende des 18. Jhdts.
Öl auf Leinwand, 81 × 68 cm (m.R.)
Ministerium für Wissenschaft, Forschung und Kunst Baden-Württemberg, Stuttgart

Erthal verliert durch den Frieden von Campo Formio die linksrheinischen Bistumsanteile, 1801 auch die entsprechende geistliche Gerichtsbarkeit. Nur kurz kann er das Restbistum verwalten, bevor er 1802 stirbt.

AK Wittelsbach und Bayern, München 1980, III/2, S. 141f

Ill. 14 Philipp Franz Wilderich Nepomuk Graf von Walderdorf (1739–1810), seit 1797 letzter Fürstbischof von Speyer

Speyer, um 1800
Öl auf Leinwand, 120 × 60 cm (m.R.)
Bischöfliches Ordinariat Speyer

Walderdorf muß 1801 auf seinen linksrheinischen Bistumsanteil verzichten. 1802 fällt das Resthochstift an Baden, der Bischof nimmt jedoch weiterhin die geistliche Verwaltung des rechtsrheinischen Diözesangebiets wahr.

Gatz 1990, S. 791

Ill. 15 Georg Karl Ignaz Freiherr von Fechenbach zu Laudenbach (1749–1808), seit 1795 letzter Fürstbischof von Würzburg

Würzburg, um 1800
Öl auf Leinwand, 125 × 96 cm (m.R.)
Mainfränkisches Museum Würzburg 33939

1802 muß Fechenbach auf das Hochstift Würzburg verzichten – er legt seine weltliche Regierungsgewalt

Ill. 15

Ill. 16

nieder. In einem Hirtenbrief von 1803 erklärt er jedoch, daß er weiterhin als Bischof, als geistlicher Oberhirte fungiere.

Gatz 1983, S. 181 f

Ill. 16 Louis René Edouard de Rohan (1734–1803), seit 1779 letzter Fürstbischof von Straßburg

Straßburg, Ende des 18. Jhs.
Öl auf Leinwand, 145 × 120,5 cm (o.R.)
Zisterzienserinnenabtei Lichtenthal Baden-Baden

1790 muß Rohan vor den Revolutionstruppen fliehen. Kurz darauf wird von Frankreich ein neuer Bischof im linksrheinischen Teil des Straßburger Bistums installiert. 1801 demissioniert Rohan auf Anordnung des Papstes. Bis 1803 verwaltet er von Ettenheim aus sein rechtsrheinisches Restbistum, das noch im selben Jahr an Baden fällt.

Gatz 1990, S. 392 ff

Ill. 17 Karl Theodor Freiherr von Dalberg (1744–1817), letzter Fürstbischof von Konstanz (1800–1817) und letzter Fürstbischof von Worms (1802–1817), 1802 Kurfürst und Erzbischof von Mainz, Erzkanzler des Heiligen Römischen Reiches, Primas von Deutschland, 1803 Administrator und Erzbischof von Regensburg

wohl Konstanz, 1802 oder später
Öl auf Leinwand, 106,5 × 81 cm (o.R.)
Rosgartenmuseum Konstanz 1989/24

Als letzter Bischof von Konstanz erreicht Dalberg durch Verhandlungen beim Reichsdeputationshauptschluß, den Erhalt der Bischofssitze und den Schutz der traditionellen Religionsausübung vor »Kränkungen«. Seine Absicht, die weltliche Macht der Bischöfe zu erhalten, kann er jedoch nur auf dem Papier durchsetzen. Da sich sein Erzbistum Mainz in französischem Besitz befindet, werden seine Würden als Kurfürst, Reichserzkanzler, Metropolitan-Erzbischof und Primas von Deutschland auf die Domkirche von Regensburg übertragen. Er ist so am Tagungsort der Reichsdeputation präsent. Dalberg sieht sich als Repräsentant und Beschützer der deutschen Reichskirche. Die dabei praktizierte Anlehnung an Napoleon bringt ihm zwangsläufig auch Anfeindungen ein. Eine Neuordnung der Kirche Deutschlands gelingt ihm weder jetzt noch nach dem Beitritt zum Rheinbund (1806). Als Kaiser Franz II. in Reaktion auf die Unterzeichnung des Rheinbundes das Heilige Römische Reich für aufgelöst erklärt, muß sich Dalberg mitschuldig fühlen. Als einziger geistlicher Reichsfürst kann er seine weltliche Herrschaft bis zum Sturz Napoleons aufrecht erhalten.

AK Konstanz 1989, S. 185, Nr. 2.1.19; AK Mainau 1991, S. 243 f, Nr. II.C.2

III. 18 Andreas Freiherr von Hebenstreit, seit 1780 letzter bischöflicher Hofkanzler des Bistums Konstanz (bis 1802)

wohl Meersburg, um 1780
Öl auf Leinwand, 57,2 × 43,7 cm (o.R.)
Rosgartenmuseum Konstanz M 57

AK Konstanz 1989, S. 221f, Nr. 2.2.17

Pröpste und Dekane

III. 19 Clemens Wenzeslaus, Herzog von Sachsen (1739–1812), letzter Fürstbischof von Augsburg (1768–1812), seit 1787 letzter Fürstpropst von Ellwangen

Augsburg (?), Ende des 18. Jhs.
Öl auf Leinwand, 144 × 118 cm (o.R.)
Zisterzienserinnenabtei Lichtenthal Baden-Baden

Raab 1962; AK Stuttgart 1987, Nr. 366; Gatz 1990, S. 388–391; Rolle 1991, S. 109–142

III. 20 Johann Gottfried Lothar Franz Freiherr von Greiffenklau zu Vollrath († 1805), letzter Dekan des Ritterstifts Comburg

nach 1771
Öl auf Leinwand, 98 × 76 cm (m.R.)
SSG

AK Schwäbisch Hall 1989, Nr. 112

III. 14

III. 20

Äbtissinnen und Äbte

III. 21 Porträts aus der Äbtereihe der Benediktiner-Reichsabtei Zwiefalten

Johann Jüngling, Josef Ignaz Wegscheider (1704–1758/60), u.a., überwiegend um 1615
Tempera auf Leinwand, jeweils 142 × 103 cm (m.R.)
SSG

Die gesamte Reihe umfaßt 48 Äbte und endet mit Nikolaus II. († 1787), dem vorletzten Prälaten.

KDM Münsingen 1926, S. 160

III. 22 Maria Johanna Baptista Freifrau von Zweyer (1752–1807), seit 1799 letzte Äbtissin des Zisterzienserinnenklosters Wald

Oberschwaben/Hohenzollern, um 1800
Öl auf Leinwand, 98 × 78 cm (m.R.)
Fürstlich Hohenzollernsche Sammlungen Sigmaringen (Kloster Wald)

Genzmer 1948, S. 434

III. 23 Rupert Ehrmann († 1811), seit 1784 letzter Abt der Benediktiner-Reichsabtei St. Georg in Isny

Oberschwaben/Allgäu, Ende des 18. Jhs.
Öl auf Leinwand, 75 × 56 cm (m.R.)
Privatbesitz

Eisele 1967, S. 185–221; Reinhardt 1996, S. 78

III. 24 Maria Antonia Thekla Trück (1739–1808), seit 1775 letzte Äbtissin des Zisterzienserinnenstiftes Lichtenthal

Vermutlich Friedrich Koch (1771–1832)
Anfang des 19. Jhs.
Öl auf Leinwand, 138 × 109 cm (m.R.)
Zisterzienserinnenabtei Lichtenthal Baden-Baden

AK Karlsruhe 1995, S. 357 u. Abb. 233

III. 22

III. 23

Ill. 24

Ill. 25 Maria Juliana Maier (1751–1826), seit 1796 letzte Äbtissin der Zisterzienserinnen-Reichsabtei Rottenmünster
Rottweil, um 1800
Öl auf Leinwand, 139 × 112,5 cm (m.R.)
Vinzenz von Paul Hospital Rottenmünster

Ill. 26 Maria Anna Vogel (1752–1835), seit 1792 letzte Äbtissin der Zisterzienserinnen-Reichsabtei Heggbach
Oberschwaben, Anfang des 19. Jhs.
Öl auf Leinwand, 101 × 71,5 cm (m.R.)
Heggbacher Einrichtungen St. Elisabeth Stiftung Maselheim

Die Äbtissin reagiert fatalistisch auf die Besitzergreifung: »Gewalt geht über Recht! Der Herr hat's gegeben, der Herr hat's genommen. Der Herr kann's wiedergeben. Gepriesen sei der Name des Herren!«

Beck 1980, S. 89–103; Hutzel 1993, S. 62ff

Ill. 25

Ill. 26

Ill. 27 Romuald Weltin (1723–1805), seit 1767 letzter Abt der Benediktiner-Reichsabtei Ochsenhausen

Sign.: »Stephan Bildstain, 1780.«
Öl auf Leinwand, 112 × 96 cm (m.R.)
Kath. Kirchengemeinde Ochsenhausen

AK Ochsenhausen 1984, S. 144; AK Ochsenhausen 1995, Nr. 18

Ill. 28 Siard Berchtold (1738–1816), seit 1792 letzter Abt der Prämonstratenser-Reichsabtei Schussenried

Schussenried, Ende des 18. Jhs.
Öl auf Leinwand, 93 × 71 cm (m.R.)
SSG BC-Sch. 26

Kaufmann 1985, S. 193–206

Ill. 29 Caspar Oexle (1752–1820), seit 1802 letzter Abt der Zisterzienser-Reichsabtei Salem

Überlingen, 1802
Bez.: »Caspar Oexle/S.R.I. Prael./Abb. Sal./1802.«
Öl auf Leinwand, 71,5 × 52,5 cm (m.R.)
Stadtverwaltung Überlingen

Schmid II 1980, S. 30; Lauterer 2000, S. 31–36; AK Salem 2002, S. 26f u. S. 100, Nr. II.12

Ill. 30 Berthold Rottler (1748–1826), seit 1801 letzter Abt der Benediktinerabtei St. Blasien (bis 1807)

Schwarzwald, Anfang des 19. Jahrhunderts
Öl auf Leinwand, 135 × 105 cm (m.R.)
Kath. Pfarramt St. Blasien

AK St. Blasien 1983, S. 379; AK St. Paul im Lavanttal 1991, S. 324f

Ill. 27

Ill. 28

Ill. 31

Ill. 33

Ill. 31 Anselm Rittler (1737–1804), seit 1784 letzter Abt der Benediktiner-Reichsabtei Weingarten
Oberschwaben, um 1800
Öl auf Leinwand, 149 × 93 cm (m.R.)
SSG

Spahr 1956, S. 126–136; AK Weingarten 1994, S. 98, Nr. I 54

Ill. 32 Bonaventura Brehm (1755–1818), seit 1794 letzter Abt der Prämonstratenser-Reichsabtei Weissenau
Oberschwaben, um 1800
Öl auf Leinwand, 103 × 78,5 cm (m.R.)
SSG

Ill. 33 Josef Keller († 1808), seit 1786 letzter Abt der Benediktiner-Reichsabtei Petershausen
Konstanz, Ende des 18. Jahrhunderts
Öl auf Leinwand, 84 × 68 cm (o.R.)
Rosgartenmuseum Konstanz M 76

AK Konstanz 1983, S. 39

Ill. 34 Friedrich Walter († 1841), seit 1802 letzter Abt der Prämonstratenser-Reichsabtei Marchtal
Oberschwaben, 1802
Öl auf Leinwand, 120,5 × 94,5 cm (m.R.)
Diözesanmuseum Rottenburg a.N.

Erzberger 1902, S. 350 u. 353ff

Insignien geistlicher Würdenträger

III. 35 Abtsstab aus dem Benediktinerkloster Neresheim

18. Jhdt.
Brasilianisches Schlangenholz, Messing versilbert, H. 179 cm
Benediktinerabtei Neresheim

Michael Dobler, Reichsprälat und letzter Abt des Benediktinerklosters Neresheim, muß im Verlauf der Säkularisation seinen »silbernen Abtsstaab« an das Haus Thurn und Taxis abgeben. Für »Glockenweyhungen« und andere feierliche Gelegenheiten benutzt er den in Neresheim belassenen »alten, von Holz gemachten Abts-Staab« aus kostbarem Schlangenholz.

Weißenberger, Paulus, Der Abtsstab des letzten Reichsprälaten von Neresheim. In: Jahrbuch des Historischen Vereins Dillingen an der Donau, Jhg. 85, 1983, S. 205–207

III. 36 Stuhl des Abtes Hieronymus Lindau (1708–1719) aus der Benediktiner-Reichsabtei Ochsenhausen

Oberschwaben, 1708–1719
Holz, Silberbeschläge, Samt, 97 × 70 × 70 cm
Kath. Kirchengemeinde Ochsenhausen

III. 36

III. 35

Ill. 37

Ill. 38

Ill. 37 Äbtissinnenstab aus dem Zisterzienserinnenkloster Heiligkreuztal
1. Hälfte 18. Jhdt.
Geschnitztes Holz, Stuck, farbige Glassteine, 196 × 22 cm
Kath. Kirchengemeinde Altheim/ Gemeinde Altheim

Ill. 38 Mitra eines Abtes
Süddeutschland/Oberschwaben, um 1740
Seide, bunte, goldene und silberne Stickfäden, Goldborten, Goldfransen, 40 × 34,4 cm
Kath. Kirchengemeinde Bad Schussenried

Im Angesicht der drohenden Säkularisation

Ill. 39 »Der schwäbische Feuerhauptmann mit seinem Löschzeuge«

(Augsburg) 1801
Druck auf Papier, 16,8 × 10,8 cm
WLB Kirch.R.oct. 353

»Der schwäbische Feuerhauptmann mit seinem Löschzeuge, das ist: Mit der Frage: Was von den Kirchengütern überhaupt; Was von den Klostergütern insbesondere; Was von der Säkularisation dieser und jener zu halten sey.« Hinter dem langatmigen Titel verbirgt sich ein Pamphlet, das die Rechtmäßigkeit kirchlichen, besonders klösterlichen Besitzes nachzuweisen sucht. In historischer Perspektive hebt der unbekannte Autor die Leistungen der Mönche hervor, die »durch unermüdeten Fleiß und Arbeit« die Kultivation des Landes betrieben hätten. Die Vorrede hebt an: »Wo denkt dieser feurige Ritter hin, daß er mit seinen Feuerhacken, Feuerkibeln, Feuerspritzen und anderm Löschzeuge daher zur Hülfe eilet, da das ganze Haus schon im Brande, ja im Beginne ist, in Schutt und Graus niederzusinken?«

Ill. 40 »Der helvetische Feuerhauptmann«

1802
Druck auf Papier, 17,2 × 10,75 cm
WLB Kirch.G.oct.2170

Im Titel gibt sich der anonyme Autor als »ein besonderer Freund des schwäbischen« Feuerhauptmanns zu erkennen, womit die Stoßrichtung von vorneherein klar ist. Auch in der Schweiz wird über die Rechtmäßigkeit der dort einsetzenden Säkularisation nachgedacht – 1798 ist das Land zur von Frankreich abhängenden Helvetischen Republik geworden.

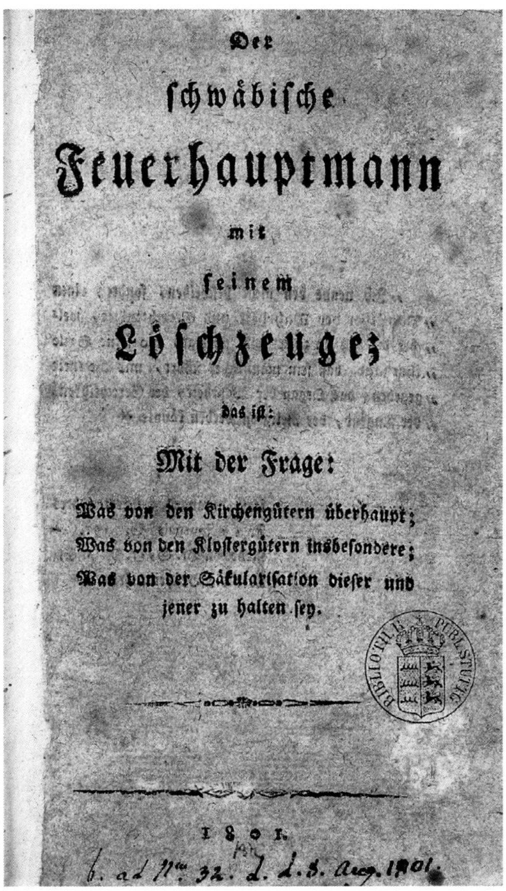

Der schwäbische Feuerhauptmann mit seinem Löschzeuge; das ist: Mit der Frage: Was von den Kirchengütern überhaupt; Was von den Klostergütern insbesondere; Was von der Säkularisation dieser und jener zu halten sey.

1801.

Ill. 39

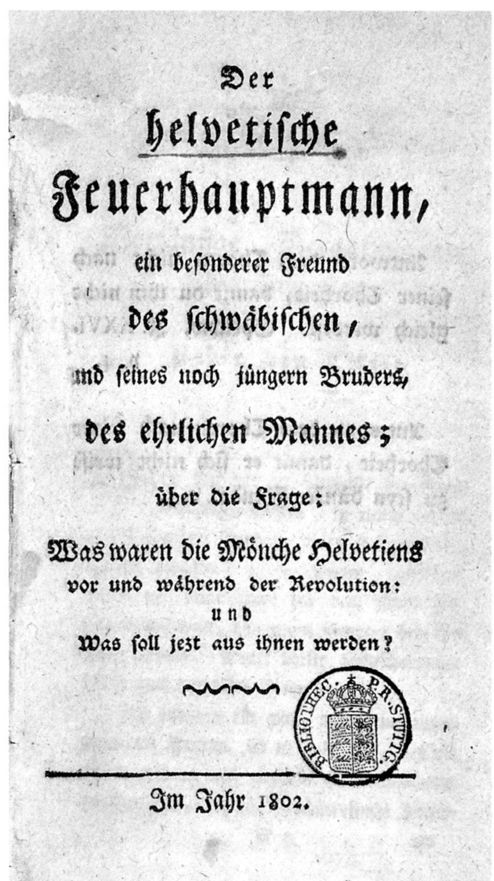

Der helvetische Feuerhauptmann, ein besonderer Freund des schwäbischen, und seines noch jüngern Bruders, des ehrlichen Mannes; über die Frage: Was waren die Mönche Helvetiens vor und während der Revolution: und Was soll jezt aus ihnen werden?

Im Jahr 1802.

Ill. 40

III. 41 Feuerwehrspritze aus der Benediktiner-Reichsabtei Petershausen

18. Jahrhundert
Holz, Metall
150 × ca. 500 × 135 cm
Privatbesitz

Die Feuerspritze stammt nach Ausweis des angebrachten Wappens aus dem Benediktinerkloster Petershausen. Sie steht hier zum einen für die Fortschrittlichkeit mancher Klöster auf dem Gebiet der Landesfürsorge, zum anderen sinnbildhaft für die relativ seltenen Versuche, den bevorstehenden Flächenbrand in der Klosterlandschaft durch entsprechende »Feuerwehr-Pamphlete« löschen zu helfen.

Die Säkularisation

III. 42 Karte: Neue Herren nehmen von ihren Entschädigungsgebieten Besitz – Die säkularisierten und mediatisierten Herrschaftsgebiete um 1803

Die territorialen Besitzungen geistlicher Landesherren und der Reichsstädte gehen an neue, teilweise auswärtige, weltliche Herren über. *I.G.*

Besitzwechsel

Im zweiten Entschädigungsplan, der am 8. Oktober 1802 der Reichsdeputation vorgelegt wird, hat Frankreich die territoriale Kompensation für seine Verbündeten bestimmt. Württemberg und Baden beginnen die ihnen zugewiesenen Entschädigungsländer umgehend in Besitz zu nehmen. Die Entschädigungen für die Reichsgrafen hingegen müssen erst noch ermittelt werden. Württemberg und Baden setzen deshalb eine Kommission mit Sitz in Ochsenhausen ein. Der ehemalige Kanzler des Klosters, Joseph von Schott, ist der Oberadministrator sämtlicher Entschädigungsländer und führt die Geschäfte rasch durch. Die Kommission nimmt die Entschädigungsgebiete vorläufig in Besitz, verschafft sich einen Überblick über die wirtschaftliche Situation der säkularisierten Klöster und vergleicht diese mit den von den Reichsgrafen angegebenen Verlusten. Ihr Ziel ist es, das Vermögen und die Vorräte nach Möglichkeit zusammenzuhalten und Verschleuderungen zu verhindern. Nahezu gleichzeitig lassen auch schon die Reichsgrafen selbst ihre Entschädigungsländer in Besitz nehmen.

Die Besitzergreifung, mit der ein ehemals reichsunmittelbares Kloster in den Besitz eines weltlichen Herren übergeht, erfolgt in mehreren Etappen. Schon zu Ende des Jahres 1802 finden militärische oder vorläufige Besitzergreifungen statt. Militär zieht in die Klöster ein, das Besitzergreifungspatent wird vorgelesen und angeschlagen. Die Kommissäre beginnen mit der Inventarisierung und einem Kassensturz in der übernommenen Einrichtung. Es folgt die Zivilbesitzergreifung als derjenige Akt, mit dem der Besitz formell in das Eigentum des neuen Herrn übergeht. Die Klosterbeamten werden durch Kommissäre ihres Treueeides gegenüber der bisherigen geistlichen Herrschaft entbunden und auf die neuen Herrn vereidigt. Später müssen dann alle Untertanen der ehemaligen Klosterherrschaft den neuen Herren huldigen. So werden noch vor der Ratifikation des Reichsdeputationshauptschlusses am 25. Februar 1803 Tatsachen geschaffen.

Erzberger 1902, S. 36–50

Die säkularisierten und mediatisierten Herrschaftsgebiete um 1803

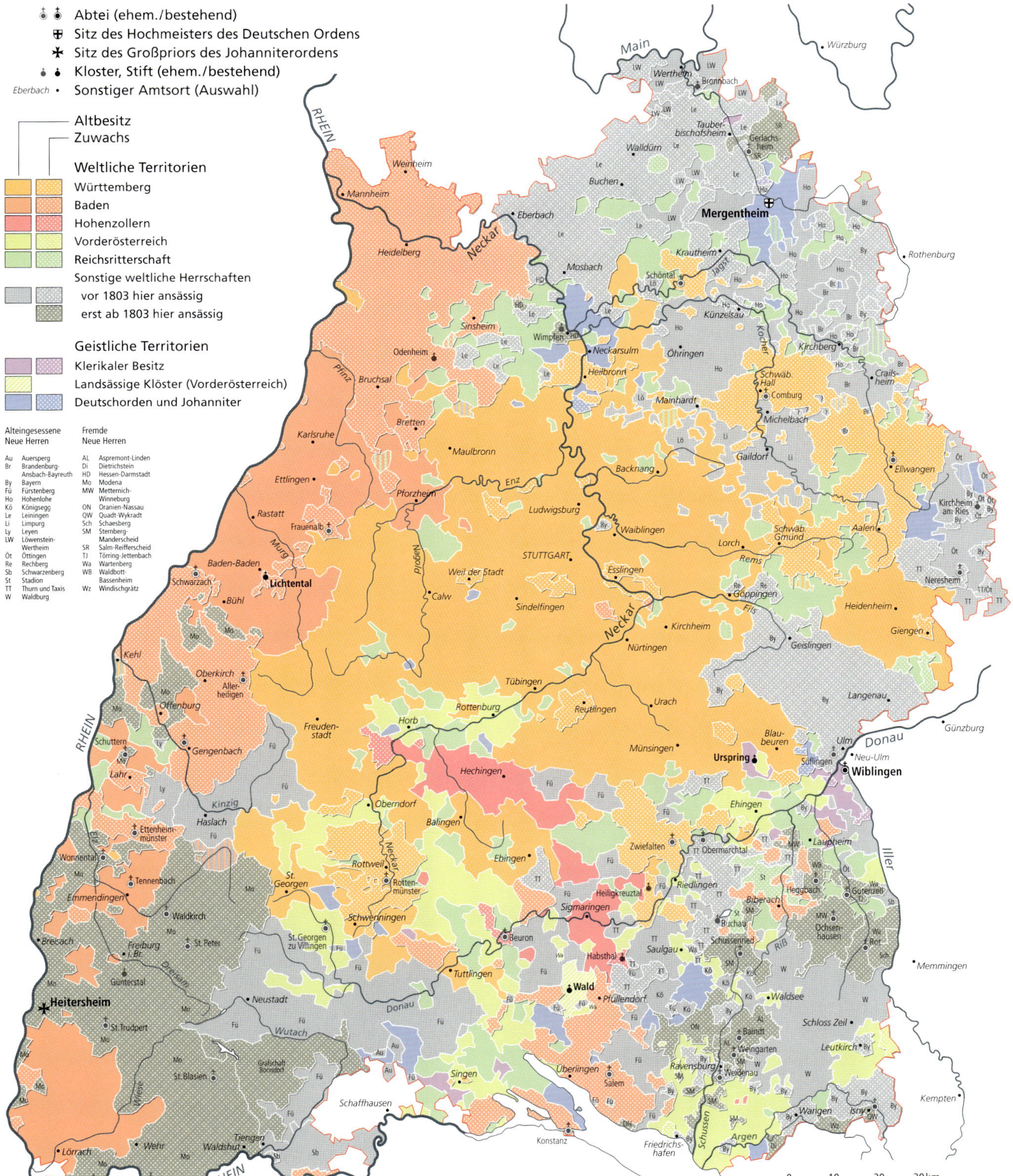

Grundlage:
Historischer Atlas von Baden-Württemberg, Stgt. 1972-1988

III. 42

Ill. 43 »Der Entschädigungs-Baum, vulgo – Säcularisationen«

Friedrich Ludwig Neubauer (1767–1828)
Frankfurt, um 1803
Sign.: »FLNfec«
Radierung, 49,5 × 34,5 cm (m. R.)
Germanisches Nationalmuseum Nürnberg, HB 50280, Kps. 1315

An dem Baum, dessen Äste als Früchte die Köpfe geistlicher Herren tragen, machen sich hämisch grinsende Gestalten mit Dreispitzen zu schaffen. Trotz der Proteste der Gruppe am rechten Bildrand tragen sie ihre Beute davon. Soeben fällt das Kreuz im Wipfel herunter.

AK Benediktbeuren 1991, S. 302f

Die Kommissäre – Ausführende der Besitzergreifung

Die Kommissäre der neuen Herren führen die Besitzergreifung in den Klöstern durch. Es sind Beamte, die bereits im Dienste der Fürsten und Grafen stehen und meist in der Nähe der Entschädigungsgebiete amtieren.

Ill. 44 Badischer Besitznahmekommissär im Benediktiner-Reichsstift Gengenbach und in der Benediktinerabtei Ettenheimmünster: Landvogt Adam Franz Xaver Freiherr von Roggenbach (1750–1830)

Nicolas Lejeune (um 1750–?)
Sign. und dat.: »N las Lejeung p xit 1779«
Öl auf Leinwand, 87 × 72,5 cm
Freiherr von Gayling'sche Verwaltung Freiburg im Breisgau 11P/61

Schmid 1980, S. 214, 222

Ill. 43

Ill. 44

Ill. 45 Württembergischer Besitznahmekommissär in der Zisterzienserinnen-Reichsabtei Rottenmünster und im Zisterzienserinnenkloster Heiligkreuztal: Regierungsrat Ferdinand August Heinrich von Weckerlin (1767–1828)

Lithographie, 33,5 × 24 cm
WLB Graphische Sammlung

Während die provisorische und endgültige Besitznahme Rottenmünsters ohne Schwierigkeiten verlaufen, scheitert Weckerlin in Heiligkreuztal. Das kaiserliche Oberamt in Stockach protestiert gegen die vorläufige Besitzergreifung, da das Kloster ein österreichischer Landstand sei. Erst 1804 kann Württemberg eine Besitznahme durchsetzen.

Erzberger 1902, S. 238ff, 248ff

Besitzergreifungspatente

Jeder Besitzwechsel eines Grund- oder Landstücks erfordert in der frühen Neuzeit eine schriftliche Bekanntmachung. Die in reicher Zahl erhaltenen Besitzergreifungspatente der Jahre 1802 bis 1806 stehen somit in der Verwaltungstradition, zeugen aber von gewaltigen territorialen Umwälzungen.

Ill. 46 Württembergisches Besitzergreifungspatent für das Gebiet der Fürstpropstei Ellwangen

Ludwigsburg, 23. November 1802
Druck auf Papier, ca. 43 × 33,8 cm

StA Ludwigsburg B 389 Bü 562

Ill. 47 Vorläufiges badisches Besitznahmepatent

Karlsruhe, 16.9.1802
Druck auf Papier, 42 × 38 cm
GLA 95/1068 fol. 15

Das Besitznahmepatent beruft sich auf die Regelungen des Friedens von Lunéville und die bereits zu ersten Ergebnissen gelangten Beratungen der Reichsdeputation in Regensburg. Es soll in den Baden zugesprochenen Gebieten, Stiften und Klöstern angeschlagen werden um diese, bis zur endgültigen Regelung durch den Reichsdeputationshauptschluß, in Besitz zu nehmen.

Ill. 48 Fürstlich Oranisch-Nassauisches Patent zur Besitzergreifung des Benediktinerklosters Weingarten

Oranienstein, 2. 10. 1802
Druck auf Papier, 35,7 × 21,5 cm

HStA B 458, Bü 5

Ill. 49 Besitzergreifungspatent des Fürsten zu Löwenstein-Wertheim-Rosenberg für bischöflich-würzburgische und -mainzische Orte sowie die Zisterzienserabtei Bronnbach

Heubach, 15. 10. 1802
Druck auf Papier, 34 × 43 cm

StA Wertheim RA 52 Nr. 447

III. 50 Ankündigung der provisorischen Zivilbesitznahme des Augustinerchorherrenstiftes Beuron durch den Fürsten von Hohenzollern-Sigmaringen

Sigmaringen, 19.10.1802
Papier, 31,2 × 19,8 cm

StA Sigmaringen Dep. 39 Beuron R. 151,11

III. 51 Endgültiges badisches Besitznahmepatent

Karlsruhe, 19. 11. 1802
Druck auf Papier, 44,5 × 39,5 cm
GLA 48/5669 fol. 16

Wie das vorläufige ist auch das endgültige Besitznahmepatent Badens allgemein gehalten. Es bezieht sich nicht auf ein bestimmtes Kloster oder eine Stadt, sondern zählt sämtliche Entschädigungsländer auf.

III. 52 Besitzergreifungspatent der badischen Markgrafen Friedrich und Ludwig August für die Reichsprälaturen Salem und Petershausen

Karlsruhe, 22.11.1802
Druck auf Papier, 34,5 × 43 cm
GLA 98/1550.

III. 53 Blankoformular eines Besitzergreifungspatents des Fürsten zu Löwenstein-Wertheim-Rosenberg

Heubach, 23.11.1802
Druck auf Papier, 34 × 43 cm

StA Wertheim RA 52 Nr. 44

III. 54 Besitzergreifungspatent des Fürsten Metternich für das Benediktinerkloster Ochsenhausen

Regensburg, 20.2.1803
Druck auf Papier, Lacksiegel, 37,7 × 45,6 cm

HStA B 481 Bü 19

Neue Wappen an alten Klöstern

An die Stelle der alten Klosterwappen an Toren, Prälaturen oder Kirchenfassaden treten die heraldischen Symbole der neuen Herren. Durch deren Anbringung wird die Besitzergreifung zeichenhaft dokumentiert.

III. 55 Wappen der neuerrichteten Grafschaft Salem

Salem, 1802/03
Eichenholz, gefaßt, 167 × 126 × 14 cm
Privatbesitz

Eine Weinrebe und ein Eichenzweig umkränzen den gespaltenen Schild, der auf der einen Seite das badische Wappen und auf der anderen den Löwen mit Abtsstab und dem Buchstaben S für Salem zeigt. Dieses Wappen dokumentierte am Prälaturgebäude in Salem den Übergang des Klosters an das Haus Baden.

AK Salem 2002, Nr. IX.11

III. 56 Wappen des Fürstenhauses Thurn und Taxis vom Tor des säkularisierten Prämonstratenserklosters Marchtal

um 1803
Holz, farbig gefaßt, ca. 155 × 133 cm
Bischöfliches Ordinariat Rottenburg a.N. 00827

III. 56

Ill. 55

Ill. 57

Ill. 58

Ill. 59

Ill. 57 Abgerissene Beschlagnahmetafel mit württembergischem Wappen vom säkularisierten Benediktinerinnenkloster in Amtenhausen

1805
Öl auf Blech, 33 × 24,5 cm
Fürstlich Fürstenbergisches Archiv Donaueschingen C. I. Da. Fasz. 3

Im Dezember 1805 will Kurfürst Friedrich von Württemberg das bereits 1803 von Fürstenberg säkularisierte Kloster in Besitz nehmen und läßt ein Besitzergreifungspatent nebst Wappentafel anbringen. Der Fürstenbergische Burgvogt von Amtenhausen läßt beides entfernen und eine fürstenbergische Wappentafel anbringen (vgl. unten). Später fällt das Kloster an Baden.

AK Stuttgart 1987, Bd. 1,1, Nr. 258

Ill. 58 Fürstlich Fürstenbergische Wappentafel vom säkularisierten Benediktinerinnenkloster in Amtenhausen

Donaueschingen, um 1805
Öl auf Blech, 31,5 × 23,4 cm
Fürstlich Fürstenbergisches Archiv Donaueschingen C. I. Da. Fasz. 3

AK Stuttgart 1987, Bd. 1,1, Nr. 259

Ill. 59 Württembergische Hoheitstafel

1806
Öl auf Blech, 31 × 24 cm
StA Sigmaringen Ho 80 Pak 156

Zwischen dem Preßburger Frieden (26. 12. 1805) und dem Abschluß des Rheinbundes (12. 7. 1806) versucht Kurfürst Friedrich von Württemberg sein Hoheitsgebiet weiter auszudehnen und läßt in hohenzollerischem Gebiet Wappentafeln anschlagen. Auf Befehl des französischen Militärs werden sie wieder entfernt.

Papier, Papier, Papier – Die Inventarisierung des Klosterbesitzes

Die Archive sind voll von Material über die Besitzergreifung der Klöster durch die neuen Herren. Die Kommissäre haben zunächst ein vollständiges Inventar über die im Kloster befindlichen Gegenstände zu erstellen. Die Aufstellungen geben deshalb Aufschluß über die Finanzsituation, die Kirchenschätze, aber auch über Alltagsgegenstände bis hin zur Anzahl der Nachttöpfe. Vor allem werden natürlich die Wertgegenstände akribisch verzeichnet – zunächst in den Inventaren der einzelnen Klöster und dann in den zentralen Sammelstellen, an denen zahllose Kelche, Monstranzen und liturgische Gewänder zusammenkommen. Der Herzog von Württemberg läßt die Edelmetalle nach Ludwigsburg bringen, wo vieles eingeschmolzen und in Münzen oder Tafelsilber umgearbeitet wird. Die kostbaren Stoffe gelangen nach Stuttgart ins Alte Schloß, wo sie zum Verkauf angeboten werden. Genauso führen Versteigerungen und Verkäufe in den Klöstern selbst zur Erstellung zahlreicher Listen und Protokolle.

III. 60 Inventar des Zisterzienserinnenklosters Heggbach

Heggbach, 27.–30.11.1802
Tinte auf Papier, 35,1 × 22,35 cm
StA Sigmaringen Wü 641/1 Bü 404

»Reichs Stift Heggbachisches Verzeichniß über den Bestand an Geld, Activ-Capitalien, Geld-Exstantica, Vorräthig= und Ausständigen Früchten, allem Vieh, wie auch der vorzüglichen Geräthschaften und Kirchen Behörden und Häußlichen Einrichtungen, welches zusammen getragen und beschrieben worden.«

III. 61 Inventar über das Vermögen des Zisterzienserinnenklosters Lichtenthal

1.12.1802
Tinte auf Papier,
34 × 21 cm
GLA 35/73

In diesem bei der Säkularisation Lichtenthals durch Baden erstellten Inventar werden verzeichnet: die Liegenschaften in Lichtenthal selbst und auswärts, ebenso Eigenbau- und Erblehnhöfe, Gerechtsame des Klosters (Kirchen, Zehnten, Zinse, Renten, Schäfereien etc.). Daneben gibt es Aufstellungen über Silber, Kirchengeräte, Weiß- und Bettzeug, Geschirr und sonstigen Hausrat sowie über Archiv und Bibliothek, außerdem über Barvermögen, Kapitalien und Schulden.

AK Karlsruhe 1995, Nr. 235

III. 62 Verzeichnis des Silbers im Ritterstift Comburg

20. 1. 1803
Tinte auf Papier, 34 × 21,25 cm
HStA A 15, Bü 19

III. 63 Reskript Friedrichs II. über die Entsendung aller Wertgegenstände des Chorherrenstifts Ellwangen

Stuttgart, 21.1.1803
Tinte auf Papier, 32 × 20 cm
StA Ludwigsburg D 22 Bü 5

III. 64 Verzeichnis von Gold und Silber aus dem Benediktinerkloster Zwiefalten

Ludwigsburg, 7.2.1803
Tinte auf Papier, 33,4 × 21,8 cm
HStA A 15, Bü 20

III. 65 »Verkauf=Protocoll über sämtliche reichen Stoffe«

Stuttgart, 2.5.1803
Tinte auf Papier, 33,3 × 20,6 cm
HStA A 15, Bü 20, III, Nr. 16

»Stuttgardt Taxatorisches Inventarium und Verkauf=Protocoll über sämtliche reiche Stoffe, Damast, Seiden, Leinwand und andere Zeuge etc. etc. Gold- und silberne Borten, Franzen, Spizen, Quasten. Actum in dem Churfürstlichen Alten Schloß, den 2ten et seqq: Maii 1803«.

III. 66 Protokoll über die Versteigerung der beweglichen Güter des Benediktinerinnenklosters Frauenalb

6.6.1803
Tinte auf Papier, 34,5 × 22 cm
GLA 88 / 958 fol. 1r–42r

III. 67 Mitteilung Friedrichs II. an den Landvogt von Ellwangen, zu beschlagnahmende Gemälde für die kurfürstliche Galerie betreffend

Stuttgart, 16.2.1804
Tinte auf Papier, 32 × 20 cm
StA Ludwigsburg D 22 Bü 28

AK Stuttgart 1987, Bd. 1.1, Nr. 374

III. 68 Verzeichnis der versteigerten Möbel, Gemälde und anderer Gegenstände aus dem Augustinerchorherrenstift Beuron

Beuron, 4.10.1804
Tinte auf Papier, 35,5 × 49 cm
StA Sigmaringen Dep. 39 Beilage zur 3. Beuroner Amtsrechnung 1804–05, Protokoll

AK Beuron 1988, Nr. 74

III. 69 Unterlagen über den Verkauf der Kirchenornate des Augustinerchorherrenstiftes Beuron

Beuron, 1804
Tinte auf Papier, 35 × 22,5 cm

StA Sigmaringen, Dep. 39 Beuron 78,144 (1804)

III. 70 Verzeichnis von Büchern, die vom Benediktinerkloster Zwiefalten an die Ellwanger Zentralbibliothek abgegeben werden müssen

Zwiefalten, 1805
Tinte auf Papier
35,5 × 23 cm
WLB, HB XV 121

Der Aufbau einer Zentralbibliothek in Ellwangen beginnt 1802 mit den Ellwanger und Schöntaler Beständen. Noch während der Übersendung der Zwiefaltener Bücher fällt der Entschluß, die Zentralbibliothek mit der Königlich öffentlichen Bibliothek in Stuttgart zu vereinigen.

Hummel, Heribert, Eine Zwiefalter Bibliotheksgeschichte. In: Fs. Zwiefalten 1989, S. 101–121, hier S. 119 f

III. 71 Möblierung und Wäschevorrat einer Nonnenzelle im Zisterzienserinnenkloster Wald

1806
Tinte auf Papier, 34,0 × 20,5 cm
StA Sigmaringen, DS 151,14

AK Aachen 1980, S. 696–697, Kat.-Nr. J 13

Pensionen und Abfindungen

Nicht nur das Inventar, auch die Kloster- und Stiftsangehörigen werden in Listen erfaßt, die auch das Alter und die körperliche Verfassung festhalten. Es geht darum, die Folgekosten zu ermitteln, die durch die Zahlung von Pensionen und Abfindungen auf die neuen Herren zukommen. Diese sind zwar im Reichsdeputationshauptschluß festgelegt, werden jedoch häufig, vor allem in Württemberg, unterschritten. Selbstverständlich liegen auch die Berechnungen über diese Zahlungen in Listenform vor. Aus ihnen geht hervor, daß die ehemaligen Prälaten, Äbte und Äbtissinnen deutlich höhere Pensionszahlungen erhalten als die einfachen Konventualen oder Nonnen. Meist werden ihnen standesgemäße Residenzen – oft Sommersitze oder klösterliche Stadthöfe – zugewiesen. Die übrigen Konventualen erhalten, wenn sie nicht als Pfarrer oder anderweitig tätig sind, geringere Pensionen. Frauenkonvente bleiben oft zusammen und verzehren gemeinsam ihre Pensionszahlungen aus dem »Aussterbeetat«. Alte und gebrechliche Mönche werden in Aussterbeklöstern oder »Krepieranstalten« zusammengelegt.

III. 72 Pensionen für Exkonventualen des Augustinerchorherrenstiftes Beuron

Sigmaringen, 2.12.1802
Tinte auf Papier, Lacksiegel, 31,2 × 40 cm
StA Sigmaringen Dep. 39 Beuron R. 151,11

III. 73 Abfindung der Klosterfrauen des Augustinerchorfrauenstiftes Inzigkofen

Inzigkofen, 10./11.12.1802
Tinte auf Papier, Lacksiegel, 35,8 × 22,9 cm
StA Sigmaringen Dep.Fürstl.Hohenz. Haus- u. Domänenarchiv, DS 151,8

III. 74 Vertrag über das Weiterbestehen der Klostergemeinschaft im säkularisierten Reichsstift Salem

Salem, 24.12.1802
GLA 4/74

Wie Petershausen soll das an die badischen Prinzen Friedrich und Ludwig gefallene Salem über die Säkularisation hinaus als Stätte des Gebets und der Wissenschaften weiterbestehen. Unter dem Eigentumsvorbehalt der Prinzen leitet Abt Caspar Oexle weiterhin das Kloster und seine wirtschaftlich vorbildliche Verwaltung. Der Abt selbst meint, nach dem Verlust seiner weltlichen Herrschaft ungestört seinen religiösen Aufgaben nachgehen zu können. Novizen dürfen nicht mehr aufgenommen werden – der Vertrag illustriert den seltenen Fall der schonenden Auflösung einer bedeutenden geistlichen Institution. Allerdings werden die Bestimmungen schon bald von den Prinzen zurückgenommen.

AK Salem 2002, Nr. XI.1, S. 63

III. 75 Personalstand des Zisterzienserklosters Schöntal zur Zeit der Säkularisation

1803
Tinte auf Papier, 32 × 20,3 cm
HStA A 15, Bü 48

Huldigungen für die neuen Herren

Während ernsthafte Proteste gegen die Besitzergreifung nur äußerst selten vorkommen, sind Huldigungen an die neuen Landesherren die Regel. Die Untertanen begrüßen feierlich die neue Herrschaft, erkennen den Übergang vom geistlichen zum weltlichen Landesherren an und versuchen, ihn sich gewogen zu machen. Vom einfachen Untertan über die Beamtenschaft bis zu ehemaligen Klostervorständen können alle Bewohner der Entschädigungsländer an den Zeremonien teilnehmen. Gelegentlich werden Medaillen zur Erinnerung an die Huldigung geprägt. Nicht selten gehört in den Rahmen der Herrschaftsübernahme ein Fest mit der Aufführung von Gesängen und Kantaten.

III. 76 Entwürfe für Ehrenpforten zum Empfang Friedrichs II. von Württemberg in Ellwangen

Sig. »Vogelmann«
Wasserfarbe auf Papier, 28,5 × 44 cm
StA Ludwigsburg D 22 Bü 35

III. 77 Entwurf für eine Ehrenpforte zum Empfang Friedrichs II. in Ellwangen

Josef Wintergerst (1783–1867)
Tinte und Wasserfarbe auf Papier, 42,7 × 33,1 cm
Schloßmuseum Ellwangen 89/1177

III. 78 »Die Hariolphiden«, Kantate dargebracht von den Bewohnern Ellwangens für Kurfürst Friedrich II. von Württemberg

Ellwangen, 22.7.1803
Tinte auf Papier, 20,6 × 16,3 cm
StA Ludwigsburg D 1 Bü 39

Die ehemalige Fürstpropstei Ellwangen ist der größte und reichste geistliche Besitz, der Württemberg im Rahmen der Säkularisation zufällt. Anläßlich der Huldigung für Friedrich II. finden ein ländliches Fest, eine »Illumination« und ein feierliches Pontifikalamt statt. In einem eigens komponierten Singspiel tritt sogar Hariolf, der Gründer des 1460 in ein Chorherrenstift umgewandelten Benediktinerklosters auf. Ihn scheint es nicht zu stören, daß Friedrich das Stift schon Ende des Jahres 1802 aufgehoben hat – überschwenglich begrüßt er den neuen weltlichen Herrscher: »Sei gesegnet schöne Stunde, die an Württemberg uns band!«

AK Stuttgart 1987, Bd. 1,1, Nr. 371

III. 79 Kantate zur persönlichen Besitzergreifung des Prämonstratenserklosters Schussenried durch Graf Franz von Sternberg

Schussenried, 23.5.1803
Druck auf Papier, 11,3 × 18,2 cm
Nationalmuseum Prag (Národni muzeum Praha 1) Manderscheid-Blankenheim 114 Bl. 2–5

III. 80, III. 81 Zwei Medaillen auf die Huldigung von Meersburg, der ehemaligen Residenz des Konstanzer Bischofs, an Kurfürst Karl Friedrich von Baden

1803
Silber und Gold, Dm. 3,5 cm
BLM

AK Stuttgart 1987, Bd. 1,1, Nr. 34

III. 82 Huldigungsschrift der Frauen des Dominikanerinnenklosters Löwental am Tage der Übergabe an König Friedrich I. von Württemberg

Löwental, 4.6.1806
Druck auf Papier, Seide, aufgeklebte Federzeichnung, 25 × 19,5 cm
HStA E 147, B. 615

Die neuen Herren des ehemals geistlichen Besitzes

Die Porträts zeigen jene Reichsfürsten, die für ihre Verluste auf der linken Rheinseite neue Herrschaften erhalten. Sie werden die neuen Herren in den ehemals geistlichen Territorien. Allerdings ist diese Herrschaft meist nur von kurzer Dauer, denn mit dem Rheinbund (1806) fallen die kleineren Herrschaften, die Reichsritterschaften und die wenigen noch bestehenden Reichsstädte an die mit Napoleon verbündeten Mächte.

Die Porträts der neuen Herrn ähneln sich nicht so wie die der geistlichen Landesherren. Einige sind vor den Säkularisationen gefertigt – andere aber auch erst nach der Mediatisierung der neuen Herrschaften. Dennoch erlauben die Porträts Aussagen über den Anspruch und die politische Position der Dargestellten. Der Reichsgraf von Waldbott-Bassenheim trägt vorrevolutionäre Zivilkleidung und ein Halskreuz des Deutschen Ordens. Anselm von Thurn und Taxis läßt sich mit dem 1775 von Kaiser Joseph II. verliehenen Orden vom Goldenen Vlies darstellen und präsentiert sich ebenfalls in bürgerlicher Kleidung. In gleicher Weise zeigt ihn eine Miniatur vor Schloß Marchtal, dem ihm zugefallenen Prämonstratenserstift. Graf Toerring trägt einen Uniformrock und den bayerischen Haus-Ritterorden vom Hl. Georg, den er noch vor der Abtretung seiner linksrheinischen Herrschaft Gronsfeld erhalten hatte. Ludwig von Oettingen-Wallerstein, der bei der Säkularisation 1803 erst 12 Jahre zählt, ist sechs Jahre später bayerischer Militär. Die bayerische Uniform erinnert an das Königreich, das seine Herrschaft mediatisiert hat. Fürst Alois von Hohenzollern-Sigmaringen ist dagegen als Landesherr porträtiert. Der Preußischen Orden vom Schwarzen Adler auf seinem Uniformrock verweist auf die mächtige Verwandtschaft, die das kleine Fürstentum vor der Mediatisierung schützt. Auch Karl Friedrich von Baden und Friedrich von Württemberg, denen ihr Anschluß an Napoleon einen steilen Aufstieg ermöglicht, sind als Landesherren und auf dem Höhepunkt ihrer Macht – nach den Territoriengewinnen und Rangerhöhungen durch die Säkularisationen oder Mediatisierungen von 1803 und 1806 – dargestellt.

Ill. 83

Ill. 83 Reichsgraf Johann Maria Rudolph von Waldbott Bassenheim (1731–1805), neuer Herr der Zisterzienserinnen-Reichsabtei Heggbach

2. Hälfte 18. Jhdt.
Öl auf Leinwand, 90 × 73 cm
Heggbacher Einrichtungen St. Elisabeth Stiftung Maselheim

Der Reichsgraf verliert die linksrheinischen Herrschaften Pyrmont und Ollbrück und erhält als Entschädigung die Reichsabtei Heggbach. Die letzte Äbtissin begrüßt ihn als »einen menschen-freundlichen Landes-Herren [...] ohne welchen unser hartes Schicksall bis zum Unausstehlichen sich würde erschwehret haben«.

Beck 1980, S. 91–103

Ill. 84 Erbgraf Otto von Quadt Wykradt (1758–1829), neuer Herr in der Reichsstadt und der Benediktinerabtei Isny

1. Viertel 18. Jhdts.
Aquarell, 20,5 × 20,5 cm (m.R.)
Privatbesitz

Für den Verlust des Reichslehens der Herrschaft Wickradt (bei Mönchengladbach) erhält Graf Otto die Reichsstadt Isny, samt dem dortigen Benediktinerkloster, und eine Rente aus den Einkünften es ehemaligen Klosters Ochsenhausen. Aus den Territorien der ehemaligen Reichsstadt und der Abtei entsteht die neue Grafschaft Isny.

Eisele 1996

Ill. 85 Fürst Carl Anselm von Thurn und Taxis (1733–1805), neuer Herr in den Reichsabteien Marchtal und Neresheim, dem reichsunmittelbaren Damenstift und der Reichsstadt Buchau

Beginn 19. Jhdt.
Öl auf Leinwand, 83,1 × 62,2 cm
Fürst Thurn und Taxis Zentralarchiv Regensburg

»Das Kriegs-Unglück hat über Deutschland das traurige Schicksal unvermeidbarer Veränderungen verhängt.« So wendet sich Fürst Carl Anselm von Thurn und Taxis anläßlich der Besitzergreifung an den Abt des Reichsstifts Marchtal. Neben der Prämonstratenserabtei erhält der Fürst noch die Reichsabteien Buchau und Neresheim sowie weitere Entschädigungen. Zu den linksrheinischen Verlusten des Fürstenhauses

Ill. 85

zählen die Besitzungen in den ehemals österreichischen Niederlanden und lukrative Oberpostamtsbezirke links des Rheines.

Dallmeier 1992

Ill. 86 Graf Joseph August I. von Toerring (1753–1826), neuer Herr im Zisterzienserinnenkloster Gutenzell

um 1800
Öl auf Leinwand, 81 × 72 cm (m.R.)
Privatbesitz

Graf Toerring verliert die linksrheinisch gelegene Grafschaft Gronsfeld und erhält als Entschädigung das Zisterzienserinnenkloster Gutenzell. Über die Äbtissin, die in ihm in Verkennung der Lage einen neuen Patron und Wohltäter sieht, schreibt er: »Wir haben von der Abbtissin und Convent in Gutenzell … eine Erklärung erhalten, mit welcher wir keinesweges Ursache haben zufrieden zu seyn. Es geht aus dem Ganzen hervor, daß sich dieses ehemalige Stift in seine

Ill. 86

wahre Lage gar nicht zu versetzen, den klaren Sinn des Reichsschlußes sich nicht eigen zu machen wisse …, daß das Stift Uns [d.h. den Grafen Toerring], und nicht Wir selbes zu entschädigen haben«.

Ill. 87 Fürst Ludwig zu Oettingen-Wallerstein (1791–1870), neuer Herr im Zisterzienserinnenkloster Kirchheim am Ries

Moritz Oppenheim (1800–1882)
Schloß Baldern, 1819
Öl auf Leinwand, ca. 95 × 89 cm (m.R.)
Privatbesitz

Für die verlorene Herrschaft Dachstuhl bei Trier fällt dem Fürsten von Oettingen-Wallerstein, neben einigen, jetzt bayerischen Klöstern, das Zisterzienserinnenkloster Kirchheim am Ries zu. Für den während der Säkularisation noch sehr jungen Fürsten führt die Mutter die vormundschaftliche Regierung.

Volckamer Volker v., Aus dem Land der Grafen und Fürsten zu Oettingen. Kalenderbilder und Kalendergeschichten, Wallerstein 1995, S. 155, 230 f

Ill. 88 Anton Aloys, Fürst von Hohenzollern-Sigmaringen (1762–1831)

Franz Josef Zoll (1770–1833)
Sigmaringen, 1810
Sign.: »Z. M. 1810 peint par«
Öl auf Leinwand, 103,5 × 93 cm (m. R.)
Fürstlich Hohenzollernsche Sammlungen Sigmaringen II B 1/1440

Die beiden Linien des Hauses Hohenzollern – Hechingen und Sigmaringen – erhalten im Reichsdeputationshauptschluß umfangreiche Entschädigungen, die weniger auf entsprechende Verluste im Linksrheinischen, als auf gute Kontakte nach Frankreich zurückgehen. Wichtigste Fürsprecherin ist Fürstin Amalia Zephyrine, die nach Paris geflüchtete Gattin des Fürsten Aloys. In Frankreich versucht sie, sich die Rückkehr nach Sigmaringen durch den Einsatz ihrer persönlichen Kontakte zu Josephine, der Gattin Napoleons, zu verdienen. Auch die Verwandtschaft mit dem preußischen Königshaus hilft Hohenzollern, nicht nur zu Entschädigungen zu kommen, sondern seine Stellung nach den Mediatisierungen von 1805/06 zu bewahren. Fürst Hermann von Hohenzollern-Hechingen erhält für seine verlorenen Besitzungen in den Niederlanden, neben den unter seiner Landeshoheit befindlichen Klöstern St. Luzen, Rangendingen und dem Hechinger Kollegiatsstift, auch das landsässige Dominikanerinnenkloster Stetten. Die Entschädigungen für Fürst Anton Aloys von Hohenzollern-Sigmaringen sind umfangreicher und umfassen unter anderem das Benediktinerinnenkloster Holzen bei Donauwörth, das Augustinerchorfrauenstift Inzigkofen und das Augustinerchorherrenstift Beuron. Dem Abt von Beuron kündigt er die bevorstehende Zivilbesitznahme an und versichert, »das ich keinem Falle die geneigte Gesinnung gegen Euer Hochwürden vernachläßigen werde«, aber erwarte, daß seinem Kommissär Einsicht in alle Rechnungen und Urkunden des Klosters gewährt werde.

Die guten Kontakte und ständigen Aktivitäten der Hohenzollern können verhindern, daß sie wie die übrigen schwächeren neuen Herren mediatisiert werden und ihre Territorien in den wesentlich größeren Staaten Württemberg und Baden aufgehen. Bis 1849 können sich die beiden Hohenzollernstaaten halten, dann werden sie preußisch.

AK Stuttgart 1987, Bd. 1,1, Nr. 522, S. 350 f; Becker 1988

Ill. 88

Die neuen Mittelstaaten

Ill. 89 Karte: Die Bereinigung der Landkarte – Die weltlichen Herrschaftsgebiete um 1811

Nur die von Napoleon protegierten Fürsten können ihre Gebietsgewinne halten. Die übrigen neuen Herren werden von ihnen mediatisiert – sie verlieren ihre Herrschaftsrechte, können ihre materielle Entschädigung jedoch behalten. *I.G.*

Vom Frieden von Preßburg zum Rheinbund

Die 3. antifranzösische Koalition zwischen England, Rußland und Österreich unterliegt in der Schlacht von Austerlitz Napoleon und seinen Verbündeten Bayern, Baden und Württemberg. Im Frieden von Preßburg, der am 26. Dezember 1805 unterzeichnet wird, schließen Frankreich und Österreich einen Waffenstillstand. Österreich muß die Kurfürsten von Bayern und Württemberg als Könige anerkennen. Württemberg

Die weltlichen Herrschaftsgebiete um 1811

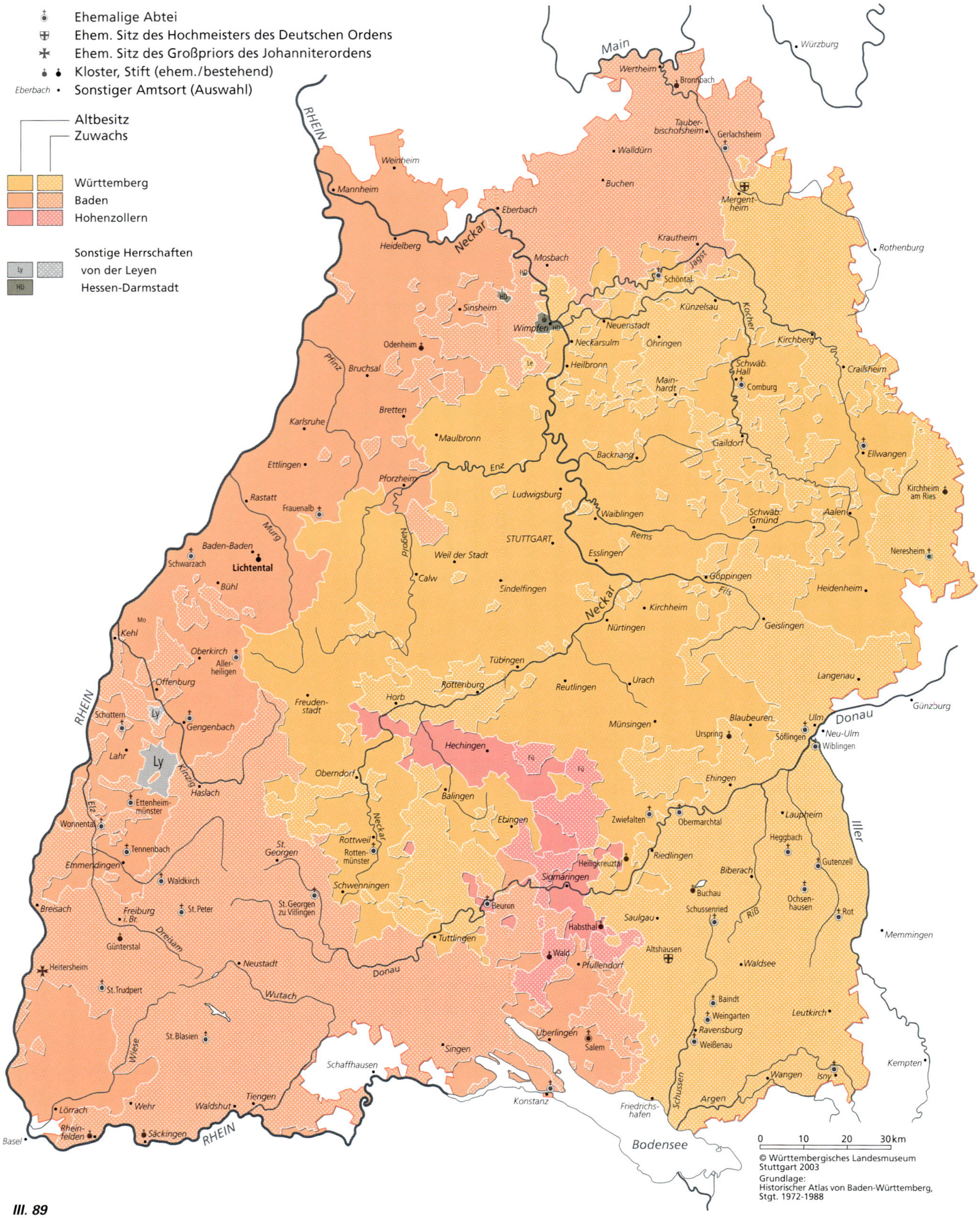

Ill. 89

erhält durch den Frieden die fünf vorderösterreichischen Donaustädte Ehingen, Munderkingen, Riedlingen, Mengen und Saulgau, des weiteren die Grafschaft Hohenberg um Rottenburg, die Landgrafschaft Nellenburg im Hegau, Altdorf, Villingen und Bräunlingen; an Baden fällt der Breisgau, die Ortenau, Konstanz und die Deutschordenskommende Mainau – Österreich verliert damit endgültig seine süddeutschen Besitzungen. Frankreich schließt Militärallianzen mit den nochmals erstarkten Staaten Bayern, Baden und Württemberg, die 1806 durch Heiratsverbindungen gefestigt werden. Am 12. Juli erfolgt die Unterzeichnung der Rheinbundakte: 16 Reichsstände sagen sich vom Reich los und bilden eine Konföderation unter dem Protektorat Napoleons. Baden wird zum Großherzogtum erhoben. Die Territorien der Rheinbundstaaten werden durch Mediatisierung nochmals vergrößert: 70 unmittelbare Reichsstände, vor allem der gesamte reichsritterschaftliche Besitz, werden ihnen einverleibt.

Ill. 90

Ill. 90 Rheinbundakte
Paris, 12.7.1806
Tinte auf Papier, Samt, Seide, Metallamée, 32,7 × 21,5 cm
Historisches Museum der Pfalz Speyer HM 10.IIX.1917 b

Rangerhöhungen

Neben den Gebietszuwächsen aus Säkularisationen und Mediatisierungen bedeutete der Anschluß an Napoleon für die Fürsten von Baden und Württemberg auch entscheidende Rangerhöhungen. Nach dem Reichsdeputationshauptschluß muß Kaiser Franz auf französischen Druck Salzburg, Hessen-Kassel, die Markgrafschaft Baden und das Herzogtum Württemberg zu Kurfürstentümern erheben. Das Kurfürstenkollegium wird, da die Pfalz, und die Besitztümer Köln und Trier aufgelöst wurden, somit von Protestanten dominiert. Die Gebietserweiterungen nach dem Frieden von Preßburg (1805) führen für Württemberg zur Erhebung zum Königreich. Baden erfährt beim Beitritt zum Rheinbund (1806) eine Erhöhung zum Großherzogtum – verbunden mit königlichen Rechten und Ehrenbezeugungen.

Rangerhöhung für Baden

Ill. 91 Markgräflich badisches Wappen
Holz gefaßt, ca. 160 × 118 × 15 cm
Privatbesitz

Im Zentrum des vom Markgrafenhut bekrönten Wappens in einer Rocaillenkartusche steht der Badische Schild. Um ihn sind (von oben rechts nach links) die Wappen von Sponheim, Eberstein, Breisgau (?), Badenweiler, Üsenberg, Rötteln, Lahr-Mahlberg und Sponheim angeordnet. Die linksrheinische Grafschaft Sponheim geht an Frankreich verloren und fehlt in den jüngeren Wappen.

Ill. 92 Fahnenspitze der Markgrafschaft Baden
vor 1803
Feuervergoldete Bronze, H. 20 cm
Wehrgeschichtliches Museum Rastatt 001 228

Das Monogramm des Markgrafen ist vom Markgrafenhut bekrönt.

AK Stuttgart 1987, Bd. 1,1, Nr. 607

Ill. 93

Ill. 95

Ill. 93 **Kaiser Franz II. erhebt Baden zum Kurfürstentum**

Wien, 24.8.1803
Tinte auf Pergament im Samteinband, 36,5 × 26 cm
GLA 46/6885

AK Salem 2002, Nr. IX.22

Ill. 94 **Fahnenspitze des Kurfürstentums Baden**

nach 1803
Feuervergoldete Bronze, H. 16,5 cm
Wehrgeschichtliches Museum Rastatt 001 225

Nach der ersten Rangerhöhung bekrönt der hermelinbesetzte Kurfürstenhut das Monogramm des Fürsten.

AK Stuttgart 1987, Bd. 1,1, Nr. 608

Ill. 95 **Karl Friedrich Großherzog von Baden (1728–1811)**

Franz Joseph Zoll (1772–1833)
Baden, 1808
Öl auf Leinwand, 231 × 178 cm
Privatbesitz

Karl Friedrich von Baden ist als Landesherr und auf dem Höhepunkt seiner Macht dargestellt. Das Bündnis mit Napoleon hat ihm den Titel eines Großherzogs eingebracht und das Gebiet der ehemaligen Markgrafschaft um ca. das neunfache vergrößert.

AK Stuttgart 1987, Bd. 1,1, Nr. 293

Ill. 96 **Glasfenster mit dem Staatswappen des Großherzogs Karl Friedrich von Baden**

Baden-Baden, 1806
Bemaltes Glas, 185 × 84 cm (m. R.)
Privatbesitz

Das Glasfenster aus Schloß Baden-Baden zeigt das großherzogliche Staatswappen in seiner 1807 codifizierten Form (Regierungsblatt 21). Die beiden Wappentiere Badens halten einen Schild, in dem neben den altbadischen Herrschaften auch all jene Gebiete vertreten sind, die zwischen 1802 und 1806 an Baden kommen: die Kurpfalz, die Ortenau, Teile der Hochstifte Speyer (mit Bruchsal), Straßburg (mit Ettenheim) und Konstanz, das Großpriorat Heitersheim, Teile der Grafschaft Eberstein, das Stift Odenheim, die Reichsstadt Gengenbach, die Grafschaft Bonndorf, Salem, Petershausen, die Reichenau, Öhningen, die Reichsstädte Überlingen und Pfullendorf, die Grafschaft Hauenstein, Rheinfelden, Mainau, Blumenfeld, die Kommenden Beuggen und Freiburg, Konstanz, Villingen und Bräunlingen. Unter dem Schild sind die Wappen jener Standesherrschaften dargestellt, die der Landeshoheit des Großherzogs unterworfen sind. Eine sehr an die Form der Königskrone angenäherte Großherzogskrone bekrönt den Wappenschild.

Ill. 97 Badischer Thron

Südwestdeutsch, wahrscheinlich nach 1806
Holz, weiß gefaßt, vergoldet, roter Samt, 125,5 × 89 × 78 cm
Privatbesitz

Der Thron dürfte in unmittelbarer zeitlicher Nähe zu der Erhöhung des badischen Markgrafen zum Großherzog 1806 entstanden sein. Die Formen orientieren sich an Musterbüchern des französischen Klassizismus; Greif und Löwe sind die Wappentiere des Hauses Baden.

AK Salem 2002, Nr. X.5; AK Baden-Baden 1981, Nr. 3.7.1; AK Stuttgart 1987, Bd. 1.1.; Nr. 294

Ill. 98 Fahnenspitze des Großherzogtums Baden

nach 1806
Feuervergoldete Bronze, H. 24 cm
Wehrgeschichtliches Museum Rastatt 010323

Mit der Großherzogskrone über dem Monogramm Carl Friedrichs wird die letzte Rangerhöhung dokumentiert.

AK Stuttgart 1987, Bd. 1,1, Nr. 609

Ill. 98

Rangerhöhung für Württemberg

Ill. 98a Fahnenspitze mit herzoglich-württembergischem Wappen

vor 1803
Feuervergoldetes Messing, H. 21 cm
WLM 1931–65

Auf der Fahnenspitze befinden sich das Monogramm des Herzogs Friedrich II. (als König Friedrich I.) und das von der Herzogskrone bekrönte Stammwappen Württembergs.

AK Stuttgart 1987, Nr. 603

Ill. 99 Entwurf zum kurfürstlich-württembergischen Wappen

1803
Aquarell auf Papier, 23,2 × 19 cm
HStA A 15, Bü 47

Der Wappenschild ist von der Herzogskrone bekrönt. Der Herzschild enthält das kurfürstliche Wappen mit der Reichssturmfahne und den württembergischen Hirschstangen. Rechts oben befinden sich die Rauten der Herzöge von Teck, deren Herzogtitel die Württemberger führen, links die Mitra für die säkularisierte Fürstpropstei Ellwangen. In der Reihe darunter befinden sich die beiden goldenen Barben (Fische), für die verlorene, linksrheinisch gelegene Grafschaft Mömpelgard und der schräge Astbalken für Justingen. Es folgen unten Limpurg, Heidenheim und Bönnigheim. Der vierte Schild der unteren Reihe steht für die medi-

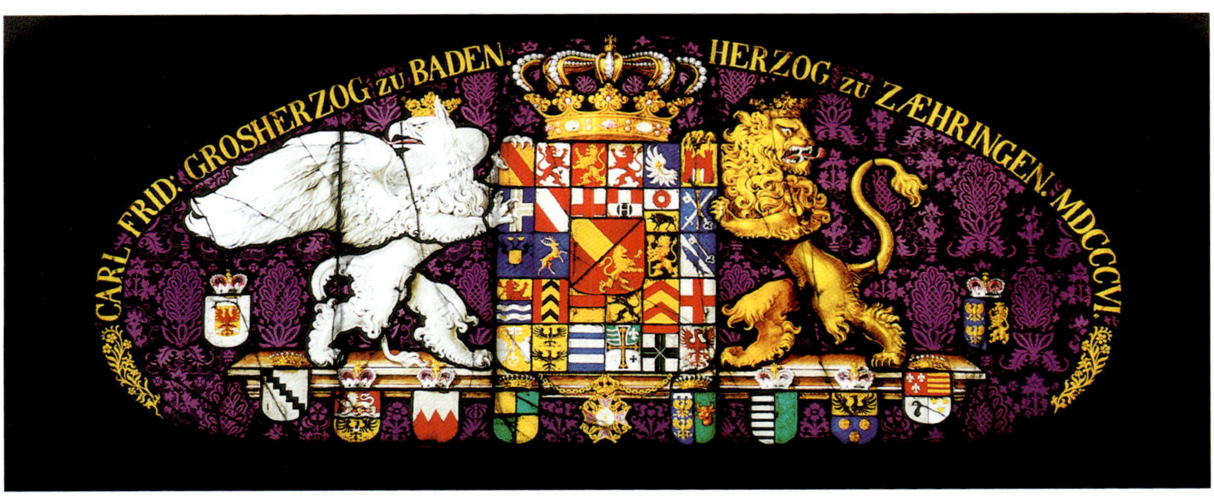

Ill. 96

III. 103

atisierten Gebiete: Das Kreuz für Rottweil, die Hand für Schwäbisch Hall, der doppelköpfige Reichsadler für ehemals reichsunmittelbare Gebiete. Das leere weiße Feld mit einem blauen Schildhaupt ist ein »Warteschild«. Er erinnert daran, daß Kurfürst Friedrich damit rechnet, weitere Gebiete in sein Herrschaftsgebiet zu integrieren.

III. 100 **Medaille auf die Erhebung Württembergs zum Kurfürstentum**

1803
Gold, Dm. 4,5 cm
WLM

Auf der Rückseite der Medaille wird die sitzende Wirtembergia mit dem Kurhut und einem Lorbeerzweig gekrönt. Sie stützt sich auf das kurfürstliche Wappen, das aus der Reichssturmfahne und dem Stammwappen mit den drei Hirschstangen besteht.

AK Stuttgart 1987, 1,1, Nr. 35

III. 101 **Standarte »Garderegiment zu Pferd« des Kurfürstentums Württemberg**

1803–1806
Gelber Seidendamast mit Applikationen, Baumwollstickerei und -fransen, 81 × 75 cm
WLM AM 435

AK Stuttgart 1987, Bd. 1,1, Nr. 128

III. 102 **Fahnenspitze mit kurfürstlich-württembergischem Wappen**

Württemberg, 1803–1806
Feuervergoldetes Messing, graviert und punziert, 21,3 × 6,3 cm
WLM E 3363

AK Stuttgart 1987, Bd. 1,1, Nr. 604

III. 103 **König Friedrich I. von Württemberg (1754–1816) im Krönungsornat**

Johann Baptist Seele (1774–1814)
um 1806
Öl auf Leinwand, 259 × 157,5 cm (m.R.)
WLM NN 74

Das Bündnis mit Napoleon bringt dem Herzog von Württemberg umfangreiche Entschädigungen für seine linksrheinischen Verluste, die er zunächst getrennt von seinen Stammlanden als Neuwürttemberg verwaltet. Hier kann er als absolutistischer Herrscher unbeeinträchtigt von den Landständen, der politischen Vertretung der Bewohner Altwürttembergs, regieren. Der Reichsdeputationshauptschluß regelt die Entschädigung gleichzeitig wird Herzog Friedrich zum Kurfürsten erhoben. Der Frieden von Preßburg (1805) bringt neue Gebietserweiterungen und die Erhebung Württembergs zum Königreich. Der Beitritt zum Rheinbund (1806) erlaubt Friedrich zahlreiche fürstliche und gräfliche Territorien zu mediatisieren und sein Herrschaft weiter auszuweiten. Insgesamt vergrößert sich das Gebiet um mehr als das Doppelte. Jetzt ist auch die staatsrechtliche Trennung von Alt- und Neuwürttemberg nicht mehr nötig – der König kann sein gesamtes Land zentral regieren. Friedrich ist auf dem Höhepunkt seiner Macht dargestellt. Er trägt Schwert und einen altertümlichen Harnisch, was ver-

Ill. 104

Ill. 108

mutlich auf die kriegerischen Zeiten verweist, durch die der Herrscher sein Land führt. Friedrich trägt den Krönungsornat mit dem anläßlich der Erhebung eingeführten Orden vom Goldenen Adler und legt die Hand auf die neue Königskrone. Im Hintergrund ist die Lehne seines Thronsessels sichtbar.

Ill. 104 Württembergische Königskrone

Stuttgart, nach 1806
Silber, teilvergoldet, Edelsteine, Perlen, H. 34,5, Dm. 20,3 cm
WLM NN 340

AK Stuttgart 1987, 1,1, Nr. 363

Ill. 105 Württembergisches Szepter

Entwurf Friedrich Nikolaus von Thouret (1767–1845) zugeschrieben
Stuttgart, 1806
Silber, teilvergoldet, Edelsteine, L. 82 cm
WLM NN 341

AK Stuttgart 1987, 1,1, Nr. 364

Ill. 106 »Prototyp« (?) des Ordens vom Goldenen Adler

Württemberg 1806/08
Gold, Email, H. 8,4 cm
WLM A.M. 2270

Das umgearbeitete Stück ist sicher eines der ersten Exemplare des neuen Ordens und steht in unmittelbarem Zusammenhang mit der Rangerhöhung.

Ill. 107 Medaille auf die Erhebung Württembergs zum Königreich

1806
Gold, Dm. 4,5 cm
WLM

AK Stuttgart 1987, 1,1, Nr. 55

Ill. 108 Das königlich-württembergische Wappen bis zum Jahre 1817

1817
Deckfarben auf Papier, 31,4 × 21,9 cm
HStA E 9, Bü 5

Das Königreich Württemberg umfaßt altwürttembergische Gebiete, die zunächst in Neuwürttemberg zusammengefaßten Entschädigungsgebiete und schließlich die Zugewinne nach dem Preßburger Frieden (1805) und nach dem Beitritt zum Rheinbund (1806). Friedrich I. versucht die ihm zugefallenen Klöster, Reichsstädte und Adelsherrschaften mit Hilfe der gemeinsamen staufischen Vergangenheit in die offizielle Württembergische Staatstradition zu integrieren. Seit der Annahme der Königswürde nennt er sich deshalb »Fürst zu Schwaben«, später »Souveräner Herzog in Schwaben und von Teck«. Das neue Wappen integriert daher das ehemalige Stauferwappen. Im Herzschild befinden sich das Württembergische Stammwappen mit den Hirschstangen und die drei staufischen Löwen. In dieser frühen Form ist die erhobene Tatze der Löwen rot gefärbt. Um den Herzschild sind die zumeist schon bekannten Wappenbilder gruppiert: Teck, Tübingen, Ellwangen, Mömpelgard, die Reichssturmfahne, Justingen, Limpurg, Heidenheim, Bönnigheim, Rottweil, Schwäbisch Hall, ein Reichsadler und wieder ein Warteschild – der zeigt, daß auch das Königreich bereit ist, weitere Gebietszuwächse zu integrieren. Ein hermelingefütterter Wappenmantel und Schildhalter komplettieren das repräsentative Ensemble.

Schreiner, Klaus, Hofacker Hans-Georg, Spätmittelalterliche und neuzeitliche Staufer-Überlieferungen in Schwaben und Württemberg. In: AK Stuttgart 1977, Bd. 3, S. 311–325, hier S. 323

Ill. 109

Ill. 109 **Viktoria-Prunkschlitten König Friedrichs I. von Württemberg**

Giorgio Ferretti (1666–1735) und Johann Heinrich Dannecker (1758–1841) zugeschrieben
Stuttgart, um 1730, 1806 überarbeitet und ergänzt
Holz, gefaßt, 211 × 98 × 228 cm
WLM 14372 a

Nach der französischen Revolution waren Triumphzüge mit Prunkschlitten, wie sie seit der Renaissance in den Residenzstädten üblich waren, keine adäquate Form der Repräsentation mehr. Herzog Friedrich II. läßt deshalb keine neuen Prunkschlitten mehr herstellen. Die Erhebung zum König ist für Friedrich I. Anlaß, einen älteren Prunkschlitten aus der Zeit Herzog Carl Eugens neu dekorieren zu lassen. Der Hofbildhauer Dannecker fügt das von der Königskrone überfangene Wappen des Königreichs Württemberg und die Figur der Viktoria hinzu. *F.F.*

Fischer 2002, Kat.Nr. 22

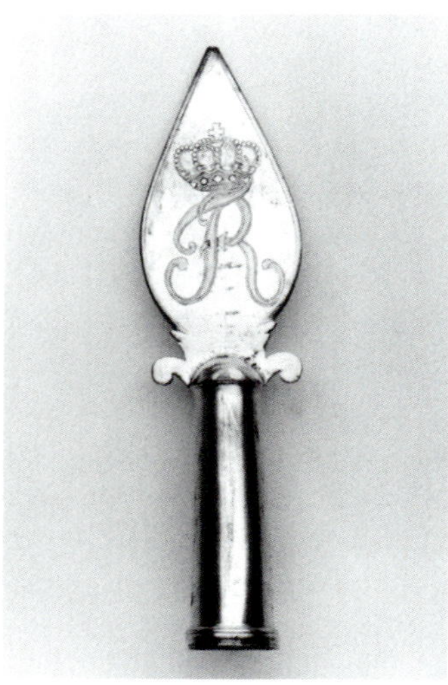

Ill. 110

Ill. 110 **Fahnenspitze mit königlich-württembergischem Wappen**

Württemberg, 1806–1811
Feuervergoldetes Messing, graviert und punziert, 22,2 × 5,9 cm
WLM E 3362

AK Stuttgart 1987, Bd. 1,1, Nr. 605

Ill. 111 **Vexillumstandarte »Garderegiment zu Pferd« des Königreichs Württemberg**

nach 1809
Samt mit Stickereien aus Baumwolle Metall, Metallfransen, 50 × 46 cm
WLM AM 281

AK Stuttgart 1987, Bd. 1,1, Nr. 130

Ill. 109

Konsolidierung und Abfall von Napoleon

Die ständigen Gebietserweiterungen und Rangerhöhungen der neuen Mittelstaaten sind 1806 weitgehend abgeschlossen. Im Windschatten des napoleonischen Frankreich konsolidieren sich die im Rheinbund zusammengeschlossenen Staaten. Nach dem gescheiterten Rußlandfeldzug Napoleons, der das Ende von Frankreichs Vormachtstellung einleitet, kämpfen ab 1813 jedoch auch Baden und Württemberg in den Befreiungskriegen gegen ihren einstigen Protektor. Nach dem Sieg Englands und Preußens über Frankreich bei Waterloo 1815 können Baden, Württemberg und Hohenzollern den erreichten Status halten. Bei der Neuordnung des europäischen Staatenwesens im Wiener Kongreß (1814/15) stehen die Gewinne aus Säkularisation und Mediatisierung nicht mehr zur Disposition. Die Zusammenfassung der Hoheitsrechte zahlreicher kleiner geistlicher und weltlicher Gebiete in modernen Staaten und die Auflösung des schwerfälligen Reichsverbandes will niemand rückgängig machen.

Die Säkularisation war auf der einen Seite Unrecht und ein glatter Verrat an der Reichsverfassung, auf der anderen aber ermöglichte sie das Zusammenwachsen größerer Länder, mit denen erst an einen föderativen deutschen Staat zu denken war. Schließlich kommt es nach 1945 nochmals zu einer Zusammenlegung: aus Württemberg, Baden und Hohenzollern wird 1952 das Bundesland Baden-Württemberg gebildet – ein Vorgang, zu dem es ohne Säkularisation vielleicht nie gekommen wäre.

Veränderungen der Landkarten

Säkularisation und Mediatisierung führen zur »Veränderung der Landkarte«. Das bedeutet konkret, daß die in kurzer Zeit mehrfach veränderten Herrschaftsverhältnisse immer wieder neu auf die gedruckten Landkarten übertragen werden müssen. Für die beteiligten Parteien ist es schwierig, den Überblick über die verlorenen linksrheinischen Gebiete und die Entschädigungsländer zu behalten. »Es war unglaublich wie wenig die Gesandtschaften des [Rastatter-]Kongresses und besonders auch die französische über den wahren Stand der Dinge, über die eigentliche Masse des Gesamtverlustes und über den Umfang der zur Säkularisation gewidmeten geistlichen Güter unterrichtet waren. Ich unternahm es daher [...] Tabellen über Flächeninhalt, Menschenzahl und Verlust der deutschen Reichslande zusammenzutragen und in Basel bei Decker 1798 in Druck zu geben« – berichtet der preußische Rat Karl Heinrich Lang. Kurz nacheinander erscheinen in Nürnberg und Augsburg zwei Karten, die sich auf den zweiten französischen Entschädigungsplan vom Oktober, beziehungsweise auf dessen Modifikationen vom November 1802 stützen. Die Karte Kur-Badens des badischen Hofdruckers dient im Jahre 1804 dazu, die neugewonnenen Würden und Gebiete zu dokumentieren. Verschiedene Autoren beschäftigen sich mit der Geschichte sowie den natürlichen und wirtschaftlichen Bedingungen der neu gewonnenen Gebiete in Württemberg und Baden. Ludwig Hermann Röder, der Verfasser einer Schrift über die Neuerwerbungen Württembergs, äußert sich 1804 ausdrücklich über die prekäre kartographische Situation: »Ausser etlichen Spezialkarten von Ellwangen, Hall, Heilbronn, und etlichen kleinen Kärtchen von Gmünd, Eßlingen ist keine Karte des nun vereinigten Wirtembergs im Publikum. Die Haugsche Karte, welche die neuen Erwerbungen besonders illuminiert vorstellt, ist unbrauchbar, und die Amman Bohnenbergersche Karte von Schwaben ist noch unvollendet, sehr teuer und hat keine Grenzen angezeigt.« *M.H.*

III. 112 »Tabellen Über Flächen-Inhalt, Menschen-Zahl, Einkünfte, Und Bevorstehenden Verlust Der Teutschen Reichslande«

Karl Heinrich von Lang
Basel 1798
Druck auf Papier, 28,3 × 22,0 cm
WLB Geogr. qt. 622

III. 113 »Charte über die Entschädigung, der durch Abtretung des linken Rheinufers an Frankreich an Land und Leuten beschädigten deutschen Erbfürsten, durch Verteilung der Erz- und Hochstifte, Abteyen, Reichsstädte etc. Entworfen nach dem Entschädigungsplan v. 8. Octbr. 1802«

Entwurf: F. L. Güssefeld; Karte: Homann Erben
Kolorierter Kupferstich, 55 × 46 cm
Nürnberg, 1803
Hohenlohe-Zentralarchiv, Kartensammlung, Neuenstein

AK Schwäbisch Hall 1987, Nr. 99

III. 114 »Karte von Deutschland nach den Säkularisationen und Entschädigungen des Reichs – Deputations – Schlußes vom 20. November 1802«

Augsburg, 1803
Kolorierter Kupferstich, 59 × 71,7 cm
GLA H-b/8

III. 115 »Karte von Kur-Baden im Jahre 1804«

Christian Friedrich Müller
Karlsruhe, 1804
Kolorierter Kupferstich, 48,3 × 37,7 cm
GLA H-f/711

III. 116 »Historisch-statistische Nachrichten von den dem Hause Wirtemberg zugeteilten Entschädigungsländern«

Johann Friderich Miller
Stuttgart, 1803
Druck auf Papier, Buch 18,2 × 10,7, Karte: 28,5 × 34,5 cm
WLB W.G.oct. 1995

Die beigebundene »Charte von Wirtemberg« – gestochen von G. Fr. Haug, Stuttgart 1801 – ist nachträglich koloriert, wobei Altwürttemberg gelb und Neuwürttemberg rot wiedergegeben sind. Es handelt sich um die Gebiete, die im ersten und im zweiten Entschädigungsentwurf zugesprochen wurden. Im Buch selbst werden die erworbenen Reichsstädte und geistlichen Gebiete einzeln vorgestellt.

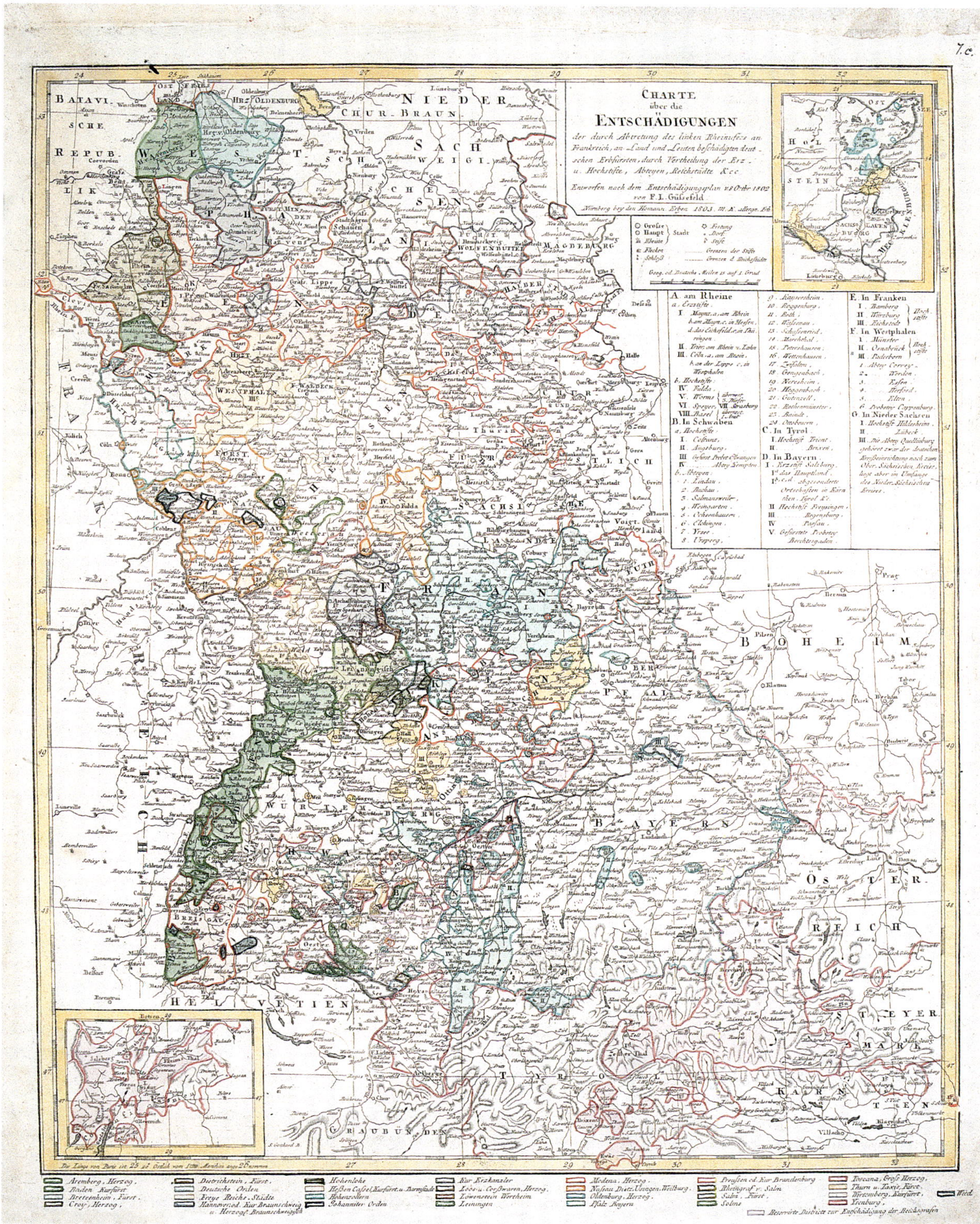
CHARTE
über die
ENTSCHÄDIGUNGEN
der durch Abtretung des linken Rheinufers an Frankreich, an Land und Leuten beschädigten deutschen Erbfürsten, durch Vertheilung der Erz- u. Hochstifte, Abteyen, Reichstädte &cc.
Entworfen nach dem Entschädigungsplan v. 8 Octbr 1802
von F. L. Güssefeld
Nürnberg bey den Homann Erben 1803.

Ill. 113

Ill. 117 »Geographie und Statistik Wirtembergs. Zweiter Theil, welcher die neuen Entschädigungs-Länder enthält«

Ludwig Hermann Röder
Ulm, 1804
Druck auf Papier, 17,5 × 11,2 cm
WLB W.G. oct. 2403

Der »Buchhalter« der Säkularisation: Adam Christian Gaspari

Der wichtigste Chronist der Gebietsverschiebungen um 1803 ist Adam Christian Gaspari, der in seinem Werk den Reichsdeputationshauptschluß abdruckt und kommentiert. Auf einer »Vergleichungs-Tafel« führt er die Beteiligten am Reichsdeputationshauptschluß und ihre Verluste und Entschädigungen auf. Beides macht er durch die Angabe von Einkünften, Einwohner- und Quadratmeterzahl vergleichbar. Nirgendwo sonst läßt sich so deutlich erkennen, wie die Verluste der Reichsfürsten und Reichsgrafen durch überhöhte Entschädigungen mehr als kompensiert werden.

Ill. 118 Der Deputations-Recess mit historischen, geographischen und statistischen Erläuterungen

Adam Christian Gaspari (1752–1830)
Hamburg, 1803
Druck auf Papier, 17,5 × 11 cm
WLB A 20 371

Weitere neue Karten

Nicht nur die Gebietsgewinne aus der Säkularisation und der Mediatisierung der Reichsstädte machen neue Karten nötig. Auch die neue innere Organisationsstruktur der vergrößerten Staaten wird auf Karten geplant und dargestellt. Karten dienen als Illustration bei den Verhandlungen über strittige Territorien. Neue Gebietsverschiebungen finden nach dem Frieden von Preßburg (1805) und der Aufhebung der Ritterorden (1809) statt. Wegen der sich ständig ändernden politischen Lage und zum Vorteil der Verleger sind in schneller Folge neue Karten nötig. Eine Karte von 1807 nennt sich vorausschauend »Interims-Charte von dem Frieden zu Tilsit am 9. July 1807, bis zum allgemeinen Frieden von Europa«.

Ill. 119 Entwurf einer neuen Organisation des Königreiches Württemberg

2.1.1806
Kolorierter Kupferstich, Tinte, 35,7 × 37,4 cm
HStA A 12, Bü. 51

Der Entwurf einer Provinzeinteilung ist schriftlich und auf einer 1803 entworfenen Karte niedergelegt: »Der Schwäbische Kreis nach den neuen Entschädigungen«. Der Entwurf sieht vor, das ganze Königreich in drei Provinzen zu teilen: Ost-Württemberg, West-Württemberg und Süd-Württemberg.

Ill. 120 Karte zu den Streitigkeiten zwischen Württemberg und Baden um die Grafschaft Nellenburg (bei Stockach)

1808
kolorierte Federzeichnung, 27,4 × 41,4 cm
HStA E 70a

Wegen der Streitigkeiten mit Baden um die Grafschaft Nellenburg schreibt der Württembergische König Friedrich am 9. 11. 1808 an Graf Zeppelin. Die beiliegende Karte soll dem französischen Minister Champagnie übergeben werden. Sie ist äußerst sorgfältig gezeichnet und mit französischen Beschriftungen versehen. Friedrich vermutet, daß sich Baden an Frankreich wenden würde und stellt eine verständliche Diskussionsvorlage in seinem Sinne zur Verfügung.

Ill. 121 »Charte von dem Königreiche Wirtemberg, dem Großherzogthume Baden, und den Königl. Bayerischen Aquisitionen in Schwaben &c.«

Weimar, 1807
Kolorierter Kupferstich auf Papier, 55,2 × 60,7 cm
HStA N 100, Nr. 104

Die Karte nennt sich »Interims-Charte von dem Frieden zu Tilsit am 9. July 1807, bis zum allgemeinen Frieden von Europa«.

Ill. 122 »Charte von dem Königreiche Wirtemberg und dem Grosherzogthume Baaden nach den vorzüglichsten vorhandenen Hülfsmitteln und den neuesten Ortsbestimmungen«

F. W. Streit
Weimar, 1808
Kupferstich, 68,5 × 58 cm
GLA H-f/658

Kloster Schuttern wird säkularisiert

Barockes Schuttern

Eine Erwähnung aus dem späten 9. Jahrhundert und die Ausgrabungen unter der ehemaligen Klosterkirche von Schuttern belegen eindrucksvoll das hohe Alter und die Bedeutung der Benediktinerabtei. In einer zweiten Blütezeit im 18. Jahrhundert erhält die Klosteranlage ein neues barockes Aussehen. Eine Radierung Xaver Schönbächlers zeigt die neugestaltete Anlage um die Mitte des 18. Jahrhunderts.

Am 6. Mai 1770 streift die Weltpolitik Schuttern. Marie Antoinette, die Tochter von Kaiser Franz I. und Maria Theresia, übernachtet auf ihrer Brautreise zum späteren französischen König Ludwig XVI. in der Abtei. Abt Karl Vogler ist ein hervorragender Gastgeber. Der standesgemäße Umbau und die Einrichtung der Zimmer für den hohen Gast und sein zahlreiches Gefolge sowie Dekorationen, Festbeleuchtung, Musik und Verpflegung verschlingen Unsummen. Als Mitglied der vorderösterreichischen Landstände fühlt sich der vorletzte Abt Schutterns geehrt und versucht natürlich, den Aufenthalt prächtig zu gestalten und zu finanzieren. Er erhält den Titel eines Wirklichen Geheimen Rates und von Kaiserin Maria Theresia ein diamantbesetztes Brustkreuz und einen Ring. Auf seinem Porträt sind diese Gaben dargestellt. *M.H.*

Nopp 1881, S. 765; Kupferschmid 1935; Kaller 1978

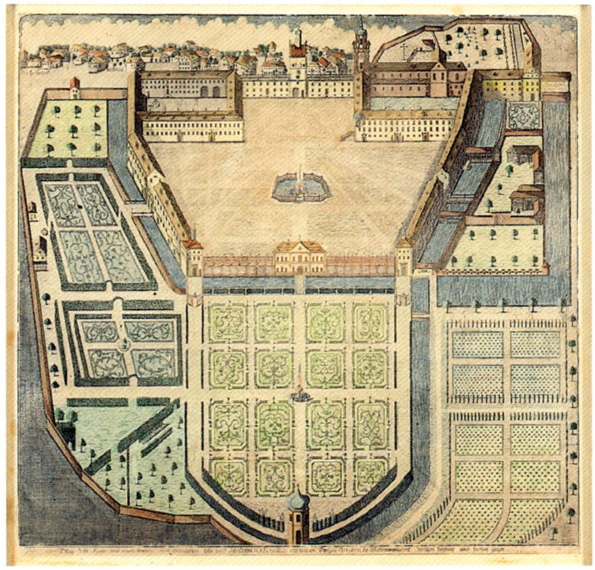

Ill. 123

Ill. 124

Ill. 123 Ansicht des Klosters Schuttern

Franz Xaver Schönbächler (1719–?)
Mitte des 18. Jahrhunderts
Sign. »F. X. Schonbachl«
Kolorierte Radierung, 78 × 80,5 cm (m. R.)
Gemeinde Friesenheim

Die Radierung zeigt eine Idealansicht des Klosters. Wie bei einer barocken Residenz gruppieren sich die Gebäude um einen Ehrenhof, an den sich ausgedehnte Parkanlagen anschließen. Der 1773 vollendete Umbau der romanischen Kirche steht noch bevor. Ein Kaufvertrag von 1813 gibt eine Vorstellung vom ehemaligen Umfang der Anlage: 84 Zimmer, 3 Säle, 4 Küchen, Keller für über 1000 Hektoliter Wein, Nebengebäude, Stallungen, Mühlen, 11 Morgen Gärten, Fischweiher, Gärtnerwohnungen, Brunnen, Äcker, Wiesen usw.

Ill. 124 Sonnenuhr aus dem Garten des Klosters

dat. »1751«
Blei graviert, ergänzter Zeiger Bronze, 20 × 35,6 × 35,7 cm
Aus dem ehemaligen Garten des Klosters Schuttern
Gemeinde Friesenheim

Der Garten des Klosters ist anläßlich des Besuchs Marie Antoinettes mit vierfach übereinanderstehenden Ampeln und 160 Fackeln illuminiert. Beim abendlichen Feuerwerk spielt ein Kunstfeuer in Gestalt des kaiserlichen Doppeladlers die Hauptrolle. Die Sonnenuhr trägt vermutlich das Wappen Abt Franz Müntzers (reg. 1727–1753) und ist ein älteres Ausstattungsstück des repräsentativen Barockgartens.

Ill. 125

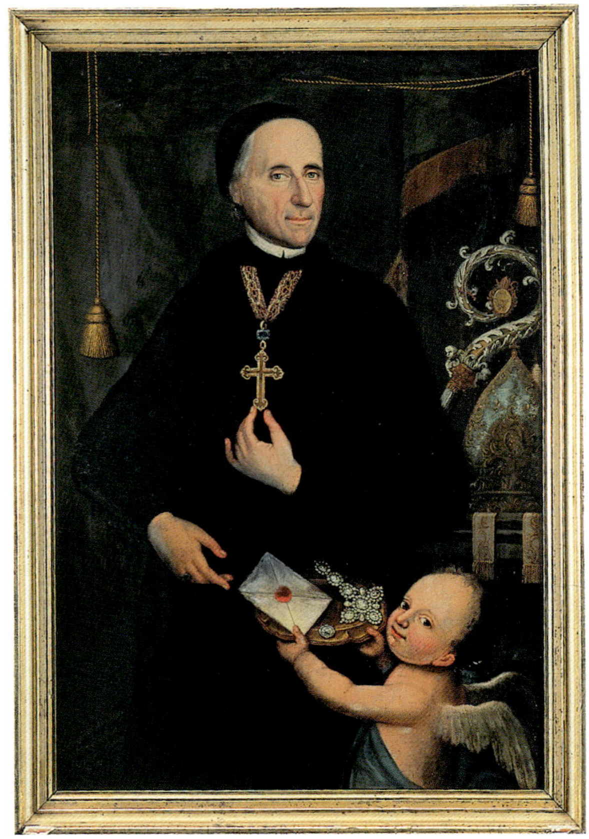

Ill. 126

Ill. 125 Vesperbild (Pietà), vermutlich aus Kloster Schuttern

Vermutlich Straßburg, um 1750
Lindenholz, H. 42 cm
BLM C 4764

Pfarrer Lumpp aus Breisach verkauft das qualitätvolle Stück 1884 an die Großherzogliche Sammlung in Karlsruhe, als Herkunft gibt er Kloster Schuttern oder Allerheiligen an. Für keine der beiden Angaben liegen Belege vor.

AK Bruchsal 1981, Bd. 1, Nr. B 78

Ill. 126 Der vorletzte Abt Schutterns, Karl Vogler, mit dem beim Besuch von Marie Antoinette erhaltenen Dekret seiner Rangerhöhung und den Pretiosen: Brustkreuz und Ring

Philipp Jacob Nicodemo (1728–1794)
Sign. u. dat. »Philipp. Jacob. Nicodemo Fürstl. = Badischer Hoff Mahler in Carlsrue 1784«
Öl auf Leinwand, 128,5 × 88,7 cm (m. R.)
Privatbesitz

Beim Besuch Marie Antoinettes erfährt der Abt eine Rangerhöhung. Nach dem gemeinsamen Essen von Braut und Gefolge mit Abt und Konvent werden zwei Dekrete verlesen, die Karl Vogler zum Kaiserlichen und Kaiserlich Königlichen Wirklichen Geheimen Rat erklären. Von Maria Theresia erhält er ein diamantbesetztes Kreuz und einen Ring. Der Putto auf dem Bild reicht ihm die Pretiosen samt dem königlichen Dekret. Sein Nachfolger, der letzte Abt Bacheberle, bietet das Kreuz 1810 der großherzoglichen Kammer an, um die Steine bei der Herstellung der badischen Kroninsignien zu benutzen. Die ursprünglich auf 4000 Gulden geschätzte Arbeit wird jetzt zusammen mit dem Ring nur noch auf 613 Gulden taxiert und findet keine Verwendung.

Kupferschmid 1935; Kaller 1978

Besitzergreifung und Auflösung

Der Besuch Marie Antoinettes ist ein letzter Höhepunkt in der barocken Klostergeschichte. Darauf folgen die französische Revolution und die Kriege gegen Frankreich, unter denen das Kloster stark leidet. Die Friedensschlüsse und Verhandlungen bezüglich der Kompensation der linksrheinischen Verluste bedeuten neues Unheil für Schuttern. Am 16. November 1802 läßt der Großprior des Johanniter-/Malteserordens ein Besitznahmepatent an der Abtei anschlagen. Der Herzog von Modena – ein Habsburger und Schwiegervater Erzherzogs Ferdinand – erhebt aber ebenfalls Anspruch auf den Breisgau. Er läßt 1803 die Besitzergreifung durch Erzherzog Ferdinand durchführen. Die vorderösterreichische Regierung befiehlt daher dem Abt, den Anschlag des Johanniterordens zu entfernen. Im Frieden von Preßburg fällt der größte Teil des Breisgaus und die Ortenau schließlich an Baden. Schon kurz vor dem offiziellen Friedensschluß wird ein weiteres Besitznahmepatent an der Abtei angeschlagen: diesmal ein badisches! Am 17. Dezember 1805 erscheint der badische Hofratsdirektor Stößer mit 12 Husaren und verkündet dem versammelten Kapitel die provisorische Inbesitznahme. Das Johanniterpriorat Heitersheim macht 1806 noch einen letzten erfolglosen Versuch, seine Ansprüche aufrecht zu erhalten – allerdings fällt mit dem Rheinbundvertrag auch das Fürstentum Heitersheim selbst an Baden. Die Patente der aufeinanderfolgenden Besitzergreifungen sind erhalten. Wenig später erfolgt die Aufhebung des Klosters. Im August 1806 wird die Finanzsituation des Klosters dokumentiert. Damals befinden sich noch 15 Mönche und 21 weltliche Personen im Kloster. Placidus Bacheberle, der letzte Abt, erhält eine Pension und zieht in den Klosterhof nach Freiburg. Seine Insignien – zu denen auch das diamantbesetzte Kreuz seines Vorgängers zählt – kann er einstweilen behalten. Bei seinem Ableben sind sie an den Fiskus abzuliefern. Die Mönche erhalten ebenfalls Pensionen und übernehmen meist Pfarrstellen. Vermutlich ist Josef Kohler, der erste Pfarrer in Schuttern, einer von ihnen. Die Kirche bleibt als Pfarrkirche erhalten, die Klostergebäude werden versteigert und weitgehend abgebrochen. Die Glocke, bei deren Läuten Marie Antoinette angeblich ihr Totenläuten vernahm und ihr Ende in der französischen Revolution vorausahnte, überweist Großherzog Karl Friedrich 1808 an die Stadtkirche von Philippsburg. Der Stadtchronist beschreibt sie: »… schöner, edler und reiner wird kaum ein Glockenton zu finden sein, als der unsrer großen Glocke. Doch wenn sie einsam läutet, ist ihre Stimme wehmütig und klagend, als wolle sie die Geschichte erzählen von ihrer schmerzlichen Trennung von Schuttern«.

III. 127 Besitzergreifungspatent des Johanniterfürstentums Heitersheim für Schuttern

Heitersheim, 16.11.1802
Druck auf Papier, Tinte, 35 × 43 cm
GLA 104/136

Das gedruckte Besitznahmepatent ist in den Leerstellen für »die löbliche Abtei Schuttern« ausgefüllt. Die Reißnagellöcher und die Stockflecken zeigen, daß das Blatt dort tatsächlich angeschlagen worden ist.

III. 128 Reskript des Erzherzogs Ferdinand Karl von Österreich, mit dem er den Ständen der Landschaften Breisgau und Ortenau die Übernahme durch ihn im Auftrag des Herzogs von Modena anzeigt

Wien, 16.2.1803
Druck auf Papier, 37,7 × 43,1 cm
GLA 104/136

III. 129 Reskript des Johannitermeisters und Fürsten Ignaz Freiherr Rink von Baldenstein

Heitersheim, 24.1.1806
Druck auf Papier, Tinte, 26,8 × 36,6 cm
GLA 104/136

III. 130 Besitznahme der Abtei Schuttern durch das badische Oberamt Mahlberg

Schuttern, 29.1.1806
Tinte auf Papier, Lacksiegel, 21,5 × 23,6 cm
GLA 104/136

III. 131 »Kloster Schuttern. Verzeichnis über die dahiesigen Kirchen Geräthschaften«

Schuttern, 1806
Tinte auf Papier, 32,7 × 20,2 cm
GLA 237/4743, Bl. 19–22

Innerhalb der »Commissions Acten« zur Organisation des Stifts Schuttern, befindet sich die Aufstellung der in Turm, Kirche und Sakristei befindlichen Gerätschaften. Aufgezählt werden Glocken, Gemälde, Bücher, Kelche und anderes liturgisches Gerät, geistliche Gewänder usw. Weitere Schriftstücke behandeln unter anderem den Personalstand des Klosters und die Pensionen, die jährlichen Einkünfte des Klosters, Kapitalwerte, Zinsen und Zehnten, das Passivvermögen und eine Zusammenstellung der Schulden.

III. 132 Verzeichnis des Abtes Placidus Bacheberle über die 1806 in seinem Besitz befindlichen Pretiosen

Wippertskirchen, 27.6.1806
Tinte auf Papier, 34 × 21,2 cm
StA Freiburg A 62/1, Nr. 16

»Ein mit Diamanten reich besetztes Abbatial-Kreuz samt dem dazugehörigen Ringe, welches dem seligen Herrn Vorfahrer des Unterzeichneten bei der Anwesenheit der unglücklichen Königin von Frankreich in Schuttern zu einem Geschenke gegeben worden.«

III. 133 Placidus III. Bacheberle – letzter Abt von Schuttern

Franz Josef Zoll (1770–1833)
Sign. u. dat. »Joh. Zoll pinx. 1799«
Öl auf Leinwand, 118 × 98 cm (m.R.)
Ehemals Kloster Schuttern
Gemeinde Friesenheim

III. 134 Erzpriester Josef Kohler (29.6.1775–14.8.1862), ehemals Mönch, dann erster Pfarrer in Schuttern

Nach 1806
Öl auf Leinwand, 105 × 94,5 cm
Gemeinde Friesenheim

Kohler stammt aus einer Friesenheimer Familie – sein Vater war dort Ochsenwirt. Vermutlich ist er zunächst Pater im Kloster und wirkt ab 1806 als erster Pfarrer in Schuttern. Seine Kunstsammlung, in der sich auch zahlreiche Werke aus Klosterbesitz befinden, umfaßt bedeutende Kleinkunst und etwa 100 Ölgemälde. Nach seinem Tod wird sie zerstreut. Eines der Bilder ist das Porträt Abt Voglers (III. 126).

Batzer Ernst, Erzpriester Kohler von Schuttern und seine Gemäldegalerie. In: Offenburger Zeitung vom 27. 11. 1933.

III. 133

III. 134

Reichsabtei Gutenzell wird säkularisiert

Die Zisterzienserinnen der Reichsabtei Gutenzell

Die Chronik von Gutenzell erzählt, daß Anfang des 13. Jahrhunderts »zwey adeliche Schwestern und andächtige Jungfrauen aus dem uralten gräflichen Geschlecht von Schlisselberg das Kloster Cella Dei«, Gotteszell erbauten. Kurz darauf nimmt der Konvent unter Einfluss Abt Eberhards von Salem die Zisterzienserregel an. Dies dokumentiert die Schutzurkunde von 1238, ausgestellt von Papst Gregor IX. Sie ist die älteste erhaltene Urkunde Gutenzells, die im 18. Jahrhundert ein eigenes Aufbewahrungskästchen erhält.

Das Kloster Gutenzell kann mit den Privilegien und Freiheiten Kaiser Sigismunds die Reichsfreiheit erlangen und wird 1521 in die Reichsmatrikel eingetragen. Es erhält Sitz und Stimme im Schwäbischen Reichskreis und, mit Sitz im Schwäbischen Reichsprälatenkollegium, auch im Reichstag. Die Reichsfreiheit begründet einen wichtigen ideellen Wert Gutenzells. Daneben betont der Konvent, ein adeliges Kloster zu sein.

Nach dem mehrmaligen Wechsel von Prosperität und Zerstörungen erlangt Gutenzell in der Mitte des 18. Jahrhunderts eine erneute Blüte. Anfang des 18. Jahrhunderts werden Katakombenheilige nach Gutenzell überführt. Äbtissin Maria Francisca von Gall (1747–1759) läßt die Klosterkirche nach einem Entwurf von Dominikus Zimmermann (1685–1766) barockisieren. Ihre Nachfolgerin, Äbtissin Maria Alexandra Zimmermann, die Tochter des Architekten, (1759 bis 1776), führt die Arbeiten zum Abschluß. Mitten in diese Blütezeit Gutenzells fällt auch der Bruch mit dem bislang übergeordneten Männerkloster Salem und der Wechsel zu Kloster Kaisheim. Der darauffolgende Streit mit Salem verursacht zusätzlich zu den Umbauten hohe Kosten. Ankäufe zur Unterstützung der Herrschaft und schließlich die hohen Kriegskontributionen während der Napoleonischen Kriege führen gegen Ende des 18. Jahrhunderts zu einer fast aussichtslosen Verschuldung der Reichsabtei. *J.M./M.H.*

Beck/Haas 1988

Ill. 135

Ill. 136

Ill. 135 »Passionsbild« – vier Äbtissinnen und die Schutzheiligen des Klosters

Philipp Jakob Herz (?–1753)
Sig. und dat.: »Ph. J. Herz, 1713«
Öl auf Leinwand, 113 × 126 cm (m.R.)
Ehemals Zisterzienserinnenkloster Gutenzell,
heute Kunstkammer Pfarrkirche Gutenzell
Kath. Kirchengemeinde Gutenzell

Unter den Patronen und den Katakombenheiligen des Klosters sind die Äbtissinnen Franziska von Gall, Bernarda von Donnersberg, Victoria Hochwind und Maria Alexandra Zimmermann dargestellt.

III. 136 Aufbewahrungskästchen mit der ältesten Urkunde des Klosters

Urkunde: 29.5.1238, Kästchen: 18. Jh.
Urkunde: Tinte auf Pergament, 66,2 × 56,7 cm;
Kästchen: Blech, 6 × 29 × 18,3 cm
Ehemals Zisterzienserinnenkloster Gutenzell
Kreiskultur- und Archivamt Biberach a.d.R.

III. 137 Klosterchronik von Gutenzell

Gutenzell, 1759–1780
Tinte auf Papier, in Pergament gebunden, kolorierte Federzeichnung,
Chronik: 34 × 23 cm
Ehemals Zisterzienserinnenkloster Gutenzell
Kreiskultur- und Archivamt Biberach a.d.R.

Kurz nach ihrer Wahl zur Äbtissin von Gutenzell läßt Maria Alexandra Zimmermann eine neue Klosterchronik beginnen. Die Chronik ist mehr als nur ein historischer Bericht: Sie kommt einer politischen Deklaration gleich und zeugt vom Selbstverständnis der Reichsabtei. Die Zeichnung zeigt die Klosteranlage nach ihrem Umbau um die Mitte des 18. Jahrhunderts.

Die letzte Äbtissin und der neue Herr: Äbtissin Maria Justina von Erolzheim und Reichsgraf Joseph August von Toerring

Die letzte Äbtissin Gutenzells, Maria Justina von Erolzheim (1776–1803/09), kann sich zwar stabiler innerer Verhältnisse erfreuen – der Konvent zählt 1794 über 40 Mitglieder – muß aber miterleben, wie man Gutenzell zur Entschädigungsmasse der linksrheinisch verlorenen Reichsgüter erklärt. Schon im Oktober 1802 kündigt der Oberadministrator der zur Entschädigungsmasse gezogenen Klöster, Joseph von Schott, der Äbtissin an, daß schon bald die Einkommenseingaben von Gutenzell zu deren Begutachtung benötigt würden. Am 15. November 1802 wird Gutenzell von der Kommission provisorisch, und am 1. Dezember 1802 endgültig in Besitz genommen. Bis die Inbesitznahme durch einen damals noch nicht bekannten Reichsfürsten erfolgen kann, wird der genaue Besitzstand des Klosters aufgenommen.

Am 25. Februar 1803 teilt der Reichsdeputationshauptschluß Gutenzell dem bayerischen Reichsgrafen Joseph August von Toerring als Ersatz für seine linksrheinisch verlorene Grafschaft Gronsfeld zu. Am 9. März nimmt er, vertreten durch seinen Verwalter, die neue Grafschaft in Besitz.

Äbtissin Justina erfährt schon am 12. Februar von dieser Entscheidung und schreibt dem neuen Herrn in der Hoffnung, dass er Gutenzell gut gesinnt sei und es in Schutz nehmen werde. Erwartet sie einen neuen Stifter? Graf Toerring dagegen ist sich bewußt, dass Gutenzell kein echter Ersatz sein kann und hält sich distanziert. Sein Verwalter läßt bei der Inbesitznahme das neue Wappen Toerring-Gutenzell an das ehemalige Gasthaus des Klosters (heute Forstamt) anbringen. Äbtissin und Konvent unterwerfen sich offiziell Graf Toerring als neuem Herrn. Bald muß Graf Toerring aber feststellen, dass er mit Gutenzell mehr Schulden als eine Entschädigung erhalten hat.

III. 137

III. 138 Bericht über die Wahl der letzten Äbtissin Maria Justina von Erolzheim

Gutenzell, 27.4.1776
Tinte auf Papier, Siegellack, 36 × 46 cm
Ehemals Zisterzienserinnenkloster Gutenzell
Kreiskultur- und Archivamt Biberach a.d.R. V 6, 65

III. 139 Notenkonvolut mit der Kantate auf die Wahl der letzten Äbtissin des Klosters Gutenzell

Gutenzell, 1776
Tinte auf Papier, 32,5 ? 25,5 cm
Ehemals Zisterzienserinnenkloster Gutenzell
Schwäbisches Landesmusikarchiv Tübingen G 022

Die Kantate für vier Vokalsolisten, vierstimmigen gemischten Chor, Streicher und – dem festlichen Anlass entsprechend – zwei Trompeten, wird zur Amtseinführung der letzten Äbtissin, Justina von Erolzheim, komponiert und aufgeführt. In Anlehnung an das Urteil des Paris (hier vom »Beichtvatter« gesungen) wird in Rezitativen, Arien und Ensembles die Wahl gefeiert. Solche Kantaten, die eher der Unterhaltung als dem Gottesdienst dienen, findet man in klösterlichen Notenbeständen immer wieder (für Gutenzell ist z. B. noch eine »Tier-Kantate« nachweisbar, in der Katze, Hund und Fuchs für ein animalisches Hörvergnügen sorgen). Neben Sinfonien dokumentieren sie, daß in den Konventen auch »weltliche« Musik eine wichtige Rolle spielt; sie erklingt z. B. an Fastnacht oder beim Besuch hoher Würdenträger. *G.G.*

Günther, Georg, Ad chorum bonacellensem. Zur Musikpflege im Zisterzienserinnenkloster Gutenzell gegen Ende des 18. Jahrhunderts. In: Cistercienser Chronik, 3. H.,105. Jg., 1998, S. 453–477

III. 140 Oberadministrator Joseph von Schott kündigt Äbtissin Justina die ersten Schritte der Säkularisation an

Regensburg, 15.10.1802
Tinte auf Papier, 36,4 × 22 cm
Kreiskultur- und Archivamt Biberach a.d.R.

Joseph von Schott wird im August 1802 zum »Oberadministrator der zur Entschädigungsmasse gezogenen Klöster Ochsenhausen, Heggbach, Gutenzell, Schussenried und Rot sowie weiter außerhalb gelegener Institute« ernannt. In seinem Schreiben kündigt Schott der Äbtissin an, daß die »Fassionen« bald von ihr abverlangt werden würden. Diese wirtschaftliche Bestandsaufnahme dient als Grundlage für die Verteilung des Entschädigungsgutes. Damit kündigte er schon früh eine Inbesitznahme des Klostergutes an. Später schreibt Schott der Äbtissin, als jene die Verschuldung des Klosters beklagt: »Gnädige Frau! Ich bekenne es offenherzig, daß ich kein anderes Mittel nach meinen geringen Einsichten und beschränkten Wirkungskreise vor mir sehe, als daß dem künftigen Landesherrn von Gutenzel der ganze Zustand von dem bedrangten und viel gelittenen Gotteshause in ächter Gestalt beweglich vorgelegt werde, wodurch alsdann derselbe, [...] von selber veranlaßt werden würde, alle Milde gegen das löbl. Gotteshaus und Unterthanen eintreten zu lassen.« (Ochsenhausen, 11.12.1802).

III. 141 Patent der provisorischen Inbesitznahme

Ochsenhausen, 15.11.1802
Tinte auf Papier, Lacksiegel, 36,1 × 44 cm
Kreiskultur- und Archivamt Biberach a.d.R. Herrsch. Gutenz., Säk., Ochsenhausische Commissions Acta 1802/03

Das Patent ist die offizielle Bekanntgabe an die Herrschaft Gutenzell sowie alle geistlichen und weltlichen Untertanen über die Inbesitznahme und Administration durch die Subdelegierten. Bis zum 1. Dezember 1802 erfolgt die Inbesitznahme und Administration provisorisch, damit wird Gutenzell Zivilbesitz. Der Herrschaftswechsel wird bekannt gegeben: Die Äbtissin ist entmachtet, die Beamten sind ihr nicht mehr verpflichtet. Das Gut wird für die Übernahme durch den neuen Herrn vorbereitet.

III. 142 Konzept eines Briefs der Äbtissin Justina an Graf Joseph August von Toerring

Gutenzell, 18.2.1803
Tinte auf Papier, 37,4 × 23 cm
Ehemals Klosterarchiv Gutenzell, dann Graf zu Toerring'sches Archiv
Kreiskultur- und Archivamt Biberach a.d.R.

»Der Himmel hat auch in der wichtigsten aller deutschen Reichs Perioden meine und meiner Mitschwestern Wünsche, und Gebeth erhöret, indem seine weisen Fügungen Eurer Excellenz das hiesige adeliche Reichs Stift zur Entschädigung zugetheilet haben. Dieses schon im zwölften Jahrhunderte durch die milden Stiftungen des damal blühenden Grafenhauses von Schlüsselberg entstandene [...] bereits über 600 volle Jahre selbst unter tausend Unglücksfällen und Kriegsdrangsalen erhaltene Reichs Stift ist nun bey gegenwärtiger Saecularisations Epoche um so glücklicher, als es abermal an ein Hochgräfliches Haus zurückkehret, wo rühmlichst bekanntermassen eine unbegränzte Gerechtigkeit und Herzensgüte jede Eigenschaft des erhabenen Charakters noch mehr veredele. Vertrauensvoll auf diese nehme ich mir die Freyheit Euer Excellenz das hiesige adeliche R Stift zur gütigsten Aufnahme, fernere Erhaltung und schätzbarsten Protektion andurch ehrerbietigst zu empfehlen.«

III. 143 Antwort Graf Joseph August von Toerrings an Äbtissin Justina

Winhöring, 26.2.1803
Tinte auf Papier, 32 × 20,5 cm
Kreiskultur- und Archivamt B.a.d.R.

Graf Toerring antwortet verhalten auf Justinas Schreiben. Er ist mit der Entschädigung durch Gutenzell nicht glücklich. Er spürt den Verlust seiner ehemaligen Besitzung Gronsfeld sehr. Auch lässt er durchblicken, dass eine Entschädigung, die auf fremdem Verlust gegründet ist, kein wahrer Ersatz sein kann. In seinem Schreiben an die Äbtissin klingt schon unterschwellig Unzufriedenheit über die Entschädigungspolitik mit.

III. 144 Bei der Besitzergreifung angebrachtes Wappen der Grafen von Toerring

Dat.: »1803«
Öl oder Tempera auf Holz, 92,4 × 60 × 20 cm
Privatbesitz

III. 145 Besitzergreifungsurkunde des Grafen Joseph August von Toerring

München, 9.3.1803
Druck, Tinte auf Papier, 69,5 × 76,8 cm
Privatbesitz

Graf Toerring kündigt in der Urkunde seine Besitzergreifung Gutenzells an. Der formale Akt vor Ort aber wird durch seinen »Rath und vormaligen Administrator der Grafschaft Gronsfeld, Herrn Wolfgang Zollner« durchgeführt. Er stattet ihn aus diesem Grund mit einer besonderen Vollmacht aus, »von dem vollen Complexe der dortigen bisherigen Reichsabbtey den Civil-Besitz« zu ergreifen sowie den Treueid und die Erbhuldigung der Untertanen entgegenzunehmen. Toerring erklärt in der Urkunde, den Religionsstand Gutenzells unverändert zu erhalten.

III. 144

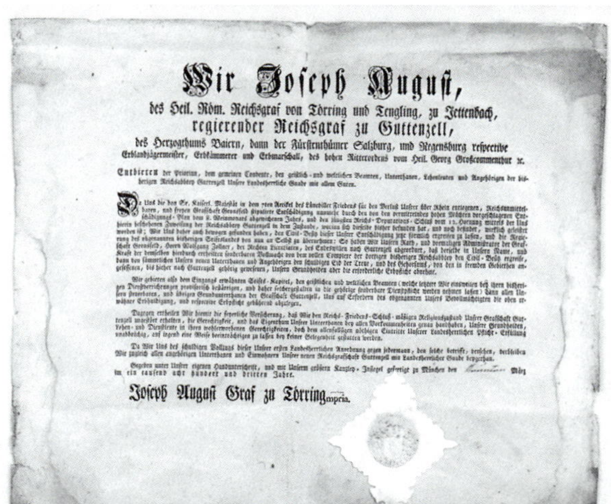

Wir Joseph August,
des Heil. Röm. Reichsgraf von Törring und Tengling, zu Jettenbach,
regierender Reichsgraf zu Guttenzell,
des Herzogthums Baiern, dann der Fürstenthümer Salzburg, und Regensburg respective
Erblandjägermeister, Erbkämmerer und Erbmarschall, des hohen Ritterordens vom Heil. Georg Großcommenthur x.

[illegible]

Joseph August Graf zu Törring mpria.

III. 145

Ill. 146 Äbtissin Justina, Priorin und Konvent von Gutenzell unterwerfen sich der neuen Herrschaft

Gutenzell, 9.3.1803
Tinte auf Papier,
39 × 23,6 cm
Kreiskultur- und Archivamt Biberach a.d.R.

In der Erklärung der Äbtissin Maria Justina von Erolzheim, der Priorin Maria Magdalena Klauber und des Konvents werden sämtliche Untertanen aus ihren Eiden und Pflichten entlassen und dem neuen Herrn empfohlen.

Ill. 147 Jahresrechnung der Kommission Gutenzell 1803/04

Gutenzell, 15. Juni 1803 bis 30. Juni 1804
Tinte auf Papier, 34,2 × 45,8 cm
Kreiskultur- und Archivamt Biberach a.d.R.

In der Kommissionsrechnung führt der gräfliche Rat Valentin Banghard seit Mitte 1803 sämtliche Ein- und Ausgaben der Grafschaft Gutenzell auf. Eine für Graf Toerring besonders wichtige Angelegenheit bleibt über viele Jahre der Abbau der hohen Verschuldung des ehemaligen Klostergutes. Sehr anschaulich wird dies in der peniblen Aufführung der zahlreichen Kapitalgeber/Gläubiger des Klosters. Banghard verzeichnet 255 Personen. Die Summe der Schulden beläuft sich auf 192.562 Gulden. Zum Vergleich: bei der Untersuchung der Entschädigungsmasse kalkuliert man ein jährliches Einkommen in Gutenzell von 13.644 Gulden.

Einnahmen:	63.108 fl 7 × 5 hl
Rückstände:	4.785 fl 39 × 6 hl
Ausgaben:	228.778 fl 58 × 9 hl
Rückstände:	173.487 fl 32 ×

Graf Toerring mußte, ob er wollte oder nicht, seine neue Grafschaft finanziell unterstützen und lange Zeit auf zusätzliche Einnahmen aus Gutenzell verzichten. Die Schulden werden erst nach seinem Tod, um 1830/31, getilgt.

»Weiterleben« des Klosters im Siegel des Neuen Herrn

Ill. 148 Kanzleisiegel des Klosters Gutenzell

2. Hälfte 18. des Jhdts.
Eisen, H. 4,5, Dm. 3,3 cm
Ehemals Zisterzienserinnenkloster Gutenzell
Privatbesitz

Die Randbeschriftung des Siegels lautet »Canzley sig: * Reichsgottshaus Gutenzell:«. Das Wappen setzt sich aus dem Schlüssel der Stifterfamilie Gutenzells und dem geschachten Schrägbalken der Zisterzienserinnen zusammen.

Ill. 149 Konvents- und Äbtissinnensiegel von Gutenzell (auf Aufnahmerezess der Barbara Rauh)

Gutenzell, 13.10.1792
Lack auf Papier, 35 × 21,5
Ehemals Zisterzienserinnenkloster Gutenzell
Kreiskultur- und Archivamt Biberach a.d.R.

Der Petschaft dieser Siegel ist nicht erhalten. In einem Schreiben der Äbtissin Justina vom Februar 1803 übergibt sie dem neuen Landesherrn »nicht nur das diesseitige Conventsigill, sondern auch das Wappen der hiesigen Urstifter, Grafen von Schlisselberg, dann mein angebohrnes – Abteysignet beybehaltenes Wappen ...« Damit übergibt die Äbtissin symbolisch ihre Macht. Auf dem Konventssiegel ist Maria mit Kind zu erkennen, mit dem Zisterzienserschild zu ihren Füßen.

Ill. 150 Siegel Graf Joseph August Graf von Toerring zu Gronsfeld und Jettenbach

Ende des 18. Jahrhunderts
Eisen, H. 6,5, Dm. 4,2 cm
Privatbesitz
»IOS: AUG*: COM: A: TER: GRON: DE: IETT.**«

Das Toerringsche Wappen besteht aus je zwei Feldern mit Rauten und Rosen. Der Herzschild zeigt eine Zange. Das darüber befindliche Feld mit drei Kugeln steht für die linksrheinische Herrschaft Gronsfeld.

III. 151 Toerring'sches Siegel nach der Inbesitznahme von Gutenzell

Um 1803
Eisen, H. 3,8, Dm. 4,8 cm
Privatbesitz
»*IOS. AVG. S.R.I.C. IN. TOERING. IETTENBACH. ET. GVTENZELL*«

Das Toerringsche Wappen ist unverändert. Darüber befinden sich jetzt aber zwei Felder, die den geschachten Balken der Zisterzienser und den Schlüssel der Gutenzeller Stifterfamilien enthalten. Gronsfeld ist durch das Entschädigungsgut Gutenzell ersetzt worden.

III. 152 Siegel des Oberrentamtes Gutenzell

Um 1803
Eisen, H. 7,4, Dm. 3,2 cm
Privatbesitz
GR : »TÖRRING. GUTENZELL : OBERRENTAMT«

Schicksal von Konvent und Kloster

Im August 1803 stiftet Graf Toerring die Pfarrei Gutenzell, und die ehemalige Klosterkirche wird Pfarrkirche. Der Konvent lebt weiterhin gemeinsam im Gutenzeller Klostergebäude. Äbtissin, Konventsfrauen und Schwestern erhalten von Graf Toerring eine Pension, von der sie gemeinsam leben. In der darauffolgenden Zeit entspinnt sich ein Konflikt zwischen der Äbtissin Justina und Graf Toerring bzw. dessen Verwalter. Die Äbtissin ist nicht bereit, ohne Widerstand von all ihren Rechten und Lebensgewohnheiten zu lassen. Dabei gerät sie auch immer wieder in Konflikt mit dem ersten Weltgeistlichen Gutenzells. Erst allmählich findet das Kloster zu einer Koexistenz mit dem neuen Herrn und auch dem Pfarrer. Die Klosterfrauen versuchen, trotz ihrer zurückgezogenen Lebensweise, durch Kirchenmusik und Unterricht einen Beitrag zum gesellschaftlichen Leben zu leisten. 1822 wird in Gutenzell auf Initiative von Pfarrer Alois Soherr und mit Hilfe zweier Klosterfrauen eine Industrieschule für Mädchen gegründet. Eindrückliches Zeugnis hierfür ist der von Pfarrer Soherr 1825/26 angelegte Schulgarten. Nach dem Tod der Klosterapothekerin schließt die Klosterapotheke 1839 endgültig und der Konvent gerät immer mehr in den Hintergrund. Das bedeutet: Gutenzell ist ein Aussterbekloster. Neue Frauen dürfen nicht mehr aufgenommen werden – 1851 stirbt die letzte Konventsfrau Gutenzells. Der von da an leerstehende Konventsbau wird schließlich 1864 – mit Ausnahme des Ostflügels (heutiges Pfarramt) – abgerissen. Von der ehemaligen Klosteranlage zeugen noch die Pfarrkirche, der ehemalige Ostflügel des Konventgebäudes, der Gästebau, einige Ökonomiegebäude und Reste der Klostermauer.

Ill. 154

III. 153 Konventsliste des Zisterzienserinnenklosters Gutenzell – die Verstorbenen werden nach 1803 ausgestrichen

Gutenzell, Ende 1792
Druck auf Papier, Tinte, 43 × 29 cm
Kreiskultur- und Archivamt Biberach a.d.R.

III. 154 Der erste Säkularpfarrer Joseph Alexander Augustin Rugel (1762–1825)

Anfang des 19. Jahrhunderts
Öl auf Leinwand
Pfarrarchiv Gutenzell
Kath. Kirchengemeinde Gutenzell

Ill. 155 **Der 2. Säkularpfarrer Alois Soherr (1783–1861)**

Lukas Kirner (1794–1851)
Öl auf Leinwand, 76 × 62,8 cm
Pfarrarchiv Gutenzell
Kath. Kirchengemeinde Gutenzell

Ill. 156 **Grundriß des Schulgartens in Gutenzell**

Gutenzell, 1826/27
Tinte auf Papier, 32,4 × 40,4 cm
Pfarrarchiv Gutenzell 12, Schulakten Bü Schulgarten / Obstgarten
Kath. Kirchengemeinde Gutenzell

Ill. 157 **Kloster Gutenzell, Bleistiftzeichnung von Graf Anton Toerring-Seefeld-Minucci**

1843
Bleistift, Deckweiß auf Papier,
17,5 × 25,3 cm
Privatbesitz

Der talentierte Zeichner dokumentiert in seinem Skizzenbuch neben Gutenzell auch andere Besitzungen, Porträts und Grabmonumente der Familie.

Ill. 157

Mediatisierung der Reichsstädte

Die französische Politik bestimmt die Gebiete, die zur Entschädigung linksrheinischer Verluste der Reichsfürsten dienen sollen. Legitimiert wird dies durch den Reichsdeputationshauptschluß von 1803. Dazu werden Klöster und geistlicher Besitz säkularisiert. 41 Reichstädte, die zuvor direkt dem Kaiser unterstellt waren und Sitz und Stimme in den Reichs- und Kreistagen besaßen, mediatisiert man: Die von Napoleon protegierten Fürsten können die ursprünglich unabhängigen Städte in ihre Verwaltung und ihre Territorien eingliedern. Meist schaffen sie bereits 1802 mit der provisorischen Inbesitznahme der Städte vollendete Tatsachen. Im Gebiet des heutigen Baden-Württemberg erhält Kurfürst Karl Friedrich von Baden: Überlingen, Pfullendorf, Gengenbach, Zell am Harmersbach, Offenburg, Biberach und Wimpfen, das später an Hessen fällt. Kurfürst Friedrich II. von Württemberg bekommt Aalen, Esslingen, Giengen, Heilbronn, Reutlingen, Rottweil, Schwäbisch Gmünd, Schwäbisch Hall und Weil der Stadt. Buchau fällt an den Fürsten von Thurn und Taxis und Isny an den Grafen von Quadt-Wykradt – beide Städte kommen 1806 unter Württembergische Landeshoheit. Zunächst von Bayern mediatisiert werden Bopfingen, Buchhorn (Friedrichshafen), Leutkirch, Ravensburg, Ulm und Wangen. Sie fallen 1810 ebenfalls an Württemberg. *M.H.*

Hoernes/Wanke 2003

Ill. 158 Entwurf einer Fahne der Reichsstadt Esslingen zur Huldigung für Kaiser Josef I.

Esslingen, 1705
Aquarell auf Papier, 41,5 × 32,7 cm
Stadtarchiv Esslingen

Die meisten Reichsstädte gehen auf Privilegierungen der Staufer zurück. Sie verwalten sich selbst, zahlen Stadtsteuern und unterstützen den König oder Kaiser militärisch und politisch. Das Reichsoberhaupt ist ihr Rückhalt gegen die benachbarten Fürsten, die versuchen, die Städte in ihre Gebiete einzugliedern. Die direkte Unterstellung der Reichsstädte unter den Kaiser wird besonders bei deren Huldigungen sichtbar. Die Fahne Esslingens ist für eine dieser Huldigungen entworfen: Direkt über dem doppelköpfigen Reichsadler befindet sich das Brustbild des Kaisers, darüber links das Wappen des kaiserlichen Kommissärs Franz Maximilian von Königsegg, der die Huldigung stellvertretend für den Kaiser entgegen nahm. Oben rechts steht das Wappen der Reichsstadt Esslingen, zu Seiten des Adlers vier Wappen von Bürgermeistern, die sich in der Amtsführung abwechselten. Das Wappen unter dem Schriftband ist das des städtischen Ammans. Die städtische Oberschicht nutzt die Huldigung zur Selbstdarstellung und zeigt ihre enge Verbindung zur kaiserlichen Macht.

Die Übernahme der Herrschaft

»Wo die Kommissärs einen Adler erblickten, mußte er weggerissen werden. [...] Es war, als sollte jedes Andenken an vorige Zeiten verwischt werden« – so beschreibt Johann Jacob Fetzer die Übernahme der Stadt Reutlingen durch Württemberg. Tatsächlich sind übermalte oder abgearbeitete Reichsadler in zahlreichen Städten die unmittelbaren Zeugen der Mediatisierung. Die Mediatisierung der Reichsstädte stößt bei der Stadtobrigkeit und der Bevölkerung auf wenig Gegenwehr, an bewaffneten Wiederstand ist nicht zu denken. Für die Bürgerschaft könnte der Machtwechsel sogar eine Chance bedeuten. Die von wenigen Familien dominierten Verwaltungen und die hochverschuldeten Stadthaushalte könnten erneuert werden. Dem neuen Herrscher wird zu verschiedenen Gelegenheiten gehuldigt. Franzosenfeindliche Umtriebe, die sich gegen Napoleon, den Protektor der neuen Herren richten, werden im Keim erstickt.

Ill. 159 »Provisorische-militairische Besitznahme« Schwäbisch Halls

Schwäbisch Hall, 1802
Holz, farbig gefaßt, Dm. 71 cm
Hällisch-Fränkisches Museum Schwäbisch Hall, Inv. Nr. 86/143–95

Die Schützenscheibe zeigt die »provisorisch-militairische« Inbesitznahme der Reichsstadt Schwäbisch Hall durch württembergische Truppen. Die Umschrift dankt Herzog Friedrich für das zivilisierte Verhalten seiner Truppen und stellt die Zeit der Reichsunabhängigkeit als hinderliche Trennung vom eigentlichen Vaterland dar. Gestiftet wurde die Scheibe zur Feier des Geburtstags von Herzog Friedrich II. am 6. November 1802. *C.H.*

AK Schwäbisch Hall 1987, Nr. 91

Ill. 159

Ill. 162

Ill. 160 »God save the King« in Württemberg

Friedrich David Gräter (1768–1830)
Schwäbisch Hall, 1809
Druck auf Papier, 17,5 × 23 cm
Stadtarchiv Schwäbisch Hall, Alte Drucke 96

Um den Geburtstag Herzog Friedrichs II. gebührend zu begehen, singen am 6.11.1802 die Truppen in Schwäbisch Hall beim Gottesdienst in der Hauptkirche eine württembergische Version des »God save the King«. Ihr Urheber ist Friedrich David Gräter, der am örtlichen Gymnasium unterrichtet – ein Befürworter der Übernahme durch Württemberg. *C.H.*

AK Schwäbisch Hall 1987, S. 39 f

Ill. 161 Besitzergreifungspatent für Gmünd

Ludwigsburg, 23. Nov. 1802
Tinte auf Papier, 48 × 65 cm
Stadtarchiv Schwäbisch Gmünd

Im Besitznahmepatent bekundet Herzog Friedrich II. nicht nur den Anspruch auf die Stadt Gmünd mit allen ihren Gebieten, sondern beansprucht auch die Anerkennung und Huldigung als Landesherr. Mit der Bekanntgabe des Patents vor dem Gmünder Magistrat am 27. November geht die Zeit als Reichsstadt unwiederbringlich zu Ende. Bald darauf folgt die Eingliederung in die herzogliche Verwaltung und der Austausch des Personals. *C.H.*

Ill. 162 Illumination des Gmünder Rathauses anläßlich der Verleihung der Kurfürstenwürde an Friedrich II.

Schwäbisch Gmünd, 1803
Kolorierte Federzeichnung in Chronik, 36 × 46,5 cm
Stadtarchiv Schwäbisch Gmünd

Die Verleihung der Kurfürstenwürde an Herzog Friedrich II. von Württemberg begeht Gmünd mit großen Feierlichkeiten. Unter festlicher Musik findet zum Abschluß der ganztägigen Feier die Illumination des Gmünder Rathauses statt. In goldener Farbe sind Lobpreisungen des Fürsten angebracht, abends ist das Gebäude festlich erleuchtet. Für die ehemalige Reichsstadt ist dies eine gebotene Gelegenheit, ihre Loyalität unter Beweis zu stellen. *C.H.*

Ill. 163 Die Anbringung württembergischer Wappen in Schwäbisch Hall

10. Dez. 1802
Tinte auf Papier, 31,5 × 20,5 cm
KA Schwäbisch Hall 1/3

Das Papier zählt 37 öffentliche Gebäude und Plätze auf, an denen das Wappen des neuen Herrn oder ein Besitznahmepatent angebracht wurde. Häufig ersetzt oder zerstört das neue Wappen die alten Hoheitszeichen der Reichsstadt.

Ill. 164

Ill. 165

Ill. 164 Ehemals übermaltes Wappen der Stadt Aalen

Aalen, 1766/67
Sandstein, ca. 100 × 50 cm
Stadt Aalen

Der Reichsadler mit dem Stadtwappen – einem Aal – stammt vom Nordportal der 1766/67 erbauten evangelischen Stadtkirche Aalens. 1803 wird es im Zuge der Mediatisierung zusammen mit allen anderen Emblemen der Reichsstadt abgenommen. Es kommt in den Besitz des Adlerwirtes Albert Borst, der das Stadtwappen mit seinen eigenen Initialen überpinselt und es zunächst an sein Schafhaus und dann am Wirtshaus zum »Schwarzen Adler« anbringt. Aus dem Hoheitszeichen wird ein privates Wappenschild, das so der Zerstörung entgeht. Heute ziert das restaurierte Wappen das Foyer des städtischen Rathauses.

Bauer, Karlheinz: Wappen der Stadt Aalen und ihrer Stadtbezirke. In: Aalener Jahrbuch 1986, S. 32–52, hier S. 46f

Ill. 165 Wappenstein mit abgearbeitetem Reichsadler von der Stadtkanzlei in Biberach

Daniel Frey (?–1743)
Biberach, 1730
Sandstein, 63 × 78 × ca. 30 cm
Braith-Mali-Museum Biberach a.d.R. 93–17823

Von den beiden Wappenkartuschen ist nur noch die mit dem gekrönten Biber, dem Biberacher Stadtwappen, erhalten. Die Reichsstadt fällt 1802 zunächst an Baden, 1806 an Württemberg. Erst damals wird der Reichsadler in der heute leeren Kartusche getilgt. Zahlreiche weitere Wappen der Reichsstadt teilen dieses Schicksal.

BK Biberach 2002, S. 68f

Ill. 166 Übermalter Reichsadler und Stadtwappen von Reutlingen

Reutlingen, Mitte des 18. Jahrhunderts
Holz, farbig gefaßt, 65 × 43 cm
Heimatmuseum Reutlingen 1698

Ein Rocaillerahmen umgibt eine bekrönte weibliche Figur mit Flügeln. Links hält sie eine rote Fahne, rechts zwei Wappenschilde mit den Stadtfarben von Reutlingen und dem im Zuge der Mediatisierung abgearbeiteten (?) Reichsadler. Folgerichtig übermalt man das Symbol für die direkte Zugehörigkeit zum Reich mit den württembergischen Hirschstangen, dem Wappen des Territoriums, zu dem Reutlingen nun gehört.

Grützmacher, Johannes: Die Mediatisierung der Freien Reichsstadt Reutlingen in den Jahren 1802/03. In: Reutlinger Geschichtsblätter N.F. 37, S. 1998, S. 241–286, hier S. 241f

Ill. 166

Ill. 169 a

Ill. 169 b

Ill. 168 Erzwungene Loyalität: Schützenscheibe auf die Verurteilung franzosenfeindlicher Schriften

Biberach, 1818
Öl auf Holz, Dm. 86 cm
Braith-Mali-Museum Biberach a.d.R.

Die Darstellung spielt auf Geschehnisse des Frühjahres 1813 an. Nach dem Untergang der französischen Armee in Rußland finden sich an den Biberacher Stadttoren Anschläge, die auf die sinkende Macht Frankreichs und das Wiedererstarken Österreichs anspielen. Württemberg ist als Rheinbundstaat mit Napoleon verbündet und läßt die mutmaßlichen Verfasser, die Gebrüder Goll, in Haft nehmen. Über die ehemalige Reichsstadt wird eine Kollektivstrafe verhängt und »politisches Räsonnieren« verboten. Im Oktober des gleichen Jahres verläßt der württembergische König nach der Völkerschlacht bei Leipzig das Lager Napoleons – bald darauf kommen die Gefangenen frei. Auf der später entstandenen Schützenscheibe werden sie durch einen Jüngling symbolisiert, den die Göttin der Gerechtigkeit beschützt. Ihre Denunzianten sind allerlei unappetitliche Tiere.

BK Biberach 2002, S. 72f

Ill. 169 Schützenscheibe auf die Übernahme der Schulden der ehemaligen Reichsstadt Biberach durch Württemberg

Biberach, 1821
Öl auf Holz, Dm. 94 cm
Schützengilde Biberach 1841 e.V.

Die Schulden der Stadt Biberach, die noch in reichsstädtischer Zeit und vor allem während der ständigen Kriegsjahre aufgelaufen waren, übernimmt 1821 weitgehend der württembergische Staat.

AK Biberacher Schützenscheiben; Städtische Sammlung (Braith-Mali-Museum) in Zusammenarbeit mit der Schützengilde Biberach 1841 e.V., Biberach 1976, Nr. 39

Ill. 167 Abgearbeiteter Reichsadler vom Schmiedtorturm in Schwäbisch Gmünd

Schwäbisch Gmünd, 1. Hälfte 14. Jhdt.
Sandstein, 97 × 95 × 21,5 cm
Museum am Prediger Schwäbisch Gmünd

Bis zur Übernahme durch Württemberg befinden sich der Reichsadler und ein Stadtwappen am Schmiedtorturm und markieren damit den Rechtsbereich von Schwäbisch Gmünd.

Aufhebung der Ritterorden

Der Deutsche Orden und die Johanniter sind Ritterorden mit in die Zeit der Kreuzzüge zurückreichender Tradition. Beide Orden erhalten in den Verhandlungen, die 1803 zum Reichsdeputationshauptschluß führen, noch geringe Entschädigungen für ihre linksrheinischen Verluste zugesprochen. Unter dem Schutz der Habsburger (Deutscher Orden) und des Zaren (Malteser) überstehen sie sogar 1806 die Auflösung des Reiches. Erst 1809 löst ein Tagesbefehl Napoleons die beiden Orden in den Rheinbundstaaten auf. *B.D./M.H.*

Mergentheim als Zentrum des Deutschen Ordens

Maximilian Franz, der jüngste Sohn Kaiserin Maria Theresias, wird auf dem 1780 in Mergentheim stattfindenden Generalkapitel als Hoch- und Deutschmeister des Deutschen Ordens inthronisiert. Die damals vorgelegten Muster zu den Uniformen der Ordensritter spiegeln das barock-selbstbewußte, nahezu weltlich erscheinende Auftreten des Ordens wider. Der Amtsantritt des neuen Hochmeisters wird in der Residenzstadt Mergentheim glanzvoll gefeiert. Maximilian Franz ist der letzte Bauherr des Ordens und läßt die Neugestaltung des Kapitelsaales zu Ende führen. Er gestaltet und möbliert die Räume seiner Residenz neu und baut Verwaltungs- und Wirtschaftsbauten aus.

Der Grundriß von 1740 zeigt das Mergentheimer Schloß während der Planungen barocker Umbauten. Die Sala terrena wird als repräsentatives Festhaus der Gartenanlagen 1739–1745 erbaut. Die Entwürfe des Baudirektors Roth geben eine Vorstellung des 1823 abgebrochenen Baus, der unter Maximilian Franz erneuert wird. Während des Generalkapitels von 1791 finden hier Konzerte, Tanzspiele, Theateraufführungen, höfische Gastmähler und feierliche Ritterschläge statt. Der junge Ludwig van Beethoven spielt hier im kurkölnischen Orchester vor Teilnehmern des Generalkapitels. Maximilian Franz läßt einen Englischen Landschaftsgarten anlegen, der für eine fürstliche Residenz des späten 18. Jahrhunderts unverzichtbar ist. Dennoch ist barocke Prachtentfaltung in Mergentheim auf wenige Ausnahmen, wie Besuche des Kaisers oder die Generalkapitel, beschränkt.

Maximilian Franz zählt als Hoch- und Deutschmeister zu den vornehmsten Reichsfürsten. Wegen der über das gesamte Reichsgebiet verstreuten Ordensbesitzungen ist er zwangsläufig ein Verfechter der Reichsidee. Er weiß, daß das österreichische Kaiserhaus den Bestand des Ordens garantiert und stimmt seine Politik mit Wien ab. Seit dem Rastatter Kongreß wird über die Kompensation der linksrheinischen Verluste der Reichsfürsten verhandelt. Klar ist, daß diese Verluste durch die Säkularisation der geistlichen Fürstentümer des Reiches ausgeglichen werden sollen. Die Politik des Hochmeisters zielt daher darauf, die Unterschiede des Ordens zu den übrigen geistlichen Fürstentümern herauszustellen: Der Deutsche Orden ist ein für den deutschsprachigen Adel gestiftetes Versorgungsinstitut, das nach den Säkularisationen um so wichtiger ist. Aus seinen Reihen rekrutieren sich treue Staatsmänner, Feldherren und Offiziere in den Reichskriegen.

Täubl 1966; Oldenhage 1969

Ill. 172

Ill. 170 **Hochmeister Maximilian Franz (reg. 1780–1801)**
Kaspar Benedikt Beckenkamp (1747–1828)
Rheinland, nach 1784
Öl auf Leinwand, 235 × 155 cm
Stadtmuseum Köln KSM 1983/513
(Standort: Deutschordensmuseum Bad Mergentheim)

Ill. 171 bis Ill. 173 **In den Generalkapiteln von Mergentheim behandelte Vorschläge für die Uniformen der Deutschordensritter**
1764, 1780
Aquarellierte Deckfarben auf Papier, 28,5 × 20,2 cm; 27,7 × 19,2 cm; 34,4 × 20,8 cm
Zentralarchiv des Deutschen Ordens, Wien Cap. 818/6 Nr. 6; Cap. 818/6 Nr. 7; Cap. 818/6, Nr. 8

AK Nürnberg 1990, Nr. III.6.19

Ill. 174 **Grundriß von Schloß Mergentheim**
wohl Ferdinand Kirchmayer und Franz Joseph Roth (1690–1758)
Ca. 1740 und ca. 1750
Sign. »F:K«
Federzeichnung auf Papier, grau laviert, 45,6 × 43,5 cm
Staatsarchiv Ludwigsburg IL 580 Nr. 28

Ill. 175, Ill. 176 **Entwürfe zur Wandstuckierung der Sala terrena im Garten von Schloß Mergentheim**
Franz Joseph Roth (1690–1758)
Mergentheim 1739
Aquarellierte Federzeichnung auf Papier, 23,1 × 69,3 und 22,2 × 42,5 cm
Staatsarchiv Ludwigsburg B 301, Bü 93/3,4

AK Mainau 1991, Nr. II.A.a.4.

Ill. 170

Ill. 176

Ill. 177 Plan zur Anlage eines Englischen Gartens in Mergentheim

Philipp Starkloß
Mergentheim, 24. 6. 1808
Kolorierte Federzeichnung auf Papier, 34,5 × 46 cm
Deutschordens-Zentralarchiv Wien Merg. 293/3 Beilage c

Der bereits unter Hochmeister Maximilian Franz angelegte englische Garten enthält Fischgräben, einen Wasserfall, künstliche Felsen, ein Entendörflein, ein chinesisches Gartenhaus usw. Der Plan des Gärtnerlehrlings Starkloß bietet Vorschläge für eine Umgestaltung und ist an den letzten Hochmeister, Anton Viktor, gerichtet.

Oldenhage 1969, S. 244; AK Nürnberg 1990, Nr. III.8.13

Erzherzog Karl Ludwig – »Franzosensieger« und Hochmeister

Um die Unterstützung des eigenen Hauses zu gewinnen, wünscht Maximilian Franz für einen der österreichischen Erzherzöge das Amt des Koadjutors und beim Großkapitel in Wien wird Erzherzog Karl 1801 zunächst zum Koadjutor des Hoch- und Deutschmeisters gewählt und kurz darauf zum Ordensritter geschlagen. Wenig später folgt er Maximilian Franz als Hochmeister nach. Karl steht als erfolgreicher Feldherr auch bei seinen französischen Gegnern in hohem Ansehen. Der Habsburger soll den Deutschen Orden nach den im Luneviller Frieden (9.2.1801) festgeschriebenen Verlusten davor bewahren, zur Entschädigung für andere Reichsfürsten verwendet zu werden.

In der 1801 bestellten außerordentlichen Deputation des Reichstages, die über die Entschädigungen verhandelt, ist der Hochmeister der einzige ritterliche Reichsfürst. Der Komtur zu Donauwörth und Oberamtmann von Horneck, Karl Freiherr von Nordeck zur Rabenau, ist der Vertreter des Hochmeisters in Regensburg. Allerdings muß er bei seiner Tätigkeit das Wohl des Reiches mitberücksichtigen. Letztlich entscheidet natürlich Frankreich über das Schicksal der Ritterorden: Das Ansehen Erherzog Karls führt zum Erhalt und dann nicht akzeptierten, nur geringen Entschädigungen des Deutschen Ordens. Der französische Entschädigungsplan nennt die militärische Funktion der Ordensritter als Grund für das Weiterbestehen. Der Reichsdeputationshauptschluß schließt sich diesen Vorgaben an.

Hochmeister Karl muß als Präsident des Hofkriegsrates die Interessen des Kaiserhauses vor diejenigen des Ordens stellen. Deshalb tritt er nach nur dreijähriger Amtsführung aus dem Orden aus.

Sapper, Christian, Karl Ludwig von Österreich. In: Arnold, Udo, Die Hochmeister des Deutschen Ordens 1190–1194 (Quellen und Studien zur Geschichte des Deutschen Ordens, Bd. 40), Marburg 1998, S. 269–274

Ill. 178 Koadjutor Erzherzog Karl Ludwig wird von Hochmeister Maximilian Franz zum Ordensritter geschlagen

1801
Kolorierte Radierung, 32,2 × 44 cm
Zentralarchiv des Deutschen Ordens Wien, Bildsammlung Lade 2

Der feierliche Ritterschlag findet in der Ordenskirche in Wien statt.

AK Nürnberg 1990, Nr. IV.I.1.

Ill. 179 Ahnenprobe Hochmeister Karl Ludwigs

Anfang 18. Jh.
Aquarell auf Pergament, Wachssiegel in Holzkapseln, 58,9 × 84,3 cm
Zentralarchiv des Deutschen Ordens Wien, HM Karton 524

Ill. 180 Hochmeister Karl Ludwig, Erzherzog von Österreich (reg. 1801–1804)

Anton Grassi (1755–1807)
Wiener Porzellanmanufaktur, 1804
Biskuitporzellan, Sockel kobaltblau glasiert, H. 41,5 cm
Heeresgeschichtliches Museum im Arsenal Wien Bl. 27.501

AK Nürnberg 1990, Nr. IV.I.2.

Ill. 181 Illumination Mergentheims anläßlich der Wahl Erzherzog Karl Ludwigs zum Koadjutor

F.M. Geiger, 1801
Federzeichnung auf Papier, Deckfarben, 38,8 × 43 cm
Zentralarchiv des Deutschen Ordens Wien HM 523/5

Eine Inschrift am festlich beleuchteten Rathaus ist »Dem Helden und Erretter Deutschlands« gewidmet. Sie richtet sich an den neuen Hochmeister, den siegreichen österreichischen Feldherren Karl, der 1796 die französischen Truppen aus dem Reich vertrieben hatte und auch im 2. Koalitionskrieg Erfolge gegen sie errungen hat.

AK Nürnberg 1990, Nr. III.13.16

Ill. 180

Ill. 185

Ill. 182, Ill. 183 Lobgesang des Mergentheimer Oberrabbiners auf den neuen Hochmeister Karl

14.6.1801
Druck auf Papier, 25,5 × 40,2 und 22,3 x 36,3 cm
Zentralarchiv des Deutschen Ordens Wien HM 523/2, Nr. 31, 32

Auch der Mergentheimer Rabbiner und die jüdische Gemeinde beteiligen sich an den Feierlichkeiten anläßlich der Wahl Karl Ludwigs. Das gute Verhältnis aller Ordensuntertanen zu ihrer Obrigkeit zeigt sich auch im »Mergentheimer Aufstand«, der losbricht, als Württemberg 1809 das Fürstentum besetzt und bislang unbekannte Soldatenrekrutierungen durchführt.

AK Nürnberg 1990, Nr. III.13.17

Ill. 184 Tabellarische Aufstellung der linksrheinischen Verluste des Deutschen Ordens bis 1797

Um 1800
Tinte auf Papier, 64,7 × 50,7 cm
StA Ludwigsburg B 300, Bü 80

Ill. 185 Ordenskreuz mit Wappen des Karl Freiherr von Nordeck zur Rabenau

um 1800
Schwarzer Samt, Silber- und Paillettenstickerei auf Brokat, 9,5 × 8,2 cm
Deutschordensmuseum e.V. Bad Mergentheim 4147

Das Kreuz stammt vermutlich vom Überrock jenes Ordensritters, der den Hochmeister bei der Reichsdeputation in Regensburg vertritt.

AK Nürnberg 1990, Nr. VI.2.9.

Anton Viktor, Erzherzog von Österreich und letzter Hochmeister in Mergentheim

Im Jahre 1804 folgt Erzherzog Anton Viktor seinem durch die Tätigkeit am Kriegsministerium in Anspruch genommenen Bruder Karl als Hochmeister nach. In Mergentheim empfängt ihn die Bürgerschaft feierlich, da seit Jahren kein Hochmeister mehr in das Fürstentum gekommen war. Napoleon schreibt dem neuen Hochmeister anläßlich der Übernahme seines Amtes: die Gegnerschaft schließt die Wahrung der diplomatischen Form nicht aus. In den folgenden Auseinandersetzungen mit Frankreich und seinen Verbündeten werden Ordensbesitzungen wie Feindesland behandelt. Württemberg okkupiert Ordensgüter, Baden nimmt sie vorläufig in Besitz. Der Frieden von Preßburg (26. 12. 1805) garantiert den Bestand des Ordens, der allerdings seine Reichs- und mehrfache Kreisstandschaft verliert. Die Besitzungen fallen an den Kaiser, als Ersatz für dessen Gebietsverluste. Die Würde des Hochmeisters soll erblich dem Haus Habsburg zustehen und verbleibt bei Anton Viktor. Die umstrittenen Formulierungen des Preßburger Friedensvertrages erlauben den Verbündeten Napoleons weitere Vorstöße gegen die verbliebenen Ordensbesitzungen. Um sie abzuwehren, verfaßt der hochmeisterliche Geheime Rat Handel 1807 eine Schrift, die die Ansprüche des Ordens zur Geltung bringen soll. Als Österreich 1809 versucht, den Preßburger Frieden militärisch zu revidieren, läßt Napoleon den Deutschen Orden im Gebiet der Rheinbundstaaten auflösen. Mergentheim fällt an das Königreich Württemberg. Der Deutsche Orden hört außerhalb des österreichischen Kaiserstaates auf zu existieren.

Ill. 186

Ill. 186 Hochmeister Anton Viktor, Erzherzog von Österreich (reg. 1804–1835)

Elias Hütter? (1775–nach 1863)
Wiener Porzellanmanufaktur, 1819
Modelleurzeichen »F«
Biskuitporzellan, 46 × 26 cm
Städtische Sammlungen – Rollett-Museum Baden bei Wien Obj. 18

AK Nürnberg 1990, Nr. IV.I.4.

Ill. 187 Brief Napoleons an Hochmeister Anton Viktor

St. Cloud, 14.10.1804
Tinte auf Papier, 37,5 × 24,3 cm
Deutschordens-Zentralarchiv Wien HM 536/1, Nr. 18

AK Nürnberg 1990, Nr. IV.1.5.

Ill. 188 Kleiner Staats- und Standeskalender der Ordenszentrale Mergentheim

Joseph Stahel (Hofbuchdrucker Mergentheim)
Mergentheim 1806
Druck auf Papier, 9,6 × 5,5 cm
StA Ludwigsburg B 236, Bü 231

Ill. 189 »Beytrag zur Erläuterung des XII. Artikels des Preßburger Friedensschlusses, in so weit derselbe den Teutschen Ritter-Orden betrifft«

1807
Druck auf Papier, 20,5 × 12,8 cm
UB Tübingen, 21 Hg 61

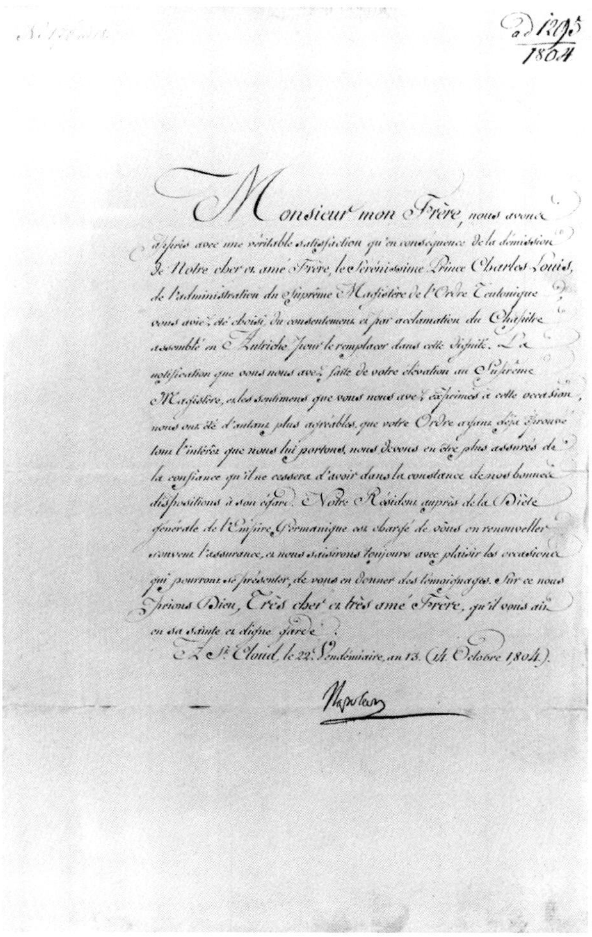

ad 1295
1804

Monsieur mon Frère, nous avons appris avec une véritable satisfaction qu'en conséquence de la démission de Notre cher et amé Frère, le Sérénissime Prince Charles Louis, de l'administration du Suprême Magistère de l'Ordre Teutonique vous avez été choisi, du consentement et par acclamation du Chapitre assemblé en Autriche pour le remplacer dans cette dignité. La notification que vous nous avez faite de votre élévation au Suprême Magistère, et les sentimens que vous nous avez exprimés à cette occasion nous ont été d'autant plus agréables, que votre Ordre ayant déjà éprouvé tout l'intérêt que nous lui portons, nous devons en être plus assurés de la confiance qu'il ne cessera d'avoir dans la constance de nos bonnes dispositions à son égard. Notre Résident auprès de la Diète générale de l'Empire Germanique est chargé de vous en renouveller souvent l'assurance, et nous saisirons toujours avec plaisir les occasions qui pourront se présenter, de vous en donner des témoignages. Sur ce nous prions Dieu, Très cher et très amé Frère, qu'il vous ait en sa sainte et digne garde.

A St. Cloud, le 22. Vendémiaire, an 13. (14. Octobre 1804).

Napoleon

Ill. 187

III. 190 Tagesbefehl Napoleons vom 24.4.1809 (Abschrift)
1809
Tinte auf Papier, 32 × 21 cm
HStA E 9, Bü. 12

AK Stuttgart 1991, S. 25

III. 191 Dekret König Friedrichs I. zur Vereinigung Mergentheims mit dem Königreich Württemberg
7.6.1809
Druck auf Papier, 43 × 33,8 cm
StA Ludwigsburg B 300, Bü 76

Die Johanniter (Malteser)

Die Aufhebungen im Zuge der Französischen Revolution und die 1798 erfolgte Kapitulation des Hauptsitzes Malta vor den Truppen der französischen Republik leiten das Ende des Johanniterordens ein. Schon während des Rastatter Kongresses gibt es Bestrebungen, die Johanniter mit dem Deutschen Orden zusammenzulegen. Als Zar Paul I. 1799 Großmeister des Johanniterordens und damit dessen Schutzherr wird, verbessern sich die Aussichten für den Ritterorden. Die Ermordung des Monarchen (1801) macht jedoch alle Hoffnungen zunichte. Sein Nachfolger, Zar Alexander I., sorgt dafür, daß im Reichsdeputationshauptschluß eine Entschädigung der Johanniter für ihre linksrheinischen Besitzungen durch die Klöster im Breisgau vorgesehen wird. Allerdings gestaltete es sich schwierig, diese Ansprüche auch durchzusetzen. Baden okkupiert nach Ausbruch des 3. Koalitionskrieges den beanspruchten Klosterbesitz im Breisgau und fällt auch in das Johanniterfürstentum Heitersheim ein. Ein Schutzvertrag, den der letzte dort residierende deutsche Johannitermeister Ignaz Freiherr Rink von Baldenstein 1806 mit Bayern schließt, erweist sich als wirkungslos. In der Rheinbundakte wird das Johanniterfürstentum Heitersheim mit seinen Dependenzen dem Haus Baden zugesprochen – es verliert seine Reichsstandschaft. Württemberg zwingt die Johanniter 1806 in seinem Einflußbereich zur Bildung eines württembergischen Unterpriorates. Es besteht aus vier Komtureien, die dem Landesherren unterworfen sind. Aber auch das Unterpriorat kann sich nicht über das Jahr 1809 hinaus halten. Wie der Deutsche Orden, werden die Johanniter auf Befehl Napoleons in den Rheinbundstaaten aufgehoben.

Maurer, Bernhard, Die Johanniter und Malteser im Breisgau, Freiburg 21999; Schmid Hermann, Das deutsche Johanniter-Meistertum und Württemberg im Schicksalsjahr 1806. In: Zeitschrift für Geschichte des Oberrheins 143, 1995, S. 245–268

Ill. 192 Freiherr Ignaz Rink von Baldenstein, letzter Fürst von Heitersheim

Öl auf Leinwand, 97,5 × 76 cm
Erika Rinck von Baldenstein, Konstanz

Ill. 193 Vorläufiges Besitzergreifungspatent Herzog Friedrichs II. für die Besitzungen der Ritterorden

Stuttgart, 19.11.1805
Druck auf Papier, 43 × 62,6 cm
Fürstlich Fürstenbergisches Archiv Donaueschingen C.I.Da.Fasz.3

Ill. 192

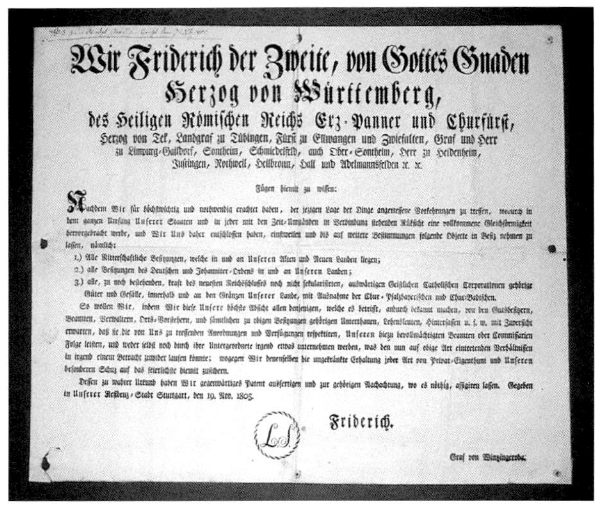

Wir Friderich der Zweite, von Gottes Gnaden
Herzog von Württemberg,
des Heiligen Römischen Reichs Erz-Panner und Churfürst,
Herzog von Tek, Landgraf zu Tübingen, Fürst zu Ellwangen und Zwiefalten, Graf und Herr zu Limpurg-Gailsdorf, Sontheim, Schmiedelsfeld, auch Ober-Sontheim, Herr zu Heidenheim, Justingen, Rothweil, Heilbronn, Hall und Adelmannsfelden ꝛc. ꝛc.

Fügen hiemit zu wissen:

Nachdem Wir für höchstwichtig und nothwendig erachtet haben, der jezigen Lage der Dinge angemessene Vorkehrungen zu treffen, wodurch in dem ganzen Umfang Unserer Staaten und in jeder mit den Zeit-Umständen in Verbindung stehenden Rüksicht eine vollkommene Gleichförmigkeit hervorgebracht werde, und Wir Uns daher entschlossen haben, einstweilen und bis auf weitere Bestimmungen folgende Objecte in Besiz nehmen zu lassen, nämlich:

1.) Alle Ritterschaftliche Besizungen, welche in und an Unseren Alten und Neuen Landen liegen;
2.) alle Besizungen des Deutschen und Johanniter-Ordens in und an Unseren Landen;
3.) alle, zu noch bestehenden, kraft des neuesten Reichsschlusses noch nicht sekularisirten, auswärtigen Geistlichen Catholischen Corporationen gehörige Güter und Gefälle, innerhalb und an den Gränzen Unserer Lande, mit Ausnahme der Chur-Pfalzbayerischen und Chur-Badischen.

So wollen Wir, indem Wir diese Unsere höchste Absicht allen denjenigen, welche es betrift, anduch bekannt machen, von den Gutsbesizern, Beamten, Verwaltern, Orts-Vorstehern, und sämtlichen zu obigen Besizungen gehörigen Unterthanen, Lehensleuten, Hintersassen u. s. w. mit Zuversicht erwarten, daß sie die von Uns zu treffenden Anordnungen und Verfügungen respektiren, Unseren hiezu bevollmächtigten Beamten oder Commissarien Folge leisten, und weder selbst noch durch ihre Untergeordnete irgend etwas unternehmen werden, was den nun auf obige Art eintretenden Verhältnissen in irgend einem Betracht zuwider laufen könnte; wogegen Wir denenselben die ungekränkte Erhaltung jeder Art von Privat-Eigenthum und Unseren besonderen Schuz auf das feierlichste hiemit zusichern.

Dessen zu wahrer Urkund haben Wir gegenwärtiges Patent ausfertigen und zur gehörigen Nachachtung, wo es nöthig, affigiren lassen. Gegeben in Unserer Residenz-Stadt Stuttgart, den 19. Nov. 1805.

(L. S.) Friderich.

Graf von Winzingerode.

Ill. 193

IV.

Krummstab und Schwert

Krummstab und Schwert: Weltliche und geistliche Ordnung

Klosterherrschaft und Landesordnung

Das Kloster als Gemeinwesen und Versorgungsstätte

Erinnerungen an eine streitbare Fürstäbtissin

Klosterleben und Ordensregel

Krummstab und Schwert: Weltliche und geistliche Ordnung

Als der Fürst von Löwenstein-Wertheim erfährt, daß es mit den Entschädigungen für den Verlust linksrheinischer Besitzungen ernst wird, läßt er 1802 das Blankoformular eines Besitzergreifungspatents drucken. Darin heißt es, daß die in Aussicht stehenden »Entschädigungs-Gegenstände« »mit allen Zugehörungen, Kammer-Gütern, Waldungen, Gefällen ec.ec. Rechten und Gerechtigkeiten, der Landesherrlichen Obrigkeit, Musterung, hoher und niederer Jurisdiction, Cent- und Forst-Gerichtsbarkeit, ec.ec.« an das Fürstenhaus fallen. An dieser Aufzählung wird deutlich, was der Übergang geistlicher Einrichtungen an weltliche Fürsten in der Realität bedeutet: mit Säkularisation ist nicht nur eine Vermögens-, sondern auch eine Herrschaftsverschiebung gemeint. Über das Wesen geistlicher Herrschaft nach innen und nach außen geht es im Folgenden.

IV. 1 Wappen der Prämonstratenserabtei Schussenried von der Fassade der Kirche St. Oswald in Otterswang

Otterswang (Wappen durch eine Kopie ersetzt, Original in der Kirche)
Messing vergoldet, 108 × 86 cm
Kath. Kirchengemeinde Otterswang

Es handelt sich um das Wappen des Schussenrieder Abtes Joseph Krapf (1775–1791).

IV. 1

IV. 2 Türflügel aus der ehemaligen Zisterzienserabtei Schöntal

Schöntal, 1743
Eichenholz, geschnitzt, Bronze-Beschläge,
315 × 170 × 12 cm
WLM 1961/32 a und b

Die beiden 1743 für 26 Gulden gearbeiteten Türflügel stammen vom Haupteingang des Konventsgebäudes (»Neue Abtei«) der 1802 säkularisierten Zisterzienserabtei Schöntal an der Jagst. Die beiden Kartuschen zeigen links das Wappen des Zisterzienserordens, rechts das Monogramm des Abtes Angelus Münch (reg. 1732–1761).

Himmelheber 1962, S. 365 (Abb. 353)

IV. 2

Klosterherrschaft und Landesordnung

Klöster sind in der Regel fromme Stiftungen, die bei ihrer Gründung mit bestimmten Besitzungen und daran haftenden Rechten ausgestattet werden. Im Laufe der Zeit kann sich der Besitzstand durch weitere Schenkungen, Käufe oder Erwerbungen vergrößern. Dabei fallen häufig auch bestimmte Herrschaftstitel an. So werden viele geistliche Würdenträger im deutschen Reich gleichzeitig zu weltlichen Fürsten. Dies macht die Reichskirche bis zu ihrem Ende 1803 zu einer einzigartigen Institution, und es ist nicht zuletzt diese Einzigartigkeit, die sie zu einem geeigneten Opfer der Säkularisation macht. Denn der weltliche Besitz garantiert eine weitgehende Unabhängigkeit, die dem katholischen Zentralismus zuwiderläuft – nicht zuletzt daraus erklärt sich die Tatsache, daß der politisch allerdings ohnehin geschwächte Papst nur halbherzig gegen die Säkularisation protestiert. Auf der anderen Seite weckt gerade der Territorialbesitz der geistlichen Einrichtungen das Interesse der weltlichen Herren, die den eigenen Besitz abzurunden und auszudehnen versuchen.
Doch nicht allein die Bischöfe und die über ein Territorium gebietenden Prälaten, die direkt dem Kaiser unterstehen, sind als geistliche Fürsten mit mehr oder weniger großen Herrschaftsbereichen und damit auch mit den entsprechenden weltlichen Kompetenzen ausgestattet. Auch die sogenannten landsässigen Klöster, die einem Landesherrn unterstellt sind und deshalb als »reichsmittelbar« gelten, besitzen Grund und Boden und daraus abgeleitete Rechte. Selbst viele der städtischen Klöster – zumeist Niederlassungen der Bettelorden – können über Güter und Höfe und deren Bewirtschaftung verfügen. Es liegt auf der Hand, daß dem Besitzstand entsprechend eine mehr oder weniger differenzierte Verwaltung eingesetzt wird, und daß zumindest die mächtigeren Kirchenfürsten einen hohen repräsentativen Aufwand treiben – genau wie die weltlichen Herren.

Die Geistlichkeit in Welt und Kirche

Sämtliche Institutionen, die nach 1800 säkularisiert werden, sind in ein Geflecht unterschiedlicher Bezugssysteme eingebunden. Klöster können exemt, d.h. direkt dem Papst unterstellt sein, oder sie unterstehen der Oberaufsicht des zuständigen Bischofs. Innerhalb desselben Ordens können sie Interessenverbände in Form von Kongregationen bilden – der Zusammenschluß der deutschen Benediktiner zu einer einzigen Kongregation scheitert allerdings am Widerstand der Bischöfe, die darin eine Gegenmacht vermuten. So bleibt es hier wie bei den Bettelorden und den Prämonstratensern bei der Bildung regionaler Provinzverbände.
Daneben bilden Klöster, Hochstifte und Priorate Teile einer vielfach zersplitterten, politischen Landkarte. Ihre Ländereien grenzen an andere geistliche oder weltliche Territorien, in einzelnen Fällen wie Isny können beide Bereiche sogar innerhalb einer Stadtmauer liegen. Die Jesuiten und die weniger vermögenden Bettelorden mit ihrer Predigt- und Bildungstätigkeit sind aus dem Bild der Städte nicht wegzudenken. Hier führen allerdings schon die Aufhebung des Jesuitenordens und die josephinischen Klosteraufhebungen zu ersten einschneidenden Veränderungen.
Die Herrschaftsbereiche der Bistümer und der Reichsprälaten als Fürsten sind nicht nur in die kirchliche Hierarchie, sondern auch in die politische Organisation des Reiches eingebunden. Am Ende des 18. Jahrhunderts wird im Reichstag die Schwäbische Prälatenbank von den Äbten und Äbtissinnen folgender Häuser (ohne die bayrischen) beschickt: Salem, Weingarten, Ochsenhausen, Rot, Weissenau, Schussenried, Marchtal, Petershausen, Zwiefalten, Gengenbach, Neresheim, Heggbach, Gutenzell, Rottenmünster, Baindt, Söflingen und Isny. Sie gehören neben den weltlichen Herren und den Bischöfen zum Schwäbischen Reichskreis, in dem sie gewissermaßen auf »Länderebene« agieren. *F.D.*

IV. 3

IV. 3 Karte der geistlichen Fürstentümer

Zwischen 1764 und 1787
Bez. »Mappa geographica et topographica omnium ecclesiasticarum dignitatum Germaniae consistunt« etc.
Federzeichnung, koloriert, 96 × 123 cm (m.R.)
Benediktinerabtei Neresheim

Die dem ersten Prälaten von Neresheim, Abt Benedikt Maria Angehrn (Abt seit 1755, Prälat 1764, gestorben 1787) gewidmete Karte verzeichnet Erzbistümer und Bistümer, geistliche Fürsten und Prälaten. Auffällig ist die Häufung der Prälaturen im Bereich Oberschwabens.

IV. 4 Karte des Bistums Konstanz mit Dekanatseinteilung

Sign. und dat. »I. Bapt. Sauter Prae. et geo. Aug. Div. Accron. Delin. 1792.« (unten links) und »Petrus Mayr sculpsit Friburgi Bris. 1794.« (unten rechts)
Kupferstich, 47,5 × 60,2 cm
Bodenseebibliothek Friedrichshafen

Ein bischöflicher Sprengel (Diözese) ist in Dekanate und Pfarreien als wichtigste Seelsorgebezirke eingeteilt. Daneben können aber auch Klöstern Pfarreien inkorporiert sein: sie sichern den »einverleibten« Gemeinden eine ausreichende Seelsorge, indem die Klöster die Priester unterhalten, und diesen wächst im Gegenzug wirtschaftlicher Nutzen durch die Abgaben der Gemeinde zu. Das Pfarrwesen birgt durch die Interessenlage von Bischof und Kloster Konfliktstoff in sich, denn die Klöster kämpfen stets um ihre »Exemtion«, um die Herauslösung aus dem Rechtsbereich an sich zuständiger Stellen – dies betrifft seit dem frühen Mittelalter insbesondere die Bistümer. Päpstliche Privilegien, die entsprechende Freistellungen bestätigen oder begründen, sind deshalb existenziell wichtige Urkunden. Den Bischöfen von Konstanz als wichtigsten Kirchenoberen im deutschen Südwesten gelingt es 1538, das materiell und geistig verarmte Kloster Reichenau mit päpstlicher Genehmigung dem Hochstift, also dem weltlichen Bistumsland, einzugliedern.
Die Karte, die wohl dem Personalkatalog der Diözese Konstanz von 1794 beigegeben war, zeigt die gesamte Ausdehnung des Bistums vor 1800, also auch die schweizerischen Teile. Zwei Tabellen zählen die Kollegiatkirchen und die »Capitula ruralia« auf. Darunter sind die Dekanate zu verstehen, in denen sich unter dem Vorsitz eines Landdekans alle Geistlichen und Dorfpfarrer zu einem Kapitel versammeln. Dementsprechend wird in der rechten Liste jeweils auch die aktuelle und einstige Anzahl der zu einem Dekanat gehörigen Pfarrgemeinden festgehalten. Mit aufgenommen sind übrigens auch die durch die Reformation längst aufgelösten Stiftskirchen in Herrenberg, Tübingen oder Stuttgart und die Dekanate Waiblingen, Urach, Herrenberg usw.

Die Bischöfe von Konstanz Bd. II, 1988, S. 276 (Exemplar von 1779)

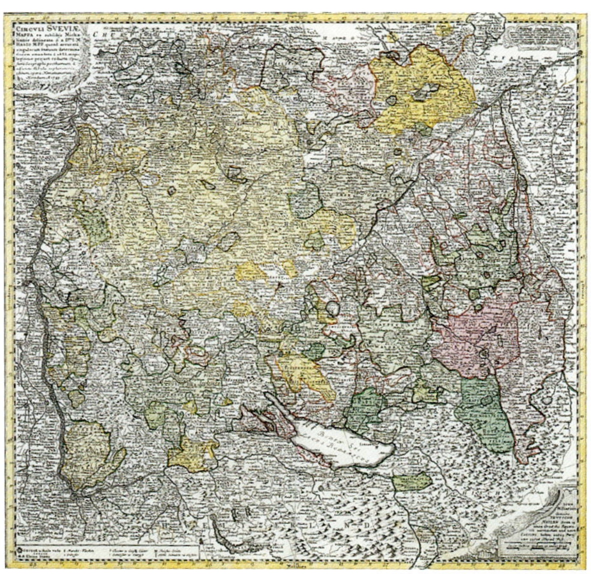

IV. 5

IV. 5 Karte des Schwäbischen Kreises

Johann Matthias Hase
1743
Druck auf Papier, koloriert, 54 × 57 cm
Stadt Ochsenhausen

Das Deutsche Reich ist seit 1512 in zehn Reichskreise geteilt. Ihnen obliegen bestimmte Aufgaben, die im Namen des Reichs auf Regionalebene durchgeführt werden (Landfriedenswahrung, Urteilsvollstreckung, Münzaufsicht, Polizei). An der Spitze der Reichskreise stehen Kreisoberste (in Schwaben der Herzog von Württemberg), neben die im Laufe der Zeit geistliche Fürsten teten – im Schwäbischen Kreis der Bischof von Konstanz. In unregelmäßigen Abständen versammeln sich die Mitglieder zu Kreistagen, die in Schwaben meistens in Ulm stattfinden. Die geistlichen Mitglieder des Schwäbischen Reichskreises bilden als eigenes Gremium das Schwäbische Reichsprälatenkollegium.

IV. 6

IV. 6 Reichsfürstendiplom für den Abt von St. Blasien

Wien, 10. Dezember 1746
Pergament, Feder, Malerei in Deckfarben, Goldschnitt, Einband Leder mit Goldprägung, 38 × 54 cm
GLA 11/65

Der Klosterbesitz von St. Blasien liegt im vorderösterreichischen Herrschaftsgebiet, untersteht also direkt den Habsburgern. Dadurch fungiert der Kaiser aufgrund seines Hausbesitzes hier als Landesherr. Als der Abt 1613 die reichsunmittelbare Grafschaft Bonndorf kauft, erwirbt er damit auch Sitz und Stimme im Schwäbischen Reichsgrafenkollegium. 1746 wird er in den Reichsfürstenstand erhoben.

AK St. Blasien Bd. 1, S. 57, Bd. 2, S. 59 mit Abb.; AK Stuttgart 1999, S. 408 mit Abb.

IV. 7 Der Abt von St. Blasien als geistlicher und weltlicher Herr

St. Blasien, vor 1793
Öl auf Leinwand, 72,3 × 59,4 cm (o.R.),
91,4 × 78,4 cm (m.R.)
Erzabtei Beuron

Martin Gerbert, Fürstabt von St. Blasien, läßt sich in diesem Porträt mit den Abzeichen seiner geistlichen und weltlichen Würden darstellen. Er trägt das Brustkreuz, hinter ihm ragt der Abtsstab auf. Rechts im Hintergrund erscheint der Fürstenhut. Das Pektorale wird vom kaiserlichen Doppeladler bekrönt – Gerbert hat nachweislich zwei Brustkreuze von Maria Theresia zum Geschenk erhalten, von denen nur eines ohne Adler erhalten ist. Entweder zeigt das Bild das Präsent vom 6. April 1777 oder ein anderes im Kloster verfügbares Exemplar.

AK St. Blasien, Bd. 1 1983, S.226

IV. 7

IV. 8 »Reichsprälatisches Staatsrecht«

Willebold Held (1741–1789)
Kempten 1785
Druck auf Papier, 19,5 × 31 cm
WLB HBF 5875–1,2

Abt Willebold Held von Rot an der Rot (1782–1789) macht sich durch die Abfassung des »Reichsprälatischen Staatsrechts« nicht nur Freunde: einige Prälaten sehen in der Festschreibung ihrer Rechte und Pflichten eine Bedrohung der eigenen Position. Immerhin belegt sein stattliches Werk die Bedeutung der Prälaten als Reichsstand.

IV. 9 Trommel aus Kloster Neresheim

Neresheim, 1733 (innen datiert)
Aufgemaltes Wappen des Abtes Edmund Heyser (1729–1739)
H. 54 cm, Dm. 64 cm
Benediktinerabtei Neresheim

Als vollwertige Mitglieder des Reichs (Reichsstandschaft) haben die Reichsprälaten auch die Pflicht, für den Ernstfall Militär zu stellen. Sie heben deshalb gegebenenfalls die entsprechenden Truppenkontingente aus oder unterhalten stehende Miniaturheere. Sowohl Neresheim als auch Salem besitzen Kasernen zur Unterbringung der Klostersoldaten. Die Trommel aus Neresheim wird vielleicht zu militärischen, gewiß aber zu repräsentativen Zwecken wie Paraden und Aufmärschen genutzt.

IV. 9

Klosterherrschaft und innere Ordnung

Die Grenzen eines Herrschaftsgebietes binden die geschlossenen oder zerstreuten Besitzungen politisch zusammen. Sie werden durch Grenzsteine markiert und durch Karten dokumentiert. Die Kartographie nimmt in den Reichsabtein eine wichtige Position ein: in Schussenried etwa legt Pater Jakobus Bettinger 1728 ein Werk zum gesamten Güterbestand des Reichsstifts vor, auf dessen Grundlage Dominikus Reiner später neue Flurkarten erstellt. Er ist ein »so geschickter und accurater Feldmesser«, daß sich auch benachbarte weltliche Herren seiner Dienste versichern.

IV. 10 Karte des Territoriums der Fürstpropstei Ellwangen

Tobias Conrad Lotter (1717–1777) nach Matthäus Seutter (1678–1757)
Augsburg, um 1750
Kupferstich, koloriert, 60 × 67,9 (o.R.)
HStA N 100 Dr. 120

AK Stuttgart 1987, Bd. 1.1., Nr. 365 mit Abb.; AK Ellwangen 2002, S. 26f mit Teilabb.

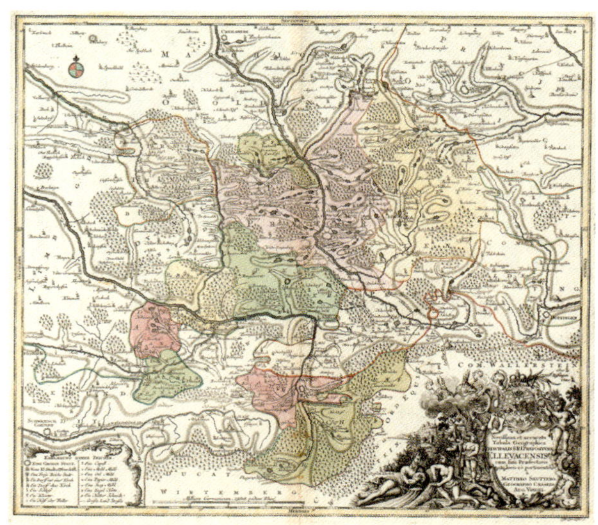

IV. 10

IV. 11 Vogelschaubild Kloster Beuron mit Karte des Bannbezirks

Beuron, 18. Jh.
Federzeichnung, koloriert, 58 × 44 cm
StA Sigmaringen K I/B 3

AK Sigmaringen 1988, S. 18 (Nr. 26)

IV. 11

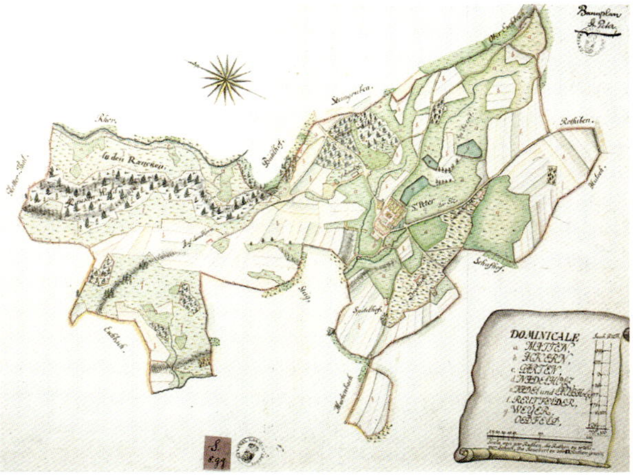

IV. 13

IV. 12 Karte des Salemer Gebietes von 1765

P. Humbert Pfaundler
Salem 1765
Sign. und dat. »Fr. HP: fec: 1765«
Feder über Stift, koloriert, auf weißem Papier, 47,6 × 58,9 cm
GLA H-f 565

AK Salem 2002, S. 152f (mit Abb.)

IV. 12

IV. 13 Karte der Herrschaft St. Peter

St. Peter, um 1770
Kolorierte Federzeichnung auf Papier, 38 × 54,9 cm (o.R.)
GLA H St. Peter / 4

Als sich Abt Steyrer von St. Peter um die Sicherung überlieferter Rechte und eine Verbesserung der »Landesverwaltung« bemüht, läßt er als Arbeitsgrundlage diese Karte anfertigen.

AK St. Peter 1993, Nr. 188

IV. 14 Ansicht von Stadt und Kloster Isny

Isny 1737
Aquarellierte Federzeichnung auf Papier, 79 × 98 cm
Ehemals Kloster Isny, heute Archiv des Fürsten von Quadt zu Wykradt und Isny/ Bestand C: Klosterarchiv Isny, K 35
Archiv des Fürsten v. Quadt zu Wykradt und Isny

Innerhalb der Stadtmauern von Isny existieren im 18. Jahrhundert zwei »Staatswesen« nebeneinander: die knapp 2000 Einwohner zählende protestantische Reichsstadt und das 1781 in den Status einer Reichsabtei aufgerückte Benediktinerkloster St. Georg. Immer wieder kommt es zu Streitigkeiten, in denen es um das Recht der Patres geht, Prozessionen durch die Stadt durchzuführen.

Im Oberland 2, 1993, S. 38f (Abb.); Pill-Rademacher, Irene (Hrsg.): Oh Heimatland. Schloß Achberg: die Heimat ins Schloß geholt. Ravensburg 2000, S. 24

IV. 14

Innerhalb der Grenzen eines Gemeinwesens soll nach dem Ideal der Zeit, das im Landesherrn einen umsichtigen Hausvater erkennen möchte, eine gute »policey« herrschen. Damit ist nichts anderes gemeint als eine geordnete Verfassung. Gesetzessammlungen, Statuten, Verordnungen und Erlasse garantieren Recht und Ordnung in sämtlichen Bereichen des öffentlichen Lebens: da gibt es allgemeine Statuten für die Klosteruntertanen, aber auch spezielle Feuer-, Wirtshaus- und Schulordnungen. In den Archiven hat sich eine gewaltige Zahl derartiger Dokumente erhalten, die aus geistlichen Territorien stammen. Aus heutiger Sicht scheint deren geringe Größe in einem seltsamen Kontrast zum bürokratischen Verwaltungsaufwand zu stehen, der in der Regel von weltlichen Beamten wie Amtmännern oder Vögten bewältigt wird. Einzelne Prälaten wie die Äbte von St. Blasien oder Salem berufen sogar Kanzler an die Spitze ihrer »Regierung«.

IV. 15 Statuten der Klosterherrschaft Beuron

Beuron, 2. April 1740
Papier, geheftet, Lacksiegel, 34,6 × 43 cm
StA Sigmaringen Ho 156 Bü 76

Bezeichnend für ein geistliches Territorium heißt es, »das die glückseeligkeit einer regierung keinen vesteren grundsaz haben könne, als wan man auch die forcht Gottes, mittels wahrer beeyferung seiner göttlichen gesazen, und dardurch [...] himmlischen seegens« erhalte. So geht es zunächst um die nötige Gottesfurcht, sodann um allerlei Übeltaten wie etwa das »huoren, buelen und ohnzulässliche zusammenschlüepfen«.

AK Beuron 1988, S. 20, Nr. 32

IV. 16 Feuerordnung, vom Abt von St. Blasien erlassen

Abt Franz II. Schächtelin (1727–1747)
St. Blasien, 1742
Druck auf Papier, 31,5 × 19,5 cm
GLA 109/332

Eine der größten Gefahren für Klosterbauten und Städte sind Brände. Deshalb werden häufig Feuerordnungen erlassen, die entsprechende Vorsorgemaßnahmen und Verhaltensregeln enthalten. Daß die sanblasianische Ordnung zweimal jährlich »vor offentlicher Gemeind widermahlen deutlich verlesen« werden soll, hebt die besondere Sorge der Klosterherrschaft hervor.

AK St. Blasien Bd. 1, S. 56f mit Abb.

IV. 17 Wirtshausordnung des Abtes Romuald von Ochsenhausen

Ochsenhausen 1781
Druck auf Papier, 37 × 48 cm
HStA B 481, Bü 19

In dem Dekret wird bei Androhung von Strafen allzu ausgiebiges Trinken sowie das Spielen in Wirtshäusern verboten. Außerdem schreibt der öffentliche Aushang die Öffnungszeiten der Wirtshäuser fest.

IV. 18 »Erneuerte [...] Ochsenhausische Verordnung Markt, Waag, Zoll, Accis etc. betreffend«

Christian Ulrich Wagner d.Ä. (Drucker)
Ulm, 1789
Druck auf Papier, 31,5 × 20,3 cm
HStA B 481, Bü 19

Die Publikation enthält die im Bereich der Herrschaft Ochsenhausen geltenden Bestimmungen über Markt- und Zollwesen.

IV. 19 »Allgemeine Statuten für die Unterthanen des Reichsstiftes Schussenried«

Joseph Friedrich Ulrich (Drucker)
Riedlingen, 1794
Druck auf Papier, 17,5 × 11,3 cm
Kreiskultur- und Archivamt Biberach a.d.R. 2242

Auch Münzen und Siegel sind Zeichen der Herrschaftsausübung. Sie zeugen vom Recht, Münzen zu schlagen, Erlasse und Urkunden zu besiegeln. Medaillen indes entstehen aus besonderen Anlässen, an die in Form von Erinnerungsmünzen erinnert werden soll.

IV. 20 Eine Auswahl bischöflicher und klösterlicher Siegelstempel, Münzen und Medaillen

WLM

Gezeigt werden verschiedene Münzen (Taler, Kreuzer) der Hochstifte und der Fürstpropstei Ellwangen, Medaillen der südwestdeutschen Geistlichkeit sowie Siegelstempel verschiedener Klöster.

IV. 21 Siegeltypar des Abtes Benedikt Denzel von Ochsenhausen (1737–1767)

Benediktinerabtei Ochsenhausen, zwischen 1737 und 1767
Auf Eisenschaft gelötete Silberplatte, Dm. 3,8 cm
WLM 1929–105

IV. 22 Kanzleisiegeltypar der Abtei Ochsenhausen

Benediktinerabtei Ochsenhausen, 18. Jh.
Auf Eisenschaft gelötete Messing- oder Bronzeplatte, Dm. 3,4 cm
WLM 1929–106

IV. 23 Siegelstempel des Konstanzer Generalvikariats unter Bischof Carl Theodor von Dalberg

Bodensee (?), 1800–1817
Eisen, 3,8 × 3,45 cm
Rosgartenmuseum Konstanz H 646

Recht und Gesetz

Für die Einhaltung von Recht und Ordnung sorgen die Gesetze, die in den Territorien der Klöster und Prälaturen Anwendung finden. Dabei wird zwischen hoher und niederer Gerichtsbarkeit unterschieden: die hohe oder Malefizgerichtsbarkeit bezieht sich auf Kapitalverbrechen und schließt die Verhängung von Todesstrafen ein. Stets wird es in den Chroniken vermerkt, wenn eine Klosterherrschaft die Hochgerichtsbarkeit erlangt. Aus Wiblingen berichtet ein Chronist: »Hierauf geschah am 23. Mai 1701 durch die kaiserliche Commission die Einsetzung in die hohe Gerichtsbarkeit [...] Hierauf errichtete man von Seite des Stiftes die Zeichen der hohen Gerichtsbarkeit, als [...] den Galgen, [...] die Richtstatt und im Dorfe Wiblingen auf dem Gemeindsplatze bei der Linde den Pranger.« Tatsächlich werden in Wiblingen zwischen 1766 und 1776 fünf Todesurteile gefällt.

Nachdem der Abt von Neresheim 1764 zum Prälaten erhoben worden ist, kommt es auch dort zur Erbauung und Aufrichtung des »Hochgerichts«. Auf einer Ansicht der Reichsabtei Salem ist die Richtstätte, ein Galgen über dreieckigem Grundriß, deutlich zu erkennen. *F.D.*

Braig, S.169f und 206; Germ. Ben. Bd. V, S. 433

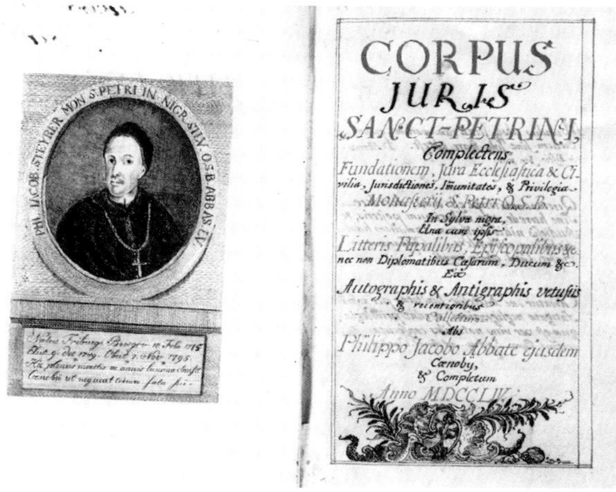

IV. 24

IV. 24 »Corpus Juris Sanct-Petrini«

Abt Philipp Jakob Steyrer (1749–1795)
St. Peter, um 1754
Papier, bedruckt, 24,3 × 21,5 cm
GLA 65/557–558

Mit akribischer Genauigkeit trägt Abt Steyrer von St. Peter auf dem Schwarzwald das »Gesetzbuch« seines landsässigen Klosters zusammen: es enthält eine Sammlung der im Laufe von Jahrhunderten erworbenen Rechte und die Abschriften der für das Kloster zentralen Urkunden.

Weber 1990 und 1992; AK St. Peter 1993, S. 50 und S. 382f, Nr. 173

IV. 25 Gerichtsstab aus dem Zisterzienserinnenkloster Gutenzell

Oberschwaben, 2. Hälfte 18. Jahrhundert
Holz, L. 32 cm, Dm. 1,5 cm
Kreiskultur- und Archivamt Biberach a.d.R.

»Dises ist der Stab, welcher den 17. November 1774 über den zu Gutenzell zum Schwert condemnirten [verurteilten] Johannes Haß von Achstetten gebrochen worden.« So berichtet der dem Stab beigegebene Zettel. Kaum hat das Kloster Gutenzell 1768 die »Hoch- und malefizische Obrigkeit« erhalten, werden am 22. August 1769 Pranger und Galgen aufgerichtet. 1772 erfolgt das Auspeitschen eines Gauners, 1774 wird Johannes Haas gefangen genommen. Er gilt als Vagabund und hat sich verschiedener Diebstähle,

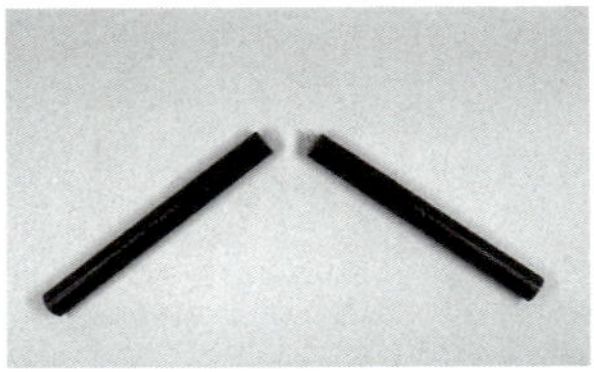

IV. 25

mehrfach auch in Kirchen, schuldig gemacht. Die Gutenzeller Klosterbeamten erbitten Amtshilfe vom Salemer Mutterkloster, leiten ein reguläres Verfahren ein und verurteilen den Angeklagten nach einer Haftstrafe schließlich zum Tode – die Wahl des Schwertes stellt gegenüber dem eigentlich vorgesehenen Galgen eine Vergünstigung dar.

Machnicki, Monika, Die Biber(b)acher Sephe und der »Zwerg von Achstetten«. In: Zeit und Heimat – Beiträge zur Geschichte, Kunst und Kultur von Stadt und Kreis Biberach, Bd. 38/2, 1995, S. 59–61

IV. 26

IV. 26 Lehenstafel mit Darstellung des Weingartener Gnadenbildes

Bez.: »S. Georgius G.E. 1743«
Öl auf Holz, 49 × 29 cm
Ehemals Lehenhof in Kesenweiler bei Grünkraut
Benediktinerabtei Weingarten

Das Lehnsrecht ordnet das Verhältnis zwischen einem Grundherrn und seinem Lehnsmann, der einen Hof zur lebenslangen oder erbberechtigten Bewirtschaftung »verliehen« bekommt.
An den Höfen, die dem Kloster Weingarten gehören und gegen Abgaben an bäuerliche Untertanen verliehen werden, sind Tafeln mit Heiligen und einer Darstellung der Heilig-Blut-Reliquie angebracht. Das »G.E.« steht für den aktuellen Lehensinhaber Georg Egger – sein Name stimmt vielleicht nicht zufällig mit dem des Hausheiligen, des Ritters Georg, überein.

Weingarten 1956, S. 212 und Abb. 9; Weingarten 1992, S. 207 mit Abb.

Pracht und Magnifizenz

Repräsentation gehört ganz selbstverständlich zum Wesen einer Herrschaft, gleichgültig, ob es sich um ein Fürstentum oder einen Prälatenstaat handelt. Zum kirchlichen Heiligen- und Festkalender treten Jubelfeiern, persönliche Ehrentage, Prozessionen, aber auch Empfänge oder Theateraufführungen als Anlässe für Gästebewirtung und »Divertissement«. Derlei Belustigungen reichen von Feuerwerken und Jahrmärkten bis hin zu Schlittenfahrten.
In den Tagebüchern der Schussenrieder Äbte und Konventsherren wird ein repräsentativer Querschnitt der Festanlässe festgehalten. Am 5. Januar 1752 erscheint die Fürstäbtissin von Buchau mit 8 Stiftsdamen, mehreren Kavalieren und Hofleuten in 7 Schlitten zur Neujahrsgratulation. 1754 bewirtet das Kloster am Namenstag Abt Klebers 172 Gäste, unter anderem werden über 300 Pfund Karpfen verspeist.

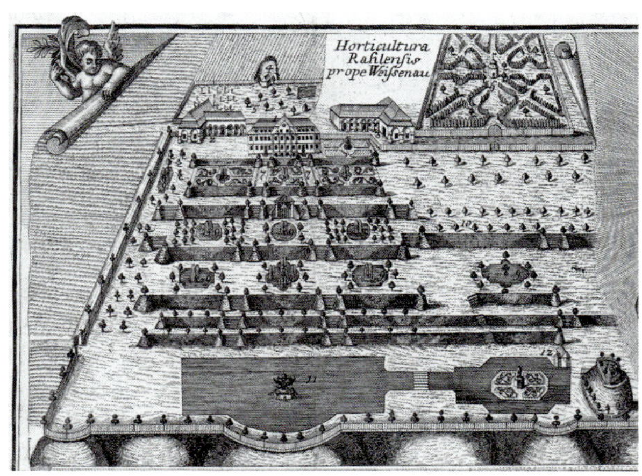

IV. 27

Am Magnusfest 1755 werden nicht weniger als 318 Personen im Kloster verköstigt. Als am 24. Januar 1768 in Schussenried die 20 Reichsprälaten tagen, erscheint der Abt von Salem mit 8 Pferden, einem Oberamtmann, dem Leibarzt sowie Kammerdienern und zwei Lakaien. Jährlich hören wir von den »Endscomödien« zum Schuljahresende, überaus häufig von Singspieldarbietungen und Tafelmusik.
Im Kloster selbst dienen Äbtegalerien, Bibliothekssäle, Gemäldegalerien und andere Sammlungen, aber auch kostbares Mobiliar einer standesgemäßen Selbstdarstellung. Der Neubau einer Kirche oder eines ganzen Klosters lockt stets Besucher an – Baustellenbegehungen sind nicht nur für Schussenried überliefert. Architektonischen Ausdruck findet das Repräsentationsbedürfnis der geistlichen Fürsten jedoch nicht allein in Kirchen- und Konventsbauten, sondern auch durch die Errichtung von Sommerresidenzen und Lustschlößchen mit entsprechend anspruchsvollen Gärten. *F.D.*

Kaufmann 1985

IV. 27 Das Weissenauer Prälatenschloß Rahlen

Nach 1742/1743 (Umbauzeit)
Kupferstich, gesamt 57 × 82 cm (gezeigt Aussschnitt)
WLB Graphische Sammlung

Nahezu jeder Prälat, aber auch zahlreiche Äbtissinnen und Äbte lenken ihr architektonisches Interesse nicht nur auf Kirchenbauten, sondern auch auf Pfarrhäuser und eigene Sommeresidenzen oder Rekreationssitze. Als Beispiel für die schier endlose Reihe erhaltener oder bildlich überlieferter Schloßbauten steht Rahlen unweit Weissenau.

Auskunft über das Personal von bischöflichen Hochstiften und Ritterorden geben Wappentafeln und Wappenkalender, die meistens in aufwendiger Form die adligen Amtsinhaber memorieren. Zum einschlägigen Motivschatz zählen Landschafts- und Schloßansichten, Porträts sowie Personifikationen von Tugenden und Flüssen, besonders aber christliche Allegorien und Heilige.

IV. 28 Wappentafeln aus dem Kreuzgang des Konstanzer Münsters

Nach 1800
Öl auf Holz, 60 × 75 cm
Kath. Münstergemeinde Konstanz

IV. 29 Konstanzischer Wappenkalender ab 1784

Augsburg 1784
Kupferstich, 157 × 77 cm
Kulturamt Meersburg 89–191

IV. 29

IV. 30 Wappenkalender des Stifts Comburg 1801

1801
Kupferstich, 147 × 65,5 cm
Mainfränkisches Museum Würzburg

IV. 30

IV. 31 Wappenkalender der Ballei Elsass-Burgund

Johann Baptist Klauber und Josef Sebastian Klauber nach einem Entwurf von Franz Georg Herrmann
Augsburg, zwischen 1763 und 1763/76
Radierung, Kupferstich, Typensatz und zweifarbiger Buchdruck, 180 × 90 cm (Bild), 200 × 100 cm (Blatt)
Stadtarchiv Bad Waldsee

IV. 32 Leopold Mauch, Abt des Prämonstratenserklosters Weissenau von 1704–1722

nach 1722
Öl auf Leinwand, 250 × 150 cm
Kath. Kirchengemeinde Ravensburg-Weissenau

Der Weissenauer Prälat Leopold Mauch wird 1704 zum Abt gewählt. 1707 ernennt ihn der Generalabt des Prämonstratenserordens zum Generalvikar und Visitator der Schwäbischen Zirkarie. Sein offizieller Titel lautet: Vicarius Generalis per Sueviam, Alsatiam et Grysoniam. Sein Visitationsgebiet umfasst die Prämonstratenserabteien in Schwaben, im Elsaß und in Graubünden.

Das Porträt zeigt Abt Leopold als Erbauer der Weissenauer Kirche. Er weist mit der Rechten auf zwei übereinanderliegende Pläne, von denen der obere den Grundriss der Kirche, der untere den des Klosters darstellt; darunter ist das Familienwappen des Abtes gemalt. Hinter den Plänen steht eine Tafel der von Abt Leopold im Jahr 1711 gegründeten Fünf-Wunden-Bruderschaft mit der Heiligblutreliquie in der Mitte. In Spiegelschrift steht daneben: »ubi thesaurus ibi cor« (Der wahre Schatz ist da, wo das Herz [das Hl. Blut Christi] ist). Am Sockel der Säule erscheint ein Emblemwappen mit allegorischen Tierdarstellungen und der Devise des Abtes. *T.J.*

Fs. Weissenau 1983, Abb. 7; Fs. Weissenau 1995

IV. 33 Anton Unold I., Abt des Prämonstratenserklosters Weissenau von 1724–1768

1757
Öl auf Leinwand, 250 × 150 cm
Kath. Kirchengemeinde Ravensburg-Weissenau

Anton Unold wird bereits mit 27 Jahren zum Abt des Prämonstratenserklosters Weissenau gewählt und leitet die Gemeinschaft ganze 41 Jahre von 1724 bis 1765. Während seiner Amtszeit baut er das Kloster

IV. 32

IV. 33

und das dazugehörige Herrschaftsgebiet zu einem reichsunmittelbaren »barocken Miniaturstaat« aus. Ebenso erweitert er die klösterliche Jurisdiktion auf das gesamte nur 23 qkm große Staatsgebiet, indem er 1760/61 von der Kaiserin Maria Theresia die hohe Gerichtsbarkeit als ewiges Lehen für 30 000 Gulden erwirbt. Abt Anton Unold I. ist somit unumstrittener reichsunmittelbarer Landesherr über das kleine geistliche Territorium Weissenau. Dem Selbstverständnis des Abtes entsprechend ist links im Bild das Unoldsche Familienwappen, ein schreitender Löwe, der einen Ring hält, angebracht. Das Wappen gibt einen Anhaltspunkt für die zeitliche Einordnung des Porträts. Denn erst nach dem Erwerb der hohen Gerichtsbarkeit durch das Kloster wird das Wappenschild zusätzlich zum Krummstab mit einem Schwert hinterlegt, das hier noch fehlt.

Unterhalb von dem Familienwappen ist das Emblemwappen mit der Devise des Abtes gemalt. Unter einem Triumphbogen steht der unoldsche Löwe mit Krummstab und Mitra als Hirte, darunter erscheint der Grundrissplan der Abtei Weissenau. Der Abt präsentiert das Bild der »Maria Tallensis« aus Stuhlweißenburg, das er 1728 nach Mariatal gebracht hat, was zur Entstehung einer Marienwallfahrt führt. Auf die zwischen den Jahren 1756/57 bis 1765 unter dem Abt erfolgte Erneuerung der Kapelle verweisen die auf dem Tisch liegenden Architekturpläne. *T. J.*

Fs. Weissenau 1983; Fs. Weissenau 1995

Das Kloster als Gemeinwesen und Versorgungsstätte

»Ob nun die Mönche überhaupt zwar samt und sonders geistliche Personen sind; so formiren sie dennoch unter sich eine gantz absonderliche Republick, welche ihre eigene Regenten, Regierungs-Form und Gesetze hat.« So lautet der Eintrag unter dem Schlagwort »Mönchs-Verfassung« im 22. Band von Zedlers Universal-Lexicon von 1739. Der Autor begreift die Mönchsorden als Gemeinwesen, die ihr inneres und äußeres Leben nach Maßgabe bestimmter Regeln einrichten. Dies betrifft natürlich auch die innere Ordnung des Klosters. Die Vielfalt der Gebäude innerhalb der Klostermauern spiegelt die Tatsache wider, daß sich jedes Haus als selbständige, in sich abgeschlossene und möglichst autarke Einrichtung sieht. Entsprechend den unterschiedlichen Tätigkeitsbereichen gliedert sich der Personalbestand: zwar stehen im Zentrum des Klosters die geistlichen Personen, doch ihnen wird auf wirtschaftlichem Gebiet von »Spezialisten« assistiert. Weltliche Beamte, von denen bereits die Rede war, stellen die Verbindung zwischen Kloster und äußerer Welt her, in der sich Gutshöfe, Felder und Streubesitz befinden. Im Grunde stellen all diese Ämter eine Erweiterung und zunehmende Differenzierung der bereits in der Benediktsregel vorgesehenen Tätigkeit des »Cellerars« dar: »Alle Geräte und den ganzen Besitz des Klosters betrachte er als heiliges Altargerät.« *F.D.*

IV. 34

IV. 34 Ansicht von Ochsenhausen mit den Wappen der Äbte und der Klosterbeamten

Ochsenhausen, zwischen 1746 und 1758
Öl auf Leinwand, 131 × 168 cm (m.R.)
Ehem. Benediktiner-Reichsabtei Ochsenhausen
Kath. Kirchengemeinde Ochsenhausen

Die Ansicht des Klosters Ochsenhausen wird von insgesamt 63 Wappen auf einem gemalten architektonischen Rahmen eingefaßt. Im Zentrum oben befindet sich das Abzeichen des Konvents und des 1737–67 amtierenden Abtes Benedikt Denzel. Seiner 24 Vorgänger wird in paarweise zusammengestellten Wappen links und rechts gedacht. Oben befinden sich zudem die Schilde der als Äbte an andere Klöster berufenen Konventsmitglieder von Ochsenhausen; unten verweisen kleinere Wappen auf hohe weltliche Klosterbeamte früherer Zeiten, wobei mit »praefecti« die Amtmänner und Vögte des Klosters gemeint sind. Das Bild zeigt auf eingängige Weise verschiedene Beziehungsgeflechte, in die ein Kloster eingebunden ist: in die kontinuierliche Abtsfolge, in das Netz personell verbundener Klöster und in den eigenen Personalverband.

AK Ochsenhausen 1984, S. 56 und Abb. S. 15; AK Ochsenhausen 1993, Vorsatzblatt Abb.

IV. 35 Kloster Zwiefalten im Jahre 1659

Zwiefalten, 1659
Bez. »Abriss und bezürckk deß Closters Zwifalten wie es Anno 1659 gebauen gewesen« etc.
Öl auf Leinwand, 85,5 × 119,5 cm (m.R.)
Lt. rückseitiger Beschriftung bis 1950 in Zwiefaltener Privatbesitz, dann als Schenkung an die Erzabtei Beuron
Erzabtei Beuron

Das Kloster erscheint als ein autarker Bezirk mit allem notwendigen Zubehör: von der Kloster- und der Pfarrkirche über die Konvents- und Abtsbauten bis hin zu den Mühlen, Werkstätten und Scheuern. Der gesamte Baukomplex ist durch eine Mauer von der Außenwelt abgesetzt. Eine beigegebene Legende liefert die Erklärung für die durchnummerierten Gebäude. Die übersichtliche Vogelschau zeigt, welche verschiedenen ökonomischen Bereiche zu einem Kloster gehören und macht verständlich, wie differenziert dementsprechend auch der Personalstab sein muß.

Das System der internen Klosterämter ist flexibel genug, um den Erfordernissen verschiedener Zeiten angepaßt zu werden. Lediglich die Grundstruktur ist durch Traditionen festgelegt. Zu den wichtigsten

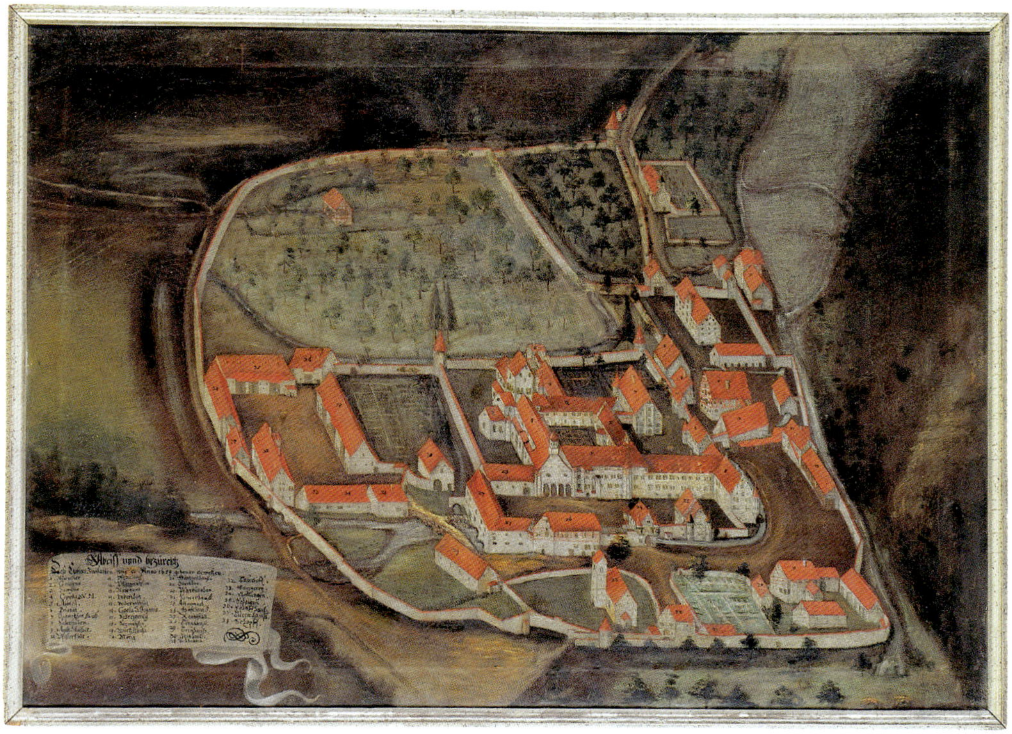

IV. 35

Klosterämtern gehören, abgesehen von den geistlichen Leitfunktionen (Abt/Äbtissin, Prior/Priorin, Subprior/Subpriorin usw.) die Amtsmänner und -frauen, die für die Verwaltung des Grundbesitzes zuständig sind; der Bursar oder die Bursierin als Kopf der Finanzverwaltung; Cellerar oder Kellerin mit der Aufsicht über die Klosterwirtschaft; in Zisterzen gibt es Grangienmeister als Aufseher über die auswärtigen Gutshöfe (Grangien).
Für bestimmte Personengruppen innerhalb eines Konvents zeichnen einzelne Betreuer verantwortlich: für die Kranken der Infirmarius oder die Krankenmeisterin; für die Novizen der Novizenmeister; für die Laienmönche (Konversen) der Magister conversorum; für die Gäste der Magister hospitum. Entsprechend unterstehen klösterliche Produktionsstätten und Werkstätten den Küchenmeistern, Bäckern, Bierbrauern, Gärtnern, Apothekern, Zimmerleuten usw. Sie alle vervollständigen den Stab jener, die für geistliche Belange zuständig sind: Küster, Kantor, Sakristan, Lehrer, Bibliothekar. Mit am wichtigsten ist die Rolle des Pförtners, der über die Zugangsmöglichkeiten zur Klausur wacht.

Der Konvent in Schrift und Bild: die Kloster-»familia«

Von Äbtissinnen- und Äbtegalerien war bereits in anderem Zusammenhang die Rede. Sie sind gewissermaßen diachron, also zeitübergreifend lesbar. Demgegenüber halten Konventsbilder, wie sie etwa im Rahmen von Klosterdarstellungen begegnen, die Versammlung aller stimmberechtigten Mitglieder der Gemeinschaft (Konventualen) zu einem bestimmten Zeitpunkt fest. Es sind also Gruppenporträts. In einzelnen Fällen werden allerdings auch die Klosterbewohner in Einzelbildnissen dargestellt, wie es etwa für Schussenried oder Riedlingen belegbar ist.
Abstrakter, aber ebenso vollständig weisen die sogenannten Konventslisten die Individuen einer geistlichen Einrichtung aus. Sie verfolgen einen doppelten Zweck. Zum einen dokumentieren sie in der Art weltlicher Regierungskalender den aktuellen Personalbestand reichsunmittelbarer Klöster nach außen (sie belegen durch die Angabe der zahlenmäßigen Stärke zugleich auch deren Anziehungskraft und Bedeutung), zum andern dienen sie dem Austausch mit anderen Klöstern. Auf diese Weise kann den jeweils

IV. 36

durch Gebets- oder Totengedächtnisverbrüderungen gebotenen Aufgaben des gegenseitigen Gedenkens nachgekommen werden. Innerhalb der Klöster selbst begegnen gelegentlich auch Wappentafeln der Konvente, die an den Typus des Wappenkalenders gemahnen. Auch sie sind ein Instrument der klösterlichen Repräsentation und Erinnerungskultur. *F.D.*

IV. 36 **Konventsbild der Reichsabtei Rottenmünster**

Johann Achert (ca. 1655–1730)
Rottweil, 1703
Öl auf Leinwand, 196 × 297 cm (m.R.)
Ehem. Reichsabtei Rottenmünster
Vinzenz von Paul Hospital Rottenmünster

Im Zentrum des Gemäldes erscheint unter dem segnenden Gottvater und der Taube des heiligen Geistes der sogenannte »Heilige Wandel«: Maria, Josef und der zwölfjährige Christusknabe. Links und rechts ragen, anders als bei den bisher gezeigten Beispielen, nicht die Klosterbauten, sondern klassische Tempel auf. Vor ihnen verehren in kniender Haltung zwei Gruppen von 15 beziehungsweise 14 Zisterzienserinnen die heilige Familie an. Die Nonnen sind durch Namensbeischriften auf einer am unteren Rand aufgemalten Leiste identifizierbar. In deren Mitte befinden sich die Wappen des Klosters und der amtierenden Äbtissin Maria Williburgis Frei, die mit ihrem Stab unmittelbar neben Maria kniet.

Winfried Hecht (Hg.), Johann Achert (ca. 1655–1730). Katalog zur Ausstellung aus Anlaß des 250. Todestages des Künstlers am 14. Oktober 1980. Stadtmuseum Rottweil. Rottweil 1980, Nr. 22 und Abb. 17

IV. 37 **Konventsliste der Zisterzienserinnenabtei Heggbach**

Riedlingen, 1741
Druck auf Papier, 38,5 × 29,6 cm
Fürstliche Kunstsammlungen zu Wolfegg WO HE 129 = (F 662)

Wie üblich bei einem solchen gedruckten »Catalogus« wird die Äbtissin mit ihren relevanten Lebensdaten (Geburt, Profeß, Wahl, Benediktion / Bestätigung durch den zisterziensischen Generalabt, Namenstag), die zugleich Festtermine bedeuten, im Kopf genannt. Sodann folgen die Nonnen mit Herkunftsort, Geburts- und Profeßtag sowie Namenstag. Es wird unterschieden zwischen den Chorfrauen, die sich ausschließlich dem Chordienst widmen, und den Laienschwestern oder Konversinnen, die zu den im Klosterbereich anfallenden Arbeiten herangezogen werden. Die Gruppe der Novizinnen taucht in dieser Liste nicht auf.

Beck 1980, S. 304

IV. 38 Konventsliste der Prämonstratenserabtei Schussenried von 1792

Riedlingen, 1792
Druck auf Papier,
32 × 26 cm
Kath. Kirchengemeinde Bad Schussenried

Schussenried, das für seine Lateinschule bekannt ist, publiziert seine Konventsliste in lateinischer Sprache. Als ein in Mönchsklöstern zentrales Datum wird hier bei Abt und Konvent der Zeitpunkt der Priesterweihe besonders hervorgehoben. Er fehlt natürlich bei den drei »Fratres canonici«, den Laienbrüdern.

IV. 39 Konventsliste aus dem Reichsstift Rottenmünster von 1796

1796
Druck auf Papier, handschriftlich ergänzt, 43 × 30,1 cm
Diözesanarchiv Rottenburg a.N. Depositum Pfarrarchiv St. Pelagius, 6.XVIII.15

Die 1796 gedruckte Konventsliste wird in den folgenden Jahren handschriftlich ergänzt. So ist der Name einer Chorfrau deshalb durchgestrichen, weil sie ausgetreten ist. Zwei Novizinnen sind ebenfalls ausgestrichen, da sie offenbar nicht zur Profeß gelangen. Dafür ist eine neue hinzugekommen. Zuletzt werden sogar noch in den 1820er Jahren die Todestage der vermutlich letzten ehemaligen Klosterbewohnerinnen nachgetragen.

IV. 40 Tafel mit den Wappen des letzten Konvents von Wald

Wald, um 1800
Öl auf Leinwand, 124 × 38,5 cm
Fürstlich Hohenzollernsche Sammlungen Sigmaringen (Kloster Wald)

Der jeweilige Konvent der Zisterzienserinnenabtei Wald läßt sich immer wieder auf Wappentafeln verewigen. Noch kurz vor der Säkularisation entsteht diese Tafel. In einem klassizistischen Rahmen befindet sich ein gemaltes Wandmonument mit Puttenschmuck. Auf die steinfarbene Fläche sind die bunten Wappen der Klosterfrauen gemalt, jeweils mit zugeordneter Schriftkartusche. Über den Wappen der 22 Nonnen erscheint dasjenige der Äbtissin Maria Johanna Baptista Reichsfreiin von Zweyer (1799–1807). Noch die letzte Wappentafel des Klosters Wald belegt die fast durchgängige Herkunft der Klosterfrauen aus dem niederen Adel und dem städtischen Patriziat.

KDM Hohenzollern, Bd. 2, S. 435

Konventualen im Bild

Der Unterschied zwischen Prälaten- und Bettelorden wird überdeutlich, wenn man enstprechende Porträts miteinander vergleicht. Die Reihe der Darstellungen Schussenrieder Konventsherren fällt durch mehrere Besonderheiten auf. Die Porträtierten, seien es Professoren oder Klosterbeamte, tragen einen Umhang aus Hermelinpelz – ein überaus wertvolles Material. Zudem wird meist das Birett als typische Kopfbedeckung des Ordens gezeigt. Schließlich verdeutlichen Bücher und andere Beigaben die wissenschaftliche oder fromme Betätigung der einzelnen Chorherren.
Bücher sind auch den beiden Kapuzinermönchen aus Riedlingen beigegeben, die im 18. Jahrhundert porträtiert werden. Die Bilder sind jedoch nur ungefähr halb so groß wie diejenigen aus Schussenried und an die Stelle von Pelz tritt die rauhe Wolle der Bettelordenskutten. Porträts von Konventualen aus Bettelordensklöstern sind sehr viel seltener als Bildnisse von Angehörigen der reicheren Orden. *F.D.*

IV. 41 bis IV. 50 Schussenrieder Konventsherren im Bild

Jeweils Öl auf Leinwand, 95 × 73 cm (m.R.)
Neues Kloster Bad Schussenried
SSG

Die unterschiedlichen Attribute, die den Porträtierten beigegeben sind, verdeutlichen deren Funktion oder Interesse: Kruzifix und Schädel sind Gegenstände der Meditation über die Vergänglichkeit alles Irdischen; der Musikdirektor Sebastian Müller ist mit dem Druckstempel für das Steinhausener Gnadenbild beschäftigt; Augustin Schwarz läßt sich ebenfalls mit dem Gnadenbild darstellen; die Gelehrten und Professoren

IV. 42

IV. 51

IV. 53

Schussenrieds lassen sich mit Büchern, mit Zirkel und Federkiel ins Bild setzen. Der »Granarius« Gottfried Korntheur ist der Verwalter des Fruchtkastens und der Gülten, Zehnten und anderen Abgaben, die von den Außenbesitzungen ans Kloster entrichtet werden.

IV. 51, IV. 52 Porträts zweier Kapuzinermönche

Riedlingen, 18. Jh.
Öl auf Leinwand, 48,5 × 39,5 cm
Ehemals Kapuzinerkloster Riedlingen
Hospitalpflege Riedlingen

Ob es sich bei den beiden Kapuzinerporträts aus Riedlingen um Priore oder einfache Konventsmitglieder handelt, läßt sich nicht mehr feststellen. Deutlich ist jedenfalls der Unterschied zu zeitgenössischen Porträts von Äbten oder Konventsmitgliedern reicher Orden wie der Benediktiner oder Prämonstratenser. Die Bettelmönche in ihrer schlichten Kutte präsentieren sich in kleinem Bildformat bei Schreibarbeiten in der schmucklosen Bibliothek des Klosters. Nur ein Tischkreuz steht bei ihrer Arbeit neben ihnen. Bei einem ist ein Kupferstich mit einer Himmelfahrt Mariä an das Regal geheftet. *M.B.*

Versorgung: Familien und Klöster

Die Förderung persönlicher Fähigkeiten innerhalb der Klosterschulen oder des klostereigenen Ämterwesens kann gewisse Aufstiegschancen eröffnen. Doch der Mönchsstand bietet tatsächlich auch die Möglichkeit, ohne Zugehörigkeit zum Adel und ohne ererbtes Vermögen vom Bauernsohn oder Kleinbürger zum Reichsprälaten aufzusteigen. Dies trifft für die Mehrzahl der Äbte zu und macht die Anders- und Einzigartigkeit der Reichsklöster aus. Ähnlich wie bei der hochadligen Familie der Schönborn-Bischöfe bilden sich auch auf niederer Ebene Familienverbände mit geistlichen Verbindungen aus, die ihre Mitglieder in den Klöstern unterbringen. *F.D.*

IV. 53 Schrank aus dem Zisterzienserinnenkloster Heiligkreuztal

Heiligkreuztal (?), ca. 1600 (Gemälde)
Verschiedene Hölzer, z.T. eingelegt und gefärbt, Gemälde auf den Türinnenseiten Öl auf Leinwand, 111 × 130 × 40 cm
Verein zur Förderung der Klosteranlage Heiligkreuztal Langenenslingen

Der zweiteilige Aufsatzschrank aus dem frühen 17. Jahrhundert hat vier Türen mit schlichten Renaissance-Holzeinlegearbeiten. Auf die Innenseiten der beiden oberen Türen des Aufsatzschrankes ist je ein auf Leinwand gemaltes Ölgemälde geklebt, wobei durch Goldbronze-Umrahmung mit Licht- und Schattenmalerei Bilderrahmen angedeutet sind. Die heute sichtbare Malerei ist in zwei Phasen entstanden. Die erste Version zeigte auf der linken Türinnenseite in der oberen Bildhälfte eine Marienkrönung, während unten sieben Männer und zwei Knaben in der Tracht des 17. Jahrhunderts mit Rosenkränzen in den Händen anbetend zur Schranköffnung hin gewandt knieten. Auf der rechten Seite waren entsprechend sechs Frauen und ein Mädchen unter einer Darstellung der Anna Selbdritt angeordnet. Zu einem späteren Zeitpunkt wurden dann die unteren Bildhälften mit den Personen bis hin zum Wolkenrand der religiösen Darstellungen mit grauer Kaseinfarbe übermalt, und in der gleichen Technik malte man stattdessen unter die Heiligen zwei Klosteransichten. Da Kasein im Laufe der Zeit transparent wird, wurden die Personen teilweise wieder sichtbar. Bei der jüngsten Restaurierung hat man bewußt nur die Oberkörper der Erwachsenen und die Köpfe der Kinder freigelegt, um die später über die Personen gemalten Klosteransichten ebenfalls zu erhalten. Einer der Knaben blieb daher unter der Übermalung und ist heute nur noch durch die Namensinschrift nachzuweisen.
Dank der Namensinschriften und Wappen auf den beiden Tafeln kann man die Dargestellten identifizieren. Es handelt sich um Hans Jacob Raitner und seine Ehefrau Agnes sowie um ihre vierzehn Kinder. Hans Jacob Raitner war, nachdem er an Feldzügen in Italien und den Niederlanden teilgenommen hatte, nach 1575 Stallmeister des Klosters Weingarten, wo sein Bruder Jo-

hann Christoph von 1575–1568 die Abtswürde innehatte. Frau Agnes Raitner entstammte der Allgäuer Adelsfamilie von Sürgenstein. Der Vater kniet wie üblich vor seinen Söhnen, die Mutter hinter ihren Töchtern. Die Eltern, zwei kleine Jungen, ein kleines Mädchen und zwei erwachsene Söhne sind durch rote Kreuze als zum Zeitpunkt der Darstellung bereits verstorben gekennzeichnet. Während vier der Söhne das Kriegshandwerk ausübten – zwei waren Soldaten, einer Fähnrich und einer Hauptmann –, schlugen zwei weitere die geistliche Laufbahn ein: sie waren Konventualen in Salem (Zisterzienser) und Weissenau (Prämonstratenser). Auch drei der Töchter traten ins Kloster ein. Anna Maria war 1627 Novizenmeisterin in Heggbach (Zisterzienserinnen). Damals war sie 50 Jahre alt, und sie starb am 10.4.1654. Elisabeth bekleidete von 1636–1643 in Söflingen (Augustiner-Eremitinnen) das Amt einer Äbtissin, wurde aber abgesetzt und starb erst 1675. Der Schrank dürfte Anna Margretha gehört haben, die von 1635–1643 Äbtissin des Klosters Heiligkreuztal war und 1643 bei ihrer Schwester in Söflingen verstarb, wo sie auch beigesetzt ist.
Es ist zu vermuten, daß nach ihrem Tod, als keiner im Kloster mehr einen Bezug zu den dargestellten Personen hatte, diese mit den Klosteransichten übermalt wurden. Mit einiger Vorsicht kann das Kloster auf der Männerseite als Heiligkreuztal, mit ziemlicher Sicherheit das auf der Frauenseite als Salem identifiziert werden können. Zu Salem hatte Heiligkreuztal eine besondere Bindung: der dortige Abt war von 1238 bis zur Säkularisation auch Vaterabt von Heiligkreuztal. *M.B.*

IV. 54 Epitaph der Familie Geszler

Augustinerinnenkloster Kirchberg, 1680
Öl auf Leinwand, 233 × 166 cm
WLM

Das älteste Dominikanerinnenkloster Südwestdeutschlands, Kirchberg (heute Sulz-Renfrizhausen), erlebt im 15. und 16. Jahrhundert seinen Niedergang: die Nonnen – immerhin Angehörige eines Bettelordens – wohnen in Einzelzimmern, lassen sich von Mägden bedienen, erfreuen sich ihrer privaten Besitztümer und verfügen teilweise sogar über eigene Einkünfte. Erst der Zuzug der Dominikanerinnen aus dem zwischenzeitlich reformierten Pforzheim bringt Besserung. Die strengeren Nonnen drängen die alteingesessenen allmählich aus dem Kloster hinaus.
Die Familien Geßler und Gerbert aus Horb am Neckar erscheinen auf einem Epitaph von 1680, das ursprünglich für die Kirchberger Klosterkirche gemalt wurde. Unter den Dargestellten, die einen Reigen von Dominikanerheiligen neben Christus und Maria verehren, befindet sich eine Vielzahl von Frauen, die den Schleier genommen haben. Ihre Gewänder weisen sie meist als Dominikanerinnen aus. Ungefähr in der Mitte des linken, vom bärtigen Familienoberhaupt ausgehenden Astes erscheint die Familie der Geßler-Tochter Sabina. Sie heiratet Nikolaus Gerber(t) und hat mit ihm mehr als ein Dutzend Kinder, davon werden drei Töchter Nonnen und ein Sohn Franziskanermönch. Der Sohn Antonius, geboren am 20. April 1662 und mit rotem Gewand dargestellt, ist der Vater Martin Gerberts, des bekannten Fürstabtes von St. Blasien. Er stammt also aus einer fest in der Klosterlandschaft des deutschen Südwestens verwurzelten Sippe.

Fs. St. Blasien 1988, S. 114–116

IV. 54

Erinnerungen an eine streitbare Fürstäbtissin: Maria Anna von Hornstein-Göffingen (1755–1806)

Die aus einem angesehenen schwäbischen Geschlecht entstammende Maria Anna von Hornstein-Göffingen ist am 2. Juli 1723 geboren. Acht ihrer Brüder haben höhere geistliche Ämter inne, drei sind Domherren in Konstanz, Augsburg und Würzburg. Am 14. Oktober 1748 tritt sie als Chorfrau in das Stift Säckingen ein. Bereits nach sieben Jahren wird sie, die zweitjüngste der Chorfrauen, am 25. September 1755 vom Stiftskapitel zur Äbtissin gewählt. Ihre Benediktion am 8. Dezember 1755 nimmt der Konstanzer Fürstbischof Kardinal von Rodt in Meersburg vor. Maria-Anna von Hornstein-Göffingen steht dem Stift 51 Jahre vor und muss dessen Aufhebung im Zuge der Säkularisation im Jahre 1806 miterleben.

Die energische Frau begegnet uns in eifriger Tätigkeit auf verschiedensten Gebieten und mit der ehrgeizigen Absicht, das Damenstift im Schmucke einer Fürstabtei erscheinen zu lassen. So läßt sie 1758 eine neue Orgel im Fridolinsmünster aufstellen und auf der Südseite des Hochchores den prachtvoll ausgestatteten Betsaal für die Stiftsdamen errichten. Dann gibt sie wenige Jahre später den 1764 eingeweihten Fridolinsschrein bei einem Augsburger Goldschmied in Auftrag. Aufgrund des hohen Preises erklärt sich die Äbtissin bereit, nahezu die Hälfte der Kosten aus ihrer Privatschatulle zuzuschießen. Dieser Schrein ist bis heute das herrlichste Denkmal ihres Wirkens. Zwar kann sie das ehrgeizige Vorhaben, um 1760 ein neues Stiftsgebäude zu errichten, nicht verwirklichen. Doch es gelingt ihr, den stiftischen Lustgarten in der Vorstadt zu einem Park nach französischem Vorbild umgestalten zu lassen. Unter ihrer Regentschaft zeigt sich das Stift auch sehr aktiv im Erwerb von Liegenschaften innerhalb der Stadt. Um 1770 beginnt die Äbtissin mit der Aufzeichnung der Stiftsgeschichte.

Mehrfach muss die Äbtissin aber die Rechte des Damenstiftes gegenüber der Stadt Säckingen verteidigen, wofür zwei Prozesse ausgefochten werden. Sie bemüht sich um eine übersichtliche Verwaltung und Klarstellung aller Rechtsverhältnisse, auch gegenüber der österreichischen Landeshoheit. Als in der Zeit der Aufklärung ab 1782 vom Wiener Hof die Umwandlung des Stiftes in eine weltliche Vereinigung verlangt wird, kann sie dies durch ihre tapfere Standhaftigkeit vorerst abwenden. Im Verlauf dieser Auseinandersetzung reist die Äbtissin im August 1785 sogar selbst nach Wien, um bei Kaiser Joseph II. nach mehrfachen Audienzen die Aufhebung des Hofdekrets über die Umwandlung des Stifts zu erreichen. Nach erfolgreicher Mission kehrt sie erst im Dezember 1785 wieder nach Säckingen zurück, mit dem befreienden Bewusstsein, den Bestand des Stifts gerettet zu haben.

Ab 1792 hat das Damenstift dann mehrfach unter den Kriegseinwirkungen zu leiden. Schon 1802 müssen als Folge des Friedens von Lunéville erste Gebietsverluste in der heutigen Schweiz hingenommen werden.

Als 1806 im Verlauf der Säkularisation das Damenstift Säckingen aufgehoben wird, ist die Äbtissin bereits geistig umnachtet, so dass es ihr erspart bleibt, die volle Tragweite der Säkularisation zu erkennen.

IV. 55

Fürstäbtissin des Damenstiftes Säckingen, stirbt am 27. Dezember 1809 im Alter von 86 Jahren in Säckingen, wo heute noch im Fridolinsmünster ein erst im Jahre 1830 errichtetes, neugotisches Grabmonument an sie erinnert. *I.G.*

Jehle, Fridolin/ Enderle-Jehle, Adelheid, Die Geschichte des Stiftes Säckingen. Reihe: Beiträge zur Aargauergeschichte, Bd. 4, Aarau 1993, S. 282–332 u. 367f

IV. 55 Die letzte Fürstäbtissin von Stift Säckingen, Maria Anna von Hornstein-Göffingen (1755–1806)

Säckingen, Ende des 18. Jahrhunderts
Öl auf Leinwand, 105 × 82,5 cm
Ehemals Damenstift Säckingen
Museum Schloß Schönau Bad Säckingen B–210

IV. 56 Sekretär der letzten Fürstäbtissin von Stift Säckingen

Säckingen, Ende des 18. Jahrhunderts
Nussbaumholz massiv, z.T. dunkelbraun gefaßt, 112,2 × 122 cm
Ehemals Damenstift Säckingen
Museum Schloß Schönau Bad Säckingen M–11

Aus dem persönlichen Besitz der letzten Fürstäbtissin stammt das Zylinderbüro, das mit ihrem Wappen geschmückt ist. Es ist samt seinem Inhalt erhalten geblieben: persönliche Erinnerungsstücke an die Äbtissin, wie ein Reliquiar, mehrere Gebets- und Gesangbücher, ein Rosenkranz, ein Kerzenständer, kleine Bilder mit Maria und Johannes, ein Rokoko-Porzellanengel, ein Miniaturporträt ihrer Mutter, ein Bronzekreuz, ein doppelseitiges Amulett mit Jesus und Maria, ein herzförmiges Porzellan-Tintenfaß, eine Lichtputzschere sowie eine Lesebrille.

Jehle/Enderle-Jehle 1993, S. 282–287

IV. 56

Klosterleben und Ordensregel

Im Mittelalter ist es nicht ungewöhnlich, daß Eltern oder Vormünder ihre Kinder sehr früh als »Oblaten« in ein Kloster geben. Um Mißbräuchen vorzubeugen wird diese Möglichkeit 1563 dadurch eingeschränkt, daß das Mindestalter für ein Klosterversprechen auf 16 Jahre festgelegt wird. Immer wieder fordern aufgeklärte Katholiken im 18. Jahrhundert, das Eintrittsalter nochmals hochzusetzen. Der Eintritt ins Kloster bedeutet den Beginn eines neuen Lebens – im Mittelalter erfolgt mit ihm sogar der »bürgerliche Tod«: die Eintretenden verlieren die wichtigsten Rechte, die sie in der außerklösterlichen Gesellschaft besitzen.

Der Eintritt ins Kloster bedeutet, so will es die Profeß, die Annahme der entsprechenden Regel als von nun an verbindlichen Lebensmaßstab. Sie bestimmt den Tagesablauf, die Pflichten und das Verhalten in der Klostergemeinschaft. Zusätzliche Statuten oder Absprachen können Einzelfragen wie die klosterinterne Aufgabenverteilung oder besondere liturgische Erfordernisse klären. Insgesamt läßt sich trotz aller Unterschiede im Einzelnen festhalten, daß die Regel des heiligen Benedikt zum verbreitetsten Vorbild für die Organisation des klösterlichen Lebens wird. Ein Zeugnis der Welt- und Selbstverleugnung ist das Schweigegebot der Zisterzienser: in Salem ermöglicht eine ausgeklügelte Zeichensprache, wie sie in einer Schrift des 18. Jahrhunderts überliefert wird, die interne Kommunikation. Auch das Instrument der strengen Klausur, die zumal den Klosterfrauen fast jeden Kontakt zur Außenwelt untersagt – die Sprechgitter in Frauenklöstern stellen die einzige Verbindung her –, ist ebenso wie der Verzicht auf eheliche Bindungen ein Zeugnis für die Abwendung von allem Irdischen.

Grundlage des klösterlichen Tagesablaufs ist seit jeher die Benediktsregel. Und zwar in doppelter Hinsicht: sowohl was das Nebeneinander von aktivem und kontemplativem Leben als auch was die Festschreibung der gottesdienstlichen Handlungen betrifft. Die Devise der Benediktiner »ora et labora« (bete und arbeite) geht zurück auf das 48. Kapitel der Regel: »Müßiggang ist der Seele Feind. Deshalb sollen die Brüder zu bestimmten Zeiten mit Handarbeit, zu bestimmten Stunden mit heiliger Lesung beschäftigt sein.« Selbstverständlich stehen der Gottesdienst und das Stundengebet im Zentrum des Klosterlebens, denn »Dem Gottesdienst soll nichts vorgezogen werden.« Entsprechend heißt es auch bei Augustinus: »Laßt nicht nach im Beten zu den festgesetzten Stunden und Zeiten.« Auch die Intervalle der Stundengebete werden bereits von Benedikt (Regel 16) im Rückgriff auf biblische Grundlagen festgesetzt.

Die benediktinische Regel erfährt im Lauf der Zeit mancherlei Veränderung. Kongregationen können die liturgischen Gewohnheiten den Erfordernissen der Zeit anpassen und die entsprechend revidierte Fassung in Statuten festschreiben. Die Reformorden der Franziskaner und Dominikaner halten zwar an den festen Gebetszeiten fest, straffen jedoch die Liturgie, um Zeit für ihre wesentlichen Aufgaben – die Predigt, das Beichthören, die Missionierung oder den Kampf gegen Ketzer – zu gewinnen. Bei den weiblichen Zweigen dieser Orden fällt allerdings ein Großteil der außerklösterlichen Betätigung fort: zum einen dürfen Frauen nicht selbst Messe lesen, zum anderen unterliegen sie meistens einer strengeren Klausur als die Mönche. Sie sind deshalb auf Tätigkeiten in Klosterämtern, Schule, Hauswirtschaft, Schreibstube oder Textilwerkstatt (in Lichtenthal bis heute) beschränkt und kanalisieren ihr Verlangen nach geistlichen Übungen durch bestimmte Frömmigkeitsformen. Dies setzt gerade sie in der Zeit Josephs II. verstärkt dem Vorwurf der »Untätigkeit« aus und erleichtert ihre Aufhebung.

Bei den Mönchen zählen zur »vita activa«, zum tätigen Leben, ursprünglich die Feldarbeit und die Arbeit in den Klosterwerkstätten. Berühmt sind die daraus erwachsenen zivilisatorischen Leistungen der Zisterzienser, die im Mittelalter ganz wesentlich zur Kultivierung abgelegener und unfruchtbarer Landstriche beitragen. Daneben widmet man sich in den Männerklöstern in zunehmendem Maß dem Studium und dem Lesen. Die Forderung am Ende des 18. Jahrhunderts, man solle doch die Umwandlung der Klöster in reine Bildungsinstitute erwägen, spricht für die damals zu einem Höhepunkt und zu allgemeiner Anerkennung gelangte wissenschaftliche Betätigung der Orden – sie zeigt jedoch auch, wie weit dadurch deren liturgische und seelsorgerische Aufgaben aus dem Blick zu geraten drohen.

F.D.

IV. 58, IV. 59

IV. 60

IV. 57 »Regula Sancti Benedicti commentario illustrata«

Abt Philipp Jakob Steyrer (1715–1795)
St. Peter, 1779
Tinte auf Papier, Ledereinband, 22 × 17 cm
UB Freiburg i.Br. Hs. 1162

IV. 58, IV. 59 Zwei heilige Benediktinermönche

Südwestdeutschland, Mitte 18. Jahrhundert
Lindenholz, überfaßt, H. 56 cm
WLM 1989–48 und 1989–49

Die beiden Benediktiner sind durch Beifiguren, eine antike Flußgottheit und einen Drachen, als Überwinder der heidnischen Welt dargestellt. Der Drache identifiziert den einen der beiden Benediktiner als heiligen Magnus.

IV. 60 Aussteuerkoffer einer Nonne

18. Jh.
Holz, Metallbeschläge, 81 × 125 × 58 cm
Klostermuseum Wittichen

Persönlicher Besitz von Klosterbewohnern wird in der Benediktsregel nicht geduldet: »Keiner habe etwas als Eigentum, überhaupt nichts, kein Buch, keine Schreibtafel, kein Griffel – gar nichts.« Im Laufe der Zeit hat sich die Einstellung zum Eigenbesitz verändert. Bei Nonnen wird es bald üblich, den Klostereintritt zu einer Vermählung umzudeuten. Sie erhalten bei ihrer feierlichen, liturgisch festgeschriebenen Einkleidung einen Brautkranz oder einen Trauring – ihr Gemahl ist Christus als Verkörperung der Kirche. Wie bei jeder Heirat wird auch von der Novizin eine Mitgift oder Aussteuer verlangt: ein einmaliger Geldbetrag und ein jährliches »Leibgeding« (Rente) sowie Bettzeug, Wäsche, Kleidung usw. Bei zukünftigen Mönchen handelt es sich bei dem eingebrachten Gut – das übrigens nach der Säkularisation von 1803 häufig an die entsprechenden Personen zurückgegeben wird – meist um einen Geldbetrag. Stiftsdamen und Chorherren können durchaus mit größeren Besitztümern wie Liegenschaften, Gütern oder den entsprechenden Jahreseinkünften ausgestattet sein. Eine Folge kann ein gewisser klösterlicher Luxus sein, der zur Zielscheibe zeitgenössischer Angriffe wird.

IV. 61 Gelübde-Erneuerungsbuch (Profeßbuch) aus Schussenried 1683–1802

1683–1802
Feder auf Papier, 30 × 37 cm
Kath. Kirchengemeinde Bad Schussenried

Das Noviziat (novicius = Neuling) ist eine Zeit der Vorbereitung, in der die Kandidatin beziehungsweise der Kandidat von der Novizinnenmeisterin oder dem

Novizenmeister auf die Tauglichkeit für das Ordensleben geprüft wird. Nach erfolgreichem Bestehen der im 18. Jahrhundert meist einjährigen Probezeit erfolgt mit der Profeß (professio = Bekenntnis) die öffentliche Ablegung der Gelübde – Gehorsam, Armut, ehelose Keuschheit. Sie binden entweder auf Zeit oder lebenslang (ewiges Gelübde). Die auf Zeit abgelegte Profeß muß nach Ablauf der Geltungsdauer erneuert werden. In handschriftlich geführten Büchern werden die Erneuerungen festgehalten.

IV. 62 Visitationsbericht über die Oberndorfer Dominikanerinnensammlung

Oberndorf, 18. und 19. Mai 1778
Tinte auf Papier, 33,7 × 20,3 cm
Diözesanarchiv Rottenburg a.N. A I 2C

Die Visitation ist der Besuch des aufsichtsberechtigten Kirchenoberen zur Prüfung der Einrichtung eines Klosters, zur Feststellung und Behebung von Mängeln. Um das hier ausgestellte Dokument rankt sich eine Geschichte, die entfernt an den klosterkritischen Roman »Die Nonne« von Denis Diderot erinnert. Ein Pfarrer beklagt sich beim bischöflichen Generalvikariat in Konstanz über das Fehlverhalten der Vorsteherin der Oberndorfer Dominikanerinnensammlung. Als eigentliches Argument für eine in seinen Augen notwendige Visitation dient ihm die reißerische Geschichte der Schwester Theresia Burkhard. Noch als Kind mit hohem Aussteuergeld ins Kloster gegeben, wird ihr – regelwidrig – schon mit 14 Jahren die Profeß abgenommen. Beharrliches Zureden hält sie davor zurück, ihre Freiheit zurückzufordern. Die Priorin bestraft die weiterhin widerspenstige Theresia in der Folgezeit mit Anketten und »Isolationshaft«.

Am 18. und 19. Mai kommt ein Pfarrer zur außerordentlichen Visitation. Er läßt sich von der Krankenwärterin der Frauensammlung darlegen, daß Theresia eine Gefahr für die innere Ordnung des Klosters darstelle und aufgrund ihres Verhaltens als geisteskrank gelten müsse. Deshalb und weil der verwirrten Person außerhalb der Sammlung ein ungewisses Schicksal drohe, sieht er keinen Anlaß einzugreifen.

Danner 1978, S. 52–59

IV. 63 bis IV. 81 Speisegeschirr aus dem Franziskanerkloster in Heidelberg

Heidelberg, 18 Jh.
Irdenware, glasiert, blaue Unterglasurbemalung, Dm. 18–25 cm
Ehem. Franziskanerkloster Heidelberg
Kurpfälzisches Museum Heidelberg HD-Alt 2001/1a bis 9a, 11a, 12a, 14a bis 16a, 18a bis 21a

Leben im Kloster bedeutet permanenten Dienst an Gott. Schon Benedikt hat in seiner Regel festgeschrieben: »Beim Tisch der Brüder darf die Lesung nicht fehlen.« Doch nicht allein die ergötzlichen Lesungen sollen das fortwährende Gotteslob garantieren, auch die Gegenstände des täglichen Lebens tragen entsprechende Symbole. Das Steingutgeschirr aus dem Heidelberger Franziskanerkloster zeigt neben einfachem ornamentalen Schmuck auch zahlreiche Varianten von Kreuzesdarstellungen und das Christusmonogramm IHS. Ist der Teller oder die Schüssel leergegessen, so wird man sofort daran erinnert, wem man Speis und Trank zu verdanken hat.

Totengedenken

IV. 82 Schussenrieder Chorherr mit Buch und Totenschädel

Schussenried, Ende 18. Jahrhundert
Öl auf Leinwand, 95 × 73 cm (m.R.)
SSG

Das Nachdenken über die Vergänglichkeit des Menschen und die Welt ist ein zentraler Bestandteil des geistlichen Lebens. Das irdische Dasein gilt, wenn es gottgefällig geführt wird, als Vorstufe zu dem ewigen Leben. Des Todestages wird im Kloster deshalb besonders gedacht.

Man gedenkt der Toten im täglichen »Officium Defunctorum« (Totenmesse), im Monats-Memento (»Officium Mensis«), durch Jahrtagsfeiern und Jahrzeiten für verewigte Konventualen, Verwandte, Wohltäter usw. Totenbücher halten die Namen und Todestage der Verstorbenen fest, aus ihnen wird beim morgendlichen Kapitel vorgelesen, wessen am betreffenden Tag zu gedenken sei. Gebetsverbrüderungen halten das Totengedenken zwischen verschiedenen Klöstern oder Kongregationen aufrecht, indem bei Todesfällen jeweils Notifikationen an die verbundenen Häuser abgehen. Die Zahl der Messen nimmt so ständig zu.

IV. 83

IV. 83 Sterbetafel der Adelhauser Klosterfrauen 1694–1765

Freiburg i.B. (?), Ende 16. Jhdt. und 1694–1765
Tannenholz, z.T. geschnitzt, gefasst, über rotem Poliment blattvergoldet, Beschläge, Scharniere und Riegel aus Metall, Öl auf Linden- und Tannenholz, 111 × 178 cm
Ehem. Dominikanerinnenkloster Neu-Adelhausen in Freiburg i.Br.
Stiftungsverwaltung Freiburg i.Br. A 1011/3530

Äußerlich erweist sich das Stück als ein Klappaltar des 16. Jahrhunderts, von dem sich der Untersatz und die Außenflügel – mit Darstellungen der Hl. Notburga und der Hl. Agatha sowie des »Noli me tangere« – erhalten haben. Öffnet man das Retabel jedoch, so wird man mit Inschriften konfrontiert. Der Mittelteil ist folgendermaßen überschrieben: »EPIDAVIUM Aller abgestorbenen Closterfraüen dises UNIERTEN Closters S. Maria in Adelhaüsen und S. Catharina Seithero der Zeit Anno 1694, den 12 october, das sie züsammen in dises neije Closter seindt ein/ gezogen. Gott verleicleihe inen und allen Christglaübigen Sellen, die Evige Rüehe«. Darunter befindet sich das Unionswappen der 1694 im Freiburger Neukloster aufgegangenen vormaligen Dominikanerinnenkonvente Freiburgs. Das ursprüngliche Retabel wird zu diesem Zeitpunkt in ein Epitaph, ein Erinnerungsdenkmal umgewandelt, in dem nun die von 1694 bis 1756 verstorbenen Nonnen des Neuklosterkonventes Freiburgs i.B. mit ihrem Lebensalter, dem Sterbetag, dem Professjahr, ihrem Herkunftsort und manchmal auch mit ihrem Klosteramt aufgeführt sind. *T.J.*

BK Freiburg i.Br. 2000, S. 60 f, Kat. Nr. 15

IV. 84 Totentafel aus dem Kapuzinerkloster Riedlingen

Riedlingen, Mitte 18. Jahrhundert (Rahmen), 1809 (Einlage)
Öl auf Holz, Tinte auf Papier, 85,5 × 67,4 cm
Hospitalpflege Riedlingen

Die Totentafel stammt aus dem Kapuzinerkloster in Riedlingen, das nach der Übernahme der vorderösterreichischen Stadt durch Württemberg 1806 nicht sofort säkularisiert wird. Vielmehr kommt es zu Einrichtung eines Zentral- oder Aussterbeklosters, in das Mönche u.a. aus Biberach und Wurmlingen einziehen. Der letzte überlebende Laienbruder verläßt das Klo-

IV. 85

IV. 86

ster 1832. Die Ornamentik des Rahmens deutet auf eine Entstehungszeit um die Mitte des 18. Jhs. hin. Auf der Einlage werden – immer wieder aktualisiert, hier von 1809 – die Namen der verstorbenen Konventsmitglieder mit Herkunftsort und Sterbedatum eingetragen, ebenso die Namen einiger Wohltäter des Klosters. Solche Totentafeln dienen dazu, an den entsprechenden Tagen der Verstorbenen durch Seelenmessen zu gedenken und die eigene Vergänglichkeit in Erinnerung zu rufen. Darauf deuten die Darstellungen auf dem Rahmen hin: links ein sitzender Kapuziner mit Kruzifix, Totenkopf, Geißelschnüren und aufgeschlagenem Buch, hinter ihm eine Uhr; rechts der personifizierte Tod im Kapuzinerhabit mit einer Sanduhr in der Hand, ihm zu Füßen eine sich in den Schwanz beißende Schlange, ein altes Ewigkeitssymbol; unten das Bild eines Kapuzinermönches auf dem Sterbebett. Ebenso greifen die lateinischen Inschriften, die sich teils auf Bibeltexte beziehen, teils Bibelzitate sind (z. B. unten Offb 14,13: »Selig sind die Toten, die in dem Herrn sterben […]«) das gleiche Thema auf. *M.B.*

IV. 85 Totentafel aus dem Zisterzienserinnenkloster Lichtenthal

Franz Thaddäus Lang (um 1693–1773)
Augsburg, 1747–1749 (Herz); Anfang 19. Jahrhundert (Eckbeschläge)
Beschauzeichen
Cistercienserinnenabtei Lichtenthal Baden-Baden

Das Stück stammt aus zwei verschiedenen Epochen: während das auf die samtbezogene Platte montierte Herz dem Augsburger Silberschmied Lang zugewiesen und auf 1747/1749 datiert werden kann, entstehen die Eckbeschläge erst im 19. Jahrhundert. Das flammende Herz mit dem Marienmonogramm ist vielleicht ursprünglich als Votivtafel verwendet worden. Nach der Säkularisation, die das Kloster Lichtenthal unbeschadet übersteht, wird das ältere Objekt zu Ehren des Pfarr-Rektors Franz Joseph Herr verändert. Herr ist vom Freiburger Erzbischof eingesetzter geistlicher Verwalter in Lichtenthal und kümmert sich intensiv um die Altertumsdenkmäler der Abtei. Nach seinem Tod wird das Herz des Wohltäters in der Zisterzienserinnenkirche beigesetzt – die Tafel zeigte den Ort der Herzgruft an.

AK Karlsruhe 1995, Nr. 254 mit Abb.

IV. 86 Anzeigekästchen für die liturgischen Dienste

18. Jh.
Holz, teilweise bemalt, 90 × 100 cm
Diözesanmuseum Rottenburg a.N.

In die Flächen des schrankartigen Kleinmöbels lassen sich mittels Zapfen die (verlorenen) Namensschilder der Klosterbrüder einstecken. Oben links erscheint eine Liste der verschiedenen Messarten – Sonntags-, Vigil-, Fest-, Marienmesse usw. –, unten die Aufzählung der unterschiedlichen Altäre: an zentraler Stelle der besonders herausgehobene Heiliggeistaltar, an dem die Messen für den Papst gelesen werden, darunter 14 weitere Altarstellen. Im linken Register unter den Messen können die Mönche auf die beiden Seiten des Chorgestühls verteilt werden.

V.

Klösterliche Pracht

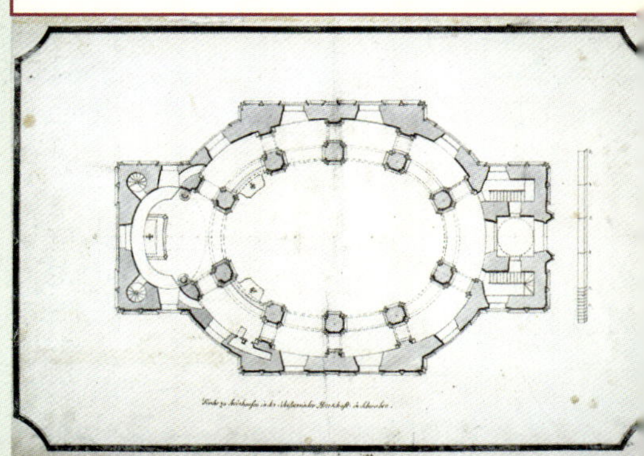

Bauherren

Malerei, Skulptur, Graphik

Architektur

Tafelgerät

Kirchensilber

Paramente

Klösterliche Pracht
Omnia ad maiorem dei gloriam
Monastische Prachtentfaltung im Zeitalter des Absolutismus

In der höfischen Gesellschaft, die auf den sozialen Stand markierende Zeichen geradezu versessen ist, folgen privates und öffentliches Leben ganz unterschiedlichen Maximen. Für einen Fürsten mag Sparsamkeit im privaten Umfeld eine Tugend sein. Doch bei einem öffentlichen Auftritt sparsam zu wirken, hätte für ihn fatale Folgen, denn um geachtet zu werden, müssen die Spitzen der Gesellschaft Reichtum vorführen. Prachtvoll aufzutreten, bringt dem Fürsten Achtung ein – Achtung primär nicht vor seiner Person, sondern Achtung vor seiner Position.

Ähnlich verhält es sich im monastischen Umfeld: Dem einzelnen Konventualen – und nicht nur dem Mitglied eines Bettelordens – schreiben die Ordensregeln ein einfaches Leben in Armut vor. Die Klöster als Institutionen aber sind – wie die Höfe – gezwungen, ihren Status nach außen hin unter Beweis zu stellen und hierfür alle ihre wirtschaftlichen Ressourcen einzusetzen.

Der Abt von Weingarten zum Beispiel mußte mit dem Neubau seiner Klosteranlage einen hohen Anspruch veranschaulichen: Als Abt einer Reichsabtei war er keinem Territorialherren, sondern nur dem Kaiser unterstellt. Er war Landesherr über ein 320 km^2 großes Territorium mit eigenen Ortschaften. Er besaß die hohe Gerichtsbarkeit und stand 10 000 Untertanen vor – so vielen Menschen wie eine mittlere Reichsstadt Einwohner zählte. Die Einkünfte der Abtei lagen bei 100 000 Gulden im Jahr – eine immens hohe Summe, wenn man bedenkt, daß der »Normalverbraucher« in der Mitte des 18. Jahrhunderts zum Leben einen halben Gulden im Jahr benötigte. Ferner war die Abteikirche Grablege der Welfen und fungierte zudem noch als Wallfahrtstätte, die im Jahr Zehntausende von Pilgern anzog. So war es nur angemessen, daß der Weingartener Abt eine der größten Klosteranlagen des alten Reiches plante, und eine Kirche baute, die mit ihren Dimensionen und mit ihrer Tambourkuppel ganz bewußt auf die Peterskirche in Rom als Vorbild anspielte.

Um ihre jeweilige Position und die ihrer Dynastie bzw. ihres Ordens im Staatsgefüge zu verdeutlichen, bedienen sich der Fürst und der Abt zwar durchaus ähnlicher Mittel, doch das Endziel der monastischen Prachtentfaltung ist nicht dasselbe wie das der höfischen. Im klösterlichen Bereich dient die Prachtentfaltung mehr als nur der Dokumentation der Sozialhierarchie: Den gläubigen Besuchern der Klosterkirchen von Weingarten, Zwiefalten und Neresheim oder den Pilgern, die in die Wallfahrtskiche Neubirnau einziehen, wird angesichts der stupenden Pracht in diesen Gotteshäusern veranschaulicht, daß in diesen Räumen nicht einem Menschen, sondern Gott selbst eine Wohnung eingerichtet worden ist. Es scheint gelungen, den Himmel auf die Erde zu holen und göttliche Herrlichkeit erfahrbar zu machen.

Die Altäre, die Fresken, das Chorgitter, das Gestühl, die Orgel, die Paramente, das Altargerät, die Musik – alles zusammen ein eindringlich inszeniertes »Theatrum sacrum« – sind letztlich auf den Gottesdienst ausgerichtet. Pracht ist in ihrer religiösen Funktion Mittel des Gottesdienstes – ganz im ignatianischen Sinne: Omnia ad maiorem dei gloriam. *F.F.*

Schwager 1977; Hawel 1987; Schütz 2000; Roeck 2002; Schmid 2002

Bauherren

Die Bildnisse einiger wichtiger Bauherren dürfen nicht fehlen. So sollen stellvertretend für viele weniger bekannte Bauherren fünf Personen vorgestellt werden, die im 17. und 18. Jh. umfangreiche Neubauten leiten. Die ihres Fürstenrangs bewussten Prälaten der Reichsstifte stammen durchweg aus kleinstädtisch-handwerklichem Bürgertum oder vom bäuerlichen Land. So ist Abt Sebastian Hyller, der Bauherr Weingartens, ein Bäckersohn aus Pfullendorf. Eine Ausnahme bildet die Fürstäbtissin des adeligen Damenstiftes Buchau, Maria Karolina Gräfin von Königsegg-Rothenfels. Diese stolzen, kunstsinnigen Reichsprälaten sind fast ausnahmslos Frauen und Männer von ernster klösterlicher Zucht und echter persönlicher Frömmigkeit. Sie sorgen durch kluges Wirtschaften für die finanziellen Mittel, die für die Bauprojekte notwendig sind. Natürlich herrscht unter den Bauherren auch eine gewisse Konkurrenz, wenn es gilt, das Nachbarkloster an Pracht und Prunk noch zu übertreffen. *I.G.*

AK Weingarten 1963, S. 13 ff

V. 1 Ursula Scherlin, Reichsäbtissin der Zisterzienserinnen-Reichsabtei Rottenmünster von 1658 bis 1687

Rottweil, Ende des 17. Jahrhunderts
Öl auf Leinwand, 113 × 98 cm (m.R.)
Vinzenz von Paul Hospital Rottenmünster

Dieses Ölgemälde zeigt die Äbtissin Ursula Scherlin (um 1617–1687) mit dem Modell der unter ihrer Regierung in den Jahren 1661–1669 von Michael Beer und Michael Thumb neuerbauten Klosteranlage in Rottenmünster.

Hecht, Winfried, Unter der Regierung der Reichsäbtissin. In: Frittlingen, Geschichte und Gegenwart 797–1997, Horb a.N. 1996, S. 29

V. 2 Magnus Kleber, Abt der Prämonstratenserabtei Schussenried von 1750 bis 1756

Schussenried, Mitte des 18. Jahrhunderts
Öl auf Leinwand, 97 × 77 cm (m.R.)
Ehemals Kloster Schussenried; heute Neues Kloster Bad Schussenried
SSG

Dargestellt ist Abt Magnus Kleber, wie er die Hand auf den Idealplan des neuen Klosters legt. Unter seiner Regentschaft wird ab 1752 das Klostergebäude durch den Klosterbaumeister Jakob Emele erbaut. Bis zu Abt Klebers Tod sind der Rohbau des Nordflügels und die fragmentarischen West- und Osttrakte fertiggestellt, 1755 auch der Bibliothekssaal.

Kaufmann 1985, S. 153–164

V. 3 Hermenegild Linsenmann, Prior des Dominikanerklosters Rottweil von 1752 bis 1795

Sebastian Locher
Rottweil, 1782
Öl auf Leinwand, 88 × 71 cm (m.R.)
Ehemals Dominikanerkloster Rottweil
Kath. Münstergemeinde Rottweil

Dieses Porträt zeigt den Prior Hermenegild Linsenmann (1718–1795), mit dem Gnadenbild »Maria von der Augenwende« der Rottweiler Dominikanerklosterkirche und dem Modell des Klosters. Unter Linsenmann wird die Klosterkirche in den Jahren 1753–1762 barockisiert und 1766 die Wiederherstellung des Konventbaus begonnen.

Hecht, Winfried, Das Dominikanerkloster Rottweil (1266–1802), Rottweil 1991, S. 154 u. 161f

V. 1

V. 4 Maria Karolina Gräfin von Königsegg-Rothenfels, Fürstäbtissin des adeligen Damenstiftes Buchau von 1742 bis 1774

Andreas Brugger (1737–1812) zugeschrieben
Buchau, um 1775/1780
Öl auf Leinwand, 243 × 131,5 cm (m.R.)
Ehemals Damenstift Buchau
WLM 1973–34

Dieses posthume Porträt stellt die Fürstäbtissin (1707–1774) als Bauherrin dar. Auf dem Tisch neben ihr liegen einige Architekturpläne für den Umbau und Neubau des Stiftes und der Stiftskirche in Buchau, die von dem französischen Architekten Michel d'Ixnard (vgl. Kat.-Nr. V. 49) stammen. Er führt dann auch in den Jahren 1769–1776 den Neubau auf und bringt den Frühklassizismus nach Oberschwaben.

Fischer, Fritz, Kunst des Klassizismus, Begleitbuch Schloßmuseum Aulendorf, Stuttgart 1997, S. 94 f

V. 5 Willebold Held, Abt der Prämonstratenserabtei Rot an der Rot von 1782 bis 1789

G. Kirchmann, Oberschwaben, 1783
Öl auf Leinwand, 105 × 90 cm (m.R.)
Kath. Kirchengemeinde Rot a.d.R.

Abt Willebold Held von Erolzheim übernimmt den von seinem Vorgänger Mauritius Moritz von Biberach (1760–1782) begonnenen Kirchenneubau und vollendet ihn 1784 nach einigen Schwierigkeiten. Der Vorgänger des Dargestellten, Abt Moritz, hat 1777 gegen den Willen des Konvents die keineswegs baufällige Barockkirche abbrechen und den Neubau beginnen lassen. Aber als er 1782 stirbt, ist erst der Chor vollendet.

Tüchle/Schahl 1976, S. 33 ff

V. 4

V. 5

Malerei, Skulptur, Graphik

»Dann was das Aug siehet, glaubet das Hertz«. Propaganda fidei mit allen Mitteln der Kunst

Auf dem Konzil von Trient (1545–1563) definiert der Reformkatholizismus seinen Standpunkt in der Frage der Bilderverehrung neu. Der protestantische Vorwurf der Götzenanbetung wird abgestritten: Nicht das religiöse Bild an sich werde angebetet, sondern die dargestellten Urbilder – die Anbetung gelte allein Gott. Die katholische Propaganda fidei – 1622 gründet Papst Gregor XV. die Kongregation zur Verbreitung des Glaubens – steht damit auf einem neuen und bis ins Zeitalter der Aufklärung hinein stabilen Fundament. Sie kann uneingeschränkt ihre Aufgabe wahrnehmen: Glaubensinhalte verbreiten und auch »den Einfältigen und Ungelehrten so nicht lesen können« (Rippel 1723) das Wunderbare als etwas Wahrscheinliches und Nachvollziehbares vorführen.

Dazu bedient sich die Propaganda fidei in hohem Maße der Suggestionskraft der Kunst, »d[e]nn was das Aug siehet / glaubet das Hertz« (Rippel 1723). Als besonders geeignet gilt ihr die Architektur, was zu einem Bauboom ohnegleichen führt. Doch erst im Zusammenspiel von Architektur, Ausstattung und Liturgie entsteht eine effektvolle Inszenierung des Sakralen, die zehntausende von Pilgern in ihren Bann zu ziehen vermag. Dabei macht sich die Propaganda fidei erprobte topoi der Veranschaulichung weltlicher Macht zu nutze: Sie läßt Kirchenräume wie Festsäle und Klöster wie Schlösser erscheinen. Gerade in der Epoche der höfischen Gesellschaft, in der mehr als je zuvor auf die Wirkung von Zeichen gesetzt wird, parallelisiert sie absichtsvoll Eucharistiefeier und Herrscherkult.

In dem langen Zeitraum zwischen dem Ende des Dreißigjährigen Krieges und der Säkularisation, im Zeitalter der Konfessionalisierung, des Absolutismus und der Aufklärung, ist die Vermittlung der Glaubensinhalte starken Veränderungen unterworfen. Die unterschiedlichen Vermittlungsweisen spiegeln sich in der Kunst wider. Dies läßt sich anhand von vier Klosterkirchen und ihren Ausstattungen beschreiben, die in den Inszenierungen jeweils exemplarisch den »Geschmack« ihrer Entstehungszeit zeigen: der Prämonstratenser-Abteikirche Obermarchtal (1682–1692) sowie den Benediktiner-Abteikirchen Weingarten (1715–18), Zwiefalten (1739–65) und Wiblingen (1772–81).

Die vier Kirchen eignen sich gut zum direkten Vergleich, weil sie alle in etwa demselben architektonischen Grundschema der sogenannten Vorarlberger Wandpfeilerkirche zugeordnet werden können: Auf eine Vorhalle mit darüber liegender Orgelempore folgt ein Langhaus mit Kapellen und Emporen zwischen eingezogenen Wandpfeilern, ein kaum betontes Querhaus sowie schließlich ein eingezogener Chor.

Für die Wirkung der Obermarchtaler Kirche ist entscheidend, daß die einzelnen Räume gemäß ihrer Aufgabe in der Liturgie hierarchisch differenziert ausgestattet sind.

Das Langhaus, in dem das Gestühl für die Gläubigen steht, ist als Raum für die Zuschauer eingerichtet und am wenigsten geschmückt. Ihm gegenüber – der Gemeinde zur Schau – steht im Chor der riesige, die ganze Apsis ausfüllende Hochaltar, die prachtvolle Kulisse, vor der bei der Eucharistiefeier die göttliche Magnifizenz zeichenhaft in Erscheinung tritt. Als heiligster Raum ist der Chor ausgezeichnet durch Freipfeiler, kräftigeren Deckenstuck und eine stärkere Ausleuchtung. Zudem ist er durch Stufen leicht erhöht und durch ein Gitter abgetrennt, denn er darf nur von Mönchen betreten werden.

Vor dem Chor liegt das Querhaus. Mit seinen frontal zur Gemeinde hin ausgerichteten Retabeln fokussiert es den Blick der Gemeinde in den Chor.

Die einzelnen Räume wirken additiv aneinandergestellt und scheinen kaum verbunden. Der Stuckdekor dient dazu, die vorhandene architektonische Struktur noch zu verfestigen, die einzelnen Bereiche noch klarer voneinander zu unterscheiden. Den Kirchenraum scheinbar erweiternde Deckenmalereien gibt es nicht. Architektur und mobile Ausstattung existieren weitgehend unverbunden nebeneinander. Die Altäre haben formal keinen Bezug zur dahinterliegenden Wand, wirken wie freistehende Möbel. Die Heiligenfiguren an den Altären sind formal wie ornamentale Dekorstücke behandelt. Weder sind sie aufeinander bezogen noch sind sie in eine Beziehung zu den Darstellungen der Altarbilder gebracht. Die Statuen haben noch viel von mittelalterlichen Schreinwächtern, sie vermitteln nicht die Illusion, sie existierten tatsächlich.

Inhaltlich steht Norbert von Magdeburg, der 1120 den Orden der Prämonstratenser gründete, im Zen-

Obermarchtal, ehemalige Prämonstratenser-Abteikirche, 1682–92

Weingarten, Benediktiner-Abteikirche, 1715–18

trum der Ausstattung. Mit gegenreformatorischem Impetus wird etwa an der Kanzel vorgetragen, wie der 1582 kanonisierte Wanderprediger über den Ketzer Tanchelm triumphiert, der alle Sakramente, besonders die Eucharistie, zu leugnen wagte. Ein der gesamten Ausstattung zugrundeliegendes Programm gibt es jedoch nicht.

Mit Bau und Ausstattung der Benediktiner-Abteikirche Weingarten wird ein immens hoher Rang beansprucht: Abt und Orden errichten ein Monument, das mit dem Petersdom in Rom verglichen werden soll und kann. Die Wandpfeiler sind ins Gigantische gesteigert und so weit auseinandergestellt, daß ein hallenartiger Raumeindruck entsteht. Einzigartig ist die hohe Tambourkuppel. Einmalig geblieben sind die Dimensionen, die den Bau zur größten Klosterkirche im deutschen Reich machen. Im Inneren wird demonstrativ auf die prachtvollsten und berühmtesten Altäre, Fresken und Skulpturen Roms Bezug genommen: Carlones »Aufnahme des Hl. Benedikt in den Himmel« am Weingartener Hochaltar will an Pozzos Ignatius-Altar in Il Gesù gemessen werden, Carlones Paulus an Monnots Apostelstatue in San Giovanni in Laterano, Asams Kuppelfresko an den Kuppeln Lanfrancos und Cortonas in San Andrea della Valle und in der Chiesa Nuova.

Die Übernahmen gehen über das Motivische hinaus. Auch von der Inszenierungskunst des römischen Hochbarock haben sich die in Weingarten tätigen Ausstattungskünstler beeinflussen lassen: Fußend auf den illusionistischen Architekturmalereien Pozzos hat Asam den Weingartener Kirchenraum gleichsam bis in den Himmel erweitert. Zugleich hat er die Fresken in jedem einzelnen Joch nach anderen perspektivischen Gesetzmäßigkeiten gestaltet, so daß die Gläubigen und Pilger eine aktive Rolle zugewiesen bekommen: Sie sollen die Kirche sukzessive durchschreiten.

Die großen Altäre Frisonis sind keine freistehende Möbel mehr, sondern mit der architektonischen Gliederung des Raumes verbunden, Teil der Gesamtdekoration. Die Engel- und Heiligenfiguren sind nicht län-

Zwiefalten, ehemalige Benediktiner-Abteikirche, 1739–65

Wiblingen, ehemalige Benediktiner-Abteikirche, 1772–81

ger als quasi austauschbare Bildwerke aufgestellt. Die Erfindungen Berninis, des Bildhauers der Päpste, umsetzend, läßt Carlone die Figuren agieren, als ob sie in Wirklichkeit vorhanden wären. Ihr Standort ist zugleich ihr Existenzort.

Am Hochaltar scheint der Gemeinde eine Offenbarung zuteil zu werden: Soeben ziehen Putti eine schwere Vorhangdraperie, die den Hochaltar bislang verhüllt hat, zur Seite, um den Blick auf ein heiliges Schauspiel freizugeben: Begleitet von vielen Engeln wird der Ordensgründer Benedikt in den Himmel aufgenommen.

Die Darstellung des Benedikt im Auszug des Hochaltars ist Endpunkt eines komplexen, die gesamte Kirche durchziehenden Themas, mit dem das Wirken des Mönchs als Teil der Heilsgeschichte propagiert und zugleich auf die Aufgaben der Klosterkirche als Wallfahrtsort und Welfen-Grablege aufmerksam gemacht wird.

Mit einer pathetischen Regie, die sich auch auf illusionistische, vom Theater entliehene Kunstgriffe stützt, wird in Weingarten versucht, die Besucher der Kirche zu überwältigen und staunen zu machen.

Die Benediktiner-Kirche Zwiefalten ist als Abtei- und Wallfahrtskirche eines nach Reichsunmittelbarkeit strebenden Klosters im Rang Weingarten vergleichbar. Deshalb stellen die Bauherren mit der Sprache der Architektur einen ähnlich hohen Anspruch: Die Längenausdehnung ist stupend, die verwendeten Motive sind betont hoheitsvoll. Was in Weingarten vor allem die hohe Tambourkuppel zum Ausdruck bringt, leistet in Zwiefalten die Parade der Stuckmarmorsäulen. Im Langhaus treten sie paarweise auf, in der Vierung als Trias und im Chor rahmen sie auf nobelste Weise den seinerseits mit sechs Säulen ausgezeichneten Hochaltar. Die Säulen sind es vor allem, die den Eindruck erwecken, die Zwiefaltener Kirche sei ein riesiger Festsaal, durch die Säulen gegliedert in eine Abfolge von Räumen, die ineinander übergehen und sich doch vom Eingang her zu einem Prospekt zusammenschließen, der den Hochaltar in die Mitte nimmt. Wie kaum sonst irgendwo bilden dabei Architektur und Ausstattung eine Einheit. Die Ausblicke in den Himmel werden nicht wie noch in Weingarten nur jochweise gewährt. Von zahllosen Rocaillen und Schwüngen umgeben, doch ohne Rahmen erstreckt sich das Hauptfresko durch das ganze Langhaus. Im Abschreiten des Prospekts erleben die Pilger den Kirchenraum als Simultanbühne, auf der sich unablässig Verwandlungen vollziehen. Dabei kommt es zum Nebeneinander und zum Übereinander von unterschiedlichen Realitätsebenen. Das Langhaus gleicht mit den vorschwingenden Emporen einem Logentheater, der Chorraum einer Bühne. Die Decken- und Altarbilder werden als Visionen präsentiert, die Retabel, die Beichtstühle sowie die Kanzel und ihr Pendant werden zu Miniaturbühnen.

Am weitesten ist das »Spiel« mit den sich verschränkenden Realitätsebenen bei der Kanzel und ihrem Pendant getrieben: Nur wenn von der Kanzel aus eine Predigt gehalten wird, »antwortet« die lebensgroße Stuckfigur des Ezechiels auf die Figur des Priesters.

Die Heiligenfiguren an den Altären treten nicht mehr als heldenhafte Märtyrer oder historisch bedeutsamer Protagonisten wie noch in Weingarten auf, sondern tragen Affekte wie Mitglieder der höfischen Gesellschaft mit graziösen Gesten vor. Dabei fungieren sie als Vermittler und Interpreten für die Gläubigen. Angesichts der Szene auf dem Altarblatt nehmen sie das Erleben der Betrachter vorweg und veranlassen sie – wie der Prologsprecher im Theater –, es nachzuvollziehen.

In Zwiefalten sollen die Gläubigen nicht überwältigt, sondern auf höchst subtile Art verzückt werden.

Die Benediktiner-Abteikirche Wiblingen steht bei allen Unterschieden letztlich noch in der Tradition der Wandpfeilerkirchen, doch geht vom Innenraum eine ganz andere Wirkung aus: Die Wände mit ihren großen Fensteröffnungen und die fast zum geraden Plafond gewordene Wölbung geben dem Kirchenraum einen ersten Anflug des Profanen. Hier soll der Gemeinde nicht mehr zum Miterleben der heiligen Handlung des Priesters am Altar verholfen werden, sondern der Gläubige soll durch Formen ruhiger Erhabenheit andächtig gestimmt werden für die Predigt von der Kanzel.

Die Kritik der Aufklärung bringt die Propaganda fidei dazu, sich bei der Inszenierung der Glaubensinhalte mehr auf den Horizont des einfachen Gläubigen einzustellen. Das bedeutet die Abkehr von komplexen Bildprogrammen wie sie etwa der Ausstattung von Zwiefalten zugrunde lagen: weg von der »eloquentia sublimis«, die traditionell benutzt wurde, wenn von göttlichen Dingen die Rede war, hin zur »eloquentia popularis«. Die Fresken Zicks und die von ihm entworfenen Retabel sind typisch für den neuen Weg, den Verzicht auf Allegorien und die Rückkehr zum Narrativen um der Glaubhaftigkeit der Darstellung willen.

Die Altäre in der Vierung sind klein und schlicht gehalten. Die Gesten der Heiligenfiguren wirken einfach, haben nichts mehr von der am höfischen Zeremoniell orientierten, affektgeladenen Gebärdensprache. Durch sie soll der Gläubige nicht mehr emotional ergriffen, sondern verstandesmäßig belehrt und moralisch ermahnt werden. Die Komposition der Deckenfresken ist nicht mehr darauf angelegt, den Gläubigen miteinzubeziehen. Mit einem kräftigen Rahmen versehen, sind die Darstellungen wie Gemälde dem Betrachter gegenübergestellt.

Die neue Inszenierung des Sakralen richtet sich – anders als vom Konzil von Trient gewollt – nicht mehr an die Gemeinde als Ganzes, sondern an den einzelnen Gläubigen und seine persönlichen Empfindungen.

Als die höfische Gesellschaft sich im Zeitalter der Aufklärung so verändert, daß die Inszenierung absolutistischer Herrschermacht obsolet wird, verliert die Inszenierung des Sakralen ihren wichtigsten Bezugspunkt. Wie zur selben Zeit das höfische Zeremoniell wird auch die Liturgie stark vereinfacht. Die Anzahl der Messen, Andachten und Prozessionen wird reduziert, das Prozessions-, Wallfahrts- und Bruderschaftswesen eingeschränkt, das Spielen von Pauken, Trompeten und Hörnern in der Kirchenmusik verboten, ebenso der Luxus bei der Beleuchtung und bei den Paramenten. Die Säkularisation der Klöster steht unmittelbar bevor. *F.F.*

Rippel 1723; Hauttmann 1921; Brinkmann 1972; Loers 1976; Wörner 1979; Schütte 1995; Büttner 1998; Lindemann 1989; Brossette 2002

Skulpturen und Gemälde

V. 6

V. 7

V. 6 Hl. Maurus. Skulptur vom südlichen Dorsale des Chorgestühls in der Klosterkirche der ehemaligen Benediktiner-Reichsabtei Weingarten

Joseph Anton Feuchtmayer (1696–1770)
1720/21
Holz, geschnitzt, H. 115 cm
Benediktinerabteikirche Weingarten
SSG

Die Skulpturen am Weingartener Dorsale sind wohl der erste große Auftrag, den der junge Feuchtmayer selbständig ausführen konnte. Aber die prononcierte Physiognomie des hl. Maurus zeigt, wie weit sich Feuchtmayer schon von seinem Lehrmeister Diego Francesco Carlone (1674–1750) entfernt hat, der ein solch' differenziertes Menschenbild nie zeichnete.
Wie alle Figuren am Chorgestühl war auch diese ursprünglich vergoldet, was die wichtige Funktion des Chorgestühls in der Liturgie unterstrich.

Boeck 1948, S. 48 f; Knapp 1996, S. 37–43; Weiß 1998, S. 38–41

V. 7 Hl. Benedikt. Skulptur vom südlichen Dorsale des Chorgestühls in der Klosterkirche der ehemaligen Benediktiner-Reichsabtei Weingarten

Joseph Anton Feuchtmayer (1696–1770)
1720/2
Holz, geschnitzt, H. 115 cm
Benediktinerabteikirche Weingarten
SSG

Der Ausstattung des Weingartener Chorraumes liegt – und das ist neu – ein Gesamtentwurf zugrunde, in dem Donato Giuseppe Frisoni (1683–1735) die Architektur, den Hochaltar und das Chorgestühl samt allen Skulpturen aufeinander abgestimmt hat. Die von Feuchtmayer ausgeführte Figur ist ganz auf Untersicht hin komponiert: Benedikt wendet sich nach unten und blickt auf die in seiner Nachfolge lebenden Mönche herab, die vom gegenüberliegenden Gestühl aus zu ihm emporschauen.

Boeck 1948, S. 48 f; Knapp 1996, S. 37–43; Weiß 1998, S. 38–41

V. 9

V. 8 Martyrium des hl. Sebastian. Relief vom Dorsale des Gestühls in der Kapelle der Sebastiansbruderschaft in der Klosterkirche der ehemaligen Zisterzienser-Reichsabtei Salem

Joseph Anton Feuchtmayer (1696–1770)
1734
Holz, geschnitzt, 56 × 39,8 cm
WLM 1981–11

Das aus dem Kunsthandel erworbene, ursprünglich farbig gefaßte Relief ist das letzte einer sechsteiligen Serie mit Sebastiansdarstellungen vom Dorsalfeld des Gestühls, das Mitte des 18. Jahrhunderts abgerissen wurde.

Mit seiner Komposition will Feuchtmayer den Betrachter in das dramatische Geschehen miteinbeziehen: Von allen Seiten schlagen die Mörder auf den Heiligen ein, nur nicht von vorn – da steht der Betrachter.

Knapp 1996, Kat.-Nr. 87; Weiß 1998, S. 196–199

V. 9 Hl. Johannes Nepomuk. Skulptur aus der ehemaligen Chorherren-Stiftskirche Wiesensteig

Johann Baptist Straub (1704–1784)
1739
Holz, geschnitzt, gefaßt, z.T. vergoldet, H. 100 cm
Im Inneren des Sockels vom Künstler bezeichnet: »Johannes straub Hat dises / bild gemacht anno 1739. / den 4 Januarij«
Katholische Pfarrkirche
Kath. Kirchengemeinde Wiesensteig

Nepomuk wurde erst 1729 kanonisiert. Seine Präsenz unter den Heiligen wird mit der einer Himmelfahrt nahekommenden Darstellung verdeutlicht. Mit den Delphinen ist auf die Vita des Brückenheiligen angespielt. Durch den vielfach profilierten Sockel mit der leeren Front, die für das Anbringen einer Schrifttafel geeignet scheint, wird ihm ein Denkmal gesetzt.

AK Bruchsal 1981, Kat.Nr. B 72; Volk 1984, S. 25, 204

V. 10

V. 10 Der Zwiefaltener Konvent unterstellt sich dem Schutz Mariens. Relief vom Dorsale des Abtsitzes im Chorgestühl in der Klosterkirche der ehemaligen Benediktiner-Reichsabtei Zwiefalten

Johann Joseph Christian (1706–1777)
1744–52
Holz, (neu) vergoldet, 184 × 154 cm (m.R.)
Katholische Pfarrkirche Zwiefalten
SSG

Unter der Führung seines Abtes Benedikt Mauz (1744–1765) hat sich der 27 Mönche umfassende Konvent in Anspielung auf den historischen Gründungsakt des Klosters im Zwiefaltener Tal versammelt und blickt zum Himmel auf. Dort erscheint Maria, die Patronin des Klosters, das am Tag nach der Geburt Mariens gestiftetet worden war. Die Gottesmutter breitet schützend ihren Mantel aus: sowohl über den Abt, zu dem sie fürsorglich hinabschaut, als auch über das Modell der Zwiefaltener Klosterkirche, das ein Engel zu ihr trägt. Daß das Schutzverhältnis zwischen dem Kloster und Maria ewig währen wird, dafür stehen die beiden ineinander verschlungenen Ringe, die von Putti über das Geschehen gehalten werden. Die Darstellung war den im Presbyterium betenden Mönchen sittliches Exemplum und historische Verpflichtung. Dies gilt insbesondere für den Abt, dessen Führungsrolle betont wird und dessen Stuhl das Relief ziert.

Bauer 1991, S. 296 ff; Weiß 1998, S. 118–135

V. 11

V. 12

V. 11 Die sieben heiligen Zufluchten. Altarblatt im Oratorium der Stiftsdamen im ehemaligen gefürsteten Damenstift Säckingen

Franz Joseph Spiegler (1691–1756)
1753/54
Öl auf Leinwand, 215 × 129 cm
Münster, Bad Säckingen
Kath. Münstergemeinde Bad Säckingen

Dramatisch beleuchtet präsentiert Spiegler den Trost suchenden Stiftsdamen die sieben Zufluchten: die Heilige Dreifaltigkeit, Christus am Kreuz, das Altarsakrament, die unbefleckte Jungfrau und Gottesmutter Maria, alle heiligen Engel, alle Heiligen (hier Joseph, Anna, Barbara, Johannes von Nepomuk, Johannes der Täufer, Agatha) und alle armen Seelen im Fegefeuer.

Kolb 1991, Kat.-Nr. 175

V. 12 Letztes Abendmahl. Tabernakeltür, vermutlich vom 1776/78 entfernten Hochaltar in der Klosterkirche der ehemaligen Zisterzienser-Reichsabtei Salem, wohl schon seit dem Ende des 18. Jahrhunderts in der Kapelle auf dem Frauenberg bei Bodman

Joseph Anton Feuchtmayer (1696–1770)
um 1755
Holz, geschnitzt, 118 × 61 × 25 cm
Privatbesitz

Im Vergleich mit dem Sebastiansrelief (V. 8), dessen Komposition ganz unmittelbar auf den Betrachter ausgerichtet ist, zeigt dieses 20 Jahre später entstandene Relief ein anderes, indirekteres Verhältnis zum Gläubigen. Dies wird an der Figur des Engels mit dem Vorhang exemplarisch deutlich. Figur und Raum, Rahmen und Illusionsraum sind auf komplexe Weise miteinander verschränkt.

AK Bruchsal 1981, Kat.Nr. B 44; Weiß 1998, S. 207–209

V. 13

V. 13 Hl. Markus. Büste von der Orgelgalerie in der Zisterzienser-Wallfahrtskirche Neubirnau

Johann Georg Dirr (1723–1779) zugeschrieben
1757
Holz, geschnitzt, vergoldet, H. 123 cm
Marien-Wallfahrtskirche Neubirnau
Zisterzienser-Priorat Birnau, Uhldingen

Markus beugt sich vornüber und scheint die zu ihm emporschauenden Pilger direkt anzusprechen. Ein Putto schwebt mit einem aufgeschlagenen Buch heran und erläutert dessen Gedanken: Salutat vos Marcus, Consobrinus Barnabae. Der Cousin des hl. Barnabas bietet sich also als Zeuge und Vermittler des in der Wallfahrtskirche veranschaulichten biblischen Geschehens an.

Boeck 1948, S. 294, 297; Boeck 1963, Nr. 86–89; Loers 1976, S. 60; Knapp 1996, S. 178; Kalchthaler 2000, S. 154

V. 14

V. 14 Tod des hl. Joseph. Relief vom Josephsaltar auf der Empore in der Stiftskirche des ehemaligen reichsfreien, gefürsteten Damenstifts Buchau

Franz Joseph Christian (1739–1798)
1777
Stuck, 78,5 × 120 × 11,5 cm
Stiftsmuseum Bad Buchau

Christian möchte eine möglichst glaubhafte Wirkung der Szene erzielen. Deshalb verzichtet er auf die Darstellung eines unendlichen Tiefenraums und läßt die Handlung in einem fest begrenzten Innenraum spielen. Daß Joseph Zimmermann war, wird überdeutlich mit den vielen detailgetreu wiedergegebenen Werkzeugen vorgetragen. Er muß allerdings ein recht wohlhabender Handwerker gewesen sein, denn seine Werkstatt ist mit aufwendigen Möbeln und Butzenscheiben ausgestattet. Es ist ein typischer Innenraum des späten 18. Jahrhunderts. Dies machte es den Buchauer Stiftsdamen, die das Relief auf der nur ihnen zugänglichen Empore betrachteten, leicht, die enthaltene Botschaft aufzunehmen: Jesus und Maria kommen zu jedem Sterbenden.

Woeckel 1958, Nr. 66; Huber 1960, S. 88

Bozzetti

V. 15 Kreuzabnahme. Bozzetto für das Altarblatt des südlichen Seitenaltars in der Klosterkirche der ehemaligen Benediktiner-Reichsabtei Weingarten

Carlo Carlone (1686–1775)
um 1730
Öl auf Leinwand, 80 × 45 cm
WLM 1992–199

Carlone, einer der erfolgreichsten Maler des 18. Jahrhunderts, der kaum geringer als Tiepolo entlohnt wurde, hat den wichtigen Auftrag des Weingartener Abts gut vorbereitet und entgegen seiner Gewohnheit gleich mehrere Bozzetti dafür angefertigt. Tatsächlich wurde das Gemälde eines der berühmtesten und einflußreichsten Bilder des Malers.

AK Ansbach 1990, Kat.-Nr. 11; Fischer 1993, S. 186

V. 16 Taufe des Frankenkönigs Chlodwig durch Remigius. Bozzetto für ein Altarblatt der Deutschordenskirche in Merdingen bei Freiburg

Franz Joseph Spiegler (1691–1757)
2. Viertel 18. Jh.
Öl auf Leinwand, 71,5 × 37 cm
Benediktinerstift St.Paul im Lavanttal/Kärnten

Vor dem Hintergrund einer barocken Treppenarchitektur empfängt der knieende König durch den Bischof die Taufe. Das Gemälde ist in seiner Dynamik typisch für Spiegler. Die Bewegung des emporblickenden Kirchenfürsten wird nach oben weitergezogen, wo durch einen zurückgeschlagenen Baldachin der Raum von Licht durchflutet wird. Die herabschwebende Taube symbolisiert den hl. Geist. *G.S.*

AK St. Blasien 1983, Kat.-Nr. 239

V. 15

V. 17

V. 17 Hl. Sebastian. Bozzetto für die linke Figur am Stephanus-Altar im Nordquerhaus der Klosterkirche der ehemaligen Benediktiner-Reichsabtei Zwiefalten

Johann Joseph Christian (1706–1777)
um 1750
Gebrannter Ton, H. 42,3 cm
Städtische Kunstsammlungen Augsburg 6306

Die ganz zu einer Seite hin ausgerichtete Bewegung der Figur wirkt zunächst unverständlich. Aber die nach dem Entwurf ausgeführte Stuckplastik wurde links am Stephanus-Altar neben dem Altarblatt mit dem Martyrium des hl. Stephan (V. 18) aufgestellt. Ganz auf das dramatische Geschehen auf dem Gemälde bezogen, sollte der Sebastian mit Körpersprache und Mimik dem Pilger die Grausamkeit des Märtyrertodes nochmals am eigenen Leib vorführen.

AK Bruchsal 1981, Kat.-Nr. B 4

V. 18 Steinigung des hl. Stephan. Bozzetto für das Altarblatt im nördlichen Querhaus der Klosterkirche der ehemaligen Benediktiner-Reichsabtei Zwiefalten

Giosuè Scotti (1729–1785)
um 1767
Öl auf Leinwand, 82,3 × 48 cm
Ulmer Museum Ulm 5534

Obwohl im Querschiff gelegen, gehört das nach dem Entwurf ausgeführte Altarblatt zur Ausstattung des für die Pilger wichtigsten Raumes der Klosterkirche, in dessen Zentrum der Gnadenaltar mit der Muttergottesstatue steht. Unter der Darstellung mit dem Martyrium des Stephan wird den Gläubigen noch die kostbare Armreliquie des Heiligen gezeigt.

AK Bruchsal 1981, Kat.-Nr. A 78

V. 19

V. 19 Hl. Cyriak auf dem Weg zur Enthauptung. Modello für das Deckenfresko im Langhaus der ehemaligen Chorherren-Stiftskirche Wiesensteig

Joseph Anton Huber (1737–1815)
1775
Öl auf Kupfer, 54,5 × 42,3 cm
WLM 1964–1

Cyriakus, Diakon des Papstes Marcellus, wird halbnackt und gefesselt durch das antike Rom getrieben, vorbei an Palästen, Götzenbildern und Schaulustigen. Ihm folgt triumphierend sein Mörder, der Christenverfolger Kaiser Maximinian. Die Genauigkeit mit der die antiken Bauten und die Kleidung der Protagonisten wiedergegeben sind, lassen beim Betrachter keinen Zweifel an der Wahrheit der Begebenheit aufkommen.

AK Bruchsal 1981, S. 99, Kat.-Nr. A 54

V. 20

V. 20 Kreuzigung Christi. Modello für das Hochaltarblatt in der Klosterkirche der ehemaligen Benediktiner-Abtei Wiblingen

Januarius Zick (1730–1797)
1780
Öl auf Leinwand, 108,3 × 59,5 cm
Bezeichnet unten links: »Ja. Zick inv. et pinx. 1780.«
Mittelrhein-Museum Koblenz M 155

Keines seiner großen Altarblätter hat Zick intensiver vorbereitet: Erhalten haben sich ein Entwurf zum Retabel (V. 36), eine Vorzeichnung und zwei große vorbereitende Ölgemälde. Die Genese des ausgeführten Hochaltarblattes macht deutlich, worum er sich bemühte: eine psychologische Charakterisierung der Protagonisten und eine nachvollziehbare räumliche Entwicklung der Komposition mit Hilfe der Staffelung der Figuren und der Lichtführung.
Das Kloster Wiblingen besaß seit seiner Gründung im Jahr 1093 eine Kreuzreliquie. Demgemäß steht im Zentrum der Ausstattung die Geschichte des Kreuzes und des Gekreuzigten. Die Kreuzigung Christi bildet ihren Abschluß.

AK Ulm 1993, Kat.-Nr. 59; Straßer 1994, Kat.-Nr. G 154

V. 21

V. 22

V. 21 Das Pfingstwunder. Bozzetto für das Deckenbild im Langhaus der Pfarrkirche Zell bei Riedlingen

Januarius Zick (1730–1797)
1780
Öl auf Leinwand, 36,5 × 45,5 cm
Mainfränkisches Museum Würzburg 47150

Die Ausstattung der schlichten, flachgewölbten Saalkirche von Zell, deren Neubau das Kloster Zwiefalten betrieb, besteht fast ausschließlich aus den eindrucksvollen Fresken Zicks. In einer Architektur, die sich steil in den Himmel erhebt, drängen sich auf dem schmalen Streifen zwischen Stufensockel und Triumphbogen Maria und die Apostel. In der Pose eines antiken Kaisers grüßt der Apostelfürst Petrus segnend den aufblickenden Gläubigen, dem Zick das Besondere des Pfingstwunders durch die gewittrige Atmosphäre und die irreale, ins Monumentale gesteigerte Architektur vermittelt.

AK Ulm 1993, Kat.-Nr. 67; Straßer 1994, Kat.-Nr. G 179

V. 22 Aufnahme Mariens in den Himmel. Bozzetto zum Kuppelfresko im Mönchschor der Klosterkirche der ehemaligen Prämonstratenser-Reichsabtei Rot an der Rot

Januarius Zick (1730–1797)
1784
Öl auf Leinwand, 55,5 × 63 cm
Bezeichnet in der Mitte unten: »i. Zick f.«
Staatsgalerie Stuttgart 2188

Um der eindringlichen Wirkung auf den Gläubigen willen erzählt Zick die Geschichte der Himmelfahrt Mariens ganz genau: Die Palme und der antikische Sarkophag bezeichnen Ort und Zeit der Handlung. Mit Gesten verdeutlicht er die psychologische Situation der Protagonisten, das Erstaunen auf der Erde und die Freude im Himmel. Der sich von düsterem Grau zu lichtem Blau verändernde Himmel steht für den Jubel, der die Himmelfahrt Mariens begleitet.

AK Ulm 1993, Kat.-Nr. 76; Straßer 1994, Kat.-Nr. G 189

V. 23 Prunkvase vom Dorsale des Chorgestühls in der Klosterkirche der ehemaligen Benediktiner-Reichsabtei Weingarten

Joseph Anton Feuchtmayer (1696–1770)
1724 vollendet
Ungefaßtes Holz, H. 60 cm
Benediktinerabteikirche Weingarten
SSG

Wie die übrige Ausstattung der Klosterkirche reflektiert auch die Prunkvase vom Chorgestühl berühmte italienische Vorbilder. Für seinen Entwurf, den der Stukkateur und Baumeister Frisoni dem Bildhauer Feuchtmayer zur Ausführung übergab, verwendete er wohl eine Stichvorlage aus Ferdinando Galli-Bibienas L'Architettura Civile aus dem Jahr 1711.

V. 24 Prunkvase vom Norbert-Altar in der Klosterkirche der ehemaligen Prämonstratenser-Reichsabtei Obermarchtal

Mang Anton Stapf (1701–1775)
1734
Holz, gefaßt und vergoldet, H. 110 cm
Katholische Pfarrkirche St. Petrus und Paulus, Obermarchtal
Diözese Rottenburg-Stuttgart

Die lediglich grob ausgearbeitete Vase ist nicht als Einzelstück konzipiert, das aus der Nähe betrachtet werden soll. Zusammen mit ihrem Gegenstück trägt die Vase mit dem großen Blumenstrauß aber viel zur feierlichen Wirkung des Altars bei, den die Obermarchtaler Prämonstratenser zu Ehren ihres Ordensgründers haben errichten lassen.

V. 25 Prunkvase vom Dorsale des Chorgestühls in der Klosterkirche der ehemaligen Benediktiner-Reichsabtei Zwiefalten

Johann Joseph Christian (1706–1777)
1744
Holz, teilvergoldet, H. 86 cm
Katholische Pfarrkirche Zwiefalten
SSG

Traditionell ist die Vase für Maler und Bildhauer ein Prüfstein ihrer künstlerischen Virtuosität. In dieser Hinsicht ist Christians Vase, die von weit unten und aus einer Entfernung von etwa 15 Metern gesehen wird, in Erfindung und Ausführung ein non plus ultra. Selbst bei den Blumen, verschiedenen Rosen, gibt es keine Wiederholung, keinen Schematismus.

V. 26 Prunkvase aus dem kleinen Treppenhaus im südlichen Konventflügel der ehemaligen Benediktiner-Reichsabtei Ochsenhausen

Dominikus Hermengild Herberger (1694–1760)
um 1746
Lindenholz, (teilweise neu) gefaßt und vergoldet, H. 80 cm
Ehemalige Benediktiner-Abtei Ochsenhausen
SSG

Seit der Antike vermittelt der Herrscher mit zur Schau gestellten Prunkvasen Macht und Reichtum. Dem Abt von Ochsenhausen lieferte Herberger insgesamt vierundzwanzig Vasen allein für die Treppenhäuser.

Schahl 1980, S. 71 f

V. 27 Prunkvase von der Galerie der Zisterzienser-Wallfahrtskirche Neubirnau

Joseph Anton Feuchtmayer (1696–1770)
1757
Holz vergoldet, H. 70 cm
Marien-Wallfahrtskirche Neubirnau
Zisterzienser-Priorat Birnau, Uhldingen

Der Pilgerzug, der durch die Wallfahrtskirche nach vorn zum Gnadenbild zieht, wird an einer Reihe von Prunkvasen vorbeigeführt, die oben auf der Galerie aufgestellt sind: zwei einfachere seitlich des Eingangs und vier mit Rosen (Mariensymbolen) bestückte unter der thronenden Muttergottes des Langhausfreskos. Feuchtmayers mit einem klassischen Eierstab dekorierte Vase geht letztlich auf ein antikes Vorbild zurück. Doch exitiert das Vorbild angesichts der fragilen Existenz der Feuchtmayerschen Vase nur noch in der Assoziation des Betrachters.

V. 28 Prunkvase vom Sakristeischrank in der Klosterkirche der ehemaligen Benediktiner-Reichsabtei Neresheim

Thomas Schaidhauf (1735/41–1807)
1784/85
Eiche, H. 46 cm
Benediktinerabtei Neresheim

Schaidhaufs Vase ist genau so aufgebaut wie die zeitgenössische klassizistische Architektur: aus einfachen stereometrischen Grundformen, deren Schichtung als logisch nachvollziehbar vorgeführt ist.

V. 23

V. 24

V. 26

V. 27

V. 28

V. 25

Graphische Entwürfe

V. 29 Verherrlichung der Hl.-Blut-Reliquie. Entwurf zum Deckenfresko im Audienzsaal der ehemaligen Benediktiner-Reichsabtei Weingarten

Gottfried Bernhard Göz (1708–1774)
1742
Lavierte Federzeichnung, 41,5 × 32,5 cm
Stadtarchiv Ravensburg 89/204

Der Plafond des repräsentativen Saals zeigt im Zentrum den von Engeln getragenen Gekreuzigten, aus dessen Seite Blut auf das Weingartener Reliquiar spritzt. In den Öffnungen sind zu sehen: eine Ansicht des Klosters Weingarten, der Bau des Klosters St. Gallen unter Mithilfe eines Bären und eines Löwen, der Plan des Priorats Hofen und, passend zur Funktion des Raumes als Audienzsaal, eine Personifikation des Gehörs.

Isphording 1982, Kat.-Nr. A I 2

V. 29

V. 30

V. 30 Esther vor Ahasver. Entwurf zum Chorfresko der Zisterzienser-Wallfahrtskirche Neubirnau

Gottfried Bernhard Göz (1708–1774)
1748/49
Aquarellierte Federzeichnung,
25 × 40,5 cm
Fürst Thurn und Taxis Zentralarchiv, Graphische Sammlung Handzeichnungen, Regensburg

Mit der Ausstattung der Birnau wird vor allem der Gottesmutter als der wichtigsten Fürsprecherin der Menschen bei Gott gehuldigt. Teil des komplexen mariologischen Programms ist auch die Darstellung der Königin Esther, die ihren Gatten, den Perserkönig Ahasver um Gnade für das Volk der Juden bittet. Esther ist das alttestamentarische Gegenstück Mariens als Fürbitterin für die sündige Welt bei Christus.

Isphording 1982, Kat.-Nr. A I 5; Kalchthaler 2000, S. 171 f

V. 31 Szenen aus dem Leben des hl. Dominikus. Entwurf für das Deckenbild der ehemaligen Dominikanerkirche Schwäbisch Gmünd

Johann Anwander (1715–1770)
1764
Lavierte Federzeichnung, 106,3 × 68,5 cm
Staatliche Graphische Sammlung München 41520

Um den Figurenreichtum des im 19. Jahrhundert zerstörten Freskos ranken sich Legenden: 1200 Personen sollen dargestellt gewesen sein. Die erhaltene Entwurfszeichnung, von der allerdings nicht sicher gesagt werden kann, ob Anwander mit ihr tatsächlich das Fresko im Langhaus oder doch nur das Fresko im Chorraum vorbereitete, enthält »nur« etwa 80 Figuren. An der offenbar wichtigsten Stelle, der unteren Schmalseite, verehren Dominikus und Katharina zusammen mit den vier Erdteilen die thronende Muttergottes. An den Längsseiten ist Dominikus im Kampf gegen die Albigenser und im Gebet für die spanische Reconquista dargestellt. An der oberen Schmalseite erweckt der Heilige einen Neffen des Kardinals Stefan Orsini, Napoleone Orsini, vom Tode.

Merk 1982, S. 64–67; KDM Schwäbisch Gmünd 1995, S. 208 f, 211

V. 32 Entwurf für den Hochaltar der Zisterzienser-Wallfahrtskirche Neubirnau

Joseph Anton Feuchtmayer (1696–1770)
1748
Braune Feder über Graphit, grau laviert auf bräunlichem Papier,
85 × 44 cm
Bezeichnet: »Inv: von Jo: Faichtm. 1748«
Staatsgalerie Stuttgart, Graphische Sammlung C 1931/6

Ein phantastischer Tempietto mit spiegelbesetztem Baldachin sollte das Kernstück der Wallfahrtskirche, das Gnadenbild, eine thronende Madonna aus der

V. 32

Spätgotik, umfangen. Mit einer ovalen Strahlensonne deutet Feuchtmayer an, daß es über dem freistehenden Tabernakel (V. 12) zwischen Engeln aufgestellt werden sollte. Mit dem Entwurf, der leicht abgeändert realisiert wurde, erfüllte Feuchtmayer offenbar die Erwartungen der Auftraggeber, die die Schaulust und die religiösen Bedürfnisse der zu erwartenden Pilgerscharen befriedigt sehen wollten.

AK Bruchsal 1981, Kat.-Nr. B 43; Harder-Merkelbach 2000, S. 295

V. 33 Entwurf für den Hochaltar in der Klosterkirche der ehemaligen Zisterzienser-Reichsabtei Salem

Franz Anton Dirr (1724–1801) nach Joseph Anton Feuchtmayer (1696–1770) ?
1750
Graue Feder über Graphit, grau laviert und koloriert, 65,4 × 39,4 cm
Bezeichnet: »Bildh: Jos: Faichm: 750«
Städtische Wessenberg-Galerie Konstanz K II A 7

Das Blatt, das trotz der Signatur wohl eher von der Hand eines Kopisten stammt (vergleiche V. 32), ist ein Beleg für die vorbildlichen Erfindungen des berühmten Altar-Entwerfers Feuchtmayer.
Die lebensgroße Figur einer Immaculata unter einer triumphbogenartigen Arkade sollte nach Feuchtmayers Idee das Zentrum des zwischen Langhaus und Chorgestühl frei im Raum positionierten Hochaltars bilden.

Boeck 1948, S. 135 f, 339, 341 f; Knapp 1996, Kat.-Nr. Z 79

V. 34 Entwurf für den 1874/75 zerstörten Hochaltar in der ehemaligen Augustiner-Chorherren-Stiftskirche Beuron

Joseph Anton Feuchtmayer (1696–1770)
1759
Feder und Bleistift, laviert, 49,9 × 30,4 cm
Staatliche Graphische Sammlung München 1948:20

Das Blatt ist das einzige Zeugnis für einen der effektvollsten Altäre Feuchtmayers. Auf Wunsch der Auftraggeber nahm Feuchtmayer hier direkt Bezug auf die berühmte, ganz bühnenhaft inszenierte Himmelfahrt Mariens von Egid Quirin Asam (1692–1750) in der Augustiner-Chorherren-Stiftskirche zu Rohr in Niederbayern.

Knapp 1996, S. 206 f, Kat.-Nr. Z 120

V. 35 Entwurf für den Hochaltar der Stiftskirche des ehemaligen reichsfreien gefürsteten Damenstifts Buchau

Pierre Michel d'Ixnard (1723–1795)
um 1774/1775
Bleistift, 118 × 47 cm
Landeshauptarchiv Koblenz LHA Ko Best. 702 Nr. 12277

Statt eines gemalten Blattes entwirft d'Ixnard für den Abschluß des Kirchenraumes die plastische Gruppe einer Kreuzigung, über der auf einer Wolke Gottvater erscheint. Unklar bleibt in dem Entwurf noch die Gestaltung der Nische hinter der Gruppe. Architektur und Figuren sind zusammengestellt, ohne sich miteinander zu verbinden. Der monumentale, kannelierte Sockel steht in starkem Kontrast zu den zarten Figu-

V. 33

ren. So wird die Illusion, die Figurengruppe sei präsent, absichtsvoll gestört; nun erscheint sie vielmehr existentiell entrückt.

Franz 1985, S. 144

V. 36 Entwurf für den Hochaltar in der Klosterkirche der ehemaligen Benediktiner-Abtei Wiblingen

Januarius Zick (1730–1797)
1778
Lavierte Federzeichnung, 45 × 27,5 cm
Mittelrhein-Museum Koblenz 1428

Zick war in Wiblingen zunächst nur als Freskant tätig, doch übertrug ihm Abt Roman Fehr später auch die »Direktion über Stukkadeurs, Bildhauer und andere Bauleute, wie auch die Verfertigung der notwendigen Risse zum Choraltar, den übrigen Altären, Beichtstühlen [...]«.

V. 36

V. 35

Mit dem Entwurf, der das Retabel als gebaute Architektur mit tragenden und lastenden Teilen erscheinen läßt, bricht Zick mit der noch von Feuchtmayer (V. 32, 33, 34) zur Schau gestellten Leichtigkeit im Altarbau. Konsequenterweise hat Zick bei der Ausführung des Entwurfs auf die Blumenranken an den Stützen verzichtet.

AK Ulm 1993, Kat.-Nr. 62; Straßer 1994, Kat.-Nr. Z 182

V. 37 Entwurf für die Kanzel und die Taufsteinüberdachung in der Klosterkirche der ehemaligen Benediktiner-Abtei Wiblingen

Januarius Zick (1730–1797)
Feder und Pinsel in Schwarz, braun laviert, 32,4 × 43,2 cm
Bezeichnet unten links: »Ja Zick fc : Wiblingen
1778
Mittelrhein-Museum Koblenz G 1445

Gemäß dem Wunsch des Auftraggebers entwarf Zick die Kanzel und ihr Gegenstück »nach antiquem Geschmack«, was am antikischen Formenrepertoire abzulesen ist. Die nach einem weiteren Entwurf Zicks letztlich ausgeführte Kanzel ist moderner als die des ersten Entwurfs. Die Formen von Kanzelkorb und Kanzeldeckel sind noch stärker geometrischen Körpern angenähert. Architektur und Dekor sind noch entschiedener voneinander abgesetzt. Die Taufgruppe wurde nicht realisiert, man entschied sich stattdessen für eine Darstellung der Aussendung der Apostel durch Christus.

AK Ulm 1993, S. 154 f, Kat.-Nr. 64; Straßer 1994, Kat.-Nr. 183

V. 38 Entwurf eines Altarleuchters für den Hochaltar in der Klosterkirche der ehemaligen Zisterzienser-Reichsabtei Salem

Johann Georg Dirr (1723–1779)
1775
Bleigriffel, Feder in Grau und Braun, grau laviert, 103 × 32,7 cm
Bezeichnet rechts unten: »Jo: Georg Dirr Bildhr.«
Städtische Wessenberg-Galerie Konstanz III/1

Abt Anselm II. war an einer Modernisierung seiner Klosterkirche sehr interessiert. Er beauftragte den Bildhauer Johann Georg Dirr, der bereits Pläne für eine neue Kirchenausstattung im klassizistischen Stil geliefert hatte, mit dem Entwurf für einen prunkvollen Kandelaber am Hochaltar. Anhand dieses großen Blattes konnte sich der Abt schon eine genaue Vorstellung von dem Altargerät machen, das in sechsfacher Ausführung in Bronze gegossen werden sollte. Bevor es zu einer Realisierung des Projekts (letztlich nach einem anderen Entwurf Dirrs) kam, wurde auch noch ein Holzmodell erstellt.

AK Bruchsal 1981, Kat.-Nr. B 12; Ponert 1986, S. 198; AK Salem 2002, Kat.-Nr. IV.14

V. 37

Architektur

Die Klöster sind die wichtigsten Auftraggeber für sakrale Barockbauten im Gebiet des heutigen Baden-Württemberg. Als Schwerpunkte fallen Oberschwaben, der Bodenseeraum, der Schwarzwald und die fränkischen Gebiete im Nordosten des Landes auf. Nachdem der Niedergang der Klöster durch die Reformationszeit und den Dreißigjährigen Krieg überwunden sind, erleben diese im 17./18. Jh. einen beachtlichen geistigen, kulturellen und wirtschaftlichen Aufstieg, der es ihnen bald ermöglicht, an eine bauliche Erneuerung ihrer Kirchen- und Konventsgebäude zu denken. Alte Klosteranlagen, soweit sie nicht bereits im Dreißigjährigen Krieg zerstört wurden, werden nach oft langwierigen Planungen abgetragen und in barockem Stil neu errichtet oder zumindest barockisiert. Die wichtigste Ursache für die gegen Ende des 17. Jhs. einsetzende Bautätigkeit ist aber das Herrschaftsbewusstsein und der Repräsentationswille der Klöster. Da nämlich die Äbte und Äbtissinnen zugleich auch die weltliche Macht in ihren Herrschaftsgebieten ausüben, müssen die Neubauten nicht nur den Bedürfnissen des Konvents entsprechen, sondern auch die eigenen Herrschaftsansprüche und die eigene Stellung repräsentieren. So bauen alle etwa 25 reichsunmittelbaren Abteien und auch die annähernd so vielen Konvente in Vorderösterreich, ihre Klöster meist von Grund auf neu. Die Kombination der drei Hauptaufgaben der Barockarchitektur, nämlich Kirche, Konventbau und Residenz, machen die Klosteranlagen zu den eindrucksvollsten Leistungen barocker Architektur.

Die beauftragten Architekten sollen kurz entwicklungsgeschichtlich eingeordnet werden. Als erstes sind die ab ungefähr 1680 auftretenden Vorarlberger Barockbaumeister zu nennen, deren bedeutendste Mitglieder hier mit Exponaten vertreten sind, so Michael Thumb, Franz Beer von Blaichten und Peter Thumb. Auf Michael Thumb gehen die frühen Kirchenbauten auf dem Schönenberg bei Ellwangen und die Prämonstratenserklosterkirche Obermarchtal zurück. Auch beim Bau der Benediktinerabteikirche Weingarten sind Vorarlberger beteiligt, wobei hier die Anteile der einzelnen Baumeister nicht ganz geklärt sind. Der bedeutendste und zweifellos produktivste Vorarlberger Barockbaumeister ist Franz Beer von Blaichten. Neben der Beteiligung an der Kirche in Weingarten ist er hier noch mit dem Turmprojekt für die Klosterkirche Salem sowie mit einem seiner Hauptwerke vertreten, der Prämonstratenserklosterkirche in Weissenau. Die Wandpfeilerkirchen im sogenannten »Vorarlberger Münsterschema« (vollendet in Obermarchtal) sind tonnengewölbte Saalbauten mit Kapellennischen zwischen Wandpfeilern und darüberliegenden Emporen. Dies ist der bedeutendste Beitrag der Vorarlberger zur Barockarchitektur in Süddeutschland. Noch in Peter Thumbs Hauptwerken, der Benediktinerklosterkirche St. Peter im Schwarzwald und der Wallfahrtskirche Birnau, sind späte Ausprägungen des Münsterschemas zu erkennen.

In der Zeit des Spätbarocks (ab 1725/30) werden auch bayerische Architekten herangezogen. So wird der in Landsberg am Lech ansässige Rokokobaumeister Dominikus Zimmermann von den Klöstern Siessen, Schussenried und Gutenzell engagiert. Für das Kloster Schussenried erbaut er die Wallfahrtskirche Steinhausen, eines seiner Hauptwerke. Der weithin berühmte Münchener Rokokobaumeister Johann Michael Fischer, dessen Hauptwerke bis auf wenige Ausnahmen in Bayern stehen, ist maßgeblich an den Kirchenbauten der Benediktinerklöster Zwiefalten und Wiblingen beteiligt.

Der Deutsche Orden beschäftigt überwiegend den Italiener Giovanni Gaspare Bagnato und später dessen Sohn Franz Anton, so in Altshausen und auf der Mainau. Hätten die Arbeiten an dem Projekt der Residenz in Altshausen vollendet werden können, wäre das ihr Hauptwerk geworden. Im fränkischen Raum und im Gebiet der Ostalb beschäftigt der Deutsche Orden auch kleinere Landbaumeister, wie Georg Philipp Wenger, Franz Joseph Roth sowie Franz und Johann Michael Keller. In den nordöstlichen Landesteilen, die zum Fürstbistum Würzburg gehört haben, dominiert der Einfluß der fränkischen Architekten. So leitet der ursprünglich aus Vorarlberg stammende Baumeister Joseph Greissing aus Würzburg den Neubau der Kirche des Ritterstifts Großcomburg bei Schwäbisch Hall. Nach Plänen von Johann Leonhard Dientzenhofer aus Bamberg wird die Zisterzienserklosterkirche in Schöntal an der Jagst erbaut.

Der bedeutendste von allen, Balthasar Neumann aus Würzburg, liefert nicht nur Entwürfe für Schlossbauten in ganz Süddeutschland und im Rheinland, son-

dern auch die Pläne für den Neubau der Benediktinerabteikirche Neresheim, die eines seiner Hauptwerke und gleichzeitig auch den Schlusspunkt der Barockarchitektur darstellt. Neumanns Baubüro ist auch an der Planung mancher Landkirche im Taubertal beteiligt.
In den 1770er Jahren hält dann der Frühklassizismus im Gebiet des heutigen Baden-Württemberg Einzug. Dieser bis unmittelbar an die Säkularisation andauernde Stil wird wegen der überall angebrachten Festons auch »Zopfstil« genannt. Gegenüber der Pracht des Rokoko werden die Formen vereinfacht und nüchterner, vornehme Zurückhaltung tritt nun an die Stelle des Überladenen, die Farbe weicht aus den Sälen, die Decken werden flacher, die Stuckausstattungen magerer und illusionistische Deckenfresken machen akademischen Gemälden Platz. Diesen Übergang vom Rokoko zum Klassizismus französischer Prägung vollzieht der französische Baumeister Pierre Michel d'Ixnard von Straßburg aus. Er errichtet die Stiftskirchen in Hechingen und in Buchau sowie die monumentale Kuppelrotunde der Benediktinerabteikirche St. Blasien im Schwarzwald. Einen Sonderfall stellt die von klösterlichen Laienarchitekten verspätet im Vorarlberger Münsterschema erbaute Prämonstratenserklosterkirche in Rot an der Rot dar.
Auch adelige Patronatsherrschaften lassen stattliche Kirchenbauten errichten, so etwa die Waldburger die Kollegiatstiftskirche in Wolfegg von dem Allgäuer Barockbaumeister Johann Georg Fischer.
Um den Beitrag der Klöster zur Barockarchitektur richtig würdigen zu können, müssen auch die Kirchenbauten in den ländlichen Klosterpfarreien in die Betrachtung einbezogen werden, so z. B. die Kirchen in der Umgebung der Klöster Zwiefalten, Schussenried und Salem. Wenngleich es sich meist um schlichte Bauten handelt, so stammt ihre Innenausstattung dagegen häufig von denselben Künstlern, die auch in den jeweiligen Klosterkirchen arbeiten.
Die Architektur des 18. Jhs. ist vor allem auch Innenarchitektur. In den Festsälen und Repräsentationsräumen der Klöster und in den hellen und farbenfrohen Klosterkirchen schließen sich alle Kunstgattungen, nämlich die Architektur, die Malerei, die Skulptur und die Stuckausstattung zum barocken Gesamtkunstwerk zusammen.
Die Säkularisation stellt für die Architektur eine tiefe Zäsur dar, denn mit der Auflösung der Klöster verschwindet der wesentliche Auftraggeber.
Die gezeigten Originalpläne sind eine Auswahl aus einem weit größeren Bestand und sollen Zugänge zu den hier nicht ausstellbaren Kirchengebäuden ermöglichen. *I.G.*

Himmelein, Volker, Das Zeitalter des Barock in Baden-Württemberg. In: Barock in Baden-Württemberg. Stuttgart 1981, S. 11–15; Lieb 1984; Schütz, Bernhard, Die kirchliche Barockarchitektur in Bayern und Oberschwaben 1580–1780. München 2000

Idealprojekte

Die vorgestellten Idealprojekte zeigen symmetrische Anlagen mit der Klosterkirche in der Mittelachse. Solche Anlagen werden nach dem Vorbild des Escorial entworfen und kommen im südwestdeutschen Raum erst in der Barockzeit vor. Realisiert werden diese Planungen aus Geldmangel oder wegen Kriegswirren nur zum Teil oder gar nicht.
Idealentwürfe sind keine Baupläne im üblichen Sinne, sondern stellen ein Sinnbild des »vollkommenen Klosters« dar. Eine gedachte Weltordnung und eine angestrebte Staatsordnung werden auf einen Klosterplan übertragen, welcher die Kirche als geheiligtes Zentrum hervorhebt und alle anderen Gebäude und Höfe ihrem Rang entsprechend einordnet.
Der »Weingartener Idealplan« ist wohl das bekannteste Idealprojekt und soll wegen des schlechten Erhaltungszustands des Originals durch eine Kopie vertreten werden.
Vereinzelt sind Klostermodelle aus dem 18. Jh. (Salem, Schussenried etc.) erhalten, die durch ihre Dreidimensionalität den Baumeistern als geeignete Vorlage dienten. Das bekannteste Holzmodell, das Schussenrieder Modell von Dominikus Zimmermann, wird in der Ausstellung gezeigt. Von der geplanten Klosteranlage wird wegen knapper Finanzen nur der nördliche Teil realisiert.
Auch der nur als Holzintarsie überlieferte Idealplan der Altshausener Schloßanlage des Deutschen Ordens wird wegen Geldmangels nur teilweise verwirklicht.
Der geplante Neubau des Benediktinerklosters Petershausen bei Konstanz soll hier mit vier Exponaten vorgestellt werden, weil die im 18. Jh. geplante Klosterkirche, von den italienisierenden Bauformen her gesehen übrigens ein bemerkenswertes Projekt, nie ausgeführt und die alte, romanische Kirche nach der Säkularisation ersatzlos abgebrochen wird. Der nach

dem Brand von 1768 projektierte Wiederaufbau der Klosteranlage von St. Blasien wird so ausgeführt, wie es die Vogelschauansicht zeigt. *I.G.*

V. 39 Idealplan des Reichsstifts Weingarten (Nachzeichnung)

P. Beda Stattmüller (1699–1770), Kopie Gerhard Halbritter, 1953
Weingarten, 1723 (Original); Kopie 1953
Sign. und dat.: »P. Beda Prof. Weing. 1723.«
Braune Federzeichnung auf Papier, grau laviert, 139 × 90 cm (m.R.)
Stadtmuseum im Schlößle Weingarten

Der sogenannte »Weingartener Idealplan« ist eine aufwendige und dekorative Darstellung des Klosterprojekts, wie es sie in vergleichbarer Art von keinem anderen Kloster gibt. Aufgabe dieses Plans ist, dem Abt und dem Konvent zu zeigen, wie die neue Anlage aussehen werde. Das Blatt zeigt oben eine große perspektivische Ansicht von Westen, die seitlich durch kleinere Vignetten ergänzt wird. Unten, am Sockel, ist der Grundriß zu sehen. Der Kern der Klosteranlage lässt das Vorbild Einsiedelns erahnen. Schlossähnliche Rokoko-Architekturen umschwingen das Klosterrechteck. Vermutlich geht diese harmonische Abrundung auf Anregungen von Frisoni zurück. Trotz mehrfacher Bauanstrengungen, vor allem in der Zeit zwischen 1727 und 1740, bleibt die symmetrisch geplante Klosteranlage unvollendet. Die Gründe dafür dürften in den Auseinandersetzungen mit der Landvogtei Schwaben sowie den hierdurch entstandenen Prozeßkosten zu suchen sein, ebenso in den Franzosenkriegen und in der Säkularisation. Ausgeführt werden nur die nördlich der Kirche gelegene Prälatur sowie der Ostflügel des südlichen Gevierts. Wäre der Weingartener Idealplan verwirklicht worden, wäre Weingarten die größte Stiftsanlage nördlich der Alpen geworden, größer als Melk, Göttweig oder Ottobeuren.
Bis heute ist nicht endgültig geklärt, wann genau der Idealplan entstanden ist. Das Chronogramm (»IDea TrIpLeX IMperIaLIs CaenobII WeIngartensIs In SVeVIa.« = Dreifache Ansicht des kaiserlichen Klosters Weingarten in Schwaben) im abschließenden Bogen des altarähnlichen Architekturaufbaus ergibt 1741, doch der handschriftliche Eintrag am Sockel spricht für das Jahr 1723. Wahrscheinlich ist das ursprünglich von Beda Stattmüller 1723 gezeichnete Blatt 1741 eine Kopie, vielleicht von Stattmüller selbst.

AK Einsiedeln 1973, Nr. 166; Spahr 1974, S. 33–36

V. 40

V. 40 Sebastian Hyller, Abt der Benediktiner-Reichsabtei Weingarten von 1697 bis 1730

Oberschwaben, nach 1730
Öl auf Leinwand, 187 × 130 cm (m.R.)
Benediktinerabtei Weingarten

Auf diesem Porträt eines unbekannten Künstlers aus einem großformatigen Äbtezyklus ist der Abt Sebastian Hyller (1667–1730) zu sehen, der dem Kirchenneubau in den Jahren 1715–1724 als Bauherr vorsteht. Wie die Pläne auf dem Tisch andeuten, ist der gebürtige Bäckersohn aus Pfullendorf auch der Vollender der Prioratskirche Hofen (1695–1702). Hinter dem Abt lehnt der Abtsstab mit dem Heilig-Blut-Reliquiar in der Krümme. Mit der Rechten deutet Hyller auf die Westfassade der neuerbauten Kirche.

AK Bregenz 1962, Nr. 38; Spahr 1974, S. 47 ff; AK Weingarten 1994, S. 84 (Kat.-Nr. I 1)

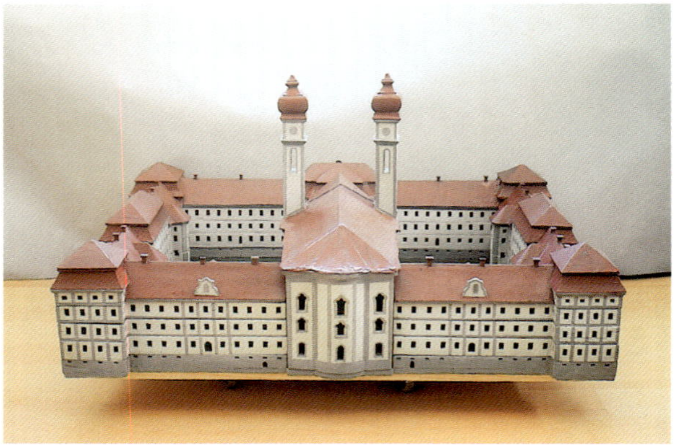

V. 41

V. 41 Klostermodell von Dominikus Zimmermann für die Prämonstratenser-Reichsabtei Schussenried

Dominikus Zimmermann (1685–1766)
Landsberg am Lech, 1748
Holz, farbig gefaßt, 58 × 112 × 90 cm (Maßstab 1:133)
Ehemals Kloster Schussenried; heute Neues Kloster Bad Schussenried
SSG

Dieses außen und innen farbig gefasste Holzmodell gibt das nicht vollständig verwirklichte Neubauprojekt von Dominikus Zimmermann wieder. Nach Beschädigung der hochmittelalterlichen Klausurgebäude im Dreißigjährigen Krieg, denkt man schon seit Beginn des 18. Jhs. an einen Neubau. Abt Siard Frick (1733–1750) läßt im Jahre 1748 Pläne von Dominikus Zimmermann anfertigen, dem Baumeister, der schon in den Jahren 1728–1733 die Wallfahrtskirche Steinhausen im Auftrag des Klosters Schussenried erbaut hat. Nach Billigung dieses Entwurf im April 1749 durch den Konvent, wird die etappenweise Ausführung allerdings nicht Zimmermann, sondern dem einheimischen Klosterbaumeister Jakob Emele (1707–1780) übertragen. Ihm dient das Modell von 1752–1761 als Vorlage für die nacheinander vorgenommenen Baumaßnahmen, doch ändert er Zimmermanns Entwürfe wiederholt ab. Die Grundsteinlegung findet 1752 statt. Leider kann Emele wegen Geldmangels nur einen Teil des Projektes ausführen. Er beginnt mit dem Westtrakt (1752–1753), der Nordflügel mit dem Bibliothekssaal folgt (1754–1755) und schließlich endet das Vorhaben mit dem Ostflügel (1757). Letzterer wird im Jahre 1840 teilweise abgerissen. Das Modell stellt eine großzügige Vierflügelanlage mit rechteckigem Innenhof dar, der in seiner Ost-West-Achse von der hochragenden Klosterkirche zweigeteilt wird. Die vier symmetrischen, dreigeschossigen Klausurtrakte schließen innenseitige Kreuzgänge ein und werden durch vier rechtwinklig vorspringende Eckrisalite mit gebrochenen Walmdächern begrenzt. Ähnlich gestaltete Mittelrisalite befinden sich im Norden und im Süden. Zum Innenhof hin sind sieben leichtgerundete Treppenhäuser zu sehen: zwei größere im Westen, gegenüber den Haupteingängen und je zwei kleinere im Norden und im Süden sowie ein großes doppelläufiges Treppenhaus, das mit dem östlichen Mittelrisalit zusammengenommen ist. Interessant ist vor allem die von Zimmermann projektierte Doppelturmfassade, ein Motiv, das sonst bei Zimmermann überhaupt nicht vorkommt.

Kasper 1960, S. 60 ff; Schnell 1979, S. 54 f; Bauer 1985, S. 248 f

V. 42 Ölgemälde mit spätbarockem Idealplan der Prämonstratenserabtei Schussenried

Schussenried, um 1755
Öl auf Leinwand, 157 × 93,5 cm
SSG

Dargestellt ist der Idealprospekt des Klosters Schussenried, aus der Vogelschau von Westen. Zu sehen ist der symmetrisch angelegte Hauptbau mit der eingeschlossenen Kirche sowie den nach Norden und Osten sich ausdehnenden unsymmetrischen Gartenanlagen. Der projektierte Hauptbau wird nur teilweise realisiert. Unausgeführt bleiben die hier dargestellten Türme an der Westfassade der Kirche, der wie in Weingarten mit Figuren geschmückte Fassadengiebel und die Giebel über den Querschiffen. Über der Vierung ist eine Kuppel mit Laterne zu sehen sowie die auch beim Modell von Dominikus Zimmermann (vgl. Kat.-Nr. V. 41) vorhandenen nördlichen und südlichen Zuführungen zum Chor. In den beiden östlichen und westlichen Hofecken befinden sich Treppenhäuser mit Mansarddachstühlen und die Innenhöfe haben Schmuck- und Brunnenanlagen. Am oberen Bildrand schwebt das Gnadenbild der Schmerzhaften Muttergottes von Steinhausen. Links unterhalb steht der hl. Magnus und auf der rechten Seite sind der hl. Norbert sowie die beiden Klostergründer Berengar und Konrad zu erkennen, allesamt Patrone des Reichsstifts Schussenried. Über der Klosteranlage ist das von Putten und einem Engel mit Magnusstab gestützte Wappen des Bauherrn, Abt Magnus Kleber (1750–1756), zu sehen.

Schefold 1957, S. 513 (Nr. 7070); Kasper 1960, S. 67 f

V. 43

V. 43 Ansicht des Deutschordensschlosses Altshausen

Franz Josef Denner
Altshausen, 1766
Sign. und dat.: »Fr. J. Denner fecit 1766.«
Verschiedene Holzarten, eingelegt und eingefärbt, 62,5 × 78 cm (m.R.)
1895 erworben von F. Geigges/Konstanz
WLM 10834 (ehem. E 2185)

Die breitrechteckige Holzintarsie stellt eine Idealansicht des so nie realisierten Schlosses Altshausen als symmetrische Barockanlage aus der Vogelperspektive dar. Vorlage für diese Einlegearbeit des Kunstschreiners Denner ist der von Johann Kaspar Bagnato (1696–1757) im Jahre 1727 gezeichnete und nicht mehr erhaltene Idealplan der Altshausener Schloßanlage. Die Grundsteinlegung zu der als repräsentativer Sitz des Landkomturs der Ballei Elsaß-Burgund gedachten Anlage findet 1729 statt. Nach dem ersten Bauabschnitt, in dem unter anderem das Torhaus (1731) mit seinen Nebengebäuden entstehen, erkennt die Bauherrschaft, daß die Finanzmittel nie ausreichen, um Bagnatos Plan ganz zu verwirklichen. Das wichtigste Gebäude, die Dreiflügelanlage in der Bildmitte, muß daher fallengelassen werden. So kommt dieser Marketeriearbeit – nach dem Verlust des Bagnatoschen Originalplanes – heute auch die Funktion einer architekturgeschichtlichen Quelle zu.

AK Bruchsal 1981, Nr. K 34; Gubler, Hans Martin, Johann Caspar Bagnato 1696–1757 und das Bauwesen des Deutschen Ordens in der Ballei Elsaß-Burgund im 18. Jahrhundert. Sigmaringen 1985, S. 96–115 u. 205–218; AK Mainau 1991, Nr. II.A.b.4.

V. 44 Grundriß (Neubauprojekt) für das Benediktinerkloster und die Klosterkirche Petershausen

P. Franz Übelacker, wohl nach Entwurf von Philippe de la Guêpière (1715–1773)
Stuttgart (?), 1765/66
Braune Federzeichnung, mehrfarbig laviert, 54,5 × 62,8 cm
GLA Baupläne, Petershausen, Nr. 17

Seit 1758 entstehen Entwürfe für den Neubau der Klosterkirche Petershausen, die aber alle nicht ausgeführt werden. Dieser aus mehreren Einzelteilen zusammengesetzte Erdgeschoß-Plan zeigt neben der Klosteranlage mitsamt den Wirtschaftsgebäuden und den Gartenanlagen auch, wie man sich den Kirchenneubau vorstellt, nämlich als eine nach allen Seiten symmetrisch angelegte Säulenbasilika in der Südostecke des Klosterbezirks.

Motz 1962, S. 32 ff; AK Konstanz 1983, S. 85–90

V. 45 Innenansicht des geplanten Neubaus der Benediktinerklosterkirche Petershausen

Konstanz, 2. Hälfte des 18. Jahrhunderts
Federzeichnung, aquarelliert und grau laviert, 88 × 68 cm (m.R.)
Rosgartenmuseum Konstanz

Motz 1962, S. 49 (Abb. 16); AK Bregenz 1962, Nr. 199; AK Konstanz 1983, S. 100 ff

V. 46 Benediktinerkloster Petershausen von Westen, Planungszustand im 18. Jh.

Josef Mathias Ott (1735–1791)
Konstanz, 2. Hälfte des 18. Jahrhunderts
Öl auf Leinwand, 78 × 175 cm (m.R.)
Ehemals Kloster Petershausen
Privatbesitz

Das Ölgemälde stellt das geplante Kloster Petershausen aus der Vogelperspektive, von Westen, dar. Man sieht deutlich, wie die romanische Klosterkirche, eine dreischiffige Pfeilerbasilika aus dem 12. Jh., hätte frühklassizistisch umgestaltet werden sollen.

AK Konstanz 1983, S. 102

V. 47 Benediktinerkloster Petershausen von Osten, Planungszustand im 18. Jh.

Josef Mathias Ott (1735–1791)
Konstanz, 2. Hälfte des 18. Jahrhunderts
Öl auf Leinwand, 78 × 175 cm (m.R.)
Ehemals Kloster Petershausen
Privatbesitz

AK Konstanz 1983, S. 102

V. 48 Vogelschauansicht der geplanten Klosteranlage in St. Blasien

Franz Joseph Salzmann (1724–1786)
Hüfingen, 1772
Sign. u. dat.: »Hiffingen den 20.ten October 1772 Saltzmann«.
Federzeichnung, mehrfarbig laviert und koloriert, auf Leinwand aufgezogen, 61 × 97 cm
GLA Baupläne, Salzmannmappe, Nr. 2

Nach dem Großbrand von 1768 werden unter Fürstabt Martin II. Gerbert (1764–1793) die bereits 1728–1742 von Johann Michael Beer errichteten Klostergebäude bis ca. 1772 wiederhergestellt. Pierre Michel d'Ixnard wird als entwerfender Architekt und der Fürstlich Fürstenbergische Baumeister Franz Joseph Salzmann als Baumeister vor Ort verpflichtet. Die Ansicht von Salzmann gibt den Planungszustand von 1772 wieder. Die Klosteranlage besteht aus einem großen, unterteilten Geviert mit verlängerter Ostfront, das sich südlich an die Kirche anschließt. Diese soll nach Plänen d'Ixnards als kuppelgekrönte Rotunde mit Langchor neuerbaut werden. Entsprechend dem Wunsch des Fürstabtes Gerbert soll sie die Form des Pantheons in Rom aufnehmen. Die 1783 geweihte Kirche wurde das bedeutendste sakrale Bauwerk des Frühklassizismus in Süddeutschland. Am oberen Bildrand erscheint das Wappen des Bauherrn, des Fürstabtes Martin Gerbert.

Franz 1985, S. 46–49, 79 f; AK Stuttgart 1987, Nr. 221

V. 49

V. 49 Baumeister Pierre Michel d'Ixnard (1723–1795)

Johann Christian Wentzinger (1710–1797) zugeschrieben
St. Blasien, 1772/74
Öl auf Leinwand, 89,5 × 74 cm
WLM 1997–158

Dieses Gemälde ist das bislang einzig bekannte Porträt des Architekten d'Ixnard und zeigt ihn mit den Plänen zum Neubau des Benediktinerklosters St. Blasien, seinem in den Jahren 1768–1783 entstandenen Hauptwerk (vgl. Kat.-Nr. V. 68).

Fischer, Fritz, Neuerwerbungen. In: Jahrbuch der Staatlichen Kunstsammlungen in Baden-Württemberg, 35. Bd. München–Berlin 1998, S. 163 f (Abb. 3)

Ehrgeizige Bauprojekte

In diesem Abschnitt sollen anhand einiger ausgewählter Beispiele die ehrgeizigen, aber verwirklichten Bauvorhaben vorgestellt werden. Einige davon stellen zugleich Meilensteine in der Entwicklung der sakralen Baukunst des 18. Jhs. in Süddeutschland dar, wie beispielsweise Schönenberg, Obermarchtal, Weingarten, Neresheim, Wiblingen und St. Blasien. Die Exponate sind weitgehend in chronologischer Folge angeordnet, um entwicklungsgeschichtliche Zusammenhänge besser verdeutlichen zu können. Die Zeitspanne reicht von den Vorarlberger Barockbaumeistern bis hin zum Frühklassizismus eines Pierre Michel d'Ixnard. Die Entwicklung setzt ein mit den Vorarlbergern, verläuft über Dominikus Zimmermanns Frühwerk, Johann Georg Fischer, die Zwiefaltener Planungen der Gebrüder Schneider, Balthasar Neumann und Johann Michael Fischers Planungen für Wiblingen bis hin zu den frühklassizistischen Hauptwerken Pierre Michel d'Ixnards und den beiden Sonderfällen Salem und Rot an der Rot. Die meisten dieser Projekte werden auch so oder ähnlich gebaut. Ausnahmen stellen lediglich Franz Beers Projekte für Salem sowie die Wechsel der ausführenden Architekten in Zwiefalten (von den Gebrüdern Schneider zu Johann Michael Fischer), in

Wiblingen (von Fischer zu Johann Georg Specht) und in St. Blasien (von Salzmann zu d'Ixnard) dar. Eine Sonderrolle nimmt die Architektur des Jesuitenordens ein, hier vertreten durch die Mannheimer Jesuitenkirche. Einige Beispiele ausgeführter Kirchen- und Klosterbauten werden im folgenden in chronologischer Reihenfolge dargestellt. Sie lassen erkennen, mit welchem Anspruch und Aufwand in den großen Klöstern geplant und gebaut wurde und vermitteln zugleich eine Vorstellung von den sich wandelnden Bauformen, von dem sich wandelnden Geschmack im Verlauf des 18. Jahrhunderts. Die Folge reicht von den ernsten prachtvollen Barockbauten am Anfang des Jahrhunderts über die schmuckreichen Rokokokirchen in den verspielten Formen der Jahrhundertmitte bis zu den strengen klassizistischen Bauten eines d'Ìxnard, in denen sich der Geist der Aufklärung auch in den Klöstern bemerkbar macht. *I.G.*

V. 50 Aufriß der Längsseite (außen) der Wallfahrtskirche auf dem Schönenberg bei Ellwangen

Fr. Johannes Hörmann SJ (1651–1699), nach Plänen von Br. Heinrich Mayer SJ
Ellwangen (?), 1693
Braune Federzeichnung, grau laviert, 33,2 × 42,5 cm
Bayerische Staatsbibliothek München, Handschriftenabteilung
Cgm 2643/II, fol. 27 r.

Die Wallfahrtskirche auf dem Schönenberg wird in den Jahren 1682–95 erbaut. Bauherr ist der Ellwanger Fürstpropst Johann Christoph Adelmann von Adelmannsfelden (1674–1687) aufgrund eines Versprechens, wozu ihn P. Philipp Jeningen SJ bewog. Den Entwurf fertigt der bedeutende Vorarlberger Barockbaumeister Michael Thumb (1640–1690), der anfänglich den Neubau leitet und die bereits vorhandene Loretokapelle in den Neubau integriert. Weil er wegen anderweitiger Verpflichtungen kaum in Ellwangen anwesend sein kann, überträgt er die Ausführung seinem jüngeren Bruder Christian Thumb (um 1645–1726). Ende 1683 greift dann der Jesuitenarchitekt Br. Heinrich Mayer SJ ein. Es handelt sich hier um die erste Kirche, die nach dem Kanon des sogenannten Vorarlberger Münsterschemas gebaut wird, und die unmittelbare Vorstufe zur Klosterkirche Obermarchtal darstellt, die als die reinste Ausprägung des Vorarlberger Münsterschemas gilt.

V. 51

Diese Zeichnung ist unten und seitlich beschriftet: »60 Sch(uh)« und »zu obgemelter Kircher der Lenge nach wie es auswendig gebaut ist AC 1693«. Die Längsfronten sind mit einer ringsumlaufenden, kolossalen Pilasterordnung durchmodelliert. Das Querhaus ist übergiebelt und in seiner formalen Erscheinung von Mayer bestimmt. Hier wird der starke Einfluß der Jesuitenarchitektur auf die Vorarlberger Barockbaumeister deutlich. Am Kreuzungspunkt von Langhaus- und Querhausdach errichtet Mayer ein Glocken- bzw. Uhrtürmchen, das nach dem Brand von 1709 nicht wiederhergestellt wird. Mayer fügt die den Vorarlbergern fremde Attika ein und entwirft die Stuckdekoration im Kircheninneren. Nach dem Brand 1709 werden die Gewölbe und der Stuck erneuert, unter Beratung von Maximilian von Welsch.

AK Einsiedeln 1973, Nr. 105; Lieb 1976, S. 37 ff; Dischinger 1988, S. 111–128

V. 51 Fassade und Chorseite der Wallfahrtskirche auf dem Schönenberg bei Ellwangen

Fr. Johannes Hörmann SJ (1651–1699), nach Plänen von Br. Heinrich Mayer SJ
Ellwangen (?), 1693
Braune Federzeichnung, grau laviert, 33,2 × 42,5 cm
Bayerische Staatsbibliothek München, Handschriftenabteilung
Cgm 2643/II, fol. 28 r.

Diese Zeichnung besteht aus zwei aufgeklebten Blättern (Westfassade: 32,9 cm × 17,7 cm; Chorseite: 27,2 cm × 18 cm). Sie ist unten mit den Worten »zu obgemelter Kircher vordrer Theil des Kors und hindre Faschaden AC 1693« beschriftet. Mayers starker Drang zur Plastizität zeigt sich an den mit einer umlaufenden Pilasterordnung gegliederten Wandflächen, die nur am leicht zurückspringenden Mittelteil der Fassade aussetzt. Die Fenster am gesamten Außenbau werden durch profilierte Rahmen, Verdachungen und Vergiebelungen akzentuiert. Die Doppelturmfassade zeigt einen nur aus Unter- und Giebelgeschoß bestehenden Mittelteil, der zwischen den dominanten, schlanken und dreigeschossigen Türmen recht schmalbrüstig und gestalterisch vernachlässigt erscheint. Die beiden reich gegliederten Türme zwängen den Dreiecksgiebel derart ein, dass die seitlichen Voluten wie eingequetscht wirken. Die Chorapsis ist typisch vorarlbergisch gestaltet. In der Zeichnung fehlen die ausgeführten Osteingänge. Zwischen dem Halbkuppeldach über der Apsis und der Giebelspitze ist eine halbe Laterne eingefügt. Der Fassade der Schönenbergkirche kommt innerhalb der Fassaden der Vorarlberger eine bedeutende Stellung zu.

AK Einsiedeln 1973, Nr. 105; Lieb 1976, S. 37 ff; Dischinger 1988, S. 111–128

V. 53

V. 52 Ansicht des Prämonstratenserklosters Marchtal von Süden

Josef Benedikt Schneider (1689–1763) und Hans Martin Schneider (1692–1768)
Zwiefalten (?), 1737/38
Federzeichnung, schraffiert, auf Leinwand aufgezogen, 45,2 × 64 cm
LDA Schneidermappe

Michael Thumb beginnt 1686 mit dem Bau der Klosterkirche, der nach seinem Tod 1690 von seinem Bruder Christian Thumb und von Franz Beer weitergeführt und 1701 geweiht wird. Im selben Jahr wird mit dem Bau des Westflügels der Klosteranlage begonnen und ab 1703 der Westteil des Nordflügels errichtet. Die Vogelschauansicht von Süden stammt aus dem Büro der Gebrüder Schneider, den Zwiefaltener Klosterbaumeistern, die 1737 mit dem Ausbau des Gästetraktes (Südtrakt der Gesamtanlage) betraut werden. Auf dem Plan sind die östliche Hälfte der Klosterkirche, die Konventsbauten, die Abtei und der Gästetrakt dargestellt. Der geplante Querbau, der den Innenhof der Vierflügelanlage in zwei gleichgroße Hälften teilen sollte, ist als Refektorium vorgesehen, kommt aber nicht zur Ausführung.

Henne, Armin, Die Gartenanlagen der Prämonstratenserchorherren und der Fürsten von Thurn und Taxis in Obermarchtal. In: Marchtal. Prämonstratenserabtei – Fürstliches Schloß – Kirchliche Akademie. Müller, Max (Hrsg.) u.a. Ulm 1992, S. 444 f

V. 53 Turmprojekt von Franz Beer für die Zisterzienserklosterkirche Salem

Franz Beer (1660–1726)
Salem (?), ca. 1705
Braune Federzeichnung, schwarz und grau laviert, mit Bleistift, 60 × 45 cm
GLA Plansammlung G-Salem Nr. 35

Dieses nie realisierte Turmprojekt Franz Beers ist ein interessantes Beispiel für den Versuch, einen barocken Bauteil mit einem vorhandenen mittelalterlichen Baubestand zu verbinden, ohne daß die dem Barock eigenen Wirkungsmöglichkeiten aufgegeben werden. Von den Proportionen und dem Umriß her gesehen nimmt der Turm Bezug auf die Fenster der gotischen Chorfassade. Um die Wirkung des gotischen Bestandes nicht zu beeinträchtigen, sind die drei Turmuntergeschosse sehr zurückhaltend gegliedert, während über dem Kirchengiebel die prachtvoll-barocke Turmarchitektur mit toskanischer Ordnung beginnt. Im dritten Turmgeschoß erfolgt der leise Übergang vom gotischen Spitzbogen zum barocken Rundbogenfenster. Das Motiv des hohen, sparsam gegliederten Turmunterbaus verrät Einflüsse der venezianischen Architektur. Weil sich dieses aufwendige Turmprojekt schlecht mit den strengen Bauvorschriften des Zisterzienserordens verträgt, wird es bald wieder aufgegeben.

AK Einsiedeln 1973, Nr. 156 b; Ast 1977, S. 56 ff

V. 54 Grundriß und Aufriß der Chorherren-Stiftskirche Großcomburg bei Schwäbisch Hall

Joseph Greissing (1664–1721)
Würzburg (?), 1707
Federzeichnung auf Papier, laviert, neu auf Leinwand aufgezogen, 91,3 × 59,2 cm
Archiv der Freiherren von Cramer-Klett, Mitwitz (Ofr.)

Diese Entwurfszeichnung stellt die einzige erhaltene Planunterlage für den barocken Neubau der Stiftskirche Großcomburg dar. Der ursprünglich aus Vorarlberg stammende Würzburger Barockbaumeister Greissing ist durch die Fundamente sowie die West- und Osttürme des romanischen Baus in seinen Entfaltungsmöglichkeiten weitgehend eingeschränkt. Er wählt die Bauform einer dreischiffigen Hallenkirche zu sechs Jochen. Im Inneren handelt es sich um eine reine Freipfeilerhalle mit Kreuzpfeilern und Kreuzgratgewölben und man fühlt sich dezent an barockisierte romanische Hallenkirchen erinnert. Greissing strebt durchaus ein archaisierendes Gepräge an, was an den gotisierenden Maßwerkfenstern, deren Zweiteilung den romanischen Zwillingsarkaden der Türme ähnelt, deutlich wird. Bei der Ausführung des Baus hält man sich überwiegend an diesen Riß, doch wird auf den barocken Umbau der romanischen Türme verzichtet. Diese sollten durch oktogonale Obergeschosse und hohe Laternenhauben erhöht und barockisiert werden.

Nitschke, Barbara, Die ehemalige Stiftskirche St. Nikolaus auf der Großkomburg aus dem frühen 18. Jahrhundert. In: Württembergisch Franken 56 (1972). Schwäbisch Hall 1972, S. 85; AK Einsiedeln 1973, Nr. 158; AK Schwäbisch Hall 1989, Nr. 87

V. 54

V. 55 Bauplan von Donato Giuseppe Frisoni für die Benediktinerabteikirche Weingarten

Donato Giuseppe Frisoni (1683–1735)
Ludwigsburg, 1718
Grauschwarze Federzeichnung, grau laviert, 45 × 73 cm
Benediktinerabtei Weingarten

Die Klosterkirche Weingarten wird in den Jahren 1715–24 nach Plänen verschiedener Meister erbaut: Johann Jakob Herkomer, Br. Andreas Schreck, Franz Beer und ab 1717 Donato Giuseppe Frisoni. Dieser Plan Frisonis, ein Längsschnitt, zeigt für Kuppel, Turm und Fassade noch die ursprünglich von Frisoni geplante Höhe, die im Frühjahr 1719 auf Verlangen des Bauherrn reduziert wird. Es handelt sich um die Verbindung eines Wandpfeilerraums mit einer Hochkuppel. Weil der Bau schon weit fortgeschritten ist, konzentriert sich Frisoni nur noch auf jene Teile, wo seine Mitarbeit noch möglich ist. So geht auf ihn alles

V. 55

über dem Hauptgesims Gelegene zurück, was auch archivalisch faßbar ist: der Giebelaufsatz, die oberen Teile der Turmaufsätze, die Kuppel, der Chorumgang, die Gestaltung der Emporen mit konkaven Einschwingungen, die Stuckdekoration, die Altäre und die Kanzel. Ein durchgehendes Tonnengewölbe schließt den Raum nach oben ab. Insgesamt läßt sich sagen, daß die zugunsten einer monumentalen Außenwirkung überhöhte Tambourkuppel für die Raumwirkung des Inneren äußerst ungünstig gewesen wäre. Auch Frisonis Gestaltung der Fassadenoberteile ist nicht wirklich gelungen. Die Westfassade wird 1719/20 fertiggestellt.

AK Bregenz 1962, Nr. 114; AK Einsiedeln 1973, S. 171–185, bes. Nr. 163 a.

V. 56 Entwurf von Peter Thumb für die Westfront des Benediktinerklosters St. Peter

Peter Thumb (1681–1766)
Konstanz, vor 1727
Braune Federzeichnung, mehrfarbig laviert, 40,5 × 61,5 cm
GLA Plansammlung G-St. Peter Nr. 5

Der früheste Entwurf für die Klostergebäude in St. Peter entsteht noch während der Arbeiten an der in den Jahren 1724–27 ebenfalls von Peter Thumb als Wandpfeilerkirche erbauten Klosterkirche. Dieses Vorpro-

V. 56

jekt sieht einen dreigeschossigen Aufbau des Klosters vor. Indem die Kirchenfassade in die Westfront einbezogen ist, bildet sie das Gegenstück zum südlichen Eckpavillon und somit steigert sich die Komposition zur Kirche hin. Die Doppelturmfassade, die übrigens in roten Hausteinquadern ausgeführt wird, zeigt im Entwurf, wie am ausgeführten Bau, eine strenge Dreiteilung, in der Horizontalen durch kräftige Gesimse und in der Vertikalen durch übereinandergestellte Pilaster. Der Mittelteil ist entsprechend der kanonischen Superposition der Säulenordnungen gegliedert. Während die Planungen zum Klosterneubau in den Jahren 1724–28 stattfinden, dauert die Ausführung bis 1757. Der hier im Planungsstadium abgebildete Westtrakt wird in den Jahren 1731–39 errichtet.

Gubler 1972, S. 32–43; AK Einsiedeln 1973, Nr. 138 b.

V. 57

V. 57 Ansicht des Dominikanerinnenklosters und der Klosterkirche in Siessen

1728
Kupferstich auf Papier, 38,5 × 53 cm
Franziskanerinnenkloster Siessen, Bad Saulgau

Auf dieser Gesamtansicht von 1728 ist links die in den Jahren 1726–33 von Dominikus Zimmermann neuerbaute Klosterkirche zu sehen. Sie ist an das regelmäßige Klostergeviert (1716–23 von Franz Beer) organisch angeschlossen und verlängert dessen Mittelachse nach Osten. Es handelt sich um eine einschiffige Wandpfeilerkirche mit einem Langhaus zu vier Jochen, an das im Osten ein einjochiger Chor mit Apsis anschließt. Die Wandgliederung geschieht durch Doppelpilaster sowie die für Zimmermanns Stil charakteristischen dreigeteilten Ohrenfenster.

Schnell 1979, S. 35–38; Bauer 1985, S. 156

V. 58 Grundrißplan (Erdgeschoss) des Dominikanerinnenklosters Siessen

Matthias Dinser, 1803
Federzeichnung, laviert, 53,5 × 36,5 cm
Fürst Thurn und Taxis Zentralarchiv Regensburg, Bestand Schwäbische Akten 1358

Im Jahre 1803 werden von Zimmermeister Matthias Dinser zwei Grundrißpläne zum Zwecke der Bestandsaufnahme im Auftrag der Fürsten von Thurn und Taxis angefertigt.

Binder, Elisabeth, Kirchenführer Kloster- und Pfarrkirche St. Markus Siessen, Regensburg 1993, S. 15

V. 59 Aufrißplan mit Choransicht der Stiftskirche in Wolfegg, von Johann Georg Fischer

Johann Georg Fischer (1673–1747)
Füssen, 1725
Braune Federzeichnung, mehrfarbig laviert, mit Bleistift, 44,4 × 30,3 cm
Fürstlich Waldburg-Wolfegg'sche Kunstsammlungen Wolfegg

Eine ganz andere Bauaufgabe der Barockzeit stellt der Neubau einer kombinierten Kollegiatstifts- und Schloßkirche dar. Ab 1725 ist der Füssener Baumeister Johann Georg Fischer mit der Planung des Neubaus der Stiftskirche in Wolfegg beschäftigt, die schließlich in den Jahren 1733–42 ausgeführt wird. Der hier vorgestellte, unausgeführte Bauriß Nr. 3 ist Bestandteil der zweiten Rißserie des Chorturmprojekts von 1725. An die fensterlose Langhaus-Ostwand schließt der in einer Apsis schließende Chor an. Über einem hohen Sockel gliedern geschichtete Pilaster mit hohem Gebälk die Apsis und werden auf der Attika durch Lisenen weitergeführt. Zwischen den Pilastern gliedern zwei Rundbogenfenster und eine aufwendig gerahmte Nische mit einem Oculus darüber die Wandflächen, drei Oculi die Attika. Darüber vermitteln Voluten zu dem stark eingezogenen Turm mit Oktogongeschoß und einfacher Haube.

Sauermost, Heinz Jürgen, Der Allgäuer Barockbaumeister Johann Georg Fischer. Augsburg 1969, S. 108 f

V. 60 Entwurf zum Umbau der alten Benediktinerklosterkirche Zwiefalten

Josef Benedikt Schneider (1689–1763) oder Hans Martin Schneider (1692–1768)
Zwiefalten, um 1730
Federzeichnung, schraffiert und teilweise laviert, auf Leinwand aufgezogen, 35,7 × 51,3 cm
LDA Schneidermappe C 647 5

Einige Jahre bevor der Münchener Rokokobaumeister Johann Michael Fischer 1741 den Neubau der Klosterkirche Zwiefalten übernimmt, fertigen die Gebrüder Schneider eine Entwurfsserie zum Umbau der alten romanischen Basilika zur barocken Wandpfeilerkirche mit Emporen, in der Art der Vorarlberger Barockbaumeister. Dieser Längsschnitt sieht eine Vierungskuppel, zwei Chorflankentürme sowie eine konvex ausschwingende Ostfassade vor. Die Gestaltung des Turmhelmes erinnert an den Riß von Weingarten aus dem Jahre 1717.

AK Bregenz 1962, Nr. 190; AK Einsiedeln 1973, Nr. 84; Halder 1989, S. 206–209

V. 61 Entwurf (Längsschnitt) für den Neubau der Benediktinerklosterkirche Zwiefalten

Josef Benedikt Schneider (1689–1763) und Hans Martin Schneider (1692–1768)
Zwiefalten, um 1738
Braune Federzeichnung, schraffiert u. teilweise laviert, auf Lwd. aufgezogen, 53,5 × 69,5 cm
LDA Schneidermappe C 660 14

Dargestellt ist der Aufriß der Nordseite mit den südlich liegenden Konventbauten. Der Raumgedanke und verschiedene Architekturdetails bei der Gestaltung des Chores, der Türme, der Apsiden, der Kuppel und der Fenster zeigen sehr deutlich den Einfluß der Vorarlberger Baumeister. Auch sind in diesem Plan Anregungen aus Weingarten und Weissenau verarbeitet. Mit großer Wahrscheinlichkeit ist diese Zeichnung als Plan zum Neubau von 1738 angenommen worden. 1739 beginnen die Brüder Schneider den Bau, müssen ihn allerdings 1741 an den bedeutenderen Münchener Rokokobaumeister Johann Michael Fischer abgeben, weil sie mit diesem Projekt überfordert sind. Dadurch kommt es dann zu entscheidenden Korrekturen.

AK Bregenz 1962, Nr. 191; Halder 1989, S. 205–209

V. 62 Längsschnitt und Grundriß der Benediktinerklosterkirche Neresheim, von Balthasar Neumann

Balthasar Neumann (1687–1753)
Würzburg, Januar/Februar 1749
Schwarze Federzeichnung, mehrfarbig laviert, 53,7 × 39,1 cm
Mainfränkisches Museum Würzburg, Sammlung Eckert, SE 120

Ab 1747 ist Balthasar Neumann mit der Entwurfsplanung und seit 1750 bis zu seinem Tode 1753 auch mit der Ausführung des Neubaus der Klosterkirche Neresheim betraut. In diesen endgültigen, grundlegenden Ausführungsentwurf (Fassung 1) sind bereits die bisher angefallenen Korrekturen eingearbeitet. Dargestellt sind der Grundriß der alten sowie der Grundriß und der Längsschnitt der neu zu erbauenden Kirche. Über dem Langhaus sind zwei Ellipsoid-Kuppeln zu sehen, während der Chor von zwei Kreiskuppeln überwölbt wird. Die dominierende Hauptkuppel über der Vierung ragt weit über die Dachfirstlinie heraus und erhält zusätzliches Licht durch die anschließende Laterne. Die Berührungspunkte der Kuppeln bilden sphärisch geschwungene Gurtbogen, die von den über Eck gestellten Wandpfeilern aufsteigen. Die Querarme sind als schlanke Ovalräume ausgebildet und die Übergänge von der Vierung zum Langhaus sowie zum Chor werden durch tiefe Nischen akzentuiert.

Neumann 1947, S. 118–130, 134 u. 144 ff; AK Stuttgart 1975, S. 104 f (Nr. 14); AK Würzburg 1987, Nr. 153

V. 63 Aufriß der Westfassade der Benediktinerklosterkirche Neresheim, von Balthasar Neumann

Balthasar Neumann (1687–1753)
Würzburg, März 1749
Schwarze Federzeichnung, mehrfarbig laviert, 65,2 × 48,3 cm
Mainfränkisches Museum Würzburg, Sammlung Eckert, SE 127

Nach insgesamt drei Entwurfsserien für Neresheim steht im März 1749 der endgültige Ausführungsentwurf in der 3. Fassung fest. Aus dieser Planserie stammt der hier vorgestellte Aufriß der Westfassade. Es handelt sich um eine zweigeschossige, fünfachsige und im Mittelteil vorspringende Fassade. Die ausgeführte Fassade besteht aus behauenen, unverputzten Kalksteinquadern und zeigt eine doppelgeschossige Durchfensterung und Gliederung mit korinthischen Pilastern. Nach Neumanns Tod wird nach seinen Plänen weitergebaut. 1767 ist die Westfassade und erst 1792 die Innenausstattung der Kirche vollendet.

Reuther, Hans, Die Kirchenbauten Balthasar Neumanns. Berlin 1960, S. 83; AK Stuttgart 1975, S. 108 f (Nr. 19); AK Würzburg 1987, Nr. 160

V. 64 **Entwurf für die Wölbung und die Dachstühle der Benediktinerklosterkirche Neresheim, von Franz Ignaz Michael Neumann**

Franz Ignaz Michael Neumann (1733–1785)
Neresheim, Juli/August 1755
Signiert und datiert unten rechts: »Neresheim, den 1. August 1755. Ignat. Franc. Mich. v. Neumann Wircebg.«
Schwarze Federzeichnung, mehrfarbig laviert, 102 × 71,5 cm
Mainfränkisches Museum Würzburg, Sammlung Eckert, SE 129

Dieser nicht realisierte Konstruktionsriß wird zwei Jahre nach Balthasar Neumanns Tod von dessen Sohn gefertigt, als dieser zur Planung massiver Gewölbe nach Neresheim berufen wird. In der Bildmitte ist der Grundriß zu sehen, dessen linke Hälfte die Projektion der Gewölbe und die rechte Hälfte die Aufsicht auf das Gewölbe zeigt. Links und rechts davon sind zahlreiche Aufrisse und Schnitte angeordnet, deren Lage im Grundriß durch Buchstaben bezeichnet sind. Die projektierte starke Eisenarmierung belegt die soliden statischen Kenntnisse des jungen Neumann. Diesem Plan kommt als Markstein für die Konstruktionsmethoden im 18. Jh. und deren zeichnerische Erfassung eine große Bedeutung zu.

Neumann 1947, S. 163 f; AK Stuttgart 1975, S. 112 f (Nr. 28); AK Würzburg 1987, Nr. 163

V. 63

V. 65 Entwurf der Westfassade der Benediktinerabteikirche Wiblingen

Johann Michael Fischer (1692–1766)
München (?), um 1755
Federzeichnung, laviert, 84,5 × 55,8 cm
Ehemals Kloster Neresheim
Fürst Thurn und Taxis Zentralarchiv Regensburg, Plansammlung 0.902.00

Im Jahre 1750 wird Johann Michael Fischer als Wiblinger Klosterbaumeister berufen. Er erbaut um 1757 den Osttrakt der Klostergebäude und liefert Pläne für die neue Klosterkirche, die allerdings erst ab 1772 durch Johann Georg Specht ausgeführt wird. Der hier gezeigte Aufriß der Fassade mit den beiden Chorflankentürmen wird nie realisiert. Er ist bezeichnet: »O. Faciata gegen den Torhaus zue.« Hinter der Fassade mit dem durch einen Aufsatz überhöhten und vorspringenden Mittelteil erscheinen in der Projektion die an Zwiefalten erinnernden Osttürme mit spitzen Turmhelmen.

Weißenberger 1934, S. 249–263; Lieb 1982, S. 217; Schütz 2000, S. 147 ff u. 161 f

V. 65

V. 66 Entwurf (Längsschnitt innen) für die Benediktinerabteikirche Wiblingen

Johann Michael Fischer (1692–1766)
München (?), um 1755
Federzeichnung, laviert, 56,4 × 95,2 cm
Ehemals Kloster Neresheim
Fürst Thurn und Taxis Zentralarchiv Regensburg, Plansammlung 0.902.00

Dieser ebenfalls nicht realisierte Entwurf des lebendig durchgestalteten Innenraumes der Klosterkirche Wiblingen zeigt ein kompliziertes Aufrißsystem. Auf den Sockeln stehen den Wandpfeilern vorgelegte Säulen, die das in einheitlicher Höhe verlaufende Gebälk tragen. Die Gewölbehöhe steigert sich bis zur Vierungskuppel. Die gezielt eingesetzte Rocailledekoration markiert den Übergang von der Wand zum Gewölbe. Dieser Entwurf ist bezeichnet: »F. Durchschnitt der Lenge nach.«

Weißenberger 1934, S. 256 f; Lieb 1982, S. 217; Schütz 2000, S. 147 ff u. 161 f

V. 67 Entwurf der Fassade der Benediktinerklosterkirche St. Blasien

Franz Joseph Salzmann (1724–1786)
Donaueschingen, 1772
Sign.: »Saltzmann«
Federzeichnung, grau und braun laviert, auf Leinwand aufgezogen, 62 × 98 cm
GLA Baupläne, Salzmannmappe, Nr. 11

Dieser Entwurfsplan ist Bestandteil einer ganzen Serie von Salzmann-Plänen des »Hauptentwurfs« aus dem Jahre 1772, in dem der Bau der Rotunde begonnen wird. Zu sehen sind der Aufriß der Kirchenfassade und ein Teil der anstoßenden Klosterflügel. Die Türme stehen in der Fassadenflucht und nehmen die Eingangshalle zwischen sich auf. Neu ist die Verwendung einer zweischaligen Kuppelkonstruktion aus Holz. Außerdem wird der Kuppel-Tambour durch Strebepfeiler versteift.

Wörner 1979, S. 79–109; Franz 1985, S. 46 u. 65 f

V. 67

Elévation de la principale facade de l'Eglise de l'Abbaye princière et Monastère de St. Blaise.

V. 68

V. 68 Stuttgarter Architektur-Sammelband von Pierre Michel d' Ixnard

Pierre Michel d'Ixnard (1723–1795)
Straßburg, um 1780/90
Buch (in Leder geb.), mit Feder- und Bleistiftzeichnungen, teilweise koloriert, 33,2 × 62 cm
WLM 1968/7

Dieser Querformatband beinhaltet eine aus 102 Blättern bestehende Plansammlung. Unter anderem befinden sich darin Entwurfszeichnungen der Stiftskirche in Hechingen (Blätter Nr. 4–6), der Damenstiftskirche in Buchau (Blätter Nr. 23–25) und der Klosteranlage sowie der Benediktinerklosterkirche St. Blasien (Blätter Nr. 50–63). Aufgeschlagen ist das Blatt Nr. 60 mit einer Ansicht der Fassade von St. Blasien. Einige Projekte des Stuttgarter Sammelbandes finden in d'Ixnards »Recueil d'architecture« keinen Eingang. Mehrere Pläne sind wiederverwendete Originalrisse, aber die meisten Risse werden eigens für diesen Band gefertigt.

Klaiber, Hans A., Der Stuttgarter Architektur-Sammelband von Pierre Michel Dixnard. In: Jahrbuch der Staatlichen Kunstsammlungen in Baden-Württemberg, 6, München–Berlin 1969, S. 161–188; Franz 1985, S. 222 f

V. 70

V. 69 Aufriß der Fassade und Seitenansicht der Stiftskirche in Hechingen

Pierre Michel d'Ixnard (1723–1795)
Koblenz, 1779/80
Signiert: »D'jxnard jnvenit.«
Federzeichnung, grau und rot laviert, 64 × 147,5 cm
StA Sigmaringen, Dep. 39, A I,1

Dieser Entwurf ist einer der ersten Ausführungspläne, von denen der ausgeführte Bau übrigens kaum abweicht. Die Westfassade ist als Einturmfassade gestaltet, wobei der quadratische Turm zur Hälfte im Kirchenbau steckt. Die Kirche, ein einfacher, breiter Saalbau, ist ein Musterbeispiel für die an den funktionalen Bedürfnissen orientierten Sakralbauten der Aufklärungszeit. 1780 Baubeginn nach Plänen d'Ixnards, Weihe 1783.

Wörner 1979, S. 144 ff; Franz 1985, S. 181–185

V. 70 Entwurf für die Ostfassade des Münsters zu Salem mit Grablegeprojekt

Joseph Magg (Umkreis Johann Georg Dirrs) zugeschrieben
Salem, 1775/77
Graue und schwarze Federzeichnung über Graphit, grau laviert, 56 × 44,5cm
Kunstbibliothek Berlin, Graphische Sammlung Hdz. 5640

Bei diesem Entwurf, der die äußere östliche Abschlußwand des Salemer Münsterchores mit reichem Figurenschmuck und einer dreifachen Höhenstaffelung des Längsschiffes zeigt, handelt es sich um ein unausgeführt gebliebenes, frühklassizistisches Kapellen- und Grablegeprojekt von Johann Georg Dirr (1723–1779). Es war beabsichtigt, den beiden Seitenachsen des Chores und den Schiffen der Chorumgangsarme ebenfalls Kapellenräume vorzublenden. Außerdem ist ein runder Vierungsgiebel anstelle des Vierungsturms von Bagnato vorgesehen. Es fällt auf, daß der Rückgriff auf gotische Formen bei diesem Bau überhaupt nicht im Widerspruch zu den klassizistischen Stilelementen steht.

Ast 1977, S. 116 ff; AK Salem 2002, S. 59 u. 111 f (Kat. Nr. IV.6)

V. 71 Ansicht des Prämonstratenserklosters Rot an der Rot

Oberschwaben, um 1780/90
Öl auf Leinwand, Goldrahmen, 70 × 86,5 cm
WLM 1926-112

Das Ölgemälde zeigt eine Ansicht des Klosters Rot an der Rot, aus der Vogelschau von Südosten. Weil die Türme bereits in der heutigen Form mit Uhren dargestellt sind, könnte das Bild schon anläßich des Kirchenneubaus um 1780/90 entstanden sein. Der Neubau wird in den Jahren 1777–1785 aufgeführt, wobei Abt Willebold Held (1782–1789) den von seinem Vorgänger begonnenen Kirchenbau zu Ende führt. Weil das Kloster die Kosten für einen Architekten sparen will, nimmt der Abt selbst diese Rolle ein. Aufgrund dieses Dilettantismus' ist es auch kein Wunder, daß im Jahre 1784 das Gewölbe einstürzt, was den Bau um Monate zurückwirft. Durch die späte Rezeption des Bautypus der Vorarlberger Wandpfeilerkirche nimmt diese Kirche eine Sonderstellung innerhalb der süddeutschen Barockarchitektur ein.

KDM Leutkirch 1924, S. 114–148; Tüchle/Schahl 1976, S. 50 u. 55–61

Jesuitenarchitektur

V. 72 bis V. 74 Jesuitenkirche in Mannheim

Gebr. Klauber nach Franz Wilhelm Rabaliatti
Augsburg, 1753
Bezeichnet: »Raballiati delineavit. Klauber Cath. Sc. Aug. Vind.«
Kupferstich auf Papier, 36,5 × 45,1 cm/35,4 × 44,2 cm/35,3 × 44 cm
GLA Karlsruhe J-B Mannheim–26–28

Auf den Kupferstichen aus dem 1753 erschienenen Werk »Basilica Carolina« sind der Fassadenaufriß (»Aspectus exterior«) sowie der Querschnitt, eine Seitenansicht und ein Längsschnitt zu sehen. Grundlage ist eine Zeichnung des Baumeisters Franz Wilhelm Rabaliatti (1716–1782), der hier als einer der Baumeister in Erscheinung tritt. Die Jesuitenkirche wird im Zusammenhang mit dem Jesuitenkollegium in den Jahren 1738–1750 erbaut, u.a. von Rabaliatti und Nicolas de Pigage. Vorbilder sind die römischen Jesuitenkirchen Il Gesu und S. Ignazio, doch kommen bei der Doppelturmfassade deutsche Gestaltungselemente zur Geltung. Die mächtige Vierungskuppel dominiert den Kirchenbau.

Schefold 1971, S. 516; KDM Stadtkreis Mannheim 1982, S. 584–589

V. 72

Wallfahrtsarchitektur

In der Barockzeit werden häufig alte Wallfahrtskirchen neu ausgestaltet oder alte Gnadenstätten von neuen Kirchenbauten umgeben. So ist den Architekten in der Planung und Ausführung von Wallfahrtskirchen eine besondere Aufgabe gestellt. Für die Klöster und Stifte ist die eigene Wallfahrtskirche ein unentbehrliches Attribut. In einigen Klöstern, wie Weingarten, Zwiefalten und Wiblingen, wird die Wallfahrt in die neuerbaute Abteikirche einbezogen. Nun werden im Barock aber auch eigene Elemente für die Gestaltung der Wallfahrtskirchen entwickelt. So ist der Zentralbau die geeignetste Bauform bei Wallfahrtskirchen, denn hier bietet sich bei Berücksichtigung des Wallfahrtskultes die Architekturidee des Umgangsmotivs an. Die Verschmelzung von Zentral- und Longitudinalbau zum Längsrund (Steinhausen) ermöglicht besondere Wirkungen: nach dem Einzug und dem Umgang der Wallfahrer in der Kirche wird die Bewegung im inneren Kernraum zur Ruhe gesammelt und zum gemeinsamen Betrachten des Gnadenaltars hingeleitet. Das Umgangsmotiv kann auch in die Emporenzone verlegt sein und öfter sind der Hallenchor und die Empore in einem zweigeschossigen Hochaltar gesteigert. Gelegentlich wird auch das Vorgelände einer Wallfahrtskirche im Hinblick auf das Zusammenströmen und die Aufnahme großer Pilgerscharen umgestaltet.
Die beiden ausgewählten Wallfahrtskirchen Steinhausen und Birnau sind die prächtigsten Wallfahrtskirchen im heutigen Baden-Württemberg und wurden von Orden errichtet, die sich besonders lebhaft und freudig der Kunst ihrer Zeit zuwenden. *I.G.*

Lieb 1984, S. 116 f

V. 75 Didakus Ströbele, Abt der Prämonstratenserabtei Schussenried von 1719 bis 1733

Schussenried, 1722
Öl auf Leinwand, 96 × 74,5 cm (m.R.)
Ehemals Kloster Schussenried
Neues Kloster Bad Schussenried
SSG BC-Sch 18

Dargestellt ist Abt Didakus Ströbele (1686–1748), unter dem die Wallfahrtskirche Steinhausen in den Jahren 1728–1731 von Dominikus Zimmermann erbaut wird. Laut Ströbeles Tagebuch hegte er schon immer eine besondere Zuneigung zur Steinhausener Wallfahrt, der Hauptwallfahrt des Klosters Schussenried.

V. 75

Er hat sein Kloster mit dem Steinhausener Kirchenbau finanziell überfordert, so daß er auf Betreiben des Roter Abtes Hermann Vogler, dem damaligen Generalvikar der schwäbischen Prämonstratenser-Zirkarie und Visitator, am 15. Januar 1733 abdanken muß. Ströbele wird zuerst ins Kloster Allerheiligen im Schwarzwald geschickt und später ins Kloster Wadgassen im Saarland verbannt, wo er im Jahre 1748 stirbt.

Kaufmann 1985, S. 128–140; Poppa, Rudolf, Von Oberschwaben an die Saar […]. In: Prämonstratenserabtei Wadgassen 1135–1792. Beiträge zur Abtei- und Ordensgeschichte. Wadgassen 1985, S. 109–114

V. 76 Grundrißplan der Wallfahrtskirche Steinhausen, von Dominikus Zimmermann

Dominikus Zimmermann (1685–1766)
Landsberg am Lech, 1727
Schwarze Federzeichnung, grau laviert, auf Papier, 38,5 × 58,7 cm (o.R.)
Zentral- und Hochschulbibliothek Luzern, Graphische Sammlung PLd 1:8

Wegen Baufälligkeit der alten Kirche und wegen des großen Pilgerandrangs wird 1728 mit dem Neubau der Steinhausener Wallfahrtskirche begonnen, der bis

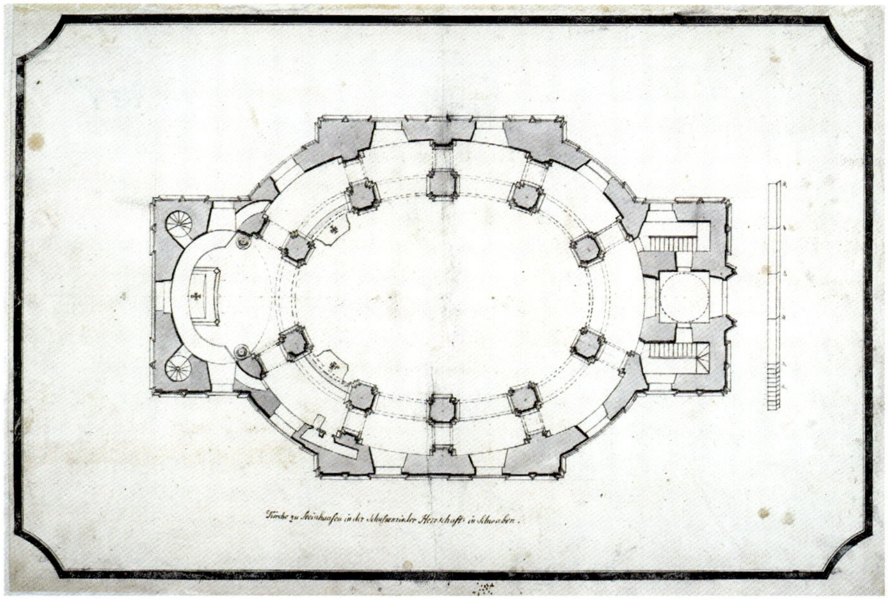

V. 76

1733 andauert. Die Kirche wird am 5. Mai 1733 geweiht, die Ausstattung jedoch erst in den Jahren 1749/50 vollendet. Der Plan zeigt nur geringe Abweichungen vom ausgeführten Bau. Im Grundriß ist der Kirchenbau ein längsovaler Zentralraum. In das Oval ist mit geringem Abstand von der Umfassungsmauer ein konzentrisch geordneter Kranz von zehn hohen, durch Rundbogen verbundene Freipfeiler eingestellt, die ein ovales Flachgewölbe tragen. Der um den Hauptraum geführte Umgang wird in idealer Weise den Bedürfnissen einer Wallfahrtskirche gerecht. Im Osten (Chor) und im Westen (Vorhalle und Orgelempore) schließt sich je ein kurzer, rechteckiger Raum an, dem im Osten ein Queroval einbeschrieben ist. Im westlichen Raum befindet sich der Unterbau des hochaufragenden Turmes. Die reine Ellipse als konstituierende Form einer Freipfeilerhalle tritt in Steinhausen zum ersten Mal in der Sakralarchitektur auf. Vorbilder für diese Lösung finden sich bei Caspar Moosbruggers Kirchenentwürfen mit Ovalchören. Vielleicht handelt es sich bei diesem Grundrißplan um das »feine Rissel«, das Zimmermann am 30. März 1727 dem Schussenrieder Abt Ströbele mitbringt.

Weißenberger, Paulus, Zur Bau- und Kunstgeschichte der Wallfahrtskirche in Steinhausen bei Schussenried im 17./18. Jahrhundert. In: ZWLG 8 (1942), S. 368–391; Reinle, Adolf, Ein Fund barocker Kirchen- und Klosterpläne, 2. Teil. In: ZAK, 12/1. Basel 1951, S. 8 f; Schnell 1979, S. 39 ff; Bauer 1985, S. 176–178

V. 77 **Entwurfszeichnung mit Längsschnitt der Wallfahrtskirche Steinhausen, von Dominikus Zimmermann**

Dominikus Zimmermann (1685–1766)
Landsberg am Lech, 1727
Federzeichnung, mehrfarbig laviert, auf Papier,
58,8 × 34,9 cm (o.R.)
LDA Schneidermappe Nr. 18

Diese erst Ende der 1970er Jahre aufgefundene Entwurfszeichnung ist Bestandteil der Plansammlung der Zwiefalter Baumeisterfamilie Schneider. Es handelt sich um einen Schnitt durch einen Kirchenraum, der, wie der Vergleich mit einer Entwurfszeichnung für die Pfarrkirche in Schongau zeigt, mit Sicherheit von Dominikus Zimmermann selbst stammt. Einige Merkmale decken sich mit dem ausgeführten Bau, auch wenn diesem Riß zufolge der Turm noch auf den Umgang und der Hochaltar in den Umgang verlegt ist. Der Raum besteht nur aus einem großen Oval, entspricht aber weitgehend dem ausgeführten Bau. Gegenüber dem Luzerner Grundriß sind Chor und Vorhalle keine selbständigen Anräume, sondern lediglich herausgehobene Teile des Umgangs. Der Turm, der beim ausgeführten Bau eine Höhe von 75 m aufweist, erhebt sich über dem westlichen Umgangsjoch. Gegenüber der späteren Ausführung unterscheidet sich die Planung durch die Geschoßteilung und die gekuppelten Klangarkaden. Sowohl die

V. 78

Gemeinsamkeiten als auch die Unterschiede zur späteren Bauausführung lassen vermuten, daß dieser Plan ein frühes Stadium der Planung wiedergibt, er also noch vor dem Luzerner Grundriß (siehe Kat.-Nr. V. 76) entstanden sein muß. Vielleicht ist es auch jene Vorlage für Abt Ströbele von Schussenried, die dieser als »feines Rissel« bezeichnet. Dieser Längsschnitt stellt eine wichtige Zwischenstufe in der Entwicklung des Steinhausener Ovalraumes dar.

Binder-Etter 1981, S. 3–6, 52 u. 63; Bauer 1985, S. 176–178

V. 78 Stephanus II. Enroth, Abt der Zisterzienser-Reichsabtei Salem von 1745 bis 1746

Gottfried Bernhard Göz (1708–1774)
Augsburg oder Salem, 1746
Bez.: »G.B. Göz S. C. M. Aul. Pict./ Fec. ad Vivum.«
Öl auf Leinwand, 258 × 145 cm (m.R.)
Privatbesitz

Dieses Porträt zeigt den Salemer Abt Stephan II. Enroth (1701–1746). Nach Streitereien mit der Stadt Überlingen verlegt er die Birnauer Wallfahrt im März 1745 an eine andere Stelle auf Salemer Territorium. Am 4. März 1746 zieht der Salemer Konvent mit Abt Stephan in feierlicher Prozession mit etwa 2000 Personen zur alten Wallfahrtskirche. Von dort wird das Gnadenbild nach Salem »entführt«. Diese Szene ist rechts im Hintergrund zu sehen. Abt Stephan schafft die Grundlagen für den Neubau der Wallfahrtskirche Birnau am neuen Platz und läßt Pläne durch den Vorarlberger Barockbaumeister Peter Thumb anfertigen. Solch einen Fassadenentwurf hält Abt Stephan in der linken Hand. Links im Bild ist ein Löwe (Bestandteil des Salemer Wappens) zu sehen, der in der linken Vorderpranke den goldenen Abtsstab hält, um den sich ein großes, silbergraues S windet. Mit der Rechten weist Abt Stephan auf die alte Wallfahrtskirche Alt-Birnau, vor dem Abbruch. Nach nur 14 Monaten Regierung stirbt er am 28. Mai 1746 und sein Nachfolger, Abt Anselm Schwab, führt den Neubau zu Ende.

Isphording 1982, S. 133 ff; Lauterer 2000, S. 19 ff; Pemsl 2000, S. 65 f

V. 79 Anselm II. Schwab, Abt der Zisterzienser-Reichsabtei Salem von 1746 bis 1778

Gottfried Bernhard Göz (1708–1774)
Salem, 1749
Bez.: »G.B. Göz S. Caes. M. aul. Pict. Fec.«
Öl auf Leinwand, 174,5 × 120,5 cm (m.R.)
Privatbesitz

Abt Anselm II. Schwab (1713–1778) läßt die von seinem Vorgänger Stephan II. Enroth (vgl. Kat.-Nr. V. 78) geplante Wallfahrtskirche Birnau in den Jahren 1746–1750 von dem Vorarlberger Barockbaumeister Peter Thumb (1681–1766) erbauen. Abt Anselm ist ohne Zweifel der bedeutendste Abt Salems im 18. Jh. und einer der größten Auftraggeber von Göz.
Voller Stolz weist er auf den schon von seinem Vorgänger geplanten Neubau der Wallfahrtskirche über

V. 79

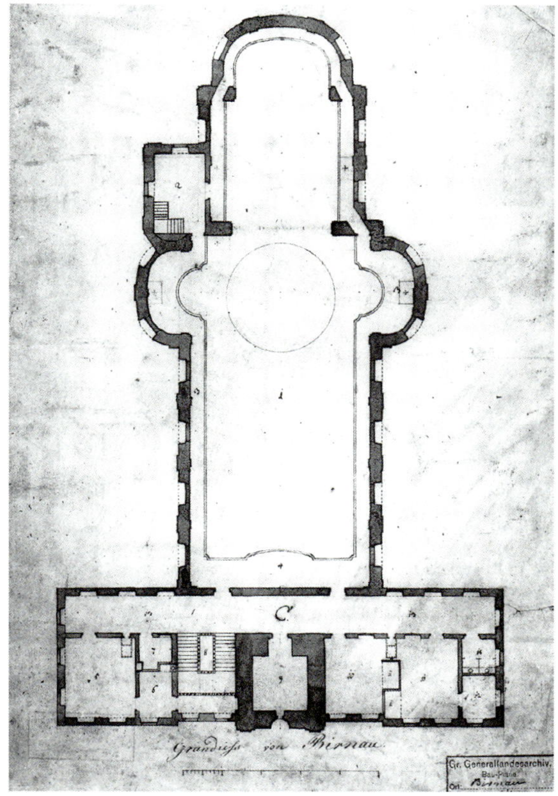

V. 80

dem Hof Maurach, unten am Bodenseeufer. Sein persönliches Engagement für das Bauprojekt bekommen auch die beteiligten Künstler und Handwerker zu spüren. Allerdings beschneidet er das von Göz geforderte Honorar um eine größere Summe, weil er sein Kloster für finanziell überfordert hält. Der prachtvolle Rokokorahmen (aus Holz) stammt von Johann Georg Dirr.

Isphording 1982, S. 55, 154 ff; Dillmann 1987, S. 7–10; Lauterer 2000, S. 22 ff; Pemsl 2000, S. 64–69

V. 80 **Entwurf (Grundriß) für den Neubau der Wallfahrtskirche Birnau von Peter Thumb**

Peter Thumb (1681–1766)
Konstanz, 1746
Federzeichnung, hellrot laviert, 48 × 32,8 cm (o.R.)
Ehemals Kloster Salem
GLA Abt. G, Baupläne Birnau, Nr. 14

Dieser Vorentwurf Peter Thumbs für den Neubau der Wallfahrtskirche Birnau aus dem Jahre 1746 ist das zweite Projekt, nachdem im März 1746 der erste Entwurf von der Baukommission abgelehnt worden ist. Die Baukommission fordert, den Turm aus der Mitte des quergelagerten Prioratsgebäudes herauswachsen zu lassen. Der Grundriß zeigt ein einschiffiges, fünfjochiges Langhaus, an das im Norden ein zweijochiger Chor mit korbbogenförmiger Apsis anschließt. Das fünfte Langhausjoch, direkt vor dem Choreinzug, schwingt beidseitig korbbogenförmig aus, in der Art eines Querhauses. Die drei Teilräume werden durch eine schmale Emporengalerie zusammengebunden. Vermutlich ist als oberer Raumabschluß eine Flachdecke und in der Querhausachse eine weite Flachkuppel vorgesehen. Am Grundriß ist auch eine zurückhaltende Außenwandgliederung abzulesen. So weist das Priesterhaus überhaupt keine Vertikalgliederung auf und an der Kirche beschränkt sich die Wandgliederung auf Lisenen. Auch wenn die eindeutigen Abweichungen vom ausgeführten Bau diesen Plan als Vorentwurf erscheinen lassen, so ist doch schon hier die Grunddisposition der Kirche vorhanden.

Gubler 1972, S. 83; AK Einsiedeln 1973, Nr. 236

V. 77

Prunkvolles Tafelgerät aus südwestdeutschen Klöstern

Gastfreundschaft, seit der Antike eine der vornehmsten Tugenden, genießt besonders in den Klöstern einen hohen Stellenwert. Im 53.Kapitel der Benediktinerregel heißt es: »Alle ankommenden Gäste sollen wie Christus aufgenommen werden, weil dieser selbst einst sprechen wird: Ich war ein Fremdling, und ihr habt mich aufgenommen.« Das Gastmahl gilt somit als »honesta voluptas«, als schickliche Sinnenlust. Da das Empfangen und Bewirten von Gästen immer auch der Repräsentation dient, verwundert es nicht, daß man vor allem in reichsunabhängigen Abteien Wert darauf legt, den – oft hochgestellten – Besuch an einer standesgemäß gedeckten Tafel willkommen zu heißen. Der beim Tischgerät aus Silber, Porzellan und geschnittenem Glas zur Schau gestellte Luxus unterscheidet sich qualitativ wie quantitativ kaum von dem, was weltliche Fürsten im 18. Jh. für angemessen halten. Im weltlichen Ritterstift Comburg gehören beispielsweise ein 248 Teile umfassendes Service aus Straßburger Fayence, ein Ludwigsburger Porzellanservice gleichen Umfangs, ein 150 Geschirrteile zählendes Service aus Ludwigsburger Fayence, sowie 50 Garnituren Tafeltücher und Servietten zur Ausstattung. Geschirre aus Fayence oder Porzellan haben bei der Säkularisation trotz ihrer Zerbrechlichkeit eine gute Überlebenschance, da das Material nicht umgeformt werden kann. Doch sind verstreut auftauchende Serviceteile später kaum mehr zu identifizieren, wenn nicht ein aufgemaltes Wappen den entscheidenden Hinweis gibt. Silberne Tafelservice dagegen werden von den neuen Herren noch hemmungsloser eingeschmolzen als sakrales Gerät. Daß das Neresheimer Abtssilber diesem Schicksal entgeht und bis heute erhalten ist, stellt einen besonderen Glücksfall dar. Überraschend ist auch ein Vorgang, der für Qualität und Modernität des von den Fürstpröpsten in Ellwangen benutzten Tafelsilbers spricht: Kurfürst Friedrich von Württemberg übernimmt, als er das Ellwanger Stiftssilber einzieht, unverändert zum eigenen Gebrauch 60 Leuchter, 6 Dutzend vollständiger Bestecke, 6 Dutzend vergoldeter Konfektlöffel, 4 Dutzend vergoldeter Konfektbestecke sowie weitere Besteckteile (HStA Stuttgart, A 15 / Bü 20). Die Stücke lassen sich nicht mehr nachweisen. *S. H.*

Erzberger 1902; Baumstark 1998

V. 81 Tafelsilber aus der ehemaligen Benediktiner-Reichsabtei Neresheim

Augsburg, zwischen 1759 und 1765
Silber
Tafelaufsatz: Jakob Christian Laminit (1732–1813),
H. 50,7 cm B. 49,5 cm, T. 27,7 cm
Untersetzplatte: Johann Wilhelm Dammann (um 1716–1784),
H. 6,2 cm, B. 64,5 cm, 41,8 cm
Zuckerstreuer und Senfkännchen: Daniel Schiller (um 1719–1795),
H. 16,4 bzw. 16,9 cm
Zwei Salzschälchen: Johann Leonhard Allmann (1697–1775),
B. 8,7 cm, T. 6,8 cm
Zwei Tischleuchter: Johann Balthasar Heckenauer (1713–1779),
H. 21,4 cm
Kredenz: Johann Conrad Lotter (1704–1779),
H. 7,2 cm, B. 31,9 cm, T. 23,2 cm
Je 6 Löffel, Gabeln und Messer: Abraham IV Warnberger (1716–1793),
L. 19,9 cm (Löffel), L. 18,7 cm (Gabeln), L. 21,8 cm (Messer)
Regensburg, Thurn und Taxis-Museum (Zweigmuseum des Bayerischen Nationalmuseums), Inv.-Nr. 93/94–96.1–2, 93/99.1–2, 93/98.1–2, 93/97, 93/104.1–6, 93/105.1–6, 93/106.1–6

Von den zahlreichen Silberservicen der süddeutschen Reichsprälaten des 18. Jahrhunderts hat sich allein das Abtssilber des ehemaligen Reichsstiftes Neresheim erhalten. Das Augsburger Ensemble entstand aus Anlaß eines für die Benediktinerabtei Neresheim entscheidenden Ereignisses: Nach langen Prozessen vor dem Reichskammergericht in Wetzlar konnte das Stift im Jahr 1764 unter Abt Benedikt Maria Angehrn (regierend 1755–1787) die Reichsstandschaft erlangen. Reichsprälat Benedikt Maria hatte nun als Herr eines – freilich winzigen – Territoriums zu repräsentieren und vornehmlich auch die Souveräne der benachbarten Herrschaftsgebiete angemessen zu empfangen und zu bewirten; zum Beispiel war Herzog Carl Eugen von Württemberg oftmals zu Gast in Neresheim. Nach Auskunft von Wappen und Inschrift gab Benedikt Maria sogleich im Jahr 1764 in Augsburg das Silberservice in Auftrag; wohl zur rascheren Ausführung der Bestellung wurden dabei offensichtlich auch einige bereits in den Lagern der Augsburger Silberhändler vorhandene Objekte nach Neresheim geliefert. Bereits gut ein Vierteljahrhundert später, gegen Ende des Jahres 1802, fiel mit dem Reichsstift Neresheim auch die gesamte bewegliche Habe der Abtei an das Haus Thurn und Taxis. Das Neresheimer Abtssilber wurde nun jedoch nicht zur Gewinnung von Silbermünzen eingeschmolzen, wie es etwa in Bayern und Württemberg während der Säkularisation die Regel war, sondern in die Thurn und Taxis'sche Silberkammer in Regensburg überführt: Den außerordentlich vermögenden Fürsten von Thurn und Taxis war sehr daran gelegen, stets eine größere Zahl von Servicen zur Ver-

V. 81

fügung zu haben, die nicht zuletzt für verschiedene Residenzen und verschiedene Familienmitglieder bestimmt waren. Nach dem Tod des Fürsten Johannes von Thurn und Taxis (1926–1990) erwarb der Freistaat Bayern den Kernbestand der Kunstsammlungen des Fürstenhauses, zu dem auch das Neresheimer Prälatenservice zählt. Seit 1998 ist das Ensemble, zusammen mit zahlreichen weiteren Kunstgegenständen, im Thurn-und-Taxis-Museum – einem Zweigmuseum des Bayerischen Nationalmuseums – im Regensburger Schloß St. Emmeram auf einer Prunktafel präsentiert.

Das kompositorische Zentrum des Neresheimer Abtsservices bildet der sich auf einer Untersetzplatte erhebende Tafelaufsatz. Solche »Surtouts« dienten zur Aufnahme der Zutaten, die während der Mahlzeit ständig auf der Tafel verblieben, wie Salz, Gewürz, Senf, Essig und Öl, bis hin zu dem für den Dessertgang benötigten Zucker (die ursprünglich zu dem Tafelaufsatz gehörigen Kristallkaraffen für Essig und Öl sind verloren). Die zwölf flachen Salzschälchen des Services – von denen hier zwei gezeigt werden – vertreten eine recht altertümliche Form; offensichtlich wurden ältere Lagerbestände nach Eingang des Auftrages im Jahr 1764 in gleicher Form ergänzt. Die Zwölfzahl weist darauf hin, daß das Service ursprünglich für zwölf Personen bestimmt war. Ein wesentliches Element des Tafelsilbers stellen ferner die insgesamt 30 Eßbestecke dar (jeweils sechs Löffel, Gabeln und Messer sind in der Ausstellung vertreten). So konnte das Prälatenservice durchaus auch für 15 Personen dienen, da man in der Regel zwei Besteckssätze pro Couvert rechnete. Im Dekor homogene Silberbestecke kamen am Hofe Ludwigs XIV. gegen Ende des 17. Jahrhunderts auf. Zudem haben sich die sechs zum Neresheimer Ensemble gehörigen Tischleuchter erhalten, von denen zwei ausgestellt sind. Nach Aussage verschiedener Gedeckpläne des 18. Jahrhunderts stand oft neben jedem zweiten Teller ein Leuchter – da die Festmähler meist des Abends stattfanden, war eine aufwendige Beleuchtung mittels zahlreicher Kerzenleuchter unabdingbar.

Im Hinblick auf die Zusammensetzung des Services überrascht es nur, daß sowohl Teller, Platten und Schüsseln als auch Terrinen und Saucieren fehlen – möglicherweise standen dem Reichsstift keine Mittel zur Erwerbung derartiger Objekte zur Verfügung, die schon wegen des hohen Silbergewichts äußerst kostspielig waren, so daß man sich notgedrungen mit Keramikausführungen begnügte. Dem reduzierten Anspruch des Komplexes entspricht die relativ geringe Größe des Tafelaufsatzes der Tischmitte, der hier weit weniger prominent ist als die gewöhnlich in Dreizahl auftretenden »Surtouts« der umfassenderen Augsburger Service, wie sie an den großen Fürstenhöfen Verwendung fanden. Doch auch in dem beschränkten Umfang vermittelt das Neresheimer Tafelsilber ein authentisches Bild des festlichen Glanzes, der die Galatafel eines Reichsprälaten des Rokoko prägte. *L.S.*

Baumstark 1998, S. 102–105, Nr. 29a-g

V. 81

V. 81

V. 82 Schokoladen- und Kaffeegeschirr aus der ehemaligen Benediktiner-Reichsabtei Neresheim

Schokoladenkanne: Johann Christoph Engelbrecht (um 1707–1758, Werkstattfortsetzung durch die Witwe bis etwa 1767/69), Augsburg, um 1759–1761 oder um 1763–1765
Silber, vergoldet, Holz, H. 24,6 cm, B. 16,5 cm
Milchkanne: wohl Augsburg, um 1764
Silber, vergoldet, Elfenbein, H. 18,5 cm, B. 13,2 cm
Kaffeekanne und Milchkanne: Johann Christian Neuss (1740–1803), Augsburg, um 1789–1791
Silber, Holz, H. 27,2 bzw. 22,7 cm, B. 24,9 bzw. 19,3 cm
Regensburg, Thurn-und-Taxis-Museum (Zweigmuseum des Bayerischen Nationalmuseums), Inv.-Nr. 93/100–103. *L.S.*

Baumstark 1998, S. 102, 105, Nr. 29h-j

V. 83 Teekanne und Zuckerdose aus der ehemaligen Benediktiner-Reichsabtei Zwiefalten

Manufaktur Ludwigsburg, um 1775
Porzellan mit polychromer Blumenmalerei und Vergoldung,
Kanne: H. 10 cm, Dose: H. 11 cm, Dm. 10,5 cm
Blaumarken
WLM 2031 und 2032

Beim Erwerb der beiden Geschirrteile im Jahr 1873 wurde vom damaligen Verkäufer das Kloster Zwiefalten als Provenienz angegeben. *S. H.*

V. 84 Platte aus einem Speiseservice in der ehemaligen Benediktiner-Reichsabtei St. Blasien

Wien, Manufaktur Du Paquier, um 1730/40
Porzellan mit Schwarzlotmalerei und Goldhöhungen, 41 × 27,3 cm
Benediktinerstift St.Paul im Lavanttal/Kärnten GP 100

Die Platte gehört zu einem vielteiligen Jagdservice. Es wird überliefert, Kaiser Karl VI. habe es bei Du Paquier in Auftrag gegeben und seine Nachfolgerin, Kaiserin Maria Theresia, habe das Porzellanservice – damals ein kostbarer Luxusartikel – dem Kloster St. Blasien geschenkt. Als die Benediktinermönche 1807 notgedrungen von dort auswanderten, nahmen sie ihr Porzellan nach St.Paul im Lavanttal mit. Aus finanziellen Schwierigkeiten sah sich der Konvent 1925 genötigt, etwa 50 Serviceteile an das Österreichische Museum für angewandte Kunst in Wien zu verkaufen. *S. H.*

AK St. Paul 1994, S. 41, Kat.102

V. 85 Gläser aus der ehemaligen Benediktiner-Reichsabtei St. Blasien

Wohl Böhmen, 1.Hälfte 18.Jh.
Farbloses Glas mit Mattschnitt und Schliff
Benediktinerstift St.Paul im Lavanttal/Kärnten

Die Gläser sind mit den eingeschnittenen Wappen der Äbte Blasius III. Bender (1720–1727) und Franz II. Schächtelin (1727–1747) verziert. *S. H.*

AK St.Blasien 1983, S. 354 ff

V. 84

V. 86 Pokal aus der ehemaligen Benediktiner-Reichsabtei Neresheim

Ulmertal (?), um 1730
Farbloses Glas mit Mattschnitt und Schliff, H. 25 cm
WLM 1937–102

Der Pokal ist mit den Wappen der Abtei Neresheim und des Abtes Edmund Heyser (1729–1739) verziert. Er dürfte 1810 als Säkularisationsgut dem König von Württemberg zugefallen sein, denn er wurde 1937 – zusammen mit Tafelsilber – aus dem ehemaligen Krongut ans Landesmuseum überwiesen. *S. H.*

AK Bruchsal 1981, S. 466, Kat. G 29

V. 87 Deckelbecher aus der ehemaligen Benediktiner-Reichsabtei Zwiefalten

Franz Thaddäus Lang (Meister 1719, gest. 1773)
Augsburg, 1743–1745
Silber, teilweise vergoldet, H. 18,5 cm
Bz: Seling 221, Mz: Seling 2118 s
WLM L 1971–138

Im Deckel befinden sich das gravierte Klosterwappen und das Wappen des Abtes Benedikt Mauz (1744 bis 1765). Vielleicht handelt es sich bei dem Becher um ein Geschenk zu seinem Amtsantritt. *S. H.*

Seling 1980, Bd.I, S. 196, 344

V. 88 Deckelbecher aus der ehemaligen Prämonstratenser-Reichsabtei Weissenau

Johann III Mittnacht (Meister 1735, gest. 1758)
Augsburg, 1749
Silber, teilweise vergoldet, H. 16,7 cm
Bz: Seling 228, Mz: Seling 2271 h
WLM 1992–175

Im Deckel befinden sich das Wappen der Reichsabtei Weissenau, die Initialen A A Z W und das Datum 1749, zu beziehen auf Abt Anton I. Unold (1724–1765). Der Deckelbecher könnte demnach ein Geschenk zu seinem 25jährigen Amtsjubiläum gewesen sein. *S. H.*

V. 86

V. 87 und V. 88

Erst vergoldet, dann »versilbert«. Barockes Kirchensilber aus südwestdeutschen Klöstern und sein Schicksal bei der Säkularisation

Unvorstellbar groß ist die Menge an Kirchensilber, die sich vom Dreißigjährigen Krieg bis zum späten 18. Jahrhundert in den Klöstern des Landes ansammelt. Jeder Abt ist darum bemüht, durch prachtvolle Anschaffungen das Ansehen des Klosters zu steigern und, indem er sein Wappen anbringt, sich selbst ein bleibendes Denkmal zu setzen. Gönner der Klöster und wohlhabende Gläubige veranlaßt die Sorge um ihr Seelenheil zu Stiftungen von oft beträchtlichem Wert. Je größer die Prachtentfaltung beim Gottesdienst, desto augenfälliger wird die Macht der katholischen Kirche, desto überzeugender vermittelt sich ihr geistlicher und weltlicher Anspruch. Doch dienen Kirchenschätze nicht nur der Selbstdarstellung, sondern auch einer ganz praktischen Vorsorge für Notzeiten. Jederzeit läßt sich liturgisches Gerät aus Edelmetall einschmelzen – »versilbern« – und als Zahlungsmittel verwenden. Viele Klöster sehen sich gegen Ende des 18. Jahrhunderts zu diesem Schritt gezwungen, um die hohen Kriegskontributionen aufzubringen. Die Fürstpropstei Ellwangen zum Beispiel erlöst 1799/1800 durch das Einschmelzen von Hof- und Kirchensilber 40 558 Gulden 46 Kreuzer für Zahlungen an die Kontributionskasse.

Trotz derartiger Notverkäufe und trotz mancher Einbußen in den österreichischen Vorlanden durch Zwangsabgaben an den Josephinischen Religionsfonds fallen den neuen Herren bei der Säkularisation gewaltige Mengen an liturgischem Silber in die Hände. So beläuft sich, um beim Beispiel Ellwangen zu bleiben, der finanzielle Gegenwert des 1803 in der Fürstpropstei eingezogenen und in zwei Fuhren nach Ludwigsburg abtransportierten Silbergeräts auf 31 879 Gulden 46 Kreuzer. Diese horrende Summe wird auf der zwölf Orte umfassenden Übersicht im Hauptstaatsarchiv Stuttgart (A 15, Bü 19) von der Silberausbeute im adeligen Ritterstift Comburg sogar noch übertroffen. Anschaulich werden solche Zahlen bei der Durchsicht von Bestandslisten der Klöster oder Übernahmeprotokollen, die die Masse spezifizieren. Zum Beispiel werden 1802 in der reichsfreien Prämonstratenserabtei Marchtal allein 31 Kelche aufgeführt, 17 Kelche ein Jahr später in der Benediktiner-Reichsabtei Zwiefalten.

V. 172

Die Ausstellung versucht einerseits, eine Ahnung von der Fülle und dem Reichtum des einst in den Klosterkirchen vorhandenen Silbergeräts zu vermitteln, also einen Zustand vor Augen zu führen, dem die Säkularisation ein jähes Ende bereitet. Andererseits stehen die aus zahlreichen ehemaligen Klöstern im heutigen

Land Baden-Württemberg zusammengetragenen Exponate stellvertretend für die unermeßlich vielen bei der Säkularisation unwiederbringlich vernichteten Gegenstände. Warum die ausgestellten Monstranzen, Kelche und dergleichen überlebt haben, ist selten genau nachzuweisen, bisweilen zu vermuten. In der Regel findet man die Bereitschaft der neuen Besitzer, den oft in Pfarrkirchen umgewandelten Klosterkirchen das zur Ausübung des Gottesdienstes unabdingbar notwendige liturgische Gerät zu belassen. Eingezogen wird nur als entbehrlich eingestuftes Kirchensilber. An der Interpretation des Wortes »entbehrlich« scheiden sich jedoch die Geister. Großzügigkeit oder Habgier der neuen Herren ist mancherorts noch am heutigen Bestand ablesbar.

V. 131

V. 94

Otto Graf Quadt-Wykradt zum Beispiel, dem die Benediktinerabtei Isny 1803 als Entschädigung zufällt, beläßt sämtliche Kirchengeräte und Ornate am Ort. Die prachtvollen Leihgaben aus der heutigen Pfarrkirche St.Georg und dem Museum am Mühlturm in Isny (Kat. V. 94–96, Abb.) zeugen somit nicht nur vom Glanz der ehemaligen Reichsabtei, sondern auch von der Großherzigkeit des neuen Besitzers. Auch die Klarissen im Kloster Wittichen haben diesbezüglich Glück mit dem Haus Fürstenberg. Noch heute sind die alte Monstranz mit dem Bild der Seligen Luitgard von Wittichen (Kat. V. 131, Abb.) und die Ewiglicht-Ampel in der kleinen Kirche in Gebrauch, während das übrige Silbergerät (Kat. V. 132–133) im Museum daneben an das Kloster und seine Bewohnerinnen erinnert.

Nicht in diesem Ausmaß, doch ebenfalls als großzügig erweist sich das katholische Haus von Thurn und Taxis gegenüber den ihm zugesprochenen Klöstern. Auffällig ist der offenkundige Respekt vor liturgischem Gerät. Im adeligen Damenstift Buchau richtet sich die Begehrlichkeit Fürst Carl Anselms vor allem auf das Tafelsilber, während das Kirchengerät nahezu vollzählig in Buchau verblieben zu sein scheint (Kat. V. 179–183). Es sind sogar zwei Hostienmonstranzen erhalten, von denen die bescheidene ältere mit den Brustbildern der heiligen Kirchenpatrone Cornelius

V. 161

und Cyprian in der Ausstellung zu sehen ist. In den Abteien Neresheim und Marchtal überläßt der Fürst den Reichsäbten leihweise Silbergerät und Pretiosen auf Lebenszeit. Als die Stücke später an das Haus Thurn und Taxis in Regensburg abgeliefert werden, wandern sie fast ausnahmslos in die Silberkammer, wo ihr Überleben für lange Zeit gesichert ist (Kat. V. 100–101, V. 159, V. 161).

Bei Pektoralien ist dieser respektvolle Umgang mit den Dingen besonders ungewöhnlich. Die goldenen, üblicherweise reich mit Edelsteinen besetzten Brustkreuze – wie die Abtsstäbe Insignien der alten Klostermacht – lenken aus doppeltem Grund sofort die begehrliche Aufmerksamkeit der neuen Herren auf sich. In der Prämonstratenserabtei Rot an der Rot zum Beispiel findet Graf Ludwig von Wartenberg, der neue Besitzer, 1803 acht Pektoralien und acht Ringe vor. Obgleich er sich dem Konvent gegenüber eher großzügig verhält – der heute in der ehemaligen Klosterkirche St. Verena vorhandene Bestand an Silbergerät (Kat. V. 150–156) spricht dafür –, verschwinden nicht nur die genannten Pretiosen, sondern Graf Ludwig läßt auch die Edelsteine aus der großen Monstranz herausbrechen. Die fünf Pektoralien aus der Prämonstratenserabtei Marchtal (Kat. V. 161, Abb.), deren Erhalt der frommen Gesinnung Fürst Carl Anselms zu verdanken ist, stellen somit eine große Besonderheit dar. Ein vergleichbarer alter Bestand an Brustkreuzen ist nur aus der Reichsabtei St. Blasien im Schwarzwald (Kat. V. 106, V. 109) bekannt. Er wird im Stift St. Paul im Lavanttal verwahrt, wohin die Benediktiner 1807/09 notgedrungen auswandern und einen Großteil der Wertgegenstände aus St. Blasien mitnehmen.

Bayern reagiert bei der Inbesitznahme der 1802/03 zugesprochenen Territorien, wie es scheint, den örtlichen Gegebenheiten entsprechend. In Söflingen beispielsweise bleibt nicht nur – von wenigen Ausnahmen abgesehen – das Kirchensilber dem zur Pfarrkirche umgewandelten Gotteshaus der reichsfreien Klarissenabtei erhalten (Kat. V. 134–138), sondern es werden sogar die Gerätschaften der bisherigen Pfarrkirche St. Jakob in die ehemalige Klosterkirche überführt. Der Kirchenschatz des Chorherrenstifts St. Michael zu den Wengen in Ulm dagegen, dessen Kirche künftig ebenfalls als Pfarrkirche dient, wird sofort verkauft. Es bleiben nur wenige als unentbehrlich angesehene liturgische Geräte zurück (Kat. V. 176–178). Nicht einheitlich ist auch das Bild, das der Kurfürst von Baden beim Umgang mit Kirchensilber in den als Gebietsentschädigung erhaltenen Klöstern an den Tag legt. In Freiburg-Günterstal zum Beispiel erweckt die geringe Menge des vorgefundenen Silbers (Kat. V. 120–122) Verdacht, weshalb die letzte Äbtissin des Zisterzienserinnenklosters bei den neuen Machthabern dauerhaft in Ungnade fällt. In den Schwarzwaldabteien St. Trudpert und St. Peter dagegen wird 1806 das entbehrliche liturgische Gerät auf andere Kirchen verteilt. Die Kroninsignien, die Carl Friedrich zwei Jahre nach der Erhebung Badens zum Großherzogtum in Auftrag gibt, werden auf eigenen Wunsch des Regenten – unter Verwendung von Teilen aus dem Kurhut – aus Säkularisationsgut angefertigt. Ein Teil des Materials stammt aus der Rastatter Hofkirche so-

V. 197

wie den Klöstern St. Blasien und Säckingen. Allein neun Pektoralien der Fürstbischöfe von Speyer befinden sich unter den Pretiosen, die bei der Einvernahme des Bistums Bruchsal an Baden fallen. Daraus entnommene Edelsteine arbeitet der Karlsruher Hofjuwelier Carl Wilhelm Dreßler ebenso in die badische Krone (Kat. V. 197, Abb.) ein wie Schmuckstücke aus dem aufgehobenen Kloster Schwarzach. Einem prachtvollen Ring zum Beispiel wird mit der Blechschere der Reif abgetrennt, die Schulter beiderseits gelocht und der Ringkopf – ein großer von Diamanten gesäumter Saphir – an einem der rückwärtigen Kronenbügel befestigt. Großherzog Carl Friedrich erlebt die Fertigstellung seiner Insignien nicht mehr. Sie finden erstmals Verwendung bei den Feierlichkeiten zu seiner Beisetzung.

Durchweg rigoros und in seiner perfekten Organisation beklemmend ist das Vorgehen Württembergs bei

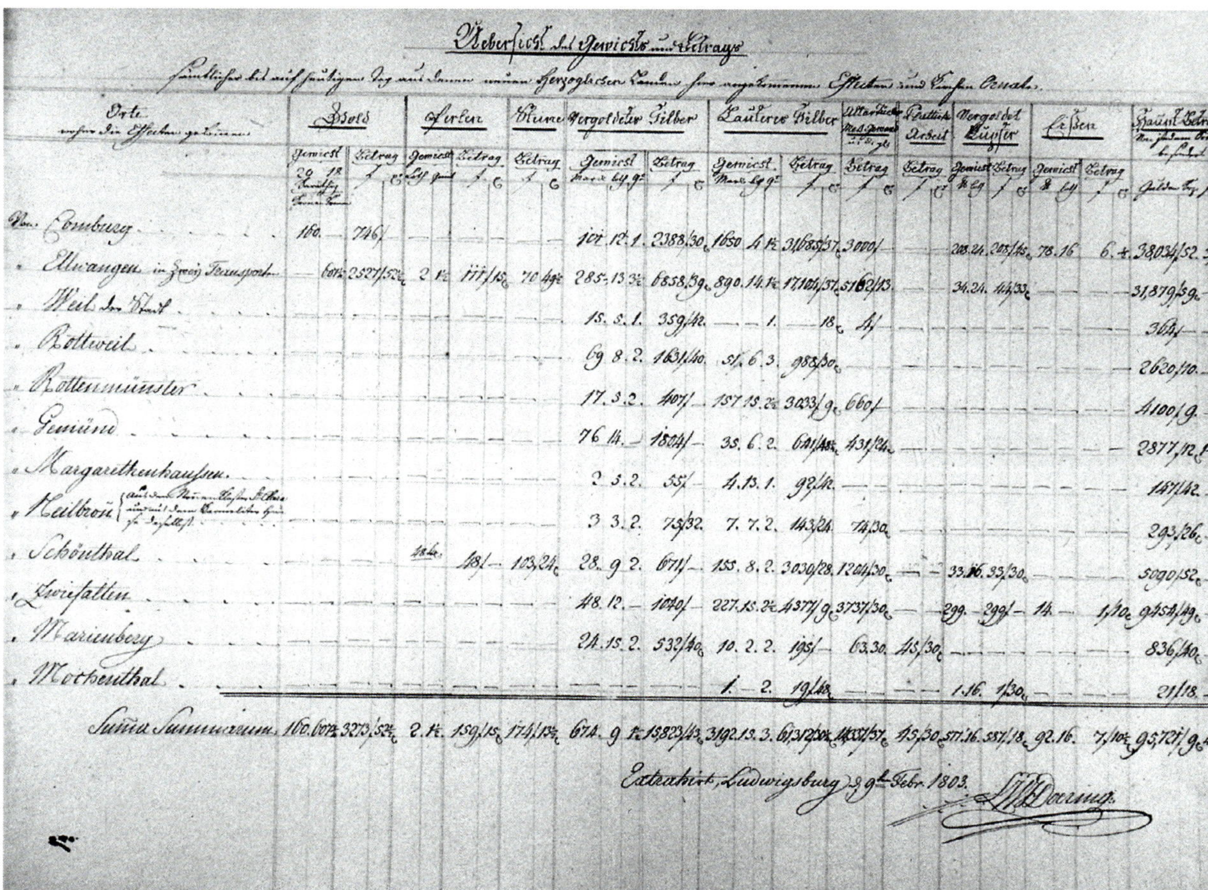

Uebersicht des Gewichts und Betrags

Orte	Gold Gewicht	Gold Betrag	Perlen Gewicht	Perlen Betrag	Steine Betrag	Vergoldetes Silber Gewicht	Vergoldetes Silber Betrag	Lauteres Silber Gewicht	Lauteres Silber Betrag	Altarstücke Betrag	Plattierte Arbeit Betrag	Vergoldetes Kupfer Gewicht	Vergoldetes Kupfer Betrag	Eisen Gewicht	Eisen Betrag	Hauptbetrag
Von Comburg	160.	746/				107.12.1.	2388/30	1650 4 1½	31685/37	3000/		208.24.	208/45	78.16	6.4	38034/52.3
" Ellwangen in zwei Transport	60½	2527/52	2 1½	111/15	70 49	285.13 3½	6858/39	890.14.1½	17104/37	5162/13		34.24.	44/33			31,879/39
" Weil der Stadt						15.5.1.	359/42	1.	18	4/						364/
" Rottweil						69 8.2.	1631/40	51.6.3.	988/30							2620/10
" Rottenmünster						17.3.2.	407/	157.15.2½	3033/9	660/						4100/9
" Gemünd						76 14.	1804/	35.6.2.	641/48	431/24						2877/12
" Margarethenhausen						2 3.2.	55/	4.13.1.	92/12							147/42
" Heilbronn						3 3.2.	75/32	7.7.2.	143/24	74/30						293/26
" Schönthal			48 4.	48/	103/24	28.9 2.	671/	155.8.2.	3030/28	1204/30		33.16.	33/30			5090/52
" Zwiefalten						48.12.	1040/	227.15.2½	4377/9	3737/30		299.	299/	14.	1/10	9454/49
" Marienberg						24.15.2.	532/40	10.2.2.	195/	63.30	45/30					836/40
" Mockenthal								1. 2.	19/48			1.16.	1/30			21/18
Summa Summarum	160. 60½	3273/52	2.1½	159/15	174/13	674.9 1½	15823/43	3192.13.3.	61,312/30	14,337/37	45/30	577.16.	587/18	92.16.	7/10	95,721/9

Extrahirt, Ludwigsburg 29. Febr. 1803. Doering

Übersicht in Ludwigsburg eingegangenen ehemaligen Klosterbesitzes

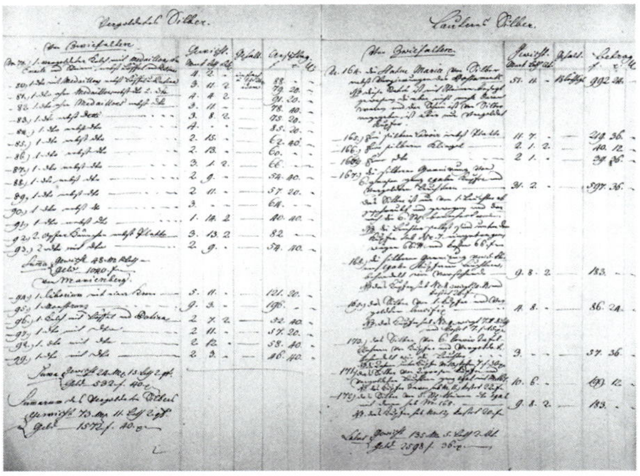

Protokoll vom 7. Februar 1803

der Einvernahme des neuen Besitzes. Die o.g. »Übersicht des Gewichts und Betrags sämtlicher bis auf heutigen Tag aus denen neuen Herzoglichen Landen hier angekommenen Effekten und Kirchen Ornaten«, die von Hofrat Doering am 9. Februar 1803 in Ludwigsburg unterzeichnet wird (Abb.), legt davon Zeugnis ab. Eine Kopfleiste teilt das Blatt nach Material – beim

V. 198

Silber unterschieden in vergoldetes und lauteres – in 9 Rubriken ein, die verwerteten Orte sind senkrecht aufgeführt. Gewicht und Geldwert des Vorgefundenen sind akurat in das Schema eingetragen und addiert. Grundlage für diese Liste sind Protokolle, die in den Tagen davor für jedes vereinnahmte Kloster angelegt werden. Das Protokoll vom 7. Februar 1803, die Benediktinerreichsabtei Zwiefalten und das zugehörige Benediktinerinnenkloster Mariaberg bei Gammertingen betreffend, mag als Beispiel dienen (HStA Stuttgart, A 15 / Bü 20). Nach Material sortiert werden sämtliche Gegenstände mit ihrem genauen Gewicht und Geldwert aufgeführt und mit einer laufenden Nummer versehen. Am Fuß jeder Seite wird die Zwischensumme gezogen. Während die aufgeschlagene Doppelseite (Abb.) links vorwiegend Kelche auflistet, erlaubt die rechte Seite, die auch Gegenstände aus kombiniertem Metall enthält, einen Einblick in die rohe Vorgehensweise der württembergischen Staatsdiener. Noch im Kloster werden die Materialien getrennt, also bei einem Kruzifix (lfd. Nr. 169) der silberne Corpus samt Kreuz von seinem Fuß aus vergoldetem Kupfer abgeschraubt, wobei die fortlaufende Zählung den Verweis auf den unter »Kupfer« separat numerierten Fuß ermöglicht und die Buchhaltung transparent macht. Bei Messingleuchtern mit silbernen »Garnierungen« werden, falls – wie bei der laufenden Nr. 167 – die Größe übereinstimmt, nur von einem Exemplar die Beschläge abgeschraubt und die Gesamtsumme von Gewicht und Wert errechnet.
Über den Abtransport des Kirchenschatzes aus dem adeligen Ritterstift Comburg, der sich nach der Liste vom 9. Februar 1803 auf insgesamt 38 034 Gulden 52 Kreuzer beläuft, berichten die württembergischen Kommissäre im Januar: »Wir sind heute den ganzen Tag mit Packung des Kirchen- und Dekani-Silbers beschäftigt gewesen und hoffen, morgen damit fertig zu werden...« (zitiert nach Erzberger 1902, S. 212). Als Hilfskraft rekrutieren sie vor Ort einen anstelligen Schreiber, der auch zum Auspacken nach Ludwigsburg mitreisen muß. Die zu erwartenden 12 Kisten sollen mit zwei vierspännigen Wagen transportiert werden, von denen einer zweckmäßigerweise gleich mit den Comburger Stiftspferden bespannt wird, die an den Marstall in Stuttgart abgegeben werden. Offensichtlich ist weit mehr entfernt worden, als für den Gottesdienst wirklich entbehrlich ist, denn die noch heute in der ehemaligen Stiftskirche gebrauchte

prachtvolle Hostienmonstranz (Kat.V. 139) stammt nicht von hier, sondern aus dem nahegelegenen ehemaligen Kapuzinerkloster Kleincomburg.
Der größte Teil des in Ludwigsburg im Frühjahr 1803 eintreffenden Silbers wird eingeschmolzen. Entgegen der landläufigen Meinung wird für die Anfertigung von Friedrichs Kurfürstenservice im Oktober 1803 überwiegend nicht Säkularisationsgut bei den Hofsilberarbeitern eingeliefert, sondern Altbestand aus der württembergischen Silberkammer. Lediglich eine Reihe von Gegenständen aus dem Ellwanger Stiftssilber wird unverändert dazugenommen (s. »Prunkvolles Tafelgerät aus südwesttdeutschen Klöstern«).

V. 97

Trotzdem scheint es gerechtfertigt, Tellerstapel aus dem Service von 1803 (Kat.V. 198, Abb.) in der Ausstellung zu zeigen, da dieser Luxus indirekt natürlich durch Säkularisationseinnahmen finanziert wird. Das zu Friedrichs Königszeit neu angeschaffte Tafelsilber (Kat. 199–200) dürfte tatsächlich weitestgehend aus eingeschmolzenem Kirchensilber stammen, zumal 1805/06 beachtliche Neuzugänge zu verzeichnen sind. Nur wenige der eingesammelten liturgischen Geräte bleiben von Vernichtung verschont. Am 24. Juli 1803 bestätigt der Garnisonspfarrer M.Bardili in Ellwangen den Empfang von vier hohen Leuchtern, einer Lavabo-Garnitur und zwei vergoldeten Kelchen mit Patene – einer davon mit Steinbesatz – für die evangelische Hofkirche in Ellwangen (HStA Stuttgart A 15 / Bü 20). Sicher handelt es sich hierbei um Säkularisationsgut. Dasselbe gilt für die liturgischen Geräte, die König Friedrich der von ihm umgesetzten katholischen Kirche St. Eberhard in Stuttgart 1811 zur Weihe schenkt (Kat. V. 97, XII. 25–26). Die ungewöhnlich heitere Hostienmonstranz (Abb.), die aus der reichsunmittelbaren Benediktinerabtei Weingarten stammen soll, verdankt ihr Überleben mit Sicherheit dem geringen Silbergewicht und ihren unedlen Steinen.
S. H.

Erzberger 1902; Tüchle/Schahl 1976; Fritz/Schwarzmaier 1977; Schmid 1980; AK Bruchsal 1981; Mangold 1983; Seelig 2003

V. 89 **Porträt der Äbtissin Ursula aus dem ehemaligen Zisterzienserinnenkloster Friedenweiler**

2. Hälfte 18.Jh.
Öl auf Leinwand, 56 × 45 cm
Kirchenbesitz

Aus dem Text unterhalb des Bildnisses geht hervor, daß Äbtissin Ursula Rottlerin (1687–1723) die Monstranz, mit der sie abgebildet ist, für das Kloster Friedenweiler hat anfertigen lassen.

Wolfarth 1973, S. 46

V. 90

V. 91 **Altarleuchterpaar aus der zur ehemaligen Benediktiner-Reichsabtei Ochsenhausen gehörigen Wallfahrtskirche Mariä Himmelfahrt in Steinhausen an der Rottum**

Caspar Riss (Meister um 1661, gest. 1712)
Augsburg, 1695–1700
Silber, H. 69,5 cm
Bz: Seling 150, Mz: Seling 1636
Kath. Kirchengemeinde Steinhausen a.d.Rottum

Die beiden Altarleuchter sind Teil eines aus 6 Leuchtern bestehenden Ensembles und tragen das Wappen und die Initialen FAZO des Ochsenhauser Abtes Franziskus Klesin (1689–1708). Wann sie in die Wallfahrtskirche Steinhausen an der Rottum gelangten (vgl. Kat. V. 90), ist unbekannt.

AK Ochsenhausen 1995, S. 55 f

V. 90 **Weihrauchschiffchen mit Löffel und Rauchfaß aus der zur ehemaligen Benediktiner-Reichsabtei Ochsenhausen gehörigen Wallfahrtskirche Mariä Himmelfahrt in Steinhausen an der Rottum**

Georg Wilhelm Fesenmayr (Meister 1639, gest. 1672)
Augsburg, 1646
Silber, Schiffchen: H. 12 cm, Löffel: L. 9,4 cm, Rauchfaß: H. 20,5 cm
Bz: Seling 69, Mz: Seling 1496
Kath. Kirchengemeinde Steinhausen a.d.Rottum

Eingraviert sind das Wappen des Abtes Alphons Kleinhans von Muregg (1638–1648 Abt in Kloster Alpirsbach, 1658–1671 in Ochsenhausen) und seine Initialen A(lfonsus) A(bbas) A(lpirspacensis). Als Alpirsbach nach dem Westfälischen Frieden wieder an Württemberg fiel, brachte Abt Alphons die von ihm für das dortige Kloster angeschafften Silbergeräte nach Ochsenhausen mit. Wann sie von hier in die 1673 geweihte Wallfahrtskirche Steinhausen an der Rottum gelangten, die zu Kloster Ochsenhausen gehörte und erst 1803 einen eigenen Pfarrer erhielt, ist unbekannt.

KDM Biberach 1909, S. 225; AK Ochsenhausen 1984, Kat.50

V. 91

V. 92 **Beschläge eines Missale aus der ehemaligen Benediktiner-Reichsabtei Ochsenhausen**

Joseph Zieher (Meister um 1772, gest. nach 1822)
Biberach, um 1775
Silber, Missale von 1923: 36,2 x. 27,5 x. 7,5 cm
Bz: R3 1240, Mz: IZ
Kath. Kirchengemeinde Ochsenhausen

Im Zentrum sind das Wappen und die Initialen R.A. des letzten Ochsenhauser Abtes Romuald Weltin (1767–1803) eingraviert.

V. 93 **Rahmen dreier Kanontafeln aus der ehemaligen Benediktiner-Reichsabtei Ochsenhausen**

um 1775
Silber, Holzkern, 43 × 47,5 cm bzw. 37,5 × 27 cm
Kath. Kirchengemeinde Ochsenhausen

V. 94 **Hostienmonstranz aus der ehemaligen Benediktiner-Reichsabtei St.Georg in Isny**

(Abb. S. 247)
Johann Melchior III Hirtz (Meister um 1689, gest. 1715)
Augsburg, 1700
Bz: Seling 160, Mz: Seling 1839*
Silber, teilweise vergoldet, polychrom bemalte Emailmedaillons, farbige Steine, H. 100 cm
Kath. Kirchengemeinde St.Georg und Jakobus, Isny

Die Emails auf dem Fuß zeigen das Klosterwappen und das Wappen des Abtes Michael Graff (1690–1701) mit der Beischrift M.A.M.J.S.G.

KDM Wangen 1954, S. 160; Reinhardt 1996, Abb. 58

V. 95 **Meßkelch aus der ehemaligen Benediktiner-Reichsabtei St.Georg in Isny**

Johann Georg Herkomer (Meister 1712, gest. 1754)
Augsburg, 1717–1718
Silber, teilweise vergoldet, polychrom bemalte Emailmedaillons, farbige Steine, H. 28,5 cm
Bz: Seling 178, Mz: Seling 2050
Kath. Kirchengemeinde St.Georg und Jakobus, Isny

Ein Email auf dem Fuß zeigt das Klosterwappen und das Wappen des Abtes Alfons Torelli (1701–1731).

KDM Wangen 1954, S. 161; Reinhardt 1996, Abb.59

V. 96 **Reliquienkreuz aus der ehemaligen Benediktiner-Reichsabtei St.Georg in Isny**

Johann Christian Lenz
Bregenz, 1737
Silber, zum Teil vergoldet, polychrom bemalte Emailmedaillons, farbige Steine, H. 73,3 cm
Kein Bz, Mz: IL, Feingehaltszeichen 13
Kath. Kirchengemeinde St.Georg und Jakobus, Isny

Das Email auf der Schauseite des Fußes zeigt das Klosterwappen und das Wappen des Abtes Leo Bestle (1731–1746) mit der Beischrift L.A.M.Y.

KDM Wangen 1954, S. 160 f; AK Bruchsal 1981, S. 288; Reinhardt 1996, Abb.55–57

V. 97 **Hostienmonstranz aus der ehemaligen Benediktiner-Reichsabtei Weingarten**

(Abb. S. 251)
Ignatius Caspar Bertholt (Meister 1750, gest. 1794)
Augsburg, 1769–1771
Silber, teilweise vergoldet, farbige Steine, H. 84 cm
Bz: Seling 255, Mz: Seling 2405 c
Kath. Domkirchengemeinde St.Eberhard, Stuttgart

Erzberger 1902, S. 362

V. 98 **Hostienmonstranz aus der ehemaligen Benediktinerabtei Wiblingen**

Caspar Riss (Meister um 1661, gest. 1712)
Augsburg, 1690
Silber, teilweise vergoldet, farbige Steine, H. 68 cm
Bz: Seling 143, Mz: Seling 1636
Kath. Kirchengemeinde, Ulm-Wiblingen

KDM Laupheim 1922, S. 176

V. 99 **Meßgarnitur aus der ehemaligen Benediktinerabtei Wiblingen**

Johann Caspar Lutz (Meister 1716, gest.1748)
Augsburg, 1745–1747
Silber, Tablett: 31,5 × 24,5 cm, Kännchen: H. 13 cm
Bz: Seling 223 (Tablett), Seling 224 bzw. 225 (Kännchen), Mz: Seling 2086
Kath. Kirchengemeinde Ulm-Wiblingen

KDM Laupheim 1922, S. 176

V. 100 Meßkelch aus der ehemaligen Benediktiner-Reichsabtei Neresheim

Johann Georg Herkomer (Meister 1712, gest. 1754) und
Franz Joseph Reischle (1675–1727), Augsburg, um 1712
Silber, weitgehend vergoldet, Email, Rubine, Smaragde,
Amethyste, Türkise
H. 27,5 cm, Dm. Fuß 18,4 cm, Dm. Kuppa 11,7 cm
Regensburg, Thurn-und-Taxis-Museum
(Zweigmuseum des Bayerischen Nationalmuseums),
Inv.-Nr. 93/207

Ein Email auf dem Fuß zeigt das Wappen des Neresheimer Abtes Amandus Fischer (1711–1729). *L.S.*

Baumstark 1998, S. 159, Nr. 98

V. 100

V. 101 Zwei Altarglöckchen aus der ehemaligen Benediktiner-Reichsabtei Neresheim

Anton Simon Lang (nachweisbar seit 1723, gest. 1753)
Dillingen, um 1725
Silber, Messing, H. 11,6 und 11,7 cm, Dm. Fuß 15,1 und 14,8 cm
Regensburg, Thurn-und-Taxis-Museum (Zweigmuseum des
Bayerischen Nationalmuseums), Inv.-Nr. 93/205.1–2 *L.S.*

Baumstark 1998, S. 160, Nr. 99

V. 102 Meßkelch aus der ehemaligen Benediktiner-Reichsabtei St.Blasien

Johann Ignaz Onnesorg (Meister 1681/83)
Augsburg, 1680–1685
Silber, vergoldet, farbige Steine, H. 27,8 cm
Bz: Seling 133, Mz: Seling 1784 b
Kath. Kirchengemeinde St. Blasien

Ein Email auf der Kuppa zeigt das Wappen des Abtes Romanus Vogler (1672–1695), eines auf dem Fuß das Wappen des Stifters, eines Konventualen, mit der Beischrift seines Namens »F. Conradus Schulthus«.

AK St. Blasien 1983, Kat. 162, S. 193, 195

V. 103 Meßgarnitur mit Kelch aus der ehemaligen Benediktiner-Reichsabtei St.Blasien

Johann Jakob I Frings (Meister 1694, gest. 1744)
Augsburg, um 1700
Silber, teilweise vergoldet, polychrom bemalte Emailmedaillons,
farbige Steine, Tablett: 36 × 28 cm, Kännchen: H. 14,5 cm,
Kelch: H. 28,7 cm
Bz: R3 203, Mz: Seling 1883, Wiener Repunzierung 1806/07 (R3 7876)
Benediktinerstift St.Paul im Lavanttal/Kärnten

AK St. Blasien 1983, Kat. 167, S. 203 ff

V. 104 Ciborium aus der ehemaligen Benediktiner-Reichsabtei St.Blasien

Paul Solanier (Meister 1665/6, gest. 1724)
Augsburg, 1710–1712
Silber, vergoldet, H. 38 cm
Bz: Seling 171, Mz: Seling 1669
Kath. Kirchengemeinde St.Blasien

AK St. Blasien 1983, Kat. 170, S. 208 f

V. 104

V. 106 Brustkreuz aus der ehemaligen Benediktiner-Reichsabtei St. Blasien

Wien (?), 1731
Gold, Smaragde, Brillanten, H. 15 cm
Benediktinerstift St.Paul im Lavanttal/Kärnten

Das Pektorale mit dem Doppeladler über dem Kreuz ist ein Geschenk Kaiser Karls VI. an Abt Franz II. Schächtelin (1727–1747).

AK St. Blasien 1983, S. 224 f, Nr. 179

V. 107 Ciborium aus der ehemaligen Benediktiner-Reichsabtei St. Blasien

Franz Thaddäus Lang (Meister 1719, gest. 1773)
Augsburg, 1731–1733
Silber, vergoldet, H. 32,5 cm
Bz: Seling 197, Mz: Seling 2118
Kath. Kirchengemeinde St.Blasien

AK St. Blasien 1983, Kat. 177, S. 220 f

V. 108 Meßgarnitur aus der ehemaligen Benediktiner-Reichsabtei St. Blasien

Franz Christoph Mederle (Meister 1729, gest. 1765)
Augsburg, 1755–1757
Silber, vergoldet, Tablett: 34,5 × 27,7 cm, Kännchen: H. 15 cm
Bz: Seling 235, Mz: Seling 2219
Kath. Kirchengemeinde St.Blasien

AK St. Blasien 1983, Kat. 183, S. 227 f

V. 109 Brustkreuz aus der ehemaligen Benediktiner-Reichsabtei St. Blasien

Wien (?), 1771
Silber, Amethyste, Brillanten, H. 18 cm
Benediktinerstift St. Paul im Lavanttal/Kärnten

Das Pektorale schenkte Kaiserin Maria Theresia am 21. April 1771 dem Fürstabt Martin II. Gerbert (1764–1793) von St.Blasien.

AK St. Blasien 1983, Kat.181, S. 225 f

V. 105 Meßkelch aus der ehemaligen Benediktiner-Reichsabtei St. Blasien

Johann Caspar Lutz (Meister 1716, gest. 1748)
Augsburg, um 1720
Silber, vergoldet, H. 31,5 cm
Bz: Augsburg, Mz: Seling 2086
Benediktinerstift St. Paul im Lavanttal/Kärnten

Auf dem Fuß ist ein Email mit dem Wappen des Augsburger Fürstbischofs Alexander Sigmund Herzog von Pfalz-Neuburg (1690–1737) mit der Beischrift »A.S. E.A.A.C.P.R. 1720« angebracht. Aus Dankbarkeit verehrte er diesen Kelch Pater Blasius Bender, der 1720 bei Differenzen mit dem Fürstbischof von Konstanz vermittelt hatte.

AK St. Blasien 1983, Kat.174, S. 214 ff

V. 110 Abtsstab aus der ehemaligen Benediktiner-Reichsabtei St. Blasien

um 1800
Silber, zum Teil vergoldet, Holz, L. 206 cm
Benediktinerstift St.Paul im Lavanttal/Kärnten

Die Krümme ist mit den Büsten der Heiligen Benedikt und Blasius verziert.

AK St. Blasien 1983, Kat. 189, S. 238; AK Stuttgart 1987, Kat. 224

V. 113

V. 111 Meßkelch aus der ehemaligen Benediktinerabtei St. Peter

Daniel Hofmann
Freiburg, gestiftet 1692
Silber, vergoldet, H. 24 cm
Bz: Freiburg, Mz: DH
Kath. Kirchengemeinde St. Peter und St. Paul, St.Ulrich i.Schw.

Der Unterseite des Fußrandes ist eine Widmung des Ratsmitgliedes Franz Gerwig eingraviert.

AK Freiburg 1970, Nr. 369

V. 112 Meßkelch aus der ehemaligen Benediktinerabtei St. Peter

Franz Anton Bettle (Meister um 1715, gest. 1728)
Augsburg, 1720–1721
Silber, teilweise vergoldet, polychrom bemalte Emailmedaillons, H. 28,5 cm
Bz: Seling 186, Mz: Seling 2075
Kath. Kirchengemeinde St.Peter i. Schw.

AK St. Peter 1993, Kat. 69, S. 321

V. 113 Meßgarnitur aus der ehemaligen Benediktinerabtei St.Peter

Meister L.Höbert
Wien, 1770
Silber, vergoldet, Tablett: 38,5 × 28,7 cm, Kännchen: H. 17 cm
Kath. Kirchengemeinde St. Peter i. Schw.

Knies 1905

V. 114 Meßkelch aus der ehemaligen Benediktinerpropstei St.Ulrich

Josef Tobias Herzebik (Meister 1756, gest. 1788)
Augsburg, 1756
Silber, teilweise vergoldet, H. 25,8 cm
Bz: Seling 235, Mz: Seling 2437
Kath. Kirchengemeinde St. Peter und St. Paul, St. Ulrich i.Schw.

Im Fuß ist eine Widmungsplakette des Bauers Joseph Schneider uns seiner Frau von 1756 angebracht.

KDM Freiburg Land 1904, S. 452

V. 115 Meßkelch aus der ehemaligen Benediktinerabtei St.Trudpert

Johannes Zeckel (Meister um 1691, gest. 1728)
Augsburg, 1690–1695
Silber, teilweise vergoldet, H. 25,5 cm
Bz: Seling 148, Mz: Seling 1860
Kath. Kirchengemeinde Obermünstertal

V. 116 Meßkelch aus der ehemaligen Benediktinerabtei St.Trudpert

Franz Christoph Mederle (Meister 1729, gest. 1765)
Augsburg, 1730
Silber, vergoldet, H. 25,5 cm
Bz: Seling 194, Mz: Seling 2219
Kath. Kirchengemeinde Obermünstertal

Auf dem Fußrand befindet sich die Widmungsgravur »Ma: Conrad Landtherr Beckh und Maria Anna Metzgerin seine Haußfrau A° 1730«.

V. 117 Meßkelch aus der ehemaligen Benediktinerabtei St. Trudpert

David Theodor Saler (Meister 1734, gest. 1763)
Augsburg, 1742
Silber, vergoldet, polychrom bemalte Emailmedaillons, H. 26,5 cm
Bz: Seling 218, Mz: Seling 2260
Kath. Kirchengemeinde Obermünstertal

Auf dem Fußrand Widmungsgravur »Diss verEhrt Barbara Baürin ab Dem Bichl Im Münster Thal A° 1742«. Die Darstellungen der Madonna mit Kind, sowie der Heiligen Katharina und Barbara, der Namenspatronin der Stifterin, vermitteln in ihrer leichten Koketterie den Charme des Rokoko.

KDM Freiburg Land 1904, S. 441

V. 117

V. 118

V. 118 Hostienmonstranz aus der ehemaligen Benediktinerabtei Ettenheimmünster

Wien, 1739
Silber, teilweise vergoldet, polychrom bemalte Emailmedaillons, farblose und farbige Steine, H. 51,5 cm
Bz: Wien, 1739, Mz: nicht eindeutig lesbar
Kath. Kirchengemeinde Ettenheimmünster

Auf der Unterseite des Fußrandes befindet sich eine Widmungsgravur des Abtes Johann Baptist Eck (1710–1740). Abt Johann Baptist hatte auch eine große und sehr kostbare, auf 20 000 Gulden geschätzte Monstranz gestiftet, die jedoch 1803 in Bruchsal abgeliefert werden mußte.

Weis 1999, S. 123, Anm. 113, Nr.2

V. 119 Meßkelch aus der ehemaligen Benediktinerabtei Ettenheimmünster

Augsburg, 1.Hälfte 18. Jh
Silber, vergoldet, H. 23 cm
Bz und Mz: Reste der herausgebrochenen und reparierten Punzen als Augsburger Beschau identifizierbar.
Kath. Kirchengemeinde Ettenheimmünster

Im Fuß befindet sich eine gravierte Platte mit der Inschrift »Calix P. Gervasii Bulffer 1763«. Bulffer war im 18. Jh. Archivar des Klosters.

Weiss 1999, S. 123 f, Anm. 113, Nr. 6

V. 120 Meßkelch aus dem ehemaligen Zisterzienserinnenkloster Freiburg-Günterstal

Johann Jakob Rothpletz (erwähnt 1673–1720)
Freiburg, 1680
Silber, teilweise vergoldet, H. 26,5 cm
Bz: Freiburg, Mz: R3 2130
Kath. Kirchengemeinde Freiburg-Günterstal

In ein Ovalmedaillon auf dem Fuß ist das kombinierte Wappen des Zisterzienserinnenklosters Günterstal und der Äbtissin Agnes von Greuth (1669–1691) eingraviert.

AK Freiburg 1970, Kat. 365

V. 121 Ciborium aus dem ehemaligen Zisterzienserinnenkloster Freiburg-Günterstal

Daniel Hofmann
Freiburg, 1687
Silber, teilweise vergoldet, H. 35 cm
Bz: Freiburg, Mz: DH
Kath. Kirchengemeinde Freiburg-Günterstal

Im Deckel befindet sich eine gravierte Platte mit dem Wappen des Zisterzienserinnenklosters Günterstal, kombiniert mit dem der Äbtissin Agnes von Greuth (1669–1691), dazu die Jahreszahl 1687.

AK Freiburg 1970, Kat.368

V. 122 Heilig-Blut-Monstranz aus dem ehemaligen Zisterzienserinnenkloster Freiburg-Günterstal

Franz Thaddäus Lang (Meister 1719, gest. 1773)
Augsburg 1736–1737
Silber, teilweise vergoldet, Perlen, farbige Steine, H. 59 cm
Bz: Seling 207, Mz: Seling 2118
Kath. Kirchengemeinde Freiburg-Günterstal

Auf dem Fuß sind in Treibarbeit das Wappen des Klosters und das der Äbtissin Maria Franziska Cajetana von Zurthannen (1728–1770) mit ihren Initialen MFZTAZG. angebracht.

AK Freiburg 1970, Nr. 473; Dreher 2002, S. 94

V. 123 Meßkelch aus der ehemaligen Zisterzienserinnen-Reichsabtei Gutenzell

Ludwig Schneider (Meister um 1685, gest. 1729)
Augsburg, 1708–10
Silber, teilweise vergoldet, polychrom bemalte Emailmedaillons, H. 28 cm
Bz: Seling 166, Mz: Seling 1806
Kath. Kirchengemeinde Gutenzell

Ein Email auf dem Fuß zeigt das Wappen der Äbtissin Maria Victoria von Hochwind (1696–1718) mit der Beischrift M.V.A.Z.G.Z. Neben dem heiligen Ordensgründer Bernhard und dem hl. Benedikt, nach dessen Regel die Zisterzienserinnen leben, sind auf den Emails auch die hl. Viktoria als Namenspatronin der stiftenden Äbtissin und die hl. Justina abgebildet, eine der Katakombenheiligen, deren »Heilige Leiber« in Gutenzell verehrt werden.

KDM Biberach 1909, S. 122

V. 123

V. 124

V. 124 **Meßkelch aus der ehemaligen Zisterzienserinnen-Reichsabtei Baindt**

Georg Wilhelm Fesenmayr (Meister 1639, gest. 1672)
Augsburg, 1655–60
Silber, teilweise vergoldet, H. 24,5 cm
Bz: Seling 88, Mz: Seling 1496
Kath. Kirchengemeinde Baindt

Auf dem Fuß ist ein graviertes Medaillon mit dem Wappen der Äbtissin Maria Scholastica Klöckler (1649–1671) und der Beischrift M.S.A.Z.B. angebracht.

KDM Ravensburg 1931, S. 62; Beck 1990

V. 125 **Altarleuchterpaar aus dem ehemaligen Zisterzienserinnenkloster Heiligkreuztal**

Zwischen 1682 und 1690
Silber, H. 67 bzw. 68 cm
Kath. Kirchengemeinde Altheim

In den Fuß sind die Wappen der Zisterzienser, des Klosters Heiligkreuztal und der Äbtissin Maria Luitgardis Bössin (1682–1690) eingraviert. Das Leuchterpaar ist das größte eines sechs Leuchter umfassenden Ensembles. Ein zugehöriges Paar trägt ebenfalls das Wappen der Äbtissin, das andere das bekrönte Wappen der Familien Truchseß von Waldburg und Wolkenstein. Es bezieht sich auf Maria Klara Freiin von Waldburg (1634–1690), die als Maria Josepha Nonne in Heiligkreuztal war und den wohl von ihr gestifteten Leuchtern die vereinigten Wappen ihrer Eltern eingravieren ließ.

KDM Riedlingen 1936, S. 166; Siebmacher 1972, S. 65 ff, 68 ff; Isenburg 1988, T.159

V. 126 **Hostienmonstranz aus dem ehemaligen Zisterzienserinnenkloster Wald**

Johann Lukas Sigel (Meister um 1696, gest. 1745)
Augsburg, 1705
Silber, teilweise vergoldet, farbige Steine, H. 71,5 cm
Bz: Seling 163, Mz: Seling 1891
Kath. Kirchengemeinde Wald

Auf dem Fuß sind das Familienwappen und die Initialen der Äbtissin Maria Jacobe von Bodman (1681–1709) eingraviert.

KDM Sigmaringen 1948, S. 429

V. 127 **Meßkelch aus dem ehemaligen Zisterzienserinnenkloster Wald**

Franz Ignaz Berdolt (Berchtold) (Meister 1710, gest. 1762)
Augsburg, um 1732
Silber, teilweise vergoldet, polychrom bemalte Emailmedaillons, rote und farblose Steine, H. 27,8 cm, Patene: Dm. 18 cm
Bz: Seling 197, Mz: Seling 2026
Kath. Kirchengemeinde Wald

Die Emails auf dem Fuß zeigen das Wappen der Stifterin des Kelches, einer Freiin von Hundpis-Waltrams, das Wappen der Klostergründer, des Geschwisterpaares Burkhardt und Juditha von Weckenstein, und das Wappen der Äbtissin Antonie von Falkenstein (1709–1739). Auf der Kuppa sind der Ordensgründer Bernhard von Clairvaux, der hl. Benedikt und die Himmelfahrt Mariä zu sehen.

KDM Sigmaringen 1948, S. 428

V. 129

V. 128 **Meßgarnitur aus dem ehemaligen Zisterzienserinnenkloster Wald**

Franz Ignaz Berdolt (Berchtold) (Meister 1710, gest. 1762)
Augsburg, 1731–1733
Silber vergoldet, polychrom bemalte Emailmedaillons,
Tablett: 37 × 29 cm, Kännchen: H. 15,5 cm
Bz: Seling 197, Mz: Seling 2026
Kath. Kirchengemeinde Wald

Die Emails auf der Fahne des Tabletts zeigen Brustbilder der vier großen lateinischen Kirchenlehrer Augustinus, Papst Gregor, Hieronymus und Ambrosius.

KDM Sigmaringen 1948, S. 429

V. 129 **Magnusstab aus dem ehemaligen Zisterzienserinnenkloster Wald**

Johann Georg Kugler (Meister 1733, gest. nach 1771)
Augsburg, 1741–1743
Silber, Holz, L. 87,5 cm
Bz: Seling 216, Mz: Seling 2252
Fürstlich Hohenzollernsche Sammlungen Sigmaringen

In den von einer Statuette des hl. Magnus bekrönten Knauf sind sichtbar Reliquien des hl. Magnus, des hl.Wendelin und der Krippe eingefügt. Die magische Kraft des Stabes richtet sich somit einerseits gegen Ungeziefer, vor allem Mäuse, und begünstigt andererseits die Tierhaltung. Der Holzstab ist mit einer Silberkartusche besetzt, in die das Wappen der Äbtissin Maria Dioscora von Thurn-Valsassina (1739–1772) mit ihren Initialen eingraviert ist.

KDM Sigmaringen 1948, S. 312

V. 130 **Altarleuchterpaar aus dem ehemaligen Zisterzienserinnenkloster Wald**

Franz Anton Lang (Meister 1752, gest. nach 1769)
Augsburg, 1754
Silber, H. 84 cm
Bz: Seling 234, Mz: Seling 2416
Kath. Kirchengemeinde Wald

Das Paar ist Teil einer aus sechs Leuchtern bestehenden Altargarnitur. Auf dem Fuß befindet sich das gravierte Wappen der Äbtissin Maria Dioscora von Thurn-Valsassina (1739–1772) mit ihren Initialen und der Jahreszahl 1754.

KDM Sigmaringen 1948, S. 429 f

V. 130

V. 131

V. 131 Hostienmonstranz aus dem ehemaligen Klarissenkloster Wittichen

Michael Mair (Meister um 1677, gest. 1714)
Augsburg, 1695–1700
Silber, teilweise vergoldet, farbige Steine, H. 67,5 cm
Bz: Seling 150, Mz: Seling 1745
Kath. Kirchengemeinde Schiltach

Neben den Franziskanerheiligen Franziskus, Antonius und Klara ist rechts oben die Selige Luitgard von Wittichen (Abb. S. 247) zu sehen.

KDM Offenburg 1908, S. 629 f

V. 132 Meßkelch aus dem ehemaligen Klarissenkloster Wittichen

Franz Joseph Schneider (Meister 1719, gest. 1762)
Augsburg, 1744
Silber, vergoldet, H. 28 cm
Bz: Seling 220, Mz: Seling 2122
Kath. Kirchengemeinde Schiltach

Drei Kartuschen auf dem Fuß zeigen eingraviert das Klosterwappen und 1744, »MEMENTO MEI« und die Namen der Stifter »THOMAS HEISLER CATHARINA HEISLERIN«. Es könnte sich bei diesem Ehepaar um die Eltern von Crescenz Häusler handeln, die bei der Inbesitznahme 1802 mit 84 Jahren die älteste Ordensfrau im Kloster war.

KDM Offenburg 1908, S. 630; Schmid 1980, S. 320

V. 133 Meßgarnitur aus dem ehemaligen Klarissenkloster Wittichen

Josef Wilhelm Gutwein (Meister 1748, gest. zwischen 1766 und 1769)
Augsburg, um 1755
Silber, vergoldet, Tablett: 34,5 × 26,5 cm, Kännchen: H. 17,5 cm
Bz: Seling 236* (Platte und Kännchen) bzw. Seling 234 (Kännchen),
Mz: Seling 2389
Kath. Kirchengemeinde Schiltach

V. 134

V. 136 Meßkelch aus der ehemaligen Klarissen-Reichsabtei Söflingen

Michael Mair (Meister um 1677, gest. 1714)
Augsburg, 1712–1715
Silber, vergoldet, H.27,5 cm
Bz: Seling 174, Mz: Seling 1745
Kath. Kirchengemeinde Ulm-Söflingen

KDM Oberamt Ulm 1978, S. 651

V. 137 Silberbeschläge eines Missale aus der ehemaligen Klarissen-Reichsabtei Söflingen

Franz Anton Gutwein (Meister 1759, gest. 1805)
Augsburg, 1768
Silber, Missale von 1889: 37,5 × 28 × 7 cm
Bz: Seling 252, Mz: Seling 2455
Kath. Kirchengemeinde Ulm-Söflingen

Der Mittelbeschlag zeigt die Ordensheilige Klara mit der gravierten Unterschrift »S. Clara V.«.

KDM Oberamt Ulm 1978, S. 655

V. 134 Hostienmonstranz aus der ehemaligen Klarissen-Reichsabtei Söflingen

Michael Mair (Meister um 1677, gest. 1714)
Augsburg, 1689
Silber, teilweise vergoldet, farbige Steine, H. 75 cm
Bz: Seling 142, Mz: Seling 1745
Kath. Kirchengemeinde Ulm-Söflingen

Die in den Knauf eingravierten Buchstaben A E stehen wohl für Abatissa Euphrosina. Die Amtszeit der Äbtissin Euphrosina Rampf (1684–1687) liegt allerdings geringfügig vor dem vom Beschauzeichen vorgegebenen Entstehungsjahr der Monstranz. Das Filigrankreuz mit S V (wohl für Sevelingen = Söflingen und Vlma) dürfte eine spätere Zutat sein. Rechts oben ist das Brustbild der hl. Klara, der Ordensgründerin, zu sehen.

KDM Oberamt Ulm 1978, S. 649

V. 135 Ciborium aus der ehemaligen Klarissen-Reichsabtei Söflingen

Michael Mair (Meister um 1677, gest. 1714)
Augsburg, 1712–1715
Silber, teilweise vergoldet, H. 33 cm
Bz: Seling 173, Mz: Seling 1745
Kath. Kirchengemeinde Ulm-Söflingen

KDM Oberamt Ulm 1978, S. 652

V. 135

V. 138 **Meßkelch aus der ehemaligen Klarissen-Reichsabtei Söflingen**

Joseph Antoni Seethaler (Meister 1766, gest. 1811)
Augsburg, 1771–1773
Silber, vergoldet, H. 26 cm
Bz: Seling 258, Mz: Seling 2512
Kath. Kirchengemeinde Ulm-Söflingen

KDM Oberamt Ulm 1978, S. 651 f

V. 139 **Hostienmonstranz aus dem ehemaligen Kapuzinerkloster Kleincomburg**

Georg Ignatius Christoph Baur (Meister 1750, gest. 1790)
Augsburg, 1784
Silber, teilweise vergoldet, farbige Steine, H. 64,5 cm
Bz: Seling 270, Mz: Seling 2403
Kath. Kirchengemeinde Steinbach

Unter dem Fuß befindet sich eine Widmungsgravur mit Chronogramm »Me esse feCIt A.V.P. EngeLbertVs p.t.G. Largo eX Dono I.G.WeIssLInger«.

KDM Jagstkreis 1907, S. 623, 645; Schommers 1996, Kat.55

V. 140 **Rauchfaß und Weihrauchschiffchen mit Löffel aus dem ehemaligen Dominikanerinnenkloster St. Catharina de Senis »Auf dem Graben« in Freiburg**

Freiburg (?), 3. Drittel 17. Jh.
Silber, Rauchfaß: H.21 cm, Schiffchen: H. 15 cm, Löffel: L. 11 cm
Stiftungsverwaltung Freiburg i.Br. A 1370 und A 1371

Die spätere Gravur SCS und 1716 auf Faß und Schiffchen belegt, daß beide Teile um diese Zeit zusammen im Kloster St. Catharina de Senis in Gebrauch waren.

BK Freiburg 1997, S. 151

V. 141 **Meßgarnitur aus dem ehemaligen Dominikanerinnenkloster St. Catharina in Freiburg**

Thomas Erhardt (Meister 1629, gest. 1675)
Freiburg, um 1670
Silber, teilweise vergoldet, Tablett: 32,9 × 23,5 cm,
Kännchen: H. 13,5 cm
Bz: Freiburg, Mz: E
Stiftungsverwaltung Freiburg i.Br. A 1326

Auf der Plattenunterseite eingraviertes Besitzerzeichen des Klosters St. Catharina.

BK Freiburg 1997, S. 97

V. 142

V. 142 **Weihrauchschiffchen aus dem ehemaligen Dominikanerinnenkloster St. Catharina in Freiburg**

Franz Sebastian Erhardt (Meister 1679, gest. 1702)
Freiburg, 1694
Silber, H. 16 cm
Bz: Freiburg, Mz: SE
Stiftungsverwaltung Freiburg i.Br. A 1369

Die Deckelgravur »A.H.V.S.C« und 1710 wurde wohl bei der Vereinigung der beiden Dominikanerinnenklöster Adelhausen und St. Catharina angebracht.

BK Freiburg 1997, S. 150

V. 143 **Meßkelch aus dem ehemaligen Dominikanerinnenkloster St. Catharina in Freiburg**

Freiburg (?), 3. Drittel 17. Jh.
Silber, teilweise vergoldet, H. 28 cm
Bz: wohl Freiburg, Mz: verschlagen
Stiftungsverwaltung Freiburg i.Br. A1357

Reste einer Widmungsgravur auf der Unterseite des Fußrandes

BK Freiburg 1997, S. 144

V. 144 Marienkrone aus dem ehemaligen Dominikanerinnen-Neukloster Adelhausen in Freiburg

Freiburg (?), um 1700
Silber, farbige Steine, Seidenstickerei unter Glas, H. 23 cm
Stiftungsverwaltung Freiburg i.Br. A 1333

BK Freiburg 1997, S. 101 f

V. 145 Widmungsplakette von einem Meßkelch aus dem ehemaligen Dominikanerinnenkloster Sießen

1771
Silber, Dm. 5,5 cm
Franziskanerinnenkloster Sießen, Bad Saulgau

Die Gravur lautet »Ex dono Ven. Matr. M. Victoriae Sterzingerin O.S. D. Expriorissae ac Sen. huiatis Ven. Conv. Süess. 1771.« Eine Kelchstiftung der Dominikanerin M.Victoria Sterzinger ist archivalisch belegt. Der Kelch selbst ist nicht mehr vorhanden. Von den heute in Sießen ansässigen Franziskanerinnen wird die Plakette als Überbleibsel des Dominikanerinnenklosters aus der Zeit vor der Säkularisation sorgsam gehütet.

Mündliche Auskunft von Sr. M. Witgard Erler.

V. 146 Hostienmonstranz aus dem ehemaligen Kartäuserkloster Freiburg

Franz Christoph Mederle (Meister 1729, gest. 1765)
Augsburg, 1763–1765
Silber, vergoldet, Perlen, farbige Steine, H. 70 cm
Bz: Seling 247, Mz: Seling 2219
Stiftungsverwaltung Freiburg i.Br. A 1391

Die Monstranz wurde nach Auflösung des Konvents 1782 an den vorderösterreichischen Religionsfonds überwiesen und 1787 im Tausch gegen andere Kultgegenstände an das Ursulinerinnenkloster übergeben. In dessen ehemaliger Klosterkirche dient sie heute der altkatholischen Gemeinde.

BK Freiburg 1997, S. 157

V. 147 Meßgarnitur aus dem ehemaligen Ursulinerinnenkloster Freiburg

Johann Georg Schalch (1700–1784)
Schaffhausen, um 1730–1740
Silber, vergoldet, Tablett: 32,4 × 25 cm, Kännchen: H. 12 cm
Bz: Schaffhausen, Mz: GS
Stiftungsverwaltung Freiburg i.Br. A 1392

BK Freiburg 1997, S. 157

V. 147

V. 148 Meßkelch aus dem ehemaligen Ursulinerinnenkloster Freiburg

Ignatius Caspar Bertholt (Meister 1750, gest. 1794)
Augsburg, 1767–1769
Silber, vergoldet, H. 24 cm
Bz: Seling 251, Mz: Seling 2405
Stiftungsverwaltung Freiburg i.Br. A 1337

BK Freiburg 1997, S. 104

V. 149 Meßgarnitur aus dem ehemaligen Ursulinerinnenkloster Freiburg

Ignaz Wagner (zünftig 1798, bis 1810 nachgewiesen)
Freiburg, um 1800
Silber, Tablett: 29,5 × 21 cm, Kännchen: H. 12,5 cm
Kein Bz, Mz: IW
Stiftungsverwaltung Freiburg i.Br. A 1327

BK Freiburg 1997, S. 98

V. 150 Hostienmonstranz aus der ehemaligen Prämonstratenser-Reichsabtei Rot an der Rot

Matthäus Schmidt (Meister um 1659, gest. 1696)
Augsburg, zwischen 1659 und 1667
Silber, zum Teil vergoldet, farbige Steine, H. 73 cm
Bz: Augsburg, Mz: Seling 1621
Kath. Kirchengemeinde Rot a.d.R.

Am Fuß befindet sich das eingravierte Wappen des Roter Abtes Ludwig Locher (1630–1667). Ihm, der sich besonders für die Fronleichnamsoktav, die Nachfeier des Festes mit Abschluß am 8.Tag, einsetzte, lag das Schaugefäß für die geweihte Hostie notwendigerweise besonders am Herzen. Das Expositorium wird flankiert von dem heiligen Ordens- und Klostergründer Norbert und von Ludwig dem Heiligen, dem Namenspatron des Stifters.

KDM Leutkirch 1924, S. 130

V. 150

V. 152 Altarkreuz aus der ehemaligen Prämonstratenser-Reichsabtei Rot an der Rot

wohl Augsburg, um 1700
Silber, zum Teil vergoldet, blaue Glassteine, polychrom bemalte Emailmedaillons, H. 62 cm
Kath. Kirchengemeinde Rot a.d.R.

Das Email auf der Schauseite des Fußes zeigt die hl. Verena mit dem Wappen der ihr geweihten Klosterkirche und dem Wappen des Roter Abtes Martin Ertle (1672–1711) samt Beischrift M.A.Z.R.

KDM Leutkirch 1924, S. 130

V. 153 Leuchterpaar aus der ehemaligen Prämonstratenser-Reichsabtei Rot an der Rot

wohl Augsburg, um 1700
Silber, zum Teil vergoldet, H. 63 cm
Kath. Kirchengemeinde Rot an der Rot

KDM Leutkirch 1924, S. 130f

V. 154 Meßkelch mit Patene aus der ehemaligen Prämonstratenser-Reichsabtei Rot an der Rot

Johann Joachim II Lutz (Meister um 1728, gest. 1751)
Augsburg, 1730
Silber, zum Teil vergoldet, H. 25,5 cm, Patene: Dm. 16,3 cm
Bz: Seling 195, Mz: heute ausgebrochen, lt. Lit.: IL
Kath. Kirchengemeinde Rot a.d.R.

Eine gravierte Rundplatte im Fuß weist den Kelch als Geschenk des Roter Konvents an Abt Hermann Vogler (1711–1739) anläßlich seiner Wahl zum Direktor

V. 151 Meßkelch mit Patene aus der ehemaligen Prämonstratenser-Reichsabtei Rot an der Rot

Johann Melchior III Hirtz (Meister um 1689, gest. 1715)
Augsburg, 1697
Silber, zum Teil vergoldet, polychrom bemalte Emailmedaillons, H. 27,5 cm, Patene: Dm. 17 cm
Bz: Seling 150, Mz: Seling 1839
Kath. Kirchengemeinde Rot a.d.R.

Die in den Kelch eingefügten Emails zeigen das Brustbild des hl. Norbert und Szenen aus seinem Leben. Das Bahrtuch bei der Darstellung seines Todes trägt das Wappen des Roter Abtes Martin Ertle (1672 bis 1711). Der Erwerb eines mit Email verzierten Kelchs ist für das Jahr 1697 archivalisch belegt. Daß es sich hierbei um den Norbert-Kelch handelt, wird von dessen zwischen 1695 und 1700 gebräuchlichem Beschauzeichen nahegelegt.

KDM Leutkirch 1924, S. 116, 130

V. 151

des Prälatenkollegiums des Schwäbischen Kreises am 19. Juli 1730 aus.

KDM Leutkirch 1924, S. 130

V. 155 Meßkelch mit Patene aus der ehemaligen Prämonstratenser-Reichsabtei Rot an der Rot

Johann Joachim II Lutz (Meister um 1728, gest. 1751)
Augsburg, um 1740
Silber, zum Teil vergoldet, in Purpurcamayeu bemalte Emailmedaillons, rote Steine, H. 28,3 cm, Patene: Dm. 17,5 cm
Bz: Augsburg, Mz: Seling 2184
Kath. Kirchengemeinde Rot a.d.R.

KDM Leutkirch 1924, S. 130

V. 156 Meßgarnitur aus der ehemaligen Prämonstratenser-Reichsabtei Rot an der Rot

Caspar Xaver Stippeldey (Meister 1765, gest. 1808)
Augsburg, um 1790
Silber, vergoldet, Tablett: 30 × 24,4 cm; Kännchen: H. 14,5 cm
Bz: Seling 275, Mz: Seling 2505
Kath. Kirchengemeinde Rot a.d.R.

KDM Leutkirch 1924, S. 130

V. 157 Rauchfaß aus der ehemaligen Prämonstratenser-Reichsabtei Marchtal

Franz Thaddäus Lang (Meister 1719, gest. 1773)
Augsburg, 1731–1733
Silber, H. 25 cm
Bz: Seling 197, Mz: Seling 2118
Kath. Kirchengemeinde Obermarchtal

V. 158 Weihrauchschiffchen aus der ehemaligen Prämonstratenser-Reichsabtei Marchtal

Franz Thaddäus Lang (Meister 1719, gest. 1773)
Augsburg, 1743–1745
Silber, H. 14,3 cm
Bz: Seling 220, Mz: Seling 2118
Kath. Kirchengemeinde Obermarchtal

V. 159 Meßkelch aus der ehemaligen Prämonstratenser-Reichsabtei Marchtal

Johann Christoph Schuch (1715–1786)
Augsburg, um 1763–1765
Silber, vergoldet, Email, H. 29,7 cm, Dm. Fuß 17,7 cm, Dm. Kuppa 9,6 cm
Regensburg, Thurn-und-Taxis-Museum (Zweigmuseum des Bayerischen Nationalmuseums), Inv.-Nr. 93/209

Der Meßkelch trägt auf dem Fuß das Wappen des Obermarchtaler Abtes Edmund Sartor (1746–1768).

Baumstark 1998, S. 157, Nr. 97 *L.S.*

V. 156

V. 159

V. 160

V. 160 **Hostienmonstranz aus der ehemaligen Prämonstratenser-Reichsabtei Marchtal**

Franz Anton Gutwein (Meister 1759, gest. 1805)
Augsburg, 1767
Silber, vergoldet, polychrom bemalte Emails, farbige Steine, H. 80,5 cm
Bz: Seling 248, Mz: Seling 2456
Kath. Kirchengemeinde Obermarchtal

Die Emails auf dem Fuß tragen das Abteiwappen, sowie Darstellungen des Abendmahls und der beiden heiligen Kirchenpatrone Petrus und Paulus. Auf der Unterseite des Fußrands ist eine Widmungsgravur des späteren Abtes Paulus Schmidt (1772–1796) angebracht: »R.P.Paulus Schmidt p:t:Prior An(n)o 1767«.

KDM Ehingen 1912, S. 148

V. 161 **Brustkreuz aus der ehemaligen Prämonstratenser-Reichsabtei Marchtal**

(Abb. S. 248)
Süddeutsch, Ende 18. Jahrhundert
Gold, Silber, Granate, Brillanten, H. 16,5 cm, B. 7 cm
Regensburg, Thurn-und-Taxis-Museum (Zweigmuseum des Bayerischen Nationalmuseums), Inv.-Nr. 93/281

Es handelt sich um das Pektorale des Obermarchtaler Abtes Bernhard Kempter (1796–1802). *L.S.*

Baumstark 1998, S. 149, 153, Nr. 94 f

V. 162

V. 162 Hostienmonstranz aus der ehemaligen Prämonstratenser-Reichsabtei Schussenried

Caspar Riss (Meister um 1661, gest. 1712)
Augsburg, 1680, renoviert 1786
Silber, teilweise vergoldet, polychrom und in Purpurcamayeu bemalte Emailmedaillons, farbige Steine, H. 98 cm
Bz: Seling 127, Bz: Seling 1636
Kath. Kirchengemeinde Bad Schussenried

In den Knauf ist ein Email mit dem Wappen des Abtes Vincenz Schwab (1673–1683), der Beischrift V.A.Z.S und der Jahreszahl 1680 eingelassen. In die Rückseite des Knaufs ist die Information »Renoviert Anno 1786« eingraviert. Fünfzehn Emailbildchen mit den Geheimnissen des Rosenkranzes rahmen das herzförmige Expositorium, Darstellungen der vier Evangelisten zieren den Fuß.

KDM Riedlingen 1936, S. 221

V. 163 Meßkelch mit Löffelchen aus der ehemaligen Prämonstratenser-Reichsabtei Schussenried

Franz Thaddäus Lang (Meister 1719, gest. 1773)
Augsburg, um 1740/45
Silber, teilweise vergoldet, polychrom bemalte Emails, rote Schmucksteine, H. 29 cm, Löffel: L. 10,5 cm
Bz: verschlagen, Mz: Seling 2118
Kath. Kirchengemeinde Bad Schussenried

Im kleinen Email auf dem Fuß, über der Darstellung des Abendmahls, ist das Wappen des Abtes Siard Frick (1733–1750) zu sehen.

KDM Riedlingen 1936, S. 221

V. 164 Weihrauchschiffchen aus der ehemaligen Prämonstratenser-Reichsabtei Schussenried

Georg Ignatius Christoph Baur (Meister 1750, gest. 1790)
Augsburg, 1759–1761
Silber, H. 22,3 cm
Bz: Seling 242, Mz: Seling 2403
Kath. Kirchengemeinde Bad Schussenried

KDM Riedlingen 1936, S. 221 f

V. 165 Meßkelch aus der ehemaligen Prämonstratenser-Reichsabtei Schussenried

Georg Ignatius Christoph Baur (Meister 1750, gest. 1790)
Augsburg, 1777–1779
Silber, teilweise vergoldet, Perlmutt, rote Steine, H. 28 cm
Bz: ähnlich Seling 262, Mz: Seling 2403
Kath. Kirchengemeinde Bad Schussenried

KDM Riedlingen 1936, S. 221

V. 164

V. 167

V. 166 Meßkelch aus der ehemaligen Prämonstratenser-Reichsabtei Weissenau

Johann Michael Zeckel (Meister 1722, gest. 1782)
Augsburg, 1724
Silber, teilweise vergoldet, in Purpurcamayeu bemalte Emailmedaillons, H. 26,5 cm
Bz: Seling 192, Mz: Seling 2152a
Kath. Kirchengemeinde Ravensburg-Weissenau

Im Fuß ist eine gravierte Widmungsplatte mit Chronogramm »HIC CaLIX, offertVr FILIo sVo per Charo: PatrI GregorIo Nev: saCrIfICantI â ParentIbVs ELIâ HVber. Et MarIâ VXore: Vt sIt Thessera sVI perpetVa« befestigt.

KDM Ravensburg 1931, S. 109

V. 167 Hostienmonstranz aus der ehemaligen Prämonstratenser-Reichsabtei Weissenau

Um 1725
Silber, teilweise vergoldet, polychrom bemalte Emails, farbige Steine, H. 83 cm
Kath. Kirchengemeinde Ravensburg-Weissenau

Ganzfigurige Darstellungen der heiligen Kirchenpatone Petrus und Paulus flankieren das Expositorium.

KDM Ravensburg 1931, S. 109

V. 168 Meßkelch aus dem ehemaligen Prämonstratenserkloster Gerlachsheim

Johann Alois (alias Johann Nepomuk) Seethaler (Meister 1796, gest. 1835)
Augsburg, 1803
Silber, vergoldet, H. 26,5 cm
Bz: Seling 287, Mz: Seling 2637
Kath. Kirchengemeinde Gerlachsheim

V. 169 Reliquienmonstranz aus dem ehemaligen Prämonstratenserkloster Gerlachsheim

Johann Alois (alias Johann Nepomuk) Seethaler (Meister 1796, gest. 1835)
Augsburg, 1803
Silber, teilweise vergoldet, H. 74,5 cm
Bz: Seling 287, Mz: Seling 2637
Kath. Kirchengemeinde Gerlachsheim

Die Anfertigung von Reliquienmonstranz und Kelch (Kat. V. 168) sind dank der Beschauzeichen für das

Jahr 1803 gesichert. Offenbar wurden die Stücke unmittelbar nach der Säkularisation 1803 in Auftrag gegeben, als der letzte Prior des Konvents Pfarrer in der nunmaligen Pfarrkirche Heilig-Kreuz geworden war und wohl kein liturgisches Gerät mehr zur Verfügung stand.

Schmid 1980, S. 271 f

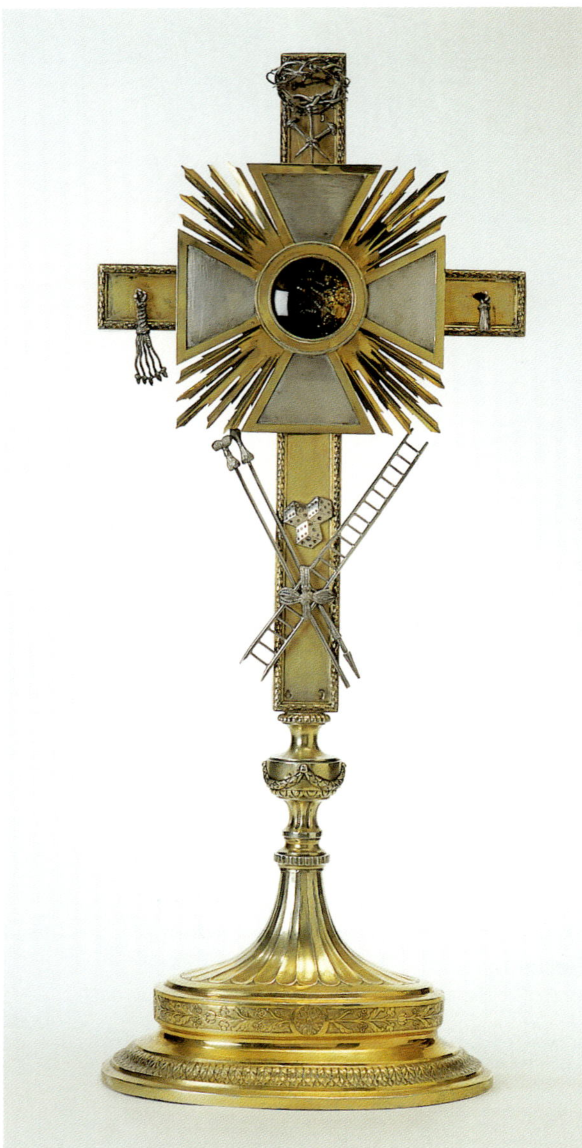

V. 169

V. 170 Hostienmonstranz aus dem ehemaligen Augustinerchorfrauenstift Inzigkofen

Michael Mair (Meister um 1677, gest. 1714)
Augsburg, 1680–1684
Silber, teilweise vergoldet, H. 89 cm
Bz: Seling 131, Mz: Seling 1745
Kath. Kirchengemeinde Inzigkofen-Laiz

KDM Sigmaringen 1948, S. 188

V. 171 Meßkelch aus dem ehemaligen Augustinerchorfrauenstift Inzigkofen

Franz Anton Bettle (Meister um 1715, gest. 1728)
Augsburg, 1717–1718
Silber, teilweise vergoldet, H. 23,5 cm
Bz: Seling 177, Mz: Seling 2075
Kath. Kirchengemeinde Inzigkofen-Laiz

KDM Sigmaringen 1948, S. 188

V. 172 Hostienmonstranz aus dem ehemaligen Augustinerchorfrauenstift Inzigkofen

Johann Georg Azwanger (Meister 1703, gest. 1743) und
Christian Gottlieb Schultz (Meister 1728, gest. 1757)
Augsburg, 1730, renoviert 1799 und 1857
Silber, teilweise vergoldet, farbiges Email,
Edelsteine und Perlen, H. 89,5 cm
Bz: Seling 195, Mz: Seling 1965
WLM 1981–258

Das heiligste Altarsakrament genoß in Inzigkofen besondere Verehrung. 1577 erhielten die Chorfrauen aus Rom die Erlaubnis, das Allerheiligste in der Monstranz auf dem Chor neun- bis zehnmal aussetzen zu dürfen. Wie in manchen wohlhabenden Klöstern, waren auch im Augustinerchorfrauenstift Inzigkofen zur Zeit der Säkularisation zwei Hostienmonstranzen vorhanden. Die ältere (Kat. V. 170) aus dem 17. Jahrhundert behängten die Chorfrauen jahrelang an Fronleichnam mit ihrem Schmuck, um der geweihten Hostie einen farbigeren und prachtvolleren Rahmen zu verschaffen. 1728 war endlich genügend Geld und Schmuck beisammen, um eine moderne, weitaus kostbarere Monstranz in Auftrag zu geben. In die neue Monstranz (Kat. V. 172), deren Anfertigung einem tiefen gemeinsamen Anliegen der Chorfrauen entsprang, wurden ihre persönlichen Schmuckstücke, auch ihre Brautringe, eingearbeitet. Fürst Anton Alois von Hohenzollern-Sigmaringen, der das Stift 1803 als Entschädigung erhielt, nahm die wertvollere Monstranz an sich. 1948 wird sie noch unter dem Inventar der Schloßkapelle Sigmaringen erwähnt, später verkauft.

V. 170

V. 172

Die ältere Monstranz ist bis heute in der Pfarrkirche St. Johannes Baptist in Inzigkofen, der früheren Klosterkirche, in Gebrauch. Beide Monstranzen stehen in der Ausstellung erstmals seit 1803 wieder nebeneinander.

Inzigkofener Klosterchronik, Bd. 2 (für den Hinweis und freundliche Hilfe danke ich Frau Iris Kick, Inzigkofen); KDM Sigmaringen 1948, S. 312; AK Inzigkofen 1982, S. 36

V. 173

V. 173 Hl. Johannes d. Täufer und hl. Johannes d. Evangelist aus dem ehemaligen Augustinerchorherrenstift St. Johann in Konstanz

Franz Christoph Mederle (Meister 1729, gest. 1765)
Augsburg, 1741–1743
Silber, Kupfer vergoldet, Holz, H. 121 cm bzw. 118 cm
Bz: Seling 216, Mz: Seling 2219 k+l
Kath. Münsterpfarramt Konstanz

Die Stiftung geht auf das Jahr 1738 zurück. Das Wappen der Stifter und Gravuren »IOS: CARL BERN: COLNAGUS FRENER SS: TH: D: ET CAN: AD S: IOANNEM« bzw. »ANNA CHRISTINA FRENERIN GEBORNE MALABREYN« befinden sich auf der Schauseite der Sockel. Nach Auflösung des Stifts 1816 gelangten die Figuren in den Besitz der neu gegründeten Münsterpfarrei.

Beyerle 1908, S. 391; KDM Konstanz 1955, S. 539; Hering-Mitgau 1973, S. 234 ff; AK Bruchsal 1981, Kat. C31 a+b

V. 174 Meßgarnitur mit Kelch aus dem ehemaligen Augustinerchorherrenstift St. Johann in Konstanz

Franz Andreas Weech (Meister 1742, nachweisbar bis 1752)
Konstanz, 1742
Silber, vergoldet, Tablett: 35,5 × 28,2 cm, Kännchen: H. 15,5 cm, Kelch: H. 27,5 cm
Bz: Konstanz, Mz: FAW im Dreipaß
Kath. Münsterpfarramt Konstanz

Die Gravuren auf dem Boden der Platte »IOS CARL BERN: COLNAG: FRENER SS: TH: D: ET CAN: AD: S: IOANN und DIS SAMBT DEM KELICH EIN MEISTER STUCKH V: FRAN ANDEREA WECH. IN. CONSTANTZ 1742« und auf einer im Kelchfuß angebrachten Scheibe »IOS. CARL: BERN: COLNAG: FRENER SS: TH: ET: CAN: AD: S: Joann« als Umschrift um das Stifterwappen nennen den selben Stifter, der zusammen mit seiner Mutter auch die Silberstatuen Kat. V. 173 in Auftrag gab. Ferner geht aus der Inschrift hervor, daß es sich bei der Meßgarnitur um das Meisterstück des Konstanzer Goldschmieds Franz Andreas Weech handelt.

KDM Konstanz 1955, S. 527; AK Bruchsal 1981, Kat. C6 a+b; AK Konstanz 1985, S. 172 f

V. 175 Hostienmonstranz aus dem ehenmaligen Augustinerchorherrenkloster St. Märgen

Ignatius Caspar Bertholt (Meister 1750, gest. 1794)
Augsburg, 1769–1771
Silber, zum Teil vergoldet, farblose und rote Steine, H. 96 cm
Bz: Seling 255, Mz: Seling 2405
Kath. Kirchengemeinde St.Märgen i.Schw.

V. 174

V. 176 Garnitur für liturgische Öle aus dem ehemaligen Augustinerchorherrenstift St. Michael zu den Wengen in Ulm

Samuel Kessbohrer (Meister 1601, gest. 1611)
Ulm, 1607
Silber, vergoldet, H. 10 cm, Platte: 11,2 × 6,5 cm
Bz: Ulm, Mz: Häberle Nr.36
Kath. Kirchengemeinde St.Michael zu den Wengen, Ulm

Das auf der Vorderseite des einen Behälters eingravierte W weist auf die Herkunft aus dem Wengenstift, die Jahreszahl 1607 auf dem Deckel auf die Amtszeit des Propstes Johannes III. Simon (1600–1610). Seine Initialen I.S.P und sein sprechendes Wappen – ein Kelch mit Schlange für Johannes und eine Säge für Simon – sind auf die Front des zweiten Behälters graviert.

Häberle 1934; Treu/Wortmann 1980, S. 58, 68

V. 177 Beschläge eines Missale aus dem ehemaligen Augustinerchorherrenstift St. Michael zu den Wengen in Ulm

Johann Adam Kienlin d.J. (Meister 1682, gest. 1740)
Ulm, 1700
Silber, Missale von 1872: 33,8 × 27,5 × 7,5 cm
Bz: Ulm (R3 4737), Mz: K (R3 4784)
Ulmer Museum Ulm 5292/93

Die Mittelbeschläge zeigen auf der Vorderseite ein Brustbild des Propstes Augustinus Erath von Erathsberg (1693–1736) mit Umschrift »AVGVSTINO D: G: PRAELATO WENGENSI VLMAE« und auf der Rückseite Stiftswappen, Stifterwappen und den hl. Michael als Stiftspatron mit der Umschrift »S: C: M: CONSILIARIO et SACELLANO 1700«. Das ursprüngliche Missale war nach der Säkularisation in der Pfarrkirche St. Michael verblieben. Das heutige, auf das die alten Beschläge appliziert sind, wurde 1927 gegen zwei Skulpturen vom Ulmer Museum eingetauscht.

Jasbar/Pröstler/Ribbert 1990, S. 104

V. 178 Meßkelch aus dem ehemaligen Augustinerchorherrenstift St. Michael zu den Wengen in Ulm

Franz Ignaz Berdolt (Meister 1710, gest. 1762)
Augsburg, 1729–30
Silber, teilweise vergoldet, farblose und farbige Steine, H. 27,8 cm
Bz: Seling 195, Mz: Seling 2026
Kath. Kirchengemeinde St.Michael zu den Wengen, Ulm

Emailmedaillons auf dem Fuß zeigen das Wappen des Wengenstifts und das des Propstes Augustin Erath von Erathsberg (1693–1736). Die Kuppa ist mit Darstellungen des heiligen Stiftspatrons Michael, des Kirchenlehrers Augustinus, nach dessen Regel die Chorherren lebten, und dessen Mutter, der hl. Monika, verziert.

Treu/Wortmann 1980, S. 57, 64

V. 179 Hostienmonstranz aus dem ehemaligen reichsunmittelbaren freiweltlichen Damenstift Buchau

Augsburg, 1655–1660
Silber, teilweise vergoldet, H. 61,5 cm
Bz: Seling 93 oder 94, Mz: nicht identifiziert
Kath. Kirchengemeinde Bad Buchau

Das Expositorium wird von Brustbildern der heiligen Kirchenpatrone Cornelius und Cyprian flankiert.

KDM Riedlingen 1936, S. 482

V. 180 Meßkelch aus dem ehemaligen reichsunmittelbaren freiweltlichen Damenstift Buchau

Joseph Anton Reidler (Meister 1744, gest. nach 1781)
Augsburg, 1748
Silber, teilweise vergoldet, H. 25,2 cm
Bz: Seling 224, Mz: Seling 2354
Kath. Kirchengemeinde Bad Buchau

Auf dem Fuß ist ein Stifterwappen eingraviert, im Boden befindet sich ein Silberplättchen mit der zugehörigen Gravur samt Chronogramm von 1748 »CaLIX fVIt ObLatVs sanCto IoannI NepoMVCeno à BVChoVIensI VenerabILI Clero«.

KDM Riedlingen 1936, S. 69

V. 181

V. 181 Meßkelch aus dem ehemaligen reichsunmittelbaren freiweltlichen Damenstift Buchau

Emanuel Abraham Drentwett (Meister 1750, gest. 1770)
Augsburg, 1757–1759
Silber, teilweise vergoldet, H. 26,8 cm
Bz: Seling 239, Mz: Seling 2407
Kath. Kirchengemeinde Bad Buchau

Das im Fuß befestigte Silberplättchen mit graviertem Stifterwappen und der Umschrift MEMENTO BENEFACTORUM 1749 steht im Widerspruch zu der durch das Beschauzeichen eindeutig ein Jahrzehnt später anzusetzenden Entstehungszeit des Kelches.

KDM Riedlingen 1936, S. 483

V. 182

V. 182 Rahmen dreier Kanontafeln aus dem ehemaligen reichsunmittelbaren freiweltlichen Damenstift Buchau

Georg Ignatius Christoph Baur (Meister 1750, gest. 1790)
Augsburg, 1775–1777
Silber, teilweise vergoldet, Holzkern, 30 × 35 cm bzw. 25 × 17,8 cm
Bz: Seling 261, Mz: Seling 2403
Kath. Kirchengemeinde Bad Buchau

KDM Riedlingen 1936, S. 483; Schommers 1996, S. 168

V. 183 Meßgarnitur aus dem ehemaligen reichsunmittelbaren freiweltlichen Damenstift Buchau

Caspar Xaver Stippeldey (Meister 1765, gest. 1808)
Augsburg, 1793–1795
Silber, Tablett: 26 × 20,2 cm, Kännchen: H. 12,4 cm
Bz: Seling 278, Mz: 2505
Kath. Kirchengemeinde Bad Buchau

V. 184 Madonna mit Kind aus dem Münster Unserer Lieben Frau in Konstanz

Franz I Schönfeld (Meister um 1657, gest. 1708)
Sockel: Georg Ignatius Christoph Bauer (Meister 1750, gest. 1790)
Augsburg, 1670–1674 bzw. 1773–1775 (Sockel)
Silber, teilweise vergoldet, H. 120 cm, Sockel: H. 38 cm
Bz: Seling 111 bzw. Seling 259, Mz: Seling 1610 b bzw. Seling 2403 t
Kath. Münsterpfarramt Konstanz

In einer Kartusche auf der Schauseite des späteren Sockels befindet sich das Wappen des Konstanzer Fürstbischofs Franz Johannes Vogt von Altensumerau und Prasberg (1645–1689), der die Figur stiftete.

KDM Konstanz 1955, S. 538; Hering-Mitgau 1973, S. 158 ff

V. 185 Figurenreliquiar des hl. Pelagius aus dem Münster Unserer Lieben Frau in Konstanz

Hans Jakob I Bair (Meister um 1603, gest. 1628)
Augsburg, um 1613/14
Silber, teilweise vergoldet, H. 99 cm, Sockel: 32,5 cm
Bz: Seling 30, Mz: Seling 1168 c
Kath.Münsterpfarramt Konstanz

Die Beinreliquie des hl. Pelagius ist im linken Schienbein der Silberstatue untergebracht. In eine Kartusche auf der Schauseite des späteren Sockels wurden das

V. 186

V. 186

Wappen des Stifters, des Fürstbischofs Jakob Fugger (1604–1626), und die Inschrift »Iacobus Fugger Episcopus Constantiensis Dns Augiae et Aenningae et F.F. Anno MDCXIIII« eingraviert.

KDM Konstanz 1955, S. 537 f; Hering-Mitgau 1973, S. 124 ff

V. 186 Figurenreliquiar des hl. Konrad aus dem Münster Unserer Lieben Frau in Konstanz

Hans Jakob I Bair (Meister um 1603, gest. 1628)
Augsburg, um 1613/14
Silber, teilweise vergoldet, H.98 cm, Sockel: 32 cm
Bz: Seling 30, Mz: Seling 1168 c
Kath. Münsterpfarramt Konstanz

In eine Kartusche auf der Schauseite des späteren Sockels wurde das Kapitelkreuz mit der Beischrift »Ecclesiae Cathedralis Constantiensis Capitulum« eingraviert als Verweis auf die Stiftung des Domkapitels, das den Geldbetrag der eigentlichen Stifterin, der Gräfin Elisabeth von Fürstenberg-Bernstein, um 500 Gulden aufstockte.

KDM Konstanz 1955, S. 534 ff; Hering-Mitgau 1973, S. 120 ff

V. 187 Weihwasserkessel mit Aspergill aus dem Münster Unserer Lieben Frau in Konstanz

Hans Vogel
Memmingen, Anfang 17. Jh.
Silber, teilweise vergoldet, Email, Kessel: H. 36,3 cm (mit Bügel und Ring), Dm. 24 cm, Aspergill: L. 32 cm
Bz: R3 3391, Mz: R3 3399
Erzbischöfliches Ordinariat Freiburg i.Br.

Der Weihwasserkessel stammt ursprünglich aus der Kartause Buxheim bei Memmingen, gestiftet von deren Prior Bernhard Klemp. Sein emailliertes Wappen und das der Kartause befinden sich auf einem der von Engelputten gehaltenen Schilde an den Gefäßfüßen. Petrus Kalt, der aus Konstanz stammende Nachfolger im Amt, gab das Gefäß 1649 im Tausch gegen zwei Silberleuchter an das Konstanzer Münster ab. Das Wappen des neuen Besitzers unter der Halbfigur der Madonna mit Kind ist in den Gefäßboden eingraviert. 1827 mußte der Weihwasserkessel – wie auch die Lavabo-Garnitur (Kat. V. 189) – zusammen mit anderen Teilen des Münsterschatzes an den neuen Bischofssitz Freiburg abgegeben werden.

Gombert 1965, S. 73 f

V. 187

V. 188 Hostienmonstranz aus dem Münster Unserer Lieben Frau in Konstanz

Michael Mair (Meister um 1677, gest. 1714)
Augsburg, 1680–1685
Silber, teilweise vergoldet, H. 98 cm
Bz: Seling 132, Mz: Seling 1745
Kath. Münsterpfarramt Konstanz

Den Baldachin flankieren Brustbilder der beiden Bistumsheiligen Pelagius und Konrad.

KDM Konstanz 1955, S. 523

V. 189 Lavabo-Garnitur aus dem Münster Unserer Lieben Frau in Konstanz

Georg III Lotter (Meister um 1688, gest. 1714)
Augsburg 1716
Silber, Kanne: H. 21,7 cm, Becken: Dm. 46,2 cm
Bz: Seling 176, Mz: Seling 1834
Erzbischöfliches Ordinariat Freiburg i.Br.

Das Wappen des Stifters, des Konstanzer Weihbischofs und Generalvikars Franz Anton von Sirgenstein (1722–1728), ist im Zentrum der Platte eingraviert. 1827 mußte die Lavabo-Garnitur – wie auch der Weihwasserkessel (Kat. V. 187) – zusammen mit anderen Teilen des Münsterschatzes an den neuen Bischofssitz Freiburg abgegeben werden.

Gombert 1965, S. 84

V. 189

V. 192

V. 193

V. 190 Ciborium aus dem ehemaligen weltlichen Chorherrenstift Ellwangen
Deckelgefäß: Gabriel I Bessmann (Meister 1685, gest. 1735),
Krone: Ignaz Emer (tätig1738–1768, gest. 1791)
Augsburg 1700–1705 und Ellwangen, Mitte 18.Jh.
Silber, teilweise vergoldet, farblose und farbige Steine, H. 36,5 cm
Bz: Seling 161 (Deckelgefäß) bzw. Ellwangen (Krone),
Mz: Seling 1811 bzw. R3 1923
Kath. Kirchengemeinde St. Vitus, Ellwangen

V. 191 Lavabo-Garnitur aus dem ehemaligen weltlichen Chorherrenstift Ellwangen
Franz Ignaz Berdolt (Meister 1710, gest. 1762)
Augsburg, 1719–1720
Silber, vergoldet, Tablett: 39 × 31,2 cm, Kannen: H. 25,5 cm bzw. 14 cm
Bz: Seling 179, Mz: Seling 2026
Kath. Kirchengemeinde St.Vitus, Ellwangen

Im Zentrum des Tabletts befindet sich ein unaufgelöstes Wappen mit der Beischrift »F.B.R.P.C.«.

KDM Jagstkreis 1907, S. 120 ff; AK Bruchsal 1981, Nr. C22

V. 192 Hostienmonstranz aus dem ehemaligen weltlichen Chorherrenstift Ellwangen
Franz Anton Gutwein (Meister 1759, gest. 1805)
Augsburg, 1793–1795
Silber, vergoldet, farblose Steine, H. 75 cm
Bz: Seling 278, Mz: Seling 2455
Kath. Kirchengemeinde St.Vitus, Ellwangen

V. 193 Reliquienmonstranz aus der Wallfahrtskirche Unsere Liebe Frau auf dem Schönenberg bei Ellwangen
Ignaz Emer (tätig 1738–1768, gest. 1791)
Ellwangen, um 1760
Silber, teilweise vergoldet, farbige Steine, H. 44,5 cm
Mz: R3 1923
Kath. Kirchengemeinde Schönenberg Ellwangen a.d.J.

KDM Jagstkreis 1907, S. 144; Pfeifer 1988, S. 167

V. 194 Meßkelch aus der Wallfahrtskirche Unsere Liebe Frau auf dem Schönenberg bei Ellwangen

Joseph Anton Reidler (Meister 1744, gest. nach 1781)
Augsburg, 1751–1753
Silber, vergoldet, polychrom bemalte Emailplättchen, H. 28 cm
Bz: Seling 232, Mz: Seling 2354
Kath. Kirchengemeinde Schönenberg Ellwangen a.d.J

Emails in extrem feiner Miniaturmalerei stellen auf dem Kelchfuß die Geheimnisse zum freudenreichen, zum schmerzhaften und zum glorreichen Rosenkranz dar, sowie auf der Kuppa die Himmelfahrt Mariä und die beiden Heiligen Dominikus und Thomas von Aquin.

KDM Jagstkreis 1907, S. 143; Pfeifer 1988, S. 165, 235

V. 195 Meßgarnitur aus der Wallfahrtskirche Unsere Liebe Frau auf dem Schönenberg bei Ellwangen

Johann Heinrich Darjes (Darius) (Meister 1733, gest. 1760)
Augsburg, 1751
Silber, vergoldet, polychrom bemalte Emailplättchen,
Tablett: 31,2 × 24 cm, Kännchen: H. 14,8 cm
Bz: Seling 232, Mz: Seling 2251
Kath. Kirchengemeinde Schönenberg Ellwangen a.d.J.

Die in die Plattenunterseite gravierte Inschrift »Ex liberalitate Rel. Sor. M. Victoriae SedelMayrin O S D Fil. Ven. Conv. Kirchberg. P. T. Procuratr. Ao. 1751« weist die Meßgarnitur als Stiftung aus dem Dominikanerinnenkloster Kirchberg bei Sulz am Neckar aus. Dementsprechend sind Dominikanerheilige auf den Emailplättchen dargestellt. Obwohl die Goldschmiedearbeiten wie die Emailmalereien von unterschiedlicher Hand ausgeführt wurden, dürften Meßkelch und Meßgarnitur (Kat. V. 194 und 195) zusammengehören.

KDM Jagstkreis 1907, S. 143; Pfeifer 1988, S. 165, 236

V. 196 Meßkelch aus der Wallfahrtskirche Unsere Liebe Frau auf dem Schönenberg bei Ellwangen

Joseph Antoni Seethaler (Meister 1766, gest. 1811)
Augsburg, 1792
Silber, vergoldet, H. 26,5 cm
Bz: Pyr mit F, Mz: Seling 2512
Kath. Kirchengemeinde Schönenberg Ellwangen a.d.J

Auf der Unterseite des Fußrandes befindet sich eine Widmungsgravur der Stifter (Brüder ?), von denen der eine Priester, der andere Kutscher des Fürstbischofs war: »Georg Seidl Sacerdos in M.V. & Ioan. Seidl Rhedarius Princip. Elvac. … 1792«.

V. 197 Krone der Großherzöge von Baden

(Abb. S. 249)
Hofgoldschmied Carl Wilhelm Dreßler, Hofgoldsticker Wolf
Karlsruhe, 1811
Gold, Silber, Pappe, Samt Seide, Email, Edelsteine, H. 26 cm, Dm. 18 cm
BLM

Fritz/Schwarzmaier 1977

V. 198 162 Teller aus dem Kurfürstenservice Friedrichs II. von Württemberg

(Abb. S. 250)
Carl August Flatt (Meister 1793, gest. 1835), Johann Philipp Hipp (gest. 1836), Joseph Hirschvogel (Meister wohl 1790, gest. 1830), Friedrich Ludwig Martini (Meister 1769, gest. 1819), Johann Christian Sick (Meister 1791, gest. 1824), Christoph Friedrich Stitz d.Ä. (Meister 1757, gest. 1807), wohl Jacob Friedrich Stitz (Meister 1799)
Stuttgart, 1803
Silber, Dm. 25 cm bzw. 31 cm
Bz: Hirschstange bzw. Pferd mit P, Mz: C.Flatt, Hipp, HLV, FLM, SICK, CFS, IS
SSG

In die Fahne ist das württembergische Kurfürstenwappen graviert.

V. 199 12 Speiseteller aus dem Tafelservice König Friedrichs I. von Württemberg

Wohl Jacob Friedrich Stitz (Meister 1799), Johann Christian Sick (Meister 1791, gest. 1824)
Stuttgart, zwischen 1806 und 1816
Silber, vergoldet, Dm. 24,4 cm
Bz: Pferd mit P, Mz: IS bzw. SICK
WLM 1937–353 a-m

In die Fahne ist ein ligiertes FR unter Krone graviert.

V. 200 Tafelbesteck für 24 Personen samt Kasten aus dem Bestand König Friedrichs I. von Württemberg

Joseph Hirschvogel (Meister wohl 1790, gest. 1830)
Stuttgart, zwischen 1806 und 1816
Silber, vergoldet, Stahl, Holz, Leder, Seide, Schöpflöffel: L. 27 cm, Gemüselöffel: L. 28,4 cm, Messer: L. 24,5 cm, Gabeln: L. 21,5 cm, Löffel: 22 cm, Kasten: 19,5 × 43 × 27,5 cm,
Kein Bz, Mz: HLV
WLM 1937–305 bis 310

Alle Besteckteile tragen als Gravur ein ligiertes FR unter Krone.

Die Mode am Altar – Paramente des 18. Jahrhunderts aus südwestdeutschen Klosterkirchen

Im Gottesdienst der römisch-katholischen Kirche bilden sakrale Textilien, die sogenannten Paramente, einen wichtigen Bestandteil der Liturgie. Wie die liturgischen Geräte sind sie unmittelbar mit der Feier der Eucharistie verbunden. Daher werden einige der Textilien ihrer Verwendung entsprechend auch gesegnet. Kostbare Materialien und kunstvolle Ausführungen bilden die dem sakralen Charakter gemäße Gestaltung, die den Gläubigen sinnfälliger Ausdruck für die Stellung der Kleriker und für das Mysterium der Messe sein soll. Als Bestandteile des Raumkunstwerks »Gotteshaus« haben die liturgischen Textilien also eine wichtige Funktion: sie sind das Kostüm der Inszenierung des theatrum sacrum.
Der Kanon ihrer formalen und stofflichen Gestaltung sowie der ihrer Symbolik hat sich im Lauf der Jahrhunderte entwickelt. Er umfasst sowohl die vom zelebrierenden Priester und den assistierenden Klerikern getragenen Gewänder als auch die Textilien des Altars und der liturgischen Gefäße.
Der Priester trägt bei der Messe die Kasel, die sich bis zum 18. Jahrhundert zu einem steifen, seitlich offenen und vorn verkürzten Überwurf mit Ausschnitten vor den Armen entwickelt hat. Diese Gestaltung hat zur Bezeichnung »Bassgeigenform« geführt. Bei liturgischen Funktionen, die die Verwendung der Kasel nicht erlauben, legen Priester oder Bischof das Pluviale an, einen halbkreisförmig geschnittenen, nur mit einer Schließe über der Brust zusammengehaltenen Umhang. Das Obergewand, das in dem hier behandelten Zeitraum Diakon und Subdiakon auszeichnet, ist die in Form einer Tunika gestaltete Dalmatik. Diakone, Priester und Bischöfe tragen als Insignien die Stola und am linken Unterarm den Manipel; dieser ist auch Bestandteil der liturgischen Kleidung der Subdiakone. Das Recht, wie Kardinäle und Bischöfe mit Pontifikalschuhen und -handschuhen und vor allem mit der Mitra, dem signifikantesten Hoheitszeichen, aufzutreten, wird auch Äbten zugestanden.
Die dekorierten Textilien für den Umgang mit den Opfergaben am Altar umfassen die Palla, eine kleine quadratische, mit Einlagen versteifte Kelchabdeckung, das Kelchvelum, das vor Beginn und nach Ende der Messfeier als Verhüllung über den Kelch gebreitet wird, und die Bursa. Diese versteifte flache Tasche dient zur Aufbewahrung des Korporale, eines Tuchs aus weißem Leinen, das während der Messe unter Kelch und Patene – den eucharistischen Gefäßen – auf dem Altar liegt. Auch die Vorderseite des Altars kann mit textiler Verkleidung, dem Antependium, geschmückt werden.
Bis zum 18. Jahrhundert ist es üblich geworden, die bei einer Messe verwendeten Gewänder und die Altarparamente aus dem gleichen Material und in einheitlicher Dekoration herzustellen. Die als Ornat bezeichnete Garnitur muss in den fünf liturgischen Farben zur Verfügung stehen, mit denen die Gottesdienste im Ablauf des Kirchenjahres mit seinen verschiedenen Festtagen markiert werden. Diese Ordnung geht auf das Missale Romanum von 1570 zurück, das den je nach Tag und Anlass einzusetzenden Farbkanon festlegt: Weiß für die Hochfeste des Kirchenjahres, Rot für Pfingsten, Passion und Märtyrerfeste, Grün für die festfreie Zeit des Kirchenjahres, Violett für Advent, Fast-, Buß- und Bitttage und Schwarz für Totenmessen. Ausschlaggebend für die Zuordnung ist die jeweilige Grundfarbe, wobei Abwandlungen – wie Silber für Weiß, Rosa für Rot oder Blau für Violett – möglich sind.
Für die Messgewänder waren nach geltenden Vorschriften möglichst Seidenstoffe zu verwenden. Sie werden im 18. Jahrhundert noch auf Handwebstühlen hergestellt und sind, vor allem mit aufwendigen Mustern, sehr teuer. Zudem müssen diese Seiden importiert werden. Wie die Archivalien überliefern, hat man sie auch in vielen Klöstern aus Frankreich bezogen, vor allem aus Lyon, das um 1700 zum einflußreichsten Zentrum der europäischen Seidenweberei geworden war. Während in der zweiten Hälfte des Jahrhunderts zunehmend auch spezielle Paramentenstoffe gewebt werden, die beispielsweise mit Trauben oder Ähren ihrer Bestimmung entsprechende Motive aufweisen, ist diese Differenzierung vorher offenbar nicht erforderlich: Die Kleriker wählen für ihre Ornate ganz bewußt jene Stoffe, deren Musterung mit Blumen und Ornamenten den jeweils modischen Erfordernissen höfischer Kostüme, Wandbespannungen oder Möbeldekorationen folgt. Zuweilen haben die Seiden eine dieser Funktionen zunächst auch erfüllt und finden erst in Zweitverwendung – sei es durch Stiftung oder Verkauf – ihren Weg in die Kirchen. Fünf der gezeigten Kaseln veranschaulichen die Verwendung dieser

großflächig dekorierten Seidengewebe und lassen deren Musterreichtum ahnen (V. 202 bis V. 206).
Weit häufiger werden die liturgischen Textilien aber mit Stickereien verziert – einer Technik, die zwar hohe Kunstfertigkeit erfordert, nicht aber die aufwendigen technischen Voraussetzungen, die für das Weben von Seidenstoffen mit komplizierten Dekoren erforderlich sind. Diese Paramentenstickereien, für die einfachere, meist einfarbig gemusterte Seidengewebe als Trägerstoffe dienen, können von klösterlichen und bürgerlichen Werkstätten oder von Hofstickern ausgeführt werden. Sehr effektvoll und daher besonders beliebt sind die Gold- und Silberstickereien. Sie bieten vielfältige Möglichkeiten um mit glänzenden und stumpfen Oberflächen, mit flachen und erhabenen Motiven die Licht- und Schattenwirkungen, vor allem bei Bewegung und im Kerzenlicht, zu steigern. Auch beim Verzieren mit Stickereien orientiert man sich an den Mustern und Motiven profaner Vorbilder.
Die Ausstattung der Kirchen mit Paramenten, die schon im 17. Jahrhundert zugenommen hatte, erreicht im 18. Jahrhundert ihren Höhepunkt. Der Aufwand, der mit Modernisierungen und Neubauten von Klosteranlagen und mit deren Ausschmückung gerade in süddeutschen und österreichischen Gebieten betrieben wird, findet seine Entsprechung in den immer umfangreicheren Ornaten, deren Dekorationen den neuesten Stilentwicklungen folgen. Wie die Klosterarchitektur seit dem Barock immer konsequenter Stil- und Gliederungsprinzipien der Schlossbaukunst übernimmt, so lässt sich auch bei den Dekoren der Ornate eine »Verweltlichung« in Richtung höfischer Repräsentation feststellen. Christliche Symbole sind meist nur auf den Paramenten des Altars zu finden und auf Stola und Manipel, bei denen die Zeichnung mit einem Kreuz vorgeschrieben ist. Selbst der traditionelle Besatz des Kaselrückens in Kreuzform ist in süddeutschen Regionen selten, da man hier statt dessen die römische Form übernommen hat, bei der der Rücken durch einen vertikalen Mittelstreifen verziert wird.
Zwar sind die Paramente in ihren Bestandteilen und Formen kanonisch fixiert, für ihre Dekorationen aber scheint man sich gerade im 18. Jahrhundert umso bemühter am schnellen Stilwechsel der Ausstattungskünste zu orientieren. Damit werden Repräsentationsprinzipien der höfischen Mode übernommen, nämlich die Demonstration, sich den Luxus des jeweils Neuesten leisten zu können. Zur Darstellung seiner geistlichen, vor allem aber seiner weltlichen Macht will sich ein Abt mit der liturgischen Gewandung offenbar auch weltlich sanktionierter Mittel bedienen.
In einer noch von Kleiderordnungen geprägten Zeit sind für Gewänder verwendete Materialien immer auch Hinweis auf gesellschaftliche Zugehörigkeit. Die Seidenstoffe und Metallstickereien erscheinen demnach als Ausdruck der Privilegien des geistlichen Standes. Sie finden im Ausputz des in der Ausstellung nicht vertretenen liturgischen Untergewands ihre Entsprechung: die aus Leinen gefertigte Albe ziert reicher Spitzenbesatz, ein Erzeugnis kunstvoller Handarbeit, dem in der Kleidung des 18. Jahrhunderts höchster Prestigewert zukommt. Ein Zeichen der Vorrechte des ersten Standes ist auch die rote Färbung der Absätze der Pontifikalschuhe (V. 220).
Mit der Säkluarisation werden die in den Klosterkirchen verwendeten liturgischen Textilien Eigentum weltlicher Herren. Diese nehmen die ihnen zugefallenen Rechte sehr unterschiedlich in Anspruch: während einige wenige Kirchen ihren Paramentenschatz behalten können (vgl. V. 208), wird er in den anderen oft bis auf einzelne, als wertlos eingestufte Stücke dezimiert. Meist lässt man aber zumindest einige Paramente zurück, um die Messfeier für noch verbleibende Konventualen zu ermöglichen oder um als Ausstattung der zu Pfarrkirchen umgewandelten Klosterkirchen zu dienen. Zudem musste ja gewährleistet sein, dass die Gottesdienste, die Bestandteil der Huldigungsfeierlichkeiten für die neuen Landesherren waren, in liturgisch passender und dem Anlass gemäßer Ausstattung gefeiert werden konnten.
Aus dem sakralen Zusammenhang gerissen, werden die säkularisierten Paramente nur noch nach ihrem Materialwert und den Möglichkeiten zur Weiterverwendung im weltlichen Bereich beurteilt. Durch die einheitliche Gestaltung der Ornate stehen jeweils umfangreichere Mengen von Stoffen eines – zudem weltlichen – Musters zur Verfügung, die in den Schlössern der neuen Besitzer vielfältigen Einsatz im Ausstattungsbereich erlauben (vgl. V. 250). Auch der reiche Bortenbesatz der liturgischen Textilien lässt sich vielseitig wiederverwenden. Was die neuen Eigentümer nicht selbst gebrauchen können, wird verkauft (vgl. V. 249).
Die in der Ausstellung gezeigten Paramente sind also Teil jener Bestände, die die Säkularisation – und die

beiden folgenden Jahrhunderte – in den ehemaligen Klosterkirchen überdauert haben. Auffällig ist die Einheitlichkeit der Materialien und Dekore, die auf vergleichbare Vorlagen schließen lässt. Auch scheint die Gestaltung der liturgischen Textilien, wenn man von den Bettelorden absieht, unabhängig von der Ordenszugehörigkeit der Klöster zu sein, für die sie bestimmt waren. Die meisten der gezeigten Stücke haben im Verlauf ihres Gebrauchs Veränderungen erfahren, sei es durch Erneuerung der Futterstoffe oder durch neuen Bortenbesatz. Auch Reparaturen in Form von Überarbeitung des schadhaften Grundgewebes oder Übertragung der Stickerei auf einen neuen Trägerstoff sind festzustellen.

V. 201

Einige der ausgestellten Gewänder werden noch heute an hohen Festtagen in der Messe getragen. In dem Kirchenraum, für den sie bestimmt waren, und im Zusammenhang mit der zeitgenössischen Ausstattung entfalten sie eine Wirkung, die etwas von der Pracht und dem synästhetischen Anspruch des 18. Jahrhunderts ahnen lässt. Was an diesen Orten seither allerdings fehlt, ist die monastische Gemeinschaft. *R. Y*

Erzberger 1902; Braun 1907; Braun 1924; Braunfels 1969; Elias 1969; AK Biberach 1990; Stolleis 2001

Der Ornat: Ausdruck von Prestige und Repräsentation

V. 201 Porträt des Abtes Alfons II. Jobst aus der ehemaligen Benediktiner-Reichsabtei Weingarten

Süddeutsch, nach 1738
Bez.: »Alphonsus Jobbst Abbas XXXVII. Eligitur Anno MDCCXXX. die XIII. Maii. Moritur Anno MDCCXXXVIII. die XIII Novembr.«
(Alfons Jobst, der 37. Abt, wurde am 13. Mai 1730 gewählt. Er starb am 13. November 1738.)
Öl auf Leinwand, 180 × 124 cm; 187 × 130 cm (m.R.)
SSG WGT. II. 24

Die Bedeutung und Wertschätzung prunkvoller Paramente wird mit diesem Porträt, das Teil eines Äbtezyklus ist, in auffälliger Inszenierung vorgeführt: Die auf Bügeln hängenden roten Paramente mit goldenem Muster – Kasel, Stola, Manipel, Dalmatik, Pluviale und ein mit Fransen besetzter Baldachin – nehmen etwa die Hälfte der Bildfläche ein. Als repräsentative Charakterisierung der Verdienste seiner Amtszeit bilden sie den effektvollen Hintergrund für den auf einem gepolsterten Armlehnstuhl am Tisch sitzenden Abt, der in schlichtem schwarzem Ordenskleid erscheint.

Abt Alfons II. Jobst setzt sich in seiner kurzen Amtszeit besonders für die Verschönerung der für die Abtei Weingarten so prägenden Heilig-Blut-Liturgie ein. Er läßt unter der Vierungskuppel einen neuen Heilig-Blut-Altar errichten, gibt als Hintergrund ein vergoldetes Chorgitter in Auftrag und bestellt 1737 bei Josef Gabler die neue große Orgel. Zu diesem umfassenden Programm gehört auch der Erwerb des kostbaren roten Ornats: er ist das zeitgemäß dekorierte Gewand der Liturgie an den Heilig-Blut-Festtagen. Für seine angemessene Aufbewahrung wird unter Abt Alfons ein reich geschmückter Paramentenschrank angefertigt. Mit der Säkularisation verlieren sich die Spuren des Ornats.

KDM Ravensburg 1931, S. 218; AK Weingarten 1994, Fs Teil 1, S. 36 f, Kat. S. 87 f, Nr. I 16

Paramente aus gemusterten Seidengeweben – fünf Kaseln in den fünf liturgischen Grundfarben

Vier der Kaseln sind aus Stoffen gefertigt, die mit ihren exotisch oder orientalisch anmutenden Motiven die um 1700 entstehenden, völlig neuartigen Textilmuster repräsentieren. Diese sogenannten »bizarren Seiden« gehören zu den kostbarsten Erzeugnissen der damaligen Luxusindustrie. Das Gewebe der roten Kasel vertritt mit den Wellenranken und Spitzenbändern die stilistische Entwicklung der Seidenweberei im 3. Viertel des 18. Jahrhunderts.

V. 202 »Weiße« Kasel aus dem ehemaligen Zisterzienserinnenkloster Heiligkreuztal

Gewebe: Frankreich oder Italien, um 1705
Hellblauer Seidendamast, lanciert und broschiert, 107 × 65 cm
Kath. Kirchengemeinde Heiligkreuztal

V. 203 »Rote« Kasel aus dem ehemaligen Dominikanerinnen-Neukloster Adelhausen in Freiburg

Gewebe: Frankreich, um 1760–1765
Rosa Seidentaft, lanciert und broschiert, 104 × 65 cm
Stiftungsverwaltung Freiburg i.Br. A 17141a

BK Freiburg 2001, S. 186, Nr. 81

V. 204 Grüne Kasel aus der ehemaligen Prämonstratenser-Reichsabtei Schussenried

Gewebe: Frankreich oder Italien, um 1705–1710
Grüner Seidendamast, broschiert, 104 × 68 cm
Kath. Kirchengemeinde Bad Schussenried

KDM Waldsee 1943, S. 223, Nr. III, 11

V. 202

V. 205 »Violette« Kasel aus der ehemaligen Prämonstratenser-Reichsabtei Schussenried

Gewebe: Wohl Frankreich, um 1700–1705
Blauer Seidendamast, broschiert, 97 × 64 cm
Kath. Kirchengemeinde Bad Schussenried

An Tagen, für die Violett als liturgische Farbe vorgesehen war, konnten unter Umständen auch blaue Paramente verwendet werden.

V. 206 Schwarze Kasel aus dem ehemaligen Dominikanerinnen-Neukloster Adelhausen in Freiburg

Gewebe: Frankreich oder Italien, um 1705–1710
Schwarzer Seidendamast liseré, lanciert, auf der Vorderseite zwei weitere Seidengewebe mit anderen Mustern, 100,5 × 65 cm
Stiftungsverwaltung Freiburg i.Br. A 17140a

Das Seidengewebe ist vielleicht erst im Hinblick auf die Verarbeitung schwarz eingefärbt worden. Das Fragment eines Seidendamasts in Aprikosenfarbe – mit der gleichen Musterung und derselben Provenienz – legt

V. 204

V. 205

diese Vermutung nahe. Dieses Gewebe wird unter der Inv. Nr. A 1784/(12781) in Freiburg aufbewahrt.

BK Freiburg 2001, S. 137 f, 205, Nr. 38

Bestickte Paramente zwischen Barock und Klassizismus

V. 207 Kasel aus der ehemaligen Prämonstratenser-Reichsabtei Weissenau

Süddeutsch (?), um 1720–1730
Roter Seidensamt mit Goldstickerei, auf der Vorderseite und an den Schultern übernäht, 103 × 64 cm
Kath. Kirchengemeinde Ravensburg-Weissenau

Die mit achsensymmetrisch angeordnetem Band-, Blatt- und Rankenwerk bestickte Kasel ist Teil eines in sehr unterschiedlicher Erhaltung überkommenen Ornats. Dass zu diesem auch das große, heute stark ausgeblichene Antependium des Hochaltars gehört, belegt die ursprüngliche Bedeutung dieser Garnitur: als roter Festornat wird sie die Liturgie zu der in Weissenau verehrten Heilig-Blut-Reliquie dem Kanon entsprechend farblich gefasst und mit der Goldstickerei aufs Prachtvollste geschmückt haben. Die Anschaffung des Ornat ist wohl im Zusammenhang mit dem 1724 geweihten Neubau des Langhauses der Stiftskirche bzw. mit deren Neuausstattung zu sehen.

V. 207

V. 208 Mitra aus der ehemaligen Benediktiner-Reichsabtei St. Georg in Isny

Süddeutsch (?), um 1720–1730
Roter Seidensamt mit Goldstickerei, 43 × 31 cm, Fanones: L. 39 cm
Kath. Kirchengemeinde St. Georg und Jakobus, Isny im Allgäu

Die mit Laub- und Bandelwerk verzierte Mitra gehört zu einem umfangreichen Ornat. Vermutlich handelt es sich dabei um jenen »goldenen Ornat«, der nachweislich 1724 um 2100 fl. für die Abteikirche erworben worden war. Die prachtvollen Paramente sind Ausdruck der damaligen wirtschaftlichen Situation des Klosters, das unter der fähigen Leitung von Abt Alphons Torelli (1701–1731) eine Blütezeit erlebt. Sie führt unter anderem auch zu einem Anwachsen des Konvents auf 26 Mönche.

Dass der Ornat in Isny erhalten blieb, ist Graf Otto von Quadt-Wykradt zu verdanken, dem die Abtei durch den Reichsdeputationshauptschluss zugefallen war. Er beließ die Paramente und liturgischen Geräte vor Ort, was von Matthias Erzberger, der im Abstand von 100 Jahren die »Beraubung der katholischen Kirche« kommentiert, enthusiastisch hervorgehoben wird und in dem Lobspruch endet: »Ehre dem fürstlichen Hause, das so großherzig vorging!«

Das 20. Jahrhundert war im Umgang mit dem Ornat leider nicht mehr so pietät- oder verständnisvoll, so dass er in seinem Bestand dezimiert wurde.

Erzberger 1902, S. 388; KDM Wangen 1954, S. 163, Nr. c 4., Taf. 44; Reinhardt 1996, S. 154 f

V. 209 Kelchvelum aus dem ehemaligen Dominikanerinnen-Neukloster Adelhausen in Freiburg

Süddeutsch, um 1720–1730
Weißer Seidendamast mit Gold-, Silber- und Seidenstickerei, Klöppelspitze, 56 × 50 cm
Stiftungsverwaltung Freiburg i.Br. A 17171

BK Freiburg 2001, S. 219f, 233, Nr. 124

V. 210 Kasel aus der ehemaligen Klarissen-Reichsabtei St. Maria in Söflingen

Süddeutsch, datiert 1729
Weißer Seidendamast mit sekundär applizierter Gold-, Silber- und Seidenstickerei, auf der Vorderseite teilweise überkurbelt, 102 × 69 cm
Kath. Kirchengemeinde Ulm-Söflingen

Die Kasel veranschaulicht eine gerade auch in Klosterwerkstätten häufig angewendete Form der Reparatur schadhaft gewordener Paramente: ist das ursprüngliche Grundgewebe zerschlissen, schneidet man die Stickereien aus und überträgt sie auf einen neuen Stoff. Dabei wird die Anordnung des Dekors zuweilen verändert. Auch bei dieser Kasel, die Teil eines in gleicher Technik überarbeiteten Ornats ist, lassen die Stickereien die Harmonie des zugrunde liegenden Entwurfs nur noch erahnen. Die vielfarbigen Blatt- und Blumenranken wirken verschoben und selbst auf die Ausrichtung der Trauben – Symbol für das Blut Christi – ist bei der Übertragung keine Rücksicht genommen worden: sie ist auf den beiden Seiten gegenläufig.
Auf dem Stab der Rückseite erscheint unten die Jahreszahl 1729 mit einem Doppelwappen; das gleiche Wappen ziert auch den Stab der Vorderseite. Die nicht übliche doppelte Markierung ist sicher darauf zurückzuführen, dass das vordere Wappen von einem anderen Bestandteil des Ornats stammt. Mit ihm sollten wahrscheinlich die an der Vorderseite durch die Handlungen am Altar besonders beanspruchten und daher schadhaft gewordenen Teile der Stickerei ersetzt werden. In den Doppelwappen steht links der seine Jungen mit dem eigenen Blut nährende Pelikan, das Wappen des Klosters, und rechts eine Weltkugel mit Kreuz im Blattkranz , das persönliche Wappen der Äbtissin Katharina Hunger von Rappertswil, die von 1717 bis 1739 amtiert. Die Frage, ob sie den Ornat erworben hat oder ob er von den Klarissinnen in Söflingen gestickt wurde, lässt sich beim derzeitigen Forschungsstand nicht klären.

KDM Oberamt Ulm 1978, S. 658 f; Fs. Ulm 1993, S. 17

V. 210

V. 211 bis V. 215 Teile eines Ornats aus der Wallfahrtskirche Unsere Liebe Frau auf dem Schönenberg

Süddeutsch (?), um 1730–1740
Rosa Lamé mit Applikationsstickerei in verschiedenen, gemusterten und ungemusterten Seidenstoffen, Gold- und Seidenstickerei
Kasel: Grundgewebe übernäht, 111 × 77 cm
Pluviale: Applikationen in veränderter Anordnung auf weißen Seidenrips übertragen, dieser anschließend rosa bemalt, an vier Stellen Einstichlöcher von der Befestigung der Cappa, moderne Schließe an sekundär dekorierten Laschen, 144 × 279 cm
Dalmatik: Grundgewebe stark übernäht, 96 × 108 cm
Dalmatik: Grundgewebe stark übernäht, 95 × 109 cm
Kelchvelum: Applikationen auf rosa Seidentaft übertragen, 58 × 57 cm
WLM L 1990–152a-e; Leihgabe der Kath. Kirchengemeinde Schönenberg Ellwangen a.d.J.

Die Wallfahrtskirche auf dem Schönenberg hat zur Fürstpropstei Ellwangen gehört, dem wohl reichsten der geistlichen Besitztümer, die 1803 an Württemberg fallen. Allein die Paramente, die aus Ellwangen nach Ludwigsburg verbracht werden, sieben ganze Ornate sowie 22 Kaseln und vier Kelchvela von besonderem Wert, hat man auf 1867 fl. und 36 kr. geschätzt.

V. 212

V. 211

V. 213

V. 215

V. 216 Kelchvelum aus dem ehemaligen Dominikanerinnenkloster Sießen

Wohl Sießen, um 1730–1740
Roter Seidensamt mit Silberstickerei, Klöppelspitze, 62 × 53,5 cm
Franziskanerinnenkloster Sießen, Bad Saulgau

V. 216

Unter den Stücken, die zurückgelassen werden, befinden sich fünf Teile eines Ornats in Rosa, einer Farbe, die unter anderem am Sonntag Laetare getragen oder auch als liturgisch Rot interpretiert werden kann. Seine dekorative Fernwirkung wird von achsensymmetrisch gesetztem Bandelwerk bestimmt, das in eleganter, ausgewogener Komposition auf die Gewandformen Bezug nimmt. Räumliche Anmutung vermitteln die Überschneidungen und Durchdringungen mit den kleinteiligen naturalistischen Blumen.
Die Technik der Applikation, bei der auch kleinere Reste der teuren Seidengewebe Verwendung finden können, ist für diesen Ornat sehr differenziert und kunstvoll angewendet. So sind die Formen für das Bandelwerk aus zwei goldgemusterten Seiden in unterschiedlichem Rot geschnitten und bei den Blumen kommen zu den Mustern der verschiedenen Stoffe noch vielfältige Stickereien als Innenzeichnung hinzu.
Der Ornat muss unter Franz Ludwig von der Pfalz, Fürstpropst von Ellwangen von 1694–1732, oder unter seinem Nachfolger, Franz Georg Graf von Schönborn, der bis 1756 amtiert, erworben worden sein. Anlass könnten die Feierlichkeiten von 1729 geboten haben, dem Jahr der Weihe der wieder aufgebauten Kirche, oder die von 1738, als das hundertjährige Jubiläum der jungen, erst im Zuge der jesuitischen Gegenreformation etablierten Wallfahrt auf dem Schönenberg begangen wurde.

AK Ellwangen 1964, S. 126, Nr. 300; Grönwoldt 1993, S. 115 f Nr. 56

V. 217 Kasel aus dem ehemaligen Prämonstratenserkloster Gerlachsheim

Vermutlich Würzburger Stickereiwerkstatt, um 1740–1750
Weißer Seidendamast mit Gold- und Seidenstickerei, Flecken und Fehlstellen mit sichtbarer Vorzeichnung, auf der Vorderseite zum Teil unterlegt und übernäht, 100 × 73 cm
Kath. Kirchengemeinde Gerlachsheim

AK Bruchsal 1981, Bd. 1, S. 375 f, Nr. E 2a

V. 217

V. 218

V. 218 bis V. 220 Mitra, Pontifikalhandschuhe und -schuhe aus der ehemaligen Prämonstratenser-Reichsabtei Schussenried

Oberschwäbisch (?), um 1740–1750
Mitra: écrufarbener Seidendamast mit Goldstickerei, Fransenborte, 42 × 35 cm, Fanones L. 44 cm
Handschuhe: weiße, gestrickte Seide und weißer Seidendamast mit Goldstickerei, Fransenborte, 32 × 17 cm
Schuhe: écrufarbener Gros de Tours (Seidenrips) mit Goldstickerei, Einfassung mit hellrotem Taftband, Schnürung mit hellroten Ripsbändern, Ledersohle, Absatz mit rotem Leder bezogen, H. 9 cm, L. 27 cm, B. 9, 5 cm
Kath. Kirchengemeinde Bad Schussenried

Das Diarium, das Pater Pancratius Nothelfer im Kloster Schussenried von 1731 bis 1750 geführt hat, berichtet, dass im August 1745 von den Dominikanerinnen in Ennetach ein wertvoller weißer Ornat für 600 fl. erworben worden war. Dass die hier vorgestell-

V. 219

V. 220

ten Pontifikalien ursprünglich zu diesem Ornat gehörten, von dem sich in der Sakristei von St. Magnus keine weiteren Teile erhalten haben, kann nur vermutet werden.

Die Ornamentik der Stickerei jedenfalls, Blumenranken und symmetrische Palmetten- und Volutenmuster, weist eindeutig in die Zeit von Siard Frick, Abt von Schussenried von 1733 bis 1750. Unter ihm wird nicht nur die Wallfahrtskirche in Steinhausen fertiggestellt, sondern er setzt sich vor allem auch für die Barockisierung der Stiftkirche ein, die in den 1746 vollendeten Fresken von Johannes Zick ihren Abschluss findet. Wie seine hier vorgestellten textilen Insignien verdeutlichen, war dem Abt daran gelegen, dass der Dekor seiner liturgischen Gewänder stilistisch der Modernität der Kirchenausstattung nicht nachstehe.

KDM Waldsee 1943, S. 222 f, Nr. I. 3, Nr. II. 1, Taf. 87; AK Bruchsal 1981, S. 378 f, Nr. E 3a–b; Kohler 1983, Abb. 45; Kaufmann 1985, S. v. Siard Frick, Anm. 23; AK Biberach 1990, S. 35 f, Nr. 11

V. 221 **Kasel aus der ehemaligen Zisterzienserinnen-Reichsabtei Gutenzell**

Gutenzell (?), Mitte 18. Jh.
Weißer Seidenatlas mit Gold- und Seidenstickerei, Fehlstellen auf der Vorderseite und an den Schultern, vorderer Stab ergänzt, 113,5 × 67 cm
Kath. Kirchengemeinde Gutenzell

Blumen, Ranken und Voluten, in großzügiger Bewegung über die gesamte Breite der Kasel geführt, bilden mit auf Füllhörnern sitzenden Papageien und einer kleinen Schabracke eine Komposition von höfisch wirkender, verspielt heiterer Eleganz. Die Motive der bunten Nadelmalerei lassen an Vorlagen denken, wie sie für die Dekoration von anspruchsvollen Ausstattungstextilien, beispielsweise Wandbespannungen oder Bettbehängen, Verwendung gefunden haben.

Als Auftraggeberinnen für diese Kasel, zu der auch Stola, Kelchvelum und Bursa erhalten sind, kämen zwei der Äbtissinnen in Betracht, die in Gutenzell meist aus dem schwäbischen Land- und Stadtadel stammten: Maria Bernarda Freiin von Donnersberg (1718–1747) oder Maria Franziska von Gall (1747 bis 1759). Unter Letzterer wird die Neugestaltung der Kirche nach Entwürfen von Dominikus Zimmermann durchgeführt, dessen Tochter Alexandra von 1759 bis1776 Äbtissin in Gutenzell ist.

AK Biberach 1990, S. 10, 17, 47, Nr. 42

V. 221

V. 222 bis V. 231 **Teile eines Ornats aus der ehemaligen Benediktiner-Reichsabtei Ochsenhausen**

wohl Stickereiwerkstatt Hans Peter Leyle
Innsbruck, um 1752
Grundgewebe: weißer Droguet liseré; Grund der Stäbe und Enden von Stola und Manipel: Leinen mit Goldfaden und -lahn in Anlegetechnik Gold-, Silber- und Seidenstickerei, zahlreiche Fehlstellen
Kasel: 103 × 70 cm
Stola: eingenähtes Etikett bez. »1«, Grundgewebe der Seidenstickerei: weißer Seidendamast; Fransenborte, 243 × 17cm
Manipel: eingenähtes Etikett bez. »1«; Grundgewebe der Seidenstickerei: weißer Seidendamast; Fransenborte, 107 × 17cm
Zwei Pluviale: in einem eingenähtes Etikett bez. »2«, »198«, Schleifen aus Seidenbändern, Quaste, Fransenborte, Seidengewebe schadhaft, Lahn der Stäbe fehlt großteils; Schließen, Ende 17. Jh., an sekundär dekorierten Laschen: Silber, z. T. vergoldet, 143 × 309 cm
Zwei Dalmatiken: Quastenbehang aus Goldfäden, drei Posamentierknöpfe an heute geschlossener Ausschnittöffnung, Grundgewebe überkurbelt, Lahn der übernähten Stäbe fehlt großteils, 110 × 120 cm

Antependium mit zwei Seitenteilen: über Leinenfutter auf Holzrahmen;
Mittelteil: Anpassung durch Leinenstreifen am oberen Abschluss,
Kaschierung der Rahmung durch modernes Kunstleder, 98 × 272 cm;
Seitenteile: oben und an den nach hinten weisenden Teilen angepasst
mit Streifen von geblümtem Seidendamast, 99,5 × 75 cm;
100 × 75,5 cm
Kelchvelum: Einfassung in Metallspitze, 59 × 53,5 cm
Bursa: 22,5 × 22,5 cm
Kath. Kirchengemeinde Ochsenhausen

Den reichen und vielfältigen Stickereien dieses weißen Ornats liegt ein höchst differenzierter Entwurf zugrunde. Die kleinen Blüten in versetzter Reihung, mit denen die Seide des Grundgewebes gemustert ist, sind mit Silberfäden und -pailletten überstickt. Dieses silberne Rankenwerk lässt an Gestaltungsprinzipien broschierter Seiden der Zeit denken. Überlagert wird dieser Fond von aufsteigenden Wellenranken aus mit Seidenstickerei schattierten, goldenen Blättern, Muschelwerk und vielfarbigen Blumen – einem Muster, das von großzügiger Bewegtheit bestimmt ist. Die Wirkung der mit Palmetten, Blüten und Blattwerk dekorierten Stäbe und Pluvialschilde hingegen beruht auf der Verdichtung der Goldstickerei. Alle Dekora-

V. 222

V. 229 (Antependium, Ausschnitt)

tionen des Ornats sind in streng achsensymmetrischer Verteilung ausgeführt.
Neben Stola und Manipel sind auch die Paramente des Altars mit christlicher Symbolik geschmückt: die Bursa trägt ein Kreuz, das Kelchvelum zudem das Christusmonogramm. Das Zentrum des Antependiums bilden die auf Wolken gebetteten flammenden Herzen Jesu und Mariens – mit Kreuz und Dornenkrone bzw. Schwert und Rosen; sie umgibt ein Flammenkranz. Darunter ist ein Wappen eingestickt: Unter Krummstab, Mitra und Schwert der Schild mit Georgskreuz und Pfahl, das Abteiwappen; rechts unterhalb erscheint das redende Konventswappen mit dem aus der Kirche heraustretenden Ochsen und links auf Silber und Rot gespaltenem Grund ein grüner Dreiberg mit drei Rosen, das persönliche Wappen des Abtes Benedikt Denzel, der von 1737 bis 1767 amtiert. An prominenter Stelle also, am Hochaltar, ist der Auftraggeber des prächtigen Ornats verewigt, der sich vor allem um die Barockisierung der Konventgebäude verdient gemacht hat. Dieses Antependium, das durch das Wappen eine eindeutige Zuordnung erlaubt, ist als Bestandteil des Ornats bisher nicht berücksichtigt worden.
In den Abtsrechnungen ist überliefert, dass der Kunststicker Hans Peter Leyle aus Innsbruck 1752 an Abt Benedikt einen Ornat für 2700 fl. geliefert hat, der folgende »Silberstücken« umfasste: Zwei Kaseln, zwei Pluviale und vier Dalmatiken mit den zugehörigen Quasten. Neben zwei weiteren Pluvialen für 1040 fl., die erst im folgenden Jahr bezahlt werden müssen, folgen 1753 ein großes Antependium, zwei Flügel für die

V. 225

V. 227

tionsanspruch und von der Pracht sakraler Festkultur des 18. Jahrhunderts.

Dass die liturgischen Textilien in der Kirche verbleiben konnten, für die sie bestimmt gewesen waren, ist Reichsgraf Franz Georg von Metternich zu verdanken, dem Ochsenhausen 1803 zufiel. Welchem Schicksal die Paramente dadurch womöglich entgangen sind, zeigt der Thron aus dem Ordenssaal von Schloss Ludwigsburg (V. 250): Dessen Sitz- und Rückenpolster sind mit bestickten Seidenstoffen bezogen, die man aus verschiedenen säkularisierten Paramenten herausgeschnitten hat; ihre Ornamentik steht der des Ornats aus Ochsenhausen sehr nahe.

KDM Biberach 1909, S. 194, Taf. 14; AK Stuttgart 1911, Abb. nach S. 48; AK Biberach 1990, S. 14 f, 54, Nr. 67; AK Ochsenhausen 1995, S. 44, 47

Epistel- und die Evangelienseite, vier kleine Antependien zum Krendenztisch, eine Mitra und ein Gremiale – das Tuch, das dem Bischof über den Schoß gebreitet wird – zum Preis von 1250 fl.

Das Wappen, der Hinweis auf die Silberstickerei und vor allem die Übereinstimmung der einzelnen Bestandteile legen die Vermutung nahe, dass sich dieser Eintrag auf den hier vorgestellten Ornat bezieht. Abgesehen von den ausgestellten Stücken und den nicht erwähnten Stolen und Manipeln haben sich in Ochsenhausen von dieser Garnitur noch eine weitere Kasel, zwei Dalmatiken, ein Pluviale und drei kleinere Antependien erhalten. Ein weiteres Pluviale, wie einige der anderen Stücke stark überarbeitet, befindet sich in Steinhausen an der Rottum, in der 1672/73 vom Kloster Ochsenhausen errichteten Wallfahrtskirche Mariae Himmelfahrt. Vom ursprünglichen Bestand würden demnach nur ein kleines Antependium, die Mitra und das Gremiale fehlen.

Dieser Ornat ist sicher der Umfangreichste, der sich aus einer südwestdeutschen Klosterkirche erhalten hat. Mit der hohen Qualität der Stickereien und den zahlreichen, aufeinander abgestimmten Einzelteilen gibt er einen Eindruck von monastischem Repräsenta-

V. 230

V. 232

V. 232 bis V. 234 Kasel, Palla und Bursa aus der ehemaligen Zisterzienserinnen-Reichsabtei Baindt

Deutsch (?), 1751–1768
Roter Seidenmoiré mit Gold- und Silberstickerei
Kasel 106,5 × 70 cm, Palla 16 × 16,5 cm
Roter Seidenmoiré mit Gold- und Seidenstickerei
Bursa 24 × 24,5 cm
Kath. Kirchengemeinde Baindt

Die Gliederung der Kasel bilden in Goldstickerei ausgeführte, mit variantenreichen Gittermustern gefüllte Bänder, die den Effekt von Metallspitze vortäuschen. Sie umgeben die dichte Silberstickerei der Stäbe und Seitenteile. Auf der Palla rahmt die Einfassung in Goldstickerei die Buchstaben MARIA, auf der Bursa den in farbiger Seidenstickerei ausgeführten, aus den Flammen aufsteigenden Phönix, ein Symbol für Christi Opfertod und Auferstehung.

Der noch weitere Teile umfassende Ornat belegt die hohe Kunstfertigkeit der Stickereiwerkstatt, in der er entstanden ist. Die unterschiedlichen Möglichkeiten der Gold- und Silberstickerei sind professionell und höchst wirkungsvoll genutzt. Größe, Platzierung und Ausführung des Wappens hingegen, das am unteren Ende des Stabs der Rückseite in einen freigebliebenen

V. 234

Zwischenraum gestickt ist, stehen im krassen Gegensatz zu dieser Perfektion. Es war sicher im Entwurf nicht vorgesehen, sondern ist nachträglich von anderer Hand ausgeführt worden.
Dieses Wappen mit Querbalken und Rosenstock unter dem Äbtissinnenstab weist auf Maria Cäcilia Seiz, die dem Kloster von 1751 bis 1768 vorsteht. Unter den Wohltaten für ihren Konvent, die die Inschrift auf ihrem Grabdenkmal im nördlichen Seitenschiff der ehemaligen Klosterkirche nennt, wird auch ein Ornat hervorgehoben, bei dem es sich wohl um den hier Vorgestellten handelt. Dort heißt es unter anderem: »...Regirte 17 Jahr – Erneuerte das Closterliche Leben – Erbaute den HochAltar – Zierte Die Kirch durch Einen Ornat – Lebte Im Heil. Orden 53 Jahr – Leichtete Allen Mit Tugenden Vor ...«
Nach der Ordensregel haben die Zisterzienserinnen ein Leben in Einfachheit und Innerlichkeit zu führen. Daß der Aufwand an dekorativer Ausstattung, der in Baindt auch für die Gestaltung der Liturgie betrieben wird, daher zuweilen als Luxus missverstanden werden kann, belegen überkommene Dokumente. So fordert man die Chorfrauen während der Amtszeit der Äbtissin Cäcilia bei Visitationen wiederholt zu größerer Sparsamkeit auf und es muss ihnen sogar untersagt werden, nachmittags Kaffe und Schokolade zu nehmen.

Beck 1990, S. 61 ff, 127

V. 235

V. 235 Mitra aus der ehemaligen Prämonstratenser-Reichsabtei Schussenried

Deutsch (?), um 1750–1770
Gelber Seidentaft mit Gold-, Silber- und Seidenstickerei, 43,5 × 35,5 cm, Fanones L. 45 cm
Kath. Kirchengemeinde Bad Schussenried

KDM Waldsee 1943, S. 222, Nr. I, 4, Taf. 87; Kohler 1983, Abb. 44

V. 237

V. 236

V. 239

V. 236 Kasel aus dem ehemaligen Augustinerchorherrenstift St. Michael zu den Wengen in Ulm

Süddeutsch (?), um 1750–1770
Roter Seidenatlas mit Gold-, Silber- und Seidenstickerei, 100 × 63 cm
Kath. Kirchengemeinde St. Michael zu den Wengen, Ulm

AK Ulm 1980, S. 56

V. 237 bis V. 239 Kasel, Stola und Manipel aus der ehemaligen Benediktinerabtei Ettenheimmünster

Stickerei: Frankreich (?), um 1750–1765
Paramente: deutsch, wohl nach 1765
Dunkelgrüner Gros de Tours (Seidenrips) mit Silber- und Seidenstickerei, in Zweitverwendung
Kasel: an den Schultern teilweise überkurbelt, 105 × 73 cm, Stola 226 × 22,7 cm, Manipel 83 × 21 cm
Kath. Kirchengemeinde Ettenheimmünster

Die Stiftung oder auch der Verkauf kostbarer, im profanen Ambiente für Kleidung oder Raumausstattung genutzter Seidenstoffe zur Wiederverarbeitung im

kirchlichen Bereich, hat eine lange Tradition. Auch die bestickte Seide, aus der die Paramente des ehemaligen Klosters Ettenheimmünster gearbeitet sind, hat ursprünglich wohl eine Dame von Adel gekleidet. Das nicht zuletzt durch den Farbkontrast auffällige Muster aus großen Blumen läßt an ein anspruchsvolles Kostüm, beispielsweise an eine robe à la française, denken; die kleinteiligen Stickereien mit Sternenbändern und Flammenmotiven, aus denen zum Teil Stola und Manipel, aber auch die Stäbe einer weiteren in der Pfarrkirche St. Landelin verwahrten Kasel gearbeitet sind, könnten deren Kanten geschmückt haben.
Wie geschickt man bei diesen Zweitverwendungen mit dem vorhandenen Material umzugehen wußte, zeigen die Kreuze an den Enden von Stola und Manipel: sie sind aus dekorativen Ornamenten gebildet, die zerschnitten und neu zusammengesetzt wurden.

V. 240

V. 240 bis V. 242 Kasel, Kelchvelum und Bursa aus der ehemaligen Benediktiner-Reichsabtei St. Blasien

Johann Georg Oestreich
Straßburg 1783
Roter Seidensamt mit Silberstickerei
Kasel 107 × 70 cm, Kelchvelum 67 × 70 cm, Bursa 25,6 × 23,5 cm
Erzbischöfliches Ordinariat Freiburg i.Br.

Der von Abt Martin II. Gerbert angeschaffte Ornat, von dem sich außer den hier gezeigten Teilen noch vier Pluviale, zwei Dalmatiken und weiteres Zubehör erhalten haben, vertritt in seinen strengen geometrischen Dekorationsformen die zum Klassizismus führenden Stilentwicklungen des späten 18. Jahrhunderts. In der Säkularisation kommt die Abtei St. Blasien an das Haus Baden. Der Ornat wird 1808 von der »Großherzogl. Bad. Kirchen-Oekonomie-Commißion« für 1.700 fl. an die Münsterkirche in Freiburg verkauft, wo er sich heute noch befindet.

AK St. Blasien 1983, Bd. 1, S. 235 ff, Nr. 188

V. 241

Bemalte Paramente – Ersatzmaterialien?

V. 243 bis V. 245 Kasel, Stola und Manipel aus der ehemaligen Prämonstratenser-Reichsabtei Weissenau

Deutsch / Niederländisch, 2. V. 18. Jh.
Leder, gepunzt, versilbert, firnisvergoldet, gefasst, Leinenfutter
Kasel 103 × 67 cm, Stola 199 × 18,3 cm, Manipel 80,5 × 18,5 cm
WLM, Inv. Nr. WLM 8443a-c

Zur repräsentativen Ausschmückung von Prunkräumen erfreuen sich in der Barockzeit aus Leder gefertigte Tapeten besonderer Beliebtheit. Die Musterung dieser Wanddekorationen erfolgt mit Punzen und Pressen, in Form von Vergoldung und Bemalung. Wegen des goldenen Schimmers, ein Effekt, den man mit einem auf die Versilberung aufgetragenen Firnis erreicht, werden diese Erzeugnisse auch als »Goldleder« bezeichnet.

Die aus diesem Material gefertigte Kasel belegt, wie stark Paramente nicht nur in der Ornamentik, sondern auch in den Materialien vom weltlichen Zeitgeschmack geprägt werden. Neben liturgischen Gewändern sind es vor allem auch Antependien, die man bis zum Ende des 18. Jahrhunderts aus Goldleder fertigt und die vielerorts heute noch verwendet werden.

Mit den aufsteigenden Blumenranken der Seitenteile und der Ornamentik der Stäbe in Gold und Silber entspricht die Kasel den textilen Vorbildern mit Metall- und Seidenstickereien, die hier imitiert werden sollen. Auch die Wirkung der sonst für die Einfassungen üblichen Goldborten wird effektvoll vorgetäuscht,

V. 243

V. 244, V. 245

durch eine unter der Vergoldung liegende, kleinteilige Musterung mit unterschiedlichen Punzen.

Die drei Stücke sind 1880 für die Königliche Staatssammlung Vaterländischer Kunst- und Altertumsdenkmale erworben worden. Verkäufer war der »Paramentenfabrikant« Carl Wörner in Ellwangen, der die Stücke vielleicht bei der Lieferung neuer liturgischer Gewänder in Zahlung genommen hatte. Nach seinen Angaben stammt das Ensemble aus dem ehemaligen Kloster Weissenau. Die Frage, ob diese vergleichsweise unempfindlichen liturgischen Gewänder in der Klosterkirche verwendet worden sind oder in einer der von den Prämonstratensern betreuten Pfarrkirchen, muss offen bleiben.

Braun 1907, S. 207

V. 246

V. 246 bis V. 248 Kasel, Stola und Manipel aus dem ehemaligen Kapuzinerkloster Bruchsal

Deutsch (?), Mitte 18. Jh.
Leinen, bemalt, vergoldet, Leinenfutter, Papiereinlage
Kasel: eingeklebtes Etikett, handschriftlich bez. »Nro 87 L«,
105 × 67,5 cm, Stola 228 × 16,5 cm, Manipel 92 × 16 cm
Cistercienserinnenabtei Lichtenthal, Baden-Baden

Die Wirkung eines teuren Ornats, der aus golddurchwirktem Seidengewebe gefertigt ist, findet hier in einfacherer Technik eine Nachahmung mit ganz eigenem Reiz: das Blumenmuster und die Bortengliederung sind ebenso wie die goldenen Glanzlichter aufgemalt. Die unprätentiöse Gestaltung entspricht der Herkunft: die Paramente waren in einem Bettelorden in Gebrauch, dem Kapuzinerkloster in Bruchsal. Diese erst 1777 zum Konvent erhobene Einrichtung, die 1669 als Hospiz gegründet worden war, entgeht zwar 1803 zunächst der Aufhebung durch die badische Regierung, das totale Aufnahmeverbot für Novizen aber bedeutet das Ende auch dieses Klosters, nur mit einer zeitlichen Verzögerung: Der Konvent in Bruchsal besteht noch bis1833.

Der Hinweis auf die Provenienz dieser Kasel findet sich im 1919 aufgestellten »Inventarverzeichnis der Sakristei« der Cistercienserinnenabtei Lichtenthal. Hier wird unter der Rubrik »Messgewänder« aufgeführt: »Blau-Leinen Messgewand, das um d. Seltenheit willen zu Bruchsal bei d. Kapuzinern gekauft wurde (i. Museum).« Die bemalten Gewänder verdanken ihre Überlieferung demnach also dem speziellen Interesse der durch die eigene Paramentenstickerei für historische Textilien sensibilisierten Lichtenthaler Schwestern. Sie können 1803 ihr klösterliches Leben, wenn auch eingeschränkt, fortsetzen, da das badische Hauskloster als eine der wenigen Abteien im deutschen Reich nicht aufgelöst worden war. So bleibt ein großer Teil der Kirchen- und Klosterausstattung, auch der vergangener Jahrhunderte, vor Ort erhalten. Während viele der in der Säkularisation aus ihrem kultischen Zusammenhang gerissenen Kunstgegenstände später den Weg in Museen finden – erinnert sei hier stellvertretend an die von den Brüdern Boisserée zusammengetragene Sammlung, die sich heute in der Alten Pinakothek in München befindet –, nimmt man im traditionsbewussten Lichtenthal den musealen Gedanken selbst auf. Schon in der ersten Hälfte des

19. Jahrhunderts erwerben die Zisterzienserinnen neben der bemalten Kasel auch weitere Objekte aus anderen kirchlichen Zusammenhängen. Diese »Reliquien« klösterlicher Kultur, vor allem aber Werke, die in Beziehung zur Geschichte des eigenen Hauses stehen, werden in einer »Altertumssammlung« zusammengefasst, die dem Publikum im Kloster Lichtenthal ab 1912 in musealer Präsentation zugänglich ist. In dieser »Kunst- und Wunderkammer« ist die Kasel der Bruchsaler Kapuziner seither zu sehen.

AK Karlsruhe 1995, S. 332, Nr. 191; zum Kapuzinerkloster: Schmid 1980, S. 259 f

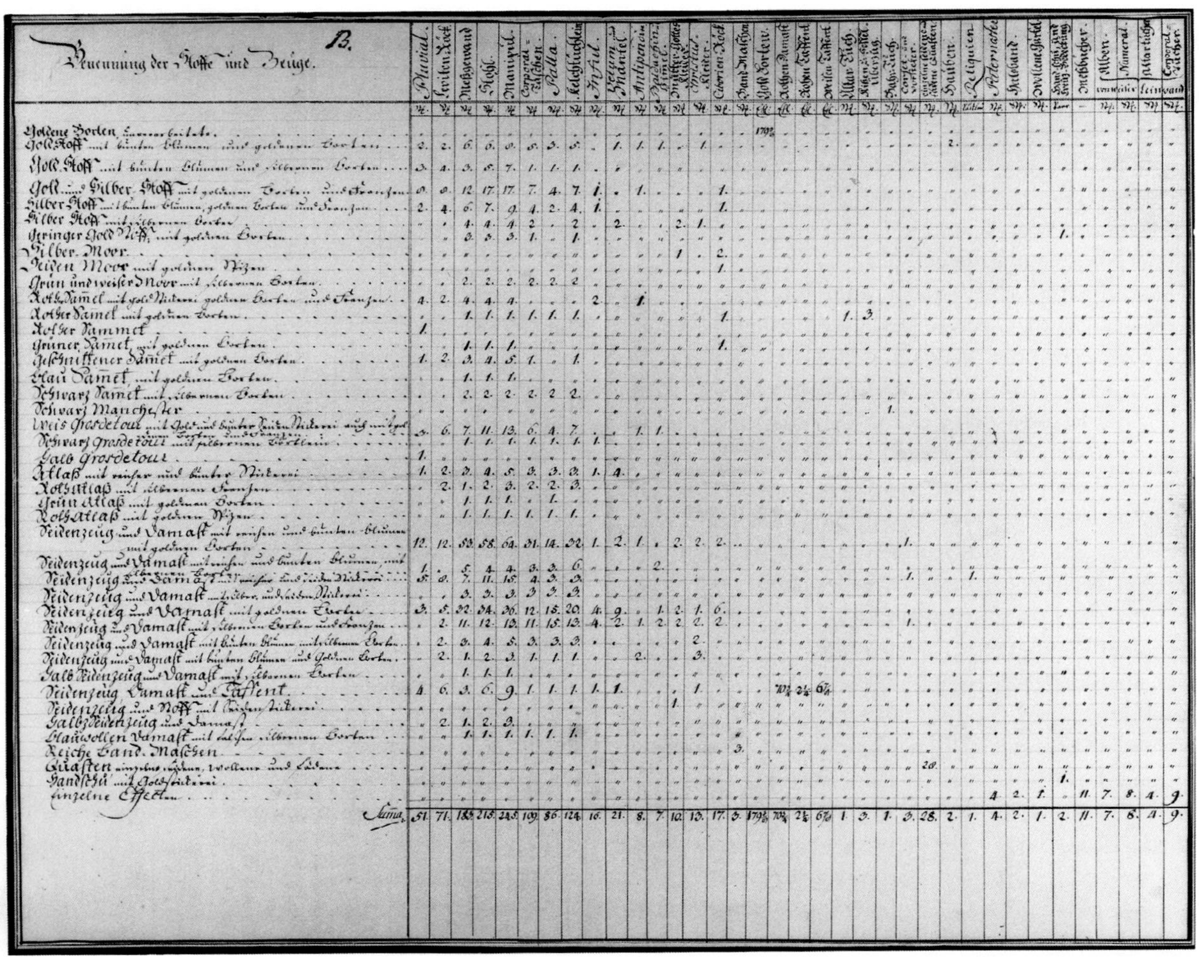

V. 249

Vom Umgang mit säkularisierten Paramenten

V. 249 Aufstellung jener säkularisierten Paramente, die im März 1803 zur Versteigerung ins Alte Schloß nach Stuttgart verbracht wurden

Stuttgart, März/April 1803
Feder auf Papier, 42 × 53,8 cm
HStA A 15 Bü 19

Die Paramente aus den ersten von Kurfürst Friedrich säkularisierten kirchlichen Besitzungen – die Fürstpropstei Ellwangen und das Ritterstift Comburg sind hier unter anderem zu nennen – werden im März 1803 von Ludwigsburg nach Stuttgart verbracht. Hier erstellt man ein »Inventarium« der verschiedenen Ornate, das 234 Positionen umfaßt. In der Tabelle mit der »Benennung der Stoffe und Zeuge« wird die Anzahl der einzelnen liturgischen Textilien nach Stoffqualitäten unterschieden. Die mit über 40 Farb- und Materialgruppen sehr differenziert geführte Aufstellung reicht vom »Gold-Stoff mit bunten Blumen und goldenen Borten« über »Rother Sammet mit gold Stickerei, goldenen Borten und Fransen« bis zu »Blauwollen Damast mit falschen silbernen Borten«. Das Konvolut umfasst unter anderem 183 Kaseln, 51 Pluviale, 16 Mitren (»Inful«), 71 Levitenröcke und 124 Kelchvela; auch 179 Ellen von unverarbeiteten goldenen Borten sowie drei seidene Korsetts und Vorstecker sind aufgeführt.
Daß man den Beginn der Versteigerung im Alten Schloß in Stuttgart schon für den 2. Mai 1803 ansetzt, ist ein Zeichen dafür, wie schnell das Säkularisationsgut zu Geld gemacht werden soll. Einige der im »Inventarium« erfaßten Ornate hatte man inzwischen offenbar anderen Verwendungen zugeführt, denn sie erscheinen nicht mehr in der detailliert geführten Versteigerungsliste. Die moderaten Schätzpreise, für die man sich allein an Menge und Material der jeweils verarbeiteten Stoffe orientiert hat, werden bei der Auktion häufig übertroffen. Die Nummer 41 beispielsweise – »Ein weiß damastener Ornat mit goldenen und buntseidenen Blumen gewirkt, bestehend in 2 Levitenröck, 2 Meßgewand, eines davon mit rotem Balken, 2 Stohlen, 3 Manipul, 1 Korporaltasche, 2 Palla« – bringt mit 37 fl. weit mehr als das Doppelte ein. Wie die meisten der angebotenen Ornate wird auch dieser von einem jüdischen Händler, dem »Jud Aaron«, erworben.
In der Endabbrechung vom 17. Mai 1803 ist aufgeführt, dass sich die Einnahmen aus dieser Versteigerung auf insgesamt 8.156 fl. und 51 kr. belaufen, was man Kurfürst Friedrich unter Hinweis auf die Überweisung des Betrags an den »Geheimen Secretaire Moegling« untertänigst mitteilt.

HStA A 15 Bü 19; A 15 Bü 20

V. 250

V. 250

V. 250 Thron aus dem Ordenssaal von Schloß Ludwigsburg

Entwurf des Throns: Nikolaus Friedrich von Thouret zugeschrieben (1767–1845)
Stuttgart, um 1810
Holz, vergoldet und gefaßt, Eiche, Eisen, 155 × 90 × 72cm
Stickerei: süddeutsch (?), Mitte 18. Jh.
Weiße Seidengewebe mit Gold-, Silber- und Seidenstickerei; Stickerei oxidiert, verblichen und teilweise abgerieben
SSG SchL 3729

Welche Verwendung finden die Paramente bei den weltlichen Herrschern, in deren Besitz sie durch die Säkularisation gelangen? Der Thron aus dem Ordenssaal von Schloß Ludwigsburg veranschaulicht eine der möglichen Umnutzungen der meist reich bestickten Seidenstoffe: Für die Bezüge von Sitz- und Rückenpolster sind passende Stickereien aus verschiedenen Paramenten herausgeschnitten und wiederverarbeitet worden.

Nicht nur die Motive – vielfach finden sich Trauben und Ähren – sondern auch die Formen und Abmessungen der bestickten Flächen bilden einen eindeutigen Hinweis auf die ursprünglich sakrale Bestimmung der Textilien. Für den Bezug des Rückenpolsters mit der zentralen Palmette könnte der Zierbehang eines Pluviales, die Cappa, verwendet worden sein; die Seiten des Sitzpolsters sind wahrscheinlich mit dessen Stäben bezogen. Vergleichbare, noch im ursprünglichen Zusammenhang erhaltene Stickereien zieren beispielsweise den Ornat aus der ehemaligen Benediktiner-Reichsabtei Ochsenhausen (V. 222 bis V. 231).

Für die Seitenteile des Rückenpolsters hat man sich wohl einer Stola bedient, deren zentrales Kreuz oben in der Mitte erscheint. Die Sitzfläche des Throns schließlich ist mit einem Kelchvelum bezogen, das ohne Zuschnitte oder sonstige Veränderungen für diese neue profane Verwendung genutzt wurde. Die Inbesitznahme geistlicher Güter durch die »neuen Herren« scheint hier geradezu wörtlich genommen: statt auf dem Altar den Kelch abzudecken – das wäre die Bestimmung eines Kelchvelums, das für diesen Dienst geweiht sein mußte –, markiert es nun den repräsentativen Sitzplatz des Königs, Friedrichs I. von Württemberg.

AK Stuttgart 1987, Bd. 1.1, S. 290 f, Nr. 428; Grönwoldt 1993, S. 160 f, Nr. 95

VI.

Das Kloster als Sitz der Musen

Literatur im Kloster

»Mit Pauken und Trompeten«: Musik in den Klöstern

Literatur im Kloster

Die in Klöstern und an Klosterschulen beliebten Operetten, Singspiele und Schuljahrendfeiern setzen eine literarische Produktion voraus. Besonders die Schultheaterstücke nehmen in der Überlieferung handschriftlicher Literatur einen breiten Raum ein. Gelegentlich werden die Textbücher zu Schauspielen auch gedruckt, so etwa 1785 und 1786 in Salem zu den Aufführungen der Stücke »Der Fromme Held« und »Das unglücklich vertheitigte Vatererbe oder Konradin, der letzte Herzog in Schwaben«. Als Dichter bekannt geworden sind Abt Benedikt Knittel aus Schöntal (1650–1732), der sein Kloster mit Versinschriften übersät und auch einiges publiziert, sowie Pater Sebastian Sailer aus Marchtal, ein Meister der schwäbischen Mundartdichtung.

AK Salem 2002, S. 145 f; Brümmer, Johannes, Kunst und Herrschaftsanspruch – Abt Benedikt Knittel (1650–1732) und sein Wirken im Zisterzienserkloster Schöntal. Sigmaringen, 1994; Hans Albrecht Oehler (Hrsg), Sebastian Sailer 1714–1777, Chorherr, Dorfpfarrer, Dichter. Marbach a.N. 1996

VI. 1

VI. 2

VI. 1, VI. 2 Zwei Puttengruppen aus St. Blasien

Joseph Hörr (1732–1785)
St. Blasien, 1773
Holz, geschnitzt und gefaßt, 136 × 150 × 60 cm
bzw. 115 × 150 × 65 cm
Kath. Kirchengemeinde St. Blasien

Die beiden Puttengruppen, die die Literatur und die Musik versinnbildlichen, stammen vom Orgelprospekt der zerstörten Silbermann-Orgel in der Klosterkirche St. Blasien.

VI. 3 Theaterstücke aus Kloster Weingarten

Weingarten, Ende 17. und Anfang 18. Jahrhundert
Tinte auf Papier, 16 × 12 cm
WLB HB XII, 23a-k

VI. 4 Ehinger Schultheaterstücke

Ulm 1778
Druck auf Papier, 18 × 14 cm
Stadtbibliothek Ulm

Das Gymnasium in Ehingen wird von der Benediktinerabtei Zwiefalten geleitet. Das Stück, das die dortigen Schüler 1778 aufführen, trägt den Titel: »Menschliche Bosheit/Göttliche Straf=Ruthe/Trauerspiele/vorgestellet/in dem Benedictinischen Gymnasium/der Kaiserlich= und Königl. Vorderösterreichischen Stadt/Ehingen/von der daselbst studirenden Jugend/Den 2. Und 4. Herbstmonats 1778./Ulm,/ [handschriftlich:] Gedruckt bey Christian Ulrich Wagner«.

Fs. Zwiefalten 1989, S. 288 f

VI. 5 Abt Benedikt Knittel (1650–1732)

Aufnahme nach dem Porträt in Kloster Schöntal

Neben handschriftlich erhaltenen Werken (lateinische Klostergeschichte und Chroniken Schöntals; eine lateinisch-deutsch abgefaßte Sammlung von Gedichten, Grußadressen, Fabeln und anderen Schriften Knittels) sind zwei gedruckte, sehr seltene Bücher Knittels bekannt: eine Zusammenstellung der von ihm bis 1714 verfaßten Inschriften und Gedichte (Antiquo-moderna / speciosae vallis abbatia, Hall 1714) und ein Abtskalender (Primaeva Schoenthalia / latine vallis amoena, Hall 1714).

Knittel schreibt an einer Stelle: »Falls vielleicht irgendetwas Tadelnswertes in meinem Geschriebenen sein sollte, so bitte ich Dich, lieber Leser, entschuldige es! Ich habe nur gelernt, Knittel-Verse zu dichten, sie geben für das gute Leben dennoch viel Lehrsames.« Der Knittel-Vers ist allerdings nicht nach dem Abt benannt – er ist bereits im 15. und 16. Jahrhundert der gebräuchlichste Vers.

VI. 6

VI. 6 Pater Sebastian Sailer (1714–1777)

Augsburg, um 1760
Sign. unten rechts »Göz sen. et iunior fec.«
Kupferstich, 22 × 36 cm (geöffnetes Buch)
Wieland-Archiv Biberach a.d.R.

Am bekanntesten sind wohl Sailers in schwäbischer Mundart abgefaßte Komödien (daneben betätigt er sich als Chronist des »Jubillirenden Marchtal«). Die Schöpfungsgeschichte beginnt bei ihm mit einem Monolog Gottvaters: »Nuits ischt Nuits, und weat Nuits weara / drum haun i wölla a Wealt gebäara, / grad um dui Zeit, / wo's nimma vil schneit, / und bessare Lüftla geit.« Zur Begrüßung der nach Frankreich reisenden Prinzessin Maria Antonia von Österreich, später Königin Marie Antoinette, dichtet er: »O lieabe Schwoaba! Ey jauchzat und schreiat, / und dui schöa Frau doa nu reacht benadeyat.« Sogar eine Kantate auf die Aderlässe stammt aus der Feder Sailers.

Oehler, Hans Albrecht (Hrsg.), Sebastian Sailers Schriften im schwäbischen Dialekte. Weißenhorn 2000 (mit Lit.)

VI. 7 Sailers Tabaksdose

Wien, um 1767
Schildpattimitat, Schwarzlack mit Gold- und Perlmutteinlagen,
6 × 9,2 × 6,5 cm
WLM G 8,483

1767 hält sich Sailer in Wien auf. Er bekommt eine Privataudienz bei Kaiserin Maria Theresia und predigt vor der schwäbischen Landesgenossenschaft. Zum Dank übergeben ihm seine in Wien ansässigen Landsleute eine Schnupftabaksdose mit Darstellungen einer Landkarte (Unterseite), eines aus Büchern, Kelch und Stola gebildeten Ehrenmals (Deckel) sowie zu Gruppen arrangierten Musikinstrumente (Außenseite).

VI. 7

»Mit Pauken und Trompeten«: Musik im Kloster

Musik im Kloster – das bedeutet zwar in erster Linie Kirchenmusik, die musikalische Gestaltung von Messe, Vesper oder Fest durch Motetten, Psalmen, Messen und szenische Oratorien. Sie umfaßt jedoch auch weltliche Musik, aufgeführt aus Anlaß des Namenstages oder eines Amtsjubiläums des Klostervorstands, zu Neujahr und Schulschluß, bei Empfängen und Banketten, dargeboten als Lied, Kammer- und Tafelmusik, Konzert, Symphonie, Kantate, Oper oder Musik-Theater. Bei der Abtsweihe von Kaspar Oexle am 5.9.1802 in Salem wird im Kaisersaal vor 99 Gästen eine Symphonie von Haydn gespielt. Formen des Musiktheaters sind mit drei zentralen Funktionen der Klöster verbunden: als Oratorium mit der Kirche, als Schuljahrendsaufführungen mit den klösterlichen Bildungseinrichtungen, als Divertissement mit der weltlichen Repräsentation.
Bei dem vielfältigen Bedürfnis nach musikalischen Aufführungsformen verwundert es nicht, daß die Musik bei der Zulassung von Novizen und im Rahmen der klösterlichen Ausbildung eine große Rolle spielt. Abt Leo Bestle von Isny (1731–1746) lehnt 1736 das Aufnahmegesuch eines Novizen ab wegen der »gänzlichen Unkundigkeit der music, welche einige Jahre hero allhier in ziemlich Abnahm gerathen und welche wiederherzustellen mein Convent mir aufgetragen hat«. Es werde, so der Abt, »in allen – unseres und auch anderer – Ordensclöstern bey desiderium der Music ein exquisites Studium erfordert. So ist hiernächst auch die Zahl meiner Religiosen [...] wegen Wiederherstellung der Music bis auf 26 angestiegen«. Die Rolle des Chorregens und des Director musices sind entsprechend wichtig.

Musikinstrumente

»Anno 1701 hat das Christkindlein dem Schussenrieder P. chori Regenten das guethe Jahr eingelegt, und zwar was nagel neues, worab der Chor und die Kirchen erzitteret; denn die Einlegung bestuende in paukhen und trompeten, welche am neuen Jahrs Abend und am neuen Jahr das erste Mahl in der Schussenrieder Kirchen seynd gehört worden. Herr Abbt wünschet, das es zu größerer Ehr Gottes, unserer lieben Frauwen und allen lieben Heiligen geraichen möge, worzu der plenus Amen geschrüen ...« Am Anfang des 18. Jahrhunderts treten in den südwestdeutschen Klöstern neben die gewohnten Saiteninstrumente verstärkt Pauken und Trompeten. Der Abt von Weingarten will allerdings die noch ungewohnte Figuralmusik um 1740 wohl wegen der Nähe zur weltlichen Musik verbieten lassen.
Das Schicksal klösterlicher Musikinstrumente nach der Säkularisation ist nur zum Teil bekannt: einige wandern in die fürstlichen Opernhäuser oder Theater, viele Stücke werden jedoch auch – wie in Ochsenhausen – weiterhin in den Pfarrkirchen genutzt.

VI. 8 bis VI. 11 Cello, Bratsche, Geige und Kontrabaß aus Kloster Ochsenhausen

Cello: 2. Hälfte 18. Jahrhundert, Anton Ferdinand Mayr († 1764), H. 129 cm
Bratsche: Mitte 18. Jahrhundert, Füssen (?), H. 66 cm
Geige: Mitte 18. Jahrhundert, sächsisch (?), H. 59 cm
Kontrabaß: frühes 19. Jahrhundert, deutsch (sächsisch?), H. 197 cm
Kath. Kirchengemeinde Ochsenhausen

VI. 12 Fagott aus Kloster Ochsenhausen

Spätes 18. Jahrhundert
Bezeichnet »Schola Ochsenhusana«
H. 114,6 cm
Stadtmuseum München

VI. 12

VI. 13 Paukenpaar

18. Jahrhundert, wahrscheinlich aus einem schwäbischen Kloster
Eisengestell, Blech, Kalbsfelle, 85 cm hoch, 61–63 cm Dm.
WLM 1975–98

VI. 14 Die Operette »Nehemias im Neuen Bunde«

Augsburg 1799
Druck auf Papier, 21,5 × 16,5 cm
Kreiskultur- und Archivamt Biberach a.d.R.

VI. 15 »Inventarium über die zur Bruchsaler Schloßkirche gehörige Musick Instrumente und Musicalien« vom 27. Oktober 1807

Bruchsal, 27.10.1807
Tinte auf Papier, 32,5 × 20,6 cm
GLA 56/1102

AK Stuttgart 1987, Bd. 1.2., S. 862 (Nr. 1439)

VI. 16 »Verzeichniss dessen, was auf dem Chor zu Weingarten an Musik und musikalischen sowohl als mechanischen Instrumenten vorhanden ist«, um 1802

Meingosus Gaelle (1752–1816)
Weingarten, um 1802
Tinte auf Papier, 34,7 × 22,7 cm
StA Sigmaringen F 764, Bü 49

Klosterkomponisten in Südwestdeutschland

Stellvertretend für die zahlreichen, in südwestdeutschen Klöstern tätigen Komponisten seien folgende Namen genannt.

Sixt Bachmann (1795–1825)	Marchtal
Nikolaus Betscher (1745–1811)	Rot
Meingosus Gaelle (1752–1816)	Weingarten
Johann Nepomuk Gaumer (1727–1793)	Isny
Wilhelm Hanser (1738–1796)	Schussenried
Andreas Heichlinger (1746–1809)	Salem
Aemilian Kayser (1749–1831)	Petershausen, Weingarten
Isfried Kayser (1712–1771)	Marchtal
Aemilian Rosengart (1757–1810)	Ochsenhausen
Meingosus Rottach (1711–1760)	Weingarten
Gregor Schmid (1748–1780)	Ochsenhausen
Jakob Sommer (1764–1796)	Salem
Bernhard Wahl (+ 1786)	Weingarten
Ernest Weinrauch (1730–1793)	Zwiefalten
Alois Wiest (2. Hälfte 18. Jh.)	Weissenau

Aus Weinrauchs Schule geht der Komponist Konradin Kreutzer (1780–1849) hervor, der vor allem Männerchöre und an die 30 Opern komponiert, als bekannteste »Das Nachtlager von Granada«.

VI. 17 Der Klosterkomponist Wilhelm Hanser (1738–1796) aus Schussenried

Schussenried, letztes Viertel 18. Jahrhundert
Öl auf Leinwand,
95 × 77 cm
SSG

Johann Nepomuk Hanser, 1738 bei Leutkirch geboren, kommt wohl als Sechzehnjähriger in das Prämonstratenserstift Schussenried. 1758 erfolgt der Eintritt in den Prämonstratenserorden und die Verleihung des Ordensnamens Wilhelm. 1762 wird Hanser zum Priester geweiht, schon zwei Jahre später wird er später Musikdirektor seines Klosters. In Frankreich wirkt er am Aufbau einer prämonstratensischen Musikschule mit. 1787 kehrt er in sein Heimatkloster zurück. Dort läßt er sich in vollem Ordenshabit porträtieren – stolz präsentiert er sein berühmtestes Werk, eine Edition des für alle Prämonstratenserklöster gültigen Graduale, die 1787 in Nancy erschienen ist.
Werkauswahl: Vesperpsalmen op. 1
8 Ave Maria
Sonate für Violine und Cembalo
Kammermusik, 7 Musiktheaterstücke, Motetten, Messen, Orgelwerke (verschollen)

Büchele 2002

VI. 17

VI. 19

VI. 18 Hansers »Psalmodia Vespertina« von 1767

Wilhelm Hanser (1738–1796)
Augsburg 1767
Druck auf Papier, 32 × 20,8 cm
Staats- und Stadtbibliothek Augsburg 2 Tonk 14

VI. 19 Der Klosterkomponist Nikolaus Betscher (1745–1811) aus Rot

Oberschwaben, um 1800
Öl auf Leinwand, 66,5 × 53,3 cm
Kath. Kirchengemeinde Berkheim

Betscher, 1745 in Berkheim bei Rot geboren, entscheidet sich als Zwanzigjähriger für das Klosterleben. 1789 wird er Abt des Prämonstratenserklosters, und am Ende des Jahrhunderts tritt er als Komponist hervor. Durch die Säkularisation verliert Betscher sein Amt, er darf jedoch unter dem neuen Besitzer des Klosters Rot, Graf Ludwig von Wartenberg, bis zu seinem Tod in den Konventgebäuden wohnen bleiben. Weiterhin produziert er Kompositionen, und nach wie vor nennt er sich »Abt und Reichsprälat aus Rot«. 1808 erscheinen in Bregenz seine »Klag und Loblieder der Vernunft«.

Werkauswahl:
Missa in C für Soli, Chor und Orchester
Te Deum in D-Dur für Soli, Chor, Orgel und Orchester
Missa brevis in g für Soli, Chor und Orchester
Magnificat in D für Solo, Chor und Orchester
Missa pastoritia für Soli, Chor und Orchester
Psalm 129 »De profundis« für Baß-Solo, Orchester und Orgel
Requiem in c-Moll Soli, Chor, Orchester und Orgel
Vesperae de Confessore in C-Dur für Soli, Chor und Orchester

IV. 20 Betschers »Gesellschafts Lieder Wider die Mode«

Nikolaus Betscher (1745–1811)
Augsburg o. J.
Druck auf Papier, 17 × 28 cm
Musikbibliothek des Klosters Einsiedeln

Betscher nennt sich auch nach der Säkularisation seines Klosters Rot noch »Abt und Reichsprälat«. Unter diesem Titel publiziert er 1808 die »Klag und Loblieder der Vernunft«. Seine Gesellschaftslieder »Wider die Mode« zeigen die Kirche als eine heitere Sittenrichterin, die viel von den Schwächen des menschlichen Alltags versteht. Diese Lieder werden im Konvent vorgetragen und stehen für die weltliche Facette der Klostermusik.

Musikkritik und Musikwissenschaft im Kloster

Freilich gibt es auch Stimmen gegen die Überbewertung der Musik in den Klöstern. Der Salemer Mönch Matthias Bisenberger (1698–1767) kritisiert 1737 in seinem musikreformerischen Werk »De musica monachorum« das zeitgenössische klösterliche Musikwesen: »Kommt in solche Klöster ein Kandidat, so lautet die erste Frage, ob er musikalisch sei. Seine übrige Erziehung und Bildung wird als Nebensache betrachtet. Ist er nun ein Musiker – und wäre er's unter Bänkelsängern und Gaunern geworden, hätte er seine ganze Gesundheit und Sittlichkeit dabei eingebüßt – er wird aufgenommen. […] So gerathet dann mit manchem guten Musiker ein leidenschaftlicher, unruhiger, verderbter Kopf ins Kloster. […] Wahrlich, in diesem Sinne möchte man wünschen, die

Klöster hätten die Musik niemals kennengelernt.« Auch in der Musikwissenschaft des 18. Jahrhunderts wird eindeutig Position bezogen. Besonders der universell gebildete Abt Martin Gerbert aus St. Blasien widmet sich in mehreren, lateinisch abgefaßten Werken der Geschichte des Kirchengesangs und der Kirchenmusik. Er verbindet damit eine bestimmte Absicht: der Autor möchte die Kirchenmusik von der Stilentwicklung der gleichzeitigen weltlichen, besonders der italienischen Musik lösen und auf frühere Formen zurückführen. Zwar bleibt Gerbert dieser Erfolg versagt, im beginnenden 19. Jahrhundert jedoch findet unter dem Schlagwort des »Caecilianismus« tatsächlich eine Rückbesinnung auf alte Kompositionspraktiken statt.

VI. 21

VI. 21 »De cantu et musica sacra a prima ecclesia aetate usque ad praesens tempus«

Martin Gerbert
St. Blasien 1774
Druck auf Papier, 25,5 × 20 cm (2 Bde.)
WLB Kirch.G.qt. 779

Dieses in der neuerrichteten Klosterdruckerei von St. Blasien sorgfältig hergestellte und mit reichem Bildmaterial ausgestattete Werk behandelt in teils chronologischer, teils systematischer Darstellung die Entwicklung der Gregorianik wie auch der Vokalpolyphonie. Dabei spielen die musikalische Gestaltung von Messe und Offizium, Psalmodie und Hymnodie, sowie die Sonderformen der römischen, mailändischen und gallikanischen Liturgie eine besondere Rolle.

Pfaff 1971; AK St. Blasien 1983, Bd. 1, S. 118 (Nr. 102) und Bd. 2, S. 141–152; AK Rastatt 1989, S. 102 f mit Abb.

VI. 22

VI. 22 »Scriptores ecclesiastici de musica sacra potissimum ex variis Italiae, Galliae & Germaniae codicibus manuscriptis collecti et nunc primum publica luce donati«

Martin Gerbert
St. Blasien 1784
Druck auf Papier, 24,4 × 19 cm (3 Bde.)
WLB Kirch.G.qt. 784

Gerbert bietet mit seinem gelehrten Werk einen Überblick über die wichtigsten Schriften, die in Italien, Frankreich und Deutschland über kirchliche Musik erschienen sind.

AK St. Blasien 1983, Bd. 1, S. 125 (Nr. 118) und Bd. 2, S. 141–152; AK Rastatt 1989, S. 99 f mit Abb.

VII.

Das Kloster als Sitz der Weisheit

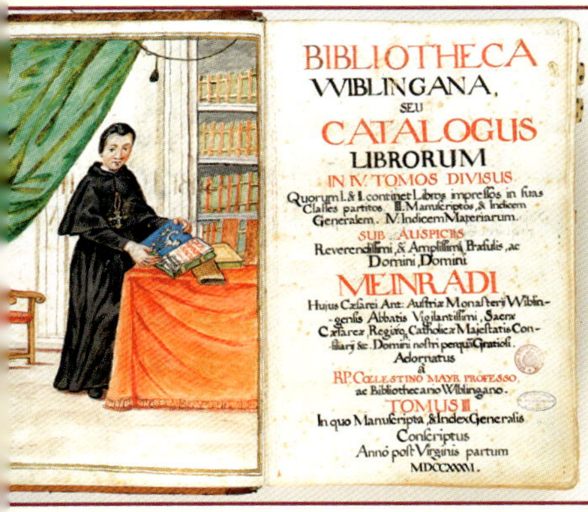

Der Schussenrieder Bibliothekssaal

»Mit Brief und Siegel«: Klosterarchive

Klosterbibliotheken: Schatzkammern und Wissensspeicher

»Chronica und Historia«: Geschichtsschreibung

»Die Bibliothek kann nicht in Schätzung gebracht werden«

Der Schussenrieder Bibliothekssaal

»Am 8. Oktober 1810 wurde die ganze hiesige Bibliothek in 141 Kästen auf 35 Wagen abgeführt, dann unterm 1. Dez. 1810 weiter 5 Bd. Katalog über dieselbe. Die Bibliothek kann nicht in Schätzung gebracht werden«[1].
Heutige Besucher bemerken das Abhandenkommen der Bibliothek kaum. Schon vor dem Abtransport verdeckte eine gemalte Scheinbibliothek den tatsächlichen Buchbestand. Lediglich die 1892 eingebaute Orgel auf der Ostempore weist auf die spätere Nutzung des Saals als Kirchenraum der evangelischen Diasporagemeinde und später auch als sogenannter »Betsaal« der 1875 im Kloster eingerichteten Königlichen Heil- und Pflegeanstalt hin. So ist bis heute weitgehend der Eindruck des vorsäkularen Raumes bewahrt mit seinen vielfältigen Bezügen zu Geschichte und Struktur des Alten Reichs und zur klösterlichen Tradition des Büchersammelns und Büchermachens. Der moderne Blick in die Schussenrieder Bibliothek zeigt vor allem die Kultur und Geschichte einer oberschwä-

bischen Reichsabtei zu einem Zeitpunkt, *bevor* der rasche Strukturwandel einsetzte, der in der zweiten Hälfte des 18. Jahrhunderts beginnt und kaum vierzig Jahre nach dem Abschluss der künstlerischen Arbeiten im Bibliothekssaal zu ihrer Aufhebung führte.

Wissenssystematik und Glaubensstreit

Das eigentliche Kunstwerk des Schussenrieder Bibliothekssaals ist das durchgearbeitete Bildprogramm, das Architektur, Malerei, bildende Kunst und Bibeltext zu einem enzyklopädischen Epochenpanorama verbindet. Mit barockem Pathos demonstrieren die Erbauer hier die Grundsätze eines katholischen Wissenschaftsprogramms, versäumen aber auch nicht, die geschichtlichen Grundlagen des eigenen Klosters und Ordens und dessen Verankerung in der Kirche und im Reich zu thematisieren.

Das ikonographische Hauptthema ist die Darstellung der »Sapientia«. Sie wird vielschichtig ausgearbeitet. Die christlichen Zentralmotive des Deckenbildes entstammen ihrer Bildtradition: Im Mittelpunkt steht das *Heilige Lamm* auf dem Buch mit den Sieben Siegeln und zeigt im Rahmen der theologischen Bildaussage das Ende und äußerste Maß der menschlichen Erkenntnis an. Die heilsgeschichtliche Offenbarung führt von der Menschwerdung im Bild der *Maria mit dem Kind* (Westen) über den Opfertod *Christi am Kreuz* (Osten) immer wieder auf diesen Mittelpunkt.

Ausklappbares Lesepult aus einem Bücherschrank

Alle anderen Bilder von Wissenschaften und Weisheit sind diesem Motiv in dienender Funktion untergeordnet: *Tempel des Heiligen Geistes* und *Salomons Thron* sind Darstellungen der christlichen Weisheitslehre; *Abt Nikolaus Wierith vor dem Thron Ludwigs XIV.* wägt die Gelehrsamkeit des Ordensvertreters gegen die Machtstellung des absolutistischen Herrschers ab; *Theologie*, *Philosophie*, *Rechtswissenschaft* und *Medizin* repräsentieren das klassische Fakultätssystem der zeitgenössischen Universitäten; *Geschichte/Geografie*, *Dichtkunst* und *Rhetorik* sind Wissenschaften mit einer langen klösterlichen Tradition, die im 18. Jahrhundert eine tiefgreifende Umdeutung und Aufwertung erfuhren.

Der Anordnung der Bildthemen nach entwickelt das Schussenrieder Bibliothekssaalprogramm eine hierarchische Wissenssystematik: Ganz oben steht die Glaubensgewissheit, deren Sinnbilder die Erscheinungsformen des göttlichen Verbum/Logos sind: die Menschwerdung, die Erlösung und die Auferstehung. Diese Motivkette der west-östlich ausgerichteten Längsachse ist in einer Schriftkartusche unter der Schädelstätte Golgatha im östlichen Teil des Deckenfresko zusammengefasst: »Verbum – in carne abbreviatum – in cruce extensum – in coelo immensum« (= Das Wort Gottes – im Fleisch ist es verkürzt – am Kreuz ist es ausgespannt – im Himmel ist es unermesslich groß). In der süd-nördlichen Querachse zeigen zwei Szenen, wie der gläubige und beseelte Mensch daran partizipiert: Die göttliche Weisheit wird dem Menschen als siebenteilige Gnadengabe im Tempel des Heiligen Geistes zuteil. Beispielhaft für diese Vermittlung zwischen göttlicher Gabe und menschlichem Handeln steht König Salomon als auserwählter Herrscher und Mensch mit zwei erzählenden Bildmotiven, die seine Weisheit unter Beweis stellen.

In der seit Raffaels »Schule von Athen« bekannten Form der Gelehrtenversammlung werden unterhalb der west-östlichen Bildachse die Einzelwissenschaften vorgestellt: Aus Antike, Mittelalter und Neuzeit werden Repräsentanten der jeweiligen Wissenschaft aufgereiht. Dabei fällt das nahezu gänzliche Fehlen der Mathematik und Naturwissenschaft auf. Das mag eine Folge der ikonografischen Tradition und des jesuitischen Einflusses auf die Ausbildung der Schussenrieder Konventualen sein: Viele Schussenrieder Äbte nach dem Dreißigjährigen Krieg haben ihr Theologiestudium im Dillinger Jesuitenkolleg durchlaufen, darunter auch Nikolaus Kloos, der Bauherr des Bibliothekssaals. Die Vernachlässigung der mathematisch-naturwissenschaftlichen Fächer im jesuitischen Bildungssystem gehörte zu den häufigsten Vorwürfen der aufklärerischen und innerkatholischen Kritik an den Bildungseinrichtungen des Ordens.

Kirchliche Vertreter sind hierarchisch über den weltlichen Gelehrten der Rechtswissenschaft, Geschichte, politischen Geografie und Philosophie platziert. Die Profanwissenschaften sind also zumindest in der Programmatik der Bildaussage von Theologen dominiert. Ganz im eklektizistischen Stil der Zeit werden die Epochen und Bildungsinhalte nebeneinander gezeigt, vermischen sich Antike, Mittelalter, Neuzeit und Gegenwart: Ihre Anordnung ist weit entfernt von einer sinnvollen »Wissenschaftsgeschichte«, wie es dem Schussenrieder Bildprogramm immer wieder unter-

Ein Verteidiger des Glaubens

stellt wurde. Der Maßstab ihrer Ordnung entsteht nicht aus einer immanenten Systematik, sondern einzig und allein durch die räumliche Beziehung zu den »himmlischen« Sphären und der übergeordneten christlichen Zentralmotivik in der Längsachse des Deckenbildes. Das Bildprogramm führt somit die Theologie als Leitwissenschaft vor Augen. Damit hält es sich an traditionelle Strukturen, die innerhalb der katholischen und insbesondere der jesuitischen Universitäten auch während der Aufklärung weitgehend ihre Gültigkeit hatten.

Die Darstellung der christlichen Weisheit wird zur Klammer für die Ausarbeitung des wichtigsten ikonografischen Unterthemas: dem Triumph der katholischen Kirche und katholischen Theologie über Häresie und Ketzertum sowie die Überlegenheit der Kirche über die weltlichen Institutionen. Die gegenreformatorische Frömmigkeit wird hier besonders gut greifbar. Es ist gerade diese breit angelegte Thematik, die den Schussenrieder Bibliotheksaal in einen vor-aufklärerischen Kontext stellt, auch wenn aufklärerisches Denken an einigen Stellen durchscheinen will.

Das Thema der Glaubensverteidigung ist übergreifend auf allen Raumebenen und mit Hilfe aller vertretenen Kunstgattungen angelegt: Im Deckenbild bekämpft Norbert von Xanten den Ketzer Tanchelinus. Der Prager Bischof Johann von Lohel steht in Auseinandersetzung mit der hussitischen Reformation. Die Konzilien von Nicäa, Konstanz und Trident werden in den Reliefs der Fensterlaibungen zusammen mit den jeweils verurteilten Häretikern genannt.

Besonders im Figurenzyklus der Alabasterskulpturen befindet sich der Glaubenskampf auf der Höhe der Zeit: Die Vertreter des Islam hatten noch 1683 Wien belagert. Das Freimaurertum war erst 1738 von Papst Clemens XII. verboten worden. Puderzöpfe und Allongeperücke verweisen auf die Adelsmode des ketzerischen Frankreich und werden von Johann Nepomuk Hauntinger in seinem Reisetagebuch von 1784 als bildliche Darstellungen Voltaires und Rousseaus gedeutet. Das im Bildprogramm allseits präsente Thema der Glaubensverteidigung veranlasste Hauntinger zu der kritischen aufgeklärten Bemerkung: »Das ist ein Gedanke, welcher meiner Meinung nach an jedem Orte besser als auf einer Bibliothek stünde, denn ein Büchersaal muß allen Gattungen Leuten offen stehen, und er ist doch kraft seines Daseins der Ort nicht, wo man Religionsstreitigkeiten mit einem durchreisenden fremden Gaste ausmacht.« Im Zeitalter der aufkommenden Religionstoleranz hatte sich das barocke Pathos der Glaubensverteidigung zumindest im Urteil von Außenstehenden also schnell überlebt.

Allerdings sollte man nicht den Fehler begehen und die Schussenrieder Bibliothekssaalkunst nun zum bereits bei der Fertigstellung überlebten »Kampfinstrument« gegen Reformation und Aufklärung herabsetzen. Vielmehr spiegelt dieses spätbarocke Bildprogramm die komplexe geistige Situation der Gegenreformation, die sich im süddeutschen Klosterbarock des 18. Jahrhunderts einen eigenen und besonders lange anhaltenden Ausdruck verschaffte. Die Voraussetzungen hierfür mussten in vielfältiger Art und Weise gegeben sein. Sie umfassten soziale und historische, wirtschaftliche und auch kirchen- und machtpolitische Ursachen. In einem Spätwerk wie dem Schussenrieder Bibliothekssaal vermischen sich zudem die unterschiedlichen Strömungen und Erfahrungen des von starken Veränderungen geprägten Zeitalters. Eine monokausale Erklärung und Einengung würde dem Phänomen nicht gerecht werden.

Zeitgeschichtliche Zusammenhänge

Der geschichtliche Horizont des Schussenrieder Bibliothekssaals ist eng mit der politischen Situation vor der Französischen Revolution und dem Ende des Alten Reiches verbunden. Habsburgische Wappen und die Namen habsburgischer Herrschern finden sich zahlreich in den Bildwerken. Die Träger der Dynastie werden besonders in den Reliefs der Fensterlaibungen als Friedensbringer im Rahmen der »Historia profana« gefeiert. Um den Doppeladler gruppieren sich in undifferenzierter Wertigkeit die einzelnen Formen der Rechtssprechung von den Reichsgesetzen der Goldenen Bulle bis zum Kirchenrecht. Wien ist der geografische Mittelpunkt der Weltgeschichte. Als reichsunmittelbare Abtei war Schussenried ein struktureller Bestandteil des Staats- und Herrschaftsapparates. Die tatsächliche Bedeutung war freilich gering: Auf dem Reichstag hatten die Prälaten aller reichsunmittelbaren Abteien zusammen nur zwei Stimmen. Beim Kreistag saß Schussenried mit einundzwanzig weiteren Äbten auf der sogenannten Prälatenbank, nahm dabei allerdings während des gesamten 18. Jahrhunderts lediglich eine mittlere Position ein.

Deckengemälde

Die in der zweiten Hälfte des 18. Jahrhunderts aufkommende Diskussion um Kirche und Reform im schwäbischen Reichsprälatenkollegium spielt im Bildprogramm der Schussenrieder Bibliothek keine Rolle. Blickt man auf die im Schussenrieder Kloster intern geführte Auseinandersetzung mit den drohenden kirchenpolitischen Veränderungen, finden sich keine extremen Positionen. Der immer wieder als radikaler Vertreter der Ordenskritik bezeichnete Schussenrieder Konventuale Georg Vogler redet bei der Sechshundertjahrfeier des Kloster 1783 nicht dem Staatskirchentum das Wort, sondern ruft den Orden zu einer gemeinnützigen Haltung und Ausrichtung auf. Vogler sieht in der Eigenständigkeit der Klöster geradezu eine Voraussetzung für einen Aufklärungsprozess, der die Wissenschaften erneuert und die Orden zur Seelsorge und Bildung der Jugend befähigt. Dabei hat Vogler eine Reform des Klosterwesens zum Wohle des Staates im Sinn – ein Grundsatz ohne notwendige politische Folgeschlüsse, der die bildungstheoretischen Programme der Schussenrieder Klosterschule auch noch am Übergang zum 19. Jahrhundert beherrschen wird. Voglers Kritik zielt vorrangig gegen das jesuitische Bildungssystem mit seiner starken Betonung des mnemotechnischen Lernens und des Lehrerdiktats. Seine Thesen decken sich mit den bereits unter Maria Theresia angestrebten Studienreformen – und übrigens auch mit den unter Abt Josef Krapf (1775–1791) teilweise gegen erheblichen Ordenswiderstand betriebenen Versuche einer Reform des klösterlichen Lebens. Ausdruck verschafften sich die Bestrebungen dieses Abtes unter anderem bei der Verlegung des Nachtchors auf die Morgenstunden oder beim sogenannten »Kappenkrieg«, als die Klöster Schussenried und Ursperg durchsetzten, bei bestimmten Gelegenheiten ihre reinweiße Kopfbedeckung gegen eine zweckmäßigere schwarze, den seelsorgerischen Auftrag hervorhebende Tracht zu vertauschen. Der Ämterlaufbahn nach gehörte Georg Vogler zur Führungsschicht des Schussenrieder Klosters. Erst gegen Ende der Amtszeit von Josef Krapf trat eine Loslösung vom Schussenrieder Konvent ein,

Ab 1844 wurde der Bibliothekssaal der kleinen evangelischen Diaspora-Gemeinde als Gottesdienstsaal überlassen und diente ab 1875 dem psychiatrischen Krankenhaus als Betsaal (Ansicht von 1894).

die schließlich in seinem Verzicht auf die Stimmgebung bei der Neuwahl des eher konservativen Nachfolgers Siard II. (1791–1803) und dem Klosteraustritt gipfelte.
Mit Blick auf die prall gefüllten Buchregale der Klosterbibliotheken stellt Vogler in seiner Festtagsrede fest: »Haben wir nicht, ohne prahlerisch davon zu reden, eine Sammlung von Büchern, die uns in den Stand setzen, jede Wissenschaft zu erlernen? Die besten, allgemein gerühmten, neuen Werke großer, verdienstvoller Männer dieses Jahrhunderts, allbereits in jedem Fache der uns zuzumuthenden Gelehrsamkeit, machen unserem Büchersaal Ehre, und stehen nebeneinander in der schönsten Harmonie mit den älteren von eben dem Verdienste. Wie schad wäre es, wenn sie ungebraucht die Motte zernagen, oder der Staub zerfressen sollte!«
Es ist weniger die wissenschaftliche Produktion von Schussenrieder Prämonstratensern, die in der zweiten Hälfte des 18. Jahrhunderts nennenswerte Ergebnisse hervorbrachte. Stärker im Vordergrund steht die recht große und überregional beachtete Klosterschule, deren überlieferter Lehrplan annähernd das Spektrum der im Bibliothekssaal aufgereihten Wissenschaften umfasste. Die Betonung des Bildungsauftrags der klösterlichen Gemeinschaft, aber auch die in Schussenried geleistete Einrichtung einer Krankenversorgung unter dem letzten Abt Siard II. sind durchaus konform mit der vorderösterreichischen Kirchenpolitik der Zeit.
Eine bei aller Anerkennung kritische Bewertung der künstlerischen Leistung des Bibliothekssaals ist erneut in Johann Nepomuk Hauntingers nun bereits mehr-

fach zitierten Reisetagebuch von 1784 zu lesen. Er bemerkt hier unter Hinweis auf das Deckenbild des Franz Georg Hermann: »Man kann aber fast nicht klug werden, was diese Malerei vorstellen soll, weil darin gar zu viele Gegenstände nach und nach während der Arbeit eingeschoben wurden.« Hier zeigt sich eine klassizistische Abneigung gegen den enzyklopädischen und inszenatorischen Geist des Schussenrieder Bildprogramms, der zudem von einer am Ende des Säkulums vielgescholtenen »Barockfrömmigkeit« getragen und gerechtfertigt wird.

Was sich in dieser Äußerung andeutet, ist die kurze künstlerische, historische und ideelle Verfallszeit des Schussenrieder Bibliothekssaals und seines durchdachten Bildprogramms – einer »Rüstkammer«, die ihren Zweck nicht mehr erfüllen konnte. Praktisch mit seiner Fertigstellung trat die Welt, die er voraussetzt und repräsentiert, in einen Prozess, dessen Ende mit dem Reichsdeputationshauptschluss besiegelt wurde. Die Bilderwelt des Bibliothekssaals entwickelt keine Vorstellung für das kommende Schicksal des Reiches und seiner geistigen Territorien, nähert sich der wichtigsten geistigen Strömung der Zeit – der Aufklärung – wenn überhaupt, dann nur widerwillig, bleibt also ein Produkt einer nicht mehr entwicklungsfähigen Kultur und Ausdrucksform – und eignet sich deshalb vielleicht besonders gut als Ausgangspunkt für einen geschichtlichen Streifzug durch die heraufziehende »rasierende Periode der Sekularisation« (Pfarrchronik Schussenried).

Frank Kuhn

Anmerkungen

1 StA Ludwigsburg, Rep. F 402 Sternberg-Manderscheid, B 115; zit. nach *Kasper, Alfons:* Das säkularisierte Reichsstift Schussenried, In: Tübinger Theologische Quartalsschrift, Jg. 1956, S. 334.

Der Schussenrieder Bibliothekssaal wird im Rahmen der Großen Landesausstellung »Alte Klöster – neue Herren. Die Säkularisation im deutschen Südwesten 1803« in Form einer multimedialen Dokumentation ausführlich vorgestellt.

»Mit Brief und Siegel«: Klosterarchive

Das Archiv darf neben Sakristei und Bibliothek getrost als ein weiteres Schatzhaus des Klosters bezeichnet werden. In seinen Akten- und Urkundenbeständen lagern all jene Privilegien, Schutzbriefe und Kaufkontrakte, die der Institution rechtliche Identität verleihen und ihren Besitzstand formal absichern. Streitfragen hinsichtlich Alter, Würde, Rang oder Recht – gleichgültig, ob sie auf weltlicher oder auf kirchlicher Ebene ausgetragen werden – lassen sich nur unter Heranziehung von Archivmaterial klären. Eng mit seiner juristischen Funktion verknüpft ist die wirtschaftliche Bedeutung des Archivs: in den Urkunden, Abrechnungen und Güterbriefen sind die Einkünfte und die an das Kloster zu entrichtenden Abgaben verzeichnet. Schließlich bietet der im Archiv thesaurierte Aktenbestand den klösterlichen Geschichtsschreibern eine komfortable Materialbasis zur Abfassung ihrer historischen Werke.

Die Benutzbarkeit setzt freilich ein gewisses Maß an Ordnung und Systematik voraus. So sind die meisten Archive nach Sachgruppen geordnet – im geistlichen Teil lagern jene Bestände, in denen es um Ordensangelegenheiten und die geistliche Tradition des Klosters geht; der weltliche Teil konzentriert sich auf die Verwaltung der Klosterorte und Pfarreien, auf die Reichstage, den Schwäbischen Kreis, auf kaiserliche und päpstliche Urkunden. Wie heutzutage die öffentlichen Archive besitzen auch die meisten Klosterarchive Findbücher und Repertorien, die den Bestand nach Sachgruppen aufschlüsseln und leicht zugänglich machen. Der Archivar, die Schreiberin oder der Sekretär sorgen als Verantwortliche für die Aufrechterhaltung der inneren Ordnung und halten die Registratur auf dem laufenden. Spezifische Erlasse schreiben die entsprechenden Arbeitsweisen fest.

Die Bedeutung der Archive läßt sich an der architektonischen Gestaltung der Räume ablesen: sie besitzen meist einen Steinfußboden, Gewölbe und Eisentüren zur Sicherung vor Feuer und Einbruch. Entsprechend sind auch die Aktenschränke gestaltet: sie bestehen aus einzelnen, truhenartigen Elementen mit Tragegriffen, die im Notfall rasch fortgeschafft werden können. Dies machen sich freilich auch die Säkularisationsbeamten zunutze, deren Tun zu einer ungeheuren Anreicherung der Hofarchive und letztlich zu einem differenzierten staatlichen Archivwesen führt. So wird in Karlsruhe am 8. Februar 1803 das Generallandesarchiv eingerichtet. Drei Provinzialarchive in Karlsruhe, Mannheim und Meersburg bzw. später Freiburg dienen der Erfassung des aus den an Baden gefallenen Territorien und Herrschaften stammenden Archivmaterials. In Württemberg werden im Gefolge von Säkularisierung und Mediatisierung in Mergentheim und Ellwangen, dann auch in Heilbronn Nebenarchive eingerichtet. Seit 1868/69 sind sie im Staatsfilialarchiv Ludwigsburg zusammengeführt. *F.D.*

VII. 1, VII. 2 Zwei Urkundenschränke

Oberschwaben, 18. Jahrhundert
Holz bemalt, Metallapplikationen, 230 × 131 × 53 cm
StA Ludwigsburg

VII. 1

VII. 5

VII. 6

VII. 3, VII. 4 Zwei Aktentruhen

Oberschwaben, 18. Jahrhundert
Holz bemalt, Metallapplikationen, 215 × 94 × 47 cm
StA Ludwigsburg

VII. 5 Schreibzeug der Äbtissin Katharina Hunger von Söflingen

Söflingen (?), um 1720
Holz geschnitzt und gefaßt, z.T. vergoldet, 27,5 × 38 × 16,5 cm
Kath. Kirchengemeinde Ulm-Söflingen

Das Schreibgerät ist ein Skulptur gewordenes Memento mori, eine Mahnung an die Vergänglichkeit. Das Tintenfaß hat die Form eines Totenschädels, die Streusandbüchse ist eine schlangenumwundene Weltkugel. Der Sarkophag, auf dem das von den Leidenswerkzeugen begleitete Jesuskind ruht, enthält das eigentliche Schreibzeug.

KDM Oberamt Ulm 1978, S. 670 f mit Abb.

VII. 6 Urkunde von Kaiser Friedrich Barbarossa für Weissenau

Ulm, 1. November 1164
Tinte auf Pergament, 60 × 46 cm
Nationalmuseum Prag (Národni muzeum Praha 1) Manderscheid-Blankenheim Urk. Nr. 1

In der Urkunde, die im Zuge der Säkularisation von der Abtei Weissenau an die Grafen von Sternberg-Manderscheid gelangt und sich durch deren Verbindungen nach Böhmen heute in Prag befindet, nimmt Kaiser Barbarossa das Prämonstratenserstift unter seinen Schutz. Von besonderer Bedeutung sind die rechtlichen Bestimmungen, wonach Besitzstand, kaiserliche Vogtei und freie Propstwahl garantiert werden.

AK Blankenheim/Manderscheid 1990, S. 198 Nr. 149 mit Abb.

VII. 7 Rotulus Sanpetrinus

Sankt Peter, 12./13. Jahrhundert, 19. Jahrhundert (Holzkapsel)
Tinte auf Pergament,
630 cm (Gesamtlänge) × 21cm
GLA 14/4

Ein Rodel oder Rotel (von lateinisch »rotulus«) ist ein rechtsgültiges Verzeichnis in Rollenform. In St. Peter werden die Erwerbungen des Klosters auf Pergamentblättern verzeichnet, die aneinandergenäht eine Gesamtlänge von über sechs Metern haben. Der erste Eintrag ist eine Abschrift des im Original nicht mehr erhaltenen Schutzprivilegs des Papstes Urban vom 10. März 1095.

Karl Friedrich von Baden, der seit 1773 ein besonderes Interesse für seine eng mit St. Peter verbundenen Zähringer-Vorfahren hegt, bittet 1803, also noch vor der Aufhebung der Abtei, um Herausgabe der bedeutendsten Zeugnisse der Klostergeschichte. Der Rotulus gelangt schon zu diesem Zeitpunkt nach Karlsruhe. Im Tagebuch von Abt Ignaz Speckle heißt es dazu am 24. Januar: »Heute abends kam von Karlsruhe Herr Hofrat Walz bei mir an, auf Befehl des Herrn Markgrafen diejenigen Urkunden abzuholen, welche die Abstammung des badischen Hauses von zähringischen Herzögen betreffen. Ich übergab den Rotulus fundationis [...]«

AK St. Peter 1993, S. 275 ff Nr. 11 mit Abb.; Tagebuch Speckle, Bd. 2, S. 5

VII. 8 Kopialbuch aus Beuron

Beuron, 18. Jahrhundert
Ledereinband mit Metallschließen,
Tinte auf Papier, 44,6 × 34 cm
StA Sigmaringen Dep. 39 Beuron 5,1

In ein Kopialbuch werden Originalurkunden handschriftlich »kopiert«. Es dient der Sicherung von Rechtstiteln. Das Verfahren schützt die Altbestände vor Verschleiß und macht die Menge an Schriftgut leicht zugänglich und benutzbar. Die Sonne auf dem Bucheinband gibt dem Werk den Namen »Liber solis« – die bereits abgeschriebenen Originale werden, um Doppelungen und Auslassungen zu vermeiden, auf der Rückseite mit dem Sonnenzeichen markiert.

AK Sigmaringen 1988, S. 36 Nr. 92

VII. 9 Thesaurus diplomaticus Sanblasianus

St. Blasien, 1764
Tinte und Druck auf Papier, 39 × 25 cm
GLA Cw 15948

1764 wird im Kloster St. Blasien das Projekt der Publikation eines Urkundenbuchs in Angriff genommen. Man versucht, die alten Schriftstücke in der hauseigenen Druckerei möglichst originalgetreu zu reproduzieren und dadurch den Archivbestand öffentlich zugänglich zu machen. Das Unternehmen dient der Selbstdarstellung und der Dokumentation der eigenen Geschichte.

AK St. Blasien, Bd. 1, S. 111 (Nr. 95)

VII. 10 Archivrepertorium aus Schussenried

Schussenried, 18. Jahrhundert
Ledereinband mit Beschlägen, Tinte auf Papier,
45 × 32 × 8,5 cm (12 Bde.)
HStA

Die sorgfältige Verwaltung eines Archivs wird insbesondere an seinen Erschließungsinstrumenten deutlich. Das zwölfbändige Repertorium oder Aktenregister aus Schussenried belegt die große Sorgfalt, mit der Archivbestände erschlossen und damit erst benutzbar gemacht werden. Verglichen mit den 120 Repertorienbänden von St. Blasien macht sich der Schussenrieder Aktenbestand allerdings eher bescheiden aus.

Klosterbibliotheken: Schatzkammern und Wissensspeicher

In den Sakristeien und Bibliotheken wird der wertvollste Besitz eines Klosters aufbewahrt: Goldschmiedegegenstände, Reliquiare, Manuskripte und Handschriften, aber auch Kataloge, Erzeugnisse der eigenen Klosterdruckerei und aktuelle, womöglich brisante Bücheranschaffungen. Abgesehen von den theologisch und liturgisch notwendigen und reichlich erhaltenen Bibeln, Kommentaren, Meß- und Chorbüchern geht der Blick im Folgenden auf spezielle Bestände der Klosterbibliotheken.

Bibliothekskataloge

Wichtigstes Erschließungsinstrument einer Klosterbibliothek sind die Kataloge. Sie werden entsprechend sorgfältig angelegt und fallweise erneuert. Die gezeigten Exemplare beinhalten neben den reinen Buchverzeichnissen bildliche Darstellungen. Sie verdeutlichen den Inhalt klösterlicher Buchsammlungen: an vorderster Stelle stehen die Heiligen Schriften, Kirchenväter, Exegeten, Theologen und Philosophen; es folgen andere Fächer wie Jura, Geschichte, Grammatik und Literatur, sodann Handschriften und verbotene, »unkatholische« Bücher.

VII. 11 Lesepult aus der Benediktiner-Klosterkirche Schwarzach

Um 1700
Holz, 170 × 85 × 85 cm
Kath. Kirchengemeinde Schwarzach

VII. 12 Missale aus dem Kollegiatstift Waldkirch

Augsburg 1784
Ledereinband, geprägt, teilvergoldet, Silberbeschläge,
Druck auf Papier, 25 × 18,5 cm
Elztalmuseum Waldkirch

VII. 11

VII. 13

VII. 13 Bibliothekskatalog aus dem Wimpfener Dominikanerkloster

Wimpfen, 1687/1688
Leder über Holz, Metallbeschläge (Einband), Tinte und Deckfarben auf Papier, 45 × 31 cm
Hessische Landes- und Hochschulbibliothek Darmstadt Hs. 3319

Das 1687 begonnene Verzeichnis zeigt auf dem Frontispiz eine Bücherwand mit den durch Inschriften bezeichneten Abteilungen. Unter der Schriftkartusche öffnet sich ein Ausblick auf das Wimpfener Dominikanerkloster.

Staub, Kurt Hans, Geschichte der Dominikanerbibliothek in Wimpfen am Neckar (ca. 1460–1803). Untersuchungen an Hand der in der Hessischen Landes- und Hochschulbibliothek erhaltenen Bestände. Graz 1980 (Studien zur Bibliotheksgeschichte, Bd. 3)

VII. 14 Bibliothekskatalog aus dem Benediktinerkloster Wiblingen

Pater Coelestin Mayr (1680–1745)
Wiblingen, 1724–1736 (3 Bde.)
Ledereinband, Tinte und Deckfarben auf Papier, 44 × 29,5 cm
WLB HB XV 109

Im dritten Band des Wiblinger Bibliothekskatalogs läßt sich neben der Titelseite Abt Meinrad Hamberger (1700–1762) darstellen: er steht vor Regalen an einem Tisch mit dem aufgeschlagenen Buch »Werke des heiligen Bernhard von Clairvaux«.

Fischer, Magda, Die Handschriften der Württembergischen Landesbibliothek in Stuttgart, 2. Reihe, Die Handschriften der ehem. Königlichen Hofbibliothek, 5. Bd., Codices Wirtembergici, Codices Militares. Wiesbaden 1975, S.67–68

VII. 15 Bibliothekskatalog aus dem Benediktinerkloster St. Peter

Pater Konrad Bohrer (1723–1801) und Pater Maurus Schwörer (1713–1772)
St. Peter, 1761/1762 bis 1772/1773 (3 Bde.)
Tinte auf Papier, Federzeichnungen, 45,5 × 28,5 cm
UB Freiburg i.Br. Hs. 562.1–3

Die drei Bände des sanpetrinischen Bibliothekskatalogs besitzen schlichte, kalligraphisch exakt ausgeführte Titelblätter. Jedes zeigt eine Pflanze als Vignette, im vorliegenden Fall eine Rose.
In dem Katalog sind etliche Titel rot angestrichen – sie werden nach der Säkularisation von der Karlsruher Hofbibliothek angefordert.

AK St. Peter 1993, S. 349 (Nr. 107)

VII. 14

CATALOGUS
OMNIUM LIBRORUM
BIBLIOTHECÆ
MONASTERIJ SANCTI PETRI
in Sylva nigra
ordine Alphabetico
contextus.
TOMUS I.
A. G.

VII. 15

VII. 16

VII. 16 Bibliothekskatalog aus dem Zisterzienserkloster Salem

Pater Humbert Pfeller
Salem, um 1740 (2 Bde.)
Ledereinband, Tinte auf Papier, 47,1 × 34,5 cm
UB Heidelberg Cod. Sal. XI, 27–41

Die 1739 datierte Zeichnung des Paters Humbert Pfeller zeigt einen Grundriß des Erdgeschosses der Salemer Klosterbibliothek. Verzeichnet sind neben den Regalen und ihren jeweiligen Sachgruppen – beginnend mit den theologischen Schriften – auch ein Arbeitstisch sowie die freistehende Wendeltreppe am südlichen Ende des Saals.

AK Salem 2002, S. 37

Aus Klosterdruckereien

Mönche sollen, so will es die Benediktusregel, »die Wahrheit mit Herz und Mund bekennen«. Auch schriftlich wird an der Verbreitung der christlichen Wahrheit in den Klöstern gearbeitet – zunächst in den Skriptorien und Schreibstuben, in nachmittelalterlicher Zeit dann in eigenen Druckereien. Derartige Klosterdruckereien existieren unter anderem in Salem (seit 1611), St. Blasien (seit 1757, etwa 40 Werke), Marchtal (1689 bis 1712, 44 Titel nachweisbar), Neresheim und Schuttern.

VII. 17 »Speculum Psychium« (Seelenspiegel)

Pater Friedrich Herlet
Marchtal, 1705
Druck auf Papier, 16,5 × 10,5 cm
UB Tübingen Gi 2329

VII. 18 Subskriptionsprospekt aus St. Blasien

St. Blasien, 1805
Druck auf Papier, 15 × 9 cm
GLA 391/33714

VII. 19 »Scutum fidei« (Schild des Glaubens)

Konrad Boppert
St. Blasien, 1806
Druck auf Papier, 17 × 10,5 cm
UB Freiburg i.Br. N 8443a

Das auf zwölf Bände veranschlagte Werk Bopperts ist das letzte Druckerzeugnis aus dem Kloster St. Blasien. Die noch unvollständige Publikation wird bei der Einstellung der Druckerei abgebrochen.

Aufgeklärte Literatur in Salem

Es gibt in fast allen Klosterbibliotheken Abteilungen mit »anstößiger« Literatur: häretische, protestantische, aufgeklärte Schriften. Benedikt Maria Werkmeister erinnert sich: »Damit aber nicht etwa durch einen ungünstigen Zufall unser Büchervorrat, in welchem viele protestantische Schriften begriffen waren, dem Prälaten bekannt werden möchte, so hatten wir alles, was verdächtig scheinen konnte, in einem Winkel der Bibliothek und hinter lauter alten Predigtbüchern, die niemand sehen wollte, aufgestellt. Das war unsere geheime Bibliothek, von welcher niemand als die Vertrauten wußten.« In Salem finden sich unter anderem die wichtigsten Werke der französischen Aufklärer in der Klosterbibliothek.

VII. 20 »Sur la destruction des Jésuites en France«

[Jean Le Rond d'Alembert]
[Paris] 1765
Druck auf Papier, 17,7 × 11,1 cm
UB Heidelberg G 7145–4 Res.

D'Alembert kritisiert in seiner Schrift den in Frankreich bereits 1762 aufgehobenen Jesuitenorden; 1773 erfolgt die offizielle Aufhebung durch den Papst. Abt Anselm II. von Salem, der anläßlich der zisterziensischen Ordenskapitel häufiger in Frankreich weilt, versäumt es nicht, in Paris die aktuellsten Druckerzeugnisse zu erwerben. Das Buch über die Jesuiten kommentiert er nach der Lektüre auf dem Vorsatzblatt: »Liber pestilens, Deisto, seu unius de libertinis, qui sese hic vocant philosophos« (Ein verseuchtes Buch, von einem Deisten oder einem jener Freigeister, die sich selbst hier Philosophen nennen).

AK Salem 2002, S. 142 (Nr. VI. 5)

SUR LA
DESTRUCTION
DES
JESUITES
EN FRANCE.

Par un AUTEUR *désintéressé.*

Incorruptam fidem professis,
Nec amore quisquam, & sine odio dicendus est.

Quiconque fait vœu de dire la vérité, doit être sourd à l'amitié comme à la haine.

Tacite, Hist. ch. I.

M. DCC. LXV.

VII. 20

VII. 21 »Les confessions suivies des rèveries du promeneur solitaire«

Jean Jacques Rousseau
Genf 1782 (2 Bde.)
Druck auf Papier, 16,5 × 11 cm
UB Heidelberg G 3767–2 Res.

Die autobiographischen »Geständnisse« Rousseaus haben einen dezidiert säkularen Sinn: es geht nicht um Gott und um die Preisung religiöser Lebensorientierung, sondern um die Befreiung des Subjekts von seiner Scham angesichts der eigenen Schwäche. Der Weg zu dieser Befreiung ist das Erzählen – im Erzählen des eigenen Lebens definiert sich das Individuum vor sich selbst und vor der Gesellschaft.

VII. 22 »Œuvres complètes«

François Marie Arouet, genannt Voltaire
Basel 1784–1789 (70 Bde.)
Druck auf Papier, 20,7 × 13,5 cm
UB Heidelberg G 3730-D Res.

In seiner Schrift »Über die allgemeine Toleranz« schreibt Voltaire: »Es bedarf keiner großen Kunst oder aufwendigen Beredsamkeit, um zu beweisen, daß die Christen sich gegenseitig tolerieren sollten. Ich gehe jedoch einen Schritt weiter und sage Ihnen, daß man alle Menschen als seine Brüder betrachten sollte. [...] Diese winzige Erdkugel, die lediglich ein Punkt ist, rotiert im Weltraum wie alle anderen Globen; wir sind verloren in dieser Unendlichkeit. Der Mensch, fünf Fuß hoch, spielt wahrlich eine geringe Rolle innerhalb der Schöpfung.« Der französische Philosoph ist ein wichtiger Vertreter des Deismus, der die Gültigkeit religiöser Lehrmeinungen, die auf der Offenbarung oder auf bestimmten Lehren einer Kirche beruhen, verneint.

VII. 23 »Encyclopédie, ou dictionnaire raisonné des sciences, des arts et des metiers«

Denis Diderot, Jean Le Rond d'Alembert u.a. (Hgg.)
Lucques 1758–1775 (17 Text- und 11 Tafelbände)
Druck auf Papier, 41,7 × 29 × 6,9 cm
UB Heidelberg H 43 fol. imp. Res.

Die von verschiedenen Autoren, darunter d'Alembert und Diderot, erstellte Enzyklopädie faßt das Wissen der Zeit aus aufklärerischer Sicht zusammen. Unter dem Stichwort »sécularisation« ist bereits 1765 zu lesen: »Es wäre zu wünschen, daß man Zuflucht zur Säkularisation nähme, um den Geistlichen jene Güter zu entreißen, die einstmals aus Unwissenheit und Aberglauben an sie verschwendet wurden; Macht und weltlicher Glanz lenkten diese Leute von den wahren Aufgaben des heiligen Dienstes ab, zu denen allein sie verpflichtet sein sollten.«

AK Salem 2002, S. 144 (Nr. VI.11)

VII. 24 »Allgemeine deutsche Bibliothek«

Friedrich Nicolai (Hg.)
Kiel, 1765–1796, Fortsetzung (»Neue allgemeine deutsche Biblithek«) Berlin 1793–1806
Druck auf Papier, 19 × 12,3 cm
UB Heidelberg H 266 Res.

1765 gründet Friedrich Nicolai die »Allgemeine deutsche Bibliothek«, ein Rezensionsorgan, das, getragen vom Geist der Aufklärung, Verzeichnisse und Inhaltsangaben aller nach Meinung des Herausgebers wichtigen Neuerscheinungen vorstellt. Nicolai ist ein entschiedener Gegner der Kirche und der Klosterwelt, der »kein Kloster, auch nicht das beste, ohne eine Mischung trauriger Empfindungen sehen und verlassen kann«. Die deutsche Gelehrtenrepublik bekommt durch die gestochenen Autorenporträts auf den Frontispizen der einzelnen Jahrgänge (die »ADB« umfaßt 268 Bände) ein Gesicht – den 82. Band der Fortsetzungsreihe zum Jahr 1803 schmückt das Konterfei Benedikt Maria Werkmeisters, eines herausragenden Vertreters des aufgeklärten Katholizismus.

Cimelien

Zahlreich sind die Reisebeschreibungen des 18. Jahrhunderts, die auf den Handschriftenbestand der südwestdeutschen Klöster eingehen. Gelehrte wie Hauntinger aus St. Gallen, Gercken, Zapf oder Sander würdigen in ihren Schriften die jeweiligen Bestände. Als gefürchteter Bibliomane gilt Herzog Carl Eugen von Württemberg, der sich bei seinen Besuchen gerne entsprechend »beschenken« läßt – eine Ablehnung kommt aufgrund seines Ranges kaum in Frage. Auch der gelehrte Abt Martin Gerbert aus St. Blasien beschreibt die ihm bekannten Büchereien des deutschen Südwestens. Der St. Gallener Bibliothekar Johann Nepomuk Hauntinger bereist 1784 die süddeutschen Klöster und richtet seinen Blick besonders auf die Bibliotheken.

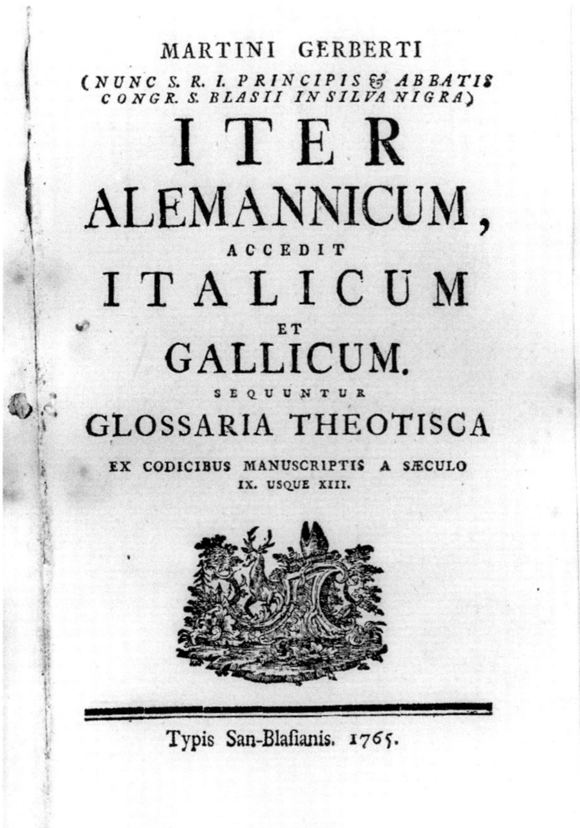

MARTINI GERBERTI
(NUNC S. R. I. PRINCIPIS & ABBATIS CONGR. S. BLASII IN SILVA NIGRA)
ITER ALEMANNICUM,
ACCEDIT
ITALICUM
ET
GALLICUM.
SEQUUNTUR
GLOSSARIA THEOTISCA
EX CODICIBUS MANUSCRIPTIS A SÆCULO IX. USQUE XIII.

Typis San-Blasianis. 1765.

VII. 25

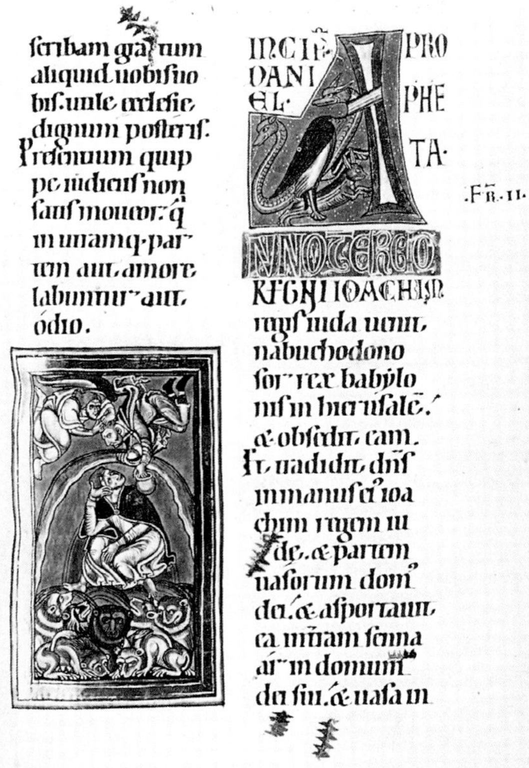

VII. 26

VII. 25 »Iter Alemannicum«

Martin Gerbert
St. Blasien, 1765
Druck auf Papier, 18,5 × 12,4 cm
BLB 77 A 16027 R

Es ist belegt, daß Gerberts gelehrtes Werk über die Bestände der südwestdeutschen Klosterbibliotheken mindestens in einem Fall zu deren »Plünderung« benutzt worden ist: im Sommer 1796 fordert ein Kommissar in französischen Diensten in St. Peter die Herausgabe eines besonders wertvollen Manuskriptes: er »hatte dies Buch in Gerberts Reisen, welche demselben zu St. Blasien vermutlich gegeben worden (ein unvorsichtiges und schädliches Präsent) beschrieben gefunden und befahl uns gerade, in Zeit von 4 Tagen dieses Buch nach Freiburg zu liefern.«

Heinzer, Felix, Kodikologische Beschreibung und Geschichte der Handschrift. In: Stamm, Gerhard (Hrsg.), Electorium parvum seu Breviculum. Kommentar zum Faksimile. Wiesbaden 1988, S. 21–32, bes. 32

VII. 26 »Prophetae et Vitae«: Heiligenleben und Prophetenbücher

Weingarten, um 1220
Leder auf Holz (Einband), Tinte und Deckfarben auf Pergament, 47,9 × 33,5 cm
Public Library of Russia St. Petersburg, Cod. F.V.I. 133

Ein unter Abt Berthold von Weingarten (1200–1232) gefertigtes Bücherverzeichnis nennt »duo libri matutinales, in uno quorum XII minores prophetae, in altero passiones et legendæ sanctorum«. Das zweite dieser Matutinalbücher muß später anders gebunden worden sein, da es neben den Heiligenlegenden auch zwei der Großen Propheten, Ezechiel und Daniel, enthält. Ausgestattet ist das Werk mit Initialminiaturen und Initialen – kostbar ausgeführt mit Gold und Silber. Die Miniaturen sind dem Weingartener Berthold-Meister zugeschrieben worden. Im Bibliothekskatalog von 1781 sind beide Matutinalbücher noch verzeichnet.

AK Stuttgart 1977, Bd. 1, S. 547 f (Nr.726)

VII. 27

VII. 28

VII. 27 »Scivias«:
Die Visionen der Hildegard von Bingen

Salem (?), 1. Viertel 13. Jahrhundert
Leder auf Holz (Einband), Tinte und Deckfarben auf Pergament, 41,5 × 29 cm
UB Heidelberg Cod. Sal. X, 16

Hildegard von Bingen verfaßt ihr erstes visionäres Werk zusammen mit Propst Volmar von Disibodenberg zwischen 1141 und 1147. Es trägt den Titel »Liber Scivias Domini« (Wisse die Wege das Herrn) und ist aufgrund seines prophetisch-mahnenden Inhalts schwer verständlich.

Die Initialen der hier gezeigten Handschrift weisen nach Salem, ebenso ein Besitzeintrag auf fol. 2 und der Einband. Nachdem die Salemer Bibliotheksbestände 1824 von Heidelberger Professoren gesichtet worden sind und diese sich gegen den Ankauf der gesamten Sammlung ausgesprochen haben, wird diese erst 1826/27 von der Universität erworben. Sie umfaßt ungefähr 30 000 Drucke und 450 Handschriften. Die Inkunabeln und Frühdrucke, die zuvor nach Karlsruhe gelangt waren, kamen 1831 als Schenkung hinzu.

AK Stuttgart 1977, Bd. 1, S. 553 f (Nr.732); AK Salem 2002, S. 43 f

VII. 28 »Hainricus-Sacrista-Missale«

Weingarten, 2. Viertel 13. Jahrhundert
Tinte und Deckfarben auf Pergament, 23,5 × 17,2 cm
The Pierpont Morgan Library New York Ms. 711

Die Weingartner Handschrift umfaßt ein Graduale und ein Sakramentar, enthält also die Choral-Meßgesänge sowie die Gebete für die Eucharistiefeier. Sie steht in einem künstlerischen Zusammenhang mit dem berühmten Bertholdmissale und ist wohl nach dem Brand des Klosters 1217 entstanden. Gezeigt wird nicht das Blatt mit der Kreuzigung, die in Weingarten wegen der Präsenz einer Heilig-Blut-Reliquie besondere Bedeutung hat, sondern die prächtige Marienkrönung. Nach der Säkularisation gelangt das Werk in den Besitz der englischen Grafen von Leicester; 1926 wird es durch die Pierpont Morgan Library angekauft.

AK Weingarten 1994, S. 33 (Nr. C 13); Fs. Weingarten 1994, Teil 1, S. 192 ff

VII. 29 »Sanctilogium«

Herman Scheerre (?)
London/Syon Abbey, um 1425
Tinte und Deckfarben auf Pergament, 55 × 40,5 cm
BLB St. Georgen 12

Die Sammlung von Heiligenlegenden entsteht im 15. Jahrhundert für das Birgittinnenkloster Syon Abbey unweit von London. Die Handschrift ist eine Stiftung der Herzogin Margarete von Clarence († 1439/40). Nachdem die englischen Klöster im 16. Jahrhundert säkularisiert worden sind, gelangt das Werk mit einigen Nonnen 1580 ins portugiesische Exil. Nach nicht belegten Zwischenstationen kann es Abt Georg II. Gaisser (1627–55) 1642 im elsässischen Zabern für sein Kloster St.Georgen in Villingen erwerben, nachdem die dortige Bibliothek 1633 und nochmals 1637 schwer gelitten hat. 1806 gelangt die Handschrift mit weiteren Beständen aus St. Georgen in die badische Hofbibliothek, die Vorgängerin der badischen Landesbibliothek Karlsruhe.

Beer, Ellen J. (Hrsg.), Initial und Miniatur. AK Karlsruhe. Basel 1965, S. 51 (Nr. 54); de Hamel, Christopher (Hrsg.), Syon Abbey. The Library of the Bridgettine Nuns and their Peregrinations after the Reformation. O.O. 1991, S. 7f, 64 und 118; Gillespie, Vincent (Hrsg.), Corpus of British medieval Library Catalogues 9 – Syon Abbey. London 2001, S. 212 (Nr. 734)

VII. 29

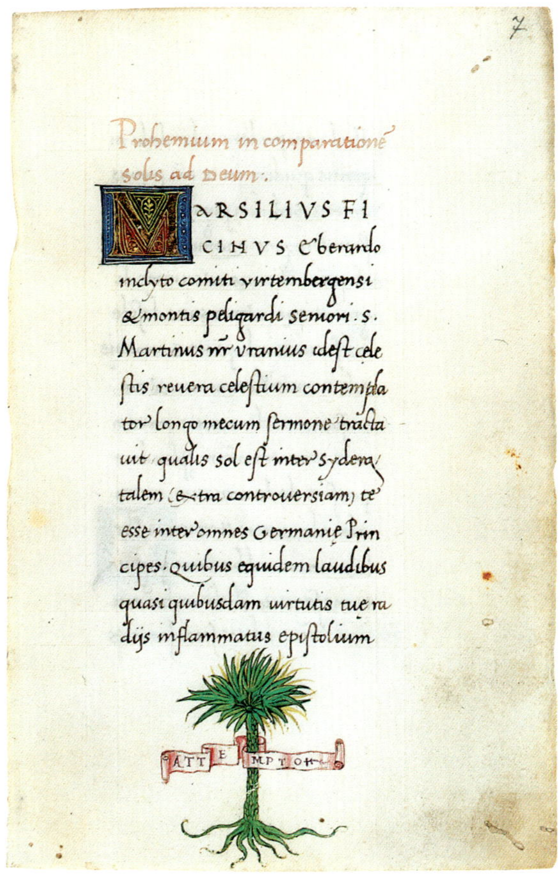

VII. 30

VII. 30 Marsilio Ficino, »Über den Vergleich der Sonne mit Gott«

Florenz (?), um 1492
Tinte und Deckfarben auf Pergament,
18,5 × 12,5 cm
WLB HB XV 65

Ficino widmet seine wohl in Florenz entstandene Schrift über den Vergleich der Sonne mit Gott dem württembergischen Grafen Eberhard im Bart (1445–1496). 1474 hat sich dieser aus Anlaß seiner Eheschließung mit Barbara Gonzaga in Mantua aufgehalten. Der humanistisch gebildete Eberhard, dessen Symbol – der Palmbaum mit der Devise »Attempto« (Ich wag's) – auf einer Seite der Handschrift erscheint, überstrahle nach Ansicht des Autors, der ihn kennt und mit ihm korrepondiert, die deutschen Fürsten wie die Sonne die Sterne. Aus dem Besitz des Grafen gelangt das Werk nach Tübingen, dort dann später in den Besitz des bibliophilen Schloßhauptmanns Nikolaus Ochsenbach (1562–1626). Dessen Familie stiftet es 1659 dem Kloster Weingarten. Durch die Säkularisation kommt es in die königliche Bibliothek zu Stuttgart, kehrt somit gewissermaßen heim.

Graf Eberhard im Bart von Württemberg im geistigen und kulturellen Geschehen seiner Zeit. Stuttgart 1938, S. 28; Die Handschriften der Württembergischen Landesbibliothek Stuttgart, 2.5, Wiesbaden 1975, S. 35

VII. 31 Tafelreliquiar des Udalricus

Zwiefalten, vor 1138 und 17. Jahrhundert
Gold, Edelsteine, Email, 22,8 × 18 cm (ohne die barocke Einfassung)
Kath. Münstergemeinde Zwiefalten

Das Reliquiar, das einen Splitter vom Kreuz Christi birgt, fand ursprünglich als Kußtafel Verwendung: es wurde dem Mönchskonvent während der Meßliturgie als »Instrumentum Pacis« zum Weiterreichen des Friedenskusses gereicht. Seine besondere Bedeutung wird daran deutlich, daß es im 17. Jahrhundert modernisiert wird; es erhält eine dem Zeitgeschmack folgende Bekrönung sowie einen entsprechenden Standfuß.

Spilling, Herrad, Sanctarum Reliquiarum Pignera Gloriosa. Quellen zur Geschichte des Reliquienschatzes der Benediktinerabtei Zwiefalten. Bad Buchau 1992, S. 66 f und Abb. 1

VII. 31

»Habent sua fata libelli«

Auch Bücher haben ihre Schicksale, sagt der römische Dichter Terenz. Das trifft besonders auf die ehemaligen Buchbestände der Klosterbibliotheken in der Säkularisation zu.

In der neuwürttembergischen Hauptstadt Ellwangen wird eine Zentralbibliothek eingerichtet, deren Kern die Bibliothek der Fürstpropstei bildet. Aus sämtlichen Klosterbibliotheken des neuen Landesteils werden Handschriften, Inkunabeln und ältere Drucke dorthin verbracht. Der größte Teil fällt von Zwiefalten an. Als 1806 Alt- und Neuwürttemberg vereinigt werden, hebt man die Zentralbibliothek wieder auf. König Friedrich verfügt, daß die ganze Ellwanger Bibliothek, sowie alle übrigen noch in Klöstern und Stiften vorhandenen Werke in die Königlich-Öffentliche Bibliothek nach Stuttgart geschickt werden sollen. Nach den Ellwanger Beständen werden der Königlich-Öffentlichen Bibliothek noch Bücher aus einigen erst

1803/06 angefallenen Klöstern und Stiften wie Wiblingen, Weingarten und Wolfegg zugewiesen. Nochmals erhält die Stuttgarter Bibliothek in den folgenden Jahren Zuwachs: 1810/11 werden die Bestände aus Mergentheim, Weingarten, Schöntal, Schussenried, Weissenau, Zwiefalten und wohl auch Ochsenhausen integriert; 1813 werden nochmals Bücher aus Weingarten, Schöntal und Schussenried ausgesucht; 1814 gelangen die Bibliotheken von Altshausen, Wiblingen und dem Ulmer Wengenkloster in die Hauptstadt. Immer noch verbleiben Bestände an den ursprünglichen Standorten. 1818 ordnet König Wilhelm deren systematische Erfassung und Verteilung an. Diese Restbibliotheken werden im allgemeinen als unbrauchbar angesehen.

In Baden werden die Bibliotheken der säkularisierten Klöster an drei Institutionen verteilt: an die Hofbibliothek in Karlsruhe, die sich das Recht der Vorauswahl gesichert hat, dann an die beiden Universitätsbibliotheken des Landes, Freiburg und Heidelberg, wobei Freiburg den Vorrang besitzt. Heidelberg erhält die Bestände aus Schuttern, Teile einiger anderer Bibliotheken und erst 1828 auch die Bibliothek von Salem, die jedoch käuflich erworben werden muß. Die Sichtung der Bestände der Klosterbibliotheken vor Ort übernehmen meistens die Kustoden der Freiburger Universitätsbibliothek, Josef Baggati und Johann Caspar Ruef. Die Auswahl erfolgt auch in Baden anhand der vorhandenen Bibliothekskataloge oder der von den Freiburger Bibliothekaren angefertigten Verzeichnisse. Dabei kommt es zu Reibereien zwischen Hof- und Universitätsbibliothek, da die Hofbibliothek prinzipiell alle interessanten Handschriften und Inkunabeln für sich beansprucht. Nur durch Zufall gelangen einige »übersehene« Kostbarkeiten an die Freiburger Universitätsbibliothek. Während die Hofbibliothek sich gezielt die Werke aussucht, laufen in Freiburg aus den »Restbeständen« vieler Klöster auch große Mengen Dubletten ein. Aus ihrem Verkauf kann die Universitätsbibliothek über Jahrzehnte einen Großteil ihrer Einkünfte herleiten.

Fischer, Magda, Die Handschriften der Württembergischen Landesbibliothek Stuttgart, Zweite Reihe: Die Handschriften der ehemaligen Königlichen Hofbibliothek, 5. Bd., Codices Wirtembergici, Codices Militares, Wiesbaden 1975; Irtenkauf, Wolfgang, Die Ellwanger Zentral- und Universitätsbibliothek 1803–1818. In: Viktor Burr (Hrsg.), Ellwangen 764–1964, Festschrift zur 1200-Jahrfeier, Bd. 1, 1964, S. 585–598; Mittler, Elmar, Die Universität Freiburg i.Br. 1795–1823. Personal, Verwaltung, Übernahme der säkularisierten Bibliotheken, Freiburg/München 1971

VII. 32 **Katalog der zum Verkauf bestimmten Bücher aus Kloster Wiblingen**

Stuttgart, 1823
Feder auf Papier, 31,7 × 20 cm
StA Ludwigsburg F 62 Bü 15

Der Verkaufskatalog verzeichnet die Reste der ehemals reich ausgestatteten Klosterbibliothek in Wiblingen. Obwohl zu dem späten Zeitpunkt seines Entstehens bereits Teile des Bestandes für die königlich-öffentliche Bibliothek in Stuttgart und andere Einrichtungen ausgewählt worden sind, enthält er neben zahlreichen als unbrauchbar kategorisierten Büchern immerhin noch 67 Manuskripte und 147 Inkunabeln.

Fischer 1975, S. 139 (Anm. 171)

»Chronica und Historia«: Geschichtsschreibung

Geschichtsschreibung im Kloster ist die Bewahrung der Überlieferung. Dazu zählen die Aufzeichnung von Gründungslegenden, Heiligenviten und Äbtereihen sowie die Berichte über Reliquien- und Kirchenschätze. Die Beschäftigung mit den Stiftern und den erworbenen Privilegien dient dazu, die eigenen Rechte zu wahren oder beanspruchte Positionen mit teilweise verfälschten historischen Argumenten zu verteidigen. Die Aufklärung sieht in der klösterlichen Geschichtsschreibung nur Blendwerk, um die Menschen zu täuschen. Die Mönche versuchen dagegen, durch ihre wissenschaftliche Tätigkeit, diese Kritik zu widerlegen. Klösterliche Historiker, wie Trudpert Neugart von St. Blasien, versuchen, »die ehrlich denkende Welt« davon zu überzeugen, »daß diejenigen Erzschurken sind, die sich frei herausnehmen, die Mönche als Taugenichtse und Tagdiebe ohne Ausnahme anzuschreien«. *M.H./S.S.*

Schreiner 1994

VII. 33

»Wissenschaftszentrum St. Blasien«

VII. 33 Abt Martin II. Gerbert von St. Blasien (reg. 1764–1793)

um 1770/80
Marmor, 22 × 17 cm
WLM E 1996

Für Martin Gerbert, Abt des Benediktinerklosters St. Blasien, sind »Wissenschaften [...] der schönste Reichtum, [...] die Zierde der Klöster«. Der wissenschaftlich tätige Abt versammelt in St. Blasien im Vorfeld der Säkularisation bedeutende Theologen und Historiker. Trudpert Neugart und Aemilian Ussermann sind an Vorarbeiten zur »Germania Sacra« tätig, einer quellengestützten Kirchengeschichte des deutschen Sprachraumes. Durch ihre strenge Quellenkritik setzen sie wissenschaftliche Standards. Ihre Methode wird durch Kontakte zu den Mönchen von St. Maur in Frankreich, den Maurinern, verbessert. Abt Gerbert gibt die Forschungen seines älteren Mitbruders Marquard Herrgott zur Geschichte des österreichischen Herrscherhauses heraus. Die reich mit Kupferstichen ausgestatteten Folianten sind die kostbarsten Erzeugnisse der Klosterdruckerei. Mit Unterstützung Kaiserin Maria Theresias läßt er den Neubau der Klosterkirche als Grablege der Habsburger anlegen. Durch die enge Verbindung mit dem Kaiserhaus hofft der Abt, den Josephinischen Reformen und den Säkularisationen zu entgehen. Im Reichsdeputationshauptschluß wird St. Blasien dem Malteserorden zugesprochen, der aber seine Ansprüche nicht durchsetzen kann, so daß das Kloster 1806 an Baden fällt. Die Säkularisation beendet zahlreiche laufende wissenschaftliche Projekte.

Müller 1983; AK St. Blasien 1983, Bd. 1, Nr. 83; Hilger 1983

VII. 34 Historia Nigrae Silvae, Bd. 1 (Geschichte des Schwarzwaldes)

Martin Gerbert (1720–1793)
St. Blasien, 1783
Druck auf Papier, 25 × 20 cm
UB Tübingen Fo XII B. 76 a 1

Neben Forschungen zur schwäbischen Kirchenmusik zählt die Geschichte des Schwarzwaldes zu den wichtigsten Werken des Abtes. Er versucht, seinen Zeitge-

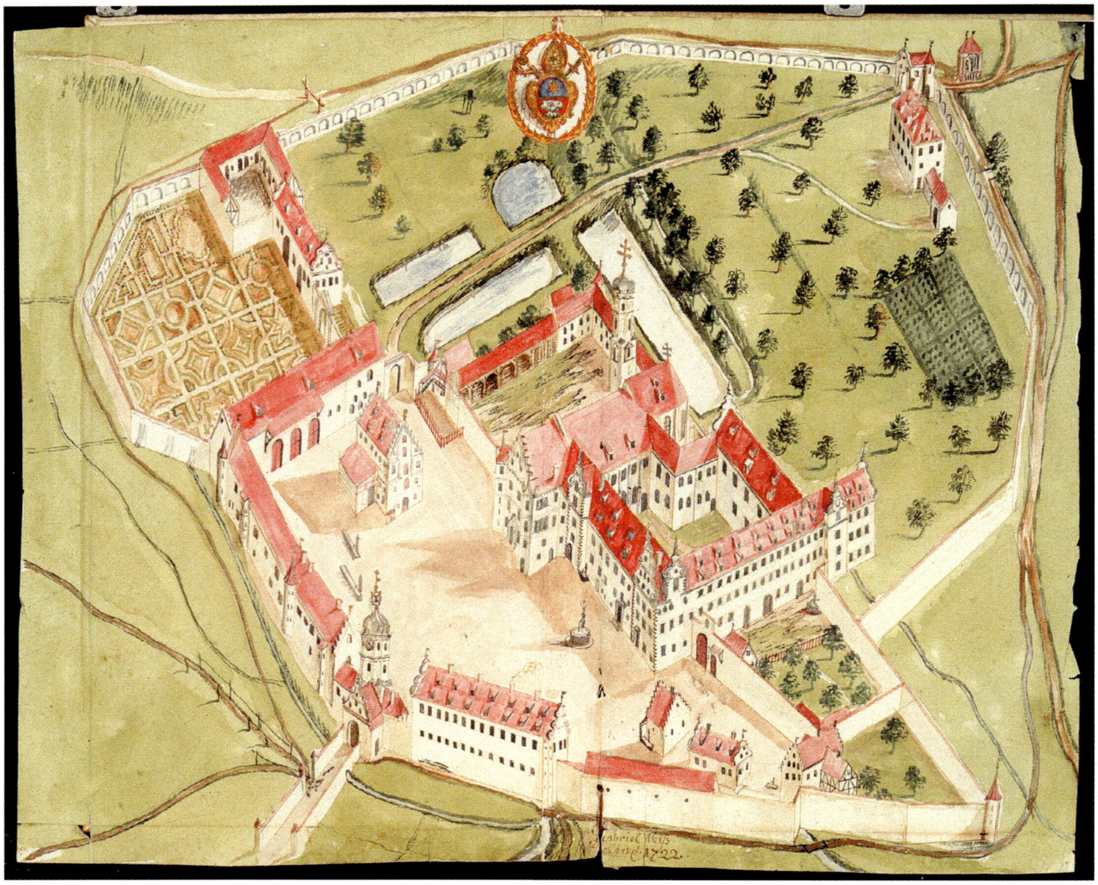

VII. 39

nossen die kulturellen und wissenschaftlichen Leistungen der Schwarzwaldklöster vor Augen zu führen. Bis heute ist es die einzige zusammenfassende Geschichte der Region.

AK St. Blasien 1983, Bd. 1, Nr. 103

VII. 35 Marquard Herrgott (1694–1762)

Mitte des 18. Jhts.
Öl auf Leinwand, 97 × 73,5 cm (m.R.)
Museum des Landkreises Waldshut St. Blasien

Marquard Hergott verfaßt grundlegende Arbeiten zur Geschichte des Hauses Habsburg, die im Kaiserhaus geschätzt werden und erhält den Titel eines kaiserlichen Rates und Historiographen. Neben der Geschichte des Hauses Habsburg, die als »Höchstleistung der österreichischen Barockhistoriographie« gilt, entsteht auch eine Habsburgergenealogie.

VII. 36 Monumenta augustae domus Austriacae (Geschichte des Hauses Habsburg, Bd. 1)

Marquard Herrgott (1694–1762)
Wien, 1750
Druck auf Papier, 47,5 × 31 cm
BLB 59 C 34

Der erste Band des vierbändigen Werkes behandelt die Siegel und Insignien des Hauses Habsburg.

AK St. Blasien 1983, Bd. 1, Nr. 89

VII. 37 Monumenta augustae domus Austriacae, Band IV,1 Taphographia principum Austriae (Geschichte des Hauses Habsburg, Grabmäler)

Marquard Herrgott (1694–1762), Rustenus Heer (1715–1769), Martin Gerbert (1720–1793)
St. Blasien, 1772
Druck auf Papier, 46 × 29 cm
UB Freiburg i.B. H 5383

AK St. Blasien 1983, Bd. 1, Nr. 100

VII. 38 »Chronicon Hermanni Contracti« (Weltchronik Hermann des Lahmen)

Herausgeber: Aemilian Ussermann (1737–1798)
St. Blasien, 1790
Druck auf Papier, 24,5 × 21 cm
WLB HBF 2003-1

Die Chronik des Reichenauer Mönchs Hermann des Lahmen († 1054) wird von Aemilian Ussermann ediert. Dieser gelehrte Bibliothekar von St. Blasien wird »lebendige Bibliothek« genannt.

Geschichtsforschung im Prämonstratenserkloster Schussenried

Natürlich sind auch Schussenrieder Chorherren als Historiker tätig.

Rueß Bernhard, Historiker aus dem Norbertinerkloster Schussenried, in: Beiträge zur Geschichte Schussenrieds, Bad Buchau 1981, S. 268–283.

VII. 39 »Historica Relatio de Ortu & Fundatione Monasterij Sorethensis« (Klostergeschichte Schussenrieds)

Evermod Lorinser (1677– ?)
Schussenried, erstes Viertel des 18. Jahrhunderts
Tinte auf Papier, Pergamenteinband 32 × 20,7 cm
Ehemals Prämonstratenserkloster Schussenried
HStA B 505, Bü 8

Die Chronik entsteht im Auftrag des Abtes Didakus Ströbele (reg. 1719–1733). Sie enthält die Klostergeschichte ab 1188, eine Abtsreihe sowie einen Text zum Magnusstab. Verfasser ist der Konventuale Dr. Evermod Lorinser. Das Aquarell mit der Klosteransicht stammt von Gabriel Weiß (1722).

VII. 40 Pater Friedrich Lehner, Chronist von Schussenried (1714–1779)

Schussenried, 2. Hälfte 18. Jh.
Öl auf Leinwand, 95 × 77 cm (m.R.)
Ehemals Prämonstratenserkloster Schussenried,
heute Neues Kloster Bad Schussenried
SSG

Der Archivar ist Verfasser der 1765 abgeschlossenen Hauschronik des Prämonstratenserklosters.

VII. 41 Tablett mit Wappen Schussenrieder Pröpste

Johann Zeckel (belegt 1691–1728)
Meisterzeichen »IZ«
Augsburg, 1706
Getriebenes Silber, vergoldet, 32 × 44 cm
Ehemals Prämonstratenserkloster Schussenried
Kath. Kirchengemeinde Bad Schussenried

Anläßlich seines Namenstages am 10. November erhält Abt Tiberius Mangoldt in den Jahren 1705 bis 1707 vom Konvent jeweils zwei Meßkännchen auf einer Silberplatte. In den Rand der ersten, nicht erhaltenen Platte, waren die Wappen der ersten 14 Pröpste Schussenrieds eingraviert. Das ausgestellte Exemplar von 1706 zeigt die Wappen von 8 weiteren Pröpsten, bis zu Konrad Rauber (reg. 1438–1466), der erstmals die Abtswürde führt. In die Reihe der Pröpste ist ein Wappen der Stifter des Klosters, das Wappen Abt Mangoldts und die »Glückwunschadresse« des Konvents eingefügt. Die nicht erhaltene Platte des Jahres 1707 war mit den Wappen der nachfolgenden Schussenrieder Prälaten verziert. Nicht nur die Tatsache, daß der Konvent eine auf Silber gravierte Äbtereihe

VII. 40

VII. 41

VII. 43

VII. 42

verfertigen läßt, zeugt vom Interesse an der eigenen Tradition und der Geschichte Schussenrieds. Die beiden Monogramme der Platte, die aufgelöst die Namen des Ordensgründers Norbert von Xanten und des hl. Augustinus ergeben, zeugen auch vom geistigen Horizont in Schussenried. Sie bestehen aus Buchstaben, die deutlich an mittelalterliche Vorbilder erinnern.

KDM Waldsee 1943, S. 1943, S. 221. Wessenberger 1946/47, S. 102

VII. 42 **Abt Tiberius Mangoldt von Schussenried (reg. 1683–1710)**

Schussenried, 2. Hälfte 18. Jh.
Öl auf Leinwand, 97 × 75 cm (m.R.)
Ehemals Prämonstratänserkloster Schussenried, heute Neues Kloster Bad Schussenried
SSG

Chronistik und Historiographie vor den Klosteraufhebungen

VII. 43 Geschichte und Zeichnung einer silbernen Madonnenstatue aus dem Benediktinerkloster Ochsenhausen

Zeichnung Johannes Köck (? –1804)
1782/1783
Zeichnung sign. »Johannes Köck delineavit«
Tinte auf Papier, gebunden 24,3 × 18,5 cm;
lavierte Federzeichnung: 68,2 × 47,5 cm
HStA B 481, Bü 8

Abt Andreas Kindscher erwirbt 1509 eine silberne Madonnenstatue für Ochsenhausen. Im Dreißigjährigen Krieg wird das Stück nach Innsbruck »versilbert« und gelangt ins dortige Kloster der Dienerinnen Mariae. Während der Josephinischen Säkularisationen kommt die Statue wieder in den Handel und wird Abt Romuald Weltin von Ochsenhausen zum Rückkauf angeboten. Damals entsteht die gezeigte Zeichnung, die der Abt nach Innsbruck schickt und dort die Geschichte der Zimelie eruieren läßt. Nur »Oral History« ist möglich und so enthält das Büchlein mit der eingebundenen Zeichnung die Aussagen der ehemaligen Priorin, der neunzigjährigen Seniorin und einer Schwester. Der Verwalter des Klosters, ein Notar und ein kaiserlicher Beamter bestätigen ihre Glaubwürdigkeit. Das Kapitel in Ochsenhausen spricht sich für den Rückkauf des Stücks aus. Das weitere Schicksal der Statue ist nicht bekannt – deutlich wird jedoch, daß im barockisierten Kloster Ochsenhausen nicht nur zeitgenössische Kunst, sondern auch historisch relevante spätmittelalterliche Objekte geschätzt werden.

AK Ochsenhausen 1995, Nr. 9

VII. 44 »Vorläufiger Entwurf einer urkundmäßigen Geschichtskunde des Abbtheylichen Cistercienser Closter Bronnbach in Franken an der Tauber gelegen«

Josef Maria Schneidt (1727–1808)
Bronnbach, 1759
Tinte auf Papier, 35 × 21 cm
StA Wertheim R Lit. D 143

Schneidt ist zwischen 1754 und 1765 juristisch ausgebildeter Beamter (Konsulent) des Klosters und verfaßt die erste umfassende Klostergeschichte. Angeregt ist sie vermutlich durch die 1751 festlich begangene 600-Jahr-Feier des Klosters. Der erhaltene erste Teil behandelt die Äbte bis Friedrich Groß (1647). Im Vorspann sind die Regierungszeit, das Wappen und persönliche Charakteristiken der Äbte zusammengestellt. Die dort integrierten lateinischen Passagen »seyndt die unter die Portraits kommenden Titel«. Möglicherweise handelt es sich um Material für die Bronnbacher Äbtereihe.

Scherg 1976, S. 7–9; Scherg 1990

VII. 45a, b Zwei Sammelrahmen mit Bildern der Bronnbacher Äbte

Johann Franz Xaver Schneidt (1671–1765) zugeschrieben
nach 1754
Federzeichnungen auf Papier, aquarelliert, je 48,5 × 86,5 × 4 cm (m. R.)
Ehemals Zisterzienserkloster Bronnbach
StA Wertheim

Die 46 Äbtebilder sind in zwei Rahmen zusammengefaßt. Die Folge reicht vom ersten Abt Reinhardus (reg. 1151–1166) bis Friedrich Groß (reg. 1641–1647). Vielleicht handelt es sich bei den kleinformatigen Werken um die Bebilderung einer geplanten Reinschrift der Bronnbacher Chronik. Einträge in den Klosterrechnungen lassen vermuten, daß Johann F. X.

VII. 45a

VII. 45b

Schneidt, der Vater des Klosterchronisten, der Maler der Abtsreihe ist.

Scherg 1976, S. 7–9; Scherg 1990

VII. 46 »Das Jubilierende Marchtall, oder Lebensgeschichte des Hochseligen Konrad Kneers …«

Sebastian Sailer (1714–1777)
Titelkupferstich von G.B. Göz (1708–1774)
Obermarchtal, 1771
Druck auf Papier, 20,6 × 16,5 cm
Diözesanbibliothek Rottenburg a.N. 1973

Der Autor Sebastian Sailer kommt als Schüler ins Prämonstratenserkloster Obermarchtal, legt dort die Profeß ab, erhält die Priesterweihe und ist neben seiner seelsorgerischen Tätigkeit Lehrer an der Klosterschule. Seine Mundartdichtung »Schwäbische Schöpfung« wird 1743 im Kloster Schussenried uraufgeführt. Als Dialektdichter und wortgewaltiger Kanzelredner erringt er den Ehrennamen »Schwäbischer Cicero«. Aus seiner Feder stammen auch Erbauungsschriften und Geistliche Dramen sowie die Chronik seines Klosters. Im Zentrum des Werkes und des Titelkupferstichs steht Abt Konrad Kneer (reg. 1637–1660), sein Leben und Leiden für das Kloster. Die Frühgeschichte, mit der ersten Stiftung im späten 10. Jahrhundert durch Hermann II. Herzog von Schwaben und seine Gemahlin Gerburg, und mit der zweiten Stiftung im späten 12. Jahrhundert, durch Pfalzgraf Hugo II. von Tübingen und seine Gemahlin Elisabeth von Bregenz, bildet einen Vorspann und sind ebenfalls auf dem Kupferstich dargestellt. Einen »Nachtrab« zur Vita Kneers stellt die Behandlung der Äbte und Pröbste des Klosters dar. Auch sie sind abgebildet und fügen sich in den Triumphbogen ein, den die Kirchenpatrone Petrus und Paulus sowie der Schädel des dort verehrten Katakombenheiligen Tiberius schmücken. Historiographie und geistliche Identität sind so trefflich verbunden.

VII. 47 »Historia imperialis et exemti Collegii Rothensis« (Geschichte der exempten Prämonstratenser-Reichsabtei Rot an der Rot)

Benedikt Stadelhofer
Augsburg, 1787
Druck auf Papier, 20,7 × 18,3 cm
Ehemals Bibliothek des Klosters Weingarten
WLB W.G.qt.555–1/2
Die Chronik Benedikt Stadelhofers reicht nur bis zum vorletzten Abt des Klosters.

VII. 48 Reimchronik des Zisterzienserinnenklosters Heiligkreuztal

Caspar Bruschius (1518–1557)
Heiligkreuztal 1548–1822
Tinte und Tempera auf Pergament, Ledereinband, 31,5 × 22,5 cm
Ehemals Zisterzienser nnenkloster Heiligenkreuztal
Kath. Kirchengemeinde Riedlingen

Im Jahre 1548 verfaßt der Dichter und Geschichtsschreiber Kaspar Brusch eine Klosterchronik von Heiligkreuztal in Reimform. Er beginnt mit der Erzählung der Gründungsgeschichte. Ab 1227 führt er die einzelnen Klostervorsteherinnen, bis zur Auftraggeberin Veronika von Rietheim, einzeln auf und charakterisiert sie in kurzen Versen. Die Reimchronik wird später fortgeführt und vervollständigt und umfaßt alle Klostervorsteherinnen bis hin zur letzten Äb-

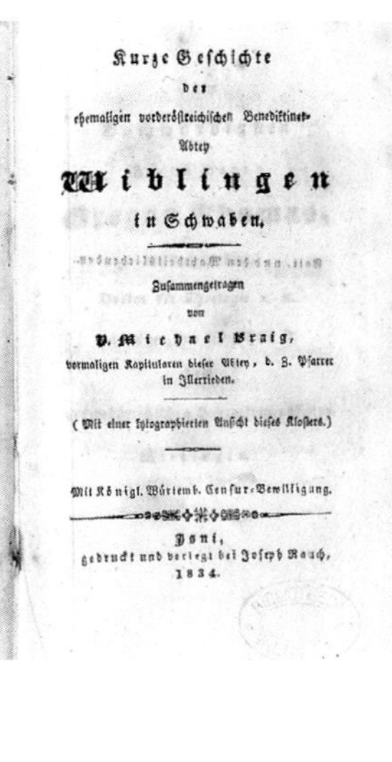

Kurze Geschichte
der
ehemaligen vorderöstreichischen Benediktiner-
Abtey
Wiblingen
in Schwaben.

Zusammengetragen
von
P. Michael Braig,
vormaligen Kapitularen dieser Abtey, d. Z. Pfarrer
in Illerrieden.

(Mit einer lithographierten Ansicht dieses Klosters.)

Mit Königl. Würtemb. Censur-Bewilligung.

Isni,
gedruckt und verlegt bei Joseph Rauch,
1834.

VII. 51

tissin Bernarda Kohlhund. Sie stand dem Kloster seit 1793 bis zur Aufhebung vor. Ihr werden allerdings nur wenige Zeilen ohne Reim gewidmet.

VII. 49 »Historische Nachricht von der St. Georgen-Fahne so vor Zeiten der Teutsche Adel in Religions- und Reichs-Kriegen geführt hat«

Magnoald Ziegelbauer (1688–1750)
Wien, 1735
Druck auf Papier, 20,4 × 16,9 × 1,5 cm
WLB Allg.G.qt.919

Ziegelbauer nennt sich »Benediktiner aus Zwiefalten« – allerdings hat er das Kloster bereits 1730 im Streit verlassen. Das Werk zur St. Georgsfahne entsteht während seiner Zeit als Hauslehrer in Wien. Sein wichtigstes Werk ist eine benediktinische Literaturgeschichte.

Chronistik und Historiographie nach den Klosteraufhebungen

Zahlreiche Mönche verfassen nach der Auflösung ihrer Konvente noch Chroniken derselben. Das Klosterleben und die Leistungen und Wohltaten der Mönche vor der Säkularisation sollen späteren Zeiten überliefert werden, »damit Nachkömmlinge […] auf die Rechtlichkeit oder Unrechtlichkeit so vieler Beschimpfungen schließen können« wie der letzte Abt des Prämonstratenserklosters Marchtal, Friedrich August Walter schreibt.

VII. 50 »Kurze Geschichte von dem Prämonstratenserstifte Obermarchtall«

Friedrich August Walter (1763–1841)
Ehingen, 1835
Druck auf Papier, 19,7 × 12,5 × 1,9 cm; Kupferstich (Hütter) 19,7 × 34 cm
Kirchengemeinde Obermarchtal

VII. 51 »Kurze Geschichte der ehemaligen vorderösterreichischen Benediktinerabtei Wiblingen in Schwaben«

Michael Braig (1774–1832)
Isny, 1834
Druck auf Papier, 20,5 × 12,7 cm; Lithographie 20 × 25 cm
Kreiskultur- und Archivamt Biberach a.d.R.

VII. 53

VII. 52 »Kurze Geschichte des vormaligen Reichsstifts Ochsenhausen in Schwaben«

Georg Geisenhof (1780–1861)
Ottobeuren, 1829
Druck auf Papier, 17,8 × 10,9 × 1,8 cm
WLB W.G.oct.997

VII. 53 Erinnerungstafel mit Wappen der Gründer und der Pröpste des Augustinerklosters St. Michael zu den Wengen in Ulm

Franz Xaver Christmann
Drackenstein, nach 1803
Aquarell auf Papier, 49,2 × 34,9 cm
Stadtarchiv Ulm F3, Ans 541/1

Auftraggeber ist der letzte Propst Nikolaus Bucher, der die Wappentafel nicht mehr in dem inzwischen zur Kaserne umgenutzten Kloster aufhängen kann. Es handelt sich um ein heraldisches Monument des »ausgelöschten« Klosters.

Specker, Hans Eugen, Liste der Pröpste (1183–1803). In: Specker/Hermann 1979, S. 80–88

VIII.

Das Kloster als Sitz der Wissenschaften

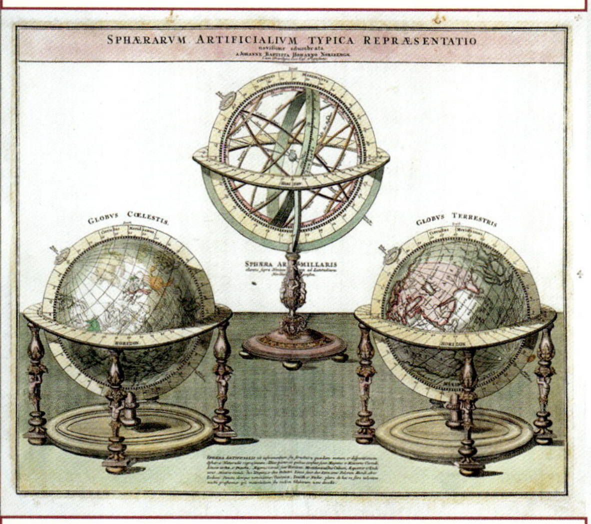

Naturwissenschaften in Klöstern am Beispiel der Reichsabtei Neresheim

Bildungswesen und Wissenschaft – Klosterschule, Gymnasium, Universität

Naturwissenschaften in Klöstern am Beispiel der Reichsabtei Neresheim

Schon immer wurden in den Klöstern auch technische Künste und naturwissenschaftliche Interessen gepflegt. So hatte es in Schussenried selbst den berühmten Pater Mohr (1575–1625) gegeben, der zunächst in Dillingen Theologie studiert hatte, 1610 Prior wurde, dann in Rom studierte und 1614, in Perugia promovierte. Als Organist und Erbauer einer Orgel, als Uhrmacher und als Verfertiger eines Flugapparats erlangte er Berühmtheit, mit dem aus dem Dormitorium in den Kreuzgarten hinunter zu fliegen ihm freilich von seinem Abte verboten werden mußte. Und im Kloster von St. Peter im Schwarzwald war es im 18. Jahrhundert der Pater Thaddaeus Rinderle, der als Wassertechniker, Hersteller von Globen und als Erbauer von Uhren zu einem Anreger und Beförderer der Schwarzwälder Uhrenindustrie geworden ist. Und überall gab es neben den Bibliotheken auch Sammlungen von Naturalien, von wissenschaftlichen Instrumenten, von Kuriositäten und Altertümern.
Als 1784 der St. Galler Bibliothekar Johann Nepomuk Hauntinger durch Schwaben reiste, um die süddeutschen Reichsabteien zu besuchen, interessierte er sich deshalb nicht nur für die Bücherschätze, sondern auch für die wissenschaftlichen Sammlungen in den Klöstern. Sein Bericht über diese Reise gibt ein anschauliches Bild von den vielfältigen Sammlungen, die in den Klöstern vorhanden waren, sei es als systematisch angelegte Lehrsammlungen, sei es als Liebhaberei einzelner gelehrter Mönche. So bewunderte er im Kloster Petershausen bei Konstanz das Naturalienkabinett, »das schönste vielleicht«, das er all seiner Lebtag gesehen habe, mit »gewiss weit über einer halben Million einzelner Stücke«, vor allem Mineralien, unter denen er die Öhninger Versteinerungen, Erzstufen und den Karlsbader Sinter hervorhebt, aber auch mit etwa 150 ausgestopften fremden Vögeln, mit »Gipsabdrücken von vielen tausend Münzen und Medaillen und einer nicht unbedeutenden Anzahl eherner Götzen aus dem Altertum«, und er vergisst nicht, hinzuzufügen, daß diese Sammlung Dasein und Zuwachs meist »dem jetzt ziemlich unglücklichen Exbenediktiner P. Franz Übelacker, ehemaligem Subprior zu Petershausen« verdanke.
Im Kloster Salem gab es ein »philosophisches Armarium« mit mathematischen, geometrischen und zur Statik gehörenden Instrumenten, mit optischen, dyoptrischen und katotrischen Geräten, darunter einen großen Brennspiegel, Luftpumpen, elektrische Maschinen und mechanische Stücke, unter denen er das heute noch vorhandene Modell des Salemer Kirchturms hervorhebt.
Vom »mathematischen Armarium« in Ochsenhausen konnte er zwar nicht viel sehen, da Pater Basilius Perger, »ein starker Orientalist, Astronom, Mechanikus und auch Schriftsteller« (wie er an anderer Stelle gerühmt wird) gerade nicht anwesend war, und die Sternwarte mit dem noch heute vorhandenen großen Azimutalquadranten erst 1793 eingerichtet wurde. Aber als »eine Probe der mechanischen und hydrostatischen Einsichten des Pater Basilius besichtigte Hauntinger die Wassermaschinen »mittels welcher man das Wasser in eine ansehnliche Höhe hinaufpumpt«.
In der Abtei Weingarten gab es ebenfalls ein Naturalienkabinett, sowie ein »philosophisches Armarium« mit hydrostatischen und mechanischen Maschinen und vom Armarium der Benediktiner-Reichsabtei Neresheim meinte er, man könne es auch ein »Armamentarium« nennen, »indem fast das meiste darin aufs Kriegswesen hinausläuft«. Es gab aber auch physikalische, mathematische, elektrische, optische, geometrische und hydraulische Instrumente« und diese vor allem haben sich an Ort und Stelle erhalten, wohl vor allem deshalb, weil der Fürst von Thurn und Taxis bis zum Verlust der Landeshoheit 1806 das Neresheimer Gymnasium mit den klösterlichen Professoren weiterführte. Darauf deutet der denkmalartige Tempietto von 1805 (VIII. 4) hin, in dessen Architrav eine Inschrift den Fürsten Carl Anselm von Thurn und Taxis als Gründer des Lyceum Carolinum preist.
Zwar muss man annehmen, dass die kostbareren Geräte damals weggekommen sind, erhalten haben sich aber eine ganze Reihe von einfachen Quadranten, Sonnenuhren, Rechenstäben und Messgeräten, meist aus Holz und mit Kupferstichen beklebt, die wohl vor allem für den Unterricht bestimmt waren.
Das bedeutendste in Neresheim noch vorhandene Gerät ist die in der Amtszeit Abt Doblers (1737–1767) (VIII. 1) angeschaffte, aus der berühmten Werkstatt von Brander & Höschel in Augsburg stammende Vakuumpumpe (VIII. 5), deren Inschrift den Abt als Beschützer der Wissenschaft und der Künste preist, der 1792 dieses Gerät dem »museum physikum« übergeben habe.

Auffallend ist in Neresheim die große Zahl von Geräten, die zur Darstellung der Elektrizität diente eine Elektrisiermaschine (VIII. 10), Leidener Flaschen (VIII. 11) und eine Voltaische Säule (eine Vorform der Batterie, VIII. 9). Damit im Zusammenhang stehen auch mehrere Geräte zur Demonstration der Wirkungsweise von Blitzableitern (z. Bsp. VIII. 8), die für das hochgelegene Kloster Neresheim von besonderem Interesse sein mußten, dessen Gebäude auch schon recht früh mit Blitzableitern ausgestattet worden sind. Als weitere Lehrmittel gibt es eine große Zahl von Modellen für den technischen Unterricht, Baugerüste, Brücken, Krane oder Mühlen. Eine Mineraliensammlung, eine Holzbibliothek aus der Produktion von Candid Huber in Ebersberg, deren 141 »Bücher« aus dem Holz und der Rinde von Bäumen besteht, deren Blätter und Samen oder Früchte im Innern aufbewahrt werden (VIII. 26a, b), sowie Tafeln mit Vogelbildern die mit echten Vogelfedern beklebt sind, (VIII. 6) dienten dem naturwissenschaftlichen Unterricht. Eine weitere Sammlung mit Gipsabgüssen von Münzen und Medaillen schließlich wurde als Anschauungsmaterial für den Unterricht in der Numismatik verwendet und zeugt für das »antiquarische« Interesse der Mönche. *V.H.*

Die folgenden Katalognummern VIII. 1 bis VIII. 46 wurden von den Autoren Bjoern Schirmeier und David Seyffer verfaßt.

Hauntinger, Johann Nepomuk, Reise durch Schwaben und Bayern im Jahre 1784. Hrsg. Gebhard Spahr O.S.B. Weißenhorn, 1964

Benediktinerabtei Neresheim

VIII. 1

VIII. 4

VIII. 1 Michael Dobler, Abt der Benediktiner-Reichsabtei Neresheim von 1787 bis 1802

Zweite Hälfte 18. Jh.
Öl auf Leinwand, 112 × 92 cm
Benediktinerabtei Neresheim

VIII. 2 Benedikt Denzel, Abt der Benediktiner-Reichsabtei Ochsenhausen von 1737 bis 1767

vor 1767
Ehem. Klosterkirche Ochsenhausen
Öl auf Leinwand, 104 × 82 cm m.R.
Kath. Kirchengemeinde Ochsenhausen

Neben der Abtei Neresheim besitzt auch die Reichsabtei Ochsenhausen ein umfangreiches wissenschaftliches »Armarium«, das unter Abt Denzel angelegt wurde, der sich besonders für die naturwissenschaftliche Ausbildung der Mönche einsetzt.

VIII. 3 System des Karlsbader Sinters

P. Franz Uibelaker (um 1740 – um 1780)
Erlangen 1781
Druck auf Papier, 41 × 27 × 2 cm
UB Tübingen Bk 58.2

Der Benediktinermönch Johann Georg Übelacker verfasst zahlreiche naturwissenschaftliche Schriften, wie das mineralogische Buch vom »System des Karlsbader Sinters« und legt für sein Kloster Petershausen ein modernes naturwissenschaftliches und mathematisches Kabinett an.

VIII. 4 Tempietto aus Kloster Neresheim, 1805

Holz, farbig gefaßt, Glas, H. 97 cm, Dm. 73,5 cm
Benediktinerabtei Neresheim

In der Art eines runden Zentralbaus, hat die Form eines Tempiettos.
Oben, am Fries unter der Kuppelhaube, steht die Inschrift: »GRATIA ET MUNIFICENTIA. CAROLI ANSELM I. PRINCIPIS. AC FUNDATORIS LYCEI CAROLINI IN NERESHEIM MDCCCV.«

VIII. 5

Die gut erhaltenen Anschauungsmodelle und das historische Unterrichtsmaterial aus der naturwissenschaftlichen Lehrmittelsammlung der ehemaligen Klosterschule Neresheim (seit 1803 als Lyceum Carolinum bezeichnet) geben einen in Art und Umfang einzigartigen Einblick in das klösterliche Schulwesen des 18. Jahrhunderts. Von 1803 bis 1806 bleiben die Mönche auf Wunsch des Fürsten Carl Anselm von Thurn und Taxis, dem das Kloster nach der Säkularisation zufällt, noch als Lehrer in Neresheim an der bisherigen Klosterschule tätig, doch wird mit der Mediatisierung des Hauses Thurn und Taxis im Jahre 1806 diese Lehranstalt aufgehoben.

VIII. 5 Vakuumpumpe

Instrumentenbauwerkstatt Brander & Höschel
Augsburg, 1792
»Michael S.R.I. Abbas XLV literam artiumque protector at museum physicum 1792«
Holz, Eisen, Messing, Glas, 66 × 129 × 43 cm
Benediktinerabtei Neresheim

VIII. 6 Tafel aus einem Vogelkabinett

18. Jh.
Pappe bemalt, Federn, Holz, 159 × 298 cm
Benediktinerabtei Neresheim

Vermutlich stammt die Tafel zusammen mit den zahlreichen anderen in Neresheim aus der Schule der ehemaligen Reichsabtei, die einst einen ganzen Raum auskleidete.

VIII. 6

VIII. 8

VIII. 9

VIII. 7 Pulverprobe
18. Jh.
Holz, Messing, 85 × 35,5 × 30,5 cm
Benediktinerabtei Neresheim

VIII. 8 Blitzableiterhaus
Neresheim, 18. Jh.
Holz, Metall, 102 × 82 × 40 cm
Benediktinerabtei Neresheim

VIII. 9 Voltaische Säule
Um 1800
Holz und Glas, 94 × 31cm
Benediktinerabtei Neresheim

VIII. 10 Kugelelektrisiermaschine
2. Hälfte 18. Jh.
Holz, Glas, Metall, 77 × 67 × 75 cm
Benediktinerabtei Neresheim

VIII. 11 Sechs Leidener Flaschen
2. Hälfte 18. Jh.
Glas, Metall, Kasten 65 × 85 × 54 cm, Dm. 21 cm
Benediktinerabtei Neresheim

VIII. 12 Elektrisiertisch auf Glasfüßen
Neresheim, 18. Jh.
Holz, Glas, Teerpappe, 24 × 103,5 × 60,5 cm
Benediktinerabtei Neresheim

VIII. 13 Versuchsobjekt zum Stromfluß
Neresheim, 18. Jh.
Holz, Metall, 37,5 × 44 × 11 cm
Benediktinerabtei Neresheim

VIII. 10

VIII. 11

VIII. 14 Versuchsobjekt zum Stromfluß
Neresheim, 18. Jh.
Holz, Metall, 40 × 10 cm
Benediktinerabtei Neresheim

VIII. 15 Objekt zur Darstellung eines geschlossenen Stromkreises
Neresheim, 18. Jh.
Holz, Metall, 51 × 14 cm
Benediktinerabtei Neresheim

VIII. 16 Elektroskop
2. Hälfte 18. Jh.
Holz, Glas, Metall, 52 × 14 cm
Benediktinerabtei Neresheim

VIII. 17 Qualitatives Standardmessgerät zur Bestimmung der elektrischen Kraft
Neresheim, Mitte 18. Jh.
Holz, Metall, 33 × 33 × 22,5 cm
Benediktinerabtei Neresheim

VIII. 18 »Elektrische Spinne«, Darstellungsobjekt zum Stromfluß
2. Hälfte 18. Jh.
Holz, Glas, Metall, 15 × 15 cm
Benediktinerabtei Neresheim

VIII. 19 Modell einer Zugbrücke
Neresheim, 18. Jh.
Holz, 36,5 × 94 × 21,3 cm
Benediktinerabtei Neresheim

VIII. 20 Modell einer Mühle
Neresheim, 18. Jh.
Holz, 27,5x 31,5 × 28,5 cm
Benediktinerabtei Neresheim

VIII. 21 Modell einer Hängebrücke
Neresheim, 18. Jh.
Holz, 17,8 × 90 × 18,5 cm
Benediktinerabtei Neresheim

VIII. 22 bis VIII. 24 3 Dachreitermodelle
Neresheim, 18. Jh.
Holz, 41 × 51 × 0,5 cm
Holz, 33,5 × 58,5 × 9,5 cm
Holz, 51 × 62 × 15cm
Benediktinerabtei Neresheim

VIII. 25 Modell eines Kranes
Neresheim, 18. Jh.
Holz, 79 × 64 × 33,5 cm
Benediktinerabtei Neresheim

VIII. 26a, b 141 bändige Ebersberger Holzbibliothek (Xylothek)
Candid Huber (1743–1813)
Ebersberg, zwischen 1784 und 1799
In gestaffelten Größen
Benediktinerabtei Neresheim

VIII. 27 Mineralienkabinett (Auswahl)
Neresheim, gesammelt zw. 17./ 20. Jh.
Benediktinerabtei Neresheim

VIII. 28, VIII. 29 Zwei Fernrohre (ohne Linsen)
18. Jh.
(VIII. 28) Leder und Pappe, 68 × 10,5 cm (zusammengeschoben)
(VIII. 29) Pappe, 125 × 5 cm (ausgefahren)
Benediktinerabtei Neresheim

VIII. 26 a

VIII. 26 b

VIII. 30 Proportionalzirkel

18. Jh.
Holz, 1 × 37,5 × 8 cm
Benediktinerabtei Neresheim

VIII. 31 Visiergerät

18. Jh.
Abtei Neresheim
Metall, 34,5 × 9 × 3 cm
Benediktinerabtei Neresheim

VIII. 32 Alhidade eines Astrolabs

16. Jh.
»VERIVNGERVNG DER BRETL VND SAIGER SCHINNEN HANNS GROBER VON STORCSINGEN ANNO 1561«
Messing, 0,2 × 14,5 cm
Benediktinerabtei Neresheim

VIII. 33 Proportionalzirkel

Um 1800
Maßeinheiten und Beschriftungen in französisch
Messing, 3 × 17,5 × 0,3 cm
Benediktinerabtei Neresheim

VIII. 27

VIII. 34 Astronomische Tabelle für Sonnen- und Mondpositionen
17./18. Jh.
Holz, Papier, 1 × 9,5 × 14,5 cm
Benediktinerabtei Neresheim

VIII. 35 Astronomische Peilscheibe
Neresheim, 18. Jh.
Holz, Papier, 1,5 × 14,5 × 15 cm
Benediktinerabtei Neresheim

VIII. 36 Quadrant nach Peter Apian
18. Jh.
»APIANUS. POSUIT AD. ELEVATIONEM POLI. 47.48.49. GR«
Holz, Papier, 1,5 × 26 × 19,5 cm
Benediktinerabtei Neresheim

VIII. 37 Rechenstab mit verschiednen Maßeinheiten
Neresheim, 18. Jh.
Holz, 2 × 27,5 cm
Benediktinerabtei Neresheim

VIII. 38 Visiereinrichtung zur Bestimmung astronomischer Positionen
18. Jh.
Holz, Metall, 4 × 6,5 × 28 cm
Benediktinerabtei Neresheim

VIII. 39 Lehrobjekt zur Darstellung von Sternkonstellationen
Neresheim, 18. Jh.
Pappe, 4 × 12 cm
Benediktinerabtei Neresheim

VIII. 40 Geodätisches Instrument
18. Jh.
Holz, Papier, 4 × 29,5 cm
Benediktinerabtei Neresheim

VIII. 41 Sonnenuhr mit Ziffernblatt
18. Jh.
Messing, 25 × 13 × 26 cm
Benediktinerabtei Neresheim

VIII. 42 Bechersonnenuhr
18. Jh.
Holz, 14 × 10,5 cm
Benediktinerabtei Neresheim

VIII. 43 Säulensonnenuhr
16. Jh.
»Hunc cylindrum convexum et cocavum illustri ac generoso vito[?viro] Dn: Henrico Ranzovio produci Cimbrico et Danico equiti nobilissimo et[?etc.] posuit Ioachimus Tanckius Perleberg. D. Marty fln. 1596«
Holz, Papier, 40 × 9,5 cm
Benediktinerabtei Neresheim

VIII. 44 Säulensonnenuhr
16. Jh.
Holz, Papier, 32 × 7 cm
Benediktinerabtei Neresheim

VIII. 45 Modell eines optischen Kommunikationsgerätes
Um 1800
Holz, Glas, Metall, 31,5 × 12 × 12 cm
Benediktinerabtei Neresheim

VIII. 46 3 Tableaux aus einer umfangreichen Münzabgußsammlung
2. Häfte 18. Jh.
Holzrahmen, Gips, 27 × 46 cm
Benediktinerabtei Neresheim

VIII. 45

Bildungswesen und Wissenschaft – Klosterschule, Gymnasium, Universität

In der zweiten Hälfte des 17. Jhs. entwickeln sich die Klöster des südwestdeutschen Raumes zu religiösen und geistigen Zentren mit einer häufig über die eigenen Territorien hinausreichenden Ausstrahlung. In den Männerklöstern ist für diese Zeit ein ausgesprochener Bildungseifer festzustellen mit teilweise vorbildlichen Bildungseinrichtungen. Nach dem zum Teil verbindlichen Besuch der »Volksschule« ist für einen begabten Bauern- oder Bürgersohn der Besuch der klösterlichen Lateinschule – unter Umständen des Lyceums – und dann der Universität möglich.
Im Laufe des 18. Jhs. wird von den schwäbischen Barockprälaten die Bedeutung der »deutschen Schule« – auch Normal- oder Volksschule genannt – für die Kinder der einfachen Klosteruntertanen erkannt und durch Schulordnungen im Sinne der Aufklärung abgesichert. Neben Lesen, Schreiben, Rechnen sollen Fächer mit praktischem Nutzen für das Alltagsleben gelehrt werden. Diesen Gedanken der »Utilität« versucht besonders die Neresheimer Schulordnung von 1790 zu verwirklichen. Im Jahre 1784 überträgt Abt Benedikt Maria Angehrn die Aufsicht und die Einrichtung der Volksschulen an Pater Karl Aloys Nack (1751–1828), der damit der Schöpfer des Neresheimer Volksschulwesens wird, welches wiederum das württembergische Schulwesen im frühen 19. Jh. mit prägt.
Die mit den großen Klöstern und Stiften verbundenen Lateinschulen und Gymnasien nehmen im 18. Jh. einen bedeutenden Aufschwung, wobei neben den klassischen Sprachen mehr und mehr – im Sinne der Aufklärungspädagogik – realistisch naturwissenschaftliche Fächer wie Physik, Mathematik und Chemie unterrichtet werden. Im Prämonstratenserkloster Schussenried werden damals z.B. auch Garten- und Ackerbau, Technologie und Bierbrauerei unterrichtet. Viele klostereigene Gymnasien bieten auch zusätzliche theologische Kurse an, z.B. in Kirchenrecht, Polemik, Kontroverstheologie u.a. und werden dadurch theologische Lyzeen und ersetzen das Studium an Universitäten. Das 1686 von den Benediktinern aus Zwiefalten gegründete und geleitete Konvikt in Ehingen (Collegium Benedictinum Ehinganum) ist beispielsweise eine solche Anstalt.
Der wissenschaftlichen Ausbildung der Priester dienen unter anderem die theologischen Fakultäten der Universitäten. Eine bedeutende Rolle für die Klöster in unserem Raum nehmen dabei die Jesuitenuniversität Dillingen für die Prämonstratenser und die Zisterzienser ein und die Universität Salzburg für die Benediktiner. Deren Bedeutung für den Südwesten ist auch daran zu erkennen, daß neben Ottobeuren das Kloster Weingarten die meisten Salzburger Professoren stellt. Um Kosten für den Universitätsbesuch zu sparen, richten eine ganze Reihe von Klöstern für den eigenen Nachwuchs, aber auch für Angehörige anderer Klöster, hauseigene Lehranstalten ein, an denen Philosophie, Theologie, Kirchenrecht und gegen Ende des 18. Jh. auch orientalische Sprachen, Mathematik und Naturwissenschaften gelehrt werden.
Neben den Universitäten fördern auch die Klöster naturwissenschaftliche und linguistische Forschungen. Sie bauen ihre naturwissenschaftlichen Sammlungen aus und legen neue an, ergänzen ihre Bibliotheken entsprechend den neuen Arbeitsschwerpunkten und sind bedeutende Auftraggeber für Meßinstrumente und Demonstrationsapparate. Zeugnis von diesem Wissenschaftsbetrieb legen heute noch z.B. die physikalischen Sammlungen des Jesuitengymnasiums Ellwangen und des Klosters Neresheim sowie die Bestände der ehemaligen Klosterbibliotheken ab. Die Historiker Marquard Herrgott (1694–1762) und Martin Gerbert (1720–1793) in St. Blasien, Magnoald Ziegelbauer (1689–1750) in Zwiefalten, Basilius Perger (1734–1807) in Ochsenhausen und der Chorherr Kaspar Mohr (1575–1625) in Schussenried und viele andere erwerben in vielerlei Wissenschaften hohes Ansehen. *I.G./Ma.Ha.*

Nägele 1920, S. 748–964; Frei 1989, S. 243–270; Maier 1993, S. 34–46; Quarthal 2001, S. 201–225

VIII. 47 »Kurzgefaßte Regeln der Schreibkunst, samt Vorschriften, zum Gebrauch der St. Blasischen Landschulen«, 1772

St. Blasien, 1772
Druck auf Papier, 22 × 57,5 cm (aufgeschlagen)
Privatbesitz Schluchsee-Blasiwald

AK St. Blasien 1983, Kat.-Nr. 101

VIII. 48 Lateinisches Schulbuch von Martin Gerbert, 1736

St. Blasien, 1736
Tinte auf Papier, Feder, Halbledereinband, 20,5 × 16,5 cm
BLB Cod. St. Blasien 112

Vermutlich ältestes erhaltenes Autograph aus der Hand Gerberts aus seiner Schulzeit in St. Blasien, bevor er 1736 Novize wird. Der größtenteils von Gerbert geschriebene Sammelband enthält Übungen zur lateinischen Stilistik, Poetik und Rhetorik, ferner Auszüge aus lateinischen Autoren und Glossare.

AK St. Blasien 1983, Kat.-Nr. 88; Quarthal 2001, S. 222

VIII. 49 »Logica tironum usibus accommodata«
VIII. 50 »Institutiones metaphysicae tironum usibus accomodatae«

Aloys Aicham (1740–1785)
Ulm, Wagnersche Druckerei, 1778
Druck auf Papier, 19,5 × 28 cm (aufgeschlagen)
Stadtbibliothek Ulm 17427, 17428

Beide Schriften, Lehrbücher der Logik und der Metaphysik »für den Gebrauch der Schüler eingerichtet«, wurden im Jahre 1778 auf Geheiß des Zwiefalter Abts Nikolaus II. Schmidler (1765–1787) vom Konventualen P. Aloys Aicham (1740–1785) für die beiden obersten Klassen höherer Schulen verfasst.

Frei 1989, S. 243

VIII. 51 Benedikt Maria Werkmeister: »Lehrbuch für die Herzoglich Württembergischen katholischen Landschulen«, 1785

Benedikt Maria Werkmeister (1745–1823)
Neresheim, 1785
Druck auf Papier, 19,5 × 25,2 cm (aufgeschlagen)
WLB Paed.oct. 3042–1/–2/–3

Der katholische Herzog Carl Eugen von Württemberg holt sich im Jahre 1784 den aufgeklärten Neresheimer Pater Benedikt Maria Werkmeister als Hofprediger an die Stuttgarter Hofkapelle. Von dort aus gelingt es Werkmeister auch, das katholische Schulwesen Württembergs zu verbessern.

Schreiner 1975, S. 93

VIII. 52 Die große Schwarzwaldkarte von Martin Gerbert, 1783

Stecher: Johann Baptist Haas aus Staufen i.Br.
Kupferstich auf Papier, koloriert,
97 × 62 cm
WLB

Die Karte aus Martin Gerberts »Historia nigrae Silvae ordinis S. Benedicti coloniae« verzeichnet neben Klöstern und Kirchen auch Festungen, Städte und Territorien der verschiedenen Herren. Die Kartusche mit dem Kartentitel wird von den vier personifizierten Flußgottheiten Neckar, Donau, Alb und Rhein gerahmt.

AK St. Blasien 1983, Nr. 103

VIII. 53 Weltatlas von Johann B. Homann, 1731

Nürnberg, 1731
Druck auf Papier, 58,5 × 87 cm (aufgeschlagen)
Erzbischöfliches Priesterseminar St. Peter i.Schw. LE 19

Die im Atlas abgebildeten Globen dienten wahrscheinlich als Vorlage für die Gestaltung von Globen, die Pater Thaddäus Rinderle in St. Peter hergestellt hat. Die Kartensammlung enthält auch viele weitere astronomische Karten, die für das Interesse des Klosters an der Naturwissenschaft stehen.

AK St. Peter 1993, S. 356, Kat.-Nr. 122

Lehrbuch

für

die Herzogl. Wirtembergischen

katholischen Landschulen.

Zweyter Theil.

Für

die II. Classe der Schüler.

1785.

VIII. 51

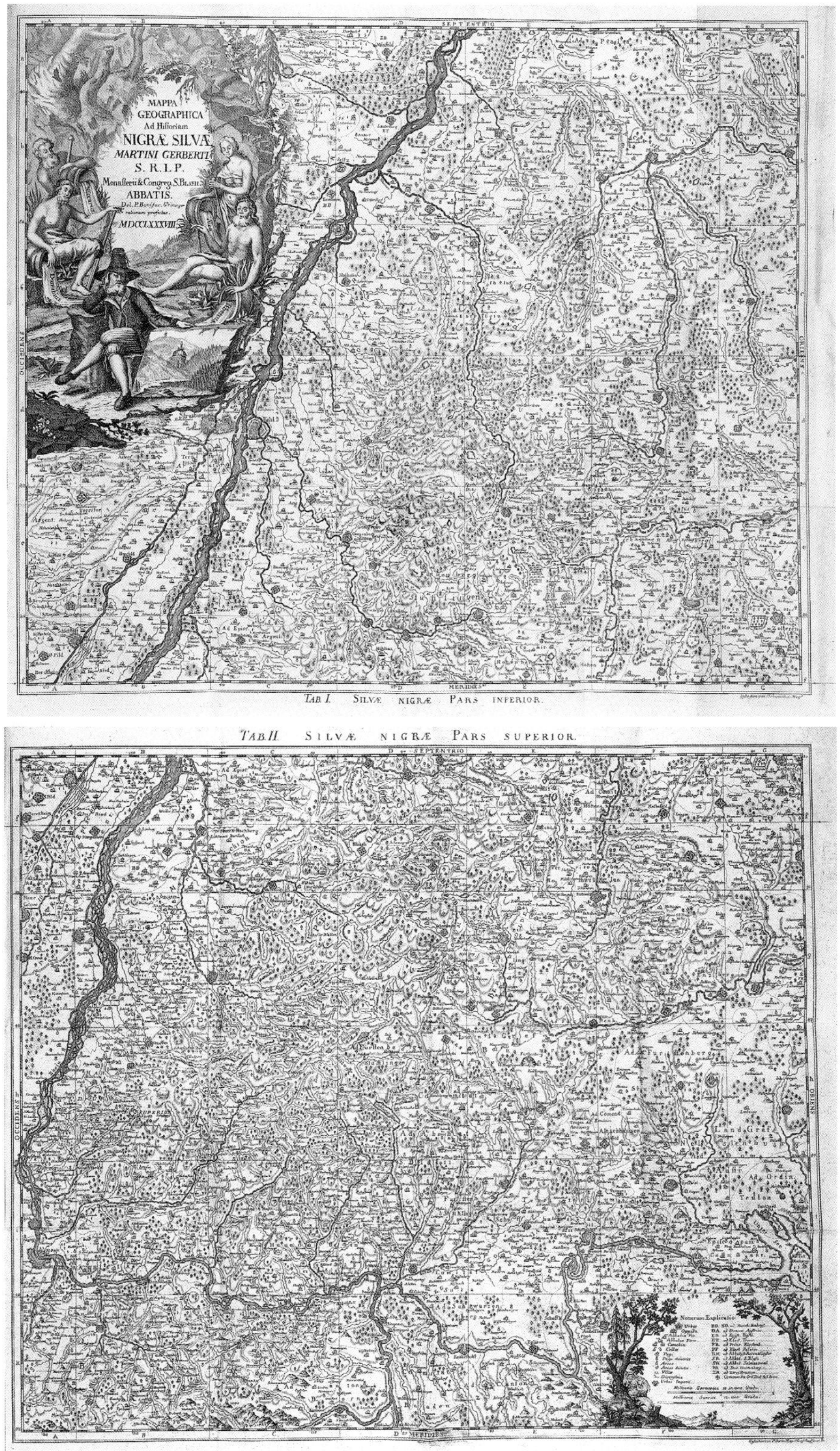
MAPPA
GEOGRAPHICA
Ad Historiam
NIGRÆ SILVÆ
MARTINI GERBERTI
S. R. I. P.
Monasterii & Congreg. S. Blasii
ABBATIS.
MDCCLXXXVIII
TAB. I. SILVÆ NIGRÆ PARS INFERIOR.
TAB. II. SILVÆ NIGRÆ PARS SUPERIOR.
SEPTENTRIO
MERIDIES

VIII. 52

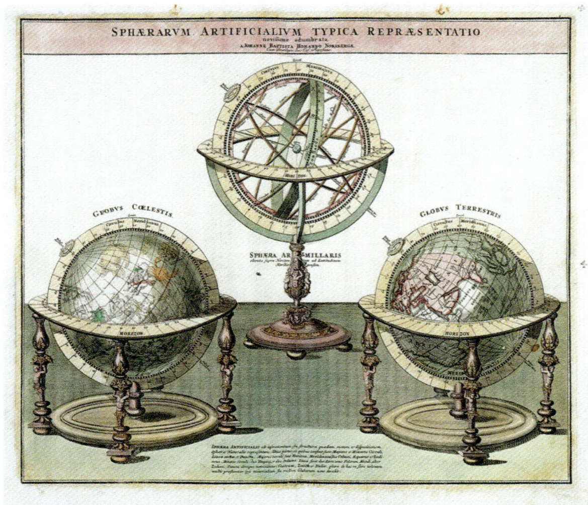

VIII. 53

VIII. 58

VIII. 54 Erdglobus aus Ellwangen, 1792

Johann Georg Klinger/Nürnberg
Holz, Papier, Kupfer, 57 × 49 cm
WLM 1939/78

Biedert 1993, S. 131–139

VIII. 55 Himmelsglobus aus Ellwangen, 1790

M. Messier nach Johann Georg Klinger/Nürnberg
Holz, Papier, 56 × 48,5 cm
WLM 1939/77

Biedert 1993, S. 131–139

VIII. 56 Pater Basilius Perger (1734–1807)

Ochsenhausen
Öl auf Leinwand, 128 u 96 cm (m.R.)
Kath. Kirchengemeinde Ochsenhausen

»D. Basilius Perger, Astronom und Mechaniker, deßen Kunstfleiß Ochsenhausen die Sternwarte verdankt. Mitglied der Gesell. Der Aertze u. Naturforscher Schwabens geb. 12 Jan. 1734 gest. 7 Jan. 1807.«

B.S./D.S.

VIII. 57 Bauplan für ein Observatorium in St. Peter, 1777

Federzeichnung auf Papier, koloriert, 43,5 × 58,8 cm
GLA Abt. G, Baupläne, St. Peter, Nr. 9

AK St. Peter 1993, S. 346, Kat.-Nr. 103

VIII. 58, VIII. 59 Zwei Ansichten von Kloster Petershausen unter Sternen, nach 1765

Federzeichnung auf Papier, aquarelliert, 88 × 68 cm (m.R.)
Rosgartenmuseum Konstanz T 71.

AK Bregenz 1962, Kat.-Nr. 198; Schefold 1971, S. 446, Nr. 28888; AK Konstanz 1983, S. 101

VIII. 56

VIII. 60 Astrolabium (»Sternenzeiger«) des Ellwanger Fürstpropstes Johann Christoph Adelmann, 1681

Michael Kauffer/Augsburg (1655–1730)
Silberplatte, Kupfer vergoldet,
Eisen, 61,5 × 47 cm
WLM 1939/71

Astrolabium (= Universalgerät für astronomische und nautische Messungen) in Form einer zum Aufhängen bestimmten Rundscheibe.

Biedert 1993, S. 134 f

VIII. 61 Horologium generale aus Ellwangen, 17. Jh.

Messing, 23,6 × 18,6 cm
WLM 1939/72

Ein Horologium ist ein Instrument, mit dem die Stundenlängen in Abhängigkeit der Jahreszeit und der geographischen Breite berechnet werden können.

Biedert 1993, S. 131–139

VIII. 62 Quadrant des Ellwanger Fürstpropstes Johann Christoph Adelmann, 1685

Konstruktion: C. Graff/Augsburg, Ausführung: Michael Kauffer/Augsburg (1655–1730)
Messing, graviert, 16,4 × 22 × 22 cm
WLM 1939/82

Bei diesem Instrument handelt es sich um eines der verbreitetsten Geräte zur Messung der Elevation von Gestirnen.

Biedert 1993, S. 132

VIII. 63 Quadratum Geometricum, um 1680

C. Graff/Augsburg
Messing, graviert, 31,5 × 31,5 × 10 cm
Stadtverwaltung Ellwangen a.d.J.

Biedert 1993, S. 132

Thesenblätter

Bei den zu Schuljahresende an den Klostergymnasien stattfindenden feierlichen Disputationen verteidigen die Schüler ihre Thesen vor den Anwesenden. Diese Lehrsätze sowie die Namen der Beteiligten, der Disputationsort und das Datum werden auf den Thesenblättern festgehalten, die meist einem Heiligen, der inhaltlich für die entsprechenden Thesen bestimmend ist, oder auch einem Gnadenbild gewidmet sind. Diese künstlerisch gestalteten und mit viel ikonographischem Beiwerk versehenen Thesenblätter sind Erinnerungsgaben für alle an der Disputation Beteiligten und dienen der repräsentativen Darstellung der Gelehrsamkeit der Mönche, mit der sich die jeweiligen Klöster schmücken. *I.G.*

VIII. 64 Thesensammlung für eine Philosophieprüfung am Gymnasium Ehingen, 1777

Druck auf Papier, 21 × 36 cm (aufgeschlagen)
Stadtbibliothek Ulm Sammelband 17326

Frei, Walter (Hrsg.), 300 Jahre Gymnasium Ehingen (Donau) 1686–1986, Ehingen/Donau 1986, S. 382

VIII. 65 Thesenblatt: Hl. Aurelius als Glaubensverteidiger und Patron von Zwiefalten

Bartholomäus Kilian, nach J.G. Glückher
Zwiefalten, Oktober 1691
Kupferstich auf Papier, 63,5 × 47 cm
Staats- und Stadtbibliothek Augsburg Kilian B. 41

Appuhn-Radtke 1988, S. 270, Kat.-Nr. 68

VIII. 65

VIII. 66

VIII. 67

VIII. 66 Thesenblatt der Abtei Neresheim

Bartholomäus Kilian, nach F. Anton Rissi
Neresheim, Juni 1692
Kupferstich auf Papier, 60 × 45,6 cm
Staats- und Stadtbibliothek Augsburg Kilian B. 44

Weißenberger, Paulus, Ein wiederaufgefundenes Thesenblatt der Abtei Neresheim. In: Schwäbische Heimat, 24 (1973), Stuttgart 1973, S. 152–158; Appuhn-Radtke 1988, S. 246, Kat.-Nr. 59

VIII. 67 Thesenblatt »Maria als Patronin von Villingen«, 1695

Bartholomäus Kilian
Kupferstich auf Papier, 68 × 51,1 cm
Staats- und Stadtbibliothek Augsburg Kilian B. 38
Appuhn-Radtke 1988, S. 187 ff, Kat.-Nr. 39

VIII. 68 Thesenblatt »Splendor Hercyniae« (= Glanz des Waldes) der Abtei St. Blasien, 1681

Bartholomäus Kilian
Salzburg, 1681
Kupferstich auf Papier, 89,7 × 58,5 cm
Staats- und Stadtbibliothek Augsburg Kilian B. 6

Appuhn-Radtke 1988, S. 226 f, Kat.-Nr. 52

VIII. 69 Franziskanerpater Candidus Walser beim Lesen

1798
Öl auf Leinwand, 71,5 × 67,5 cm
Franziskanermuseum Villingen-Schwenningen 1689

In Österreich wird 1774 von Kaiserin Maria Theresia die »Allgemeine Schulordnung« eingeführt. In der damals zu Vorderösterreich gehörenden freien Reichsstadt Villingen wird bereits 1775 zur Verbesserung des Normalschulunterrichtes für Jungen in Villingen der Unterricht an die Franziskaner übertragen. Einer der damaligen Lehrer in Villingen ist der Franziskanerpater Candidus Walser. *T.J.*

Kottmann, Ingeborg /Maulhardt, Heinrich /Schulze, Ute, Villingen als vorderösterreichische Stadt am Ende des Alten Reiches 1750 bis 1806. In: Blätter zur Geschichte der Stadt Villingen-Schwenningen, H. 2, Villingen-Schwenningen 1996, S. 1

VIII. 68

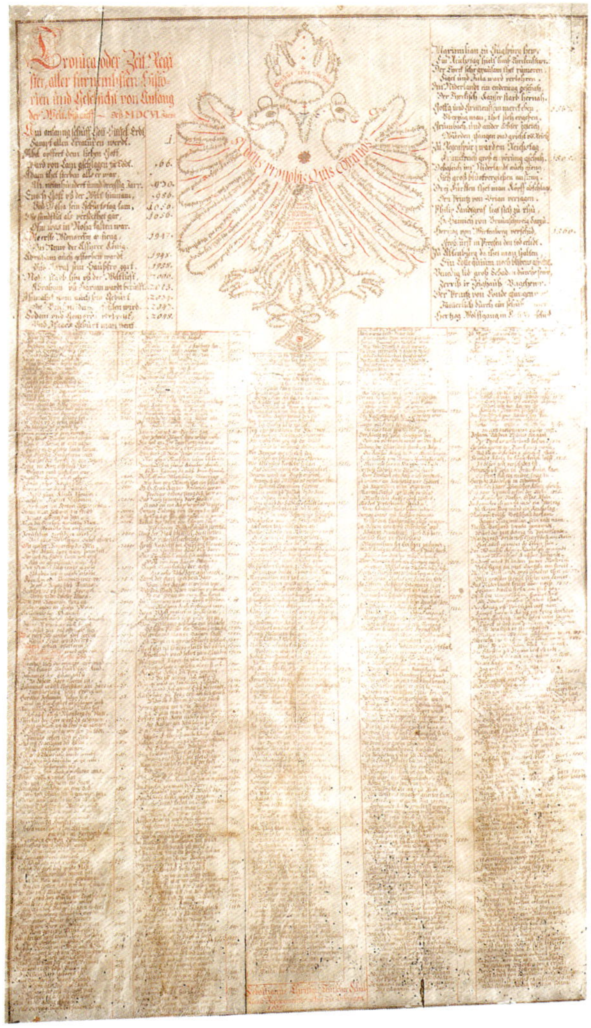

VIII. 70

VIII. 70 Kopie der Chroniktafel Hug (1606), von P. Candidus Walser

1785
Drehbare Holztafel als Schultafel
Papier auf Holz, braune und rote Tinte, 125 × 78 cm
Franziskanermuseum Villingen-Schwenningen 11838

Für seinen Geschichtsunterricht läßt der Franziskanerpater und Normallehrer Candidus Walser 1785 die sog. »Chroniktafel Hug« aus dem Jahre 1606 kopieren. Mit ihren Scharnieren und der beidseitigen Beschriftung weist sie eindeutig auf ihre Funktion als Lehrmittel hin. Für den Schulunterricht werden hier Welt- und Ortsgeschichte gegenübergestellt. Über der Seite mit der Weltchronik thront der österreichische Doppeladler. *T.J.*

Bumiller, Casimir (Hrsg.), Ausstellungskatalog »Menschen, Mächte, Märkte. Schwaben vor 1000 Jahren und das Villinger Marktrecht«, Villingen-Schwenningen 1999

VIII. 69

VIII. 71

VIII. 71 Pater Dominikus Beck (1731–1791) aus Ochsenhausen

Die Wachsbüste wurde nach der Totenmaske nach 1791 gefertigt
Wachs, Stoff, 80 × 58 × 40 cm (mit Hut)
Erzabtei St. Peter, Salzburg

Pater Dominikus Beck ist Konventuale in Ochsenhausen und macht als Gelehrter an der Universität Salzburg Karriere. Er unterrichtet theoretische Philosophie, Mathematik und experimentelle Physik. Er ist dargestellt in schwarzer Ordenstracht und einer »cappa«.

Maier 1993, S. 41; Ders., Bildung und Wissenschaft im Kloster Ochsenhausen. In: Max Herold (Hrsg.), Ochsenhausen. Von der Benediktinerabtei zur oberschwäbischen Landstadt, Weißenhorn 1994, S. 313 f

VIII. 72 Philipp Jakob Steyrer, Abt der Benediktinerabtei St. Peter von 1749 bis 1795

Öl auf Leinwand, 156 × 94 cm (m.R.)
1752/53
Erzbischöfliches Priesterseminar St. Peter i. Schw.

Unter Abt Steyrer werden die Bestände der Klosterbibliothek erheblich erweitert.

AK St. Peter 1993, S. 360, Kat.-Nr. 126

IX.
Frömmigkeit

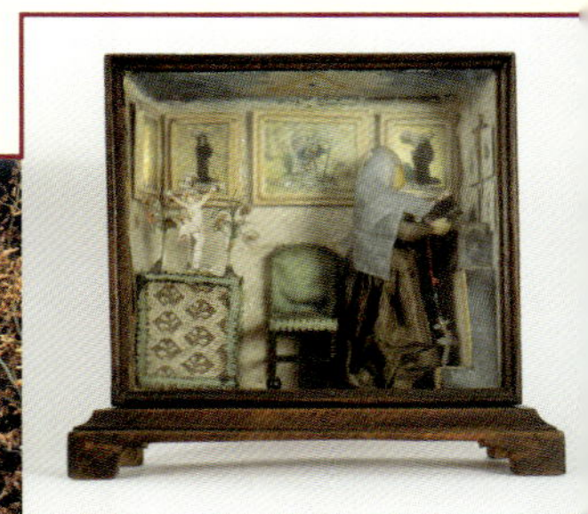

Bruderschaften

Die schon im Spätmittelalter entstandenen Bruderschaften sind Gebetsverbrüderungen von Laien, die sich Werken der Frömmigkeit oder Nächstenliebe widmen, z. B. dem gemeinsamen Gebet und die besondere Andachten, Messen, Wallfahrten und vor allem Prozessionen organisieren. Sie sind oft nach Berufsständen gegliedert und benennen sich nach einem Heiligen (z. B. Sebastians- oder Benediktsbruderschaft) oder nach einem bestimmten Glaubensgeheimnis (z. B. Sakraments- oder Rosenkranzbruderschaft). Gerade die Rosenkranzbruderschaften treten in großer Zahl auf. In Prozessionen zeigen sie die Verehrung ihres jeweiligen Schutzpatrons durch das Tragen von Bruderschaftsstangen, Fahnen, Laternen und Kerzen. Das Bruderschaftswesen hat seine Blütezeit im Barock und ist Ausdruck volkstümlicher katholischer Frömmigkeit. Bruderschaften werden zum volksfrommen Zubehör von Orden und daher oft auch von den Klöstern gefördert. Die Aufklärung unterbindet auch diese Form katholischer Frömmigkeit. So verbietet Kaiser Joseph II., als überzeugter Aufklärer, um 1780 die Bruderschaften und auch das josephinische Staatskirchenrecht erweist sich als betont bruderschaftsfeindlich. Erst im Laufe des 19. Jhs. erfolgt eine Erneuerung mit caritativem und seelsorgerischem Schwerpunkt. *I.G.*

IX. 1 bis IX. 15 **15 Prozessionsstangen der Rosenkranzbruderschaft in Ochsenhausen**

Ochsenhausen, 2. Drittel des 18. Jhs.
Öl auf Blech, 31 × 25 cm (Höhe mit Stange: 230 cm)
Klostermuseum Ochsenhausen

Prozessionsstangen sind signifikante und prachtvolle Gegenstände der Bruderschaften. Auf den Vorderseiten der hier gezeigten Beispiele sind die Geheimnisse des freudenreichen, des schmerzhaften und des glorreichen Rosenkranzes, auf den Rückseiten dagegen Blumen dargestellt. Die Motivgruppierung entspricht dem Jahreslauf, der Abfolge des Heilsgeschehens im Weihnachts-, Passions-, Oster- und Pfingstkreis: Verkündigung, Heimsuchung, Geburt Christi, Darbringung im Tempel, Auffindung im Tempel (freu-

IX. 1 bis IX. 5

denreicher Rosenkranz); Ölbergszene, Geißelung Christi, Dornenkrönung, Kreuztragung, Kreuzigung (schmerzhafter Rosenkranz); Auferstehung, Himmelfahrt, Sendung des Heiligen Geistes, Aufnahme Mariens in den Himmel und Krönung Mariens (glorreicher Rosenkranz).
Die seit 1650 bestehende Rosenkranzbruderschaft in Ochsenhausen rekrutiert ihre Mitglieder aus den Klosterpfarreien, der Herrschaft und den Nachbarorten.

Kriss-Rettenbeck, Lenz, Bilder und Zeichen religiösen Volksglaubens. München 1963, S. 28; AK Ochsenhausen 1995, Nr. 38

IX. 18

IX. 16 Fahnenaufsatz mit der Heilig-Blut-Reliquie aus Weissenau, vor 1700

Messing, gestanzt und vergoldet, 42 × 36 cm
Kath. Kirchengemeinde Ravensburg-Weissenau

AK Weingarten 1990, S. 106, Nr. 8

IX. 17 »Begriff und Innhalt deß Zihl und Ends / Reglen und Ablaß der löblichen Bruderschafft deß allerheiligsten Sacrament deß Altars. So in der Regular- und Pfarr-Kirchen deß Reichs-Gottshauß Schussenriedt der regulirten Chorherren deß H. Prämonstratenser-Ordens [...]«

Riedlingen, 1733
Druck auf Papier, 13,5 × 8,5 cm
Kreiskultur- und Archivamt Biberach a.d.R.

IX. 18 Bruderschaftsbildchen der Brüder vom allerheiligsten Altarsakrament in Schussenried

J.S. Klauber/Augsburg, Mitte 18. Jh.
Kupferstich auf Papier, 19,2 × 14,7 cm (m.R.)
Neues Kloster GmbH Bad Schussenried

Schefold 1957, S. 512 f, Nr. 7008

IX. 19 Bruderschaftsbildchen aus Obereschach (bei Ravensburg), 2. H. 18. Jh.

Kupferstich auf roter Seide, 15,9 × 10 cm
Diözesanbibliothek Rottenburg a.N.

Laun 1923, S. 50; AK Weingarten 1990, S. 62 (Nr. 5)

IX. 20 Bruderschaftsbildchen der Rosenkranzbruderschaft aus Obereschach (bei Ravensburg), 2. H. 18. Jh.

Kupferstich auf Papier, 22,2 × 17,3 cm
Diözesanbibliothek Rottenburg a.N.

AK Weingarten 1990, S. 62 ff

IX. 21 Bruderschaftsmedaille aus Steinhausen an der Rottum, Mitte 18. Jh.

Messing, 5,2 × 3,6 cm
WLM Münzkabinett MK 1982/92

Klein, Ulrich, Die Medaillen und Siegel des Klosters Ochsenhausen. In: Reichsabtei Ochsenhausen, Geschichte und Kunst. Ochsenhausen 1984, S. 94 f

MARIA ein Zuflucht der Sünder.

Das ist:

Die unter dem Schutz der wunderthätigen Jungfräulichen Mutter GOttes zu Dozburg nächst Wissenstaig aufgerichte Bruderschafft umb Erlangung wahrer Reu und Buß.

Verbündnuß-Gebett

So bey erstem Eintritt in dise Bruderschafft andächtig zu sprechen.

HEil. Maria! du Zuflucht aller mit wahren Eyffer nach ihrer Bekehrung seuffzenden Sündern, ich N. N. armer sündhaffter meiner eignen Gelüsten bißhero geweßter Leibeigner komme zu dir als einer in meinem allzeit mehr und mehr dem Untergang zunahenden Sünden-Stand eintzig und allein noch anscheinende Hoffnung; Ich erwähle dich anheut als mein gebiethende Frau über alle meine fünff Sinn des Leibs und Kräfften der Seelen, ich erwähle dich als ein Fürsprecherin in dem Werck meiner Bekehrung; ich erwähle dich als ein Mittlerin zwischen deinem gerechtigst erzürneten göttlichen Sohn, und zwischen mir armen Sünder; Ich verspriche auch kräfftiglich all mein Thun und Lassen nit nach den betrüglichen Satzungen meines verkehrten Willens, sondern nach der Anordnung deines Mütterlichen Wohlgefallen einzurichten, bin auch bereit lieber den Tod zu erwählen, als die, vermittelst deiner Fürbitt, durch göttliche Gnad angefangene Buß und Bekehrung auch nur mit einer eintzigen Sünd zu unterbrechen. Derowegen dan bitte ich dich, nimme mich auf in die Zahl deiner büssenden Pfleg-

Seye mir ein Hauß der Zuflucht, daß du mir helffest. Psal. 30. v. 3.

MARIA von Doßburg, ein Zuflucht der Sünder.

Den 22. May 1785. ist einverleibet worden

Pfleg-Kinder, leite allzeit nach dem Guten alle meine Gedancken, Wort, und Werck, stehe mir bey dorten, da ich das leztemahl, wo nit mit Worten aus Schwachheit meiner Kräfften, wenigist in Gedancken, nach Vermögen meines Hertzens, dich als ein Zuflucht der Sünder anruffen werde, nemlich in der Stund meines Absterbens, Amen.

Satzungen.

1. Alle Brüder und Schwester sollen an dem Tag ihrer Einschreibung ihre Sünden beichten, und das hochwürdigste Sacrament des Altars empfangen, umb Erlangung eigner, auch anderer Sünder Bekehrung.

2. Sollen täglich 3. Ave Maria gesprochen, und nach jedem beygesetzt werden: Gelobt seye die seeligste Jungfrau Maria ein Zuflucht der Sünder.

3. An dem Titular-Fest der Verkündigung Mariä den 25. Mertzen sollen alle Brüder und Schwester sich befleissen die HH. Sacramenten zu empfangen, hierdurch die Gnad wahrer Bekehrung vor sich und andere Sünder zu erlangen.

4. Weilen das Zihl und End diser Bruderschafft ist die Bekehrung der Sünder, als solle jedem Einverleibten obligen zu Bekehrung derselben, und zu Verhinderung der Sünden alles mögliche beyzutragen.

Indul-

IX. 23

IX. 22 **Bruderschaftsmedaille aus Weissenau, nach 1710**

Bronze, vergoldet, Dm.: 2,3 cm

WLM Münzkabinett MR 184

AK Weingarten 1990, S. 106, Nr. 7; Klein, Ulrich, Bemerkungen zu den bildlichen Darstellungen der Medaillen des Klosters Weissenau. In: 850 Jahre Prämonstratenserabtei Weissenau 1145–1995, Sigmaringen 1995, S. 307 u. 318ff

IX. 23 **Bruderschaftsbrief der Marienbruderschaft an der Wallfahrt Maria Dotzburg, 1762**

G.B. Göz und Klauber, Augsburg

Kupferstich und Druck auf Papier, 22 × 35 cm

Kreisarchiv Göppingen, Uhingen

Uhland 1970, S. 113–123; Ziegler, Walter (Hrsg.), Romantische Filstalreise. Weißenhorn 1983, S. 84f

Das Wallfahrtswesen der Klöster

Die Wallfahrt zu Gnadenorten mit wundertätigen Bildern (Gnadenbildern), zu Reliquien und heiligen Leibern, ist ein wesentliches Element volkstümlicher Frömmigkeit seit dem Mittelalter und erreicht in der Barockzeit einen Höhepunkt. Da diese Form des frommen Massentourismus nicht nur dem Seelenheil der Wallfahrer dient, sondern Opfergaben und geistliche Betreuung, Verzehr und Herberge auch eine ergiebige Einnahmequelle bilden, versuchen die Klöster eigene Wallfahrten in Aufnahme zu bringen. Reliquien, häufig sogenannte »Katakombenheilige«, deren kostbar geschmückte Gebeine in gläsernen, sargartigen Behältnissen auf den Altären zur Verehrung ausgesetzt sind, werden in großer Zahl beschafft und aufwendige, attraktive Wallfahrtskirchen errichtet, unter denen die vom Kloster Salem erbaute Birnau und das Schussenrieder Steinhausen die berühmtesten sind.
Andererseits aber gehört das Wallfahrtswesen zu den von den Aufklärern am heftigsten bekämpften »Mißbräuchen« und ist der weltlichen Obrigkeit häufig ein Dorn im Auge wegen des schwer kontrollierbaren Umherziehens und des damit verbundenen »Müßiggangs«. Schon Kaiser Joseph II. sucht deshalb das Wallfahrtswesen einzuschränken und im Zuge der Säkularisation werden die meisten Wallfahrten verboten. Übrigens auch von der Seite der Kirche selbst und besonders der Konstanzer Generalvikar Ignaz Heinrich Freiherr von Wessenberg versucht mit seiner Liturgiereform die katholische Kirche wieder auf das Wesentliche zurückzuführen, Missbräuche und abergläubische Auswüchse zu bekämpfen. Durch Erlaß vom 4. März 1809 werden viele Wallfahrtskirchen geschlossen oder sogar abgerissen. Seit ungefähr Mitte des 19. Jhs. lebt das Wallfahrtswesen trotz der Einschränkungen wieder auf und einige wiederbegründete Klöster, wie Weingarten, Neresheim und Maria Linden (bei Ottersweier), betreuen auch heute wieder Wallfahrten, allerdings in reduzierterer Form.

I.G.

Kriss-Rettenbeck 1963; AK Bruchsal 1981, S. 675–717; AK Weingarten 1990

IX. 24 Katakombenheiliger St. Clemens aus Dormettingen (bei Balingen)

Schwäbisch, um 1750
Schrein: Holz, gefaßt, Glas; Gebeine, Draht, Textil, farbige Steine, Perlen, 84,5 × 203 × 68 cm
Ehemals Kath. Pfarrkirche St. Matthäus Dormettingen
Diözesanmuseum Rottenburg a.N.

Diözese Rottenburg-Stuttgart (Hrsg.), Auf Leben und Tod. Ulm 2000, S. 141

IX. 24

IX. 25 Gnadenbild der Schmerzhaften Muttergottes aus Kirchheim am Ries, um 1742

Holz, farbig gefasst; Textil, 113 × 50 × 30 cm
Kath. Kirchengemeinde St. Maria Kirchheim a.R.

Diese um 1742 vermutlich von dem Laienbruder Michael Schmidt aus dem Zisterzienserkloster Kaisheim geschaffene Gnadenbildkopie der Oberelchinger Madonna wird 1750 in der damals umgebauten Stiftskapelle aufgestellt.

Portenlänger, Franz Xaver, Hohe Kunst in Kirchheim am Ries. In: Ostalb/Einhorn, Nr. 33, 1982. Aalen 1982, S. 6

IX. 26 bis IX. 47 Votivtafeln bedeutender Wallfahrtsorte

Mit dem Darbringen einer Votivtafel verfolgt der Stifter den Zweck, in Erfüllung eines Gelübdes Dank für empfangene Hilfe abzustatten. Votivtafeln sind meist naiv gemalte Bilder auf Holz oder Leinwand, seltener auf Blech, Karton oder Glas. Auf ihnen können vier Bildelemente erscheinen: das Gnadenbild (meist auf Wolken), der Votant (der sich dem Gnadenbild anempfiehlt), der Votationsanlaß (Unfall, Krankheit, Tiere und sonstige Not) und die schriftliche Information, oft aber nur zum »EX VOTO« (mit Jahreszahl) verkümmert. In der hier gebotenen Auswahl sind die bedeutendsten Wallfahrtsorte des Landes vertreten, wie z. B. Maria Lindenberg, Obermarchtal (Kat.-Nr. IX. 32), Schönenberg (Ellwangen), Steinhausen (Kat.-Nr. IX. 40), Todtmoos, Walldürn, Weingarten sowie das heute bayerische Maria Steinbach.

Kriss-Rettenbeck, Lenz, Ex Voto. Zürich/Freiburg i.Br. 1972

IX. 25

IX. 32

Weitere Sachzeugnisse barocken Wallfahrtswesens

IX. 48 Birnauer Thesenblatt von 1750

Gottfried Bernhard Göz (1708–1774)
Augsburg, 1750
Kupferstich auf Papier, 168 × 117 cm
Privatbesitz

Im oberen Bilddrittel ist zentral das Birnauer Gnadenbild der thronenden Muttergottes zu sehen. Auf dem ovalen Porträt links oberhalb davon ist Papst Benedikt IV. dargestellt. Gegenüber, am rechten Bildrand, wachsen aus einer Pyramide die Wappen der drei Personen, die die Wallfahrt erst möglich gemacht haben, nämlich des päpstlichen Nuntius, des Konstanzer Fürstbischofs und des Fürsten von Fürstenberg. Im unteren Bildteil ist auf der linken Seite der alte Wallfahrtsort und davor nun das prächtige Neu-Birnau abgebildet. Daneben befindet sich ein von einem Löwen gehaltener Abtsstab mit dem Salemer S-Wappen. Auf der gegenüberliegenden Seite ist das von einem Genius gehaltene Porträt von Abt Anselm II., dem Bauherrn der Birnau, zu sehen. In der Bildmitte ganz unten sind die Thesen abgebildet.

Isphording 1982, S. 253 (Nr. A III a 62); Mühleisen, Hans-Otto, Das Birnauer Thesenblatt. In: Kremer, Bernd Mathias (Hrsg.), Barockjuwel am Bodensee, 250 Jahre Wallfahrtskirche Birnau. Lindenberg/Allgäu 2000, S. 114–132

IX. 49 Schützenscheibe mit Ansicht der Wallfahrtskirche auf dem Einkorn bei Schwäbisch Hall, 1808

Schwäbisch Hall, 1808
Öl auf Holz, Dm. 73 cm
Hällisch-Fränkisches Museum Schwäbisch Hall 1986/0143–98

Die Schützenscheibe zeigt die Wallfahrtskirche zu den Hll. Vierzehn Nothelfern auf dem Haller Hausberg Einkorn, in einer Ansicht von Nordwesten. Nachdem die kleineren Vorgängerbauten abgebrochen worden waren, wird im Jahre 1710 ein Neubau begonnen, der bis 1715 andauert. Architekt ist der Würzburger Baumeister Joseph Greissing (1664–1721), der zur gleichen Zeit auch den Neubau der benachbarten Stiftskirche Großcomburg und 1711 das Abteigebäude in

IX. 40

IX. 49

IX. 54

Kleincomburg erstellt. Ab 1713 wird die Wallfahrt auf den Einkorn von den Patres des Kapuzinerklosters Kleincomburg betreut. Als Folge der Säkularisation von 1803 kommt die Wallfahrtskirche mit der Comburg an den württembergischen Staat, was zugleich das Ende der Wallfahrt bedeutet. Im Jahre 1814 wird die Kirche durch einen durch Blitzschlag verursachten Brand bis auf die Umfassungsmauern zerstört. Bemühungen um einen baldigen Wiederaufbau bleiben erfolglos. Die Kirche ist heute noch als eindrucksvolle Ruine erhalten.

Gabor, Ingo, Die Wallfahrtskirche auf dem Einkorn bei Schwäbisch Hall – ein Werk des Würzburger Barockbaumeisters Joseph Greissing (1710–1715). In: Württemberger Franken, Bd. 84. Schwäbisch Hall 2000, S. 133–150

IX. 50 **Prozessionsfahne aus dem Zisterzienserinnenkloster Gutenzell, 1765**

Signiert und datiert: »I.M. Lud. a. 1765.«
Öl auf Leinwand, oben und unten an zwei Holzleisten befestigt, 161 × 140 cm
Kath. Kirchengemeinde Gutenzell

Diese besonders aussagekräftige Fahne in Standartenform wird bei Prozessionen mitgetragen, denn das öffentliche, demonstrative Bekenntnis ist ein Hauptmerkmal der barocken Volksfrömmigkeit. Erst durch solche Prozessionsfahnen gewinnen die Umzüge Repräsentationscharakter. Auf der Vorderseite sind die beiden Katakombenheiligen Thekla und Agathe sowie unten das Kloster dargestellt, auf der Rückseite die hl. Christina und oben die hl. Dreifaltigkeit. Vgl. Kat.-Nr. X. 8.

Schefold 1957, S. 186, Nr. 2360

IX. 51, IX. 52 **Zwei Prozessionsfahnen mit den Schutzpatronen (Katakombenheiligen) Donatus und Bonifatius aus Kloster Baindt, 1749 und 1743**

Öl auf Leinwand, oben und unten an zwei Holzleisten befestigt, 135 × 95 cm
Kath. Kirchengemeinde Baindt

IX. 53 **Nachbildung des Gnadenbildes »Maria Hilf« im Kapuzinerkloster Mergentheim, 18. Jh.**

Alabaster, 30 × 23 cm
Deutschordensmuseum Bad Mergentheim 1564
Stadtverwaltung Bad Mergentheim

IX. 54 Terrakotta-Sarkophag mit Darstellung der Guten Beth von Reute

Franz Joseph Sohn (1739–1802)
Kümmerazhofen, um 1767
Terrakotta, farbig gefasst, mit Glasscheibe, 15,5 × 18,2 cm
Franziskanerinnenkloster Reute

Die Seligsprechung der in Reute verehrten stigmatisierten Elisabeth Achler (1386–1420) im Jahre 1767 ist der Anlaß für den Schreiner Franz Joseph Sohn aus dem nahen Kümmerazhofen, Terrakotten mit Darstellungen der Guten Beth herzustellen, deren Grab in der Klosterkirche schon bald nach ihrem Tode zu einem der bedeutendsten Wallfahrtsziele in Oberschwaben geworden war. Die Heilige ist im Sarkophag liegend dargestellt und trägt die Schwesterntracht. Als Vorlage dient Franz Joseph Sohn ein barockes Klosterbild, das er im Halbrelief nachmodelliert, brennt und farbig fasst. Solche Terrakotta-Darstellungen werden von den Wallfahrern gerne erworben und als kleine Andachtsaltärchen zuhause in den Herrgottswinkel gestellt.

AK Bruchsal 1981, S. 627, Nr. L 146 c; AK Weingarten 1990, S. 192, Nr. 13

IX. 55

IX. 55 Tonfigur der Schmerzhaften Muttergottes von Steinhausen (Schussenried), Ende 18. Jh.

Franz Joseph Sohn/Kümmerazhofen
Ton, farbig gefaßt, H. 30 cm (m. Sockel)
Landratsamt Ravensburg, Kultur- und Archivamt Bestand Sd 51, Zugang 1992 / Sohn Nr. 7.

IX. 56 Bischöfliches Dekret zur Anerkennung der Wallfahrt Maria Steinbach, 1733

Kupferstich auf Papier, 60 × 44,5 cm
Kath. Kirchengemeinde Maria Steinbach (Markt Legau)

Wenn eine neue Wallfahrt nach der Überprüfung durch die bischöfliche Kommission anerkannt wird, muß die bischöfliche Approbation von allen Kanzeln des Bistums verlesen werden.

AK Bruchsal 1981, Nr. L 401

IX. 57 Erinnerungsbild an die Übertragung des Gnadenbildes nach Steinhausen (Schussenried) im Jahre 1735

Martin Erhart (1684–1739)
Weissenau, 1737
Federzeichnung, auf Leinwand aufgezogen, 66 × 84,5 cm (m.R.)
Kath. Kirchengemeinde Steinhausen (Bad Schussenried)

Diese Federzeichnung stellt sowohl die Klosteranlage Schussenried, als auch eine Karte der Umgebung des Reichsstifts dar. Sie wird aus Anlaß der Übertragung des Gnadenbilds der Schmerzhaften Muttergottes von Steinhausen geschaffen und ist ein Geschenk für den Abt des Schussenrieder Mutterklosters Weissenau, Anton Unold (1724–1765), zu dessen Namenstagsfest. Während der Bauzeit der neuen Wallfahrtskirche wird das Gnadenbild in der Abteikirche Schussenried aufbewahrt und am 29. September 1735 in feierlicher Prozession nach Steinhausen zurückgebracht, was ebenfalls auf dieser Zeichnung dargestellt ist.

Kaufmann, Karl, Das Prämonstratenser-Reichsstift Schussenried und seine Umgebung auf einer Federzeichnung des Martin Erhart aus dem Jahre 1737, masch.schriftl Manuskript. Bad Schussenried, o.J.

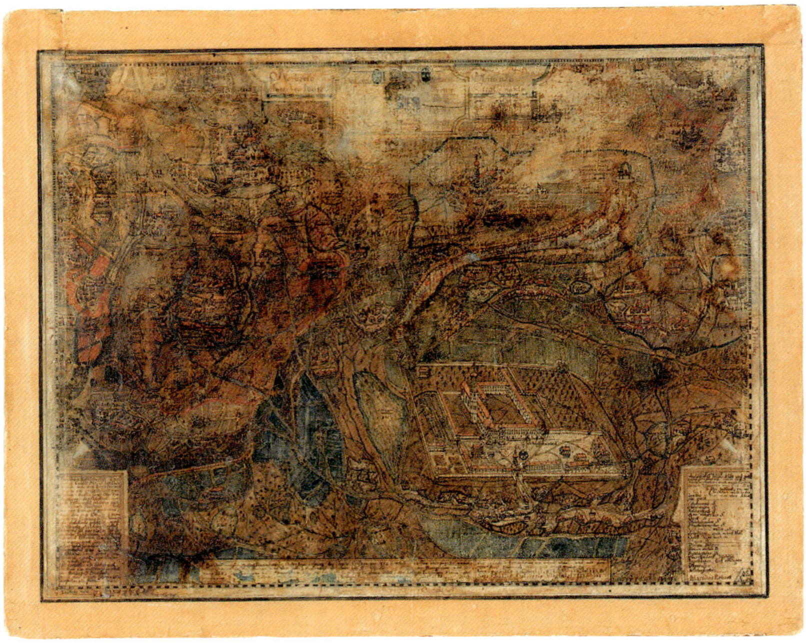

IX. 57

IX. 59

IX. 58 Krone zum Gnadenbild der Schmerzhaften Muttergottes in Steinhausen an der Rottum, 1693–1733

Silber, getrieben, graviert, vergoldet, Steine, H. 25 cm
Kath. Kirchengemeinde Steinhausen a.d.R.

IX. 59 Porträt der Kurfürstin Elisabeth Augusta von der Pfalz

Johann Georg Ziesenis (1716–1776)
Mannheim, 1749
Sign. und dat.: »J.G. Ziesenis pinxit 1749«.
Öl auf Leinwand, 109 × 87 cm
Kurpfälzisches Museum Heidelberg G 777

Weil sich der Kinderwunsch der Kurfürstin Elisabeth Augusta von der Pfalz, der Gemahlin des Kurfürsten Carl Theodor, nicht erfüllen wollte, unternimmt sie mehrere Wallfahrten nach Waghäusel, in der Hoffnung auf Kindersegen, der allerdings trotzdem ausbleibt. Da die am Mannheimer Hof populäre Wallfahrt zur »Mutter mit dem gütigen Herzen« nach Waghäusel von ortsansässigen Kapuzinerpatres betreut wird, und die Kurfürstin ihre enge Verbindung zu ihnen darstellen will, läßt sie sich in deren Habit porträtieren.

AK »Carl Theodor und Elisabeth Auguste«, Kurpfälzisches Museum Heidelberg. Heidelberg 1979, Nr. 110; Eichner, Elisabeth, Das kurpfälzische Porträt im 18. Jh. Heidelberg 1981, S. 23, 119, 125 u. Kat. Nr. 100

IX. 60 Vortragetafel der Heilig-Blut-Wallfahrt in Walldürn, 18. Jh.

Holz, farbig gefaßt, 77 × 57 × 4,5 cm (Höhe mit Stange: 130 cm)
Stadt- und Wallfahrtsmuseum Walldürn

Barockes Wallfahren findet vor allem in Form von Prozessionen statt. Vortragetafeln wie diese, von denen sich in Walldürn mehrere Exemplare erhalten haben, sind wie Fahnen auf der Vorder- und auf der Rückseite mit Darstellungen versehen und können, auf eine Tragestange montiert, wie eine Standarte von den Wallfahrern bei Prozessionen mitgeführt werden. Sie erfüllen die gleiche Funktion wie die Blutfahnen. Auf der Vorderseite ist auf blauem Grund die Heilig-Blut-Darstellung zu sehen, nämlich der Gekreuzigte mit den elf Christushäuptern und dem umstürzenden Kelch. Die Rückseite zeigt die Darstellung der fünf Wunden Christi.

Brückner, Wolfgang, Die Verehrung des Heiligen Blutes in Walldürn. Aschaffenburg 1958, S. 118; AK Bruchsal 1981, Nr. L 378

IX. 62

IX. 61 Heilig-Blut-Darstellung aus Walldürn, 18. Jh.

Holztafel, mit Samt überzogen, 60 × 43 cm
Stadt- und Wallfahrtsmuseum Walldürn

IX. 62 Tafel mit Darstellung der Wallfahrtsgeschichte der Weggentalkirche, 1666

Öl auf Holz, 170 × 175 cm
Franziskanerkloster Weggental Rottenburg a.N.

In 13 Rundbildern wird die Geschichte der Wallfahrt zum Gnadenbild der Schmerzhaften Muttergottes im Weggental erzählt, die von Jesuiten betreut wurde. Neben der heutigen Kirche ist auch der Vorgängerbau dargestellt.

Manz, Dieter, Die Wallfahrt zur Schmerzhaften Mutter Gottes im Weggental bei Rottenburg a.N. Rottenburg a.N. 1995

IX. 63 Andachtsbild »Die romanische Klosteranlage von Weingarten unter dem Schutz des Heiligen Bluts«, um 1625–35

Öl auf Leinwand, 105 × 77,5 cm
Benediktinerabtei Weingarten

IX. 64 Andachtsbild mit dem Heilig-Blut-Reliquiar von Weingarten, 1699

Öl auf Kupferblech, 30,8 × 26 cm (m.R.)
Privatbesitz

AK Weingarten 1994, S. 77, Nr. G 40

IX. 65 Kreuzigungsbild aus Weissenau, um 1782

Öl auf Leinwand, 147,5 × 103,5 cm
WLM 1964/2

Neben dem Gekreuzigten erscheint eine Personifikation der Weissenau mit einer Ansicht des Klosters und der im Jahre 1707 neu gefaßten Blutreliquie. Das Kloster Weissenau rückt sich damit in unmittelbare Nähe zum Heiligen Blut, was das Bild zu einer gemalten Authentik werden läßt.

Hosch, Hubert, Andreas Brugger 1737–1812, Maler von Langenargen. Sigmaringen 1987, S. 184

IX. 66 **Ansicht einer Prozession mit der Reliquienübertragung der Hl. Märtyrer in die Klosterkirche Wiblingen, 1681**

Kupferstich auf Papier, 33,5 × 53,5 cm
Stadtarchiv Ulm Bestand F3, Ans. 854

Am rechten Bildrand ist die nach der Säkularisation abgebrochene Einsiedler Kapelle zu sehen, die im Klosterbezirk stand und zu der eine der wichtigsten Wallfahrten des Klosters Wiblingen führte.
Beschriftung: »Abbildung der Procession in welcher die Heylige Reliquien der Glorwyrtigen Romanischen Martyrer (...) in das Kays. Vorder Östereich Closter u. Gotteshaus Wiblingen (...) d. 14. 7 bris Ao. 1681 seind einbegleitet worden – F. Antonius Rissi delinea.«

Schefold 1957, S. 820 (Nr. 11094)

IX. 67 bis IX. 98 **Wallfahrtsbildchen aus bekannten Wallfahrtsorten**

Klöster und Wallfahrtsorte lassen in der Barockzeit kleine Kupferstiche, Andachts- oder Wallfahrtsbildchen genannt, mit der Darstellung des jeweiligen Gnadenbildes, von Augsburger Kupferstechern (wie Göz, Klauber, Kilian und Engelbrecht) anfertigen. Diese Bildchen werden von den Pilgern an den Wallfahrtsorten als Devotionalien erworben, um sie als Wallfahrts-Mitbringsel zu verschenken, oder um sie in Gebet- und Andachtsbüchern zu verwahren. Natürlich haben diese massenhaft hergestellten Kupferstiche eine enorme Werbewirksamkeit für die jeweiligen Gnadenorte zur Folge. Die hier gezeigte Auswahl steht für die wichtigsten Wallfahrtsorte Baden-Württembergs. Besonders prachtvolle Exemplare sind die Bildchen aus Birnau am Bodensee (Kat.-Nr. IX. 67),

IX. 67

IX. 85

Ellwangen a.d.J., Gutenzell, Maria Lindenberg, Reichenau-Mittelzell, Reute, Schönenberg (Kat.-Nr. IX. 85), Walldürn, Weingarten, Weissenau und Wiblingen. Diese Wallfahrtsbildchen stammen überwiegend aus dem Bestand der Diözesanbibliothek Rottenburg am Neckar. Die Maße der kleinen Kupferstiche bewegen sich zwischen 11,8 bis 32,3 cm in der Höhe und 7,4 bis 21 cm in der Breite.

Laun 1923; Spamer, Adolf, Das kleine Andachtsbild vom XIV. bis zum XX. Jhdt. München 1930, S. 38, 182–185, 229–234

Votivgaben

Im Vertrauen auf Hilfe und als Dank für Gebetserhörungen und Heilungen hinterlassen die Gläubigen an den Gnadenorten Votivgaben (= Weihegaben) verschiedener Art. Häufig sind Nachbildungen von Menschen, Tieren, Fatschenkindern, Körperteilen und Organen. Sie weisen auf das jeweilige Anliegen des Wallfahrers hin und können aus Wachs, Eisen, Silber, Holz oder Ton gefertigt sein. Bis auf die Votivkröte, die als Uterus-Symbol gilt, bedürfen die für sich sprechenden Votivgaben keiner Erklärung.

IX. 99 Tafel mit silbernen Votivgaben aus Maria Steinbach

Silber, getrieben, 51 × 37 cm
Kath. Kirchengemeinde Maria Steinbach (Markt Legau)

IX. 100 Meßkelch als Votivgabe aus dem ehemaligen Augustinerchorherrenstift St. Märgen

Franz Thaddäus Lang (Meister 1719, gest. 1773)
Augsburg, 1737
Silber, zum Teil vergoldet, rote Steine, H. 30,5 cm
Bez.: Augsburg 1736–1737 (Seling 207), Mz.: FTL (Seling 2118)
Kath. Kirchengemeinde St. Märgen i.Schw.

Hermann 2002, S. 8 f

IX. 101 Votivgabe Wachskuh aus Walldürn, 18. Jh. (Nachguß 20. Jh.)

Stadt- und Wallfahrtsmuseum Walldürn

IX. 102 Votivkröte

Oberschwaben, 18. Jh.
Diözesanmuseum Rottenburg a.N.

IX. 103 bis IX. 112 Wallfahrtsmedaillen

Eine weitere Art von Devotionalien stellen die Wallfahrtsmedaillen dar. Es war und ist bis heute Brauch, von einer Wallfahrt geweihte Medaillen mitzunehmen. Sie haben die Funktion von Schutzamuletten und sind gleichzeitig der Beweis dafür, daß der Pilger auch selbst am Wallfahrtsort war. Diese zweiseitigen Medaillen zeigen auf der Vorderseite das Gnadenbild und auf der Rückseite die Wallfahrtskirche oder einen Heiligen.

IX. 113 bis IX. 123 Wallfahrts- und Mirakelbücher

In den Mirakelbüchern, den aussagekräftigsten Schriftquellen über das Wesen einer barocken Wallfahrt, ist verzeichnet, welche Wunder sich wann am Gnadenort ereignet haben. Neben dem Votationsanlaß werden auch Namen, Herkunft und Standeszugehörigkeit der Wallfahrer genannt.

Private Andachtsgegenstände von Schwestern

IX. 124, IX. 125 Zwei Rosenkränze aus dem Dominikanerinnenkloster Siessen, 2. Hälfte 18. Jh.

Franziskanerinnenkloster Siessen Bad Saulgau

IX. 126 Wiesheiland im Glasschrein aus Kloster Heggbach, 1756

Holz, farbig gefaßt; Glas, 70 × 51 × 32 cm
Heggbacher Einrichtungen St. Elisabeth Stiftung Maselheim

IX. 127 Prager Jesulein aus dem Kloster Maria Rosengarten in Wurzach, 18. Jh.

Wachs, Textil, 42 × 22 × 16 cm
Provinzialat der Armen Schulschwestern von Unserer Lieben Frau München

IX. 128 Wachsstock aus dem Kloster Maria Rosengarten in Wurzach, 18. Jh.

Wachs, farbig gefaßt, 12 × 7 × 4 cm
Provinzialat der Armen Schulschwestern von Unserer Lieben Frau München

Wallfahrtsverbote

IX. 129 Bischöfliche Verordnung Wessenbergs in Betreff der Wallfahrtsorte

Konstanz, 4. März 1809
Papier, bedruckt, 21,2 × 36 cm (aufgeschlagenes Buch)
Erzbischöfliches Ordinariat Freiburg i.Br. Bibliothek

Von den Maßnahmen Generalvikar Ignaz Heinrich Freiherr von Wessenbergs (1774–1860) gegen das Wallfahrtswesen im Bistum Konstanz ist dieser Erlaß des Bischöflichen Ordinariats Konstanz »in Betreff der Wallfarths- oder sogenannten Gnaden-Oerter« sicherlich der folgenschwerste: so müssen alle Votivtafeln und Votivgaben aus den Kirchen entfernt werden und es dürfen keine neuen mehr aufgehängt werden. Wallfahrtspredigten und der Verkauf von Wallfahrtsbüchlein werden verboten. Den Geistlichen wird aufgetragen, die Lehre der Kirche von der Heiligen-, Reliquien- und Bilderverehrung zu berücksichtigen. Es wird untersagt, in reinen Wallfahrtskirchen künftig besondere Feierlichkeiten abzuhalten. In Pfarrkirchen, die bisher Wallfahrtskirchen waren, solle der Gottesdienst so, wie an anderen Pfarrkirchen üblich, abgehalten werden und Wallfahrtsfeste sind verboten. In Wallfahrtskirchen ohne eigenen Geistlichen dürfe in Zukunft kein öffentlicher Gottesdienst mehr stattfinden. Bei Wunderheilungen müsse das zuständige Dekanat informiert sowie das Ereignis von Zeugen bestätigt und deren Aussagen protokolliert werden und zwecks weiterer Überprüfung an das Bischöfliche Ordinariat eingesendet werden. Einige Bestimmungen werden mit den Aussagen des Trienter Konzils (Sessio 25) begründet, andere sind Konsequenzen aus dem Pfarrprinzip. Aus dem Text gehen deutlich zwei Hauptanliegen Wessenbergs hervor, nämlich der Kampf gegen Mißbräuche und abergläubische Auswüchse sowie die Sorge um die Beeinträchtigung des Pfarrgottesdienstes.

Keller, Erwin, Die Konstanzer Liturgiereform unter Ignaz Heinrich von Wessenberg. In: FDA 85 (1965). Freiburg i.Br. 1965, S. 360–377; Reinhardt, Rudolf, Die Kritik der Aufklärung am Wallfahrtswesen. In: Bausteine zur geschichtlichen Landeskunde von Baden-Württemberg. Stuttgart 1979, S. 336 f

IX. 130 Handschriftliches Verzeichnis des Weingartner Kirchenschatzes, 1811/12

32,5 × 20,5 cm
Stadtarchiv Weingarten 816

In dem Verzeichnis wird das Heilig-Blut-Reliquiar als erstes und wichtigstes Objekt in der Gruppe der Goldgefäße aufgeführt.

AK Weingarten 1994, Nr. G 16

IX. 131 Reliquiar-Ersatz des Heiligen Blutes von Weingarten, 1809

24,5 × 14,3 cm
Kath. Kirchengemeinde St. Martin Weingarten

Nach der 1809 erfolgten Beschlagnahmung des Kirchenschatzes mit dem kostbaren Reliquiar durch die württembergische Finanzverwaltung läßt der württembergische Staat als Ersatz eine Kopie aus billigem Material anfertigen, die bis 1956 in Gebrauch bleibt.

AK Weingarten 1994, Nr. G 8

IX. 132 Bischöfliche Verbots-Verordnung des Weingartener Blutritts durch Wessenberg, 1804

32 × 21,2 cm
Kath. Kirchengemeinde St. Martin Weingarten, Pfarrarchiv

Wessenberg will die Zahl der Bittgänge einschränken. So bleibt zwar der Bittgang mit der Heilig-Blut-Reliquie weiterhin erlaubt, der Blutritt aber wird verboten.

AK Weingarten 1994, Nr. I 61

IX. 133 Verbot des Weingartener Blutritts durch die Regierung von Oranien-Nassau, 1805

35,8 × 22,6 cm
Diözesanarchiv Rottenburg a.N., Bestand Diözese Konstanz, Pfarrei Weingarten

Weil Wessenbergs Erlaß mit dem Verbot der Teilnahme von Reitern an Bittgängen wenig Erfolg hat, ersucht Wessenberg die weltlichen Behörden um Amtshilfe. Die Regierung von Oranien-Nassau folgt seinem Ersuchen und bekräftigt das kirchliche Verbot unter Strafandrohung.

AK Weingarten 1994, Nr. I 62

IX. 134 Magnusstab-Reliquiar aus dem Prämonstratenserkloster Schussenried

Oberschwaben, 1720
Marken »J.J.« und »Storch« auf der Rückseite
Silber vergoldet, Holz, graviert, 60 × 40 cm
Kath. Kirchengemeinde Bad Schussenried

Im späten 15. Jh. hat das Kloster Schussenried ein Stück vom Füssener Magnusstab erhalten, ließ ihn mit spätgotischem Zierat einfassen und auf dem Magnusaltar in der alten Klosterkirche aufstellen. Abt Didakus Ströbele läßt dann 1720 aus dem Magnusstab das heutige Reliquiar anfertigen, mit dem dann in der Barockzeit die Felder gesegnet werden. Bei der Säkularisation werden die weiteren Schussenrieder Magnusstäbe eingeschmolzen und nur dieser übriggelassen. Noch 1812 scheint er in Gebrauch zu sein, denn am 3. November 1812 verbietet das Bischöfliche Ordinariat in Konstanz den weiteren Gebrauch des Magnusstabes zu Benediktionen und dergleichen.

Erzberger 1902, S. 383 f; AK Füssen 2000, S. 47–60

IX. 135 Magnusstab aus dem Benediktinerkloster Zwiefalten

Oberschwaben, um 1680
Messing und Silber, getrieben, ziseliert, 166 × 12,5 cm
Kath. Münsterpfarramt Zwiefalten

AK Füssen 2000, S. 56 f

Neugründung und Wiederbelebung von Wallfahrten im 19. Jahrhundert

Trotz des Verbots der Wallfahrten in der Säkularisation überdauern einige Wallfahrten gewissermaßen im Untergrund, und seit der Mitte des 19. Jhs. kommt es langsam zu einer Wiederbelebung, allerdings in reduzierter Form. Das Wiederaufleben von Wallfahrten wird hier mit Votivtafeln und Wallfahrtsbildchen aus dem 19. Jh. dokumentiert.

IX. 136 bis IX. 141 Votivtafeln aus dem 19. Jh.

Votivtafeln aus der Zeit um 1800 zeigen häufig ein Zurücktreten religiöser Bildinhalte, wie das Beispiel aus Maria Steinbach (Kat.-Nr. IX. 139) belegt, wo das Gnadenbild fehlt und sich der Bildinhalt lediglich auf einen Steinsockel mit einer klassizistischen Vase und einem Augenpaar (dem Votationsanlaß) beschränkt. Im Laufe des 19. Jhs. steigt das Darbringen von Votivtafeln an den Gnadenstätten wieder an, wobei keine wesentlichen Unterschiede zum 18. Jh. festgestellt werden können, auch nicht in stilistischer Hinsicht.

IX. 139

IX. 142 bis IX. 147 Wallfahrtsbildchen aus dem 19. Jahrhundert

Während sich im 19. Jh. die Funktion und die Bildinhalte der Wallfahrtsbildchen im Vergleich zur Barockzeit nicht geändert haben, bilden sich nun parallel zum Aufschwung des Wallfahrtswesens neue Herstellungstechniken heraus. Neue Drucktechniken, wie Lithographie und Stahlstich ermöglichen preiswerte Massenfertigungen, bewirken aber auch einen Qualitätsverlust.

IX. 146

IX. 148 Wallfahrtsbuch »Der heilige Martyrer Tiberius und sein durch Wunder berühmtes Haupt zu Obermarchthal«, 1896

Druck auf Papier, 19 × 25 cm (aufgeschlagen)
Kath. Kirchengemeinde Obermarchtal, Pfarrarchiv, G 9

IX. 149 Heilig-Blut-Bildchen als Votivgabe aus Walldürn, um 1850

Kreidelithographie, farbig, 33 × 26 cm (m.R.)
Stadt- und Wallfahrtsmuseum Walldürn

IX. 150 Nachbildung der Heilig-Blut-Reliquie (»Heilig Blütle«) aus Weingarten, 19. Jh.

Terrakotta, farbig gefaßt, 15 × 7 × 2,5 cm
Benediktinerabtei Weingarten

IX. 151 Lithographie mit Darstellung der Weingartener Blutfreitagsprozession, um 1840

Lithographie, koloriert, auf Papier, 56,2 × 65,5 (m.R.)
Stadtmuseum Weingarten

AK Weingarten 1994, S. 138, Nr. O 8

Die Wallfahrten der Klöster vor der Säkularisation

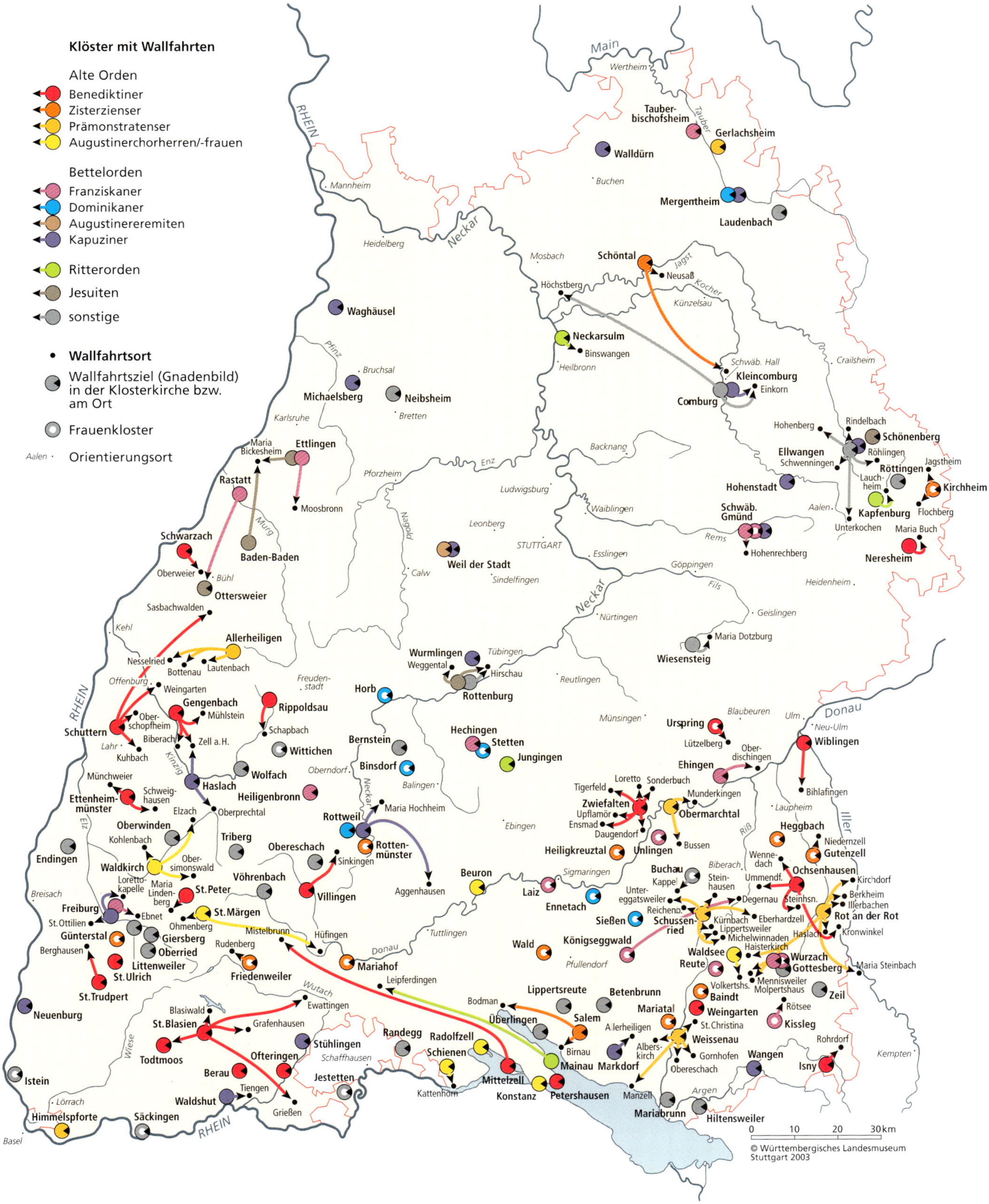

Die Gutenzeller Krippe

Franz von Assisi ist, soweit wir wissen, im Jahre 1223 der Erste, der die Geburt Christi mit Menschen und Tieren nachstellt. Bühnenartige Ensembles mit der Anbetung der Hirten und der Könige finden ab dem 15. Jh. als Andachtsgegenstände Aufstellung in den Kirchen und werden ein wesentlicher Bestandteil der Volksfrömmigkeit. Sie erreichen in monumentalen Figurenspielen des 18. Jh. sogar einen Höhepunkt. Vor allem die Jesuiten fördern im frühen 17. Jh. die Ausbreitung der Krippenkultur als populäre Veranschaulichung des Heilsgeschehens. In der Weihnachtszeit ist die Krippentradition bis heute in Kirchen und Familien lebendig. *I.G.*

IX. 152 Szene »Anbetung der Hl. Drei Könige« aus der Gutenzeller Klosterkrippe

Gutenzell, 1704–1750
Holz, echtes Haar, Stoff, Draht und Papier, ca. 200 × 350 × 500 cm (Einzelfigur max. 85 cm hoch)
Kath. Kirchengemeinde Gutenzell

Die Gutenzeller Äbtissin Maria Viktoria Hochwindt (1696–1718) läßt, wohl angeregt durch die Krippentradition ihrer Heimatstadt Mindelheim, die ersten Figuren der Gutenzeller Krippe anfertigen. Im Jahre 1704 wird als erste Krippendarstellung die hier gezeigte Dreikönigsgruppe aufgestellt. Von den Klosterfrauen, die sich als einfallsreiche Paramentenstickerinnen hervortun, werden die Figuren liebevoll gestaltet, mit kostbaren Gewändern aus Brokat- und Seidenstoffen gekleidet und mit Goldfäden, Bändern sowie Pailletten verziert. Köpfe und Hände sind geschnitzt, wohingegen die Leiber aus dem Papier alter Klosterrechnungen geformt sind. Bei den Figuren handelt es sich übrigens um bewegliche Holzgliederfiguren. Insgesamt besteht die Krippe aus 8 möglichen Krippenszenen mit ca. 200 Figuren und sie wird in der Weihnachtszeit im nördlichen Seitenschiff der ehemaligen Klosterkirche aufgestellt.

Lidel, Erich, Die schwäbische Krippe. Weißenhorn 1978; AK Bruchsal 1981, Nr. L 357; Linder, Karl, Die Gutenzeller Barockkrippe. Lindenberg/Allgäu 1999, S. 19–30

IX. 152

Klosterarbeiten

Klosterarbeiten sind Andachtsgegenstände der religiösen Volkskunst, die meist von Nonnen der kontemplativen Frauenorden gefertigt werden. Im 18. Jh. nannte man sie übrigens »Schöne Arbeiten«. Handwerklich begabte Schwestern, die meist anonym bleiben, schaffen diese Arbeiten unter hohem Zeitaufwand und mit großer Kunstfertigkeit mit meist geringen materiellen Mitteln aus den vier Grundstoffen Draht, Papier/Pergament, Textil und Wachs mit einfachen Handarbeitstechniken. Weitere Schmuckelemente können farbige Glassteine, Perlen und gewachsene Naturmaterialien sein. Nicht kostbares Material, sondern der Herstellungsprozeß macht den Wert der Klosterarbeiten aus, die darüberhinaus Objekte mit einem sehr hohen Devotional- und Meditationswert (für die private Andacht) darstellen. Es gibt die unterschiedlichsten Erscheinungsformen gefaßter und verzierter Gegenstände: gefaßte Reliquien (kleinere Knochenteile), Heilige Leiber, Phylakterien (Wachsobjekte, wie Annahände, Nepomukzungen, Agnus Dei, Medaillons, Reliefs mit Abbildungen von Gnadenbildern), Andachtsbildchen, Stickereibilder, Stoffklebe- oder Stoffapplikationsbilder sowie Reliquienkreuze. Reliquien sind meist mit Cedulae, d.h. kleinen Papierzetteln versehen, die den Namen des zugehörigen Heiligen nennen. Auch das Bekleiden von Gnadenbildern, Prozessionsfiguren, Krippenfiguren und Fatschenkindern (in Windeln oder kostbare Stoffe gebundene Jesulein) gehört dazu. Im südwestdeutschen Raum sind sogenannte »Känsterle« verbreitet: das sind kleine Glaskästen mit bekleideten Heiligenfiguren aus Holz oder Wachs, die als Klosterarbeiten entstanden und zur Weihnachtszeit aufgestellt wurden. Als bedeutende Zentren für die Herstellung von Klosterarbeiten treten die beiden Zisterzienserinnenklöster Lichtenthal und Gutenzell hervor. *I.G.*

Schiedermair, Werner/ Ritz, Gislind M., Klosterarbeiten aus Schwaben. Gessertshausen 1990, S. 9–28; Bock, Sebastian/ Durian-Ress, Saskia (Hrsg.), Gold, Perlen und Edel-Gestein. Reliquienkult und Klosterarbeiten im deutschen Südwesten. Freiburg i.Br. 1995, S. 30–57

Altarreliquiare

IX. 153 Reliquiar aus der Stiftskirche Waldsee

Oberschwaben, 18. Jh.
Holz, gefaßt, Glas, Reliquien, Stoff, Draht- und Bouillonarbeit, Cedulae, 193 × 93 × 10 cm
Kath. Kirchengemeince St. Peter, Bad Waldsee

Diese paarweise neben dem Hochaltar aufgestellten Reliquiare dienen als Altarschmuck.

KDM Waldsee 1943, S. 42

IX. 153

IX. 154

IX. 156

IX. 154 Pyramiden-Reliquiar mit Kreuznagel aus Kloster Kirchheim am Ries

Kirchheim a.R., 1773
Holz, gefaßt, Glas, Reliquien, Eisennagel, Wachs, Perlen, Stoff, Brokat, Pailletten, bunte Glassteine, Buntpapier, Draht- und Bouillonarbeit, Cedulae, 150 × 85 × 42 cm
Kath. Kirchengemeinde Kirchheim a.R.

Diese Altarpyramide hat die Äbtissin Aloisia im Jahre 1773 in Auftrag gegeben, wie die Rückseitenbeschriftung mitteilt. Sie beinhaltet eine Kreuznagel-Reliquie sowie mehrere Agnus Dei (aus Wachs) mit Papstporträts auf der Rückseite und einige mit Cedulae beschriftete Knochen-Reliquien. Die kleine Wachsfigur im Sockel stellt den hl. Bernhard von Clairvaux dar.

Siessegger, Daniela, Barocke Klosterarbeiten. Technologische Untersuchungen an ausgewählten Beispielen aus dem süddeutschen Raum, Diplomarbeit. Stuttgart 1994, S. 54–60

IX. 155 Altarreliquiar aus Kloster Heggbach, um 1715

Holz, gefaßt, Glas, Reliquien, Perlen, Stoff, Brokat, Pailletten, Draht- und Bouillonarbeit, Cedulae, 77,5 × 34 × 10 cm
Heggbacher Einrichtungen St. Elisabeth Stiftung, Maselheim

IX. 156 Altarreliquiar mit dem Ehering Mariens, aus der Klosterkirche Rot an der Rot, 18. Jh.

Silber, vergoldet; Glas; Wachs, Draht-/Bouillonarbeit, Reliquien und Cedulae, 76,5 × 37,3 cm
Kath. Kirchengemeinde Rot a.d.R.

Wie die unten eingravierte Inschrift besagt, wurde dieser Ring mit dem in der Kathedrale San Lorenzo in Perugia verehrten Original in Berührung gebracht, was auch durch eine Authentik bestätigt wird.

IX. 157, IX. 158 Zwei Büstenreliquiare: hl. Benedikt und hl. Bernhard aus Heiligkreuztal, Mitte 18. Jh.

Holz, farbig gefaßt; Glas; Kupfer, vergoldet; Wachs, Draht- und Bouillonarbeit; Reliquien; farbige Glassteine, Perlen, Cedulae, 103 × 51 × 22 cm / 107 × 51 × 22 cm
Ehemals Kloster Heiligkreuztal, heute Bruderkirche der Stephanus-gemeinschaft
Kath. Kirchengemeinde Heiligkreuztal HKT 95 / HKT 96

IX. 159 Reliquienpyramide aus Kloster Heggbach, 18. Jh.

Holz, vergoldet; Glas, Reliquien, Draht- und Bouillonarbeit, Cedulae, 52 × 20 × 6 cm
Heggbacher Einrichtungen St. Elisabeth Stiftung, Maselheim

IX. 160 Pyramiden-Reliquiar aus der Klosterkirche Rot an der Rot, 1726

Kupferblech, Holz, Glas; Draht-/Bouillonarbeit, Reliquien und Cedulae, 153 × 57,3 cm
Kath. Kirchengemeinde Rot a.d.R.

IX. 161 Nepomuks-Reliquiar aus Schussenried, um 1750

Silber, getrieben; Draht-/Bouillonarbeit; farbige Glassteine, Reliquien des Hl. Johannes v. Nepomuk, Cedulae, 70 × 36 × 22 cm (m.R.)
Kath. Kirchengemeinde Bad Schussenried

IX. 162 Altarreliquiar aus der Klosterkirche Obermarchtal, Ende 18. Jh.

Holzrahmen, vergoldet; Draht-/Bouillonarbeit; Kupferstich, koloriert, 69 × 35 cm
Diözese Rottenburg-Stuttgart

IX. 160

IX. 164

IX. 165

Klassische Klosterarbeiten

IX. 163 Maria Josepha Buckeyssen, Äbtissin des Zisterzienserinnenklosters Friedenweiler von 1736 bis 1769

Öl auf Leinwand, 56 × 45 cm (m.R.)
Ehemals Kloster Friedenweiler
Kirchenbesitz

Die Äbtissin hat die rechte Hand auf ein Reliquienkästchen gelegt, in dem sich Reliquien für die im eigenen Kloster gefertigten Klosterarbeiten befinden. In der linken Hand hält sie die zugehörige Authentik.

IX. 164 Annahand-Reliquiar aus Stift Waldsee

Oberschwaben, 18. Jh.
Glas, Reliquien, Draht- und Bouillonarbeit, Cedulae, 40,5 × 25,3 cm
Kath. Kirchengemeinde St. Peter, Bad Waldsee

Im Jahre 1743, als die mumifizierte Hand der Mutter Anna nach Wien übertragen wurde, wird es Brauch, diese Hand verkleinert in Wachs nachzubilden und mit dem Original zu berühren. Sie ist ein Phylakterium (= schadenabwehrendes Schutzmittel) und gilt als Hilfe für schwangere und gebärende Frauen sowie für kranke Mütter.

AK Weingarten 1990, S. 41

IX. 165 Klosterarbeit mit Nepomukszunge aus Oberstadion, 1788

Holz, farbig gefaßt, Glas; Wachszunge, Perlen, Silberdraht, Cedulae, 22,7 × 17,5 × 2,2 cm
Museum der Stadt Ehingen/Do. 2012

IX. 166

IX. 166 Klosterarbeit »Drei Mönche« im Glasschrein aus Ehingen, 18. Jh.
Holz, farbig gefaßt, Glas; Aquarell, Draht-/Bouillonarbeit, Perlen, 22,7 × 17,5 × 2 cm
Museum der Stadt Ehingen/Do. 6637

IX. 167 Reliquienkreuz aus dem Kloster Maria Rosengarten in Wurzach, 18. Jh.
Holz, farbig gefaßt, Glas; Draht-/Bouillonarbeit, Perlen, Reliquien, Cedulae, 18 × 9 cm
Provinzialat der Armen Schulschwestern von Unserer Lieben Frau München

IX. 168 Klosterarbeit mit Kreuznagel aus dem Kloster Maria Rosengarten in Wurzach, 18. Jh.
Holz, farbig gefaßt, Glas; Eisennagel, Draht-/Bouillonarbeit, Perlen, 20,2 × 13,5 × 6 cm
Provinzialat der Armen Schulschwestern von Unserer Lieben Frau München

IX. 169 Klosterarbeit »Die Hll. Paul der Eremit und Antonius der Einsiedler«, 18. Jh.
Holz, farbig gefaßt, Glas; Wachsfiguren, Textil, Muscheln, Papier, Draht-/Bouillonarbeit, Perlen, 59 × 43 × 13 cm
Margret Biechele, Oberschwäbische Barockgalerie Ochsenhausen

Stoffklebe- und Papierklebearbeiten

IX. 170 Stoffklebearbeit »Anbetung der Hl. Drei Könige« aus Kloster Gerlachsheim, 18. Jh.

Holz, farbig gefaßt, Glas; Stoffklebearbeiten, Samt, Seide, Brokat, Papier, Leinen, Metallplättchen, Perlen, Goldfolie, 41 × 51,5 cm (m.R.)
Heimatmuseum Lauda 130

AK Bruchsal 1981, Kat.-Nr. L 339a

IX. 171 Stoffklebearbeit »Disputation der Hl. Katharina von Alexandria mit den Philosophen« aus Kloster Gerlachsheim, 18. Jh.

Holz, farbig gefaßt, Glas; Stoffklebearbeiten, Samt, Seide, Brokat, Papier, Leinen, Metallplättchen, Perlen, Goldfolie, 41 × 51,5 cm (m.R.)
Heimatmuseum Lauda 131

AK Bruchsal 1981, Kat.-Nr. L 339b

IX. 172 Stoffklebebild »Sanctus Michael« aus dem Kapuzinerkloster Walldürn, 18. Jh.

Holz, farbig gefaßt, Glas; Papier, bemalt, Stoff, 45 × 34 × 2 (m.R.)
Stadt- und Wallfahrtsmuseum Walldürn

IX. 174

IX. 173 Andachtsbild »Maria bei den Franziskanern zu S. Hieronymus in Wien«, aus Kloster Kirchheim am Ries, 18. Jh.

Holz, farbig gefaßt, Glas; Kupferstich, koloriert, Textil, Brokat, Goldfolie, 44 × 36 cm (m.R.)
Kath. Kirchengemeinde Kirchheim a.R.

IX. 170

IX. 175

IX. 176

Känsterle (Szenen im Glasschrein)

IX. 174 Szene im Glasschrein »Nonne in ihrer Zelle mit Einrichtung«, 18. Jh.

Holz, gefaßt, Glas; Wachs, Textil, 21,6 × 24,5 × 9 cm
Museum der Stadt Ehingen/Do. 6576

IX. 175 Altaraufsatz vom Seitenaltar der Klosterkirche Bronnbach an der Tauber, 18. Jh.

Holz, farbig gefaßt, Glas; Wachs, Draht-/Bouillonarbeit, Perlen, Stoff, 113 × 51,5 × 24,6 cm
Klosterkirche Bronnbach (Stadt Wertheim)
Landratsamt Main-Tauber-Kreis Tauberbischofsheim

Dieser zweiteilige Altaraufsatz besteht aus einem Glasschrein mit einem Jesuskind aus Wachs sowie einer Gruppe mit dem Kruzifix, dem hl. Bernhard von Clairvaux und seinem Attribut, dem auf Büchern stehenden Bienenkorb (»Doctor mellifluus«).

IX. 176 Prager Jesulein aus Gutenzell

Gutenzell, 18. Jh.
Wachskopf, Draht, Bouillon, Perlen, bunte Steine,
Schrein: Holz, gefaßt, 104 × 64 × 25,5 cm
Ehemals Kloster Gutenzell
Margret Biechele, Oberschwäbische Barockgalerie Ochsenhausen

Unter den Jesukindlein bringt es das in der Prager Karmeliterkirche verehrte »Prager Jesulein« zu größter Beliebtheit. Es wird im Jahre 1628 von Fürstin Polyxena von Lobkowitz als Hochzeitsgeschenk aus Spanien nach Prag gebracht und den dortigen Karmelitern geschenkt. Schon in der ersten Hälfte des 18. Jh. ist seine Verehrung in ganz Europa verbreitet. Wichtig ist, daß die Jesulein am Prager Original berührt werden. Christus ist als heranwachsendes Kind, etwa im Alter von 5–6 Jahren, dargestellt. Dieses Beispiel aus Gutenzell trägt ein reich mit Spitzen, Brokat, Perlen und bunten Steinen gefaßtes weiß-blaues Kleid. In der linken Hand trägt es eine kleine Weltkugel mit Kreuz, während es mit der Rechten segnet.

AK Ochsenhausen 1995, Nr. 19

IX. 169

X.

Caritas und Oeconomia: Das Kloster und die »gotzhausleute«

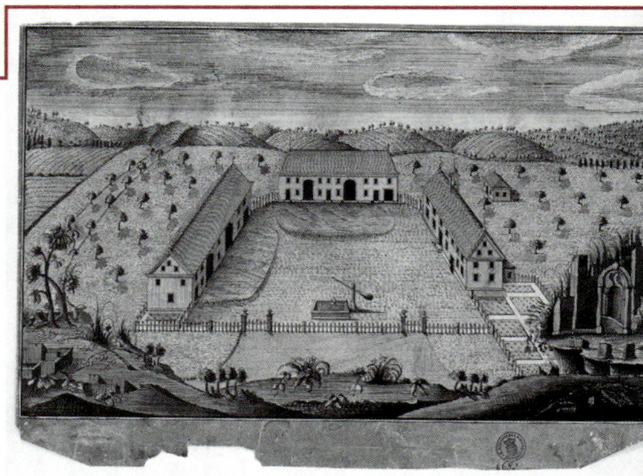

Seelsorge

Pharmazie

Sozialfürsorge

Ökonomie

Ehemalige Klosterbetriebe heute

Seelsorge

Die eigentliche und ursprüngliche Aufgabe der Klöster ist es, für Honorar (Stiftungen) für das Seelenheil ihrer Stifter zu beten (Seelenmessen). Die meisten Klöster haben Patronats- und Herrschaftsrechte über mehrere Dörfer und die dortigen, den Klöstern inkorporierten Pfarreien, weshalb sie befugt sind, dort die Landpfarrer zu bestellen oder auch abzusetzen. So versehen viele Mönche ihren Dienst als Pfarrer in den Klosterdörfern. Durch die Inkorporation ist der Abt der eigentliche Ortspfarrer und das Kloster erhält die nahezu unbeschränkte Kontrolle über die Pfarrei, ihre Einkünfte und ihr Vermögen. Der Abt ernennt Priester, die als sogenannte Pfarrvikare die Pfarreien versehen. Nähergelegene Pfarreien werden direkt vom Kloster aus betreut, auf weiter entfernten Pfarreien sitzt ein dort residierender Pfarrer. Die Landbevölkerung fordert ortsansässige Priester für die auf den Dörfern anfallenden Sakramente und seelsorgerlichen Handlungen, wie Hl. Messen, Beichten, Taufen, Eheschließungen und Beerdigungen. Aber auch die Betreuung von Wallfahrten ist hier zu nennen. So setzt das Kloster Rot an der Rot fünf Patres zur Betreuung der Klosterwallfahrt in Maria Steinbach ein. Im Rahmen der Seelsorge kommt dem Predigen eine herausragende Bedeutung zu, denn die sonntägliche Predigt als Mittel der Belehrung und der Volksaufklärung hat im 18. Jh. einen hohen Stellenwert. Besonders der Prämonstratenserorden sieht die Betreuung der Klosterpfarreien als seine eigentliche Aufgabe an. Der Prediger hat dem Volk die Glaubens- und Sittenlehre zu verkünden. Damit die jungen Patres Erfahrungen sammeln, begleiten sie die älteren und erfahreneren Pfarr-Mitbrüder, was z. B. vom Kloster St. Blasien überliefert ist. Die Aufklärung, namentlich Generalvikar Wessenberg, versucht, dem Gottesdienst in der

X. 6

Pfarrkirche eine besondere Würde und eine herausragende Stellung zu geben, wohingegen die Seelsorge an den sogenannten Nebenkirchen (und Wallfahrtskirchen) eingeschränkt wird.
Ein weithin berühmter und geschätzter Prediger ist der Marchtaler Chorherr Sebastian Sailer (1714 bis 1777), der ab 1756 über 17 Jahre lang als Pfarrverweser in der Klosterpfarrei Dieterskirch (vgl. Kat.-Nr. X. 1) tätig ist, was schon etwas ungewöhnlich anmutet. Während seiner Amtszeit in Reutlingendorf (1754/55) verfaßt Sailer das »Ovile Reuttlinganum« (Kat.-Nr. X. 2), ein Hirtenbuch (mit wertvollen Hinweisen und Ratschlägen für die Seelsorger) sowie drei Gottesdienstordnungen (»Directorien«) für die Ortschaften Reutlingendorf, Dietershausen und Dieterskirch. In seinen »Anordnungen« von 1754/55 beschreibt er die Pfarrer als Hirten, Führer, Väter und Lehrer ihrer Pfarrkinder, was er übrigens auch von sich selbst erwartet. In derbem Schwäbisch hält Sailer dem Pfarrvolk originelle Bauernpredigten. Er fordert von seinen Pfarrerkollegen klar aufgebaute und gegliederte Predigten. Am Schluß der Bände der »Geistlichen Reden« befinden sich sorgfältig ausgearbeitete Grundrisse von Predigten. *I.G.*

Tüchle/Schahl 1976, S. 31; Maier 1992, S. 261–277; Forster, Marc, Kirchenreform, katholische Konfessionalisierung und dörfliche Religion um Kloster Salem 1650–1750. In: Rottenburger Jahrbuch für Kirchengeschichte, Bd. 16, 1997, S. 93–110

X. 1 Ernennungsurkunde für Sebastian Sailer als Pfarrverweser in Dieterskirch, 1751

Druck und Tinte auf Papier, 21,5 × 33 cm
Diözesanarchiv Rottenburg a.N. Pfarrakten Dieterskirch

Diese bischöfliche Ernennungsurkunde des Konstanzer Ordinariats belegt am prominenten Beispiel Sebastian Sailers, daß Patres auch zum Versehen von Pfarrstellen auf dem Lande eingesetzt werden.

Maier 1992, S. 261–277; Oehler 1996, S. 4

X. 2 »Ovile Reuttlinganum« von Sebastian Sailer, 1754

Druck auf Papier; Federzeichnungen, laviert, 21,3 × 36,8 cm (aufgeschlagen)
Bez.: »Ovile Reuttlinganum sive Pastor, et Oves Parochiae in Reuttlingen suum in ordinem, et numerum sub S.S. Tutelarium praesidio Collectae a P. Sebastiano Sailer P.T. Parocho ibidem. Anno 1754. [Handschriftlich:] S. Sailer natus 1714 mortuus 7. März 1777 zu Marchthal.«
Diözesanarchiv Rottenburg a.N.

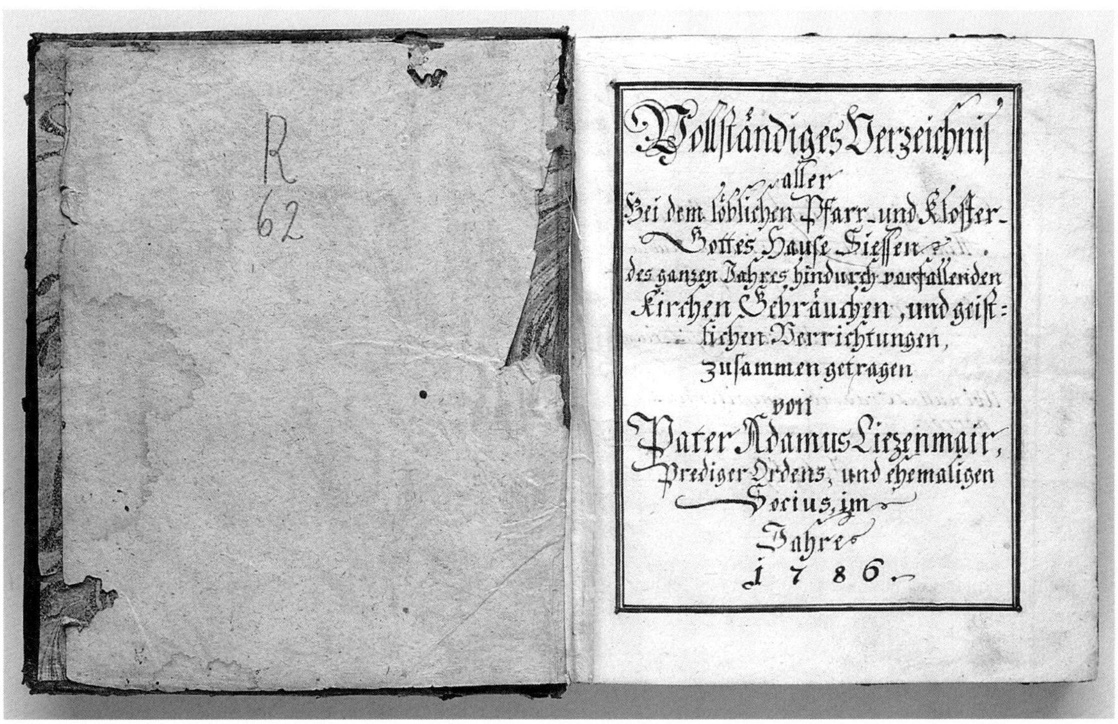

X. 3

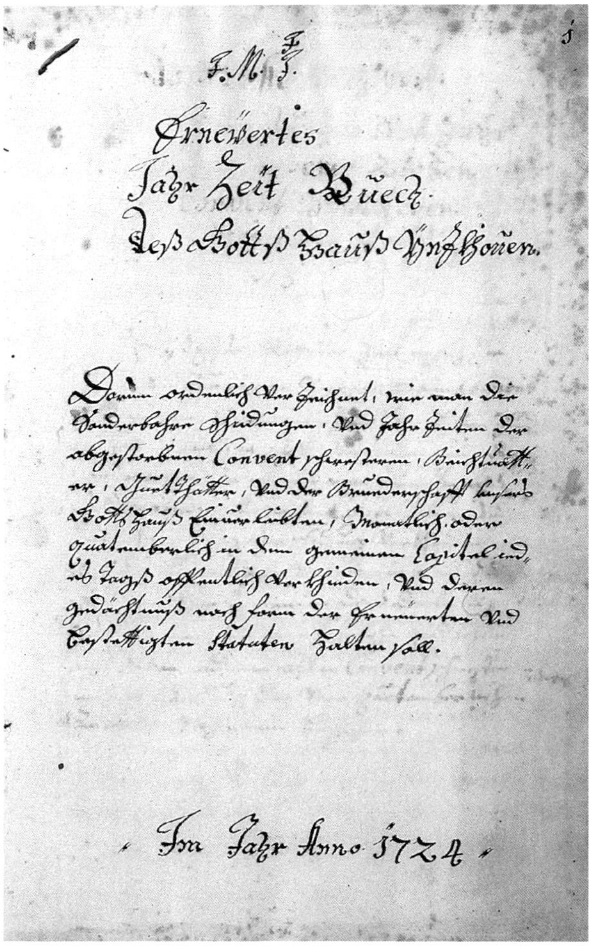

X. 5

Dieses »Hirtenbuch für die Gemeinde Reutlingendorf« unterrichtet uns ausführlich über Sailers seelsorgerliche Arbeit und seine Vorstellungen über die Aufgaben eines Landpfarrers.

Butscher 1992, S. 279–302; Oehler 1996, S. 11

X. 3 **Kirchengebräuche-Buch aus dem Dominikanerinnenkloster Siessen, 1786**

Autor: P. Adamus Liezenmair OP
Bez.: »Vollständiges Verzeichnis aller bei dem löblichen Pfarr- und Kloster-Gottes Hause Siessen des ganzen Jahres hindurch vorfallenden Kirchen Gebräuchen, und geistlichen Verrichtungen, zusammen getragen von Pater Adamus Liezenmair, Prediger Ordens, und ehemaligen Socius, im Jahre 1786.«
Tinte auf Papier, Einband: Holz mit Leder überzogen, 20,2 × 39,3 cm (aufgeschlagen)
Franziskanerinnenkloster Siessen Bad Saulgau Klosterarchiv R 62

X. 4 **»Solitudo sacra seu exercitia spiritualia« von Martin Gerbert, 1787**

Augsburg, 1787
Bez.: »Solitudo sacra seu exercitia spiritualia octo, vel decem dierum ex doctrina, et exemplis SS. Scripturae, et SS. Patrum in usum pastorum ecclesiae.«
Druck auf Papier, 18,2 × 11,9 cm
Universitätsbibliothek Freiburg i.Br. N 8528, b

Diese von Fürstabt Martin Gerbert von Kloster St. Blasien verfaßte geistliche Schrift widmet und überreicht dieser den Konventualen seines Klosters, anläßlich seines goldenen Priesterjubiläums. Um seine Mitbrüder damit überraschen zu können, läßt er sie in Augsburg und nicht in der hauseigenen Klosterdruckerei drucken.

AK St. Blasien 1983, S. 108 ff

X. 5 **Seelbuch des Augustinerchorfrauenstifts Inzigkofen, 1724–1801**

Tinte auf Papier, Ledereinband, Metallschließen, 32 × 42 cm (aufgeschlagen)
StA Sigmaringen Dep. Fürstl. Hohenz. Haus- und Domänenarchiv, DS 78,690.

In diesem Seelbuch sind die wiederkehrenden Seelenmessen des Klosters Inzigkofen für das Seelenheil verstorbener Stifter und Wohltäter festgehalten. Im 1. Register sind die Konventschwestern auf jeden Monat (Verstorbene mit Jahr und Tag) verzeichnet, im 2. Register die Visitatoren und Beichtväter auf jeden Monat und im 3. Register die Konventschwestern und Beichtväter auf die vier Quatember.

AK Inzigkofen 1982, S. 40, Kat.-Nr. 47

X. 6 **Beichtstuhl aus der ehem. Augustinerklosterkirche in Oberndorf am Neckar, um 1730/40**

Anton Scheck (Kunstschreiner)
Holz, intarsiert, 250 × 250 × 80 cm
Stadtverwaltung Oberndorf a.N.

Der Beichtstuhl kommt nach der Säkularisation des Augustinerklosters in die kath. Stadtkirche St. Michael in Oberndorf. Nach der Kirchenrenovierung 1978 wird der Beichtstuhl dem Stadtmuseum Oberndorf geschenkt.

Pharmazie

Zu den Werken der Barmherzigkeit, die zu leisten den Klöstern ein besonderes Anliegen war, gehört auch die Verpflichtung, Kranke zu pflegen. So ist etwa der Deutsche Orden ursprünglich als Hospitalorden gegründet worden und viele Klöster unterhielten Siechenhäuser und Spitäler. In Schussenried zum Beispiel hat noch der letzte Abt im Jahre 1793 an der Straße nach Aulendorf ein Spital erbauen lassen, das bis heute diesem Zwecke dient.
Aber auch für die Konventsmitglieder selbst musste gesorgt werden und ein »Infirmarium«, ein eigenes Gebäude, in dem erkrankte Konventsmitglieder versorgt wurden – wegen der Ansteckungsgefahr meist außerhalb der Konventsgebäude gelegen – war in allen Klöstern vorhanden. Ein besonders prächtiges Beispiel aus dem Jahre 1705 hat sich im Zisterzienserkloster Bronnbach erhalten.
Zur Versorgung der Kranken dienten die im »Klostergärtlein« angepflanzten Gewürze und Heilkräuter, deren Wirkung der Reichenauer Mönch Walahfried Strabo schon im 9. Jahrhundert in seinem »Hortulus« beschrieben hat.
Die Arzneien wurden von kundigen Mitgliedern des Konvents in der »Offizin« des Klosters hergestellt, und wie eine solche Klosterapotheke ausgesehen hat, sieht man auf einer Prozessionsfahne des Klosters Gutenzell, dessen Patrone die heiligen Cosmas und Damian, auch die Patrone der Ärzte und Apotheker waren, weshalb dort neben den beiden Heiligen auch eine Klosterapotheke mit allen Details wiedergegeben ist.
Im Augustinerchorfrauenstift Inzigkofen wurde eine Schwester sogar zur Oberapothekerin (»oder, nach den Statuten, zur »Krankenwärterin«) eingesetzt und der Visitator soll sich gewundert haben, »dass ein Kloster eine so große und kostbare Apotheke habe, wie eine große Stadt, wo täglich ein großer Abgang und Vertrieb ist«. Das wurde zwar von manchen Nonnen als »Missbrauch« angesehen, weil »die klösterliche Ordnung bei Tag und Nacht gebrochen, die geistlichen Übungen versäumt und durch das viele Geschwätz mit den Weltleuten an der Pforte wie am Redfenster das heilige Stillschweigen nicht gehalten werde«. Aber 1782 entging Inzigkofen den Josephinischen Klosteraufhebungen vor allem deshalb, weil die dortige Klosterapotheke auch die Bevölkerung der Umgebung mit Arzneimitteln versorgte, und gerade darin die »Nützlichkeit« des Klosters gesehen wurde!
Noch die letzte Nonne des Klosters Stetten bei Hechingen, Gundi Salva Utz, verdiente sich den Lebensunterhalt bis zu ihrem Tod im Jahre 1867, außer durch Seidenstickarbeiten, vor allem durch das Destillieren von Kräuterschnäpsen. Und der »Klosterfrau Melissengeist« und viele andere »Klosterliköre« und »Klosterbrände« halten bis heute die Erinnerung an diese Seite klösterlicher Tätigkeit lebendig. *V.H.*

X. 7 Christus als Apotheker mit reuiger Sünderin

1. Hälfte des 18. Jahrhunderts
Öl auf Leinwand, 77,5 × 63,7 cm
WLM 1922/150

Das Gemälde zeigt Christus als Apotheker, der mit Hilfe einer Handwaage die Sünden einer reuigen Büßerin gegen ein Kruzifix aufwiegt. Das Inventar der Apotheke enthält die für das Heil der Patientin erforderliche »Seelenarznei« in Form von tugendhaften Eigenschaften, wie z. B. »aufrichtig«, »bußfertig«, »demüthig«, »holdseelig« und vieles mehr. *S.S.*

X. 8 Prozessionsfahne mit den hll. Kosmas und Damian aus dem Zisterzienserinnenkloster Gutenzell

nach 1755
Öl auf Leinwand, 200 × 110 cm
Kath. Kirchengemeinde Gutenzell

Die Brüder Kosmas und Damian, denen das Kloster Gutenzell geweiht ist, gelten als Patrone der Ärzte und Apotheker. Sie schweben über den beiden Hälften einer Offizin, zwischen denen die Abtei Gutenzell selbst sichtbar ist. Die Apothekeneinrichtung besteht aus einer Vielfalt an typischen, pharmazeutischen Gefäßen und Instrumenten, wie z. B. dem Mörser mit Pistill. *S.S.*

X. 9 Apothekenschränkchen aus dem Dominikanerinnenkloster Löwental

18. Jh.
Holz, Malerei in Öl auf Holz, 88 × 81 × 45 cm
Privatbesitz Friedrichshafen

Seit 1710 betreiben die Dominikanerinnen von Löwental eine Apotheke. Dieses aus der ehemaligen

Klosterapotheke stammende Schränkchen ist mit insgesamt 13 biblischen Darstellungen dekoriert. Es wurde um 1812 nach Friedrichshafen verkauft.

Waibel/Wieland 2000, S. 33 u. 36

X. 10 **Apothekenkannen aus dem Benediktinerkloster Schwarzach**

Verschiedene Künstler, z. B. Cyriakus Löwer (1729–1799)
Durlach, ca. 1760
Irdenware, glasiert, blau und schwarz bemalt, 17,5 × 18 cm
Stadtmuseum Baden-Baden 41–1 bis 41–20

X. 8

Inventar aus der Apotheke des ehemaligen Zisterzienserklosters Schöntal

X. 11 Apothekenhandbuch »Pharmacopoeia Universalis«
Johann Schröder (1600–46)
Nürnberg, 1746
Druck auf Papier, 34,5 × 22 × 14,3 cm
Privatbesitz Schöntal

X. 12 Apothekenflaschen
18. Jahrhundert
Glas, bemalt, 27,8 × 14,2 × 10 cm
Privatbesitz, Schöntal

X. 13 Apothekengefäß mit Ansicht der Wallfahrtskapelle Neusaß und dem Sommersitz der Schöntaler Äbte Aschhausen
18. Jahrhundert
Holz, gedrechselt, bemalt, 19,3 × 7,7 cm
Privatbesitz Schöntal

X. 14 Eisenmörser
18. Jahrhundert
Eisen, H. 35 cm
Privatbesitz Schöntal

X. 15 Arsenwaage
19. Jahrhundert
Messing, Porzellan, 21 × 15 cm
Privatbesitz Schöntal

X. 16 Handwaage mit Hornschalen
18. Jahrhundert
Messing, Horn, 40 × 33 cm
Privatbesitz Schöntal

X. 17 Infundierbüchse zur Heilteezubereitung
um 1800
Zinn, 20,5 × 25 cm
Privatbesitz Schöntal

X. 9

X. 11

X. 12, X. 13, X. 15, X. 16

Sozialfürsorge

Die verschiedenen Orden sehen soziale Betätigungen als wichtige christliche Aufgabe an, die in den 7 Werken der Barmherzigkeit grundgelegt sind: den Hungrigen zu essen geben, den Durstigen zu Trinken geben, Fremde zu beherbergen, Nackte zu bekleiden, Kranke und Gefangene besuchen und die Toten zu begraben. Sowohl durch ihre Ordensregeln als auch durch kirchliche und weltliche Gesetze sind die Klöster gehalten, mit ihren Geldern Arme und Bettler zu speisen, Kranke zu pflegen und Fremde, wie z. B. Gäste, Mönche, Pilger und Reisende zu beherbergen. So richten beispielsweise die Klöster Salem, Schussenried und die Fürstpropstei Ellwangen Leprosen- bzw. Siechenhäuser ein. In den Schussenrieder Klostergebäuden wird Ende 18. Jh. sogar ein Militärlazarett eingerichtet. Manche Klöster unterhalten auch Spitäler, so z. B. Wiesensteig, Weingarten (Ende 18. Jh., unter Abt Rittler) Schussenried und Ellwangen. Das Ellwanger Klosterspital zum Heiligen Geist erfüllt sozial-karitative Aufgaben, wie die unentgeltliche Versorgung der Armen. Hier sei auch die im Jahre 1749 von Fürstpropst Franz Georg von Schönborn für sein Gebiet erlassene Bettelordnung erwähnt. Einen weiteren Aspekt stellen die Armenhäuser dar. So errichtet die Abtei Salem 1784 in Wespach ein Armen- und Arbeitshaus und Kloster Zwiefalten unterhält in seinem Territorium Armenhäuser in Baach und in Tigerfeld. Das Kloster Rot an der Rot errichtet für die beim Bau des Ökonomiegebäudes beschäftigten auswärtigen Bauhandwerker eine eigene Wohnsiedlung, die »Kreuzmühle«. Nach Beendigung der Bautätigkeit sinkt dieses Siedlungswerk zu einer Armenkolonie herab und die Kreuzmühle wird zu einem der ersten sozialen Experimente im neuzeitlichen Oberschwaben.

Besonders ausgeprägt ist die Sozialfürsorge im Kloster Salem. Zu gewissen Zeiten sind mehr als 25 % der

X. 18

salemischen Untertanen almosenbedürftig. Durch straffere Verwaltungsmaßnahmen in der Organisation des Armenwesens, in der Arbeitspolitik sowie im Polizei- und Kriminalbereich gelingt es der Abtei im Laufe des 18. Jhs., diese Zahl erheblich zu reduzieren. Für das Schulgeld armer Kinder kommt das Kloster auf und Armenspeisungen im Kloster stellen den Lebensunterhalt armer Kinder sicher (Almosenordnung von 1735). Das Kloster unterhält auch Dorfschulen in den Kirchdörfern. Eine bedeutende Neuerung ist die Gründung der Salemer Waisenkasse im Jahre 1749 durch Abt Anselm Schwab. Ihm ist die Sorge für die Waisen des Salemer Territoriums eine wichtige Gewissensangelegenheit, gibt es doch gerade im 18. Jh. viele Waisenkinder. Die Waisenvermögen werden in diese dem Großkelleramt unterstehende Kasse einbezahlt und später den erwachsenen Waisen verzinst ausbezahlt. Abt Martin Gerbert von St. Blasien gründet die Bonndorfer Waisenkasse und kümmert sich auch sonst um das Wohl seiner Untertanen. So erläßt er eine Brandversicherungsordnung (1780) und gründet eine Feuersozietät. *I.G.*

Schneider, Reinhard, Die Geschichte Salems. In: Salem – 850 Jahre Reichsabtei und Schloß, Konstanz 1984, S. 34–37; Derschka 2000, S. 87–95; Pfeifer 2000, S. 52–64

X. 18 Erste Geldkassette der Waisenkasse Salem, um 1750

Eisen, geschmiedet, 46 × 77 × 43 cm
Sparkasse Salem-Heiligenberg Salem

Diese schmiedeeiserne Geldkassette stammt noch aus der Gründungszeit der Waisenkasse Salem und diente der Aufbewahrung von Geldern und Urkunden. Das Wappen auf der Vorderseite der Truhe zeigt den kaiserlichen Doppeladler.

AK Salem 1984, S. 110 f; Derschka 2000, S. 87–95

X. 19 Porträt Abt Anselm II. Schwab von Salem, nach 1750

Öl auf Leinwand, 158 × 116 cm (m. R.)
Zisterzienser-Priorat Birnau Uhldingen

Abt Anselm II. Schwab gründet im Jahre 1749 die stiftsalemische Waisenkasse, mit dem sozialen Ziel, die Waisenkinder vor der Veruntreuung ihrer Vermögen zu bewahren.

Derschka 2000, S. 87–95

X. 20 Ehemaliges Armenhaus des Klosters Zwiefalten in Tigerfeld

Johann Georg Specht, um 1774
Federzeichnung, aquarelliert,
42 × 34,2 cm
LDA Stuttgart Schneidermappe C 667 16

Das heute noch vorhandene Armenhaus wird im Jahre 1774 vom Zwiefalter Abt Nikolaus Schmidler (1765–1787) für 36 Personen gestiftet. Es handelt sich um einen stattlichen Massivbau mit Mansardwalmdach und gekehlter Portalnische über gerundeter Vortreppe.

Kolb 1989, S. 358

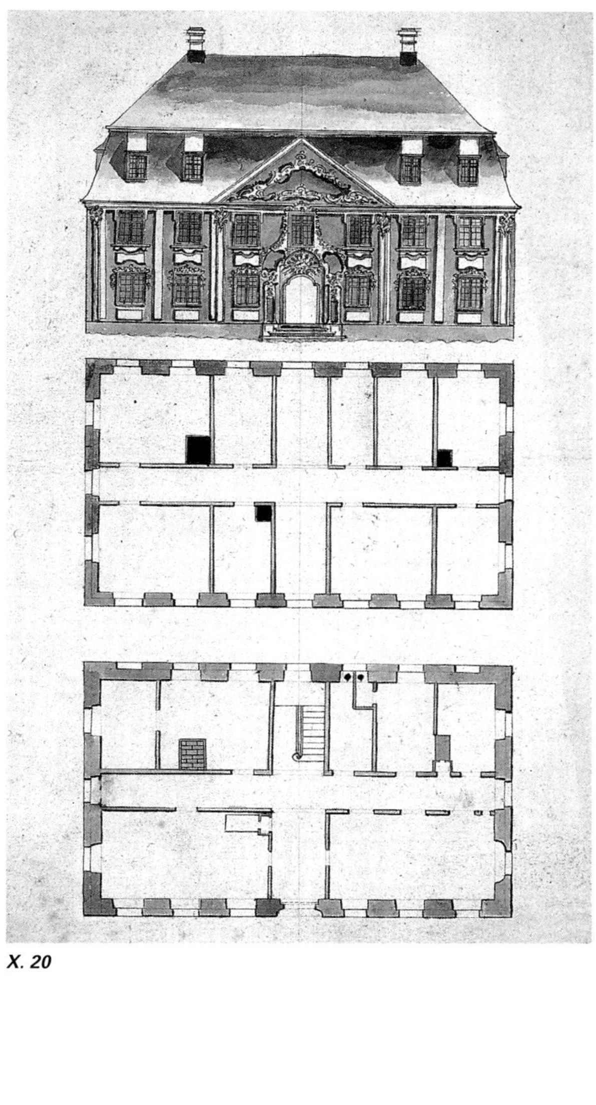

X. 20

Ökonomie und Handwerksförderung

Zur Sicherung der wirtschaftlichen Unabhängigkeit sowie zur Sicherstellung der Versorgung mit Lebensmitteln und anderen Gütern des täglichen Bedarfs unterhalten die Klöster der monastischen Orden eigene Handwerks- und Wirtschaftsbetriebe. Hauptaufgaben der klösterlichen Landwirtschaft sind Getreide- und Weinanbau sowie Viehzucht. Die Zisterzienser legen Fischteiche an (Bsp. Salem), denn das Fleischverbot erfordert eine ausreichende Fischversorgung. Die Zisterzienserklöster bauen auch eine Reihe von selbstbewirtschafteten landwirtschaftlichen Zweigbetrieben (Klosterhöfen) auf, sogenannte Grangien, die von einem Hofmeister (meist einem Konversen) geleitet werden. Einige Klöster haben auch eigene Brauereien, so St. Blasien (in Rothaus) und Zwiefalten. Die in den Klosterbetrieben erzeugten Lebensmittel dienen in erster Linie der Versorgung des Konvents und der Klosterangehörigen. Da die Abgaben der Untertanen meist in Naturalien geleistet werden, werden wie von den weltlichen Herrschaften auch von den Klöstern und geistlichen Herrschaften Zehntscheuern eingerichtet, wie zum Beispiel die fürstbischöflich speyrische Zehntscheuer in Ubstadt. Diese Funktion haben auch die Pfleghöfe, doch werden diese auch zur Verwaltung des klösterlichen Besitzes in weit entfernten Städten und zum Absatz der klösterlichen Überschußprodukte unterhalten, wie z. B. der Salemer Pfleghof in Esslingen. Aber auch auf dem Land finden sich Pfleghöfe, so der Schöntaler Pfleghof in Wimmental bei Weinsberg (1678), der hauptsächlich zur Lagerung von Wein dient. Klöster

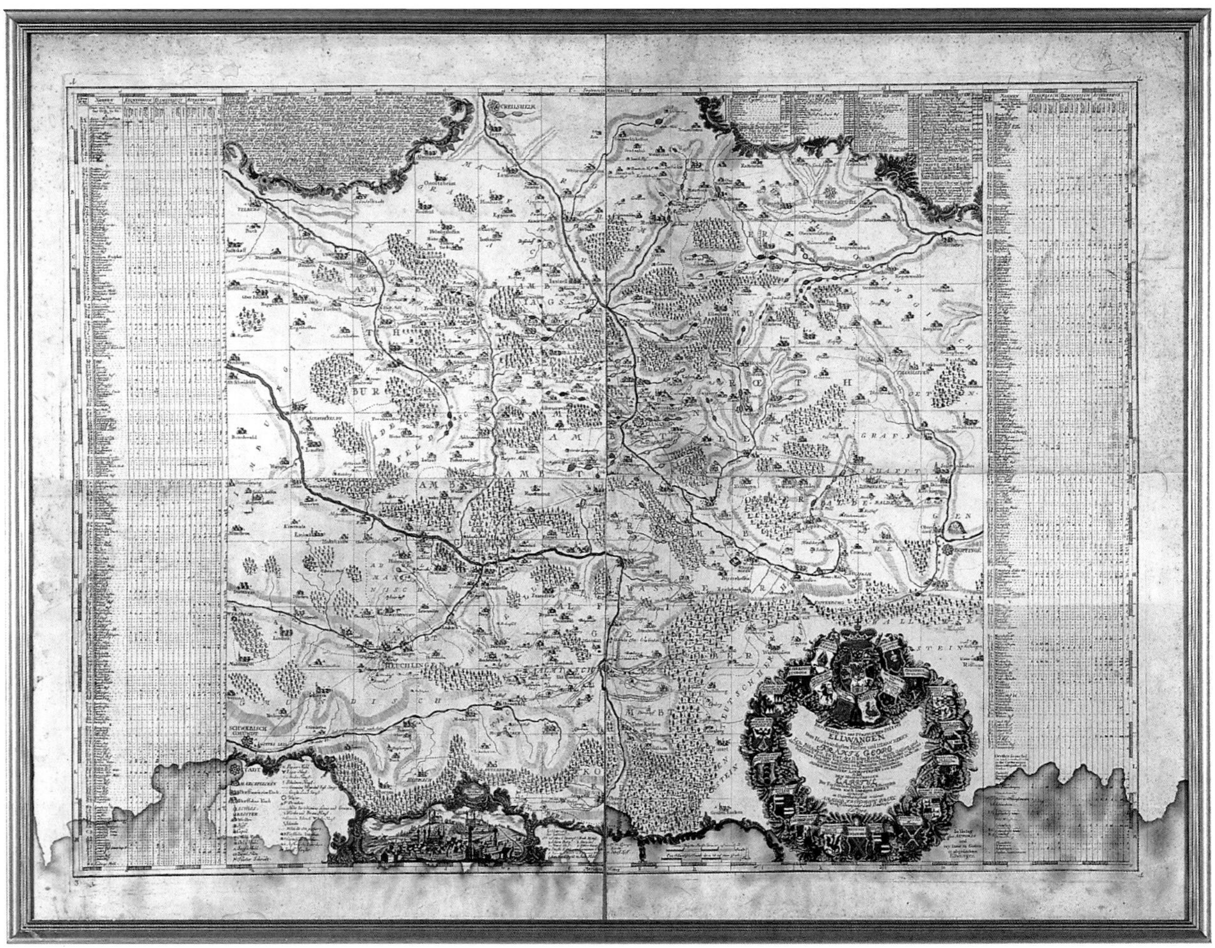

X. 21

in Gebieten mit reichen Eisenerzvorkommen bauen ihre Produktion in eigenen Schmelzhütten und Hammerwerken aus, wie beispielsweise das Kloster Königsbronn oder die Fürstpropstei Ellwangen mit dem Hüttenwerk Wasseralfingen. Natürlich vergeben die Klöster als Wirtschaftsförderer auch Konzessionen an private Unternehmer. Der Ellwanger Fürstpropst Franz Georg von Schönborn erteilt dem Unternehmer Johann Baptist Bux im Jahre 1752 die mit weitreichenden Privilegien versehene Konzession zum Betrieb einer Fayence-Manufaktur in Schrezheim. Dem Benediktinerkloster Isny gelingt es 1678, mit Balthasar Schmid einen tüchtigen Glasmacher aus dem Gebiet des Klosters St. Blasien anzuwerben und nach Schmidsfeld zu holen, wo dieser dann, ausgestattet mit zahlreichen Privilegien, eine blühende Glashütte betreiben kann. Daß Klöster und deren Mitglieder auch als Förderer des heimischen Handwerks in Erscheinung treten, belegt auch das Beispiel von St. Peter, das schon im 15. Jahrhundert eine eigene Glashütte betrieb. Die »Glasträger«, die weit in der Welt herumkommen, bringen auch die Anregung zum Uhrenbau in den Schwarzwald, der den »Häuslern«, den Kleinbauern zu einem zusätzlichen Verdienst verhilft und vom Kloster tatkräftig unterstützt wird. Pater Thaddäus Rinderle (1748–1824) ist nicht nur selbst ein geschickter Uhrmacher (Kat.-Nr. X. 31), sondern fördert auch den Schwarzwälder Uhrenbau durch die Erfindung nützlicher Werkzeuge, wie zum Beispiel ein verbessertes Bohrgeschirr aus Metall. Und Pater Franz Steyrer verfasst 1796 eine »Geschichte der Schwarzwaelder Uhrmacherkunst«. Die frühen »Schwarzwalduhren« sind fast ganz aus Holz gefertigt, als Glocken werden häufig die Erzeugnisse der Schwarzwälder Glasbläser verwendet und schon im 18. Jahrhundert werden sie häufig mit dem charakteristischen »Kuckuck« ausgestattet. Als Zeitstandard wird noch lange Zeit die (waagrecht hin und her schwingende) »Waag« verwendet, später das Pendel. Aus diesen bescheidenen Anfängen hat sich die bis heute blühende Schwarzwälder Uhrenindustrie entwickelt. Aber auch andere Betriebe, die einst von Klöstern gegründet worden waren, existieren noch heute, wie zum Beispiel die Rothaus-Brauerei, die 1791/92 vom Kloster St. Blasien eingerichtet wird mit dem Ziel, der Bevölkerung einen Ersatz für das als besonders schädlich angesehene Schnapstrinken anzubieten, oder das von der Fürstpropstei Ellwangen gegründete Hüttenwerk in Wasseralfingen, das nach der Säkularisation im 19. Jahrhundert als staatlicher Betrieb einen großen Aufschwung nimmt und mit Standorten auch in den ehemaligen Klosterorten Königsbronn und Bad Schussenried als »Schwäbische Hüttenwerke GmbH« bis heute besteht. *I.G./K.Z.*

AK Bonn 1980; Erdner/Nagel 1972; Bender 1978, S. 365–375; Thierer 2002, S. 148–151

X. 22

Schrezheimer Fayence

X. 21 Karte der Fürstpropstei Ellwangen und ihres Besitzes, 1746

Arnold Friedrich Prahl (1709–1758)
Kupferstich, koloriert, auf Papier, 92 × 120 cm (m.R.)
Schloßmuseum Ellwangen a.d.J.

Diese Karte mit historischen und statistischen Angaben zählt alle dargestellten Ortschaften mit der jeweiligen Einwohnerzahl auf. Außerdem wird die Gründungslegende und die Geschichte des Stifts, eine Liste der Äbte und Pröpste sowie eine Ansicht der Stadt Ellwangen mit Zeichenerklärung beigegeben.

Pfeifer 2000, S. 99 f; AK Ellwangen 2002, S. 26 f

X. 24

X. 22 Porträts der drei letzten Pröpste der Fürstpropstei Ellwangen, 1756/1787/1812

Öl auf Holz, 90 × 156 cm (m.R.)
Kath. Kirchengemeinde St. Vitus, Ellwangen a.d.J.

Dargestellt sind die drei letzten Ellwanger Fürstpröpste: Franz Georg Graf von Schönborn (1732–1756, † 1756), Anton Ignaz Graf Fugger von Kirchberg und Weißenhorn (1756–1787, † 1787) und Clemens Wenzeslaus, Prinz von Polen, Herzog zu Sachsen (1787–1802, † 1812).

AK Ellwangen 1981, Nr. 223

X. 23 »Freyheits-Brieff für Johann Bux wegen Anrichtung einer Porcellan-Fabric zu Schrezheim«, 1752

Tinte auf Papier, 31,5 × 42,3 cm
Schloßmuseum Ellwangen a.d.J.

Mit diesem Schreiben, das Johann Baptist Bux auf eigenes Ansuchen vom Trierer Kurfürst und Erzbischof Franz Georg von Schönborn, zu dessen Gebiet die Fürstpropstei Ellwangen gehört, ausgestellt wird, werden Bux einige wirtschaftliche Privilegien verliehen, die den raschen Aufschwung der Schrezheimer Fayence-Manufaktur ermöglichen. So wird Bux garantiert, daß niemand im Ellwanger Gebiet einen Konkurrenzbetrieb eröffnen dürfe. Außerdem wird ihm gestattet, auf dem Territorium der Gemeinde Schrezheim eine Glasurmühle zu errichten.

Erdner/Nagel 1972, S. 15 ff

X. 24 Walzenkrug mit Ansicht der Stadt Ellwangen an der Jagst, aus Schrezheim, um 1760

Johann Andreas Bechdolff (1734–1807)
Porzellan, mit farbiger Muffelmalerei, mit Zinnmontierung, H.: 12 cm
Reiss-Engelhorn-Museen Mannheim

Erdner/Nagel 1972, Nr. 124; AK Bruchsal 1981, Nr. F 123; AK Stuttgart 1987, Nr. 369

X. 25 Walzenkrug mit Darstellung der hl. Franziska Romana, aus Schrezheim, um 1761/63

Vermutlich J.A. Bechdolff
Porzellan, bemalt, mit Zinnmontierung, H.: 11,7 cm
WLM 1962/43

Erdner/Nagel 1972, Nr. 105

Glashütte des Klosters Isny

X. 26 Der Glashüttenbesitzer Johann Balthasar Schmid von Schmidsfeld (1710–1760)

Öl auf Leinwand, 90 × 80 cm (m.R.)
Privatbesitz Leutkirch

Dem Benediktinerkloster Isny gelingt es 1678, mit Balthasar Schmid (1640–1709) einen Angehörigen der weitverzweigten Glasmacherfamilie Schmid aus dem Gebiet des Klosters St. Blasien anzuwerben und ins Allgäu zu holen. Ausgestattet mit zahlreichen Privilegien, betreiben er und seine Nachkommen, wie etwa sein Enkel Johann Balthasar (Schmid von Schmidsfeld), einträgliche Glashütten.

Thierer 2002, S. 148–151

X. 27 Grundriß des Eisenbacher Glashüttenwaldes, 1739

Federzeichnung, koloriert, auf Leinwand aufgezogen, 84 × 89 cm
Archiv des Fürsten von Quadt zu Wykradt und Isny, Isny Bestand C: Klosterarchiv Isny, K 8.

Der Eisenbacher Glashüttenwald gehört zum Territorium des Benediktinerklosters Isny, das hier durch Angehörige der Glasmacherfamilie Schmid (später: von Schmidsfeld) Glas produzieren läßt. Die geostete Karte ist ungefähr im Maßstab 1: 2000 gezeichnet und zeigt den gewaltigen Holzeinschlag einer ihrer Glashütten am Eisenbach mit den Arbeiterhütten.

Thierer 2002, S. 148–151

Handwerksförderung und Schwarzwälder Uhrenindustrie

X. 28 Dachziegel aus Kloster Bernstein, 1739

Ton, gebrannt, 43 × 17 cm
Stadtverwaltung Oberndorf a.N.

Die Mönche des Franziskanereremitenklosters Bernstein (bei Sulz am Neckar) verdienen ihren Lebensunterhalt durch das Brennen von Ziegeln, die durch die »Feierabendziegel« mit dem eingedrückten redenden Wappen des Klosters (einem Bären) bekannt geworden sind.

AK Bruchsal 1981, Nr. L 140

X. 31

X. 29 »Jockele«-Uhr aus Neustadt im Schwarzwald, um 1750

Wahrscheinlich von J. Dilger (gest. 1780), Neustadt/Schw.
Holz, farbig gefaßt, 11,5 × 9 cm
WLM 1968/489

Die frühen Schwarzwalduhren wurden zumeist in Heimarbeit oder in kleinen Werkstätten hergestellt. Räderwerk und Gehäuse sind aus Holz gefertigt, als Glocken wurden häufig die Erzeugnisse der Schwarzwälder Glasbläser verwendet. Als Zeitstandard wurde noch lange Zeit die (waagrecht hin und her schwingende) »Waag« verwendet, später das Pendel. Zumeist waren die Uhren mit einem Schlagwerk auf Glas- oder Metallglocken ausgestattet, schon im 18. Jahrhundert auch mit dem charakteristischen »Kuckuck«.

AK Rottenburg 1999, S. 412

X. 30 Schwarzwalduhr mit kolorierten Kupferstichen und Zifferringen für Stunden und Viertelstunden, 2. Hälfte 18. Jh.

Holz, farbig gefaßt, Glas, Papier, 33 × 22,5 cm
WLM 1968/479

Kennzeichnend für diese frühen Uhren aus der Zeit vor der Arbeitsteilung sind die fast ausschließliche Verwendung von Holz, die »Waag« (anstelle der späteren Pendel) und die Bronze- oder Glasglocken.

AK Rottenburg 1999, S. 412

X. 31 Astronomische Kalenderuhr von P. Thaddäus Rinderle

Pater Thaddäus Rinderle (1748–1824); Schild geschnitzt von Matthias Faller (1707–1790)
St. Peter im Schw., 1787
Holz, Messing, Eisen, Glas, farbig gefaßt, 61 × 40 × 29 cm
Deutsches Uhrenmuseum Furtwangen 16–0033

Thaddäus Rinderle baut diese astronomische Kunstuhr als Vorbild für die Schwarzwälder Uhrmacher, um diese mit den wichtigsten astronomischen Erkenntnissen vertraut zu machen Außerdem sollen sie zum Nachbau ähnlicher Uhren angeregt werden.

AK Bruchsal 1981, Nr. L 149; AK St. Peter 1993, S. 333 f, Nr. 83; Scherer, Robert, Die astronomische Uhr aus dem Kloster St. Peter und die berühmte Rinderle-Uhr, in: Heimatjahrbuch des Schwarzwald-Baar-Kreises, 18, Villingen-Schwenningen 1994, S. 205–214

X. 32 »Beschreibung einer astronomisch-geographischen Uhr, [...] verfertiget im Jahr 1787 von P. Thaddäus Rinderle«

Tinte auf Papier, 35,5 × 43,5 cm (aufgeschlagen)
Deutsches Uhrenmuseum Furtwangen (zu Nr. 16–0033)

X. 33 »Geschichte der Schwarzwaelder Uhrenmacherkunst«, 1796 von P. Franz Steyrer aus Kloster St. Peter im Schw.

Druck auf Papier, 16,5 × 20,8 cm (aufgeschlagen)
WLB Gew. oct. 5893

In diesem Buch wird die astronomisch-geographische Pendeluhr von Thaddäus Rinderle auf 7 Seiten beschrieben. P. Franz Steyrer war der Neffe von Abt Steyrer.

Bender 1978, S. 373 ff

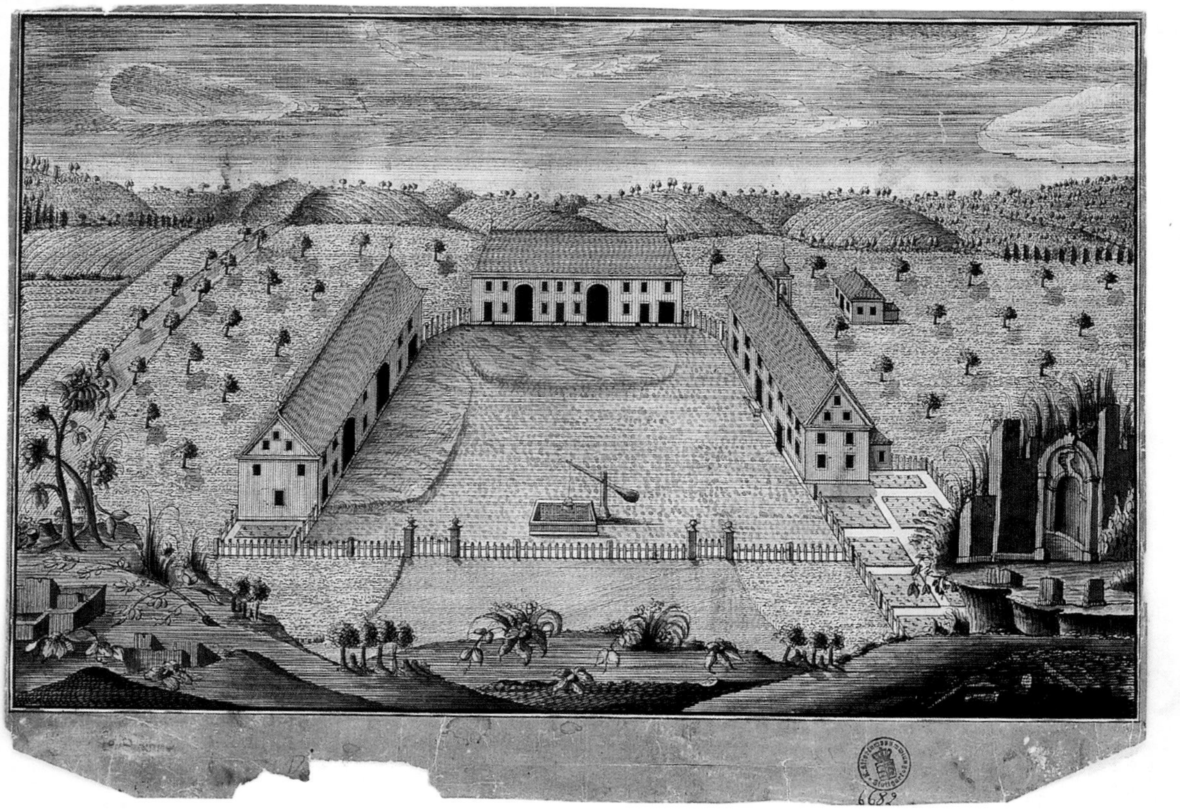

X. 38

X. 34 Astronomische Kalenderuhr in der Nachfolge von P. Thaddäus Rinderle, um 1820

Lindenholz, geschnitzt und vergoldet, 48 × 29 × 17 cm
Klostermuseum St. Märgen i. Schw.

Landwirtschaft und Weinbau

X. 35 Bauplan der fürstbischöflich speyerischen Zehntscheuer in Ubstadt, 18. Jh.

Reißblei und Federzeichnung auf Büttenpapier, 34,3 × 21,1 cm
GLA Abt. G, Ubstadt, Nr. 1

Hassler, Uta, Die Baupolitik des Kardinals Damian Hugo von Schönborn, Mainz 1985, S. 194

X. 36 Bauplan für ein Stallgebäude des Klosters Petershausen, 18. Jh.

Federzeichnung, koloriert, auf Papier, 65,2 × 44,4 cm
GLA Plan P.1,25

AK Konstanz 1983, S. 95 f

X. 37 Plan der Eigenwirtschaft des Klosters Löwenthal, von Joh. Gabriel Berchgässner, 1789

Federzeichnung auf Papier, koloriert, 75 × 53,7 cm
HStA B 471, Bü 71

Dargestellt sind die vom Kloster Löwental selbst bewirtschafteten landwirtschaftlichen Nutzflächen, wie Äcker, Wiesen, Weinberge, Gärten, Wald sowie eine Mühle.

Waibel/Wieland 2000, S. 26 f

X. 38 Ansicht des einst zum Kloster Marchtal gehörenden Hofes Dettenberg (bei Uttenweiler), um 1760

Tiberius Moosbrugger
Federzeichnung auf Papier, graubraun laviert, 25,4 × 36,8 cm
LDA Schneidermappe C 667 14

X. 39 Ansicht des einst zum Kloster Marchtal gehörenden Hofes Mittenhausen, um 1760

Tiberius Moosbrugger
Federzeichnung auf Papier, graubraun laviert, 27,3 × 37 cm
LDA Schneidermappe

X. 40 Unausgeführter Entwurf für den Fruchtkasten des Klosters Zwiefalten in Hayingen, um 1760/80

Federzeichnung auf Papier, aquarelliert, 35,5 × 43,5 cm
LDA Schneidermappe C 658 3

X. 41 Entwurf für einen Kuh-, Pferde- und Schafstall des Klosters Zwiefalten, Mitte 18. Jh.

Federzeichnung auf Papier, aquarelliert, 35,8 × 49,8 cm
LDA Schneidermappe C 649 12

X. 42 Faßboden aus dem Zisterzienserkloster Bronnbach

Daniel Aschauer
Bronnbach, 1755
Holz, farbig gefaßt, 116 × 98 cm
Weingut Fürst Löwenstein, Kreuzwertheim

Dieser Faßboden zeigt eine Darstellung des hl. Ambrosius. Zwischen ihm und dem Wappen des Abtes Ambros Balbus (1752–1783) ist das Attribut des hl. Ambrosius, der Bienenkorb, zu sehen. Auf dem Schriftband unten steht »S. Ambrosius« und die Jahreszahl 1755. Die Schnitzereien stammen von dem

X. 42

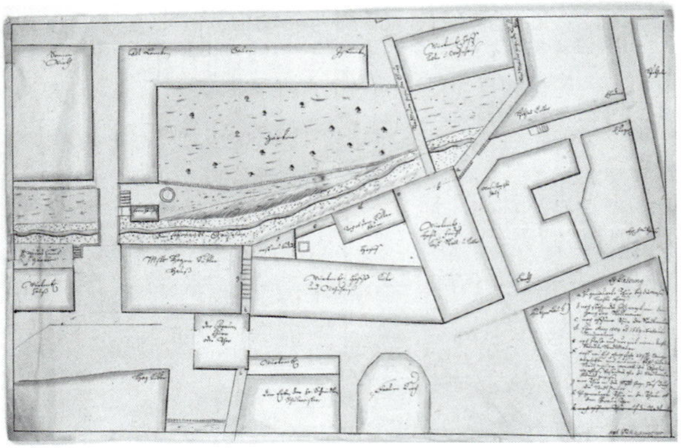

X. 43

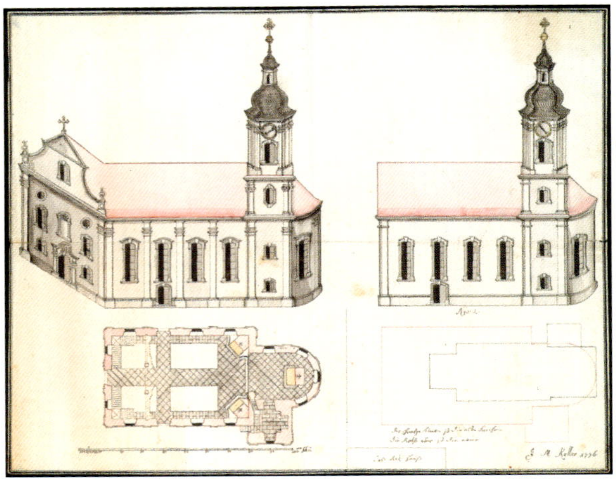

X. 44

Laienbruder Daniel Aschauer, der auch das Chorgestühl in der Klosterkirche schuf.

Wissmann, Gerhard, Kloster Bronnbach. Tauberbischofsheim 1987, S. 107 f, 150 f

X. 43 Lageplan des Salemer Pfleghofs in Esslingen

Gottlieb David Kandler (Feldmesser)
Esslingen, 1755
Federzeichnung auf Papier, aquarelliert, 21,7 × 34,7 cm
Stadtarchiv Esslingen a.N. Karten und Pläne E 1

Das Kloster Salem besitzt schon seit dem frühen 13. Jh. eine Niederlassung in Esslingen, wo man seit 1220 an den Steilhängen einen begehrten und teuren Wein anbaut.

Koepf, Hans, Die Baugeschichte der Pfleghöfe. In: AK Die Pfleghöfe in Esslingen. Esslingen 1982, S. 133–144

Landbauwesen

Der Deutsche Orden läßt in seinen süddeutschen Gebieten einige Kirchen und Amtshäuser, die mit seinen Niederlassungen durch Patronat oder Inkorporation verbunden sind, von regional bedeutenden Bau- und Maurermeistern umbauen oder sogar neu errichten, so z. B. im fränkischen Einzugsgebiet Franz und Johann Michael Keller, Franz Joseph Roth, Matthias Binder oder Georg Philipp Wenger.

Demel, Bernhard, Der Deutsche Orden in Südwestdeutschland. In: AK Baukunst und Bauhandwerk des Deutschen Ordens in Südwestdeutschland im 18. Jahrhundert. Ludwigsburg 1981, S. 18

X. 44 Bauplan der Deutschordenskirche in Binswangen bei Heilbronn, von Johann Michael Keller, 1776

Federzeichnung auf Papier, aquarelliert, 39,5 × 51,4 cm
StA Ludwigsburg B 342a, Bü 131

AK Ludwigsburg 1981, Kat.-Nr. 151

X. 45 Bauplan zum Umbau des Amtsschlosses des Deutschen Ordens in Heuchlingen, von Georg Philipp Wenger, 1750

Federzeichnung auf Papier, aquarelliert, 43 × 56,2 cm
StA Ludwigsburg B 310, Bü 41/38

AK Ludwigsburg 1981, Kat.-Nr. 72

Ehemalige Klosterbetriebe heute

Seit 1545 bemüht sich die Fürstpropstei Ellwangen, das Eisengeschäft innerhalb ihrer Einflußsphäre selbst in die Hand zu nehmen. 1670 entschließt sich Fürstpropst Johann Christoph III. von Freyberg in Wasseralfingen, ganz in der Nähe von ergiebigen Erzvorkommen, einen Hochofen zu errichten, der 1671 in Betrieb genommen wird. Produziert werden neben Masseleisen, Öfen, Platten, Mörser, Kessel, Häfen und Gewichten bei Bedarf auch Kanonenkugeln. Besonderer Berühmtheit erfreuen sich die kunstvollen gußeisernen Ofenplatten, deren Kundenkreis schon im 18. Jahrhundert bis nach Augsburg und Wien reicht. 1803 fällt das Schmelzwerk Wasseralfingen mit der Fürstpropstei Ellwangen an den württembergischen Staat und an die Stelle des Ellwanger Wappens tritt auf den Ofenplatten das Wappen von Württemberg. Das Hüttenwerk erlebt im 19. Jh. durch die Produktion von Eisenteilen für die staatlichen Eisenbahnen einen enormen Aufschwung. 1925 privatisiert, existieren die »Schwäbischen Hüttenwerke GmbH« bis heute. Den Schwerpunkt der heutigen Produktion stellen gußeiserne Erzeugnisse für die Automobilindustrie und für Schienenfahrzeuge dar. Ein weiterer, bis heute existierender, ehemaliger Klosterbetrieb ist die Brauerei Rothaus im Schwarzwald. Fürstabt Martin Gerbert vom Kloster St. Blasien läßt 1791/92 in Rothaus eine Bierbrauerei errichten, »um den Schwarzwaldbewohnern ein gutes und billiges Getränk zu verschaffen und dem leidigen Schnapstrinken Abbruch zu tun«. Heute ist die Brauerei Rothaus vor allem durch das »Tannenzäpfle-Pils« berühmt. *I.G./K.Z.*

Brachert 1958; Thier, Manfred, Geschichte der Schwäbischen Hüttenwerke 1365–1802. Aalen/Stuttgart 1965; Bauer, Karlheinz, 625 Jahre SHW. Wasseralfingen 1990

X. 46 Ansicht des fürstpröpstlich-ellwangischen Hüttenwerks Wasseralfingen in der 1. Hälfte des 18. Jhs.

Gouache auf Pergament, 10 × 20 cm
WLB Graphische Sammlung

Schefold 1957, S. 792 (Nr. 10758)

X. 46

X. 48

X. 50

X. 47 Ansicht des königlich-württembergischen Hüttenwerks Wasseralfingen

C. Doerr, 1812
Aquatinta, in Neutraltinte und blaugrünen Tönen, 24,4 × 35,8 cm
WLB Graphische Sammlung

Schefold 1957, S. 792 (Nr. 10759)

X. 48 Ofenplatte »Verabschiedung des Tobias«, mit Darstellung der Schönenbergkirche in Ellwangen

Model: Melchior Paulus (1669–1745)
Wasseralfingen, 1698
Eisenguß, 71 × 89 cm
Schwäbische Hüttenwerke GmbH Aalen-Wasseralfingen SHW Nr. 20626

Brachert 1958, S. 105; AK Ellwangen 1981, Nr. 20

X. 49 Gußeiserne Platte mit dem Wappen des letzten Fürstpropstes von Ellwangen, Clemens Wenzeslaus (1777–1802)

Wasseralfingen, 1780
Eisenguß, 69 × 57 cm
Schloßmuseum Ellwangen a.d.J.

X. 50 Gußeiserne Platte mit dem Wappen des Kurfürsten Friedrich II. von Württemberg

Wasseralfingen, 1805
Eisenguß, 57 × 61 cm
Schloßmuseum Ellwangen a.d.J.

Dieses Wappen entstand nach der Säkularisation der Fürstpropstei Ellwangen und trägt ein Feld für das Wappen der (nun von Württemberg vereinnahmten) Fürstpropstei.

AK Ellwangen 1981, S. 19 f, 108

X. 51 Bremsscheibe des ICE-Triebzuges

Wasseralfingen, Ende des 20. Jahrhunderts
Sphäroguß (GGG–40), Dm.: 65 cm, T.: 9 cm; Gewicht: 120 kg
Schwäbische Hüttenwerke GmbH Aalen-Wasseralfingen

X. 52 Bremsscheibe Porsche 996 (hinten)

Wasseralfingen, 2002
Hochgekohlter Grauguß, Dm.: 30 cm, T.: 8 cm; Gewicht: 10 kg
Schwäbische Hüttenwerke GmbH Aalen-Wasseralfingen

X. 53 Ölpumpe Opel 1,7 Ltr. Dieselmotoren

Bad Schussenried (Wilhelmshütte), 2002
Gußstahl, 20 × 35 × 5 cm
Schwäbische Hüttenwerke GmbH Aalen-Wasseralfingen

X. 54 Bierkasten der Badischen Staatsbrauerei Rothaus (»Tannenzäpfle«)

Rothaus (Schw.), 2003
Glas, Kunststoff, Gerstensaft hell, 27 × 40 × 30 cm
Privatbesitz

XI.

Säkularisations-schicksale

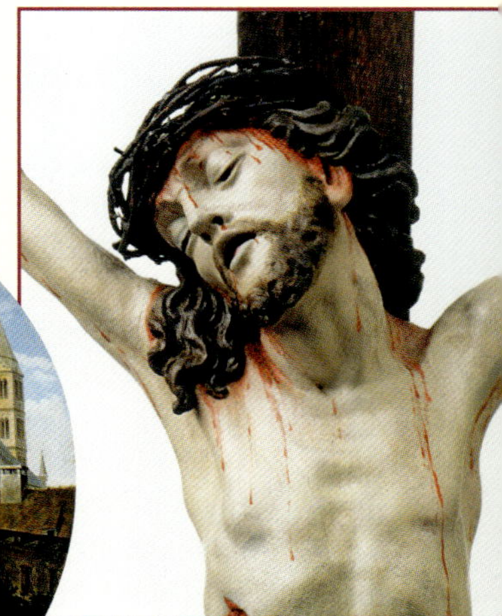

Schicksale der Klosterbewohner

Schicksale der Klostergebäude

Säkularisationsschicksale: Zwischen Aufbruch und Abbruch

Die Klosterbewohner bekommen am unmittelbarsten die Folgen der Säkularisation zu spüren. Sie müssen in der Regel ihr Kloster verlassen und ihrem Leben eine neue Richtung geben. Viele begnügen sich damit, die Pensionen, die ihnen die neuen Landesherren gewähren, zu verzehren. Besonders für die Frauen ist es schwer, einen angemessenen neuen Platz in der Gesellschaft zu finden. Für die Männer sind die naheliegendsten Berufe die eines Pfarrers oder eines Lehrers.

M.H.

Magnus Rief (1747–1814), vom Konventualen im Benediktinerkloster Zwiefalten zum Pfarrer in Dürrenwaldstetten

»Mit tiefster Verehrung küsse ich abermal die milde wohlthätigste Vaterhand Eüer Herzoglichen Durchlaucht.« Unterwürfig wendet sich der Dürrenwaldstettener Pfarrer Magnus Rief an Herzog Friedrich II. von Württemberg, obwohl dieser erst kurze Zeit vorher, im November 1802, sein Stammkloster Zwiefalten in Besitz genommen und aufgelöst hat. Der Grund für Riefs devote Haltung ist eine Bitte an den neuen Landesherrn. Er ersucht diesen, einen Messkelch aus Zwiefalten an seine Pfarrstelle, die er weiterhin versieht, mitnehmen zu dürfen: hier sei nur ein einziger Kelch vorhanden, während es dort zwanzig Stück seien. Der kostbare Kelch droht, mit anderem Klostergut nach Stuttgart gebracht und eingeschmolzen zu werden. Dem Engagement Riefs ist es zu verdanken, dass er dem Schmelzofen entgeht. Aus Dankbarkeit lässt Rief am Fuß des Kelchs eine Inschrift zum Lob des Herzogs anbringen: »Vas saLVtare sangVInIs IesV eX Dono FrIDerICI. II. VIIrtInbergIae DVCIs«. Die Großbuchstaben bilden ein Chronogramm der Jahreszahl 1803. Das Lederfutteral, das den Kelch samt einer jüngeren Patene und einem Löffel aufnimmt, trägt das Monogramm »P.M.R.« (Pater Magnus Rief) des Pfarrers. Ein zweites Monogramm »P.Z.W.« läßt sich vielleicht als Parochia Zwifaltensis Waldstetten oder Pfarrer zu Waldstetten auflösen.

Magnus Rief, geboren 1747 in Erlenmoos bei Ochsenhausen als Sohn eines Bauern, tritt in das Zwiefaltener Kloster ein, wo er 1766 die Ordensgelübde ablegt und 1773 zum Priester geweiht wird. Er studiert dort Philosophie, Theologie, Kirchenrecht, Geschichte und orientalische Sprachen und wird Professor in Ehingen und Zwiefalten. 1795 übernimmt er die Pfarrstelle in Dürrenwaldstetten. Hier erlebt er die Säkularisation der Abtei, kann jedoch – nicht zuletzt aufgrund der Initiative seiner Gemeinde – seinen Posten behalten.

M.H./J.S.

Betz-Wischnath/Pretsch 2001, S. 73–74

XI. 1 Kelch des Pfarrers Rief samt Futteral

Weilheim 1. Viertel 18. Jh.
Franz Kipfinger (1664–1703)
Silber vergoldet, H. 25, 5 cm; Holz, Leder mit Goldschnitt, H. 29 cm
ehemals Benediktinerkloster Zwiefalten
Privatbesitz

XI. 1

Klosterfrauen aus dem Dominikanerinnenkloster Adelhausen

Seit 1786 betreibt das Kloster Adelhausen in Freiburg eine Schule für Mädchen. Dieser Umstand verhindert zunächst seine Auflösung in der Säkularisation. Als »weibliches Lehr- und Erziehungsinstitut« bleibt es bis 1867 bestehen und wird dann in eine weltliche Schule umgewandelt. Die noch verbliebenen »Lehrfrauen« werden abgefunden und müssen das Kloster verlassen.

Fotografien zeigen den letzten Konvent, darunter die Zeichenlehrerin Emilie Dörflinger, deren Bilder Klosterräume und Kirche zierten. Der Dichter Anton Wilhelm von Zuccalmaglio schreibt über die Klosterfrauen, daß er »nichts weniger fand als Schülerinnen des verrufenen Dominikus, im Gegenteil waren die meisten Frauen freundliche Erscheinungen, von denen wirklich viele eine tüchtige Bildung hatten, sich fortzubilden suchten, und [...] auch freisinnig waren und dachten«. Von einer weiteren Klosterfrau berichtet er, sie sei »eine solche Verehrerin des ersten Napoleon, daß sie demselben fast göttliche Ehren erwies, dessen Bildsäule im Ofen oder sonstwo versteckt hielt, um ihn gehörig verehren zu können«. *J.S.*

Haumann/Schadek 1992, Bd. III, S. 57ff; Yeo 1991, S. 548f

Ludwig Aurbacher (1784–1847), vom Wiblinger Mönch zum Schriftsteller

»So war denn meines Lebens Plan zerstört, den meine Eltern mit so viel Sorgfalt angelegt und fortgeführt, nach dem meine ganze Jugenderziehung, meine Neigung und Befähigung sich ausschließlich gerichtet. Ohne alles Vermögen, ohne Empfehlung und Konnexion, ohne alle Welterfahrung bei angeborener Schüchternheit und Bescheidenheit, was soll ich wählen, wohin mich wenden, was tun?« Bei Ludwig Aurbacher ist die Erschütterung zu spüren, die die Säkularisation bei ihm auslöst. Achtzehnjährig tritt er ins Stift Ottobeuren ein, das 1801 an Bayern fallen sollte. Mit einem befreundeten Novizen übersiedelt er daraufhin ins vorderösterreichische Kloster Wiblingen. Zweifel am Klosterleben und seine angegriffene Gesundheit bringen ihn dazu, »die Fesseln die [ihn] hielten, gewaltsam zu sprengen und die Freiheit wiederzugewinnen«. Allerdings erscheint ihm die Welt, in die er zurückkehren will, »wie eine Wüste«, wo er »notwendig bald verkümmern und zugrunde gehen mußte«. Ein glücklicher Zufall verhilft ihm zu einer Anstellung. Als Schriftsteller verfaßt er Gedichte und bearbeitet altes Volksgut. »Die Abenteuer der sieben Schwaben« sind sein bekanntestes Werk. In München hat er schließlich eine Professur für deutschen Stil und Ästhetik inne.

XI. 2 Ein Volksbüchlein

Ludwig Aurbacher (1784–1847)
München ²1835
Druck auf Papier, 18,5 × 10,5 cm
WLB d.D.oct. 12843

Maria Bernarda Kreszentia Kohlhund (1743–1822), letzte Äbtissin, und Luciana Ried (1781–1863), letzte Nonne des Zisterzienserinnenklosters Heiligkreuztal

Württemberg nimmt Heiligkreuztal erst 1804, nach Auseinandersetzungen mit Österreich, das es der eigenen Einflußsphäre zurechnet, endgültig in Besitz. Die meisten Klosterbewohner leben weiterhin im Kloster und begnügen sich mit den Pensionen und dem notwendigsten Inventar. Sie behalten die Katakombenheiligen und können ungehindert den klösterlichen Übungen nachgehen. 1809 werden Chorgesang und andere Ordensgebräuche verboten. Auf die Frage, ob sie das Kloster verlassen wollen antworten die meisten Frauen »O, nein, nur das nicht!« oder ähnlich entschieden. Dennoch treten nach der Einführung einer neuen Klosterordnung nacheinander mehrere Mitglieder des Konvents aus. Im Jahre 1821 gewährt man den Verbliebenen den weiteren Erhalt der Klausur. Ein Jahr später stirbt die letzte Äbtissin des Klosters, Maria Bernarda Kohlhund. Sie hatte ihre höhere Pension mit den Schwestern geteilt und so das Weiterbestehen des klösterlichen Gemeinschaftslebens über die Aufhebung hinaus ermöglicht. Die letzte Nonne Luciana Ried stirbt 1863 als Wohltäterin der Heiligkreuztaler Pfarrkirche. Aus ihrem Besitz stammt der Gekreuzigte, der einst einen repräsentativen Platz im Kloster hatte.

XI. 3

XI. 3 Kruzifix aus Heiligkreuztal

Johann Baptist Hops (1681–nach 1728) zugeschrieben
Holz gefaßt, 177 × 65 × 15 cm
Ehemals Kloster Heiligkreuztal, dann im Privatbesitz der letzten Nonne in Ehingen
Landkreis Biberach

Ignaz Speckle (1754–1824), letzter Abt von St. Peter im Schwarzwald

»Wir konnten nichts tun. Wir überließen die Sache der Vorsehung (vielleicht doch zu untätig). Viele verzweifelten und wollten nirgends eine Hoffnung sehen. Ich war für mich selbst rat- und hilflos. Ich wußte nichts mehr zu versuchen, keine Wege, keine Patrone, welche tätig hätten sein können oder wollen.«
Der Tagebucheintrag des letzten Abtes der Benediktinerabtei St. Peter im Schwarzwald vom 19. November 1806 spricht deutlich von der Ohnmacht der Ordensgeistlichen gegenüber den Vorgängen der Säkularisation. Am folgenden Tag wird das Kloster für aufgehoben erklärt.
Ignaz Speckle führt von 1795, dem Jahr seiner Abtswahl, bis 1819 ein Tagebuch, in dem er sich als umsichtiger Vorsteher des Klosters und kritischer Beobachter der politischen Ereignisse erweist. Bereits 1797 rechnet er mit dem Schlimmsten, und spätestens 1802 ist er sicher: »Bald werden keine Klöster mehr sein«. Dennoch kann er nichts gegen die Aufhebung unternehmen. Da sowohl der Herzog von Modena, als auch der Malteserorden, Württemberg und Baden Besitzansprüche auf den Breisgau bzw. dessen Klöster erheben, verzögert sich die Säkularisation der Abtei bis zur Besitznahme durch Baden 1806. Bis 1813 wird dem Abt gestattet, in der Abtei zu wohnen. Als dort ein Militärlazarett eingerichtet wird, übersiedelt Speckle nach Freiburg. Bis zu seinem Tod am 15. April 1824 versucht er in Bittgesuchen, unter anderem an den Papst und an den badischen Großherzog, die Wiederherstellung der Klöster im Breisgau zu erreichen – ohne Erfolg. *J.S.*

Engelmann 1966

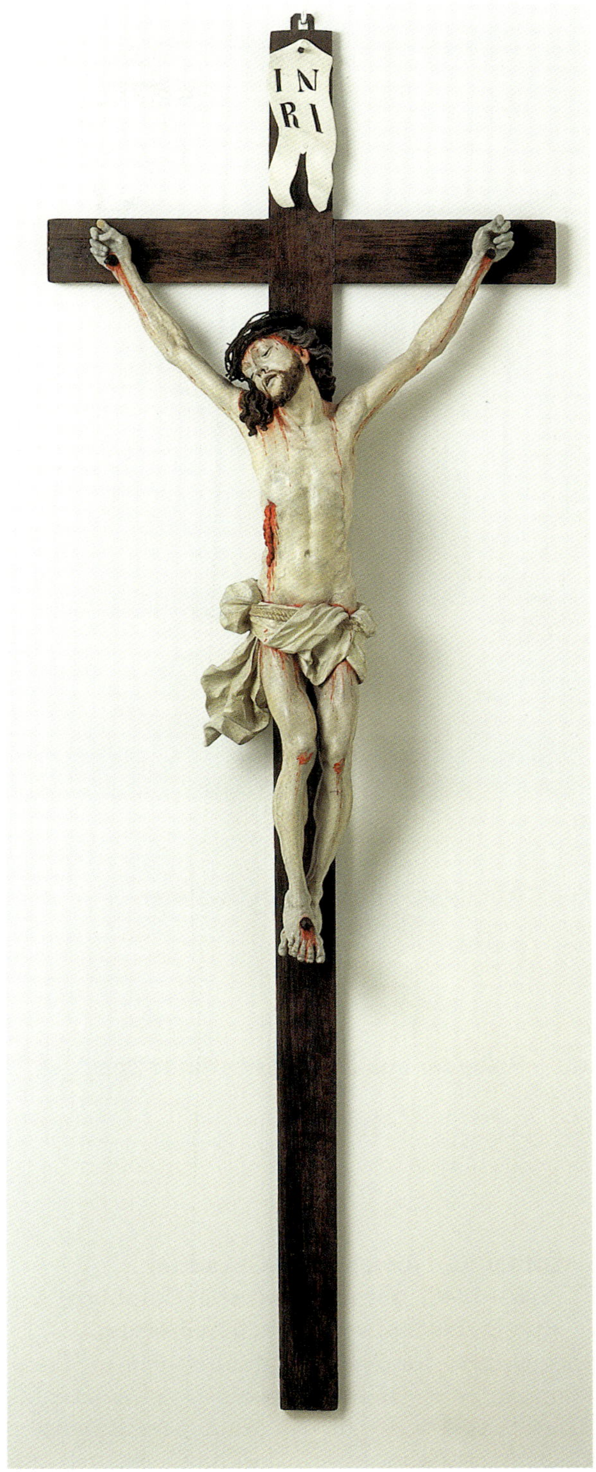

XI. 3

XI. 4

XI. 4 Abt Ignaz Speckle von St. Peter

Um 1800
Öl auf Leinwand, 102 × 76 cm
Erzbischöfliches Priesterseminar St. Peter

XI. 5 Reliquiar aus dem Besitz Ignaz Speckles

Schwarzwald, 18. Jh.
Draht, versilbert, Holz, Glas, Perlen, Brokat, Seide
30,5 × 22 × 7,5 cm
J. Haberstroh, Haslach

Lothar Karl Anselm von Gebsattel (1761–1846), vom Kanoniker in Comburg zum Erzbischof von München-Freising

Die geistliche Karriere Gebsattels beginnt in Würzburg, wo er bis zum Dekan des Domkapitels aufsteigt. Seit 1778 bis zur Aufhebung des Ritterstifts Comburg ist Gebsattel auch dort Kanoniker und später Kustos. Der nach der Aufhebung des Bistums in Würzburg residierende Großherzog Ferdinand von Toscana beruft ihn zum Gesandten am bayerischen Königshof. Der bayerische König Maximilian ernennt ihn zum Erzbischof der neu gegründeten Diözese München-Freising. Damit ist er einer der wenigen geistlichen Würdenträger der säkularisierten Adelskirche, die später nochmals ein hohes geistliches Amt inne haben.

XI. 6 Lothar Karl Anselm von Gebsattel, als Erzbischof von München-Freising

1. Hälfte 19. Jh.
Öl auf Leinwand, 254 × 180,5 (m.R.)
Diözesanmuseum Freising P 424

Schicksale der Klostergebäude

Nach der Säkularisation werden die von den neuen Herren übernommenen Klostergebäude den verschiedensten Nutzungen zugeführt. Als die vornehmste Nutzungsform ist die als fürstliche Residenz anzusehen. Da die Abtei- und Konventsgebäude oft erst in der zweiten Hälfte des 18. Jahrhunderts errichtet worden waren und daher noch modern sind, können sie auch den sehr hohen Ansprüchen der neuen weltlichen Besitzer gerecht werden. Daher sind für den Ausbau zur Residenz der neuen Herren meist nur geringe finanzielle Investitionen nötig, wie die Beispiele Salem, Petershausen, Ochsenhausen (umbenannt in Schloß »Winneburg«), Neresheim, Buchau, Obermarchtal, Hofen und Gutenzell zeigen. Der württembergische und der badische Staat profitieren von den ihnen zugefallenen Klostergebäuden nicht nur durch Verkauf und Verpachtung, sondern auch durch die Nutzung klösterlicher Immobilien durch staatliche Institutionen, die für die Unterbringung und Versorgung großer Personengruppen aufkommen müssen. Die Bandbreite staatlicher Nutzungen reicht von der Nutzung als Erziehungsanstalt (Weingarten), als Psychiatrische Klinik (Zwiefalten, Schussenried und Weissenau), als Gefängnis (Kapuzinerkloster Neckarsulm, Kleincomburg und Dominikanerinnenkloster Schwäbisch Gmünd), als Schule (Ochsenhausen, Nonnenkloster in Freiburg i. Brsg., Lichtenthal, Neresheim, usw.) bis hin zur Nutzung als Kaserne (Wiblingen, Petershausen und Mergentheim) und Invalidenheim (Comburg und

Gengenbach). Krankenhäuser werden die Konventsgebäude in Buchau und Saulgau (Franziskanerkloster). Allerdings muß auch gesagt werden, daß das Angebot an leerstehenden Klostergebäuden bei weitem den Raumbedarf für Anstalten, Schulen und Gefängnissen im Lande übersteigt. Die Neu-Eigentümer nutzen die Gebäude als Fabriken, so in Schussenried (Hüttenwerk), St. Blasien und Oberndorf am Neckar (Waffenfabrik), Konstanz (Dominikanerkloster, Baumwollfabrik), Schwarzach (Zuckersiederei und Tabakfabrik), Weissenau und Schuttern (Bleicherei/Färberei). Eine Brauerei wird in Bronnbach eingerichtet. Das Kapuzinerkloster in Baden-Baden wird zum Nobelhotel umgestaltet. Weiterhin kirchliche Nutzungen erhalten St. Peter im Schwarzwald sowie das Karmeliterkloster in Rottenburg, die beide zu Priesterseminaren werden. Ein Aussterbekloster wird in Siessen eingerichtet. Es kommt auch vor, daß größere Klöster nacheinander mehrere neue Nutzungen haben. Als charakteristisches Beispiel ist das Kloster Schussenried zu nennen, das zunächst als Residenz der Grafen Sternberg-Manderscheid und dann nach dem Übergang an Württemberg als Fabrik und etwas später als Heil- und Pflegeanstalt dient. Das traurige Schicksal des vollständigen Abbruchs trifft die Klosteranlage in Ettenheimmünster, während in Allerheiligen noch die Kirchenruine zurückbleibt. Nur teilweise werden die Klostergebäude in Schuttern, Schwarzach und Gutenzell abgebrochen. In Petershausen wird zwar die Klosterkirche restlos abgebrochen, nicht aber die Konventsgebäude. Die Klosterkirche Tennenbach wird abgebrochen und in Freiburg als evangelische Ludwigskirche wiederaufgebaut, wobei der spätere Karlsruher Oberbaurat Heinrich Hübsch die Gebäude-Versetzung leitet. Viel glücklicher ergeht es dagegen den Zisterzienserinnen in Kloster Lichtenthal bei Baden-Baden, die aufgrund der historischen Beziehungen zum Hause Baden von der Säkularisation verschont bleiben. Dadurch, daß die ehemaligen Klosterkirchen nach der Säkularisation meist als katholische Pfarrkirchen genutzt werden, bleiben sie mitsamt ihrer Ausstattung überwiegend gut und oft sogar komplett erhalten. Und einige Klostergebäude bleiben auch nur deshalb erhalten, weil sie vom Staat genutzt und daher auch immer wieder instandgesetzt werden. *I.G.*

Erzberger 1902; Schmid 1980; Stober 2000

XI. 7 Württembergisches Steinschloß-Infanteriegewehr mit Bajonett, Modell 1816

Oberndorf a.N., 1816–1825
Holz, Stahl, Eisenmontierung, L. 190 cm, Kaliber 18 mm
Stadtverwaltung Oberndorf a.N.

Dieses Gewehr stammt aus dem zu einer Waffenfabrik umgestalteten Augustinerkloster in Oberndorf am Neckar.

AK Stuttgart 1987, Nr. 640

XI. 8

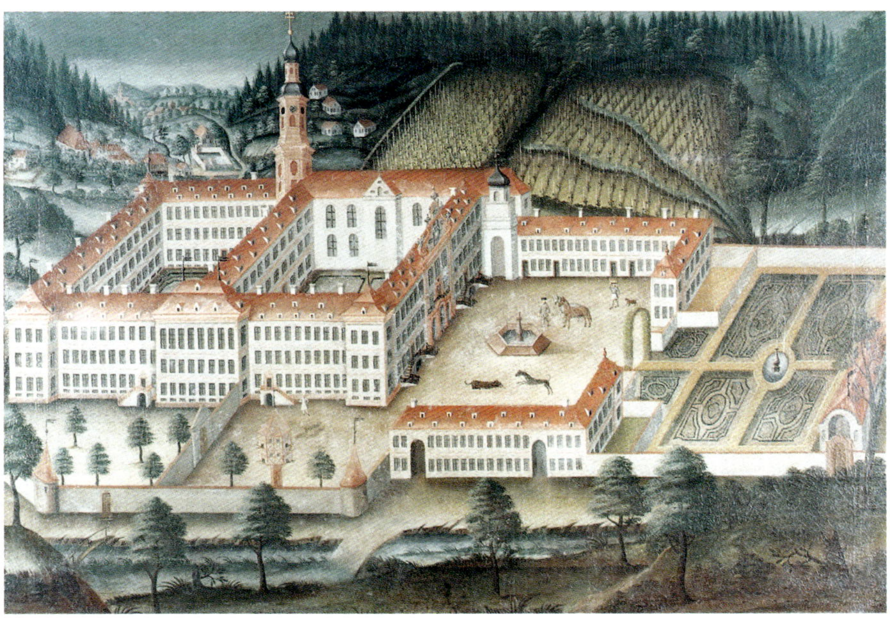

XI. 9

XI. 9 Carl Ludwig Graf von Dillen (1777–1841) als junger Offizier

Johann Baptist Seele (1774–1814)
Um 1803
Öl auf Leinwand, 97 × 74 cm (m.R.)
WLM 1959/53

Der spätere Obersthofmeister und Generalleutnant Carl Ludwig Graf von Dillen bekommt das Schloß Dätzingen, eine Malteser-Komturei, im Jahre 1810 von König Friedrich I. geschenkt.

Mildenberger, Hermann, Der Maler Johann Baptist Seele, Tübingen 1984, S. 230, Nr. 109

XI. 10 Ansicht des Klosters Salem von Süden

Zuschreibung an Andreas Brugger (1737–1812)
Bodenseegebiet, 1765
Bez.: »Pinxit 1765.« und »Anselmus II. ABBAS XXXVIII in Salem.«
Öl auf Leinwand, 91,5 × 122 cm (m.R.)
Privatbesitz

Die ehemalige Klosterkirche ist auf dieser Ansicht noch mit dem in den Jahren 1754/56 erbauten und bis Anfang des 19. Jh. vorhandenen Vierungsturm dargestellt. Unten links ist die sechsspännige Kutsche des Salemer Abtes Anselm II. Schwab mit Vorreiter und Nachhut zu sehen.

AK Salem 2002, S. 89, Kat. Nr. I.3

XI. 8 Das Benediktinerkloster Ettenheimmünster wird im Laufe des 19. Jhs. abgebrochen

Ettenheimmünster, nach 1750
Öl auf Leinwand, 116 × 168 cm (m.R.)
Ehemals Kloster Ettenheimmünster
Heute Rathaus Ettenheim
Stadtverwaltung Ettenheim

Der Klosterprospekt aus der zweiten Hälfte des 18. Jhs. wird nach einer um 1700 entstandenen Ansicht des Künstlers Siefert gemalt und zeigt die Klostergebäude vor dem Abbruch.

Schefold 1971, S. 141, Nr, 22833; Weis, Dieter, Klosterkirche Ettenheimmünster, Offenburg 1999, S. 35–46, 113–119

XI. 11 Ansicht von Schloß Salem zu Beginn des 19. Jahrhunderts

Carl Ludwig Frommel (1789–1863)
Öl auf Leinwand,
134 × 172 cm (m.R.)
Privatbesitz

Während das Kloster Salem auf Kat.-Nr. XI. 10 noch vorsäkular dem Himmel zugewandt dargestellt ist, erscheint es nun, nach der Säkularisation, aus der Untertanen-Perspektive abgebildet.

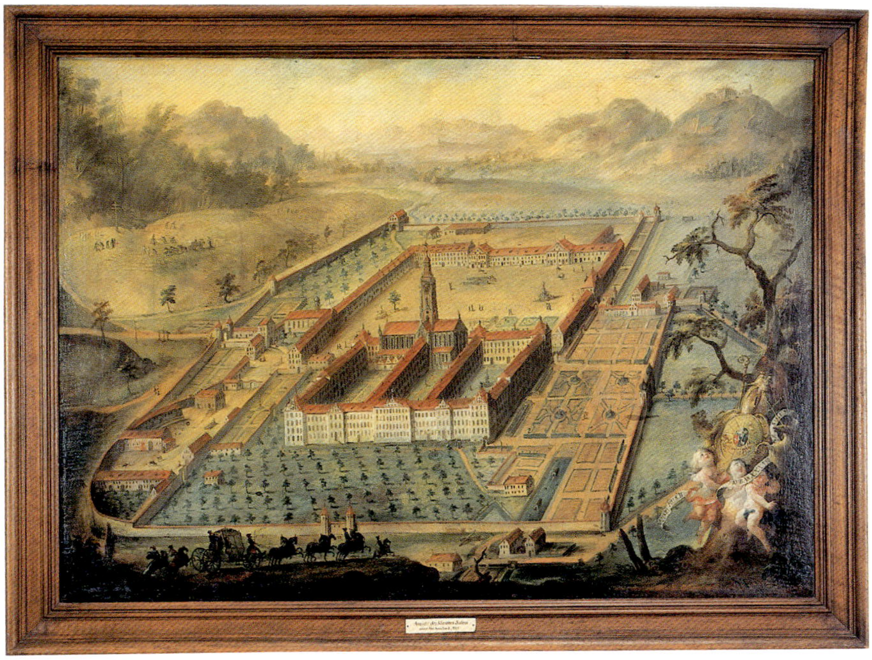

Xl. 10

Xl. 11

XI. 12

XI. 12 Mütze eines Ehreninvaliden von der Comburg

Schwäbisch Hall, 1. Hälfte des 19. Jahrhunderts
Filz, Leder und Eisenblech, 11 × 17 × 23 cm
Hällisch-Fränkisches Museum Schwäbisch Hall 1356

Diese Mütze mit flachem, runden Deckel ist neben einer Uniform das einzig erhaltene Objekt aus der Zeit, als von 1817–1909 auf der Comburg das Königlich-württembergische Ehreninvalidencorps untergebracht war und sie veranschaulicht die Umnutzung der klösterlichen Gebäude von seiten des Staates. Die Mütze gehört zur blau-roten Uniform der Ehreninvaliden. Über dem kurzen Lederschild ist das württembergische Wappen und im Gegensatz zur Armee ein eisernes Schild ohne Abzeichen angebracht. *Ma.Ha.*

AK Schwäbisch Hall 1989, Nr. 137

XI. 13

XI. 13 Schützenscheibe mit Darstellung der Comburg

Georg Peter Groß (1782–1858)
Schwäbisch Hall, 1856
Öl auf Holz, Durchmesser: 62 cm
Hällisch-Fränkisches Museum Schwäbisch Hall 1986/0143–184

Diese Ansicht von Osten zeigt die Comburg zu jener Zeit, als hier das württembergische Ehreninvalidencorps untergebracht ist.

AK Schwäbisch Hall 1989, Nr. 31

XI. 14 Modell »Königliche Heilanstalt Schussenried« (Anstaltsgebäude)

Oberschwaben, Ende des 19. Jahrhunderts
Holz und Pappe, farbig gefaßt, 48 × 226,5 × 216,5 cm
Neues Kloster GmbH Bad Schussenried

Das Modell stellt die im Jahre 1875 gegründete psychiatrische Heil- und Pflegeanstalt dar, die sich im Laufe der Zeit zu einem Musterbetrieb innerhalb der Psychiatrie entwickelt und bis heute existiert. In den letzten Jahren hat man die Klinik allerdings aus dem Klostergebäude in außerhalb neu errichtete Gebäude ausgelagert.

XII.

Säkularisationsfolgen 1: Die Neuordnung von Staat und Kirche

Staatliche Neuordnung

Kirchliche Neuordnung

»Nun sei hinieden das Schwert vom Stab geschieden«: Die Neuordnung von Staat und Kirche

Der Zugewinn an Land und Leuten durch die Säkularisation und Mediatisierung löst in Baden und Württemberg die allmähliche Einführung einer einheitlichen Verwaltungsorganisation aus. In Württemberg, wo der Herzog in seiner Handlungsfreiheit durch einen Konflikt mit den Landständen eingeschränkt ist, werden die Neuerwerbungen zu dem selbständigen, absolutistisch regierten Landesteil Neu-Württemberg zusammengefaßt. Das Organisationsmanifest von 1803 richtet in Ellwangen eine Oberlandesregierung unter Graf Normann-Ehrenfels ein. Nach der Erhebung zum König 1806 hebt Friedrich I. umgehend die Landstände auf. Dadurch steht einer Vereinigung von Alt- und Neuwürttemberg nichts mehr im Wege. Die neu eingerichteten Kreise bzw. Landvogteien tragen bewußt nur geographische, nicht historische Namen. Dies soll das Zusammenwachsen alt- und neuwürttembergischer sowie evangelischer und katholischer Gebiete fördern.
In Baden wird 1803 eine Kurfürstliche Landesorganisation erlassen. Es entstehen die Verwaltungsbezirke »Markgrafschaft« (Karlsruhe), »Rheinpfalz« (Mannheim) und »Oberes Fürstentum am Bodensee« (Meersburg). Die bis 1805 neu hinzukommenden Gebiete in der Ortenau, dem Breisgau und im Schwarzwald führen zu einer Veränderung. Jetzt tritt neben Karlsruhe und Mannheim Freiburg als Verwaltungszentrum hinzu. 1809 werden in Baden 118 Bezirksämter eingerichtet, und zwar wie in Württemberg ohne Rücksicht auf historische Grenzen, damit »Unterthanen, die zuvor verschiedene Herren gehabt hatten, in einem Kreis vereinigt würden, um die alten und neuen Untertanen allmählig zu amalgamiren und an den neuen Staats-Verband zu gewöhnen«.

Sauer 1987, S. 52–77; AK Stuttgart 1987, Bd. 2, S. 9–40, 103–120, 135–155; AK Ellwangen 2002

XII. 1

Staatliche Neuordnung

XII. 1 König Friedrich I. von Württemberg (1754–1816)

Johann Heinrich Dannecker (1758–1841)
Stuttgart, 1816
Gips, bronziert, 59,3 × 36,8 × 29 cm
WLM E 1484

Die Büste des wenig geliebten württembergischen Herrschers ist nach der Totenmaske gearbeitet. Friedrich hat sich zwar von einem Gegner zu einem Parteigänger Napoleons gewandelt, fällt jedoch 1813 von ihm ab. Er hebt die alte landständische Verfassung Württembergs auf und organisiert sein Land nach bürokratisch-absolutistischen Prinzipien neu.
Trotz der von ihm durchgeführten Reformen und einer gewissen Toleranzpolitik – zumal gegenüber der jüdischen Bevölkerung – stößt seine 1815 aufgezwungene Verfassung auf Ablehnung. Erst unter seinem Sohn, Friedrich I., kann der Konflikt mit den Landständen beigelegt werden.

AK Stuttgart 1987, Bd. 1, S. 289 (Nr. 426); Sauer, Paul: Reformer auf dem Königsthron. Stuttgart 1997

XII. 2

XII. 3

XII. 2 Philipp Christian Friedrich Graf von Normann-Ehrenfels (1756–1817)

Philipp Friedrich von Hetsch (1758–1838)
Um 1812
Öl auf Leinwand, 80 × 64 cm
Privatbesitz

Normann zeichnet sich 1801 bei den Entschädigungsverhandlungen in Frankreich aus, wird 1802 Staatsminister für die neuen württembergischen Gebiete und erhält 1803 als Belohnung für seine Dienste den ehemaligen Zwiefaltener Sommersitz Schloß Ehrenfels. 1806 erfolgt die Erhebung in den Grafenstand, nachdem Normann 1805 in Paris für seinen obersten Dienstherren die Königswürde ausgehandelt hat.

AK Stuttgart 1987, Bd. 1.1, Nr. 450

XII. 3 Ulrich Lebrecht Graf von Mandelsloh (1760–1827)

Franz Seraph Stirnbrand (1788–1882)
Sign. und dat. »Stirnbrand 1827«
Öl auf Leinwand, 65,8 × 52,4 cm
Staatsgalerie Stuttgart 1432

Der aus Mecklenburg stammende Mandelsloh studiert an der Hohen Karlsschule und beginnt seine Karriere im württembergischen Staatsdienst 1783. Seit 1796 wird er zunehmend durch Herzog Friedrich gefördert. Als die Zentralverwaltung ab 1806 neu organisiert wird, fällt dem energischen Verfechter des monarchischen Prinzips das »Geistliche Departement« zu; er ist damit für Kirchenfragen, das Schulwesen und die Universität Tübingen verantwortlich. 1808 erfolgt die Erhebung in den Grafenstand und die Ernennung zum Finanzminister.

AK Stuttgart 1987, Bd. 1, S. 315 (Nr.451)

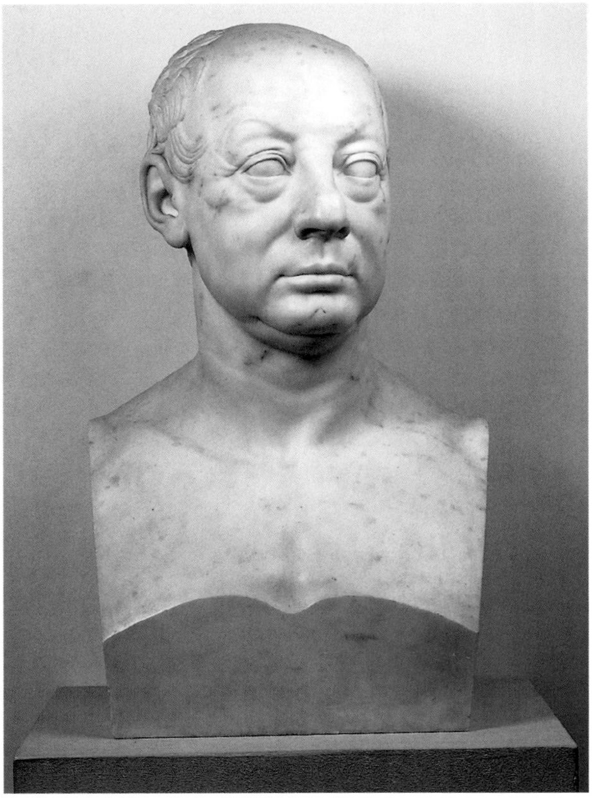

XII. 4

XII. 5

XII. 4 Großherzog Karl Friedrich von Baden (1728–1811)

Joseph Kayser (1763–nach 1820)
Karlsruhe, nach 1810
Marmor, 67 × 33,5 × 28 cm
BLM 83/259

Karl Friedrich gilt als Vertreter des aufgeklärten Absolutismus. Nach dem Erlöschen der baden-badischen Linie 1771 kann er die beiden badischen Fürstentümer in seiner Hand vereinigen. Er hebt 1783 die Leibeigenschaft auf und schließt sich 1785 dem Deutschen Fürstenbund an. 1796 muß der Markgraf vor den heranrückenden Franzosen nach Ansbach fliehen. Die anschließende Anlehnung an Frankreich bringt eine Vergrößerung des Territoriums um nahezu das Vierfache mit sich. Karl Friedrich wendet sich dem inneren Staatsaufbau und der politischen Organisation seines 1803 zum Kurfürstentum, 1806 zum Großherzogtum erhobenen Landes zu. Wichtigste Ratgeber sind Johann Nikolaus Friedrich Brauer (1754–1813), der die badischen Organisations- und Konstitutionsedikte erarbeitet, und Sigismund Freiherr von Reitzenstein (1766–1847).

AK Baden-Baden 1981; AK Stuttgart 1987, Bd. 1, S. 165 f (Nr. 295)

XII. 5 Sigismund Karl Johann Freiherr von Reitzenstein (1766–1847)

Othemar Balbach (1810–1897)
1848
Marmor, 55 × 29,5 × 23 cm
Stadtgeschichtliche Sammlung Karlsruhe 60/198

Reitzenstein gilt als »Begründer des badischen Staates von Napoleons Gnaden« und setzt die zentralistische Herrschaftsform durch. Er sucht die Annäherung an Frankreich, und auch nach seiner Entlassung 1803 bleibt er politisch tätig: zunächst bei der Reorganisation der Universität Heidelberg, dann ab 1809 bei der Durchsetzung einer straffen Verwaltungsorganisation. 1815 bewahrt er Baden auf dem Wiener Kongreß vor einschneidenden Gebietsabtretungen. Später verfolgt er eine reaktionäre Politik.

AK Stuttgart 1987, Bd. 1, S. 173 (Nr. 300)

XII. 6 »Kurfürstlich Badische Landesorganisation«
Karlsruhe 1803
Druck auf Papier, 34,5 × 22 cm
Voller Titel »Kurfürstlich Badische Landesorganisation. In 13 Edicten sammt Beylagen und Anhang. Carlsruhe 1803«
Kulturamt Meersburg

Die Universitäten wieder »in flor« bringen

Gleich nach dem Anfall der Pfalz 1803 will Markgraf Karl Friedrich die Universität Heidelberg wieder »in flor« bringen. Das 13. badische Organisationsedikt hält fest: »Als hohe Landes Schule ist die Universität Heidelberg hiermit von uns erklärt, bestätigt, und neu dotiert.« Die 1386 gegründete, älteste deutsche Hochschule finanzierte sich durch linksrheinischen Kirchenbesitz, der nach der Reformation angefallen war. Die napoleonischen Eroberungen führen zur existenzbedrohenden Verschuldung. Karl Friedrich stellt ganz auf staatliche Zuwendungen um und gilt deshalb als zweiter Universitätsgründer. 1807 wird die katholische Sektion nach Freiburg verlegt, so daß dort nun eine katholische, in Heidelberg eine protestantische Universität existiert.
In Württemberg, das seit jeher eine evangelische Landesuniversität in Tübingen unterhält, kommt es 1812 zur Neugründung der Friedrichs-Universität in Ellwangen, »um den katholischen Unterthanen Unseres Königreichs einen Beweis Unserer Landesväterlichen Gnade und Fürsorge zu geben«. Die feierliche Eröffnung kann bereits 1813 vollzogen werden. Doch schon 1817 wird die ganz auf die Theologenausbildung ausgerichtete Hochschule als katholisch-theologische Fakultät nach Tübingen verlegt – sehr zum Leidwesen der Ellwanger Bevölkerung, die die Bedeutung ihrer Stadt schwinden sieht.

AK Stuttgart 1987, Bd. 2, S. 343–372

XII. 7 Rektorstab der Universität Ellwangen
Joseph Hirschvogel (1760–1830)
Stuttgart 1813
Silber, teilweise vergoldet, L. 67,4 cm
Silbersammlung der Eberhard-Karls-Universität Tübingen

AK Stuttgart 1987, Bd. 1, S. 330 (Nr. 476)

Kirchliche Neuordnung

Die Einrichtung neuer Diözesen

Es ist ein besonderes Anliegen der badischen und württembergischen Landesherren, die kirchlichen Verwaltungsbezirke mit den neu geschaffenen Ländergrenzen zur Deckung zu bringen. Wann immer einer der alten Bischöfe stirbt, werden die entsprechenden Pfarreien und Dekanate in die Landeskirche integriert – als kirchliche Verwaltungszentren werden Vikariate eingerichtet, so in Bruchsal und Ellwangen. Das Generalvikariat in Ellwangen wird 1817 nach Rottenburg verlegt.
Bereits 1803 gelingt es Karl Friedrich von Baden, die ehemals straßburgischen Dekanate rechts des Rheins dem noch amtierenden Bischof von Konstanz zu unterstellen. Der dortige Bistumsverweser Wessenberg (seit 1817), ein scharfer Gegner aller traditionellen Frömmigkeitsformen und im Grunde ein Anhänger der Nationalkirche, stellt für den Papst allerdings keinen geeigneten Verhandlungspartner dar. Deshalb verzögert sich die Einrichtung neuer Bistümer zunächst – die schweizerischen Gebiete der ehemaligen Diözese Konstanz werden Wessenberg bewußt entzogen. Erst nachdem Großherzog Ludwig sich von dem streitbaren Kirchenmann abwendet, kommt es 1822 zur endgültigen Neuregelung.
Eine solche Neuregelung ist bereits 1818 in greifbare Nähe gerückt: auf Anregung Württembergs schließen die südwestdeutschen Fürsten einen Staatsvertrag über die Hauptinhalte eines organischen Staatskirchengesetzes. Die hohenzollerischen Fürstentümer,

XII. 7

XII. 8

die in einer traditionellen Abwehrhaltung gegenüber Württemberg stehen, suchen die Annäherung an Baden. Mit der Bulle »Provida solersque« errichtet der Papst neben anderen auch die beiden Diözesen Freiburg (für Baden und Hohenzollern) und Rottenburg (für Württemberg). Dieser Festlegung eines erzbischöflichen und bischöflichen Sitzes sind lange Überlegungen vorangegangen. Baden schwankt zunächst zwischen Gengenbach und Freiburg als Bischofssitz, Württemberg denkt an Ellwangen und Rottweil, sogar der Fürst von Fürstenberg träumt von einem eigenen Landesbistum in Salem oder Konstanz. Schließlich fällt die Wahl bewußt nicht auf reine Klosterorte: in Rottenburg wird zwar das Jesuitenkolleg Bischofspalais, als Kathedrale indes fungiert die Stadtpfarrkirche St. Martin; in Freiburg wird die Münsterkirche zur Bischofskirche.

Die von Württemberg vorgeschlagenen Kandidaten für den Bischofsstuhl von Rottenburg, zunächst Wessenberg, dann der Tübinger Theologe Drey, werden in Rom abgelehnt. Erst 1827 kann König Wilhelm seinen neuen Kandidaten, Johann Baptist von Keller, durch direkte Verhandlungen mit Rom durchsetzen.

Sowohl für Freiburg wie für Rottenburg spielt das ehemalige Zisterzienserkloster Salem eine gewisse Rolle: die ersten Bischöfe stehen in der dortigen Klostertradition – Bernhard Boll als ehemaliger Novize, Johann Baptist von Keller als Sohn eines Salemer Klosterbeamten.

AK Stuttgart 1987, Bd. 1.1, S. 194–201 und 327–333; Miller, Max: Ende und Anfang. Der Untergang des Hochstifts Ellwangen und die Gründung der Diözese Rottenburg. In: AK Ellwangen 1964, S. 49–57; Hogg/Kremer 2002, S. 52–81 und 82–91

XII. 8 Karl Theodor Freiherr von Dalberg (1744–1817), letzter Fürstbischof von Konstanz seit 1800 (bis 1817) und letzter Fürstbischof von Worms seit 1802 (bis 1817), 1802 Kurfürst und Erzbischof von Mainz, Erzkanzler des Heiligen Römischen Reiches, Primas von Deutschland, 1803 Administrator und Erzbischof von Regensburg

Johann Sebastian Dürr (1766–1832)
Bodenseegebiet, 1803
Öl auf Leinwand, 91 × 76 cm
Kulturamt Meersburg 88–62

Dalberg versucht in der Säkularisation auf Wunsch des Papstes, die Verfassung der katholischen Kirche im Reich zu erhalten und den Bischöfen wenigstens das »jus dioecesanum« (die geistliche Gerichtsbarkeit) zu erhalten, wenn sie schon auf ihre weltlichen Herrschaftsrechte verzichten müssen. 1802 wird er Primas Germaniae – damit ist er der letzte geistliche Fürst auf deutschem Boden. Sein Territorium besteht aus den Fürstentümern Aschaffenburg und Regensburg sowie der Grafschaft Wetzlar. Bayern intrigiert in Rom gegen den unliebsamen Dalberg, der deshalb erst 1805 päpstlich bestätigt wird. 1806 ernennt er Kardinal Fesch, den Onkel Napoleons, zu seinem Koadjutor – ein deutliches Zeichen für die tatsächlichen Machtverhältnisse in Europa. Als Fürstprimas tritt Dalberg an die Spitze des Rheinbundes. 1810 wird ihm das Fürstentum Regensburg, das Napoleon an Bayern gibt, entzogen. Dalberg erhält stattdessen das Großherzogtum Frankfurt, das er 1814 wieder verliert. Bis 1817 residiert er in Regensburg. In Konstanz führt sein Generalvikar Wessenberg die Geschäfte. Erst nach dem Tod Dalbergs ist der Weg zu einer Neuorganisation der deutschen Bistümer frei.

Gatz 1990, S. 110–113

XII. 9 Durch die päpstliche Bulle »Provida solersque« werden die Erzdiözese Freiburg sowie die Bistümer Rottenburg, Mainz, Limburg an der Lahn und Fulda errichtet

Rom, 16. August 1821
Tinte auf Pergament, Bleisiegel an Kordel, 34,7 × 26,5 cm
HStA E 100 Bü. 489/1

XII. 10 Bernhard Boll als apostolischer Protonotar und bischöflicher Kommissionär

Joseph Einsle
Konstanz (?), 1813
Sign. und dat. »Einsle pinx: 1813«
Öl auf Pappe, 9,7 × 8 cm (o.R.), 12,3 × 8,8 cm (m.R.)
Privatbesitz

AK Salem 2002, S. 186 (Nr. XI.6)

XII. 9

XII. 11 Bernhard Boll, erster Erzbischof von Freiburg

Freiburg im Breisgau um 1827
Öl auf Leinwand, 78 × 63 cm
Erzbischöfliches Ordinariat Freiburg i.Br.

XII. 12 Fürst Franz Carl von Hohenlohe-Waldenburg (1745–1819), Titularbischof von Tempe, Bischof von Augsburg

Fotografie nach dem Gemälde im Augsburger Dom.

Zunächst Domherr zu Köln, Straßburg und Ellwangen, wird Hohenlohe Stiftsdekan und Statthalter in Ellwangen unter Fürstpropst Clemens Wenzeslaus von Sachsen. Nach dessen Tod 1812 bleibt der ebenfalls von ihm besetzte Bischofsstuhl von Augsburg mehrere Jahre lang vakant, für die auf württembergischem Gebiet liegenden Bistumsteile wird Hohenlohe zum Generalvikar ernannt. Erst 1818 erfolgt seine Wahl zum Bischof von Augsburg – ein Amt, das er vor seinem Tod nicht mehr antreten kann.

XII. 11

XII. 13 Johann Baptist von Keller (1774–1845), Titularbischof von Evara, Bischof von Rottenburg

Südwestdeutschland, vor 1827
Öl auf Leinwand,
47,5 × 40 cm (m.R.)
Diözesanmuseum Rottenburg a.N.

Keller, Sohn des Hofkammerrats der Reichsabtei Salem, wird 1808 katholischer Stadtpfarrer in Stuttgart. 1816 erfolgt die Ernennung zum Titularbischof von Evara. 1816 bis 1819 bekleidet Keller das Amt eines Provikars von Ellwangen und Rottenburg unter dem Generalvikar von Hohenlohe. Nach dessen Tod ist er von 1819 bis 1828 selbst Generalvikar in Rottenburg. Zum Bischof wird er am 20. Mai 1828 erhoben. 1841 fordert er in einer Motion, einem Antrag für einen Gesetztesentwurf, mehr Selbständigkeit für die Kirche und größere bischöfliche Freiheiten. Die Eingabe bleibt allerdings ergebnislos, worauf Vorwürfe wegen Mutlosigkeit und Nachgiebigkeit laut werden.

Kath. Württ., S. 82f

XII. 14 Bischof Johann Baptist von Keller

Franz Schnorr (geboren 1794) nach C. Neukomm (?)
Stuttgart 1828
Kupferstich, 31 × 25 cm
WLB Graphische Sammlungen

Keller, nunmehr als erwählter Bischof mit Brustkreuz, Mitra und Bischofsstab dargestellt, hält eine Innenansicht des projektierten, jedoch nie ausgeführten Rottenburger Kathedralbaus in Händen.

AK Stuttgart 1987, Bd. 1, S.331f (Nr. 480)

XII. 12

XII. 13

XII. 15

Altes Klostergut und historistisches Gerät in neuen Bischofskirchen

Ein großer Teil des säkularisierten Bistums- oder Klostergutes wird weiterhin kirchlich genutzt: ob ersteigert, gekauft oder übertragen, viele liturgischen Geräte und Gewänder kommen in den Besitz katholischer Pfarrgemeinden. Auch die beiden neu gegründeten Bischofssitze in Freiburg und Rottenburg können und müssen sich bei der Grundausstattung der jeweiligen Kathedrale aus der Hinterlassenschaft ihrer aufgelösten Vorgängerinstitutionen bedienen. Zusätzlich werden neugotische Objekte angefertigt.

XII. 15 Speyrer Ornat

18. Jahrhundert
Brokat, Silberfäden, Seidenstickerei, 125 × 109 cm
Erzbischöfliches Ordinariat Freiburg i.Br.

Ornate aus dem speyerischen Fundus gelangen nach der Säkularisation durch die Inbesitznahme der bischöflichen Residenz Bruchsal an Baden. Bei der Gründung des Erzbistums Freiburg werden sie in den dortigen Bestand überführt.

XII. 16 bis XII 18 Das Freiburger Praßberg-Ensemble

Der Konstanzer Fürstbischof Franz Johannes Vogt von Altensumerau und Praßberg stiftet im 17. Jahrhundert seiner Domkirche eine goldene Altargarnitur und ein bischöfliches Brustkreuz. Praßberg vernachlässigt zwar seine kirchlichen Pflichten, trägt aber zum äußeren Schmuck der Kirche bei. Im Zuge der Säkularisation gelangt das Praßberg-Gold mit anderen Teile des Konstanzer Münsterschatzes nach Freiburg, wo es noch heute gelegentlich benutzt wird.

XII. 16

Ehemals im Konstanzer Domschatz, seit 1827 im Besitz der Domfabrik Freiburg; Erzbischöfliches Ordinariat Freiburg i.Br.

AK Freiburg i.Br. 1964, S. 26 f (Nr.42–44); Die Bischöfe von Konstanz, Bd. 2, S. 168 ff

a. Kelch
Augsburg (?), um 1660
Gold getrieben, ziseliert und gepunzt, z.T. durchbrochen, Edelsteine, Emails, H. 28,5 cm, Dm.18 cm

b. Pektorale
1656
Gold gegossen, ziseliert und graviert, Edelsteine, Emails, Perlen, 20 × 8,5 cm

XII. 17

XII. 19

c. Meßtablett mit Kännchen
um 1660
Gold getrieben, ziseliert, punziert und gegossen, Edel- und Halbedelsteine, Gold-Emails,
Tablett: 1,3 cm hoch, 33,5 cm breit, 26,5 cm tief
Kännchen: H. 13,3 cm, Dm. 6 cm

XII. 19 Tafel mit den Wappen der Bischöfe von Konstanz und der ersten Erzbischöfe von Freiburg

Franz Xaver Stiehle, Druck von W. Creuzbauer
Karlsruhe nach 1842
Kol. Lithografie, 62,5 × 48,2 cm
Augustinermuseum Freiburg i.Br. 11;142/43;D

Auch wenn die Kirchenprovinz Konstanz erheblich in ihrem Umfang reduziert und mit der Bulle »Provida solersque« 1821 endgültig aufgelöst wird, lebt sie doch in der Erinnerung fort. Das zeigt diese relativ spät entstandene Wappentafel, die die Kontinuität betont und die neuen Freiburger Erzbischöfe als legitime Erben der Diözese Konstanz darstellt.

XII. 20 Neugotischer Bischofsstab

Freiburg (?), um 1827
Silber, 215 cm hoch
Erzbischöfliches Ordinariat Freiburg i.Br.

XII. 21 Neugotische Monstranz

Um 1827
Silber, teilweise vergoldet, 90 × 25 × 14 cm
Erzbischöfliches Ordinariat Freiburg i.Br.

XII. 22 Krümme des Bischofsstabs des ersten Bischofs von Rottenburg

Anfang 19. Jahrhundert
Messing, vergoldet, 26,4 × 15,8 × 7,3 cm
Diözesanmuseum Rottenburg a.N.

Die Krümme bekrönt den bei der Inthronisation Kellers 1828 verwendeten und in der Lithographie Schnorrs dargestellten Bischofsstab.

XII. 21

XII. 22

XII. 23 Ellwanger Ornat

Augsburg (?), zwischen 1756 und 1787
Brokat, Goldfäden, Seidenstickerei, drei Teile,
je ca. 150 cm hoch, insgesamt 250 cm breit
Diözesanmuseum Rottenburg a.N.

Durch das Wappen läßt sich der Ornat in die Regierungszeit des Fürstpropstes Anton Ignaz Graf Fugger von Kichberg und Weissenhorn (1756–1787) einordnen. Er gelangt nach der Säkularisation nach Rottenburg.

XII. 23

XII. 24

XII. 25

XII. 24 Der Zinsgroschen

Kopie nach Anton van Dyck (1599–1641)
Öl auf Leinwand, 156 × 127,5 cm (m.R.)
Diözesanmuseum Rottenburg a.N.

König Wilhelm I. von Württemberg schenkt das Gemälde sicher nicht zufällig dem ersten Rottenburger Bischof.

Kein biblisches Motiv dürfte derart sinnfällig die gerade am Beginn des 19. Jahrhunderts akute Frage nach den Kompetenzbereichen der weltlichen und geistlichen Gewalt illustrieren wie das hier gewählte.

Die nach einem heute in Genua aufbewahrten Gemälde van Dycks gearbeitete Kopie bezieht sich inhaltlich auf die bei Matthäus 22,15–22 geschilderte Szene: Die Pharisäer wollen Jesus in Verlegenheit bringen und befragen ihn nach der Rechtmäßigkeit der vom Kaiser erhobenen Steuern. »Als nun Jesus ihre Bosheit merkte, sprach er: Ihr Heuchler, was versucht ihr mich? Zeigt mir die Steuermünze! Und sie reichten ihm einen Silbergroschen. Und er sprach zu ihnen: Wessen Bild und Aufschrift ist das? Sie sprachen zu ihm: des Kaisers. Da sprach er zu ihnen: So gebt dem Kaiser, was des Kaisers ist, und Gott, was Gottes ist!«

Neue Gemeindekirchen für katholische und evangelische Minderheiten

Der Versöhnung der Konfessionen dient auch der Kirchenbau: die 1807 gegründete, evangelische Gemeinde Freiburg erhält als erstes Gotteshaus die in der Stadt wieder aufgebaute Klosterkirche von Tennenbach. Der Grundstein zu diesem nun als Ludwigskirche bekannten Bau wird 1829 gelegt, die Weihe erfolgt 1839. Karlsruhe erhält mit St. Stephan, 1808–14 von Weinbrenner errichtet, eine katholische Kirche. Im neuwürttembergischen Ellwangen wird für die protestantischen Gemeindeglieder gesorgt, indem die dortige Jesuitenkirche 1802 evangelische Garnisons-, 1803 Hof- und 1817 Stadtpfarrkirche wird. 1808 wird die katholische Kirche auf der Solitude als Stadtpfarrkirche nach Stuttgart übertragen. Patron ist St. Eberhard, Erzbischof von Salzburg (um 1085–1164); er wurde zwar nie formell heiliggesprochen, sein Name indes verweist wohl nicht zufällig auf die württembergische Dynastie.

XII. 25 Meßkännchengarnitur

Franz Thaddäus Lang (um 1693–1773)
Augsburg um 1763/65
Silber, vergoldet, Glasfluß, Tablett B. 41,2 cm, Kännchen H. 18,5 cm
Kath. Domkirchengemeinde St.Eberhard, Stuttgart

XII. 26 Meßkelch

Franz Thaddäus Lang (um 1693–1773)
Augsburg
Silber, vergoldet, Steinbesatz, Emails, H. 27 cm
Kath. Domkirchengemeinde St.Eberhard, Stuttgart

Meßkännchengarnitur und Kelch stammen mit an Sicherheit grenzender Wahrscheinlichkeit aus Säkularisationsgut, das König Friedrich der unter ihm erbauten katholischen Kirche St. Eberhard schenkte (Bauzeit 1808–1811).

XIII.
Klosterromantik

Von der Klosterkritik zur Klosterromantik

Von der Klosterkritik zur Klosterromantik

Der schroffen Ablehnung des Klosterwesens durch die Aufklärer steht auf literarischem Gebiet eine gemäßigte, romantisch gefärbte Sicht gegenüber. 1776 erscheint in Leipzig der erste deutschsprachige Klosterroman: »Siegwart. Eine Klostergeschichte« von Johann Martin Miller, einem in Ulm geborenen und in Laupheim aufgewachsenen Autor. Den Zeitgenossen gilt das Werk als »Wertheriade«, in der ein Mönch auf dem Grab seiner Geliebten den Liebestod erleidet. 1796 erscheinen Wackenroders »Herzensergießungen eines kunstliebenden Klosterbruders«, ein Gründungsmanifest der romantischen Kunstreligion, die sich mit dem Gottesglauben verschwistert. E.T.A. Hoffmann veröffentlicht 1815/16 »Die Elixiere des Teufels. Nachgelassene Papiere des Bruders Medardus, eines Kapuziners«. Hier ist die Klosterszenerie eindeutig positiv besetzt. Schließlich bewirkt Clemens Brentano, der Enkel La Roches, des Verfassers der anti-klösterlichen »Briefe über das Mönchswesen«, durch seine Werke »Die Barmherzigen Schwestern in Bezug auf Armen- und Krankenpflege« (1831) und »Das bittere Leiden unseres Herrn Jesu Christi« (1833) eine Rehabilitierung der lange diffamierten Figur der Nonne. Für die weitere Entwicklung des geistlichen Lebens in Deutschland sind solche Schriften von großer Bedeutung.

Zwar heißt es noch 1840 im Staatslexikon von Rotteck und Welcker polemisch: »[...] allenthalben, wo das Mönchswesen in seinem Glanze, finden wir die Masse des Volks geistig und körperlich elend, träg und unwissend, arbeitsscheu und abergläubisch, dumm, schmuzig und bettelarm.« Auf theologischem Gebiet indes trägt 1827/28 Johann Adam Möhler (1796–1838), ein Vertreter der romantischen katholischen Restauration, durch einen Zeitschriftenbeitrag wesentlich zur Überwindung der »aufgeklärten« Kritik am Mönchtum bei. »Die Klöster waren der fruchtbare, sittliche Boden, aus welchem alles hervorsproßte, was die Zeit Großes aufzuweisen hat. Die Philosophen, Theologen, Geschichtsschreiber und Dichter gingen, nebst den einflußreichsten Verwaltern der Kirche und den Missionären, aus der sorglich verwahrten Klosterpforte hervor: selten öffnete sie sich, aber wenn sie sich erschloß, erschien, im Großen der Sache betrachtet, nichts Gemeines.« Möhlers Aufsatz hat beträchtliche Breitenwirkung. »Statt Kirchenkritik ging es jetzt um eine neue Kirchlichkeit, statt Bekämpfung der Orden stand jetzt die Idealisierung des Mönchtums im Vordergrund. Insbesondere das württembergische Staatskirchenregiment wurde für die »Möhlerianer« nach dem Tod des Meisters zu einem Stein des Anstoßes. Die Möhlerschüler Johannes Ev. Kuhn, Carl Joseph von Hefele und Benedikt Welte waren die Köpfe der »ultramontanen« Opposition im Vormärz. Über Württemberg hinaus muß Möhler zusammen mit Görres und seinem Kreis sowie den Mainzern als Wegbereiter einer katholischen Romantik, die immer stärker in »Ultramontanismus« umschlug, charakterisiert werden.«

Zur Idealisierung der Klosterwelt kommt es auch in der bildenden Kunst. Zum einen wird die Zeit der Nonnen und Mönche sentimental beschrieben, zum andern dienen die einschlägigen Bildthemen als willkommener Vorwand, mittelalterliche Architektur darzustellen. Und schließlich orientieren sich Künstler, die eine Erneuerung der religiösen Malerei anstreben, entweder thematisch oder in Projekten bruderschaftlicher Malerbünde an den Klöstern früherer Zeiten. Bei der Darstellung von Mönchen und Nonnen weichen der beißende Spott und die bösartige Kritik des 18. Jahrhunderts langsam der Idylle. An die Stelle des rein negativ gezeichneten, müßiggängerischen Mönches tritt immer mehr das Bild des harmlos-fröhlichen, dem Wein und Bier nicht abgeneigten Klosterbruders. Klösterliche Geselligkeit, wissenschaftliche Betätigung und geistliche Übungen werden durchaus mit Sympathie dargestellt. Religiöse Inhalte finden jedoch auch ernsthafte bildliche Umsetzungen. Daneben zielt ein ernsthafteres Interesse an geschichtlichen Darstellungen auf die »korrekte« Wiedergabe von Episoden aus der Reformationszeit und dem Dreißigjährigen Krieg.

Insgesamt erlebt die kirchliche Kunst eine Neubewertung. Zwar gilt die barocke Architektur und Malerei noch lange als überladen und geschmacklos – so wird die sträflich vernachlässigte Birnau als Beispiel für den »ausgearteten« Rokoko- oder Zopfstil angeführt. Das Mittelalter jedoch, das in einigen Klöstern noch präsent ist, erfreut sich aufgrund des verbreiteten Geschichtsinteresses, der Mittelaltersehnsucht und der entstehenden Denkmalpflege großer Beliebtheit. *F.D.*

AK Benediktbeuren 1991, S. 108–115; BBKl, Bd. 5, 1993, Sp. 1584 ff

XIII. 1 »Verfallener gotischer Klosterhof«

Carl Blechen (1798–1840)
Vor 1840
Öl auf Leinwand, 28 × 40 cm
Staatsgalerie Stuttgart L 540

Blechen wendet sich wie viele seiner zeitgenössischen Künstlerkollegen typisch romantischen Bildmotiven zu. Ähnlich wie bei Caspar David Friedrich stehen bei ihm stimmungsvolle Ansichten im Vordergrund, wie hier der verfallene gotische Klosterhof. Das Gemälde hat sicher einen nostalgischen Aspekt, da das Ruinöse der Anlage auf die Zurückdrängung des Religiösen am Beginn der Moderne und auf das vermeintlich intakte, religiös geprägte Weltbild des Mittelalters verweist.

XIII. 2 »Ostchor und Garten von Kloster Lichtenthal«

Mitte 19. Jahrhundert
Öl/Leinwand auf Holz, 81 × 67 cm (m.R.)
Cistercienserinnenabtei Lichtenthal, Baden-Baden

Die Ansicht gibt relativ exakt die architektonische Situation in Lichtenthal wieder. Das Bild wirft inhaltlich jedoch einen nostalgischen Blick zurück in die vergangene Klosterzeit: drei Nonnen, durch die umgebenden Gebäude buchstäblich klausuriert, sind in Gebetbücher vertieft oder mit hauswirtschaftlichen Tätigkeiten befaßt.

AK Karlsruhe 1995, S. 413 f Nr. 300 mit Abb.

XIII. 3 »Die drei Einsiedler«

Moritz von Schwind (1804–1871)
Um 1859
Öl auf Leinwand, 42,8 × 44 cm
Staatsgalerie Stuttgart 1517

Der Wiener Künstler Moritz von Schwind hält sich zwischen 1840 und 1844 in Karlsruhe auf und geht 1847 nach München. In den 1850er und 60er Jahren entstehen die sogenannten »Reisebilder«, die der Maler selbst auch »Gelegenheitsgedichte« nennt. Zu ihnen zählt das hier gezeigte Gemälde. Streng genommen stellt es mit seinen drei Einsiedlern ein Paradox dar, bestand das Wesen des Eremitentums doch gerade im Alleinleben. Jede der Gestalten jedoch steht offenbar für eine bestimmte Form typisch klösterlicher Betätigungen: das Schnitzen von Kruzifixen, das Studium der Schriften und den Gartenbau.

Klassiker der Kunst – Schwind, 1906, S. 400

XIII. 2

XIII. 3

XIII. 4

XIII. 4 »Mittag im Klosterrefektorium«

August von Bayer (1803–1875)
Karlsruhe 1863
Öl auf Leinwand, 180 × 220 cm
Staatliche Kunsthalle Karlsruhe 648

Der gebürtige Züricher August von Bayer studiert unter anderem bei Weinbrenner in Karlsruhe und geht 1839 nach Baden-Baden. 1844 gründet er den Badischen Altertumsverein, 1852 erfolgt die Ernennung zum badischen Hofmaler. Als badischer Landeskonservator (seit 1853) und Maler gleichermaßen interessiert sich Bayer für die Architektur der Gotik. Im vorliegenden Werk haben wir es jedoch eher mit einer phantasievollen Bilderfindung zu tun: das gemeinsame Mittagsmahl der Mönche wird nämlich in ein Refektorium verlegt, das stark an einen Chorraum erinnert. Wir erkennen den Lettner mit dem Triumphkreuz und eine Art Chorgestühl. In der Mitte des breiten, an normannisch-englischen Kirchen orientierten Baus tafeln die Brüder, während die Glocke geläutet und von der Kanzel herab gelesen wird.

AKL; BK Karlsruhe 1971, S. 22 (Nr. 648)

XIII. 5 »Auszug der Mönche aus Kloster Alpirsbach«

Karl Haeberlin (1832–1911)
1863
Öl auf Leinwand, 150,5 × 222 cm
Staatsgalerie Stuttgart 100

Haeberlin, der 1868 Professor an der Stuttgarter Akademie wird, ist für seine historischen Schilderungen aus der vaterländischen Geschichte bekannt. Hier wählt er eine Szene aus dem Dreißigjährigen Krieg. Das Kloster Alpirsbach, 1556 in eine württembergische, evangelische Klosterschule umgewandelt, wird 1629 aufgrund des kaiserlichen Restitutionsedikts von altgläubigen Mönchen aus Ochsenhausen und Wiblingen neu besiedelt. Die militärischen Erfolge der Protestanten unter Gustav Adolf von Schweden führen 1632 zu deren Flucht. Nur zwei Jahre später können sie nach dem Sieg der katholischen Kaiserlichen bei Nördlingen erneut zurückkehren. Endgültig wird Alpirsbach durch den Westfälischen Frieden 1648 wieder evangelisch. Haeberlin wählt offenbar den Augenblick, in dem die Mönche unter den Augen der Landsknechte und württembergischer Beamter 1632 das Kloster verlassen müssen: vor dem Hintergrund

XIII. 5

des westlichen Klausurgebäudes führen sie wie in einer Prozession eine Marienstatue, den Abtsstab und eine Kirchenfahne mit sich. Der Blick eines Mönches begegnet dabei dem einer jungen Frau – wohl eine versteckte Anspielung auf die Verlockungen der Welt.

Gott und Welt in Württemberg. Stuttgart 2000, S. 98

XIII. 6 »Einkleidung einer württembergischen Prinzessin zur Nonne«

Louis Lang (1814–1893)
Rom 1845
Öl auf Leinwand, 74 × 94 cm (o.R.), 105 × 126 cm (m.R.)
Städtisches Museum im Kornhaus Bad Waldsee

Louis Lang, aus Waldsee gebürtig, studiert in Paris, lebt einige Jahre in Stuttgart, bevor er 1838 nach Philadelphia reist. Nach Aufenthalten in Rom, Venedig, Florenz und Paris läßt er sich 1852 endgültig in New York nieder, wo er 1893 stirbt. Das emotional aufgeladene Gemälde zeigt im schummrigen Licht eines Kirchenraums die Einkleidung einer Nonne: in einer Haltung, die an Richtopfer auf dem Schaffott erinnert, kniet eine Novizin in reichem Gewand ergeben vor dem sie einsegnenden Bischof. Zwei Nonnen scheren ihr Haar und halten den Habit bereit. Ein dem Betrachter zugewandtes Kind trägt auf einem Kissen die Dornenkrone heran – als doppeldeutiges Symbol für die Braut Christi, aber auch für deren bevorstehendes »Martyrium« als Klosterfrau. Die Identifikation der Novizin mit einer württembergischen Prinzessin scheint nicht belegt zu sein.

XIII. 6

XIII. 7 »Aus Kloster Maulbronn«

Ludwig Dittweiler (1844–1891)
Karlsruhe 1872
Öl auf Pappe, 60,5 × 37 cm
Staatliche Kunsthalle Karlsruhe 904

Dittweiler studiert und arbeitet in Karlsruhe und Mannheim. Der versierte Theatermaler hat mit seinen Architekturstücken großen Erfolg. Das Gemälde zeigt als inneres Rahmenmotiv einen der typischen Arkadenbögen des Maulbronner Langhauses, durch den der Blick auf einen spätgotischen Einbau fällt. Von rechts tritt ein alter, bärtiger Mönch auf, der in einem Buch liest. In einer Kirchenbank ist eine weitere Gestalt, wohl ein betender Mitbruder, zu erkennen. Bestimmte Details wie der herablaßbare Leuchter im Bogenscheitel, der Taufstein, die Kapitelle und die auf die Wand gemalten Wappen erhöhen den Realitätsgrad der Architekturschilderung, die verschiedene Ansichten aus dem Kloster Maulbronn kombiniert.

BK Karlsruhe 1971, S. 55 (Nr. 904)

XIII. 8 »Die Schmückung des Altars zum Marienfest«

Eduard von Grützner (1846–1925)
München 1887 (?)
Öl auf Leinwand, 115,5 × 90 cm
Staatliche Kunstsammlung Kassel (Leihgabe der BRD)

Grützner gilt als der Mönchsmaler des 19. Jahrhunderts schlechthin. Die Werke des in München tätigen Künstlers finden, auch durch Reproduktionen und billige Nachahmungen, weite Verbreitung. Das Marienfest-Gemälde ist insofern eine Besonderheit, als es im Gesamtwerk Grützners als einziges Bild ein Thema aus einem Frauenkonvent darstellt. Nach der Tracht zu schließen handelt es sich bei den Nonnen um Dominikanerinnen. Sie sind damit beschäftigt, den Altar ihrer Kirche mit Blumen und Textilien fest-

XIII. 7

XIII. 8

lich zu schmücken. Der dargestellte Altar befand sich nachweislich in der Sammlung des Künstlers; es handelt sich um einen Flügelaltar des 16. Jahrhunderts aus dem thüringischen Straußfurt.

Balogh, Làszlò: Eduard von Grützner 1846–1925. Ein Münchner Genremaler der Gründerzeit. Mainburg 1991, S. 136

XIII. 9, XIII. 10 »Der Krankensegen mit dem Kreuz«, »Die heilige Scholastika mit vier heiligen Benediktinerinnen«

Claudius Schraudolph d.J. (1843–1902)
1863
Öl auf Leinwand, 248 × 176 cm (m.R.)
Erzabtei Beuron

Schon kurz nach der Wiederbesiedlung Beurons durch Benediktiner gibt der Prior und spätere Abt Maurus Wolter den Auftrag, die barocke Klosterkirche mit drei modernen Altären auszustatten. Die Wahl fällt dabei auf den Münchner Nazarener Claudius Schraudolph. Auf dem rechten vorderen Seitenaltar wird Benedikt dargestellt, für die zwei folgenden Langhauspfeiler-Altäre sind die hier gezeigten Werke bestimmt. Das eine stellt Scholastika, die Schwester des heiligen Benedikt, ins Zentrum: sie steht, von vier heiligen Benediktinerinnen umgeben, in einer offensichtlich frühchristlichen, mosaikgeschmückten Chorapsis. Als Attribute sind ihr Äbtissinnenstab und Buch sowie die Taube des heiligen Geistes beigegeben. Das zweite Bild zeigt Maurus, den Sohn eines römischen Senators und Lieblingsschüler des heiligen Benedikt. Er wird dessen Nachfolger im Kloster von Subiaco, als Benedikt auf den Montecassino übersiedelt. Maurus soll außergewöhnliche Fähigkeiten zur Krankenheilung besessen haben. Das Gemälde zeigt ihn in einem romanischen Kapellenraum, in dem er die Herannahenden – die wohl stellvertretend für die Lebensabschnitte Kindheit, Jugend, Reife, Alter stehen – vor den Stufen eines Altars mit einem Kreuzreliquiar segnet. Ein Benediktinermönch läutet das Wandlungsglöckchen – allerdings nicht zur Abendmahlswandlung von Wein zu Blut, sondern zur Wandlung der Kranken in Gesunde.

Siebenmorgen 1983, S. 132

XIII. 11 »Die Muttergottes reicht dem heiligen Bernhard das Christuskind dar«

Amalie Bensinger (1809–1889)
Rom 1863/1864
Öl auf Leinwand, 250 × 125 cm (m.R.)
Cistercienserinnenabtei Lichtenthal Baden-Baden

Gleichzeitig mit den Gemälden in Beuron entstehen für das Zisterzienserinnenkloster Lichtenthal ebenfalls zwei nazarenische Bilder. Die mit dem Karlsruher Galeriedirektor Schirmer verheiratete und von Overbeck und Cornelius beeinflußte Künstlerin Amalie Bensinger konvertiert 1860 bei einem Aufenthalt in Lichtenthal zum Katholizismus. Sie widmet sich in einem der wenige Jahre später entstandenen Gemälde dem heiligen Josef, der zum »Arbeiterheiligen« geworden ist, und im vorliegenden Werk dem heiligen Bernhard von Clairvaux als Patron der Lichtenthaler Nonnen. Dieser wird, vor dem Thron Mariens kniend, vom Christuskind gesegnet. Die beiden Bilder entstehen für Seitenaltäre, deren barocke Ausstattung in eine Dorfkirche wandert. 1946/48 werden die nazarenischen Gemälde ihrerseits aus der Lichtenthaler Kirche entfernt.

XIII. 10

XIII. 11

XIII. 12

Mit Lenz und Wüger entwirft Amalie Bensinger zur Zeit der Entstehung dieser Bilder das utopische Projekt eines Künstlerklosters zur Erneuerung der kirchlichen Kunst. Schon in Rom hat sie versucht, eine Art Damenstift für junge Künstlerinnen zu gründen. Lenz entwirft 1864 die »Statuten eines Kunstklosters«, in denen von einem Männer- und einem Damenstift die Rede ist. Novizen haben die Gelübde der Armut, der Keuschheit und des Gehorsams abzulegen, und »thätiges und beschauliches Leben soll nach bestimmter Ordnung abwechseln«.

AK Karlsruhe 1995, S. 362 f mit Abb.; Siebenmorgen 1983, S. 61 f mit Lit.

XIII. 12 »Darstellung Jesu im Tempel«

Edward Jakob von Steinle (1810–1896)
Rom vor 1873
Öl auf Leinwand, 225 × 120 cm (o.R.), 263 × 154 cm (m.R.)
Kolpinghaus Stuttgart-Zentral

Das Gemälde zeigt einen Altar, vor dem sich vier Gestalten zum Gebet versammelt haben. Auf einem Podest spielt sich in klassischer Architektur die Szene der Darstellung im Tempel ab. Da dem jüdischen Brauch zufolge jede Erstgeburt einer Familie Gott gehört, bringen Maria und Josef dem greisen Hohepriester Simeon das Christuskind dar. Die Prophetin Hanna ist Zeugin des Vorgangs. Vor dem Altar, der die darüber befindliche, realistisch wiedergegebene Darbringungsszene als Altargemälde ausweist, haben sich (nach Auskunft des Wappens auf dem Rahmen) vier Mitglieder der katholischen Familie von Berlichingen-Rossach zum Gebet eingefunden. Die vorn links kniende Dame ist Freifrau Albertine (1817–1883), die den 1865 verstorbenen katholischen württembergischen Kammerherrn von Berlichingen geheiratet hatte. Zwei ihrer Kinder treten in den geistlichen Stand: Mathilde Ernestine (hinten links) tritt in Wien in den Orden vom heiligen Herzen Jesu ein, während ihr Bruder Carl Friedrich Götz (hinten rechts) Jesuit in Paderborn wird. Ein weiterer Sohn ist in Uniform abgebildet, was vielleicht auf eine Entstehungszeit um 1870 hinweist. Als das Bild entsteht, lebt die Baronin in Rom. Bis 1873 hängt das Gemälde in ihrer dortigen Hauskapelle. 1874 kommt es nach Stuttgart in die Kapelle des Gesellenhauses, dessen Bau 1869 von ihr durch Darlehen und großzügige Stiftungen unterstützt worden ist.

XIII. 13 bis XIII. 20 Zizenhausener Figuren

Anton Sohn (1769–1841) nach Vorlagen von Hieronymus Hess (1799–1850)
Zizenhausen 1. Hälfte 19. Jahrhundert
Ton, farbig gefaßt
Rosgartenmuseum Konstanz
a. Kapuziner mit tanzendem Hund
H. 14 cm; V-Z/10–104 (498)
b. Kapuziner mit Hecht
H. 13,2 cm; V-Z/10–103
c. Trinkender Kapuziner
H. 14,7 cm; V-Z/10–101
d. Kapuziner mit Prior im Karren
H. 6,8 cm; V-Z/10–107
e. Kapuziner mit Nonne im Karren
H. 8 cm; V-Z/10–108 (531)
f. Nonne mit Kapuziner
H. 8,5 cm; V-Z/10–106 (529)
g. Prediger auf der Kanzel
H. 15,8 cm: V-Z/10–101 (073)
h. Einsiedelei
H. 10,9 cm; V-Z/10–105 (244)

Anton Sohn wird als viertes Kind eines Schreiners in Kümmerazhofen bei Bad Waldsee geboren. Der Vater nimmt die Seligsprechung der guten Beth von Reute zum Anlaß, Tonfiguren als Pilgerandenken zu fertigen. Bald entstehen auch Krippenfiguren. Anton zieht 1799 nach Zizenhausen bei Stockach, wo er als »Bildermann« bekannt wird. Größten Ruhm erwirbt er sich

XIII. 13

XIII. 14

XIII. 19

XIII. 21

durch den »Basler Totentanz«, die »Schweizer Trachten« und das »Große Orchester«. Er wendet sich aber auch den Themen seiner Zeit zu: Napoleon, den Opfern der Koalitions- und Befreiungskriege, dem biedermeierlichen Familienleben und – den Mönchen. Besonders die Kapuziner haben es ihm angetan. Er karikiert sie in eher liebenswürdiger, ironischer Weise als weltzugewandte Müßiggänger und gutmütige Bettelmönche. Das Bittere der aufklärerischen Mönchskritik weicht einer weitgehenden Verharmlosung.

XIII. 21 Pater Silvan

Riedlingen vor 1895
Gips, Textilien, Holz, 138 × 50 × 85 cm
Kapuzinerkloster Riedlingen
Hospitalpflege Riedlingen

Das Riedlinger Kapuzinerkloster, 1806 beim Übergang der Stadt an das Königreich Württemberg aufgelöst, wird danach zu einer der vier zentralen Sammelstellen für Bettelmönche. Die Kapuziner dürfen deshalb bis zu ihrem Tod verbleiben. Gemeinsames Chorgebet und das Tragen des Habits sind allerdings verboten. 1810 halten sich hier noch 13 Patres und 5 Laienbrüder auf. 1812 erwirbt die Stadt den Klosterkomplex vom Königreich für 3000 Gulden und hat als Gegenleistung ein Oberamtsgebäude zu erstellen. Als die Hospitalpflege das Anwesen 1832 um 6000 Gulden kauft, muß der letzte lebende Kapuziner das Kloster verlassen und in die Stadt ziehen. Aus dem Kapuzinerkloster wird ein Bürgerspital, das von 1854 bis 1978 Barmherzige Schwestern aus Straßburg und später aus Untermarchtal betreuen.
Über die Entstehung der Stuckfigur mit beweglichen Gliedern und Kapuzinertracht ist nichts bekannt. Es ist jedoch anzunehmen, daß sie wahrscheinlich von der Bevölkerung nach dem Ende des Kapuzinerklosters als eine Art Denkmal in der erhaltenen Klosterzelle installiert wird. Sie sitzt dort an einem Lesepult und scheint in einem Missale zu lesen. So wird die Erinnerung an die von der Stadt geschätzten Kapuziner durch Pater Silvan bis heute wach gehalten.

Aßfalg 2002

XIV.

Säkularisationsfolgen 2: Kirchliche Verhältnisse nach 1803

Klöster und kirchliche Gemeinschaften im 19. Jahrhundert

Das Problem der Männerorden

Populäre Ordensleute aus dem deutschen Südwesten

Klöster und kirchliche Gemeinschaften im 19. Jahrhundert

Evangelische Äbte: Väter des Pietismus, Kanzler der Universität Tübingen

Die altwürttembergischen, evangelischen Prälatenklöster bleiben zunächst von der Säkularisation verschont. Sie gehen auf die Reformationszeit zurück, in der der damalige Herzog 14 Klöster, darunter Bebenhausen, Hirsau, Maulbronn und Alpirsbach, in evangelische, weiterhin klosterartig organisierte Schulen umwandelt. Die Schulleiter, die den Abtstitel tragen, sitzen als Prälaten im württembergischen Landtag. Zu ihrem Unterhalt dient der übernommene Klosterbesitz.

Nachdem Kurfürst Friedrich bereits 1805 die ständische Verfassung Württembergs und damit auch die Prälatenbank aufgehoben hat, verbindet ein Reskript von 1806 den Kirchenrat mit dem Oberfinanzdepartment – damit wird das altwürttembergische, evangelische Kirchengut mit dem Staatsvermögen vereinigt und somit säkularisiert. Im Gegenzug übernimmt der Staat die Sorge um Kirchengebäude und Pfarrstellen (Staatsleistungen). Der Versuch, dieses Modell auch auf die katholische Kirche zu übertragen, zeitigt bis 1924/32 Wirkungen.

XIV. 2

XIV. 1 Johann Albrecht Bengel (1687–1752)

1741
Öl auf Leinwand, 92 × 75 cm
Privatbesitz

Bengel wird 1713 Präzeptor (Lehrer und Erzieher) in der neu eingerichteten Klosterschule Denkendorf und prägt dort zahlreiche künftige Pfarrer. 1741 wird er Propst und Prälat in Herbrechtingen, 1749 Prälat von Alpirsbach und Konsistorialrat in Stuttgart. Die Ernennung zum Prälaten verschafft ihm einen Sitz im Landtag. Bengel, für den sich die Heilige Schrift aus sich selbst erklärt, verfaßt 1752 mit dem »Gnomon« einen wortgetreuen Bibelkommentar; nach einem angenommenen Zeitplan Gottes errechnet er die Wiederkehr Christi für den 18. Juni 1836. Bengel gilt als einer der Väter des schwäbischen Pietismus, der unter anderen auch Oetinger beeinflußt.

BBKl, Bd. 1, 1990, Sp. 497–499

XIV. 2 Friedrich Christoph Oetinger (1702–1782)

Murrhardt, nach 1765
Öl auf Leinwand, 67 × 53 cm
Oetinger-Haus Murrhardt

Oetinger, der bereits als Kind ein Erweckungserlebnis hat, besucht die evangelischen Schulen in Blaubeuren und Bebenhausen und studiert dann in Tübingen, Leipzig und Halle Theologie und Medizin. Nach dem Pfarrdienst in verschiedenen Städten wird er 1765 Prälat von Murrhardt. Im Landtag setzt er sich für Johann Jakob Moser ein, der von Herzog Karl Eugen wegen einer kritischen Publikation auf dem Hohentwiel gefangengesetzt wird. In seiner Theologie geht Oetinger von einer dreistufigen Erkenntnislehre aus, die auf der Philosophie, der Heiligen Schrift und dem eigenen Lebensschicksal aufbaut.

BBKl, Bd. 6, Sp. 1156–1158

XIV. 3

XIV. 3 Johann Friedrich Lebret (1732–1806)

Öl auf Leinwand, 89 × 72 cm
Professorengalerie Universität Tübingen

Stellvertretend für die zahlreichen Tübinger Universitätskanzler, die gleichzeitig Prälaten sind, steht Johann Friedrich Lebret. Er ist von 1782 bis 1786 Kanzler der Stuttgarter Karlsakademie, 1783 wird er zum Prälaten von Herrenalb ernannt. 1786 tritt er das Amt des Kanzlers der Universität Tübingen an und wird gleichzeitig, gewissermaßen als »Pfründner«, Prälat von Lorch. Überhaupt werden einige Prälatentitel gerne als Belohnung für besondere Verdienste verliehen und als Instrument einer Rangerhöhung betrachtet.

Evangelische Stiftsdamen

Die einzige evangelische Einrichtung, die bereits im Reichsdeputationshauptschluß genannt wird, ist das württembergische adlige Damenstift in Oberstenfeld. 1535/37 durch die Reformation eines Augustinerchorfrauenstifts entstanden, wird es zu Beginn des 19. Jahrhunderts säkularisiert. Allerdings erwirkt die betroffene Ritterschaft den Fortbestand der Einrichtung, die 1805 neue Statuten erhält. Ihnen zufolge vergibt der württembergische Kurfürst von nun an die Stiftsstellen, und die Äbtissinnen sollen württembergische Prinzessinnen sein. Erst nach dem Ende der Monarchie erfolgt 1923 die Aufhebung.
Das badische Pendant zu Oberstenfeld stellt das Kraichgauer adelige Damenstift dar, das 1718 in Pforzheim gegründet wird und 1859 nach Karlsruhe umsiedelt. Als eine Einrichtung der Kraichgauer Reichsritterschaft steht es ausdrücklich unter weltlichem Schutz. Da sein Besitz relativ bescheiden ist, weckt es offenbar keine Säkularisationsgelüste. Im 19. Jahrhundert unter kirchliche Oberaufsicht gestellt, fordert das Stift gerichtlich seinen weltlichen Status zurück und existiert bis heute, allerdings ohne Gemeinschaftsleben der Stiftsdamen, fort.

XIV. 4 Alexandrine Mathilde von Württemberg (1829–1913), seit 1874 Äbtissin des Adeligen Damenstifts Oberstenfeld

1874
Zeichnung nach Fotografie, 55 × 45 cm (m.R.)
Gemeindearchiv Oberstenfeld

Alexandrine, die Tochter Herzog Eugens II. von Württemberg-Carlsruhe, bleibt unverheiratet. Deshalb sucht das Haus Württemberg eine geeignete geistliche Stelle für sie. Man findet diese in Oberstenfeld.

XIV. 5 Die Stiftsdamen von Oberstenfeld 1891

1891
Fotografie, 17 × 24 cm (Blattmaß)
Gemeindearchiv Oberstenfeld

XIV. 6 Wandschirm mit den Wappen der Stifter des Kraichgauer Adeligen Damenstifts

1862
Holz, Stickerei, 118 × 54,5 × 27 cm
Kraichgauer Adeliges Damenstift Karlsruhe

XIV. 7 Rosa Susanna Katharina Philippina von Venningen, die erste Äbtissin des Kraichgauer Adeligen Damenstifts (1721–1733)

Pforzheim (?), vor 1733
Öl auf Leinwand, 125,5 × 98 cm
Kraichgauer Adeliges Damenstift Karlsruhe

Die Diakonissenbewegung im deutschen Südwesten

Zunächst gibt es in Württemberg und Baden zu den in Bildung und Sozialwesen tätigen, katholischen Schwestern kein protestantisches Pendant. Der Protestantismus hat den Frauen das häusliche Umfeld als angemessenen Wirkungskreis zugewiesen, eine »Versorgungsanstalt« für ledige Töchter nach Art der Klöster gibt es nicht. Demzufolge übernimmt der Staat, meist unter dem Patronat der Königin, die entsprechenden wohltätigen Aufgaben. Erst spät regt sich wegen der Geringschätzung der vielen unverheirateten Frauen Unmut: soziale Einrichtungen, die gerade in der Zeit von Kriegsnot und Armut ausgebildete Kräfte benötigen, fordern diese Gruppe ausdrücklich zur tätigen Arbeit in der Kirche auf. Die 1836 in Kaiserswerth gegründete Diakonissenanstalt, die sich nicht zufällig auch an den Barmherzi-

XIV. 6

XIV. 7

gen Schwestern orientiert, kann ihre Arbeit deshalb rasch in den deutschen Südwesten ausdehnen. Bald schon werden hier Diakonissenhäuser gegründet, und im Krieg von 1870 bewähren sich die evangelischen Schwestern gemeinsam mit den Franziskanerinnen und Vinzentinerinnen. Die Diakonissen folgen den Gelübden Gehorsam, Armut und Keuschheit, können aber jederzeit austreten – etwa um zu heiraten.

Regine Jolberg (1800–1870) entstammt einer jüdischen Bankiersfamilie und konvertiert 1826 zum evangelischen Glauben. Dem Ideal eines werktätigen Pietismus verpflichtet, gründet sie 1840 bei Kehl eine Arbeitsschule, dann ein Mutterhaus für Kinderpflegerinnen. 1851 siedelt sie ins badische Nonnenweier über, wo ihr Diakonissenhaus noch heute besteht. Sie gilt als Begründerin des Berufsbildes evangelischer Erzieherinnen.

BBKl, Bd. 21, 2003 (Vorschau im Internet mit Volltext)

Wilhelmine Canz (1815–1901) verwirklicht 1848/49 in Bischoffingen das Projekt der Gründung einer Kinderschule. Bei einem Besuch in Nonnenweier empfängt sie von Regine Jolberg die Anregung, eine ähnliche Anstalt in Württemberg zu gründen. Erst 1855 läßt sich das Vorhaben in Großheppach realisieren, 1856 tritt die erste Lernschwester ein. Das Mutterhaus, dem Wilhelmine Canz bis 1896 vorsteht, vergrößert sich ständig. Großheppach umfaßt heute 640 Schwestern.

BBKl, Bd. 1, 1990, Sp. 917f

Die Stuttgarter Kaufmannsfrau Charlotte Reihlen († 1868) ist die Mitbegründerin der Evangelischen Diakonissenanstalt Stuttgart. Aufgabe der Einrichtung ist die Pflege kranker und alter Menschen sowie die Ausbildung in Pflege- und anderen Berufen. Heute gehören zur Schwesternschaft ungefähr 270 Diakonissen und 500 Diakonische Schwestern und Brüder.

Gott und Welt in Württemberg. Stuttgart 2000, S. 158f
Daiber, Karl, Charlotte Reihlen. Stuttgart 1997

Christa von Viebahn (1873–1955) zählt mit ihrem Vater Georg von Viebahn, einem der Begründer des »Verbandes gläubiger Offiziere« und Herausgeber einer Anleitung zur täglichen Bibellektüre, zu den Leitfiguren der deutschen protestantischen Gemeinschaftsbewegung. 1924/27 gründet sie das dann von ihr geleitete Aidlinger Diakonissenhaus, das noch heute besteht.

BBKl, Bd. 12, Sp. 1364ff

Katholische Frauenklöster von Staates Gnaden

Der Staat, der in den Besitz des säkularisierten Ordensvermögens gelangt, übernimmt nach 1803 auch bisher ganz wesentlich von den Klöstern erfüllte Aufgaben wie Schulbildung, Seelsorge, Krankenversorgung. Aufgrund ihres Nutzens für den Staat bleiben aber bestimmte klösterliche Einrichtungen in leicht veränderter Form sogar erhalten.

In Baden erläßt Großherzog Karl Ludwig Friedrich 1811 ein »Regulativ«, das den Erhalt von acht Frauenklöstern duldet. In den Genuß dieses Privilegs kommen neben Lichtenthal, das als Grablege und Hauskloster der badischen Dynastie einen Sonderstatus genießt, und dem verarmten Schulinstitut in Konstanz-Zoffingen aufgrund ihrer Schultätigkeit sechs weitere Einrichtungen in Freiburg, Villingen, Rastatt, Baden-Baden und Ottersweier. Die Häuser werden zu staatlichen Erziehungsinstituten. An die Stelle der alten Ordensregeln treten obrigkeitlich verordnete Klosterstatuten. Bis 1877 werden aufgrund kirchenpolitischer Auseinandersetzungen im Umkreis des Kulturkampfes drei der acht Häuser aufgehoben, die übrigen fünf existieren bis heute.

Die württembergische Regierung akzeptiert die vom Rottenburger Bischof Lipp eingeführten Schulschwestern, die 1860 und 1863 Filialen in Ravensburg und Wurzach einrichten. Oggelsbeuren wird 1854 von Franziskanerinnen aus dem bayrischen Dillingen besiedelt, und von dort aus entstehen die Niederlassungen in Sießen, Bonlanden und Heiligenbronn. 1869 übernehmen Franziskanerinnen das Kloster Reute. 1855 erhalten die in Schwäbisch Gmünd ansässigen Barmherzigen Schwestern, die besonders in der Kranken- und Behindertenpflege tätig sind, staatliche Statuten. 1891 siedeln sie nach Untermarchtal über.

XIV. 8

XIV. 8 Karoline Kaspar (1780–1860), seit 1809 Superiorin des Ursulinenklosters Freiburg i.Br.

Sebastian Luz, 1896, Kopie nach dem 1855 von G. Balder gemalten Original
Öl auf Leinwand, 142,7 × 118 cm
Ehemals St. Ursula/Freiburg i.Br.
Stiftungsverwaltung Freiburg i.Br. A 1054/ (3529)

Am 16. September 1811 wird in Baden das »Regulativ für die katholischen weiblichen Lehr- und Erziehungsinstitute des Großherzogtums« erlassen. Das Dekret regelt den Fortbestand der nach 1803 noch bestehenden acht Nonnenklöster Badens. Dabei reduziert man die Daseinsfunktion der Nonnenkonvente auf die reine Lehrtätigkeit. In dem entsprechenden Gesetzesartikel heißt es: »Die der Mädchenerziehung oder ihrem Unterricht sich widmenden Frauenklöster [...] sind völlig bei ihrem bisherigen Stand und Einkommen bestätigt [...]«. Die Klöster sind nun aber nicht mehr kirchliche Institutionen, sondern werden nur noch als staatliche Lehranstalten betrachtet. In Freiburg besteht das 1695 gegründete Kloster St. Ursula als Lehrkloster auch nach der Säkularisation fort. Eine der bedeutendsten Lehrerinnen, die in St. Ursula wirkt, ist Karoline Kaspar, die bereits 1797 in das Kloster eingetreten war. 1809 wird sie zur Superiorin gewählt. Kaspar ist eine von kirchlicher wie von staatlicher Seite gleichermaßen anerkannte Persönlichkeit. Zu ihrem engsten Kreis zählen der Freiherr Karl von Baden, Generalvikar von Wessenberg, Ferdinand Weiß und die Großherzogin Stephanie von Baden. Unter ihrer Leitung erlebt das Kloster als Lehranstalt eine regelrechte Blüte. Die Zahl der Lehrfrauen steigt stetig, so daß Karoline Kaspar u.a. eine Zweigniederlassung in Alt-Breisach gründet und in Freiburg ein Pensionat einrichtet, das der dortigen Ursulinenschule angegliedert ist. Das Ursulinenkloster und seine Lehreinrichtungen bestehen noch bis 1877 fort, im Zuge des Kulturkampfes und der badischen Schulgesetzgebung von 1876, die sich ganz gegen Konfessionsschulen richtet, wird das Lehrkloster dann schließlich aufgelöst. *T.J.*

BK Freiburg i. Br. 2000, S. 163 f, Kat.-Nr. 107

Das Problem der Männerorden

Die Auflösung der Klöster geht in den katholischen Fürstentümern Hohenzollern-Hechingen und Hohenzollern-Sigmaringen sanfter und langsamer vor sich als in den Nachbarstaaten. So bleiben Hedingen bis 1816, Gruol bis 1827 und Habsthal bis 1841 als »Aussterbeklöster« erhalten. Wald und Inzigkofen können als »freie Gemeinschaften« unter einer Vorsteherin bis zum Tod der jeweils letzten Klosterfrau bis 1853 bzw. 1856 weiter existieren. Als die beiden hohenzollernschen Fürstentümer 1850 per Staatsvertrag an Preussen übergehen, bietet die dort den Religionsgemeinschaften verfassungsmäßig zugesicherte selbständige Verwaltung die Gelegenheit zur Neugründung von Klöstern. Unter dem Freiburger Erzbischof Hermann Vicari (1842–1868) siedeln sich 1852 in Gorheim Jesuiten und 1863 in Beuron auf Fürsprache der Hohenzollern-Fürstin Katharina Benediktiner an. 1869 kommen Franziskanermönche nach Stetten bei Hechingen. Infolge des Kulturkampfes werden diese Klöster ab 1872 aufgelöst, doch immerhin kann Beuron von seiner ins Ausland emigrierten Kommunität 1887 wieder übernommen werden. Es entwickelt sich zur größten europäischen Benediktinerkongregation. 1890 lassen sich im aufgelösten Jesuitenkloster Gorheim Franziskaner, 1892 in Habsthal Benediktinerinnen aus der Schweiz nieder.

XIV. 9 Hermann von Vicari, Erzbischof von Freiburg (1773–1868)

Mitte 19. Jahrhundert
Wachsbossierung, 20 × 17 × 3,5 cm
Museum für Stadtgeschichte im Wentzingerhaus Freiburg i.Br.

Vicari ist zunächst Klosterschüler in Weingarten und Schussenried, bevor er nach dem Studium in Augsburg (zusammen mit den Brüdern Wessenberg) 1797 in Dillingen promoviert wird. Im selben Jahr empfängt er in Konstanz die Priesterweihe. Als Mitarbeiter Dalbergs und Wessenbergs gelangt er in den Besitz hoher Kirchenämter. Nach der Errichtung der Erzdiözese Freiburg wird er als einziges Mitglied der Konstanzer Kurie in das neu zu konstituierende Freiburger Domkapitel berufen: Erzbischof Bernhard Boll ernennt ihn 1827 zum ersten Generalvikar. 1836 steht er als Erzbischof zur Wahl, scheitert jedoch am Einspruch des Großherzogs. Erst 1842 gelingt ein zweiter Anlauf. Nach seiner Wahl schwenkt Vicari kirchenpolitisch auf den römischen Kurs um und wird zum Gegner des badischen Staatskirchentums – 1854 steht er deshalb mehrere Wochen unter Arrest. Da seiner Diözese auch das 1850 preußisch gewordene Hohenzollern angegliedert ist, gelingt es ihm zwar, dort die Wiedereinführung von Männerorden zu fördern, in Baden jedoch bleiben Männerorden verboten.

BBKl, Bd. 7, 2000, Sp. 1483–1485

XIV. 10 Fürstin Katharina von Hohenzollern (1818–1893), die Förderin Beurons

Alexandra von Berchholtz nach Richard L. Lauchert (1823–1869)
1854
Öl auf Leinwand, 67,5 × 57,5 cm (o.R.)
Erzabtei Beuron

Es ist Katharina von Hohenzollern, die Witwe des Sigmaringer Fürsten Karl, die 1862 in Beuron den Neubeginn klösterlichen Lebens ermöglicht. Sie kauft ihrem Stiefsohn Karl-Anton von Hohenzollern, der von 1858 bis 1862 preußischer Ministerpräsident ist,

XIV. 9

XIV. 10

Kirche und Klostergebäude ab und übergibt sie als Stiftung den Brüdern Maurus und Placidus Wolter. Katharina hat die beiden Benediktinermönche in Rom im Hause ihres Cousins, des Kardinals Gustav von Hohenlohe-Schillingsfürst, kennengelernt. Sie drängt sie zur Reise nach Deutschland, um dort ein Kloster zu gründen. Am 10. Februar 1863 wird in Beuron ein selbständiges Konventualpriorat errichtet.

Hogg/Kremer 2002, S. 116f

XIV. 13

XIV. 11 Bitte des Priors Maurus Wolter an Fürst Karl Anton von Hohenzollern-Sigmaringen um käufliche Überlassung der Klostergebäude in Beuron zur Gründung eines benediktinischen Konventes

Kloster St. Benedikt bei Kleve, 25. Mai 1862
Tinte auf Papier, 34,5 × 20,2 cm
StA Sigmaringen Dep. 39 Beuron NVA

AK Sigmaringen 1988, S. 42 (Nr. 119)

XIV. 12 Festrede und Festbericht anläßlich der Einführung des ersten Abtes von Beuron

Sigmaringen 1868
Druck auf Papier, 22,3 × 14,3 cm
StA Sigmaringen, Dep. 39 Beuron Bibliothek H 343

AK Sigmaringen 1988, S. 43 (Nr. 25)

XIV. 13 Maurus Wolter (1825–1890) als Erzabt von Beuron (1887–1890)

Brügge (?), 1889
Öl auf Leinwand, 206,7 × 119,7 (m.R.)
Erzabtei Beuron

Maurus Wolter ist einer der beiden Gründer des Benediktinerklosters Beuron und steht diesem von 1863 bis 1868 als Prior, von 1868 bis 1875 als Abt vor. Bei der Auflösung 1875 begibt er sich mit seinem Konvent für zwölf Jahre ins Exil. Trotzdem entstehen allein zwischen 1872 und 1889 acht Neugründungen, denen bis 1988 21 weitere folgen.

AK Sigmaringen 1988, S. 41 (Nr. 18)

Die protestantischen Herrscher Badens und Württembergs versuchen mit allen Mitteln, die Niederlassung von Männerorden in ihren Gebieten zu verhindern. Durch die starke Präsenz katholischer Bevölkerungsteile und ultramontaner Theologen entwickelt sich jedoch eine in den Landtagen und in der Publizistik ausgetragene Kontroverse, die in beiden Ländern das gesamte 19. Jahrhundert ausfüllt. In Baden schreibt ein Gesetz von 1860 das Verhältnis zwischen Staat und Kirche fest. In der Folge fordern die Liberalen die »Entklerikalisierung« der Schulen. 1867 schreibt das Kulturexamensgesetz die staatliche Eignungsprüfung zukünftiger Priester vor. Es fällt 1880. An die Gründung von Männerköstern ist vor der aufgeladenen Zeitstimmung trotz zahlloser Petitionen nicht zu denken; lediglich ausländische Ordensangehörige dürfen bedingt in der Seelsorge tätig sein. Wiederholte Bemühungen politischer (Zentrumspartei) und kirchlicher Stellen um die Zulassung von Männerorden scheitern am Widerstand der Regierungen. Erst 1918, kurz vor dem Ende der Monarchien, beginnt mit der nun erfolgten Genehmigung von Ordensniederlassungen eine neue Etappe in der Entwicklung des Klosterlebens.

XIV. 14 Zähringisch-badischer Kelch

Trier 1893
Silber, Email, H. 22 cm
Erzbischöfliches Priesterseminar St. Peter i.Schw.

Trotz der Ablehnung der Männerorden zeigt das badische Haus für bestimmte Klöster ein besonderes Interesse: das Zisterzienserinnenkloster Lichtenthal wird als Hort »badischer Reliquien«, als Hauskloster und Familiengrablege besonders gepflegt. Das Schwarzwaldkloster St. Peter, wohin 1842 das Freiburger Priesterseminar verlegt wird, war ebenfalls eng mit der Dynastie verbunden. Anläßlich des 800. Gründungsjubiläums überreicht Großherzog Friedrich, der sich auch um eine Annäherung an Rom bemüht und 1894 die Zulassung elsässischer Ordensleute zur Seelsorge ermöglicht, diesem Kloster einen Kelch, der laut Inschrift zum Gedenken an die Vorväter und ihre Gründung entstanden ist.

AK St. Peter 1993, S. 324 Nr. 74

XIV. 14

XIV. 15 Lothar von Kübel (1823–1881), Weihbischof und Erzbistumsverweser in Freiburg

Freiburg, 2. Hälfte 19. Jahrhundert
Öl auf Leinwand, 64 × 54 cm (m.R.)
Erzbischöfliches Ordinariat Freiburg i.Br.

Kübel, der Wunschkandidat des Papstes für den Freiburger Erzstuhl, ist aufgrund seiner kirchlichen Einstellung politisch nicht durchsetzbar. So wirkt er von 1868 bis 1881 als Bistumsverweser. Er ist ultramontan eingestellt und gerät während des Kulturkampfs in Schwierigkeiten. 1867 hat Baden das Kulturexamen eingeführt, eine staatliche Eignungsprüfung für angehende Priester – Kübel weiht dennoch Theologen, die dieses Examen nicht abgelegt haben. Sie werden deshalb verhaftet, und der Bistumsverweser muß eine Geldstrafe bezahlen. Die entsprechenden Gesetze werden 1880 zurückgenommen, so daß Kübel nun über 400 vakante Seelsorgestellen besetzen kann.

BBKl, Bd. 4, 1992, Sp. 732–737; Hogg/Kremer 2002, S. 87 ff

In Württemberg wird das Tragen der »Mönchstracht« bereits 1808 verboten. Für nicht in der Seelsorge eingesetzte ehemalige Mönche werden 1803 Sammelklöster eingerichtet, so beispielsweise in Riedlingen bis 1832. Bis zum Ende des 19. Jahrhunderts entstehen zahlreiche Denkschriften und Eingaben, die die Wiederzulassung von Mannsklöstern fordern. Sie werden stärker von der Zentrumspartei als von den jeweiligen Rottenburger Bischöfen getragen. Wie in Baden jedoch führen die dadurch ausgelösten Initiativen erst 1918 zu einem positiven Ergebnis: die württembergische Regierung erlaubt als erstes die Niederlassung von Redemptoristen auf dem Schönenberg und von Franziskanern in Weggental (1919).

Populäre Ordensleute aus dem deutschen Südwesten

Auch wenn Klöster im Land erst sehr spät zugelassen werden, erfreuen sich regional verehrte Ordensleute ungebrochener Beliebtheit. Sie bleiben Identifikationsfiguren für bestimmte Regionen, und im Lauf der Zeit treten weitere vorbildhaft wirkende Gestalten hinzu.

XIV. 16 Eine zentrale Figur Oberschwabens: Die gute Beth von Reute

Martin Zürn (um 1590–1665)
Waldsee, um 1620/1625
Lindenholz, ursprünglich ungefasst, Neufassung 18. Jahrhundert, H. 60 cm
WLM 1990–179

Elisabeth Achler wird 1386 in Waldsee geboren und stirbt 1420 als Franziskanerin in einer Klause, die sie mit vier weiteren Schwestern bei der Pfarrkirche von Reute gegründet hat. Ihr durch die Stigmatisation ausgezeichnetes, heiligmäßiges Leben zieht rasch Wallfahrer an ihr Grab. Als die gute Beth 1767 seliggesprochen wird, sollen an die 150000 Menschen nach Reute gepilgert sein. Der Leib der gottgefälligen Frau wird damals in kostbare Gewänder gekleidet und in einem noch heute erhaltenen Glasschrein beigesetzt. Das Franziskanerinnenkloster zu Reute wird von Kaiser Joseph II. 1784 aufgelöst. Allerdings erlebt es im 19. Jahrhundert seine Wiederbegründung. Aus dem bloßen Zusammenschluß von fünf Mädchen im Jahr 1848 wird schließlich eine Kongregation, die sich 1870 in der leerstehenden, von Ehingen aus erworbenen Klosteranlage von Reute niederläßt. Heute ist die Gemeinschaft von Reute eine der größten Trägerinnen sozialer Einrichtungen im deutschen Südwesten.

AK Weingarten 1990, zu Reute S. 189–202

XIV. 17, XIV. 18 Badische Hauspatrone: Der selige Bernhard und Markgraf Hermann I. von Baden

Matthias Faller (1707–1791)
St. Peter, 1777
Holz, gefaßt und vergoldet, H. 86 bzw. 85 cm
Erzbischöfliches Priesterseminar St. Peter i.Schw.

In St. Peter wird der zähringisch-badischen Klostergründer in vielfältiger Weise gedacht. Die Verbundenheit des markgräflichen Hauses erklärt sich aus den dortigen Altertümern zur Familiengeschichte. Bernhard von Baden wird 1769 auf Betreiben des Abtes

XIV. 16

XIV. 17, XIV. 18

XIV. 19

Philipp Steyrer seliggesprochen, nicht zuletzt, um die protestantischen badischen Herrscher auf einen wohlwollenden Kurs gegenüber den katholischen Landeskindern einzuschwören. Der Name Bernhard ist bis heute im badischen Haus gebräuchlich.

AK St. Peter 1993, S. 308–310 Nr. 51 und 52 mit Abb.

XIV. 19 **Der Schutzpatron von Hohenzollern: Der heilige Fidelis von Sigmaringen**

Johann Caspar Lutz
Augsburg, 1731
Silber, teilweise feuervergoldet, Halbedelsteine, Glas, Email, 45,5 × 34 × 27 cm
Fürstlich Hohenzollernsche Sammlungen Sigmaringen

Der Kapuzinermönch Fidelis, Sohn eines Sigmaringer Stadtschultheißen, wird im Dreißigjährigen Krieg von calvinistischen Bauern in der Schweiz erschlagen. 1729 erfolgt seine Seligsprechung, worauf sich der Fürst von Hohenzollern-Sigmaringen eine Reliquie besorgt und diese kostbar fassen läßt. Am 29.6.1746 wird Fidelis heiliggesprochen. Papst Pius XI. erhebt ihn am 11.8.1926 zum offiziellen Patron des Landes Hohenzollern. Bereits zuvor, 1925, ist die neu erbaute, katholische Fideliskirche in Stuttgart geweiht worden. Der Heilige ist Schutzherr der Städte Sigmaringen und Feldkirch, der Erzdiözese Freiburg und verschiedener Kapuzinerprovinzen sowie, aufgrund seines Studiums, Patron der Juristen. In der Sigmaringer Pfarrkirche St. Johann befindet sich noch heute die Wiege des heiligen Fidelis, in die Kinder nach der Taufe gelegt werden, um sie zu segnen.

Becker, O./Fußler, G./Trugenberger, V.: Sankt Fidelis von Sigmaringen. Leben, Wirkung, Verehrung. Sigmaringen 1996

XIV. 20 **Ein Volksmissionar im Virngrund: Pater Philipp Jeningen SJ**

Eichstätt 1763
Öl auf Leinwand, 114 × 92 cm (m.R.)
Diözesanmuseum Eichstätt HVE 17

Pater Philipp Jeningen SJ, aus Eichstätt kommend, wirkt seit 1680 als Seelsorger und Betreuer der Marienwallfahrt auf dem Schönenberg bei Ellwangen. Der dortige Kirchenneubau, der im linken Hintergrund des posthumen Porträts dargestellt ist, geht auf seine Bemühungen zurück. Pater Jeningen ist als gegenreformatorischer Missionar des Virngrundes im Gebiet der Fürstpropstei Ellwangen und in den angrenzenden Gebieten tätig. In seinen Predigten vermag er zu überzeugen und den Glauben sowie das Glaubensleben im

XIV. 20

Volk zu stärken und zu erneuern. Als der »gute Pater Philipp« wird er bis heute von der Bevölkerung im Virngrund verehrt. Sein Grab in der Ellwanger Stiftskirche zieht heute ungezählte Menschen an. Das Seligsprechungsverfahren ist eingeleitet. *I.G.*

Höss 1939

XIV. 21 Eine vorbildhafte Klosterfrau vom Bodensee: die selige Ulrika Nisch

Öl auf Leinwand, 88 × 68 cm (m.R.)
Schwestern vom heiligen Kreuz Allensbach-Hegne

Als uneheliches Kind 1882 in Mittelbiberach-Oberdorf geboren, wächst Franziska Nisch zunächst bei Verwandten auf, bevor sie ihre Eltern tätig unterstützen muß. Sie arbeitet dann als Dienstmädchen. In der Schweiz erkrankt sie schwer und wird von den Ingenbohler Kreuzschwestern gepflegt. Das bewegt sie zum Eintritt in das Kloster Hegne. Unter dem Ordensnamen Ulrika ist sie neun Jahre lang als Küchenschwester in Bühl und Baden-Baden tätig. Erneut krank geworden, kehrt sie ins Mutterhaus in Hegne zurück, in dem sie 31jährig 1913 stirbt. Aufgrund ihrer vorbildlichen, gelebten Religiosität, ihrer tiefen Gottverbundenheit und einer belegbaren Heilung auf ihre Fürbitte hin wird sie 1987 seliggesprochen.

Die Seligsprechung von Schwester Ulrika Nisch, Freiburg 1988

XIV. 22 Ein Ordensgründer aus Baden: Pater Franziskus Maria vom Kreuze Jordan

Nach 1918
Holz, gefaßt, 105 × 85 cm
Kath. Kirchengemeinde Gurtweil

Als Kolpingssohn beginnt der zum Priestertum Berufene das Studium in Freiburg. In St. Peter wird er 1878 zum Priester geweiht, kann jedoch aufgrund der politischen Umstände nicht als solcher wirken. In Rom und im Heiligen Land reift der Entschluß, ein eigenes kirchliches Werk zu gründen, die »Gesellschaft des Göttlichen Heilandes«; ihre Mitglieder sind die Salvatorianer. Im Vordergrund seines Ordensinstituts steht die Zusammenarbeit mit den Laien, um den katholischen Glauben zu stärken und in den verschiedensten Lebensbereichen zu verankern. Innere und äußere Mission werden durch erzieherische, seelsorgerische, soziale und volks- sowie weltmissionarische Tätigkeit verbunden, beispielsweise im Ordensgymnasium des Salvatorkollegs in Wurzach.

BBKl III, 1992, Sp. 641–643 m. Lit.

XIV. 23 Ein Jesuit von der Baar: Kardinal Augustinus Bea

Carmelo Pastor (1924–1966)
Nach 1966, Tonmodell von 1964
Bronze, 43 × 53 × 30 cm
Gemeinde Riedböhringen

Noch während des Besuchs des erzbischöflichen Gymnasial-Konvikts in Rastatt und der Universität Freiburg entschließt sich der in Riedböhringen bei Donaueschingen geborene Bea 1898, Jesuit zu werden. Da der Orden in Deutschland verboten ist, muß er sein Noviziat in den Niederlanden absolvieren. 1912 erfolgt die Priesterweihe. Nach der Wiederzulassung des Ordens in Deutschland 1917 wird er zum Provinzial der oberdeutschen Provinz. Bea siedelt 1924 nach Rom über und setzt sich besonders für die Belange der Mission und der Bibelwissenschaften ein. 1959 wird er zum Kardinal kreiert, als der er wesentlichen Anteil am Vatikanischen Konzil nimmt. Der Papst ernennt ihn 1960 zum Präsidenten des neu geschaffenen Rates zur Förderung der Einheit der Christen – der jetzige Leiter diese Stelle ist der ehemalige Rottenburger Bischof Kardinal Walter Kasper. 1968 stirbt Kardinal Bea in Rom und wird in seiner Heimat Riedböhringen beigesetzt.

BBKl I, 1990, Sp. 434–437 m. Lit.

XV.

Eine neue Klosterkunst

Die Beuroner Kunstschule – Aufbruch und Neubeginn

Die Beuroner Kunstschule – Aufbruch und Neubeginn

Nach Säkularisation und Kulturkampf wird Beuron im letzten Drittel des 19. Jahrhunderts zum Ausgangspunkt einer eigenen Richtung in der kirchlichen Kunst. Mit ihr wollen die Beuroner Benediktiner Maßstäbe setzen für eine monumentale, der Architektur verhafteten Kunst. Sie soll der von ihnen zu neuem Reichtum entwickelten Liturgie der Gottes- und Gebetsdienste einen ebenbürtigen Rahmen geben. Die Künstler sind Mönche, gemeinsam bilden sie eine Kunstschule. Sie malen Kirchen und Kapellen aus, schaffen Altäre und Bildwerke, entwerfen Kelche und Messgewänder, gestalten am liebsten ganze Innenräume. Ihr Ziel ist es, kirchlich-klösterliche Lebensräume aus einem Guss zu schaffen, in einer anspruchsvollen und von großem Ernst getragenen Weise, die zwar Vorbilder der älteren Kunst verarbeitet, aber etwas unverkennbar Neues und Eigenes entstehen lässt. Zahlreiche Entwicklungen der modernen Kunst scheinen hier um eine Generation vorweggenommen zu sein. Manche Beuroner Motive erlangen volkstümliche Beliebtheit und werden durch den 1898 gegründeten Beuroner Kunstverlag weltweit verbreitet.

Die stilistischen Merkmale der »Beuroner Kunst« gehen auf den aus Haigerloch stammenden Bildhauer Peter Lenz zurück. Unter dem Einfluss der ägyptischen Kunst wendet er sich von jeglicher naturnah-realistischen Darstellungsweise ab und strebt eine flächenhafte und statuarisch-symmetrische, fast formelhafte Bildgestaltung an. Lenz hat seinen Stil bereits entwickelt, als er 1868 nach Beuron kommt und dort von Fürstin Katharina von Hohenzollern den Auftrag erhält, unweit des Klosters eine Kapelle zu Ehren des hl. Maurus zu bauen und auszuschmücken.

XV. 1

XV. 2

Zur Ausmalung der Mauruskapelle zieht Lenz seinen Studienfreund Jakob Wüger und dessen Schüler Fridolin Steiner hinzu. Alle drei treten ins Kloster ein und erhalten die Namen Desiderius, Gabriel und Lukas. Sie bilden eine Arbeitsgemeinschaft, zu der bald weitere Künstler hinzustoßen. So formiert sich die »Beuroner Kunstschule«, die bald zu größeren Aufträgen, insbesondere nach Monte Cassino und Prag gerufen wird. Zu Beginn des 20. Jahrhunderts entfaltet diese Schule ihre größte Aktivität im In- und Ausland. Die Beuroner Kunstschule ist nach den Nazarenern die zweite große Neuerungsbewegung christlicher Kunst. Vom Donautal geht eine enorme Strahlkraft aus, der sog. Beuroner-Stil findet bis in die 1930er Jahre über ganz Europa Verbreitung und gelangt bis in Klöster Brasiliens und in den USA. *T.J./H.K.*

Krins, Hubert, Die Kunst der Beuroner Schule. Beuron 1998

Siebenmorgen, Harald, Die Anfänge der »Beuroner Kunstschule«. Sigmaringen 1983

XV. 1
Hl. Benedikt
München, vor 1863
Holz, 190 × 65 × 43 cm
Ehemals Erzabtei Beuron
Benediktinerabtei Neresheim

XV. 2
Hl. Scholastika
München, vor 1863
Holz, 154 × 93 × 70 cm
Ehemals Erzabtei Beuron
Benediktinerabtei Neresheim

Nach Übernahme des ehemaligen Augustinerchorherrenabtei in Beuron durch die Benediktiner 1862 finden die Mönche noch eine vollständig erhaltene barocke Ausstattung in der Kirche vor. Die alte Ausgestaltung entspricht keineswegs mehr dem Zeitgeschmack, der sich zu diesem Zeitpunkt bereits am Stil der Nazarener orientiert. Noch bevor die beiden Künstlermönche Peter Lenz und Jakob Wüger in das Kloster eintreten und mit ihren antinaturalistischen Erneuerungsbestrebungen in der sakralen Kunst die Beuroner Kunstschule begründen, beginnt man die barocke Kirche im Stil der Zeit umzugestalten.
Im Zusammenhang mit der Neugestaltung gelangen auch die beiden im Nazarener-Stil geschaffenen Holzfiguren des hl. Benedikt und der hl. Scholastika in die Klosterkirche. In den »Annalen der Benediktinerabtei St. Martin zu Beuron« von 1863 findet sich der Hinweis, dass die beiden Figuren aus München stammen. Bereits zu Beginn des 20. Jahrhundert erlischt das Interesse an den künstlerischen Neuerungsbestrebungen und die Beuroner Kunstschule befindet sich im Begriff der Auflösung. So trennt sich die Beuroner Erzabtei guten Gewissens von den beiden Holzfiguren. Vermutlich gelangen sie anlässlich der Wiederbegründung des Kloster Neresheim 1920 als Geschenk in die Benediktinerabtei auf dem Härtsfeld.

Schöntag, 1988, S. 194

XV. 3 Peter Lenz (1832–1928)
Klostername P. Desiderius
Adam Huber (?)
(Ort?), 1854
Öl auf Leinwand, 57 × 45 cm
Erzabtei Beuron

Der in Haigerloch geborene Peter Lenz begründet 1868 als Benediktinermönch die Beuroner Kunstschule im Donautal, der er bis zu seinem Tod als Mentor vorsteht. Lenz entwickelt nach dem Studium an der Münchener Akademie und der Kunstgewerbeschule in Nürnberg und längeren Aufenthalten in Rom und Südtirol eine eigene Kunsttheorie, die sich an einer von ihm geschaffenen Kanonfigur und der ägyptischen Kunst orientiert. Als Maler, Bildhauer und Architekt fordert er eine vereinfachte strenge

XV. 3

Monumentalarchitektur, der sich alle anderen Kunstformen unterzuordnen haben.
Lenz' fortschrittliche Kunsttheorie der Stilisierung und Abstraktion nimmt bereits sehr früh wesentliche Grundauffassungen des Gauguin-Kreises, des Jugendstils sowie der Malerei und der Plastik des 19. Jahrhunderts vorweg. Geistige Bildinhalte gepaart mit geometrischen und stilisierten Formen der Beuroner Kunstschule verweisen bereits auf die Klassische Moderne ab 1890.

XV. 4 **Idealkirchenplan, 1870/1889**

Peter Lenz (1832–1928)
»Berlin Nov. 70« nach Überarbeitung »rev. Beuron Octob. 1889«
Feder und Bleistift, 29,5 × 49,2 cm
Erzabtei Beuron I–4–1

Lenz' Hauptinteresse liegt vor allem in der Schaffung eines an der benediktinischen Liturgie orientierten Gesamtkunstwerkes aus dem Zusammenspiel von Architektur, Malerei, Skulptur und Kunstgewerbe. In einem seiner am weitesten ausgearbeiteten Idealkirchenpläne von 1870, den er 1889 noch einmal überarbeitet hat, ist jedem Bauteil eine eigene liturgische Funktion zugeordnet. Architektonische Formensprache, künstlerische Innenausstattung und liturgischer Symbolgehalt sind eng miteinander verflochten. Nichts ist dem Zufall überlassen.
Beginnend mit dem ersten Vorhof, der dem alten Testament geweiht ist und einer Kolossalstatue der Mutter Gottes, gefolgt von zahlreichen Stationen der Verehrung und Belehrung steht am Ende des Baus als Höhepunkt der Anlage eine Rotunde, in der der Tabernakel mit dem Allerheiligsten aufbewahrt wird.

XV. 5 **Umbauplan für das Kloster Beuron, 1873**

Peter Lenz (1832–1928)
Erzabtei Beuron, 1873
Feder, aquarelliert, 44,2 × 28,1 cm
Erzabtei Beuron VI–2–1

XV. 6

XV. 6 **Madonna mit der Kugel**

Peter Lenz (1832–1928)
(Kopie um 1920 durch den Bildhauer Gammon)
Erzabtei Beuron, um 1920
Holz, H. 36 cm
Erzabtei Beuron

Die auf einer Mondsichel stehende »Madonna mit der Kugel« wird unter der Aufsicht von Lenz geschnitzt. Das Zentrum der Figur ist die von der Mutter Gottes gehaltene Kugel. Traditionelle ikonographische Deutungsversuche des Kugelmotivs scheinen wenig aufschlußreich, Lenz ordnet die Form einer von ihm geschaffenen Metaebene unter, indem er herkömmliche Motive mit einem neuen von ihm inspirierten Sinngehalt versieht.
Diese auf Untersicht gearbeitete Madonna steht im Zusammenhang mit dem von Lenz 1870 gefertigten Idealkirchenplan, dort sieht er eine monumentale »Madonna mit Kugel« als Statue im ersten Hofbereich vor.
Die spätere Gipsreproduktion des Beuroner Kunstverlages hat die Madonna als Statuette weit bekannt gemacht.

XV. 7

XV. 8

Die von ihm 1872 geschaffene Madonna nennt er lediglich bezogen auf die Anlehnung an die ägyptisierende Formensprache »Isis-Madonna«.
Der Protagonist der Beuroner Kunstschule sucht durch die Überwindung des tradierten Marienbildes etwas ganz Neues, Einzigartiges und vor allem Zeitloses zu schaffen.

XV. 7 Isis-Madonna

Peter Lenz (1832–1928)
Nach dem Gips-Original von 1872
Erzabtei Beuron, Anf. 20. Jh.
Bronzeabguß, H. 54 cm
Erzabtei Beuron

In seiner Plastik und der Skulptur setzt Lenz zur Erneuerung der christlichen Kunst ganz gegen die Tradition ästhetische Qualitäten der archaisch-griechische Skulpturen.

XV. 8 Heilige Familie

Peter Lenz (1832–1928)
Erzabtei Beuron, 1872–1874
Holz, farbig gefaßt, 163 × 82 cm
Kolpinghaus Stuttgart-Zentral

Für den Katholischen Gesellenverein in Stuttgart fertigt Peter Lenz die Holzskulptur der Heiligen Familie. Ursprünglich bildet die Figurengruppe das gedankliche Zentrum des Gesellenfestsaales. Seit 1914 steht die Gruppe auf einem Altar der Hauskapelle des Kolpinghauses. Der hl. Joseph ist der Schutzpatron

der von Adolph Kolping begründeten katholischen Gesellenvereine, darüber hinaus erfährt das Motiv der hl. Familie hier noch eine symbolische Überhöhung, in dem sie für das gastfreundliche »Haus Nazareth« steht.
In der Stilisierung, der Formenauffassung und die Betonung der vertikalen Axialität nimmt Lenz deutliche Anleihen von der ägyptischen Kunst. Das sonst von der Kirche bevorzugte gefühlsbetonte Familienidyll ist ihm verpönt. Lenz' Hauptforderung an den Betrachter ist, sich in ein Kunstwerk hineinzudenken und nicht hineinzufühlen.

XV. 9
St. Joseph

Jakob Wüger (1829–1892)
Andreas Amrhein (?)
Erzabtei Beuron, 1875
Öl auf Leinwand, 197 × 107 cm
Erzabtei Beuron

XV. 10
St. Martin

Jakob Wüger (1829–1892)
Erzabtei Beuron, 1875
Öl auf Leinwand, 197 × 107 cm
Erzabtei Beuron

Jakob Wüger ist Schüler und Freund von Peter Lenz. Seit 1863 arbeiten beide eng zusammen. Die beiden von ihm zum Teil in Zusammenarbeit mit Andreas Amrhein als Pendants angefertigten Bilder, werden im Zuge der Umgestaltung der Klosterkirche als Seitenaltarbilder in der Klosterkirche aufgestellt. Die beiden Bilder finden weite Verbreitung über den Beuroner Kunstverlag, der sie als Andachtsbildchen verlegt.

XV. 9

XV. 10

XV. 11 Die Kreuzigung

Jakob Wüger (1829–1892)
Klostername: P. Gabriel
Rom, 1868, vollendet ab 1869 in Beuron
Öl auf Leinwand, 209 × 118 cm
Erzabtei Beuron

Jakob Wüger ist mitunter auch an der Ausführung der von Lenz entworfenen Fresken im Kloster Monte Casino, im Kloster Emaus in Prag, im Kloster Beuron und in der ebenfalls im Donautal gelegenen Mauruskapelle sowie in der Marienkirche in Stuttgart beteiligt.
Wüger tritt auch mit eigenen großformatigen Bildschöpfungen hervor. Während seines Aufenthalts in Rom 1868 malt er »Die Kreuzigung«, sein Hauptwerk, das er bei seinem Klostereintritt 1869 mit nach Beuron bringt. Das Bild steht deutlich unter dem Einfluß der damals in Rom lebenden Nazarenern wie z. B. Friedrich Overbeck.
Peter Lenz greift noch vor Vollendung des Bildes in die Arbeit seines Freundes ein und gibt dem Bild wenigstens teilweise noch Züge des von ihm entwickelten Beuroner-Stils. Das Bild ist eines der bedeutendsten Werke, das in Beuron vollendet wird. Vielleicht auch gerade deshalb, weil es die Handschrift zweier in mancher Hinsicht unterschiedlicher Künstler trägt. Das auf einem Seitenaltar der Kirche aufgestellte Bild wurde vom Beuroner Kunstverlag am häufigsten reproduziert, vor allem in dem als »Schott« bezeichneten Messbuch.

XV. 12 Die Heiligen 3 Könige

Beuroner Malerschule
Prag, zw. 1875 und 1887
Bleistift, Kohle, Papier auf Leinwand aufgezogen, 215 × 215 cm
Erzabtei Beuron

Berühmtheit erlangt die Beuroner Malerschule auch wegen ihrer einzigartigen Wandmalereien im Kloster Beuron, der Maurus-Kapelle und ab 1876 im Kloster Monte Cassino.
1875 wird das auf hohenzollerischem Staatsgebiet gelegene Kloster im Zuge des in Preußen tobenden Kulturkampfes aufgehoben und die Mönche gehen ins Ausland. Außer nach Italien gelangen 1880 auch einige der Ordensleute nach Prag, wo sie das Emaus-Kloster übernehmen. Auch hier beginnen die Beuroner Mönche sofort mit der Neuausstattung. Es entstehen dabei die bis dato monumentalsten Bildwände der christlich-abendländischen Kunst.

XV. 11

XV. 13 Sechs stehende Engelsgestalten

Jakob Wüger (1829–1892) u.
Fridolin Steiner (1849–1906)
Klostername P. Lukas
Erzabtei Beuron, 1874
Öl auf Leinwand, ausgeschnitten und aufgezogen,
jew. 167 × 55 cm
Erzabtei Beuron

Die ersten Entwürfe zu den insgesamt zehn Engelgestalten fertigt Peter Lenz im Zuge der Chorneugestaltung der Beuroner Klosterkirche. Die Ausführung der Engel übernehmen später Jakob Wüger und Fridolin Steiner. Die Engel rahmen für kurze Zeit in je einer Fünfergruppe den neugestalteten Hochaltar, von wo sie nach nur wenigen Monaten an den Orgelprospekt der ebenfalls umgestalteten Kirchenempore versetzt werden.

Die Neugestaltung der ehemaligen Augustinerchorherrenabtei beschränkt sich nicht nur auf die Architektur. Sämtliche Gegenstände aus allen Lebensbereichen sollen nach dem »Beuroner Stil« geschaffen werden. Lenz fertigt neben Architekturentwürfen, Entwürfe für liturgisches Gerät, Paramente und aber auch für die Ausstattung der Mönchzellen. Im Kloster Beuron sollte ein in allen Bereichen aufeinander bezogenes Gesamtkunstwerk entstehen, das dem benediktinischen Ideal, einer Einheit aus Gottesdienst und tätiger Arbeit entspricht.
In den zahlreichen Werkstätten des Klosters werden die kunsthandwerklichen Ausstattungsgegenstände vor Ort gefertigt. So werden in der Beuroner Schreinerwerkstatt neben Alltagsmöbeln auch Gegenstände für den liturgischen Gebrauch wie der von Lenz entworfene Tabernakel vom Hochaltar und der Osterleuchter gezimmert.

XV. 14 Tabernakel des Beuroner Hochaltars

Peter Lenz (1832–1928)
Erzabtei Beuron, 1874
Holz, farbig gefaßt, 117,5 × 84,5 × 64 cm
Erzabtei Beuron

Ab 1863 trennt man sich in Beuron von der barocken Ausstattung des Kircheninnenraumes. Ein Opfer der »Restaurierung des Chores« wird der im Jahr 1763 von Anton Feuchtmayr fertiggestellte Hochaltar, den man mit viel Kraftanstrengung aus dem Chor herausbricht. Übrig bleibt die barocke Säulenarchitektur in die Lenz 1872 sein Hochaltarbild der »Krönung Mariä« einfügt. Bei der Umgestaltung der Klosterkirche kommt der Neugestaltung des Tabernakels eine ganz besondere Bedeutung zu. Peter Lenz läßt es sich daher nicht nehmen, dieses liturgische Gefäß nach seinen Entwürfen auch eigenhändig auszuführen.
Die Tabernakeltür zeigt auf goldenem Untergrund das Relief Christi als guten Hirten umgeben von Schafen. In der Hohlkehle des Gebälks befinden sich Bildnisse Marias, der zwölf Apostel und vier weiterer Heiliger.

XV. 14

XV. 15 **Osterleuchter**

Jakob Wüger (1829–1892)
Klostername: P. Gabriel
Erzabtei Beuron, 1870
Holz, farbig gefaßt, H. 267 cm
Erzabtei Beuron

Lenz will auch das kirchliche Kunstgewerbe reformieren, um in allen Kunstgattungen zu einer stilistische Einheit zu gelangen. Die Umgestaltung der barocken Klosterkirche soll ein Gesamtkunstwerk im neuen Stil ergeben, bei dem Architektur und kunsthandwerkliche Ausstattungsgegenstände zu einer stilistischen Einheit verschmelzen.
Neben Lenz fertigt auch Jakob Wüger zahlreiche Entwürfe für die verschiedensten Ausstattungsstücke der Klosterkirche. Ein repräsentatives Beispiel stellt der in der Beuroner Klosterwerkstatt gefertigte Osterleuchter dar, den Wüger anschließend bemalt. Die stereometrische Form, die Ornamentik und die bunte Fassung gehen deutlich auf ägyptische Formen zurück.

XV. 16 **Lesepult**

Klosterwerkstatt
Erzabtei Beuron, um 1870
Holz, H. 145 cm
Erzabtei Beuron

XV. 17 **Das Messbuch der hl. Kirche**

(Missale Romanum)
Bearb. P. Anselm Schott
Freiburg i.Br. 1884
Druck auf Papier
14,2 × 9,5 × 2,4 cm
UB Freiburg i.Br. TM 83/ 5552

XV. 18 **SCHOTT-Meßbuch**

Für die Sonn-, Fest- und Wochentage der Lesejahre A, B, C
Hrsg. Benediktiner der Erzabtei Beuron, 3 Bde.
Freiburg, Basel, Wien 1982
Druck auf Papier,
17 × 11,5 × 2 cm
Privatbesitz

Innerhalb der durch die Aufklärung inspirierten deutschen Liturgiebewegung sprechen sich Ende des 18. Jahrhunderts der ehemalige Neresheimer Benediktinermönch Benedikt Werkmeister und der ehemalige Bamberger Franziskanermönch Eulogius Schneider entschieden für eine deutschsprachige Liturgie in der katholischen Kirche aus. Nach der Säkularisation gibt Ignaz Heinrich Wessenberg 1812 das erste deutschsprachige »Christkatholische Gesang- und Andachtsbuch« heraus.
Es dauert noch über siebzig Jahre, bis 1884 erstmals ein allgemeines Messbuch der heiligen Kirche (Missale Romanum) auf lateinisch und deutsch, mit liturgischen Erklärungen für Laien erscheint. Herausgeber ist der 1873 in Beuron eingetretene Benediktinermönch P. Anselm Schott (1843–1896). Der sog. »SCHOTT« ist bis heute in zahlreichen Ausgaben und Auflagen erschienen. Die aktuellste Ausgabe erscheint 1982 in drei Bänden, dem Sonntags-Schott und dem zweibändigen Wochentags-Schott.

Literatur

Ausstellungskataloge

AK Stuttgart 1911 Ausstellung kirchlicher Kunst Schwabens. Stuttgart 1911
AK Bregenz 1962 Barock am Bodensee/Architektur. Ausstellung im Künstlerhaus Palais Thurn und Taxis Bregenz 1962. Bregenz 1962
AK Weingarten 1963 Barock in Oberschwaben. Ausstellung in Weingarten 1963. Weingarten 1963
AK Ellwangen 1964 1200 Jahre Ellwangen, Ausstellung des Württembergischen Landesmuseums Stuttgart. Ellwangen 1964
AK Freiburg 1970 Kunstepochen der Stadt Freiburg. Städtische Museen. Freiburg i.Br. 1970
AK Stuttgart 1975 Balthasar Neumann in Baden-Württemberg. Staatsgalerie Stuttgart. Stuttgart 1975
AK Stuttgart 1977 Die Zeit der Staufer. Geschichte – Kunst – Kultur. Ausstellung im Württembergischen Landesmuseum Stuttgart. Stuttgart 1977
AK Aachen 1980 Die Zisterzienser – Ordensleben zwischen Ideal und Wirklichkeit. Ausstellung im Krönungssaal des Rathauses Aachen, Kaspar Ehm (Hrsg.). Bonn 1980
AK München 1980 Wittelsbach und Bayern. Bd. III/2, Krone und Verfassung. König Max I. Joseph und der neue Staat. Beiträge zur Bayerischen Geschichte und Kunst 1799–1825. Hubert Glaser (Hrsg.). Katalog der Ausstellung im Völkerkundemuseum in München 1980. München 1980
AK Ulm 1980 Kunstwerke aus dem ehemaligen Augustiner Chorherrenstift St. Michael zu den Wengen in Ulm. Erwin Treu (Hrsg.).Ulm 1980
AK Bruchsal 1981 Barock in Baden-Württemberg. Vom Ende des Dreißigjährigen Krieges bis zur Französischen Revolution, Ausstellung in Schloß Bruchsal 1981. Bd. 1. Katalog. Karlsruhe 1981
AK Ludwigsburg 1981 Baukunst und Bauhandwerk des Deutschen Ordens in Südwestdeutschland im 18. Jahrhundert. Ausstellung im Staatsarchiv Ludwigsburg. Ludwigsburg 1981
AK Ellwangen 1981 Barock in Ellwangen. Ausstellung im Schloß Ellwangen. Ellwangen/J. 1981
AK Inzigkofen 1982 Kloster Inzigkofen. Geschichte und Kultur eines Augustinerchorfrauenstifts (1354–1856). Ausstellung im Kloster Inzigkofen 1982. Inzigkofen 1982
AK Konstanz 1983 1000 Jahre Petershausen. Beiträge zu Kunst und Geschichte der Benediktinerabtei Petershausen in Konstanz. Ausstellung im Rosgartenmuseum Konstanz 1983. Konstanz 1983
AK Konstanz 1985 Gold und Silber aus Konstanz. Elisabeth von Gleichenstein/Christoph A. Graf Douglas (bearb.). Konstanz 1985
AK St. Blasien 1983 Das Tausendjährige St. Blasien. 200 jähriges Domjubiläum. Ausstellung in St. Blasien 1983, 2 Bde. Karlsruhe 1983
AK Ochsenhausen 1984 Reichsabtei Ochsenhausen. Geschichte und Kunst. Stadt Ochsenhausen (Hrsg.). Ochsenhausen 1984
AK Salem 1984 Kloster und Staat. Besitz und Einfluss der Reichsabtei Salem. Ausstellung zum 850. Jubiläum in Salem 1984. Markgräflich Badische Museen Salem (Hrsg.). Tettnang 1984
AK Stuttgart 1987 Baden und Württemberg im Zeitalter Napoleons. Ausstellung des Württembergischen Landesmuseums Stuttgart im Kunstgebäude Stuttgart 1987. Katalog (2 Bde.) und Aufsatzband. Stuttgart 1987
AK Schwäbisch Hall 1987 Hall in der Napoleonzeit. Eine Reichsstadt wird württembergisch. Manfred Akermann/ Harald Siebenmorgen (hrsg.). Ausstellung in Schwäbisch Hall 1987. Sigmaringen 1987
AK Würzburg 1987 Aus Balthasar Neumanns Baubüro. Pläne der Sammlung Eckert zu Bauten des großen Barockarchitekten. Würzburg 1987
AK Wendlingen 1987 »Balthasar Neumann. Der Barockbaumeister aus Eger 1687–1753. Seine Kunst zu bauen.« Erich Hubala (Hrsg.). Ausstellung in Wendlingen. Wendlingen 1987
AK Konstanz 1989 Glanz der Kathedrale. 900 Jahre Konstanzer Münster. Ausstellung im Rosgartenmuseum Konstanz. Konstanz 1989
AK Schwäbisch Hall 1989 Die Comburg. Vom Mittelalter bis ins 20. Jahrhundert. Elisabeth Schraut (Hrsg.). Ausstellung in Schwäbisch Hall 1989. Sigmaringen 1989
AK Ansbach 1990 Carlo Carlone 1686–1775. Der Ansbacher Auftrag. Landshut/Ergolding 1990
AK Biberach 1990 Kostbare historische Paramente und Kultgeräte im Landkreis Biberach. Ausstellung in den Städtischen Sammlungen (Braith–Mali–Museum). Biberach 1990
AK Maurach 1990 »Vorüber ist die Herrlichkeit – wir leben jetzt in andrer Zeit«. Wendezeit am See um 1800. Begleitband zur Ausstellung des Bodenseekreises in Schloß Maurach – Uhldingen/Bodensee, Eva Moser (Hrsg.). Markdorf 1990
AK Nürnberg 1990 800 Jahre Deutscher Orden. Ausstellung im Germanischen Nationalmuseum Nürnberg 1990. Gütersloh/München 1990
AK Weingarten 1990 »Zu Fuss, zu Pferd ... Wallfahrten im Kreis Ravensburg«. Ausstellung im Kloster Weingarten 1990. Biberach a.d.Riß 1990
AK Stuttgart 1990 800 Jahre Deutscher Orden. Ausgewählte Dokumente aus dem Hauptstaatsarchiv Stuttgart. Ausstellung im Hauptstaatsarchiv Stuttgart. Stuttgart 1990
AK Mainau 1991 Kreuz und Schwert. Der Deutsche Orden in Südwestdeutschland, in der Schweiz und im Elsaß. Ausstellung in Schloß Mainau 1991. Mainau 1991
AK St. Paul im Lavanttal 1991 Schatzhaus Kärntens. Landesausstellung St. Paul 1991–900 Jahre Benediktinerstift. Ausstellung in St. Paul im Lavanttal 1991. 2 Bde. Klagenfurt 1991
AK Benediktbeuern 1991 Glanz und Ende der alten Klöster. Säkularisation im bayerischen Oberland 1803. Josef Kirmeier/Manfred Treml (Hrsg.). Ausstellung im Kloster Benediktbeuern, 1991. München 1991, S. 302 f
AK Ochsenhausen 1993 Libri sapientiae libri vitae – Von nützlichen und erbaulichen Schriften. Schätze der ehemaligen Bibliothek der Beneditkiner-Reichsabtei Ochsenhausen. Handschriften, Inkunabeln, Frühdrucke, Bücher vom 9. bis 18. Jahrhundert. Ochsenhausen 1993
AK St. Peter 1993 Das Vermächtnis der Abtei. 900 Jahre St. Peter auf dem Schwarzwald. Hans-Otto Mühleisen (Hrsg.). Ausstellung in St. Peter. Karlsruhe 1993
AK Ulm 1993 Januarius Zick und sein Wirken in Oberschwaben. (Ulmer Museum Hrsg.).Ulm 1993
AK Weingarten 1994 900 Jahre Heilig-Blut-Verehrung in Weingarten 1094 bis 1994. Ausstellung im Kloster Weingarten 1994. Festschrift (2 Bde.) und Katalogband. Norbert Kruse/Hans Ulrich Rudolf (hrsg.). Sigmaringen 1994
AK Karlsruhe 1994 Ein Jahrhundert Möbel für den Fürstenhof. Karlsruhe, Mannheim, Sankt Petersburg 1750 bis 1850. Karlsruhe 1994

AK St.Paul 1994 Glas & Porzellan. Tischkultur & Lebensfreude. Ausstellung im Benediktinerstift St.Paul im Lavanttal. Gerfried M. Sitar. Klagenfurt 1994

AK Karlsruhe 1995 750 Jahre Zisterzienserinnen-Abtei Lichtenthal. Ausstellung im Badischen Landesmuseum Karlsruhe 1995. Sigmaringen 1995

AK Ochsenhausen 1995 Von Mönchen und gemeinen Leuten. 500 Jahre Klosterkirche Ochsenhausen 1495–1995. Ochsenhausen 1995

AK Regensburg 1998 »Dieser glänzende deutsche Hof ...«. 250 Jahre Thurn und Taxis in Regensburg. Martin Dallmeier, Martin (Hrsg.). Regensburg 1998

AK Karlsruhe 1998 1848/49 – Revolution der deutschen Demokraten in Baden. Baden-Baden 1998

AK Speyer 1998 Napoleon – Feldherr, Kaiser, Mensch. Meinrad Maria Grewenig (Hrsg.). Ausstellung im Historischen Museum der Pfalz Speyer 1998. Ostfildern-Ruit 1998

AK Rottenburg 1999 Vorderösterreich – nur die Schwanzfeder des Kaiseradlers? Die Habsburger im deutschen Südwesten. Württembergisches Landesmuseum Stuttgart (Hrsg.). Ausstellung in Rottenburg/N 1999. Ulm 1999

AK Füssen 2000 »Magnus – Drache, Bär und Pilgerstab« 1250 Jahre Apostel des Allgäus. Museum der Stadt Füssen. Lindenberg 2000

AK Freiburg 2000 Johann Georg Jacobi in Freiburg und sein oberrheinischer Dichterkreis 1784–1814. Ausstellung des Deutschen Seminars der Universität Freiburg in Zusammenarbeit mit der Goethe-Gesellschaft Freiburg i.Br. und der Universitätsbibliothek Freiburg i. Br. Kat.: Achim Aurnhammer/C. J. Andreas Klein. Reihe: Schriften der Universitätsbibliothek Freiburg i.Br.; Bd. 25. Freiburg 2000

AK Freiburg 2001 Johann Georg Jacobi in Freiburg und sein oberrheinischer Dichterkreis 1784–1814. Ausstellung im Goethe-Museum Düsseldorf in Zusammenarbeit mit der Albert-Ludwigs-Universität Freiburg i.Br. und der Goethe-Gesellschaft Freiburg i.Br. Kat.: Achim Aurnhammer/C. J. Andreas Klein. Freiburg? 2001

AK Ellwangen 2002 Ausstellungsmagazin »... schweigen, gehorchen und bezahlen!«. Die staatliche Neuordnung im östlichen Württemberg 1802/1806. Ausstellung im Schloß Ellwangen 2002. Ellwangen a.d.J. 2002

AK Salem 2002 Salem. Vom Kloster zum Fürstensitz 1770–1830. Rainer Brüning/Ulrich Knapp (hrsg.). Ausstellung in Schloß Salem 2002. Karlsruhe 2002

Bestandskataloge

BK Karlsruhe 1971/72 Bestandskatalog Neuere Meister – 19. und 20. Jahrhundert. 2 Bde. Staatliche Kunsthalle Karlsruhe. Jan Lauts, Werner Zimmermann (Hrsg.), Karlsruhe 1971/1972

BK Freiburg 1997 Bestandskataloge der weltlichen Ortsstiftungen der Stadt Freiburg i.Br., Bd.1. Die kunsthandwerklichen Arbeiten aus Metall. Sebastian Bock/ Lothar A.Böhler (Hrsg.). Rostock 1997

BK Freiburg 2000 Bestandskatalog der weltlichen Ortsstiftungen der Stadt Freiburg i.Br., Bd. 4, Die Gemälde: Spätmittelalter – Anfang 20. Jahrhundert, Sebastian Bock/ Lothar A. Böhler (Hrsg.). Rostock 2000

BK Biberach 2000 Bestandskatalog Kunst des 17. bis 19. Jahrhunderts. Ausstellungsführer. Stadt Biberach, Braith-Mali-Museum, Biberach a.d.R. 2000

BK Freiburg 2001 Bestandskataloge der weltlichen Ortsstiftungen der Stadt Freiburg i. Br., Bd. 5, Die Textilien. Sebastian Bock/Lothar Böhler (Hrsg.). Rostock 2001

BK Biberach 2002 Stadtgeschichte (Ausstellungsführer Bd. 3). Stadt Biberach. Braith-Mali Museum. Biberach a.d.R. 2002

Festschriften

Fs. Marchtal 1992 Marchtal – Prämonstratenserabtei, Fürstliches Schloß, Kirchliche Akademie. Festgabe zum 300jährigen Bestehen der Stiftskirche St. Peter und Paul (1692–1992). Max Müller u.a. (hrsg.), Ulm 1992

Fs. Weissenau 1983 Weissenau in Geschichte und Gegenwart. Festschrift zur 700-Jahrfeier der Übergabe der Heiligblutreliquie durch Rudolf von Habsburg an die Prämonstratenserabtei Weissenau. Peter Eitel (Hrsg.). Sigmaringen 1983

Fs. Zwiefalten 1989 900 Jahre Benediktinerabtei Zwiefalten. Hermann Josef Pretsch (Hrsg.). Ulm 1989

Fs. Ulm 1993 1693–1993, Festschrift zum Jubiläum 300 Jahre Kirche St. Mariä Himmelfahrt in Ulm-Söflingen. Ulm 1993

Fs. Weissenau 1995 850 Jahre Prämonstratenserabtei Weissenau 1145–1995. Helmut Binder (Hrsg.). Sigmaringen 1995

Kunstdenkmäler

KDM Tauberbischofsheim 1898 Oechelhaeuser, Adolf von, Kreis Mosbach, Amtsbezirk Tauberbischofsheim. Reihe: Die Kunstdenkmäler des Großherzogthums Baden Freiburg/Leipzig/ Tübingen 1898

KDM Freiburg Land 1904 Kraus, Franz Xaver, Kreis Freiburg Land. Reihe: Die Kunstdenkmäler des Großherzogthums Baden, Bd.6.1. Tübingen/Leipzig 1904

KDM Jagstkreis 1907 Gradmann, Eugen, Jagstkreis, 1.Hälfte. Reihe: Die Kunst- und Altertumsdenkmale im Königreich Württemberg. Esslingen/N. 1907

KDM Offenburg 1908 Wingenroth, Max, Kreis Offenburg. Reihe: Die Kunstdenkmäler des Großherzogtums Baden, Bd.7. Tübingen 1908

KDM Biberach 1909 Baum, Julius/ Pfeiffer, Bertold, Donaukreis, Oberamt Biberach. Reihe: Die Kunst- und Altertums-Denkmale im Königreich Württemberg, 36./41. Lieferung. Esslingen/N. 1909

KDM Ehingen 1912 Klaiber, Hans, Donaukreis, Oberamt Ehingen. Reihe: Die Kunst- und Altertums-Denkmale im Königreich Württemberg. Esslingen/N. 1912

KDM Laupheim 1922 Klaiber, Hans, Donaukreis, Oberamt Laupheim. Reihe: Die Kunst- und Altertumsdenkmale in Württemberg. Esslingen/N. 1922

KDM Leutkirch 1924 Christ, Hans/ Klaiber, Hans, Donaukreis, Oberamt Leutkirch. Reihe: Die Kunst- und Altertumsdenkmale im Königreich Württemberg. Esslingen/N. 1924

KDM Münsingen 1926 Fiechter, Ernst/ Baum, Julius, Donaukreis, Oberamt Münsingen. Reihe: Die Kunst- und Altertums-Denkmale in Württemberg. Esslingen/N. 1926

KDM Ravensburg 1931 Schmidt, Richard/ Buchheit, Hans, Die Kunst- und Altertums-Denkmale im ehemaligen Donaukreis. Oberamt Ravensburg. Die Kunst- und Altertums-Denkmale in Württemberg. Stuttgart/Berlin 1931

KDM Riedlingen 1936 Matthey, Werner von/Klaiber, Hans, Kreis Riedlingen. Reihe: Die Kunst- und Altertums-Denkmale im ehemaligen Donaukreis. Stuttgart/Berlin 1936

KDM Hohenzollern 1939 Genzmer, Walter, Die Kunstdenkmäler Hohenzollerns. 1. Bd., Kreis Hechingen. Hechingen 1939
KDM Riedlingen 1936 Matthey von, Werner, Kreis Riedlingen. Reihe: Die Kunst- und Altertumsdenkmale im ehemaligen Donaukreis, Stuttgart/Berlin 1936
KDM Waldsee 1943 Schahl, Adolf/ Matthey, Werner von, Die Kunstdenkmäler des ehemaligen Kreis Waldsee. Reihe: Die Kunstdenkmäler in Württemberg. Stuttgart/Berlin 1943
KDM Sigmaringen 1948 Hossfeld, Friedrich/Vogel, Hans; Walther Genzmer, Die Kunstdenkmäler Hohenzollerns, 2.Bd., Kreis Sigmaringen, Stuttgart 1948
KDM Wangen 1954 Schahl, Adolf/ Matthey, Werner von/ Strieder, Peter/ Graf Adelmann von Adelmannsfelden, Georg Sigmund, Die Kunstdenkmäler des ehemaligen Kreises Wangen. Reihe: Die Kunstdenkmäler in Württemberg. Stuttgart 1954
KDM Konstanz 1955 Reiners, Heribert, Das Münster Unserer Lieben Frau zu Konstanz. Reihe: Die Kunstdenkmäler Südbadens I. Konstanz 1955
KDM Oberamt Ulm 1978 Klaiber, Hans/Wortmann, Reinhard, Die Kunstdenkmäler des ehemaligen Oberamts Ulm ohne die Gemarkung Ulm. Reihe: Die Kunstdenkmäler in Baden-Württemberg. München/Berlin 1978
KDM Stadtkreis Mannheim 1982 Huth, Hans, Die Kunstdenkmäler des Stadtkreises Mannheim. 2 Bände. München 1982
KDM Schwäbisch Gmünd 1995 Strobel, Richard, Stadt Schwäbisch Gmünd, Bd. II, Kirchen der Altstadt ohne Heiligkreuzmünster. Reihe: Die Kunstdenkmäler in Baden-Württemberg. München/Berlin 1995

Sonstige Literatur

Appuhn-Radtke, Sibylle, Das Thesenblatt im Hochbarock. Studien zu einer graphischen Gattung am Beispiel der Werke Bartholomäus Kilians. Weißenhorn 1988
Assion, Peter (Hrsg.), 650 Jahre Wallfahrt Walldürn. Karlsruhe 1980
Ast, Doris, Die Bauten des Stiftes Salem im 17. und 18. Jahrhundert. Wiesbaden 1977
Bauer, Christoph, Das Chorgestühl in der ehemaligen Benediktinerabteikirche Zwiefalten. Studie zu einem marianischen Bildprogramm. Masch. schriftl. Magisterarbeit Tübingen 1991
Bauer, Hermann und Anna, Johann Baptist und Dominikus Zimmermann. Entstehung und Vollendung des bayerischen Rokoko. Regensburg 1985
Baumstark, Reinhold (Hrsg.), Thurn und Taxis Museum Regensburg. Höfische Kunst und Kultur. München 1998
Bayrle-Sick, Norbert, Katholische Aufklärung als staatsbürgerliche Erziehung. Leben und Werk des Volkserziehers Karl Aloys Nack OSB von Neresheim, 1751–1828. Augsburg 1994
Bayrle-Sick, Norbert, Elementare Volksbildung in Neresheim und Augsburg zwischen Aufklärung und Romantik. In: Jahrbuch des Vereins für Augsburger Bistumsgeschichte, 29. Jg. 1995. Augsburg 1995, S. 48–75
Biographisch-bibliographisches Kirchenlexikon [BBKl]. Online-Version Stand Ende 2002
Beck, Otto, Die Reichsabtei Heggbach. Kloster – Konvent – Ordensleben. Ein Beitrag zur Geschichte der Zisterzienserinnen. Sigmaringen 1980
Beck, Otto/Haas, Ludwig (hrsg.), Gutenzell. Geschichte und Kunstwerke. Festschrift zur 750-Jahrfeier der einstigen Frauenzisterze 1238–1988. Große Kunstführer, Bd. 155. München-Zürich 1988
Beck, Otto (Hrsg.), Baindt – Hortus Floridus. Geschichte und Kunstwerke der früheren Zisterzienserinnen-Reichsabtei. Festschrift zur 750-Jahrfeier der Klostergründung 1240–1990. München/Zürich 1990
Beck, Paul/Rueß, Bernhard, Beiträge zur Geschichte Schussenrieds. Bad Buchau 1983
Becker, Otto H., Beuron von der Säkularisation der Augustinerchorherrenabtei bis zum Vorabend der Ankunft der Benediktiner. In: Winfried Schöntag (Hrsg.), 250 Jahre Abteikirche Beuron. Geschichte, geistliches Leben, Kunst. Beuron 1988, S. 110–155
Bender, Gerd, Die Uhrenmacher des hohen Schwarzwaldes und ihre Werke. 2 Bde. Villingen 1975/1978
Betz-Wischnath, Irmtraud/Pretsch, Hermann Josef, Das Ende von Reichsabtei und Kloster Zwiefalten. Berichte, Aufzeichnungen, Briefe und Dokumente. Ulm 2001
Beyerle, Konrad, Die Geschichte des Chorstifts und der Pfarrei St. Johann zu Konstanz, Freiburg i.Br. 1908
Biedert, Hans, Das Ellwanger Armarium – die Reste der Sammlung astronomischer und trigonometrischer Instrumente des Jesuitengymnasiums. In: Ellwanger Jahrbuch, Bd. XXXIV, 1991–1992. Ellwangen/J. 1993, S. 131–139
Binder-Etter, Elisabeth, Steinhausen. Großer Kunstführer Nr. 88. München-Zürich 1981
Boeck, Wilhelm, Joseph Anton Feuchtmayer. Tübingen 1948
Boeck, Wilhelm, Feuchtmayer Meisterwerke. Tübingen 1963
Brachert, Thomas, Der schwäbische Eisenkunstguss. Öfen und Ofenplatten. Marburg/Lahn 1958
Braig, Michael, Wiblingen. Kurze Geschichte der ehemaligen vorderösterreichischen Benediktinerabtei in Schwaben. Neudruck der Originalausgabe (Isny, bei Joseph Rauch, 1834). Wolfgang Schürle (Hrsg.). Weißenhorn 2001
Braun, Joseph, Die liturgische Gewandung im Occident und Orient nach Ursprung und Entwicklung, Verwendung und Symbolik. Freiburg i. Br. 1907
Braun, Joseph, Die liturgischen Paramante in Gegenwart und Vergangenheit. Ein Handbuch der Paramentik. Freiburg i. Br., 1924
Braunfels, Wolfgang, Abendländische Klosterbaukunst. Köln 1969
Brinkmann, Jens-Uwe, Südwestdeutsche Kirchenbauten der Zopfzeit. Zur Begriffsgeschichte des »Zopfes« und zur Stilgeschichte des späten 18. Jahrhunderts. Diss. Univ. Köln 1972
Brommer, Hermann (Hrsg.), Wallfahrten im Erzbistum Freiburg. München-Zürich 1990
Brossette, Ursula, Die Inszenierung des Sakralen. Das theatralische Raum- und Ausstattungsprogramm süddeutscher Barockkirchen in seinem liturgischen und zeremoniellen Kontext. Weimar 2002
Brückner, Wolfgang, Die Verehrung des Heiligen Blutes in Walldürn. Volkskundlich-soziologische Untersuchungen zum Strukturwandel barocken Wallfahrtens. Aschaffenburg 1958
Brunner, Otto u.a. (hrsg.), Geschichtliche Grundbegriffe. 8 Bde. Stuttgart 1972–1997
Büttner, Frank, Abschied von Pracht und Rhetorik. Überlegungen zu den geistesgeschichtlichen Voraussetzungen des Stilwandels in der Sakraldekoration des ausgehenden 18. Jahrhunderts in Süddeutschland. In: Herbst des Barock. München/Berlin 1998, S. 165–173
Butscher, Karl, Das Leben eines Chorherrn auf einer inkorporierten Pfarrei der Abtei Marchtal. In: Max Müller/ Rudolf Reinhardt/Winfried Schöntag (hrsg.), Marchtal. Prämonstratenserabtei, Fürstliches Schloß, Kirchliche Akademie. Ulm 1992, S. 279–302
Dallmeier, Martin, Das oberschwäbische Schloß Marchtal der Fürsten von Thurn und Taxis im 19. Jahrhundert. In: Max Müller/Rudolf Reinhardt/ Winfried Schöntag (hrsg.), Marchtal. Prämonstratenserabtei, Fürstliches Schloß, Kirchliche Akademie. Ulm 1992, S. 321–353

Danner, Günter, Studien zur Geschichte der Dominikanerinnensammlung in Oberndorf a.N. – Von ihrer Gründung bis zum Jahre 1806. Masch.schr. Diplomarbeit Universität Tübingen. Oberndorf a.N. 1979
Derschka, Harald Rainer, Die stiftsalemische Waisenkasse Abt Anselms II. von 1749. In: Schriften des Vereins für Geschichte des Bodensees und seiner Umgebung. 118. H., 2000. Friedrichshafen 2000, S. 87–95
Dillmann, Erika, Anselm II. Glanz und Ende einer Epoche. Eine Studie über den letzten großen Abt der Reichsabtei Salem. Salem 1987
Dillmann, Erika, Stephan I. – Fundamente des Barock. Salem 1988
Dischinger, Gabriele, Fr. Heinrich Mayer S.J.: Director fabricae in monte venusto. Ein Beitrag zum Bau der Kirche auf dem Schönenberg. In: Festschrift »Wallfahrt Schönenberg 1638–1988«. Ellwangen/J. 1988, S. 111–128
Dreher, Ernst, Günterstal. Seine Geschichte von den Anfängen bis zur Klosterauflösung im Jahre 1806. Lahr 2002
Eisele, Karl F., Stadt- und Stiftsgebiet Isny in den Jahren 1803–1810. In: Ulm und Oberschwaben, Bd. 38, 1967. Ulm 1967, S. 185–221
Eisele, Karl F., Stadt und Abtei in der Zeit der »Grafschaft Isny« 27. April 1803–12. Juli 1806. In: Reichsabtei St. Georg in Isny 1096–1802. Beiträge zur Geschichte und Kunst des 900jährigen Benediktinerklosters. Rudolf Reinhardt (Hrsg.). Weißenhorn 1996, S. 261–274
Elias, Norbert, Die höfische Gesellschaft. Untersuchungen zur Soziologie des Königtums und der höfischen Aristokratie mit einer Einleitung. Neuwied/Berlin 1969
Engelmann, Ursmar (Bearb.), Das Tagebuch des Ignaz Speckle. Abt von St. Peter im Schwarzwald. Reihe: Veröffentlichungen der Kommission für geschichtliche Landeskunde in Baden-Württemberg, Reihe A: Quellen, Bd. 12–14. Stuttgart 1966
Erdner, Hans/Nagel, Gert K., Die Fayencefabrik zu Schrezheim. Ellwangen/J. 1972
Erzberger, Matthias, Die Säkularisation in Württemberg von 1802–1810. Ihr Verlauf und ihre Nachwirkungen. Stuttgart 1902.
Fink, Humbert, Joseph II. – Kaiser, König und Reformer. Düsseldorf 1990
Fischer, Fritz, Gemälde und Skulpturen. Neuerwerbungen des Württembergischen Landesmuseums Stuttgart. In: JbStKsBW, Bd. 30, 1993, S. 186f
Fischer, Fritz, Dem Volk zur Schau. Die württembergischen Prunkschlitten. Die Schlittensammlung des Württembergischen Landesmuseums Stuttgart. München 2002
Franz, Erich, Pierre Michel d'Ixnard (1723–1795) – Leben und Werk. Weißenhorn 1985
Fritz, Johann Michael/Schwarzmaier, Hansmartin, Die Kroninsignien der Großherzoge von Baden. In: Zeitschrift für die Geschichte des Oberrheins, Bd.125 (N.F. Bd. 86). o.O. 1977, S. 201–223
Frei, Walter, »Liebe zu den Wissenschaften und ununterbrochene Fürsorge für die studierende Jugend«. Zur Schulgeschichte des Klosters Zwiefalten. In: Hermann Josef Pretsch (Hrsg.), 900 Jahre Benediktinerabtei Zwiefalten. Ulm 1989, S. 243–270
Gatz, Erwin (Hrsg.), Die Bischöfe der deutschsprachigen Länder, 1785/1803 bis 1945. Ein biographisches Lexikon. Berlin 1983
Gatz, Erwin (Hrsg.) unter Mitwirkung von Stephan M. Janker, Die Bischöfe des Heiligen Römischen Reiches. 1648–1803. Berlin 1990
Genzmer, Walther, Die Kunstdenkmäler Hohenzollerns. Bd. II, Kreis Sigmaringen. Stuttgart 1948
Germania Benedictina [Germ.Ben.Bd.V]; Quarthal, Franz u.a., Die Benediktinerklöster in Baden-Württemberg; St. Ottilien ?1987
Gombert, Hermann, Der Freiburger Münsterschatz. Freiburg/Basel/Wien 1965
Grönwoldt, Ruth, Stickereien von der Vorzeit bis zur Gegenwart aus dem Besitz des Württembergischen Landesmuseums Stuttgart und der Schlösser Ludwigsburg, Solitude und Monrepos. München 1993
Gubler, Hans-Martin, Der Vorarlberger Barockbaumeister Peter Thumb 1681–1766. Sigmaringen 1972
Gutkas, Karl, Kaiser Joseph II. – Eine Biographie. Wien/Darmstadt 1989
Häberle, Adolf, Die Goldschmiede zu Ulm. Ulm 1934
Halder, Reinhold, Zur Bau- und Kunstgeschichte des alten Zwiefalter Münsters und Klosters. In: 900 Jahre Benediktinerabtei Zwiefalten, Hermann Josef Pretsch (Hrsg.). Ulm 1989, S. 141–213
Harder-Merkelbach, Marion, Der Hochaltar der Wallfahrtskirche Birnau von Joseph Anton Feuchtmayer. In: Barockjuwel am Bodensee. 250 Jahre Wallfahrtskirche Birnau. Bernd Mathias Kremer (Hrsg.). Lindenberg 2000, S. 291–313
Haumann, Heiko/Schadek, Hans (hrsg.), Geschichte der Stadt Freiburg im Breisgau. Bd. 3: Von der badischen Herrschaft bis zur Gegenwart. Stuttgart 1992
Haumann, Heiko/Schadek, Hans (hrsg.), Geschichte der Stadt Freiburg im Breisgau. Bd. 2: Vom Bauernkrieg bis zum Ende der habsburgischen Herrschaft. Stuttgart 1994
Hauttmann, Max, Geschichte der kirchlichen Baukunst in Bayern, Schwaben und Franken 1550–1780. München 1923
Hawel, Peter, Der spätbarocke Kirchenbau und seine theologische Bedeutung. Ein Beitrag zur Ikonologie der christlichen Sakralarchitektur. Würzburg 1987
Hering-Mitgau, Mane, Barocke Silberplastik in Südwestdeutschland. Weißenhorn 1973
Hermann, Manfred, St. Märgen im Schwarzwald und seine Wallfahrtsgeschichte. Lindenberg/Allgäu 2002
Hilger, Franz, Die Gelehrten des Klosters St. Blasien. In: St. Blasien. Festschrift aus Anlaß des 200jährigen Bestehen der Kloster- und Pfarrkirche, Heinrich Heidegger/Hugo Ott (hrsg.). München/Zürich 1983, S. 159–174
Hoernes, Martin/Wanke, Helen, »Wo die Kommissärs einen Adler erblickten, mußte er weggerissen werden.« Wappenzerstörungen und -übermalungen während der Mediatisierung der südwestdeutschen Reichsstädte. In: Reutlinger Geschichtsblätter, NF 41, 2002. Reutlingen 2002
Höss, Anton, P. Philipp Jeningen S.J.- Ein Volksmissionär und Mystiker des 17. Jahrhunderts, Ellwangen a.d.J. 1939
Hogg, Theodor/Kremer, Bernd Mathias (hrsg.), Wo Gott die Mitte ist – Ordensgemeinschaften in der Erzdiözese Freiburg in Geschichte und Gegenwart. Lindenberg 2002
Hosch, Hubert, Andreas Brugger 1737–1812. Maler von Langenargen. Ein Beitrag zur Kunstgeschichte des Bodenseegebietes und seiner Umgebung zwischen Barock und Romantik. Sigmaringen 1987
Huber, Rudolf, Joseph Christian. Tübingen 1960
Hutzel, Hans, Maria Anna Vogel aus Ummendorf, die letzte Äbtissin der Reichsabtei Heggbach von 1792 bis 1835. Sie hatte »männlichen Verstand«, war aber auch eine »sorgfältige Mutter« ihrer untergebenen Kinder. In: BC – Heimatkundliche Blätter für den Kreis Biberach, 16. Jg., 1993, Heft 1. Biberach/Riß 1993, S. 62–66

Isenburg, Europäische Stammtafeln N.F. V, Standesherrliche Häuser II. Detlev Schwennicke (Hrsg.). Marburg 1988
Isphording, Eduard, Gottfried Bernhard Göz 1708–1774. Ölgemälde und Zeichnungen. 2 Bde. (Text- und Tafelband). Weißenhorn 1982/1984
Jasbar, Gerald/Pröstler; Viktor/Ribbert, Margret, Goldschmiedekunst in Ulm. Ulm 1990
Jehle, Fridolin/Enderle-Jehle, Adelheid, Die Geschichte des Stiftes Säckingen. Reihe: Beiträge zur Aargauergeschichte, Bd. 4. Aarau 1993
Kalchthaler, Peter, Die Ikonographie der Wallfahrtskirche Neu-Birnau. Zum theologischen Programm der Ausstattung. In: Barockjuwel am Bodensee. 250 Jahre Wallfahrtskirche Birnau. Bernd Mathias Kremer (Hrsg.). Lindenberg 2000, S. 135–176
Kaller, Gerhard, Kloster Schuttern. In: Die Klöster der Ortenau. Offenburg 1978. Wolfgang Müller (Hrsg.) S. 116–149
Kasper, Alfons, Das Prämonstratenser-Stift Schussenried. 2. Teil, Das alte und neue Kloster, der Klosterort Schussenried mit Filialkapellen. Schussenried 1960
Kaufmann, Karl, Die Äbte des Prämonstratenser-Reichsstifts Schussenried 1440–1803. Bad Schussenried 1985
Knapp, Ulrich, Joseph Anton Feuchtmayer 1696–1770. Konstanz 1996
Knies, Carl, Wiener Goldschmiedezeichen. Wien 1905
Köhler, Joachim, Benedikt Maria Werkmeister. Ein fortschrittlicher Pfarrer vor nahezu 200 Jahren. In: Katholischer Volks- und Hauskalender, 137. Jg., 1987. Ostfildern 1987, S. 76–90
Kohler, Hubert (Hrsg.), Bad Schussenried. Geschichte einer oberschwäbischen Klosterstadt. Festschrift zur 800-Jahrfeier der Gründung des Prämonstratenserstifts. Sigmaringen 1983
Kolb, Günter, Barockbauten im Gebiet der Abtei Zwiefalten. In: Hermann Josef Pretsch (Hrsg.), 900 Jahre Benediktinerabtei Zwiefalten. Ulm 1989, S. 311–389
Kolb, Raimund, Franz Joseph Spiegler. 1691–1757. Barocke Vision über dem See. Erzähltes Lebensbild und wissenschaftliche Monographie. Bergareute 1991
Kriss-Rettenbeck, Lenz, Bilder und Zeichen religiösen Volksglaubens. München 1963
Kuhn, Elmar L./Moser, Eva/Reinhardt, Rudolf/Sachs, Petra (hrsg.), Die Bischöfe von Konstanz, Bd. II, Kultur. Friedrichshafen 1988
Kupferschmid, Anna, Die letzte Nacht der Marie Antoinette auf deutschem Boden. In: Die Ortenau 22, o.O.1935, S. 49–64
Laun, Friedrich, Wallfahrtsbilder und Wallfahrtsorte der Diözese Rottenburg sowie deren Bruderschaften. In: Rottenburger Monatsschrift für praktische Theologie 6, 1922/23. Rottenburg/N. 1923
Lauterer, Kassian, Birnau und die Reichsabtei Salem. In: Barockjuwel am Bodensee. 250 Jahre Wallfahrtskirche Birnau. Bernd Mathias Kremer (Hrsg.). Lindenberg 2000, S. 15–36
Le Sage. Hervé-Julien: De la Bretagne a la Silésie. Mémoires d´exil de Hervé-Julien le Sage (1791 à 1800). Présentés par Xavier Lavagne d´Ortigue. Paris 1983
Lieb, Norbert, Die Vorarlberger Barockbaumeister. München/Zürich 1976
Lieb, Norbert, Johann Michael Fischer. Baumeister und Raumschöpfer im späten Barock Süddeutschlands. Regensburg 1982
Lieb, Norbert, Barockkirchen zwischen Donau und Alpen. München 1984
Lindemann, Bernd Wolfgang, Bemerkungen zu Kanzel und Taufgruppe in Ottobeuren. In: Zeitschrift des Deutschen Vereins für Kunstwissenschaft, Bd. 43, 1, 1989, S.73–93
Loers, Veit, Rokokoplastik und Dekorationssysteme. Aspekte der süddeutschen Kunst und des ästhetischen Bewußtseins im 18. Jahrhundert. München und Zürich 1976
Maier, Konstantin, Der schwäbische Meister der »geistlichen Wohlredenheit« Chorherr Sebastian Sailer (1714 bis 1777) von Marchtal. In: Marchtal. Prämonstratenserabtei, Fürstliches Schloß, Kirchliche Akademie. Max Müller/Rudolf Reinhardt/Winfried Schöntag (hrsg.).Ulm 1992, S. 261–277
Maier, Konstantin, Barocke Klosterkultur in Ochsenhausen: Bildung und Wissenschaft. In: Libri Sapientiae Libri Vitae. Von nützlichen und erbaulichen Schriften. Schätze der ehemaligen Bibliothek der Benediktiner-Reichsabtei Ochsenhausen. Ausstellung im Kloster Ochsenhausen 1993. Ochsenhausen 1993, S. 34–47
Mangold, Ludwig, Die kirchlichen Geräte der Basilika. In: Hans Pfeifer (Hrsg.), St.Vitus Ellwangen 1233–1983. Festschrift zum 750jährigen Weihejubiläum. Ellwangen 1983
Meine-Schawe, Monika/Schawe, Martin, Die Sammlung Reuschel: Ölskizzen des Spätbarock. Reuschel-Stiftung (Hrsg.) München. München 1995
Merk, Anton, Johann Anwander (1715–1770). Ein Schwäbischer Maler des Rokoko. Diss. München 1982
Motz, Paul, Die Neubauten der ehemaligen Benediktiner- und Reichsabtei Petershausen bei Konstanz im 18. Jahrhundert. In: Schriften des Vereins für Geschichte des Bodensees und seiner Umgebung 79, Lindau 1961. Lindau 1961, S. 26–51
Müller, Wolfgang, Geschichtsschreibung und Theologie. In: AK St. Blasien 1983, Bd. 2, S. 133–139
Nägele, Anton, Das höhere Schulwesen in den sechs ehemaligen Benediktinerabteien Württembergs. In: Geschichte des humanistischen Schulwesens in Württemberg. 2. Bd: Geschichte des humanistischen Schulwesens in den zu Anfang des 19. Jahrhunderts württembergisch gewordenen Landesteilen von 1559–1805. Zweiter Halbband: Geschichte des humanistischen Schulwesens in den landesherrlichen und geistlichen Gebieten. Stuttgart 1920, S. 748–964
Neumann, Günter, Neresheim. Hans Jantzen (Hrsg.). München 1947
Nopp, Hieronymus, Geschichte der Stadt und ehemaligen Reichsfestung Philippsburg. Von ihrem Entstehen aus der Burg und dem Dorfe Udenheim bis zum Anfalle derselben an Baden. Philippsburg 1881
Oechslin, Werner (Hrsg.), Die Vorarlberger Barockbaumeister. Katalog der Ausstellung in Einsiedeln und Bregenz zum 250. Todestag von Br. Caspar Moosbrugger. Einsiedeln 1973
Oehler, Hans Albrecht, Sebastian Sailer 1714–1777. Chorherr, Dorfpfarrer, Dichter. Marbacher Magazin Nr. 76/1996. Marbach/Neckar 1996
Oldenhage, Klaus, Kurfürst Erzherzog Maximilian Franz als Hoch- und Deutschmeister (1780–1801). Reihe: Quellen und Studien zur Geschichte des Deutschen Ordens, Bd. 34. Bad Godesberg 1969
Pemsl, M. Pachomius, Wallfahrt in Birnau – Von ihren Anfängen bis heute. In: Barockjuwel am Bodensee. 250 Jahre Wallfahrtskirche Birnau. Bernd Mathias Kremer (Hrsg.). Lindenberg 2000, S. 59–79
Hans Pfeifer (Hrsg.). Wallfahrt Schönenberg 1638–1988. Festschrift zum 350jährigen Jubiläum,. Ellwangen 1988
Pfeifer, Hans, Ellwangen. Kunst und Geschichte aus 1250 Jahren. Ulm 2000
Pill-Rademacher, Irene (Hrsg.), Oh Heimatland. Schloß Achberg: Die Heimat ins Schloß geholt – Ansichten aus dem Landkreis Ravensburg. Ravensburg 2000

Ponert, Dietmar Jürgen, Zur Entwurfstätigkeit der Bildhauer-Werkstatt des Joseph Anton Feuchtmayer. In: Entwurf und Ausführung in der europäischen Barockplastik. Beiträge zum internationalen Kolloquium des Bayerischen Nationalmuseums und des Zentralinstituts für Kunstgeschichte. München 1986, S. 193–214
Quarthal, Franz, Kloster Zwiefalten zwischen Dreißigjährigem Krieg und Säkularisation: monastisches Leben und Selbstverständnis im 6. und 7. Saeculum der Abtei. In: Hermann, Josef Pretsch (Hrsg.), 900 Jahre Benediktinerabtei Zwiefalten. Ulm 1989, S. 401–430
Quarthal, Franz, Wissenschaft und Bildung in den ostschwäbischen Klöstern. In: Suevia Sacra. Zur Geschichte der ostschwäbischen Reichsstifte im Spätmittelalter und in der Frühen Neuzeit. Pankraz Fried zum 70. Geburtstag. Wilhelm Liebhart/Ulrich Faust (hrsg.). Reihe: Augsburger Beiträge zur Landesgeschichte Bayerisch Schwabens 8. Sigmaringen 2001, S. 201–225
Raab, Heribert, Clemens Wenzeslaus von Sachsen und seine Zeit 1739–1812. Freiburg 1962
Reinhardt, Rudolf (Hrsg.), Reichsabtei St. Georg in Isny 1096–1802, Beiträge zu Geschichte und Kunst des 900jährigen Benediktinerklosters. Weissenhorn 1996
Rippel, Gregorius, Alterthumb, Ursprung und Bedeutung Aller Ceremonien, Gebräuchen, und Gewohnheiten der H. Catholischen Kirchen. Straßburg 1723
Roeck, Bernd, Baukunst und Baukojunktur als Thema historischer Forschung. In: Himmel auf Erden oder Teufelsbauwurm? Wirtschaftliche und soziale Bedingungen des süddeutschen Klosterbarock. Irseer Schriften, Studien zur schwäbischen Kulturgeschichte, N.F. Bd. 1. Konstanz 2002, S. 27–36
Rolle, Theodor, Fürstbischof Clemens Wenzeslaus und Kurfürst Max IV./ König Max I. Joseph von Bayern. In: Jahrbuch des Vereins für Augsburger Bistumsgeschichte 25, 1991. Augsburg 1991, S. 109–142
Rosenberg, Marc, Der Goldschmiede Merkzeichen, Frankfurt a.M.,? 1922
Sägmüller, Johann Baptist, Die kirchliche Aufklärung am Hofe des Herzogs Karl Eugen von Württemberg (1744–1793). Ein Beitrag zur Geschichte der kirchlichen Aufklärung. Freiburg 1906
Sammlung Eckert 1987, Mainfränkisches Museum Würzburg (Hrsg.). Plansammlung aus dem Nachlass Balthasar Neumanns im Mainfränkischen Museum Würzburg. Würzburg 1987
Sauer, Paul, Napoleons Adler über Württemberg, Baden und Hohenzollern. Südwestdeutschland in der Rheinbundzeit. Stuttgart/Berlin/ Köln/Mainz 1987
Schahl, Adolf, Dominikus Hermengild Herberger, 1694–1760. Ein Bildhauer des Rokoko in Oberschwaben und am Bodensee. Weißenhorn 1980
Schefold, Max, Alte Ansichten aus Württemberg. 2 Bde. Stuttgart 1956/1957
Schefold, Max, Alte Ansichten aus Württemberg. Ergänzungsband. Stuttgart 1974
Schefold, Max, Alte Ansichten aus Baden. 2 Bde. Weißenhorn 1971
Schmid, Hermann, Die Säkularisation der Klöster in Baden 1802–1811. Überlingen 1980
Schmid, Hermann, Die Säkularisation des Reichsstifts Salem durch Baden und Thurn und Taxis 1802–1804. Überlingen 1980
Schmid, Alois, »Es leben die Prälaten!« Der »Luxus« in Klöstern der Barockzeit zwischen aufgeklärter Polemik und historischer Wirklichkeit. In: Himmel auf Erden oder Teufelsbauwurm? Wirtschaftliche und soziale Bedingungen des süddeutschen Klosterbarock. Irseer Schriften, Studien zur schwäbischen Kulturgeschichte, N.F. Bd. 1. Konstanz 2002, S. 141–162
Schnell, Hugo, Die Wies. Wallfahrtskirche zum gegeißelten Heiland. Ihr Baumeister Dominikus Zimmermann. Leben und Werk. München/Zürich 1979
Schneider, Reinfried, Maria Rosengarten in Bad Wurzach. Geschichte eines Frauenklosters in drei Jahrhunderten. In: Alemania Franciscana Antiqua XV. Landshut 1970, S. 163–247
Schommers, Annette, Georg Ignatius Baur. Kurfürstlicher Hofgoldschmied in Augsburg. Biberach a.d.R. 1996
Schöntag, Wilfried (Hrsg.), 250 Jahre Abteikirche Beuron. Geschichte, geistliches Leben, Kunst. Beuron 1988
Schreiner, Klaus, Benediktinisches Mönchtum in der Geschichte Südwestdeutschlands. In: Germania Benedictina. Band V. Die Benediktinerklöster in Baden-Württemberg. Franz Quarthal (Bearb.). St. Ottilien 1987, S. 23–114
Schreiner, Klaus, Klösterliche Gedächtniskultur im Wandel. Teil 2: Von der Stifterchronik zu den Anfängen wissenschaftlicher Arbeit. In: Beiträge zur Landeskunde 1994, Nr. 72. Stuttgart 1994, S. 13–18
Schütte, Ulrich, Höfisches Zeremoniell und sakraler Kult in der Architektur des 17. und 18. Jahrhunderts. Ansätze zu einem strukturellen Vergleich. In: Zeremoniell als höfische Ästhetik in Spätmittelalter und Früher Neuzeit. Jörg Jochen Berns/Thomas Rahn (hrsg.). Tübingen 1995, S. 410–413
Schütz, Bernhard, Die kirchliche Barockarchitektur in Bayern und Oberschwaben, 1580–1780. München 2000
Schwager, Klaus, Ottobeuren, die Formwerdung einer barocken Klosteranlage am Spannungsfeld von klösterlichem Autarkie-Streben und überregionalem Anspruch. In: Jahrbuch des Augsburger Vereins für Bistumsgeschichte, II, Augsburg 1977, S. 112–122
Seelig Lorenz, Ein silberner und vergoldeter Kelch...Silber aus Neresheim, Marchtal und Buchau als Säkularisationsgut der Fürsten von Thurn & Taxis, Aufsatz im Begleitband zur Ausstellung
Seling, Helmut, Die Kunst der Augsburger Goldschmiede 1529–1868, München 1980. Supplement zu Band III, München 1994
Siebmacher, J., J. Siebmacher's großes Wappenbuch, Bd.3, Die Wappen des hohen deutschen Adels, Teil 1, o.O. 1972
Spahr, Gebhard, Weingarten und die Benediktiner-Universität Salzburg (1617–1810). In: Weingarten 1056–1956. Festschrift zur 900-Jahr-Feier des Klosters Weingarten. Weingarten 1956, S. 106–136
Spahr, Gebhard, Die Basilika Weingarten. Ein Barockjuwel in Oberschwaben. Sigmaringen 1974
Specker, Hans E./Tüchle Hans (hrsg.), Kirchen und Klöster in Ulm. Ulm 1979
Stober, Karin, Denkmalpflege zwischen künstlerischem Anspruch und Baupraxis. Über den Umgang mit Klosteranlagen nach der Säkularisation in Baden und Württemberg. Diss. Univ. Freiburg 2000
Stolleis, Karen, Messgewänder aus deutschen Kirchenschätzen vom Mittelalter bis zur Gegenwart. Geschichte, Form und Material. Regensburg 2001
Strasser, Joseph, Januarius Zick, 1730–1797. Weißenhorn 1994
Strauss, Walter L., The German single-leaf woodcut 1550– 1600: a pictorial catalogue. 3 Bde. New York 1975
Taddey, Gerhard (Hrsg.), Lexikon der deutschen Geschichte. Stuttgart 1983
Täubl, Friedrich, Der Deutsche Orden im Zeitalter Napoleons. Reihe: Quellen und Studien zur Geschichte des Deutschen Ordens, Bd. 4. Bonn 1966

Thierer, Manfred (Hrsg.), Lust auf Barock. Himmel trifft Erde in Oberschwaben. Lindenberg/Allgäu 2002
Treu, Erwin/Wortmann, Reinhard, Kunstwerke aus dem ehemaligen Augustiner Chorherrenstift St. Michael zu den Wengen in Ulm. Ulm 1980
Tüchle, Hermann/Schahl, Adolf, 850 Jahre Rot an der Rot. Geschichte und Gestalt, Sigmaringen 1976
Uhland, Robert, Die Dotzburger Wallfahrt. In: Schwäbische Heimat, 21. Jg., 1970. Stuttgart 1970, S. 113–123
Volk, Peter, Johann Baptist Straub 1704–1784. München 1984
Waibel, Raimund/Wieland, Georg, 750 Jahre Kloster Löwental. Dominikanerinnen in Löwental 1250–1806. Friedrichshafen 2000
Weber, Klaus, Brauchtum in St. Peter. St. Peter i.Schw. 1990
Weber, Klaus, St. Peter im Wandel der Zeit. Beitrag zur 900-Jahr-Feier 1993. St. Peter i.Schw. 1992
Weis, Dieter, Klosterkirche Ettenheimmünster. Zur Ausstattung der Kirche und dem Verbleib der Kircheneinrichtung. Offenburg 1999
Weiß, Ulrike, Geschnittene Bilder. Zu Ort, Funktion und Entstehungsbedingungen des Reliefs in schwäbischen Kirchen zwischen 1715 und 1780. Tübingen/Berlin 1998
Weißenberger, Paulus, Baugeschichte der Abtei Neresheim. Reihe: Darstellungen aus der württembergischen Geschichte. Bd 24. Stuttgart 1934
Weißenberger, Paulus, Eine Bau- und Kunstchronik der Prämonstratenserabtei Schussenried von 1683–1772. In: Analecta Praemonstratensia 22/23, 1946/47. Tongerloo 1947, S. 91–120
Woeckel, Gerhard, Johann Joseph Christian von Riedlingen, ein Oberschwäbischer Bildhauer des Rokoko. Lindau/Konstanz 1958
Wohlfahrt, Erich, Friedenweiler Hochschwarzwald 1123–1973. Chronik zur 850-Jahr-Feier am 8. Juni 1973. Friedenweiler 1973
Wörner, Hans, Architektur des Frühklassizismus in Süddeutschland. München/Zürich 1979
Yeo, Else (Hrsg.), Anton Wilhelm von Zuccalmaglio. Erinnerungen. Bd. III. Bonn 1991

Abbildungsnachweis

Aalen, Stadtarchiv: III.164
Aalen-Wasseralfingen, Schwäbische Hüttenwerke GmbH: XVI.3
Allensbach-Hegne, Schwestern vom hl. Kreuz: XIV.21
Anna Hoffmann, Wolfsberg (Kärnten/A): V.84; V.106
Augsburg, Diözesanbauamt: XII.12
Augsburg, Staats- und Stadtbibliothek: VIII.65; VIII.66; VIII.67
Augsburg, Städtische Kunstsammlungen: V.17
Bad Mergentheim, Deutschordensmuseum, Foto Griner: III.185
Bad Schussenried, Neue Kloster GmbH, S. 318
Bad Waldsee, Rupert Leser: IX.153; IX.163; XIII.6; S. 63 o.r.
Baden bei Wien, Dr. Rudolf Maurer: III.186
Baden-Württemberg, Landesmedienzentrum: XIV.3
Berlin Kupferstichkabinett Staatliche Museen zu Berlin-Preußischer Kulturbesitz; Foto Jörg P. Anders: II.1; II.2
Berlin, Deutsches Historisches Museum: III.2
Berlin, Kunstbibliothek Berlin, Kulturforum, Dietmar Katz: V.70
Beuroner Kunstverlag, Ludger Kruthoff: XIII.10; XIV.13; XV.3; XV.6; XV.7; XV.8; XV.10; XV.11; XV.14;
Biberach a.d.R., Braith-Mali-Museum: II.12; III.165
Biberach a.d.R., Kreiskultur- und Archivamt: III.6; III.136; III.137; IV.25; VII.51
Biberach a.d.R., Wieland-Archiv: VI.6
Darmstadt, Hessische Landes-und Hochschulbibliothek: VII.13
Donaueschingen, Fürstlich Fürstenbergisches Archiv: III.193; III.57; III.58
Eching, Bavaria Luftbild Verlag GmbH, S. 62
Ehingen, Roland Trah: IX.32; IX.164; IX.165; IX.174
Ettenheim, Stadtverwaltung Ettenheim: XI.8
Frankfurt/M., Hessischer Rundfunk, S. 55
Freiburg i.Br., Bild- und Filmstelle Erzdiözese, Christian Hoppe: V.187; V.189; V.240; V.241; XII.15; XII.16; XII.17; XII.21; XIV.23
Freiburg i.Br., Rudi Keller: III.192
Freiburg i.Br., Stiftungsverwaltung: V.142; V.147
Freiburg i.Br., Stiftungsverwaltung, Jean Jeras: IV.83; XIV.8
Freiburg i.Br., Universitätsbibliothek: VII.15
Freiburg, Michael Bauernfeind
Freiburg, Städtische Museen: XII.19; XIV.9
Furtwangen, Deutsches Uhrenmuseum: X.31
Gurtweil, Pfarrer Dr. Andreas Lemmas: XIV.22
Gutenzell, Kath. Kirchengemeinde, Dietmar Hecke, Lindenberg: IX.152
Heidelberg, Universitätsbibliothek: VII.16; VII.20; VII.27
Ingolstadt, Helmut Bauer: XIV.20
Ittlingen, Stiftsverwalter des Kraichgauer adeligen Damenstifts: XIV.6; XIV.7
Karlsruhe, Badische Landesbibliothek: VII.25; VII.29
Karlsruhe, Badisches Landesmuseum, Goldschmidt: I.9; II.39; III.24; III.125; IV.85; V.197; V.246; XII.4; XIII.2; XIII.11
Karlsruhe, Generallandesarchiv: III.93; IV.6; IV.12; IV.13; IV.24; V.53; V.56; V.67; V.72; V.80
Karlsruhe, Staatliche Kunsthalle: XIII.4; XIII.7
Karlsruhe, Stadtmuseum: XII.5
Karlsruhe, Volker Himmelein: I.14; II.4; V.12
Kassel, Staatliche Museen, Ute Brunzel: XIII.8
Kirchentellinsfurt, Manfred Grohe: XII.7
Koblenz, Landeshauptarchiv Koblenz: V.35
Koblenz, Mittelrhein Museum: V.36; V.37
Koblenz, Mittelrhein-Museum, Foto Gauls: V.20
Köln, Rheinisches Bildarchiv; III.170
Konstanz, F.J. Stiele-Werdermann: II.26; III.33; V.33
Konstanz, Rosgartenmuseum: VIII.58; XIII.19
Lindau, Toni Schneiders: X.9
Lindau, Ulrike Schneiders: XIII.13; XIII.14
Ludwigsburg, Schloßverwaltung: II.10
Luzern (CH), Zentral- und Hochschulbibliothek Luzern: V.76
Mannheim, Reiss-Engelhorn-Museum: II.6; X.24
Marbach a.N., Schiller-Nationalmuseum, Mathias Michaelis: II.13
Meersburg, Kulturamt: IV.29; XII.8
München, Bayerische Staatsbibliothek: V.50; V.51
München, Franke, Marianne: V.81; V.100; V.159; V.161
München, Hirmer-Verlag S. 198, 199
München, Provinzialat der Armen Schulschwestern von Unserer Lieben Frau: I.15; I.19
München, Stadtmuseum: VI.12

Münsingen, Wilhelm Brändle: XII.2
Murrhardt, Oetinger-Haus: XIV.2
Nürnberg, Germanisches Nationalmuseum: II.3; II.34; II.37; III.43
Ochsenhausen, Klostermuseum: IV.34; VIII.56; IX.1
Ochsenhausen, Klostermuseum, Konrad Hoffmann, Reute: I.3; III.27
Prag (CZ), Jan Rendek: VII.6
Primisweiler, Otto Beck: III.83
Rastatt, Wehrgeschichtliches Museum: III.98
Ravensburg, Fotodesign: Johannes Volz: V.29
Ravensburg, Kultur- und Archivamt Landratsamt: IV.14; IX.56
Regensburg, Fürst Thurn und Taxis Zentralarchiv: III.1; III.85; V.30; V.65
Reutlingen, Heimatmuseum: III.166
Riedlingen, Winfried Aßfalg: I.5; III.37; V.5; V.150; V.151; V.156; V.202; VII.31; XIII.21; IX.156; IX.160; S. 63 o.l.
Rottenburg a.N., Diözesanmuseum: III.3; IX.24; XII.13; XII.22; XII.23; XII.24
Rottenburg a.N., Foto Faiss: IV.86
Rottweil, Hans Otto Birner: III.25; IV.36; V.1
Schopfheim, Stadtmuseum: III.44
Schwäbisch Gmünd, Stadtarchiv: III.162
Schwäbisch Hall, Hällisch-Fränkisches Museum: II.38; IX.49; XI.13
Schwäbisch Hall, Hällisch-Fränkisches Museum, Fotoatelier Kern: III.20; III.159
Speyer, Bischöfliches Ordinariat Speyer-Bistumsarchiv: III.14
Speyer, Historisches Museum der Pfalz: III.90
St. Petersburg, National Library of Russia: VII.26
St. Ulrich/Br., Kath. Kirchengemeinde St. Peter und St. Paul: I.20
Stuttgart, Fritz Fischer: V.11
Stuttgart, Hauptstaatsarchiv Stuttgart: III.10; III.59; III.108; III.113; III.176; IV.10; IV.11; V.249; VII.1,2; VII.39; VII.43; X.2; X.44; XII.9, S. 27
Stuttgart, Landesdenkmalamt: X.20
Stuttgart, Landesmedienzentrum S. 343
Stuttgart, Staatliche Schlösser und Gärten Baden-Württemberg, Landesvermögens- und Bauverwaltung: II.35
Stuttgart, Staatsgalerie: V.22; XII.3; XIII.3; XIII.5
Stuttgart, Staatsgalerie, Graphische Sammlung: V.32
Stuttgart, Staatsministerium Baden-Württemberg: S. 52
Stuttgart, Württembergisches Landesmuseum, Frankenstein/ Zwietasch: I.1; I.2; I.4; I.6; I.7; I.8; I.10; I.11; I.12; I.13; I.17; I.18; I.22; I.31; II.7; II.8; II.20; II.21; II.28; II.32; III.15; III.16; III.19; III.22; III.23; III.26; III.28; III.31; III.35; III.36; III.38; III.39; III.40; III.55; III.56; III.86; III.88; III.95; III.96; III.103; III.104; III.109; III.110; III.123; III.124; III.126; III.133; III.134; III.135; III.144; III.145; III.154; III.157; III.169; IV.1; IV.2; IV.3; IV.5; IV.7; IV.9; IV.26; IV.27; IV.30; IV.32; IV.33; IV.35; IV.42; IV.51; IV.53; IV.54; IV.55; IV.56; IV.58; IV.59; IV.60; V.4; V.6; V.7; V.9; V.10; V.13; V.14; V.15; V.19; V.23; V.24; V.25; V.26; V.28; V.40; V.43; V.49; V.54; V.55; V.57; V.63; V.68; V.75; V.77; V.78; V.79; V.86; V.87; V.88; V.90; V.91; V.94; V.97; V.104; V.113; V.117; V.118; V.123; V.124; V.129; V.130; V.131; V.134; V.135; V.160; V.162; V.164; V.167; V.169; V.170; V.172; V.173; V.174; V.181; V.182; V.186; V.192; V.193; V.198; V.201; V.204; V.205; V.207; V.210; V.211; V.212; V.213; V.215; V.216; V.217; V.218; V.219; V.220; V.221; V.222; V.224; V.225; V.228; V.229; V.232; V.233; V.235; V.236; V.237; V.239; V.243; V.244; V.245; V.250; VI.1; VI.2; VI.7; VI.18; VI.20; VI.22; VI.23; VII.5; VII.11; VII.14; VII.30; VII.33; VII.40; VII.41; VII.45a; VII.45b; VIII.1; VIII.4; VIII.5; VIII.6; VIII.8; VIII.9; VIII.10; VIII.11; VIII.26 a,b; VIII.27; VIII.45; VIII.51; VIII.52; VIII.53; VIII.71; IX.18; IX.25; IX.40; IX.54; IX.57; IX.59; IX.62; IX.67; IX.85; IX.139; IX.146; IX.154; IX. 169; IX.170; IX.175; IX.176; X.1; X.5; X.8; X.11; X.12; X.13; X.15; X.18; X.21; X.22; X.38; X.42; X.43; XI.1; XI.3; XI.4; XI.9; XI.10; XI.11; XI.12; XII.1; XII.11; XII.25; XIII.12; XIV.10; XIV.15; XIV.16; XIV.17; XIV.18; XIV.19; XV.1; XV.2; XV.9; XVI.1; XVI.5
Stuttgart, Thomas Zörlein, Zuckerfabrik Digital: S. 312–315, 317
Überlingen, Markus Heberle: V.41
Uhingen, Kreisarchiv Göppingen: IX.23
Ulm, Stadtarchiv: VII.53
Villingen, Franzikanermuseum: VIII.69; VIII.70
Weingarten, Hans Ulrich Rudolf: VII.28
Wien, Foto Leutner: III.172; III.187
Wien, Heeresgeschichtliches Museum im Arsenal; III.180
Würzburg, Mainfränkisches Museum: V.21

Abkürzungen

Allgemeine Abkürzungen

a.N.	am Neckar
a.R.	am Ries
a.d.D.	an der Donau
a.d.J.	an der Jagst
a.d.R.	an der Riß
Abb.	Abbildung(en)
B.	Breite
Bd., Bde.	Band/Bände
Bearb.	Bearbeitet
bearb.	bearbeitet
bes.	besonders
bez.	bezeichnet
Br.	Bruder
Brsg.	Breisgau
Bü.	Büschel
Bz.	Beschauzeichen
ca.	circa
cm	Zentimeter
Cod.	Codes
D.	Donau
dat.	Datierung
Dep.	Depositum
Diss.	Dissertation
Dm.	Durchmesser
Do.	Donau
ehem.	ehemalige(r)
ev.	evangelisch
f/ff	Fortsetzung/ Fortsetzung folgende
fol.	Folio
geb.	gebunden
geb.	geboren
gest.	gestorben
H.	Hälfte
H.	Heft
H.	Höhe
Hdz.	Handzeichnung
Hl., hl.	Heilige(r), heilige(r)
Hrsg.	Herausgeber
hrsg.	herausgegeben
Inv.	Inventar
Inv. Nr.	Inventar Nummer
Jb.	Jahrbuch
Jg.	Jahrgang
Jh./Jhdt.	Jahrhundert
Jhs./Jhdts.	Jahrhunderts
Kat.Nr.	Katalognummer
kath.	katholische(r)
L.	Länge
m.R.	mit Rahmen
masch.schriftl.	maschinenschriftlich
max.	maximal
Mz.	Meisterzeichen
N.F.	Neue Folge
Nr.	Nummer
o.D.	ohne Datum
o.J.	ohne Jahr
o.O.	ohne Ort
o.R.	ohne Rahmen
P.	Pater
S.	Seite
Schw.	Schwarzwald
SE	Sammlung Eckert
SHW	Schwäbische Hüttenwerke Wasseralfingen
SJ	Societas Jesu (Jeuitenorden)
Slg.	Sammlung
Sp.	Spalte
Sr.	Schwester
St.	Sankt
T.	Tiefe
vgl.	vergleiche
Zs.	Zeitschrift

Maßangaben erfolgen in Zentimeter (cm) und immer in der Reihenfolge Höhe (H.) × Breite (B.) × Tiefe (T.) ggf. Länge (L.)

Institutionen

BLB	Badische Landesbibliothek Karlsruhe
BLM	Badisches Landesmuseum Karlsruhe
GLA	Generallandesarchiv Karlsruhe
HStA	Hauptstaatsarchiv Stuttgart
KA	Kreisarchiv
LDA	Landesdenkmalamt Stuttgart
SSG	Stuttgart, Staatliche Schlösser und Gärten Baden-Württemberg, Landesvermögens- und Bauverwaltung
StA	Staatsarchiv
UB	Universitätsbibliothek
WLB	Württembergische Landesbibliothek Stuttgart
WLM	Württembergisches Landesmuseum Stuttgart

Kataloge/Sammelwerke/ Zeitschriften/Festschriften

AK	Ausstellungskatalog
BBK1	Biographisch-bibliographisches Kirchenlexikon Online-Version Stand Ende 2002
BK	Bestandskatalog
Fs.	Festschrift
DAR	Diözesan-Archiv Rottenburg
Germ.Ben.	Germania Benedictina
FDA	Freiburger Diözesan-Archiv
FDH	Freies Deutsches Hochstift
JbStKsBW	Jahrbuch der Staatlichen Kunstsammlungen Baden-Württemberg
KDM	Kunstdenkmäler
LdG	Lexikon der Geschichte
RJKG	Rottenburger Jahrbuch für Kirchengeschichte
ZWLG	Zeitschrift für Württembergische Landesgeschichte

Ehemalige Klöster im Gebiet des heutigen Baden-Württemberg

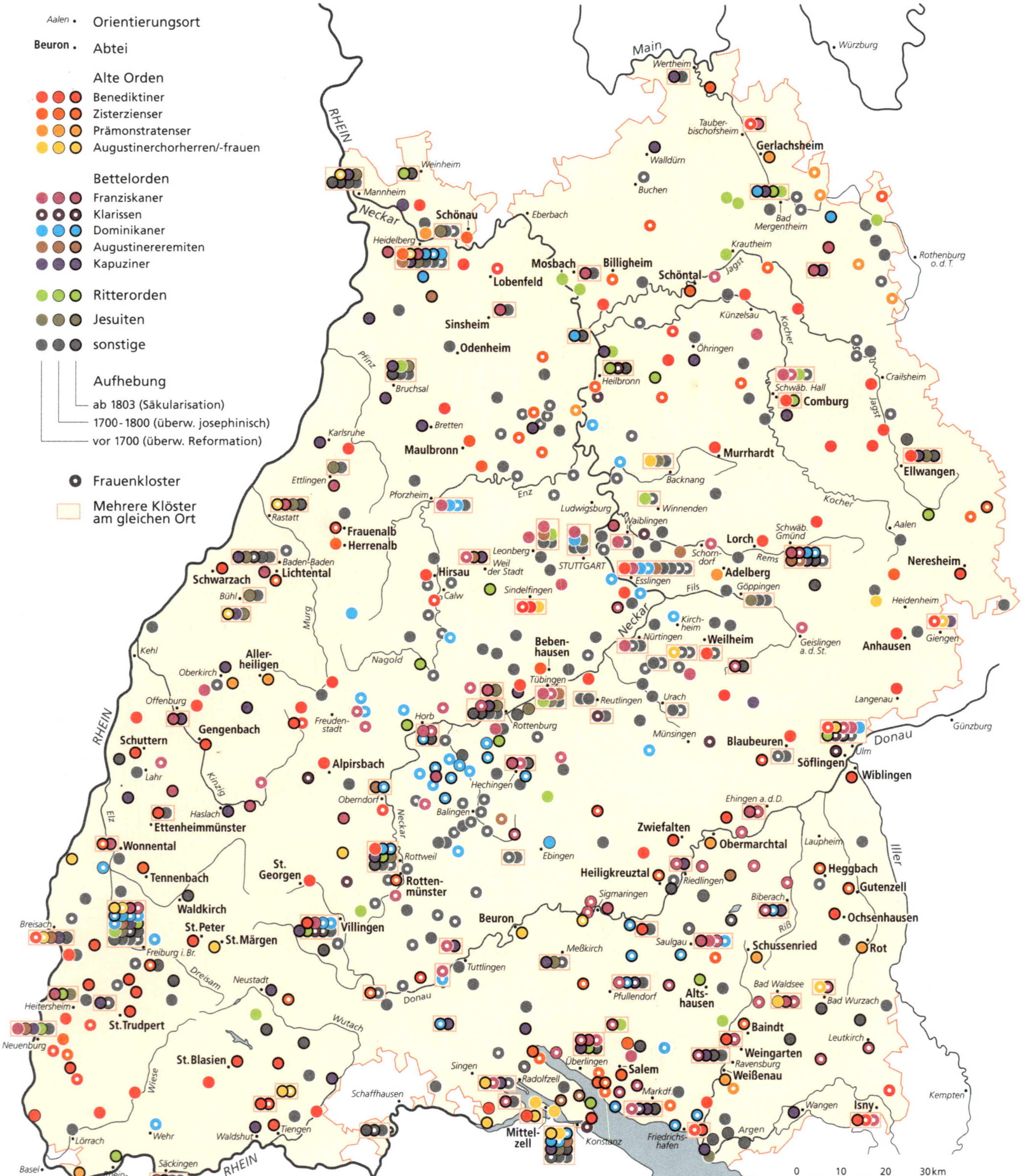

Grundlage:
Das Land Baden-Württemberg. Amtliche Beschreibung nach Kreisen und Gemeinden. Hrsg.: Landesarchivdirektion Baden-Württemberg, Bände I-VIII, Stgt. 1975-1983